청정도론

제2권

개념(*paññatti*)을 해체할 때 드러나는
법에
『청정도론』제2권을 바칩니다.

발간사

'빠알리 삼장의 한글 완역'을 근본 설립취지로 하여 〈초기불전연구원〉이 개원한지도 1년 6개월이 지났다. 이제 드디어 『청정도론』을 완역하여 출간하게 되었으니 이는 참으로 경이롭고(*acchariya*) 경사스러운(*abbhūta*) 사건이다. 『청정도론』은 빠알리 삼장을 이해하는 나침반이요, 이제 드디어 우리는 빠알리 삼장의 한글 완역을 위한 나침반을 얻었기 때문이다.

빠알리 삼장을 제대로 역출해내기 위해서는 몇 가지 구비해야 할 기본 장비들이 있다.

첫째는 언어학적 소양이 있어야 한다. 매개 언어인 빠알리어에 정통해야 한다. 빠알리어에 정통하기 위해서는 빠알리 문법과 어휘와 구문에 정통해야 하고 그러기 위해서는 빠알리어의 언어적 기반인 베다어와 쁘라끄리뜨어(방언)를 포함한 인도 고대어 즉 산스끄리뜨어에 대한 정확한 이해와 충분한 소양이 있어야 한다. 이들을 바탕으로 정확한 독해력을 완비하여야 한다.

둘째는 경에 대한 안목이 있어야 한다. 아무리 빠알리어에 능통하다해도 경에 대한 정확한 이해가 없이는 경에서 설하는 금구성언을 제대로 읽어낼 수 없다. 그러면 경에 대한 안목을 어디서 구할 것인가. 도대체 어떤 것을 두고 경에 대한 정확한 이해라 할 것인가 고뇌하지 않을 수 없다. 이런 고뇌를 바탕으로 전개되어 온 것이 아비담마의 역사이고 이런 아비담마의 체계를 통해서 경에 대한 정확한 이해를 추구해온 것이 주석서(Aṭṭhakathā)들이다. 경에 대한 정확한 이해는 그러므로 아비담마와 이에 바탕한 주석서들을 정확하게 섭렵하는 것에서 출발된다. 그렇지 않으면 자칫 자신의 반딧불만큼도 못한 알량한 이해를 가지고 광휘로운 태양과 같은 지혜라고 우기며 금구성언을 자기 깜냥으로 망쳐놓게 될 것이다. 두려운 일이다.

셋째는 수행이 뒷받침되어야 한다. 아무리 언어학적 소양과 경에 대한 정확한 이해를 갖추었다하더라도 이것을 지금 여기 내 삶에서 적용시켜 해탈열반을 실현하리라는 근본적인 태도를 가지지 못하는 한 삼장을 통해서 전승되어 온 부처님의 메시지는 바르게 읽어내지 못할 것이다.

〈초기불전연구원〉의 소임자들은 이러한 세 가지를 구비하려고 꾸준히 노력해왔다. 그래서 인도유학시절에는 산스끄리뜨 공부에 열중하여 베다와 6파철학과 문법과 냐야(인명)를 공부하였으며 스리랑카와 미얀마에서는 아비담마를 공부하였고 틈틈이 위빳사나 센터에서 정진하는 것도 게을리 하지 않았다. 지금도 이 셋을 갖추기 위해서 노력하고 있으며 앞으로도 이것을 생명으로 하여 금구성언을 하나하나 한글로 옮길 것이다.

그리고 〈초기불전연구원〉에서는 이러한 세 가지 필수장비를 두루 갖추기 위해서 삼장을 본격적으로 역출하기 전에 빠알리 삼장 이해의 완벽한 지침서인

『청정도론』을 먼저 출간하게 되었다. 그것은 다음과 같은 이유 때문이다.

첫째, 『청정도론』에는 빠알리 삼장에서 나타나는 거의 대부분의 단어와 술어들이 집약되어 있다. 빠알리 사전들에 등장하는 단어들이 대략 1만 3천개 정도라면 『청정도론』에 등장하는 단어들은 대략 1만 1천개 정도이다. 『청정도론』은 수많은 합성어를 쏟아내며 삼장의 메시지를 함축적으로 전달하고 있는 어려운 문장들의 연속이다. 어느 하나 수월한 문장이 없다. 『청정도론』의 원문을 제대로 읽어내어야만 빠알리에 대한 언어학적 소양을 충분히 갖추었다고 자부할 수 있다는 것이 상좌부 교단의 정설이다. 이제 본원에서는 『청정도론』 역출을 계기로 거의 대부분의 빠알리 어휘와 술어들을 통일적으로 이해하고 정착하게 되었으며 조만간 이를 책으로 발표할 예정이다.

둘째, 『청정도론』은 빠알리 삼장을 이해하기 위해서 반드시 거쳐야 하는 노둣돌이다. 그러므로 붓다고사 스님은 다른 여러 주석서들의 서문에서 다음과 같이 자신 있게 밝히고 있다.(본서의 해제를 참조할 것)

> 모든 초월지들과 통찰지[慧]의 정의를 내리는 것과
> 무더기[蘊]·요소[界]·감각장소[處]·기능[根]과
> 네 가지 성스러운 진리[諦]와 여러 조건[緣=緣起]의 가르침과
> 극히 청정하고 능숙한 방법과 경전을 벗어나지 않은 도[道]와
> 위빳사나 수행 — 이 모든 것은
> 내가 지은 『청정도론』에서 아주 청정하게 [설명되었다.]
> 　　　　　　　　…
> 『청정도론』은 네 가지 전승된 가르침[四阿含]들의
> 중앙에 서서 거기서 말씀하신 뜻을 드러내기 때문이다."

그러므로 『청정도론』을 읽어내지 못하면서 경에 대한 정확한 이해를 말한다는 것은 어불성설이다.

셋째, 『청정도론』은 계·정·혜라는 불교수행의 세 버팀목과 칠청정이라는 불교수행의 일곱 절차를 그 근간으로 하고 있다. 특히 18장에서 22장까지에서 상세하게 열거하고 있는 다섯 가지 청정은 통찰지 수행의 핵심을 이룬다. 이것은 순간(18장)과 조건(연기, 19장)을 철저하게 봐서 모든 경계에 속지 않고(20장) 지혜를 완성하여(21장) 구극의 청정인 사쌍팔배(四雙八輩)의 성자의 경지로 인도하는(22장) 청정한 길을 제시하고 있기 때문에 스스로를 『청정도론』이라 부르고 있으며 불교수행에 있어서 만대의 표준을 천명하고 있다.

이처럼 『청정도론』의 번역은 빠알리 역출자가 갖추어야할 위의 삼대요소를 충족하지 않고서는 누구도 감히 엄두를 내지 못하는 일이다.

이제 〈초기불전연구원〉에서는 『청정도론』을 세상에 내어놓는다. 상좌부 불교의 부동의 준거를 마침내 제대로 소개하게 되었다는 자부심도 없는 것은 아니지만 그것보다는 본서로 인해 〈초기불전연구원〉이 빠알리 삼장의 완역 불사를 감당할 충분한 실력을 갖추었음을 유감없이 보여주는 증거가 되리라는 점에서 더 큰 의미를 찾는다. 물론 아직 미흡한 점이 많을 것이다. 강호제현들께서 검증해주시기를 기대한다.

〈초기불전연구원〉에서는 상좌부 아비담마의 핵심인 『아비담맛타 상가하』를 상세한 주해와 함께 번역하여 『아비담마 길라잡이』(상/하)로 출간하면서 역경불사의 돛을 달았다. 그리고 초기불교의 3대 수행지침서인 「긴 념처경」,

「출입식념경」, 「염신경」과 그 주석서들을 옮긴 『네 가지 마음챙기는 공부』와 『들숨날숨에 마음챙기는 공부』도 이미 출간하여 수행자들로부터 많은 호응을 얻고 있다. 그리고 『아비담맛타 상가하』(아비담마 길라잡이) 역출을 바탕으로 하여 이제 『청정도론』을 완역해내면서 역경불사를 위한 토대가 제대로 다져졌다고 자평한다.

마음챙김(sati)을 토대로 불교수행법이 지금까지 면면히 이어져오고 『아비담맛타상가하』와 『청정도론』을 항해도로 하여 빠알리 삼장이 순조롭게 우리들에게까지 전승되어왔듯이 본원도 이들을 의지하여 올해부터 본격적으로 빠알리 삼장 역경불사 3차 5개년 계획을 하나하나 실현해갈 것이다. 차질 없이 빠알리 삼장을 모두 완역하여 삼보님전에 헌정할 것을 거듭 다짐해본다.

이러한 불사는 부처님의 가피가 없이는 결코 가능한 일이 아닐 것이다. 부디 제불보살님들과 호법선신들의 가피력이 〈초기불전연구원〉에 함께 하시어 본원의 역경불사가 장애 없이 성취되게 하소서!

Ciraṁ tiṭṭhatu lokasmiṁ sammāsambuddhasāsanaṁ.
(이 세상에 부처님 교법이 오래 오래 머물기를!)

불기 2548년 3월

초기불전연구원
지도법사 각묵

제2권 목차

제8장 계속해서 생각함의 명상주제　　　　　　　　　　19

 7. 죽음에 대한 마음챙김〔死念〕 ················· §1　21
 8. 몸에 대한 마음챙김〔向身念〕 ················· §42　40
   몸에 대한 마음챙김을 닦는 방법 ············ §48　43
   신체의 32가지 부분을 구분함 ·············· §81　4
 9. 들숨날숨에 대한 마음챙김〔出入息念〕 ········· §145　83
   첫 번째 네 개조를 수행하는 방법 ············ §163　93
   두 번째 네 개조를 수행하는 방법 ············ §226　121
   세 번째 네 개조를 수행하는 방법 ············ §231　123
   네 번째 네 개조를 수행하는 방법 ············ §234　125
   결론 ······························· §237　128
 10. 고요함을 계속해서 생각함 ················· §245　131

제9장 거룩한 마음가짐〔梵住〕　　　　　　　　　　135

 1. 자애수행 ····························· §1　137
 2. 연민수행 ····························· §77　171
 3. 더불어 기뻐하는 수행 ···················· §84　174
 4. 평온수행 ····························· §88　175
   일반적인 항목의 주석 ···················· §91　177

제10장 무색(無色)의 경지   193
   1. 공무변처〔空無邊處〕 ……………………… §1   195
   2. 식무변처〔識無邊處〕 ……………………… §25   206
   3. 무소유처〔無所有處〕 ……………………… §32   208
   4. 비상비비상처〔非想非非想處〕 …………… §40   212
   일반적인 항목의 주석 ………………………… §56   218

제11장 삼매   223
   1. 음식에 혐오하는 수행 ……………………… §1   225
   2. 사대를 구분하는 수행 ……………………… §27   235
     땅의 요소에 속하는 20가지를 마음에 잡도리함 ……… §48   245
     물의 요소에 속하는 12가지를 마음에 잡도리함 ……… §69   254
     불의 요소에 속하는 4가지를 마음에 잡도리함 ………… §81   260
     바람의 요소에 속하는 6가지를 마음에 잡도리함 …… §82   261
     그 외에 13가지 방법으로 마음에 잡도리함 …………… §86   263
Ⅷ 삼매를 닦으면 무슨 이익이 있는가 ……………………… §120   277

제12장 신통변화		281
초월지에 대한 주석	§1	283
1. 신통변화〔神足通〕에 대한 주석	§2	285
열 가지 신통의 주석	§20	293
결의에 의한 신통	§46	303
1. 하나인 상태에서 여러 몸을 나투는 신통	§48	304
2. 여러 몸이 되었다가 하나의 몸을 나투는 신통	§68	313
3. 나타내는 신변	§69	314
4. 숨기는 신변	§81	319
5. 장애가 없는 신통	§87	322
6. 땅 속으로부터 출몰하는 신통	§92	324
7. 물 위에서 침몰하지 않는 신통	§95	325
8. 날아가는 신통	§98	326
9. 손으로 해와 달을 만지는 신통	§102	328
난도빠난다 용왕을 길들인 이야기	§106	329
10. 몸이 자유자재한 신통	§119	335

제13장 초월지   345

   2. 신성한 귀의 요소〔天耳界, 天耳通〕의 주석 ············ §1   347

   3. 남의 마음을 아는 지혜〔他心通〕의 주석 ············ §8   351

   4. 전생을 기억하는 지혜〔宿命通〕의 주석 ············ §13   355

      세계가 파멸하는 원인 ············ §64   373

   5. 죽음과 다시 태어남을 아는 지혜의 주석 ············ §72   375

      일반적인 항목의 주석 ············ §102   387

제14장 무더기〔蘊〕   399

통찰지〔慧〕란 무엇인가 ············ §1   401

Ⅰ 무엇이 통찰지인가 ············ §2   402

Ⅱ 무슨 뜻에서 통찰지라 하는가 ············ §3   402

Ⅲ 통찰지의 특징, 역할 등은 무엇인가 ············ §7   405

Ⅳ 얼마나 많은 종류의 통찰지 있는가 ············ §8   405

   한 가지 및 두 가지 ············ §9   406

   세 가지 ············ §14   408

   네 가지 ············ §20   410

Ⅴ 어떻게 닦아야 하는가 …………………………………… §32 415
 통찰지의 토양과 뿌리와 몸통에 대한 구분 ………… §32 415
 다섯 가지 무더기〔五蘊〕들 ……………………………… §33 416
  (1) 물질의 무더기〔色蘊〕 …………………………… §34 416
  (2) 알음알이의 무더기〔識蘊〕 ……………………… §81 437
   ㉮ 유익한 것〔善〕 ………………………………… §82 438
   ㉯ 해로운 것〔不善〕 ……………………………… §89 442
   ㉰ 결정할 수 없는 것〔無記〕 …………………… §94 444
    ㉠ 과보로 나타난 〔마음〕 ……………………… §94 444
    ㉡ 단지 작용만 하는 〔마음〕 …………………… §106 449
  14가지 형태로 일어남 ……………………………… §110 451
  (3) 느낌의 무더기〔受蘊〕 …………………………… §125 458
  (4) 인식의 무더기〔想蘊〕 …………………………… §129 461
  (5) 상카라들의 무더기〔行蘊〕 ……………………… §131 462
   유익한 〔상카라〕들 ……………………………… §133 464
   해로운 〔상카라〕들 ……………………………… §159 475
   결정할 수 없는 〔상카라〕들 …………………… §179 482
 과거 등의 분석 ……………………………………… §185 484
 순서 등을 통한 판별 ………………………………… §210 494

제15장 감각장소〔處〕와 요소〔界〕　　　　　　　　　503
1. 감각장소〔處〕에 대한 상세한 주석 ············· §1 　505
2. 요소〔界〕에 대한 상세한 주석 ················· §17　512

제16장 기능〔根〕과 진리〔諦〕　　　　　　　　　527
1. 기능에 대한 상세한 주석 ··················· §1 　529
2. 진리〔諦〕에 대한 상세한 주석 ················ §13　536
　　⑺ 괴로움의 해설 ························ §32　545
　　⑷ 일어남의 해설 ························ §61　560
　　⒟ 소멸의 해설 ························· §62　560
　　　　열반에 대한 논의 ······················ §67　563
　　⒠ 도의 해설 ·························· §75　568

약어

A.	Aṅguttara Nikāya(증지부)
AA.	Aṅguttara Nikāya Aṭṭhakathā = Manorathapūraṇī(증지부 주석서)
AAṬ.	Aṅguttara Nikāya Aṭṭhakathā Ṭīkā(증지부 복주서)
ApteD	Apte's *Practical Sanskrit-English Dictionary*
BDD	Ven. Buddhadatta's *Concise Pali-English Dictionary*
CMA	*A Comprehensive Manual of Abhidhamma*
Cp.	Cariyapiṭaka(짜리야삐따까)
CpA.	Cariyapiṭaka Aṭṭhakathā(짜리야삐따까 주석서)
D.	Dīgha Nikāya(장부)
DA.	Dīgha Nikāya Aṭṭhakathā = Sumaṅgalavilāsinī(장부 주석서)
DAṬ.	Dīgha Nikāya Aṭṭhakathā Ṭīkā(장부 복주서)
Dhk.	Dhātukathā(界論)
Dhp.	Dhammapada(법구경)
DhpA.	Dhammapada Aṭṭhakathā(법구경 주석서)
Dhs.	Dhammasaṅgaṇi(法集論)
DhsA.	Dhammasaṅgaṇi Aṭṭhakathā = Aṭṭhasālinī(법집론 주석서)
DhsMT.	Dhammasaṅgaṇi Mūlaṭīkā(법집론 근본복주서)
Dv.	Dīpavaṁsa(島史)
HOS	Harvard Oriental Series, Vol. 41

It.	Itivuttaka(如是語)
ItA.	Itivuttaka Aṭṭhakathā(여시어 주석서)
Jā.	Jātaka(本生譚)
JāA	Jātaka Aṭṭhakathā(본생담 주석서)
Khp.	Khuddakapātha(쿳다까빠타)
Kv.	Kathāvatthu(論事)
KvA.	Kathāvatthu Aṭṭhakathā(논사의 주석서)
M.	Majjhima Nikāya(중부)
MA.	Majjhima Nikāya Aṭṭhakathā(중부 주석서)
Miln.	Milindapañha(밀린다왕문경)
Mv.	Mahāvaṁsa(大史)
Nd1.	Mahā Niddesa(大義釋)
Nd2.	Cūla Niddesa(소의석)
Netti.	Nettippakaraṇa(指道論)
NettiA.	Nettippakaraṇa Aṭṭhakathā(지도론 주석서)
NMD	Ven. Ñaṇamoli's *Pali-English Glossary of Buddhist Terms*
Pe.	Peṭakopadesa(藏釋論)
PED	*Pāli-English Dictionary* (PTS)
Pm.	Paramatthamañjūsā = Visuddhimagga Mahāṭīkā(청정도론 주석서)

Ps.	Paṭisambhidāmagga(무애해도)
PṬ.	Paramatthadīpanī Ṭīkā(빠라맛타디빠니 띠까)
Ptṇ..	Paṭṭhāna(發趣論)
PTS	Pāli Text Society
PtṇA.	Paṭṭhāna Aṭṭhakathā(발취론 주석서)
Pug.	Puggalapaññatti(人施設論)
PugA.	Puggalapaññatti Aṭṭhakathā(인시설론 주석서)
Pv.	Petavatthu(아귀사)
PvA.	Petavatthu Aṭṭhakathā(아귀사 주석서)
S.	Saṁyutta Nikāya(상응부)
SA.	Saṁyutta Nikāya Aṭṭhakathā = Sāratthappakāsinī(상응부 주석서)
Sn.	Suttanipāta(經集)
SnA.	Suttanipāta Aṭṭhakathā(경집 주석서)
Th.	Theragāthā(장로게)
Ud.	Udāna(감흥어)
Vbh.	Vibhaṅga(分別論)
VbhA.	Vibhaṅga Aṭṭhakathā = Sammohavinodanī(분별론 주석서)
Vin.	Vinaya Piṭaka(율장)
VinA.	Vinaya Piṭaka Aṭṭhakathā = Samantapāsādikā(율장 주석서)
VinAṬ.	Sāratthadīpanī Ṭīkā(사라타디빠니 띠까= 율장 복주서)
Vis.	Visuddhimagga(청정도론)

VṬ.	Abhidhammattha Vibhavinī Ṭīkā(위바위니 띠까)
Vv.	Vimānavatthu(천궁사)
VvA.	Vimānavatthu Aṭṭhakathā(천궁사 주석서)
Yam.	Yamaka(쌍론)
YamA.	Yamaka Aṭṭhakathā = Pañcappakaraṇa(야마까 주석서)
길라잡이	『아비담마 길라잡이』(Abhidhammattha Sanghaha 역해)
냐나몰리	The Path of Purification
뻬 마웅 틴	The Path of Purity(PTS)
상가하	Abhidhammattha Sanghaha(아비담맛타 상가하)

일러두기

(1) 삼장(Tipitaka)과 주석서(Aṭṭhakathā)는 별다른 언급이 없는 한 모두 PTS본임. 복주서(Ṭīkā)는 미얀마 6차결집본임. M6/i.45는 『중부』 6번 경(『중부』 제1권 45쪽)을, M123은 『중부』 123번 경을, M.iii.123은 『중부』 제3권 123쪽을 나타냄.

(2) 본문의 단락번호는 HOS본의 단락번호를 따랐음.

(3) Pm의 숫자는 미얀마 6차결집본의 단락번호를 뜻하며 Pm에서 숫자 언급이 없는 것은 『청정도론』의 해당 원문에 대한 주석임을 나타냄.

(4) 관련된 곳의 문단번호는 괄호 속에 표기하여 제시하고 있음. 예를 들면 III. §33은 『청정도론』 HOS본의 3장 33번 문단을 뜻함.

제8장

anussatikammaṭṭhānaniddeso
계속해서 생각함의 명상주제

제8장 계속해서 생각함의 명상주제

anussatikammaṭṭhānaniddeso

7. 죽음에 대한 마음챙김(死念)

maraṇassatikathā

1. 신을 계속해서 생각함 다음에 이제 죽음에 대한 마음챙김의 수행을 해설하기에 이르렀다.

여기서 **죽음**(*maraṇa*)이란 한 생에 포함된 생명기능(*jīvitindriya*, 命根)이 끊어지는 것이다. 그러나 아라한들이 윤회의 괴로움을 끊었다고 일컫는 끊음의 죽음(*samuccheda-maraṇa*, 正斷死)과 상카라(行)들의 순간적인 부서짐이라 일컫는 순간의 죽음(*khaṇika-maraṇa*, 刹那死)과 '나무가 죽었다, 금속이 죽었다'는 등의 통속적인 죽음(*sammuti-maraṇa*)은 여기서 뜻하는 것이 아니다.

2. 여기서 뜻하는 것은 **때가 된 죽음**(*kāla-maraṇa*)과 **불시의 죽음**(*akāla-maraṇa*), 이 두 가지이다. 이 가운데서 때가 된 죽음이란 공덕(*puñña*)이 다하거나 수명(*āyu*)이 다하거나 둘 다가 다함으로 맞

는 것이다. 불시의 죽음이란 생산업(janaka-kamma)[1]을 끊어버리는 업으로 인해 맞은 것이다.

3. 이 가운데서 비록 생명의 상속을 연장할 [음식 등의] 조건이 존재해있지만 단지 재생연결을 생기게 한 업의 과보가 익었기 때문에 맞는 죽음이 **공덕이 다하여 맞는 죽음**이다.

[신들이 갖는] 운명의 우수함과 [겁의 처음에 있던 것과 같은] 시간의 우수함과, [북쪽의 꾸루들이 갖는] 음식의 우수함 등이 없기 때문에 현재의 사람들처럼 백 년의 수명이 다하여 맞는 죽음이 **수명이 다하여 맞는 죽음**이다.

마치 두시 마라(Dūsīmāra, M.i.337)와 깔라부 왕(Kalāburāja, Jā.iii.39) 등의 경우처럼 그 순간에 그 자리에서 죽게 하는 힘을 가진 업에 의해 상속이 끊어진 자들의 죽음이나 이전의 업에 의해서 칼등의 무기의 급습으로 상속이 끊어진 자들의 죽음이 **불시의 죽음**이다.

이 모든 것은[2] 앞서 설한 생명기능이 끊어진 것에 포함된다. 이와 같이 생명기능이 끊어진 것이라 불리는 죽음을 억념(憶念)하는 것이 죽음에 대한 마음챙김이다.

4. 그것을 닦고자하는 자는 조용한 곳에 혼자 머물러 '죽음이 올 것이고, 생명기능이 끊어질 것이다.' 혹은 '죽음, 죽음'하면서 근원적으로 마음에 잡도리함을 일으켜야 한다.

---

1) 생산업은 XIX. §16과 『길라잡이』 5장 §18의 1번 해설을 참조할 것.
2) "'이 모든 것'이란 때가 된 죽음과 불시의 죽음이다. 그곳에서도 공덕이 다하여 맞는 죽음, 수명이 다하여 맞는 죽음, 둘 모두 다하여 맞는 죽음, 급습으로 인한 죽음, 이렇게 그 분류를 설한 죽음이다.(Pm.167)"

5. 근원을 벗어나서 마음에 잡도리함을 일으키면 원하는 사람의 죽음을 계속해서 생각할 때 슬픔이 일어난다. 마치 생모가 사랑스런 아들의 죽음을 계속해서 생각할 때처럼. 원하지 않는 사람의 죽음을 계속해서 생각할 때 기쁨이 일어난다. 마치 적들이 그들 적의 죽음을 계속해서 생각할 때처럼. 무관심한 자의 죽음을 계속해서 생각할 때 절박감이 일어나지 않는다. 마치 시체를 태우는 자가 시체를 보는 것처럼. 자기의 죽음을 계속해서 생각할 때 두려움이 일어난다. 마치 겁쟁이가 칼을 빼든 살인자를 보는 것처럼.

6. 이런 모든 것에는 마음챙김과 절박함과 지혜가 없다. 그러므로 여기저기서 [도적들에 의해] 피살되었거나 [자연적으로] 죽은 중생들을 쳐다보고 이전에 영화를 누렸던 이미 죽은 중생들의 죽음으로 전향하여 마음챙김과 절박함과 지혜를 확립하여 '죽음이 들이닥칠 것이다'라는 등의 방법으로 마음에 잡도리함을 일으켜야 한다. 이와 같이 일으킬 때 근원적으로 일으킨 것이다. 바른 방법으로 일으킨다는 뜻이다.

7. 이와 같이 일으키자마자 [기능이 예리한] 어떤 자는 장애들을 억압하고, 죽음을 대상으로 한 마음챙김이 확립되고, 명상주제는 근접삼매에 이른다.

8. 그러나 이와 같이 얻을 수 없을 때 그는 ① 살인사가 나타난 것으로 ② 영화가 몰락하는 것으로 ③ 비교함으로써 ④ 몸을 여러 중생들과 공유하는 것으로 ⑤ 수명이 힘이 없는 것으로 ⑥ 표상이 없는 것으로 ⑦ 시간이 한정된 것으로 ⑧ [수명의] 순간이 짧은

것으로 — 이 여덟 가지 형태로 죽음을 계속해서 생각해야 한다.

9. **(1) 살인자가 나타난 것으로:** 마치 살인자가 나타난 것처럼. '이 놈의 머리를 베리라'하면서 칼을 빼들어 목에 갖다 대는 살인자가 나타난 것처럼, '죽음도 반드시 오고야 말 것이다'라고 계속해서 생각해야 한다. 왜 그런가? 이것은 태어날 때부터 함께 왔기 때문이고 수명을 앗아가기 때문이다.

10. 버섯의 싹이 반드시 머리에 포자를 띠고 나는 것처럼 중생도 반드시 늙음과 죽음을 갖고 태어난다. 그들의 재생연결의 마음이 일어나자마자 곧 바로 늙음에 이르고 그와 함께한 무더기(蘊)들과 함께 부서진다. 마치 산꼭대기에서 굴러 떨어진 바위처럼. 이와 같이 순간의 죽음(khaṇika-maraṇa, 刹那死)은 태어남과 함께 온다. 태어난 자에게 죽음은 불가피한 것이기 때문에 여기서 뜻하는 죽음은 태어남과 함께 온 것이다.

11. 그러므로 마치 태양이 떠오르면 반드시 서쪽으로 향할 뿐 간 곳으로부터 조금도 돌아오지 않듯이, 마치 산에서 내려오는 강이 급류와 함께 [그 물살에 떨어진 풀과 나뭇잎 등을] 쓸어내리면서 계속해서 떨어질 뿐 조금도 거슬러 올라가지 않듯이, 중생도 태어난 시간부터 시작하여 조금도 되돌아가지 않고 죽음을 향할 뿐이다. 그래서 설하셨다.

> "중생이 밤에 자궁에서 처음으로 임신될 때부터
> 일어난 구름처럼 그는 갈 뿐
> 가면서 되돌아오지 않는다.(Ja.iv.494)"

12. 이와 같이 갈 때 여름의 열기에 증발하여 [산에서부터 떨어지는] 작은 개울이 말라가듯이, [밤새] 나무의 수액이 줄기로 되돌아갔을 때 아침에 그 나무에서 열매가 떨어지듯이, 흙으로 만든 옹기가 방망이에 부딪치면 깨지듯이, 이슬방울이 햇살을 받으면 사라지듯이, 오직 죽음이 가까이 있을 뿐이다. 그래서 말씀하셨다.

> "낮과 밤은 지나가고, 생명은 사라진다.
> 사람의 수명은 줄어드나니
> 마치 산에서 흐르는 물처럼.(S.i.109)"

> "익은 과일들이 아침에 떨어질 두려움이 있듯이
> 이와 같이 태어난 중생도 항상 죽음을 두려워한다.
> 도공이 만든 흙으로 된 옹기가
> 작든 크든 구운 것이든 굽지 않은 것이든
> 모든 것은 끝내 파손되듯이
> 중생의 생명도 그와 같다.(Sn.476-77)"

> "풀잎 끝의 이슬이 태양이 떠오르면3) 사라지듯이
> 인간의 수명도 그와 같습니다.
> 어머니, 저의 [출가를] 방해하지 마십시오(Jā.iv.122)"

13. 이와 같이 칼을 빼든 살인자처럼 죽음은 태어남과 함께 왔고, 이 죽음은 목에다 칼을 갖다 대는 살인자처럼 생명을 앗아간다.

---

3) "'*uggamanaṁ*(떠오름을) *pati*(대하여)'는 '*uggamananimittaṁ*(떠오름을 인하여)'의 뜻이다.(Pm.169)"

다시는 [뺏은 생명을] 가지고 되돌아오지 않는다. 그러므로 태어남과 함께 왔기 때문에, 생명을 앗아가기 때문에, 칼을 빼든 살인자처럼 죽음도 다가온다고 이와 같이 살인자가 나타난 것으로 죽음을 계속해서 생각해야 한다.

14. **(2) 영화가 몰락하는 것으로:** 몰락이 영화를 덮쳐버리기 전까지 영화는 빛난다. 몰락에 빠지고서도 유지될 그런 영화란 없다. 그래서 참으로,

> 전 대지를 정복하여 10억을 보시했던
> 행복한 왕도 마지막에는 그 왕국이
> 아말라까 열매의 반 정도에도 미치치 못했다.
> 비록 [슬픔 없는] 아소까⁴⁾였지만 공덕이 다 하여
> 죽음을 향했을 때 바로 그 몸으로 슬픔을 느꼈다.

15. 게다가 모든 건강은 병으로 끝나고, 모든 젊음은 늙음으로 끝나며, 모든 생명은 죽음으로 끝나고, 모든 세상은 태어남에 묶여 있고, 늙음이 다가오고, 병에 시달리고, 죽음에 습격당한다. 그래서 말씀하셨다.

> "거대한 석산이 하늘을 꿰찌르고
> 사방을 갈아내리면서 주위를 배회하듯
> 그와 같이 늙음과 죽음도 중생들을 정복한다.

---

4) 아소까(asoka, Sk. aśoka)는 본래 인도의 나무이름이다. 여기서는 *asoka*의 '슬픔(soka) 없음(a-)'이란 단어의 뜻을 취해서 슬픔과 대비시켜 게송을 읊었다.

> 왕족이든 바라문이든 와이샤든 수드라든
> 불가촉천민이든 야만인이든
> 그 누구도 이를 피할 수 없나니
> [죽음은] 이 모두를 갈아버린다.
> 그곳은 코끼리와 전차와 보병의 영역도 아니고
> 주술의 전쟁이나 재물로도 이길 수 없다.(S.i.102)"

이와 같이 생명의 영화는 죽음의 몰락으로 끝이 난다고 구분하여 영화가 몰락하는 것으로 죽음을 계속해서 생각해야 한다.

16. **(3) 비교함으로써:** 타인과 더불어 자신을 비교함으로써. 일곱 가지로 비교하여 죽음을 계속해서 생각해야 한다. ① 크게 명성을 떨치던 자와 ② 큰 공덕을 쌓았던 자와 ③ 힘이 장사인 자와 ④ 큰 신통을 가진 자와 ⑤ 큰 통찰지를 가진 자와 ⑥ 벽지불과 ⑦ 정등각자와 [비교한다].

17. 어떻게?

① 크게 명성을 떨치던 자와 비교함: 크게 명성을 드날렸고, 많은 부하를 거느렸고, 막대한 재산과 병력을 가졌던 마하삼마따(Mahā-Sammata)와 만다뚜(Mandhātu)와 마하수닷사나(Mahā-Sudassana)와 달하네미(Daḷhanemi)와 니밉빠부띠(Nimippabhuti) 등도 나중에는 불가피하게 이 죽음에 붙잡혔거늘 어찌 난들 붙잡히지 않겠는가?

> 큰 명성을 날렸던 마하삼마따 대왕 등도
> 죽음의 지배 하에 들어갔거늘
> 나 같은 사람에 대해서야 말해 뭣하리!

이와 같이 크게 명성을 떨치던 자와 비교하여 계속해서 생각해야 한다.

18. ② 큰 공덕을 쌓았던 자와 비교함:

조띠까, 짜띨라, 욱가, 멘다까, 뿐나까,
이들뿐 아니라 다른 자들도
세간에서 큰 공덕을 가진 자라고 명성이 자자했다.
이 모두 죽음에 이르렀거늘
나 같은 사람에 대해서야 말해 뭣하리!

이와 같이 큰 공덕을 쌓았던 자와 비교하여 계속해서 생각해야 한다.

19. ③ 힘이 장사인 자와 비교함:

와수데와, 발라데와, 비마세나, 유딧틸라
씨름꾼이던 짜나라도 죽음의 지배 하에 갔다.
이와 같이 대단한 힘을 가진 자들이라고
세간에서 명성이 자자했던 이들도
죽음에 이르렀거늘
나 같은 사람에 대해서야 말해 뭣하리!

이와 같이 힘이 장사인 자와 비교하여 계속해서 생각해야 한다.

20. ④ 큰 신통을 가진 자와 비교함:

신통 제일이고 두 번째 상수제자이고
엄지발가락으로 웨자얀따의 궁전을 진동케 했던
그분 [목갈라나도] 마치 사슴이 사자의 입에 들어가듯
무시무시한 죽음의 입으로
[그의] 신통과 함께 들어갔거늘
나 같은 사람에 대해서야 말해 뭣하리!

이와 같이 큰 신통을 가진 자와 비교하여 계속해서 생각해야 한다.

21. ⑤ 큰 통찰지를 가진 자와 비교함:

세상의 주인을 제외한 다른 중생들은
사리뿟따의 통찰지의 16분의 1에도 미치지 못한다.[5]
이와 같이 큰 통찰지를 가졌고 상수제자였던 그도
죽음의 지배 하에 들어갔거늘
나 같은 사람에 대해서야 말해 뭣하리!

이와 같이 큰 통찰지를 가진 자와 비교하여 계속해서 생각해야 한다.

22. ⑥ 벽지불과 비교함:
자기의 지혜와 정진의 힘으로 모든 오염원의 적을 쳐부수고 독각(獨覺)을 얻으셨다. 무소의 뿔처럼 [홀로 서고], 스스로 깨달으신 그분들도 죽음으로부터 벗어나지 못했거늘 어찌 내가 죽음을 벗어나겠는가?

---

5) "'*kalaṁ nagghanti soḷasiṁ*'은 '16번째의 부분을 채울 수 있는 가치도 안된다는 뜻이다.(Pm.171)"

       각각의 다른 표상을 얻어 궁구하면서 대선인들은
       스스로 깨닫고 지혜의 빛으로 번뇌의 소멸에 이르셨다.
       무소의 뿔처럼 그들은 혼자 다니고 머무셨지만
       그들도 죽음을 초월하지 못했거늘
       나 같은 사람에 대해서야 말해 뭣하리!

이와 같이 벽지불과 비교하여 계속해서 생각해야 한다.

23. ⑦ **정등각자와 비교함:** 세존은 80가지의 부속상(*anubyañ-jana*)을 두루 갖추시고, 32가지의 대인상(大人相, *mahāpurisa-lakkhaṇa*)으로 장엄된 색신을 가지셨고, 모든 면에서 두루 청정한 계의 무더기(戒蘊) 등의 덕의 보배를 성취한 법신(法身, *dhamma-kāya*)을 가지셨다. 큰 명성과 큰 덕과 큰 힘과 큰 신통과 큰 통찰지의 정점에 이르셨고, 필적할만한 자가 없고, 필적할만한 자가 없는 자들과 동등하시고, 비교할만한 자가 없고, 아라한이시고, 정등각자이신 그 분도 죽음의 빗물에 의해 그 순간에 적멸하셨다. 마치 큰 불 더미가 억수같이 쏟아지는 빗물에 의해 꺼지듯이.

       죽음은 이런 큰 위력을 가지신 대선인을
       두려워하거나 부끄러워하면서
       그의 지배 하에 둔 것이 아니다
       죽음은 양심도 없고 두려움도 없이
       모든 중생을 부숴버리거늘
       어찌 나 같은 중생을 압도하지 않으리!

이와 같이 정등각자와 비교하여 계속해서 생각해야 한다.

24. 이와 같이 큰 명성 등을 가진 타인들에게도 죽음은 보편적이라는 것으로 자기와 비교한 뒤 그 저명한 자들에게 죽음이 왔던 것과 마찬가지로 나에게도 죽음이 올 것이라고 계속해서 생각할 때 명상주제는 근접삼매에 이른다.

이와 같이 비교하여 죽음을 계속해서 생각해야 한다.

25. **(4) 몸을 여러 중생들과 공유하는 것으로:** 이 몸은 여러 중생들과 공유하는 것이다. 우선 80가지 벌레들의 무리와 함께한다. 그 중에서도 표피에 의지해서 사는 중생들은 표피를 먹고, 속 살갗에 의지해서 사는 중생들은 속 살갗을 먹고, 살집을 의지해서 사는 중생들은 살집을 먹고, 힘줄을 의지해서 사는 중생들은 힘줄을 먹고, 뼈를 의지해서 사는 중생들은 뼈를 먹고, 골수를 의지해서 사는 중생들은 골수를 먹는다.

그곳에서 태어나서, 늙고, 죽고, 용변을 본다. 몸은 그들이 태어난 집이고, 병원이고, 공동묘지이고, 화장실이고, 소변소이다. 이 몸은 그 벌레들이 전복할 때 죽음으로 간다. 이 몸이 80가지 벌레들의 무리와 함께하듯이 이 몸은 역시 수백 가지의 병이라는 죽음의 안의 조건과 뱀이나 전갈 등에 물리는 등 죽음의 바깥 조건들과 공유한다.

26. 마치 네거리에 과녁을 세워놓으면 사방에서 날아오는 화살과 작살과 창과 돌 등이 그 위에 떨어지듯이 이 몸에도 모든 재앙이 떨어진다. 이 몸은 이 재잉들이 자신에게 벌어져 죽음으로 간다. 그래서 세존께서는 말씀하셨다.

"비구들이여, 여기 비구가 날이 지고 밤이 돌아왔을 때[6] 이와 같이 숙고한다. 내게 죽음을 가져올 여러 조건이 있다. 뱀이 나를 물지도 모른다. 혹은 전갈이 나를 물지도 모른다. 혹은 지네가 나를 물지도 모른다. 그것으로 인해 죽을지도 모르고, 그것이 나에게 장애가 될지도 모른다. 혹은 발부리가 걸려 넘어질지도 모른다. 혹은 내가 먹은 음식이 탈이 날지도 모른다. 혹은 담즙이 성가시게 할지도 모르고, 가래가 성가시게 할지도 모르고, 마치 칼처럼 [관절을 끊는] 바람이[7] 성가시게 할지도 모른다. 그것으로 인해 죽을지도 모르고, 그것이 나에게 장애가 될지도 모른다.(A.iii.306)"

이와 같이 몸을 여러 중생들과 함께하는 것으로 죽음을 계속해서 생각해야 한다.

27.
(5) 수명이 힘이 없는 것으로: 이 수명은 허약하고 힘이 없다. 왜냐하면 중생의 목숨은 ① 들숨날숨과 관련되어있고 ② 위의와 관련되어있으며 ③ 추위와 더위에 관련되어있고 ④ 근본물질과 관련되어있고 ⑤ 음식과 관련되어있기 때문이다.

28.
① 그 수명은 들숨과 날숨이 고르게 일어날 때 유지된다. 코 속에 있는 바람이 밖으로 나가서 다시 안으로 들어오지 않을 때, 혹은 들어왔다가 나가지 않을 때 죽었다고 한다.

② [행·주·좌·와의] 네 가지 자세를 고르게 지을 때 수명은 존속한다. 그 중에서 어느 하나가 우세하면 수명은 끊어진다.

③ 추위와 더위의 평형을 얻을 때 수명이 존속한다. 극심한 추위

---

6) "'*nikkhante*'는 '*vītivatte*(지나가고서, 극복하고서, 지나 가버린)'의 뜻이고, '*paṭihitāyā*'는 '*paccānugatāya*(돌아오다)'의 뜻이다.(Pm.172)"
7) 원문의 '*satthaka*(칼)-*vātā*(바람)'는 문자 그대로 마치 칼로 사지를 끊는 것처럼 임종시에 관절을 끊는 바람이란 뜻이다.(Pm.172)

와 더위로 인해 압도되면 유지되지 못한다.

④ 근본물질들의 평형을 얻을 때 수명이 존속한다. 건강한 사람도 땅의 요소의 부조화로 인해 그의 몸이 뻣뻣해지면서 수명이 다한다. 물의 요소 등 가운데서 어떤 것의 부조화로 인해 몸이 축 늘어지거나, 설사를 많이 하여 몸에 악취가 나거나, 심한 열로 인해 초췌해지거나, 관절이 끊어져서 그의 목숨은 다한다.

⑤ 먹는 음식을 적절한 시기에 얻을 때에 그의 목숨은 존속한다. 음식을 얻지 못할 때 그의 목숨은 다한다.

이와 같이 수명이 힘이 없는 것으로 죽음을 계속해서 생각해야 한다.

29. **(6) 표상이 없는 것으로:** 구분할 수 없는 것으로, 즉 한정지을 수 없다는 뜻이다.

> 왜냐하면 중생들의 ① 수명 ② 병 ③ 시간
> ④ 몸을 내려놓는 곳 ⑤ 태어날 곳 —
> 이 다섯은 살아있는 세상에 알려지지 않나니
> 표상이 없기 때문이다

30. 이 가운데서 ① **수명**은 이만큼만 살아야 하고 이 이상 살아서는 안된다고 구분할 수 없기 때문에 표상이 없다. 중생들은 깔랄라(*kalala*)의 시기8)에 죽기도 하고, 압부다(*abbuda*)의 시기에, 뻬시(*pesi*)의 시기에, 가나(*ghana*)의 시기에, 한 달 뒤, 두 달 뒤, 석 달 뒤,

---

8) 입태한 태아의 단계를 각각 이와 같이 나눈다. 첫 단계가 깔랄라(*kalala*)고 네 번째 단계가 가나(*ghana*)인데 태어나기 직전의 시기를 뜻한다.

넉 달 뒤, 다섯 달 뒤, 열 달 뒤에 죽기도 하고, 자궁에서 나올 때 죽기도 하고, 백년의 이쪽저쪽에서 죽기도 한다.

31. ② **병**도 역시 '중생들은 오직 이 병으로 죽고, 다른 병으로 죽는 것이 아니다'라고 구분할 수 없기 때문에 표상이 없다. 중생들은 눈병으로 죽기도 하고 귓병 등 어느 것으로 죽기도 하기 때문이다.

32. ③ **시간**도 역시 '오직 이 시간에 죽어야 하고 다른 시간에 죽어서는 안된다'라고 구분할 수 없기 때문에 표상이 없다. 중생들은 오전에 죽기도 하고 정오 등 다른 때에 죽기도 하기 때문이다.

33. ④ **몸을 내려놓을 곳**도 역시 '중생이 죽을 때 오직 이곳에 몸을 내려놓아야 하고, 다른 곳에는 안된다'라고 구분할 수 없기 때문에 표상이 없다. 마을 안에서 태어난 자들의 몸이 마을 밖에 내려질 수도 있고, 마을 밖에서 태어난 자들의 몸이 마을 안에 내려질 수도 있고, 뭍에서 태어난 자들의 몸이 물에, 물에서 태어난 자들의 몸이 뭍에 내려질 수도 있기 때문이다. 이처럼 여러 가지 방법으로 상세하게 설명할 수 있다.

34. ⑤ **태어날 곳**도 역시 '이곳으로부터 죽어 여기 태어나야 한다'고 구분할 수 없기 때문에 표상이 없다. 천상에서 죽어 인간계에 태어나기도 하고 인간계에서 죽어 천상 등 어느 곳에 태어나기도 하기 때문이다. 이와 같이 마치 기계에 묶인 소처럼 다섯 가지[9]

---

9) 태어날 곳으로 옮긴 '*gati*'는 우리에게 지옥・아귀・축생・인간・아수라・천상의 육도(六途, 六道)윤회로 알려진 개념이다. 그러나 본서에서는 아수라를 제외한 다섯 가지 태어날 곳을 언급하고 있다. 본서 전반에

태어날 곳에 따라 세상은 돌고 돈다. 이와 같이 표상이 없는 것으로 죽음을 계속해서 생각해야 한다.

35. **(7) 시간이 한정된 것으로:** 현재 인간들의 목숨이 붙어있는 시간은 짧다. 장수하는 자도 백년이 안되거나 혹은 조금 더 살뿐이다. 그래서 세존께서는 말씀하셨다. "비구들이여, 이 인간들의 수명은 짧다. 간답바가 되어 내생으로 갈 것이다.10) 유익함을 실천해야 하고, 청정범행을 닦아야 한다. 태어난 자에게 죽음은 반드시 있다. 비구들이여, 장수하는 자도 백년의 이쪽저쪽일 뿐이다 …

  짧구나, 인간들의 목숨은!
  선한 사람들은 이것을 무시하면서
  그의 머리가 불타듯이 수행해야 할지라.
  죽음은 반드시 오고야 말리니!(S.i.108)"

다시 "비구들이여, 옛적에 아라까(Araka)라는 스승이 있었다(A.iv.136-38)"라고 말씀하셨다. 이 일곱 가지 비유로 장엄된 경을 모두 상세히 인용해야 한다.

36. 또 설하셨다. "비구들이여, 비구는 이와 같이 죽음에 대한 마음챙김을 닦는다. '참으로 나는 하루 밤과 낮밖에 살지 못할 것이다. 세존의 교법을 마음에 잡도리하리라. 그러면 참으로 지은 것이

  서 태어날 곳(*gati*)은 이 오도(五途)를 말한다.
10) '간답바'로 옮긴 원어는 '*gamaniya*'인데 Pm에서 간답바라고 해석하고, '내생으로 갈 것이다'로 옮긴 *samparāya*는 Pm에서 내생이라고 설명하기 때문에 각각 이렇게 옮겼다.(*gamaniyo ti gandhabbo upapajjanavasena. samparāyo ti paraloko.* —Pm.175)

많을 것이다.'라고. 비구들이여, 다시 비구는 이와 같이 죽음에 대한 마음챙김을 닦는다. '참으로 나는 하루 낮밖에 살지 못할 것이다. 세존의 교법을 마음에 잡도리하리라. 그러면 참으로 지은 것이 많을 것이다.'라고. 비구들이여, 다시 비구는 이와 같이 죽음에 대한 마음챙김을 닦는다. '참으로 나는 밥 먹을 동안밖에 살지 못할 것이다. 세존의 교법을 마음에 잡도리하리라. 그러면 참으로 지은 것이 많을 것이다.'라고. 비구들이여, 다시 비구는 이와 같이 죽음에 대한 마음챙김을 닦는다. '참으로 나는 네 다섯 입의 음식을 씹어 삼키는 동안밖에 살지 못할 것이다. 세존의 교법을 마음에 잡도리하리라. 그러면 참으로 지은 것이 많을 것이다.'라고.

비구들이여, 이러한 비구들을 일러 방일하게 살고, 번뇌를 멸하기 위하여 둔하게 죽음에 대한 마음챙김을 닦는다고 한다."

37. "비구들이여, 비구는 이와 같이 죽음에 대한 마음챙김을 닦는다. '참으로 나는 한 입의 음식을 씹어 삼키는 동안밖에 살지 못할 것이다. 세존의 교법을 마음에 잡도리하리라. 그러면 참으로 지은 것이 많을 것이다.'라고. 비구들이여, 다시 비구는 이와 같이 죽음에 대한 마음챙김을 닦는다. '참으로 나는 숨을 들이쉬었다가 내쉬는 동안밖에 살지 못할 것이다. 세존의 교법을 마음에 잡도리하리라. 그러면 참으로 지은 것이 많을 것이다.'라고.

비구들이여, 이러한 비구들을 일러 부지런히 살고, 번뇌를 멸하기 위하여 예리하게 죽음에 대한 마음챙김을 닦는다고 한다.(A.iii.305-6)"

38. 이와 같이 목숨의 기간은 짧아서 네 다섯 입의 음식을 씹어 삼키는 동안만큼도 확신할 수 없다.11) 이와 같이 시간이 한정된

것으로 죽음을 계속해서 생각해야 한다.

39. **(8) 순간이 짧은 것으로:** 궁극적인 뜻에서 인간의 수명의 순간은 매우 짧다. 그것은 오직 한 마음이 일어나는 동안 만큼이다. 마치 수레바퀴가 굴러갈 때에 바퀴의 테두리의 한 부분이 [땅에 닿아] 굴러가고 설 때에도 바퀴의 테두리의 한 부분이 서듯이 중생들의 수명은 한 마음순간 만큼이다(eka-citta-kkhaṇika). 그 마음이 소멸할 때 중생이 멸했다고 한다. 그래서 말씀하셨다.

"과거의 마음순간(心刹那)에 살았고, [지금은] 살지 않고, [미래에도] 살지 않을 것이다. 미래의 마음순간에 살지 않았고, 살지 않고, 살 것이다. 현재의 마음순간에 살지 않았고, 살고 있고, 살지 않을 것이다.

> 오직 수명과 자신과12) 행복과 고통이
> 훌쩍 지나가버리는 하나의 마음과 연결되어있다. …
> 멸한 무더기(蘊)는 이미 죽은 자의 것이거나
> 살아있는 지의 깃이거나 모두 같나니
> 가버린 뒤 다시는 돌아오지 않는다.
> …

---

11) "'avissāsiyo'는 'avissāsanīyo(확신할 수 없는)'의 뜻이다.(Pm.175)"
  한편 avissāsanīya는 vi+√śvas(to blow)의 Pot. 분사형의 부정으로 '숨을 편히 내쉴 수 없는'이라는 문자적인 의미에서 '믿을 수 없는, 확신할 수 없는'의 뜻으로 사용된다.
12) "여기서 '목숨(jīvita)'은 '생명기능(jīvitindriya, 命根)'이고 '자신 (atta-bhāva)'은 이미 언급한 생명기능과 느낌과 마음을 제외한 나머지 법들을 뜻한다.(jīvitavedanāviññāṇāni ṭhapetvā avasiṭṭhadhammā vuttā. — Pm.176)"

[마음이] 일어나지 않으면 태어남이 없고
마음이 현존할 때 살아있는 것
마음이 무너지면 세상은 죽은 것이니
이것은 궁극적인 뜻의 개념이다.(Nd1.42)"

이와 같이 순간이 짧은 것으로 죽음을 계속해서 생각해야 한다.

40. 이와 같이 여덟 가지 가운데 어느 방법으로든 죽음을 계속해서 생각할 때 거듭거듭 마음에 잡도리함을 통해 마음을 반복해서 닦게 된다. 죽음을 대상으로 마음챙김이 확립되고, 장애들을 억압하고, 禪의 구성요소들이 나타난다.

그러나 이 대상은 고유성질을 가진 법이고 또 절박감을 일깨우기 때문에 본삼매에는 이르지 못하고 오직 근접삼매에만 이른다. 출세간 禪과 두 번째와 네 번째의 무색계禪도 고유성질을 가진 법인 [열반과 마음]을 대상으로 삼지만 [아래에서 설명하는] 수행의 특별함을 통해 본삼매에 이른다.13)

[계와 삼매 등] 점진적인 청정을 닦음으로 인해 출세간 禪은 본삼매에 이른다. 대상을 극복하는 수행을 통해 무색계[禪은 본삼매

---

13) 여기서 알아두어야 할 것은 고유성질을 가진 법은 찰라생·찰라멸하기 때문에 무상·고·무아를 통찰하는 위빳사나의 대상이지 삼매를 증득하는 사마타의 대상이 아니라는 점이다. 사마타의 대상은 표상(*nimitta*)이고 표상은 개념(*paññatti*)에 속한다. 여기에 대해서는 『길라잡이』 9장 §17의 해설을 참조할 것.
그러나 출세간 禪은 고유성질을 가진 법인 열반을 대상으로 삼고, 두 번째와 네 번째의 무색계禪은 각각 고유성질을 가진 법인 첫 번째와 세 번째 무색계 마음(*citta*)을 그 대상으로 삼는다. 그렇지만 이들은 다음에서 설명하는 수행의 특별함을 통해 본삼매에 이른다.

에 이른다]. 왜냐하면 그 [두 번째와 네 번째의 무색계禪에는] 이미 본삼매에 이른 禪의 대상을 극복하는 것만이 있을 뿐이기 때문이다. 그러나 여기 [죽음에 대한 마음챙김에서는] 둘 모두가 없다.

그러므로 이 禪은 오직 근접삼매에만 이를 뿐이다. 이것은 죽음에 대한 마음챙김의 힘을 통해 일어났기 때문에 죽음에 대한 마음챙김이라 한다.

41. 이 죽음에 대한 마음챙김을 수행하는 비구는 항상 방일하지 않는다. 모든 존재에 대해 즐거워하지 않는 인식을 얻는다. 목숨에 대한 집착을 버린다. 악을 비난한다. 많이 축적하지 않는다. 필수품에 대한 때(mala)와 인색함을 버린다. 그에게 무상의 인식이 깊어진다. 따라서 괴로움의 인식과 무아의 인식이 나타난다. 죽음에 대한 [마음챙김을] 닦지 않는 중생은 갑자기 맹수나 야차나 뱀이나 도적이나 살인자에게 붙잡힌 것처럼 죽을 때에 두려움과 공포와 몽매함에 빠지지만 [닦은 자는] 이와 같은 상태에 빠지지 않고 두려움도 없고 몽매함도 없이 죽는다. 만약 이 생에서 불사를 얻지 못하면 몸이 무너시너라도 적어도 선처로 인도된다.

> 그러므로 슬기로운 자는 항상 게을리 하지 말지니
> 이와 같이 큰 위력을 가진 죽음에 대한 마음챙김을.

이것이 죽음에 대한 마음챙김의 상세한 설명이다.

8. 몸에 대한 마음챙김(向身念)
kāyagatāsatikathā

42. 이제 또 다른 명상주제인 몸에 대한 마음챙김의 수행을 설할 차례가 되었다. 이것은 부처님이 출현하시기 이전에는 일찍이 알려지지 않았으며 모든 외도들의 영역을 벗어난 것이다. 여러 경에서 다음과 같이 여러 가지 방법으로 세존께서 찬탄하셨다.

"비구들이여, 하나의 법이 있으니 그것을 닦고 거듭거듭 행할 때 큰 절박감을 일어나게 하고, 큰 이익이 있고, 큰 유가안은(瑜伽安穩)이 있고, 큰 마음챙김과 알아차림이 있고, 지와 견을 얻게 되고, 지금 여기(現今)에서 행복한 삶을 살고, 영지와 해탈의 과를 실현한다. 무엇이 그 하나의 법인가? 몸에 대한 마음챙김이다.(A.i.43) …

비구들이여, 몸에 대한 마음챙김을 맛보는 자는 불사를 맛보고 몸에 대한 마음챙김을 맛보지 못한 자는 불사를 맛보지 못한다. 비구들이여, 몸에 대한 마음챙김을 맛보았던 자는 불사를 맛보았고 몸에 대한 마음챙김을 맛보지 못했던 자는 불사를 맛보지 못했다. 비구들이여, 몸에 대한 마음챙김을 버린 자는 불사를 버리고 몸에 대한 마음챙김을 버리지 않은 자는 불사를 버리지 않는다. 비구들이여, 몸에 대한 마음챙김을 잃어버린 자는 불사를 잃어버리고 몸에 대한 마음챙김을 시작한 자는 불사를 시작한다.(A.i.45)"

또한 "비구들이여, 몸에 대한 마음챙김을 어떻게 닦고, 어떻게 거듭거듭 행할 때 큰 결실과 큰 이익이 있는가? 비구들이여, 여기 비구가 숲 속으로 가거나 혹은 …(M.iii.89)"이라는 방법으로 들숨날숨, 자세(威儀), 네 가지 알아차림(正知), 혐오를 마음에 잡도리함, 요소

(界, 四大)들을 마음에 잡도리함, 아홉 가지 묘지의 관찰이라는 이 열네 가지 부분에 따라 [몸에 대한 마음챙김을] 설하셨다.

43. 이 가운데 자세와 네 가지 알아차림과 요소들을 마음에 잡도리함이라는 이 세 부분은14) 위빳사나로 설하셨고, 묘지에 대한 아홉 가지 부분은 위빳사나의 지혜들 가운데서 위험의 관찰로 설하셨다.(XXI. §35이하) 부푼 것 등에서 성취할 삼매수행은 부정(不淨)의 해설(VI)에서 이미 설명했다. 들숨날숨의 부분과 혐오를 마음에 잡도리함의 부분, 이 둘은 삼매로 설하셨다. 이 가운데서 들숨날숨의 부분은 들숨날숨에 대한 마음챙김으로 별개의 명상주제이다.

44. "다시 비구들이여, 비구는 이 몸이 발바닥에서부터 위로 머리털끝에서부터 아래로, 살갗으로 둘러싸여있고 여러 가지 부정(不淨)한 것으로 가득 차있음을 반조한다. 즉 '이 몸에는 머리털·몸털·손발톱·이빨·살갗·살·힘줄·뼈·골수·콩팥·염통·간·근막·지라·허파·창자·장간 막·위속의 음식·똥·담즙·가래·고름·피·땀·굳기름·눈물·[피부의] 기름기·침·콧물·관절활액·오줌 등이 있다'(M.iii.90)"라고 이와 같이 뇌를 골수에 포함시켜 혐오를 마음에 잡도리함으로 32가지 명상주제를 설하셨다.15) 이

---

14) 이 셋은 특히 『장부 주석서』(DA.iii.341f)와 『중부 주석서』(MA.i.253f)에서 자세히 설명되었으며 이것은 『네 가지 마음챙기는 공부』에 완역되어있으므로 참조하기 바람.
15) 여기서 보듯이 『장부』 「긴 념처경」(Mahāsatipaṭṭhāna Sutta, D22)이나 『중부』 「염처경」(M10)에는 뇌(atthaluṅga)가 빠진 31가지 부위만이 언급되고 있다. 그러나 본서에서는 경에서 언급한 골수 안에 뇌가 포함된 것으로 해석한다. 그래서 뇌를 한 항목으로 따로 분리해서 모두 32가지 부위를 설정하고 이를 상세하게 설명하고 있다.

32가지 명상주제가 여기서 뜻하는 몸에 대한 마음챙김이다.

45. 여기서 이것을 닦는 해설은 성전을 한 구절씩 설명하면서 시작하려 한다.

이 몸이: 4대로 이루어진 더러운 몸이. **발바닥에서부터 위로**: 발바닥으로부터 그 위로. **머리털끝에서부터 아래로**: 머리털끝으로부터 그 아래로. **살갗으로 둘러싸여있고**: 주위는 살갗으로 싸여있고. **갖가지 부정한 것으로 차있다고 반조한다**: 이 몸은 머리털 등 갖가지의 부정한 것으로 가득 차있다고 본다. 어떻게? '이 몸에는 머리털이 있다 … 오줌이 있다'라고.

46. 여기서 **있다**(*atthi*)라는 것은 존재한다는 뜻이다. **이**: 발바닥 위로부터 머리털끝의 아래까지 살갗으로 둘러싸여있고 갖가지의 더러움으로 가득 차있다고 표현한 그것에. **몸에는**: 신체에는. 신체는 오물의 적집이기 때문에 더러운(*kucchita*) 머리털 등과 눈병 등 백가지 병의 발생지(*āya*)이기 때문에 몸(*kāya*)이라고 한다. **머리털, 몸털**: 이 머리털 등은 32가지의 형태이다. 여기서 '이 몸에 머리털이 있다, 이 몸에 몸털이 있다'라고 문장구성을 알아야 한다.

47. 발바닥으로부터 시작하여 그 위로, 머리털끝으로부터 시작하여 그 아래로, 살갗으로부터 시작하여 그 주위로 이 한 길 길이의 송장을 갖가지 방법으로 조사해보면 어떤 진주나 보석이나 에메랄드나 알로에나 사프란이나 캠퍼나 화장용 분 등 아름다운 성분이라고는 전혀 볼 수 없다. 그와는 반대로 극도로 악취나고 혐오스럽고 불미스럽게 보이는 여러 종류의 머리털 등으로 분류되는 오물만을

볼뿐이다. 그러므로 이와 같이 설하였다. '이 몸에 머리털이 있다. 이 몸에 몸털이 있다 … 이 몸에 오줌이 있다.'라고. 여기서 이것은 단어의 구성에 따라 설명한 것이다.

몸에 대한 마음챙김을 닦는 방법

48. 이 명상주제 닦기를 원하는 초심자인 선남자는 앞서 설명한 선우를 친근하여 이 명상주제를 들어야 한다.

그에게 명상주제를 설하는 스승은 일곱 가지 습득에 능숙함과 열 가지 마음에 잡도리함에 대한 능숙함을 설명해야 한다. 여기서 ① 말로써 ② 마음으로써 ③ 색깔로써 ④ 형태로써 ⑤ 방위로써 ⑥ 장소로써 ⑦ 한계로써 — 이 일곱 가지 습득에 능숙함을 설명해야 한다.

49. **[(1) 말로써]**: 이것은 혐오스러움을 마음에 잡도리하는 명상주제이다. 그가 비록 성전을 외우는 자일지라도 처음으로 이 명상주제를 마음에 잡도리할 때는 **말로써** 독송을 해야 한다. 어떤 자에게는 독송할 때에 비로소 명상주제가 분명해진다. 말라야(Malaya)에 머물던 마하데와(Mahā-Deva) 장로로부터 명상주제를 배운 두 장로의 경우처럼. 장로는 그들이 명상주제를 청했을 때 넉 달 동안 이것을 독송하라고 32가지의 부분이 포함된 경을 주었다. 비록 그들이 각각 2부와 3부의 경장에 능통한 자들이었지만 그것을 바르게 가져 넉 달 동안 32가지 형태를 외우면서 예류자가 되었다. 그러므로 명상주제를 설하는 스승은 제자에게 처음에는 우선 말로써 독송하라고 말해야 한다.

50. 외울 때 살갗 등 다섯 가지를 한정하고 순·역순으로 외워야 한다. 머리털·몸털·손톱·이빨·살갗이라고 말하고 다시 역순으로 살갗·이빨·손톱·몸털·머리털이라고 말해야 한다.

51. 그 다음에 콩팥 등 다섯 가지로써 살·힘줄·뼈·골수·콩팥이라고 말하고 다시 역순으로 콩팥·골수·뼈·힘줄·살·살갗·이빨·손톱·몸털·머리털이라고 말해야 한다.

52. 그 다음에 허파 등 다섯 가지로써 염통·간·근막·지라·허파라고 말하고 다시 역순으로 허파·지라·근막·간·염통·콩팥·골수·뼈·힘줄·살·살갗·이빨·손톱·몸털·머리털이라고 말해야 한다.

53. 그 다음에 뇌 등 다섯 가지로써 창자·장간막·위 속의 음식·똥·뇌라고 말하고 다시 역순으로 뇌·똥·위 속의 음식·장간막·창자·허파·지라·근막·간·염통·콩팥·골수·뼈·힘줄·살·살갗·이빨·손톱·몸털·머리털이라고 말해야 한다.

54. 그 다음에 굳기름 등 여섯 가지로써 담즙·가래·고름·피·땀·굳기름이라고 말하고 다시 역순으로 굳기름·땀·피·고름·가래·담즙·뇌·똥·위 속의 음식·장간막·창자·허파·지라·근막·간·염통·콩팥·골수·뼈·힘줄·살·살갗·이빨·손톱·몸털·머리털이라고 말해야 한다.

55. 그 다음에 오줌 등 여섯 가지로써 눈물·[피부의] 기름기·침·콧물·관절활액·오줌이라고 말하고 다시 역순으로 오줌·관절활액·콧물·침·[피부의] 기름기·눈물·굳기름·땀·피·고름·가래·담즙·뇌·똥·위속의 음식·작은창자·큰창자·허파·지라·근막·간·염통·콩팥·골수·뼈·힘줄·살·살갗·이빨·손톱·몸털·머리털이라고 말해야 한다.

56. 이와 같이 백 번, 천 번, 백 천 번을 말로써 독송해야 한다. 말로써 독송함으로써 명상주제의 성전이 친숙해지고, 마음은 이곳저곳으로 달려가지 않는다. [그러면 32가지] 부분들이 분명해진다. 그러면 마치 손가락의 열처럼16), 혹은 울타리 말뚝의 열처럼 [닮은 표상이] 나타난다.

57. [(2) 마음으로써]: 말로써 하는 것처럼 **마음으로써** 독송해야 한다. 말로 독송하는 것은 마음으로 독송하는 것에 조건이 되고, 마음으로 독송하는 것은 [부정의] 특징을 꿰뚫는 것에 조건이 된다.

58. (3) **색깔로써**: 머리털 등의 색깔을 구분해야 한다. (4) **형태로써**: 그들의 형태도 구분해야 한다. (5) **방위로써**: 이 신체에 배꼽으로부터 위는 윗방위이고, 그로부터 아래는 아랫방위이다. 그러므로 이 부분은 이 방위에 있다고 방위를 구분해야 한다. (6) **장소로써**: 이 부분은 이 장소에 놓여있다고 이와 같이 각각이 장소를 구분

---

16) 원문은 'hatthasaṅkhalikā(손의 열)'인데 문맥상 맞지 않다. 그래서 Pm에서는 'aṅgulipanti(손가락의 열)'로 설명하고 있으며(hatthasaṅkhalikā ti aṅgulipantim āha. —Pm.180) 역자는 이것을 따랐다.

해야 한다.

59. **(7) 한계로써:** 비슷한 것의 한계와 비슷하지 않은 것의 한계, 이 두 가지 한계가 있다. 이 가운데서 이 부분은 이것에 의해 위, 아래, 주위로 한정되어있다고 이와 같이 비슷한 것의 한계를 알아야 한다. 머리털은 몸털이 아니고, 몸털도 머리털이 아니라고 이와 같이 섞이지 않는 상태를 통해 비슷하지 않은 것의 한계를 알아야 한다.

60. 이와 같이 스승이 일곱 가지 습득에 능숙함을 설명할 때 이 명상주제는 어떤 경에서는 혐오의 관점에서 설했고, 어떤 경에서는 요소(*dhātu*, 界)의 관점에서 설한 사실을 알고 설명해야 한다. 왜냐하면 이것은 「긴 염처경」(大念處經, D22)에서는 혐오의 관점에서 설하셨고, 「긴 코끼리발자국 비유경」(大象跡喩經, M28)과 「긴 라훌라 교계경」(大教誡羅候羅經, M62)과 「요소분별경」(界分別經, M140)에서는 요소의 관점에서 설하셨기 때문이다. 「염신경」(念身經, M119)에서는 [머리털 등에서 색깔의 까시나로] 나타나는 사람에 관해 네 가지 禪을 설하셨다. 요소로 설한 것은 위빳사나의 명상주제이고 혐오로 설한 것은 사마타의 명상주제이다. 여기서는 그 사마타의 명상주제가 적절하다.

61. 이와 같이 일곱 가지 습득에 능숙함을 설명한 뒤 ① 순서에 따라 ② 지나치게 급하게도 않고 ③ 지나치게 느리게도 않으며 ④ 산란함을 방지함으로써 ⑤ 개념(*paññatti*)을 극복함으로써 ⑥ 차례대로 내버려둠으로써 ⑦ 본삼매로써 ⑧-⑩ 세 가지 경(經)으로써

— 이와 같이 열 가지 마음에 잡도리함에 능숙함을 설명해야 한다.

62. **(1) 순서에 따라:** 이것을 독송할 때부터 순서에 따라서 마음에 잡도리해야지 [32가지 부분들에서] 단 하나라도 빠뜨려서는 안된다. 마치 익숙하지 않은 사람이 32단의 사닥다리를 중간에 한 단씩 걸러서 올라갈 때 몸이 지쳐 다 올라갈 수 없듯이, 부분들을 빠뜨리고 마음에 잡도리할 때 수행을 성취하여 얻어야 할 만족을 얻지 못하기 때문에 마음이 피로하여 수행을 성취할 수 없다.

63. **[(2) 지나치게 급하게도 않고]:** 순서에 따라 마음에 잡도리할 때도 **지나치게 급하게 해서는 안된다.** 마치 어떤 사람이 3유순의 길을 따라서 나아가야 할 [길]과 피해야 할 [길]을 주시하지도 않고 백배나 더 빠른 속도로 다녀왔을 때 비록 여행은 마쳤지만 [다시 여행을 할 때는] 참으로 다시 물어본 후라야 여행할 수 있을 것이다. 이와 같이 지나치게 급하게 마음에 잡도리할 때 비록 명상주제의 끝에 이르렀지만 명료하지 않고, 수승함을 가져오지 못한다. 그러므로 너무 급하게 마음에 잡도리해서는 안된다.

64. **(3) [지나치게 느리게도 않으며]:** 지나치게 급하게 않듯이 **지나치게 느리게 해서도 안된다.** 마치 하루에 3유순의 길을 여행하고자하는 사람이 길 도중에 나무와 산과 호수 등에서 빈둥빈둥 시간을 보낼 때 그 날 도착지에 이를 수 없고 이틀이나 사흘이 지난 후에 도착할 지도 모른다. 이와 같이 지나치게 느리게 마음에 잡도리할 때 명상주제의 끝에 이를 수 없고 수승함을 증득하는 조건이 되지도 않는다.

65. **(4) 산란함을 방지함으로써:** 명상주제를 놓아버리고 밖의 갖가지 대상에 대해 마음이 흩어지는 것을 방지해야 한다. 만약 산란함을 방지하지 않으면 마치 한 발 넓이밖에 되지 않는 낭떠러지 길을 가는 사람이 자기가 발 디딜 곳은 주시하지 않고 여기저기를 쳐다볼 때 발걸음을 놓쳐버려 백 길 낭떠러지에 떨어지듯이 밖으로 산란해질 때 명상주제를 소홀히 하여 잃어버린다. 그러므로 산란함을 방지함으로써 마음에 잡도리해야 한다.

66. **(5) 개념(*paññatti*)을 극복함으로써:** 이 머리털, 몸털 등은 개념이다. 그것을 극복하고 혐오스럽다고 마음을 확립시켜야 한다.17) 마치 사람들이 가뭄에 숲 속의 샘물을 발견하고 그곳에 야자수 잎 등으로 표식(산냐)을 걸어두고 그 표식의 안내에 따라 와서 목욕도 하고 마시기도 하는 것과 같다. 만약 자주 다님으로써 오가는 길이 분명해지면 더 이상 표식은 소용이 없다. 원하는 순간에 가서 목욕하고 마신다. 이와 같이 먼저 머리털, 몸털이라고 개념을 마음에 잡도리하고 혐오스런 상태가 분명해지면 그때 머리털, 몸털이라는 개념을 극복하고 혐오스런 상태에 마음을 두어야 한다.

67. **(6) 차례대로 내버려둠으로써:** 나타나지 않는 부분들을 내버려둘 때 차례대로 내버려둠으로써 마음에 잡도리해야 한다. 초심자가 머리털을 마음에 잡도리할 때 계속해서 마음에 잡도리하여 이 마지막 부분인 오줌에 이르러서 멈춘다. 오줌을 마음에 잡도리할

---

17) 몸에 대한 마음챙김의 설명에서 가장 중요한 부분이다. 이렇게 함으로써 비로소 삼매에 든다.

때 계속해서 마음에 잡도리하여 이 처음 부분인 머리털에 이르러서 멈춘다. 이와 같이 계속해서 마음에 잡도리할 때 어떤 부분들은 나타나고 어떤 부분들은 나타나지 않는다. 그러므로 나타나는 부분에 대해서 먼저 [마음에 잡도리하는] 일을 지어야 한다. 두 부분이 나타날 때 그 중에서 더 명료하게 나타나는 하나를 [마음에 잡도리해야 한다]. 이와 같이 나타난 것에 계속해서 마음에 잡도리함을 통해 본삼매를 일으켜야 한다.

68. 이것이 그 비유다. 만약 32그루의 야자수가 서있는 숲에 원숭이가 살고 있는데 사냥꾼이 그 원숭이를 잡고 싶은 마음에 첫 번째 서있는 야자수의 잎을 화살로 쏘면서 고함을 지르면 그때 그 원숭이는 차례대로 다음 야자수에 뛰어올라 마지막 야자수까지 갈 것이다. 사냥꾼이 마지막 야자수까지 쫓아가서 이전처럼 하면 원숭이는 다시 같은 방법으로 첫 번째의 야자수로 올 것이다. 이와 같이 계속해서 쫓긴 원숭이는 고함 소리가 난 곳마다 껑충 뛰어오르다가 결국 어떤 한 야자수에 올라서 그 속에서 싹트는 새순을 꽉 잡은 뒤 화살에 맞더라도 다른 곳으로 뛰어오르지 않을 것이다. 이와 같이 비유를 알아야 한다.

69. 여기서 이것이 비유의 적용이다. 숲 속에 32그루의 야자수가 있듯이 이 몸에 32가지 부분이 있다. 마음은 원숭이와 같고, 수행자는 사냥꾼과 같다. 수행자의 마음이 32가지 부분들이 있는 이 몸을 대상으로 활동하는 것은 원숭이가 32그루의 야자수가 있는 숲에 사는 것과 같다. 수행자가 머리털을 마음에 잡도리함을 시작하여 차례대로 가서 마지막 부분에 마음이 머무는 것은 사냥꾼이 첫

번째 서있는 야자수의 잎을 화살로 쏘면서 고함을 지를 때 원숭이 가 이 야자수에서 저 야자수로 뛰어올라 마지막 야자수에 이르는 것과 같다. 다시 돌아오는 것도 이 방법과 같다. 그가 계속해서 마음에 잡도리하여서 어떤 부분들이 나타날 때, 나타나지 않은 부분들은 내버려두고 나타난 부분들에서 준비를 짓는 것은 원숭이가 계속해서 쫓길 때 고함 소리가 난 곳마다 껑충 뛰어오르는 것과 같다. 마지막에 두 부분이 나타날 때 더 명료하게 나타나는 부분을 계속해서 마음에 잡도리하여 본삼매를 일으키는 것은 결국 한 야자수에 올라 그 속에 그 야자수의 싹트는 새순을 꽉 잡고서는 화살에 맞더라도 뛰어오르지 않는 것과 같다.

70. 다른 비유가 있다. 탁발을 하는 비구가 32가구가 사는 마을의 근처에 살면서 첫 번째 집에서 두 [집 몫의] 음식을 얻으면 그 다음 한 집을 건너뛸 것이다. 다시 그 다음날 세 집 몫의 음식을 얻으면 그 다음 두 집을 건너뛸 것이고, 세 째 날에 첫 번째 집에서 바리때 가득 얻으면 앉아서 음식을 먹는 회관으로 가서 먹을 것이다. 이와 같이 비유의 적용을 알아야 한다.

71. 32가지 부분들은 32가구와 같다. 수행자는 탁발하는 비구와 같다. 수행자가 32가지 몸의 부분들에서 준비를 짓는 것은 탁발하는 비구가 그 마을의 근처에 사는 것과 같다. 계속해서 마음에 잡도리할 때 나타나지 않은 부분들은 내버려두고 나타난 부분들 중의 두 가지 부분에서 준비를 짓는 것은 첫 번째 집에서 두 집 몫의 음식을 얻은 뒤 그 다음에 한 집을 건너뛰는 것과 같고 또 둘 째 날에 세 집 몫의 음식을 얻은 뒤 그 다음 두 집을 건너뛰는 것과 같다.

두 부분 중에서 더 명료하게 나타나는 것을 계속해서 마음에 잡도리하여 본삼매를 일으키는 것은 세 째 날에 첫 번째 집에서 바리때 가득 얻은 다음 음식을 먹는 회관에 앉아서 먹는 것과 같다.

72. **(7) 본삼매로써:** 본삼매에 드는 부분으로써. 머리털 등의 각각의 부분에 대해 본삼매에 든다고 알아야 한다. 이것이 여기서 나타내고자하는 것이다.

73. **(8)-(10) 세 가지 경으로써:** 높은 마음(增上心)과 청량함과 깨달음의 구성요소에 대한 능숙함을 다룬 세 가지 경은 정진을 삼매와 결합하기 위한 것이라고 알아야 한다. 다음이 여기서 나타내고자하는 것이다.

74. "비구들이여, 높은 마음을 닦는18) 비구는 때때로 세 가지 표상을 마음에 잡도리해야 한다. 때때로 삼매의 표상을 마음에 잡도리해야 한다. 때때로 정진의 표상을 마음에 잡도리해야 한다. 때때로 평온의 표상을 마음에 잡도리해야 한다.

비구들이여, 만약 높은 마음을 닦는 비구가 오직 삼매의 표상만을 마음에 잡도리하면 그의 마음은 자칫 게을러질 수 있다. 비구들이여, 만약 높은 마음을 닦는 비구가 오직 정진의 표상만을 마음에 잡도리하면 그의 마음은 자칫 들떠버릴 수 있다. 비구들이여, 만약 높은 마음을 닦는 비구가 오직 평온의 표상만을 마음에 잡도리하면 그의 마음은 자칫 번뇌를 멸하기 위하여 바른 삼매에 들지 않을 수

---

18) 높은 마음은 사마타와 위빳사나의 마음이다(*adhicittan ti samatha-vipassanācittaṁ*). 원문의 '*anuyuttena*'는 '*yuttappayuttena, bhāventena*(닦는)'의 뜻이다.(Pm.181)

있다.

비구들이여, 그러나 높은 마음을 닦는 비구가 때때로 삼매의 표상을 … 정진의 표상을 … 평온의 표상을 마음에 잡도리하면 그때 그의 마음은 부드럽고 적합하고 빛나고 부서지지 않고 번뇌를 멸하기 위하여 바르게 삼매에 든다."

75. "비구들이여, 이런 비유를 들 수 있다. 금세공인이나 금세공인의 제자가 도가니를 만든다. 만든 뒤 그것에 열을 가한다. 도가니의 입구에 열을 가한 뒤에는 집게로 정제되지 않은 금을 집어 도가니에 넣고 때때로 바람을 보내고, 때때로 물을 뿌려주고, 때때로 쳐다본다.

비구들이여, 만약 금세공인이나 금세공인의 제자가 정제되지 않은 금에 오로지 바람을 보내기만 한다면 그 금이 자칫 타버릴 수도 있다. 비구들이여, 만약 금세공인이나 금세공인의 제자가 정제되지 않은 금에 오로지 물을 뿌리기만 한다면 그 금이 자칫 식어버릴 수도 있다. 비구들이여, 만약 금세공인이나 금세공인의 제자가 정제되지 않은 금을 오로지 들여다보기만 한다면 그 금이 적당하게 정제될 수가 없을 것이다.

비구들이여, 금세공인이나 금세공인의 제자가 정제되지 않은 금에 때때로 바람을 보내고, 때때로 물을 뿌려주고, 때때로 들여다보기 때문에 그 금은 부드럽고, 적합하고, 빛나고 부서지지 않으며 세공하기에 적절하다. 금세공인은 허리띠든 반지든, 목걸이든, 금 머리띠든 그가 원하는 모든 종류의 장식품을 [만들어] 자기의 목적을 성취한다."

76. "이와 같이 비구들이여, 높은 마음을 닦는 비구는 … 번뇌를 멸하기 위하여 바르게 삼매에 든다. 그는 신통지(神通智, 초월지, abhiññā)로 실현시킬 수 있는 법이라면 그것이 어떤 것이든지 간에, 신통지로 그 경지를 실현하기 위해서 마음을 기울이면 그런 원인(āyatana)이 있을 땐 언제든지19) 그것을 실현하는 능력을 얻는다.(A.i.256-58)"

이것이 높은 마음을 다룬 경전이라고 알아야 한다.

77. "비구들이여, 이 여섯 가지 법을 갖춘 비구는 위없는 청량함을20) 실현할 수 있다. 무엇이 그 여섯인가? 비구들이여, 여기 비구가 마음을 절제해야 할 때 마음을 절제하고, 마음을 분발해야 할 때 마음을 분발하고, 마음을 기쁘게 해야 할 때 마음을 기쁘게 하고, 마음을 평온하게 해야 할 때 마음을 평온하게 하고, 수승한 [道와 果로] 기울고,21) 열반을 즐거워한다. 비구들이여, 이 여섯 가지 법을 갖춘 비구는 위없는 청량함을 실현할 수 있다.(A.iii.435)"

이것은 청량함을 다룬 경이라고 알아야 한다.

78. 그러나 깨달음의 구성요소에 대한 능숙함은, "비구들이여, 이와 같이 마음이 느슨해질 때는 편안함의 깨달음의 구성요소(輕安覺支)를 수행할 때가 아니다.(S.v.113)"라고 본삼매에 드는 능숙함의

---

19) "여기서 [원인이 있을 땐 언제든지로 옮긴] 'sati sati āyatane'는 '전생이 원인 등 그런 원인(kāraṇa)이 있을 때'이다.(Pm.181)
20) "청량함(sītibhāva)이란 열반이나 오염원의 방해들이 가라앉은 것이다.(Pm.181)"
21) "'paṇītā(수승한)'는 수승한 최상의 도와 과를 뜻하고 'adhimutti(결의)'는 기울고, 향하고, 의지한다는 뜻이다.(Pm.181)"

주석에서 이미 설했다(IV. §51; §57).

79. 이와 같이 이 일곱 가지 습득에 능숙함을 잘 파악하고 열 가지 마음에 잡도리함에 능숙함을 잘 구분한 뒤 수행자는 이런 두 가지 능숙함을 통해 명상주제를 잘 들어야 한다.

80. 만약 그가 스승과 함께 같은 사원에 사는 것이 편리하다면 이처럼 [한꺼번에] 상세하게 설하지 말고 명상주제를 잘 구분한 다음 명상주제를 들면서 특별함을 얻을 때마다 차츰 상세하게 설명해야 한다. 다른 곳에 살기를 원하는 자는 앞서 설한 방법대로 상세하게 설명을 듣고 반복해서 숙고하여 모든 어려움을 해결하고 나서 땅의 까시나에서 설한 방법대로 적절하지 않은 거처는 피하고 적절한 곳에 살면서 사소한 장애들을 끊고 혐오스러움을 마음에 잡도리하는 준비를 해야 한다.

신체의 32가지 부분을 구분함
koṭṭhāsavavatthāpanakathā

81. 그렇게 할 때 우선 머리털 등에서 [명상주제의] 표상[22]을 취해야 한다. 어떻게? 머리털 한 개나 두 개를 뽑아 손바닥에 놓은 뒤 우선 색깔을 구분해야 한다. 머리털은 잘린 곳에서도 볼 수 있고 물이 담겨있거나 죽이 담긴 바리때 속에서도 볼 수 있다. 검을 때 보면 검다고 마음에 잡도리하고, 흴 때 보면 희다고, [검고 흰 것이] 섞였을 때는 현저한 [색깔로] 마음에 잡도리해야 한다. 머리털처럼

---

22) "명상주제의 표상이란 부정한 상태를 말한다.(Pm.181)"

살갗 등 오개조23) 모두를 보고서 표상을 취해야 한다.

82. 이와 같이 표상을 취하여 ㉮ 모든 부분에서 색깔과 형태와 방위와 장소와 한계로 구분하고,(§58) ㉯ 색깔, 형태, 냄새, 거주지, 장소의 다섯 가지 방법으로 혐오스러운 상태를 구분해야 한다.

83. 이제 [32가지] 모든 부분들을 차례대로 설명한다.

1. 머리털(kesa)

① 색깔로써: 본래 검다. 싱싱한 아릿타까 열매의 색깔이다. ② 형태로써: 길고 둥근 것이 마치 천칭의 저울대의 형태와 같다. ③ 방위로써: 윗방위에서 자란다. ④ 장소로써: 귀뿌리들에 의해 양쪽으로 한정되어있고, 앞으로는 이마와 뒤로는 목덜미에 의해 한정된 두개골을 둘러싸고 있는 내피가 머리털의 장소다. ⑤ 한계로써: 머리털은 아래로는 자신들의 뿌리의 표면으로써 한정되어있다. 이 뿌리의 표면은 머리를 둘러싸고 있는 살갗 속으로 벼 끝만큼 들어가서 붙어있다. 이것은 또 위로는 허공으로, 주위로는 서로서로에 의해서 한정되어있다. 두 개의 머리털이 함께 있지 않다고 하는 것이 비슷한 것에 의한 그들의 한계이다. 머리털은 몸털이 아니고, 몸털은 머리털이 아니다. 이와 같이 나머지 31부분들과도 섞여있지 않다. 머리털은 별개의 한 부분이라고 하는 것이 비슷하지 않은 것에 의한 한계이다.

이것이 머리털을 색깔 등에 따라 구분한 것이다.

---

23) §50에서 설한 머리털 · 몸털 · 손톱 · 이빨 · 살갗을 말한다.

84. 이제 색깔 등 다섯 가지 방법으로 혐오스러운 상태를 구분한다. 머리털은 색깔로도 혐오스럽고, 형태로도, 냄새로도, 거주지로도, 장소로도 혐오스럽다.

85. 죽이 담긴 멋진 발우와 밥이 담긴 발우에서 머리털의 색깔을 보고서 사람들은 '머리털이 섞여있어, 치워버려!'라고 넌더리 친다. 이와 같이 머리털은 ① 색깔로 혐오스럽다. 깜깜한 밤에 먹을 때 머리털 모양의 약까 껍데기와 마까찌 껍데기의 섬유질에 닿기만 해도 그와 마찬가지로 넌더리 친다. 이와 같이 ② 형태로 혐오스럽다.

86. 기름을 바르고 꽃과 향수 등으로 치장을 하지 않으면 머리털의 냄새는 극도로 넌더리난다. 불에 태우면 그 보다 더하다. 왜냐하면 머리털은 색깔과 형태로는 직접적으로 혐오스럽지 않다 치더라도 ③ 냄새로는 혐오스럽기 그지없다. 예를 들면, 어린 아기의 똥이 색깔로는 심황의 색깔이고 형태로도 한 조각의 심황뿌리의 형태이고, 쓰레기 더미에 버려진 검은 개의 부푼 송장은 색깔로는 익은 야자의 색깔이고 형태로는 둥글게 만들어 버려둔 만돌린 모양의 북의 형태이며 그것의 이빨은 재스민의 봉오리와 같다. 이 둘 모두 색깔과 형태로는 직접적으로 혐오스럽지 않다 치더라도 냄새로는 혐오스럽기 그지없다. 그와 같이 머리털도 색깔과 형태로는 직접적으로 혐오스럽지 않다 치더라도 냄새로는 혐오스럽기 그지없다.

87. 마치 시골 하수의 오물 구덩이에서 자란 국거리 채소들은 도시 사람들을 넌더리나게 하고 요리에 사용되지도 않을 것이다. 이와 같이 머리털도 고름과 피와 오줌과 똥과 담즙과 가래 등의

하수에서 자랐기 때문에 넌더리난다. 이것이 ④ 거주지로 인한 혐오스러움이다.

88. 이 머리털은 31가지 무더기 위에서 자란다. 마치 똥 무더기 위에서 균이 자라듯이. 묘지와 쓰레기 더미 등에서 자란 채소처럼, 수채 등에서 자란 연꽃이나 수련 등의 꽃처럼 오물 구덩이에서 자라기 때문에 극도로 넌더리난다. 이것이 ⑤ 장소로 인한 혐오스러움이다.

89. 머리털처럼 색깔, 형태, 냄새, 거주지, 장소라는 다섯 가지 방법으로 모든 부분들의 혐오스러운 상태를 알아야 한다. 그러나 색깔과 형태와 방위와 장소와 한계로 모든 부분들을 따로따로 구분해야 한다.

2. 몸털(loma)

90. ① 본래의 색깔로써: 머리털처럼 순전히 검은 색[24]은 아니고 거무스름한 갈색이다. ② 형태로써: 끝이 구부러진 야자의 뿌리의 형태이다. ③ 방위로써: 두 방위에서 자란다. ④ 장소로써: 머리털이 자라는 장소와 손바닥과 발바닥을 제하고 대부분 나머지 몸을 싸고 있는 피부에서 자란다. ⑤ 한계로써: 안으로는 몸을 싸고 있는 내피에 리카[25]의 길이만큼 들어가서 붙어있는 자기 뿌리의 표면으

---

24) "'asambhinna-kāḷaka(혼합되지 않은 검은색)'는 다른 색과 서로 섞이지 않은 검은 색이다.(Pm.184)"
25) 리카(likhā)는 아주 작은 단위의 길이나 양을 재는 단위이다. 1우까(ūkā, 이, louse)가 7리카의 길이라 하니 어느 정도 작은지 짐작할 것이다.

로, 위로는 허공으로, 주위로는 서로서로에 의해서 한정되어있다. 두 개의 몸털이 함께 있지 않다고 하는 것이 비슷한 것에 의한 한계이다. 비슷하지 않은 것에 의한 한계는 머리털에서 한 것과 같다.

3. 손·발톱(nakha)

91. 손·발톱이란 20개의 손·발톱이다. ① 색깔로써: 모두 흰색이다. ② 형태로써: 물고기의 비늘의 형태이다. ③ 방위로써 발톱들은 아랫방위에서 손톱들은 윗방위에서 — 이 두 방위에서 생겼다. ④ 장소로써: 손가락과 발가락 끝의 뒤에 고정되어있다. ⑤ 한계로써: 양 방위에서 손톱과 발톱 끝의 살에 의해서, 안에는 손발톱 뒤의 살로, 밖과 끝에는 허공으로, 주위에는 서로서로에 의해서 한정되어있다. 두 개의 손발톱이 함께 있지 않다고 하는 것이 비슷한 것에 의한 한계이다. 비슷하지 않은 것에 의한 한계는 머리털에서 한 것과 같다.

4. 이빨(danta)

92. 이빨은 완전하게 이빨을 가진 자의 32개 이빨의 뼈다. ① 색깔로써: 희다. ② 형태로써: 여러 가지 형태가 있다. 그 중에서 아래 치열의 중간에 네 개의 이빨은 흙덩이에 한 줄로 박아둔 호박씨의 형태이다. 네 개의 양쪽에서 각각 하나는 하나의 뿌리와 하나의 끝을 가지며, 재스민 꽃 봉우리의 형태다. 그 다음의 각각 하나는 두 개의 뿌리와 두 개의 끝을 가지며, 수레의 버팀목의 형태다. 그 다음의 각각 두 개는 세 개의 뿌리와 세 개의 끝을 가지고, 그 다음의 각각 두 개는 네 개의 뿌리와 네 개의 끝을 가진다. 윗니의 열도

이와 같다. ③ 방위로써: 윗방위에서 생겼다. ④ 장소로써: 두 개의 턱뼈에 고정되어있다. ⑤ 한계로써: 아래로는 턱뼈에 고정되어있는 자신의 뿌리의 표면으로, 위로는 허공으로, 주위로는 서로서로에 의해서 한정되어있다. 두 개의 이빨이 함께 있지 않다고 하는 것이 비슷한 것에 의한 한계이다. 비슷하지 않은 것에 의한 한계는 머리털에서 한 것과 같다.

5. 살갗(taca)

93. 살갗이란 온 몸을 싸고 있는 내피다. 그 위층은 검은색, 갈색, 노란색 등 표피다. 온 몸으로부터 이것을 모두 뭉치더라도 대추씨앗 정도의 [크기에] 지나지 않는다. ① 색깔로써: 흰색이다. 이것의 흰 상태는 표피가 불꽃에 데거나 혹은 타격 등으로 벗겨질 때 분명해진다. ② 형태로써: 간략히 설명하면 몸의 형태이다. 이것은 간략한 설명이다.

94. 그러나 상세하게 설명하면 발가락의 살갗의 형태는 누에고치의 형태이고, 발등의 살갗의 형태는 온 발등을 덮는 신발의 형태이고, 종아리의 살갗은 밥을 말아 싼 야자 잎의 형태이다. 넓적다리의 살갗은 벼를 가득 담은 긴 자루의 형태이다. 엉덩이의 살갗은 물이 가득 담긴 천으로 만든 체의 형태이다. 등의 살갗은 널빤지 위에 펴놓은 가죽의 형태이다. 배의 살갗은 류트의 몸체 위에 펴놓은 가죽의 형태이다. 가슴의 살갗은 대부분 사각형이다.

양팔의 살갗은 화살 통에 펴놓은 가죽의 형태이다. 손등의 살갗은 면도칼 상자의 형태이거나 빗질하는 기구를 넣어두는 상자의 형태이다. 손가락의 살갗은 열쇠 상자의 형태이다. 목의 살갗은 목깃의 형태이다. 얼굴의 살갗은 크고 작은 구멍이 많은 벌레들의 소굴의 형태이다. 머리의 살갗은 바리때를 넣어두는 자루의 형태이다.

95. 살갗을 파악하는 수행자는 위 입술로부터 시작하여 얼굴 위로 그의 지혜를 기울여 첫 번째로 얼굴을 싸고 있는 내피를 구분해야 한다. 그 다음에 이마 뼈를 구분해야 한다. 그 다음에 마치 자루에 든 바리때와 자루의 사이에 손을 끼워 넣는 것처럼, 두개골과 머리의 내피 사이에 지혜를 기울여 두개골과 함께 붙어있는 내피를 분리함으로써 머리의 내피를 구분해야 한다. 그 다음에 어깨의 내피를, 그 다음에 오른 팔의 내피를 순행과 역행으로, 그 다음에 같은 방법으로 왼 팔의 내피를 구분해야 한다.

그 다음에 등의 내피를 구분한 뒤 순행과 역행으로 오른쪽 다리의 내피를, 그 다음에 같은 방법으로 왼 다리의 내피를 구분해야 한다. 그 다음에 샅 위, 심장, 목의 내피를 차례대로 구분해야 한다. 목의 내피 다음에 아래턱뼈의 내피를 구분하고 아래 입술에 도착하면 마쳐야 한다. 이와 같이 거친 것을 파악할 때 그에게 미세한 것도 분명해진다.

96. ③ 방위로써: 두 방위에서 생겼다. ④ 장소로써: 온 몸을 싸고 있다. ⑤ 한계로써: 아래는 고정된 표면으로 위는 허공으로 한정되어있다. 이것은 비슷한 것에 의한 한계이다. 비슷하지 않은 것에 의한 한계는 머리털에서 한 것과 같다.

6. 살(marinsa)

97. 구백 덩이의 살이 있다. ① 색깔로써: 모두 붉은 것이 낑슈까 꽃과 같다. ② 형태로써: 장딴지에 덩어리로 된 살은 야자 잎의 자루에 넣어 둔 밥의 형태이다. 넓적다리의 살은 밀방망이의 형태이다. 엉덩이의 살은 솥의 끝 부분의 형태이다. 등의 살은 야자의 속살을 말려서 만든 편편한 판의 형태이다. 늑골 사이의 살은 평평한 구멍에 흙을 얇게 칠해놓은 형태이다. 가슴의 살은 둥글게 만들어 던져놓은 흙덩이의 형태이다. 두 팔의 살은 두 마리를 포개놓은 가죽을 벗긴 큰 쥐의 형태이다. 이와 같이 거친 것을 파악할 때 미세한 것도 분명해진다.

98. ③ 방위로써: 두 방위에서 생겼다. ④ 장소로써: 삼백 개가 넘는 뼈에 붙어있다. ⑤ 한계로써: 아래로는 뼈 무더기에 고정되어 있는 표면으로, 위로는 살갗으로, 주위로는 서로서로에 의해서 한정되어있다. 이것은 비슷한 것에 의한 한계이다. 비슷하지 않은 것에 의한 한계는 머리털에서 한 것과 같다.

7. 힘줄(nhāru)

99. 구백 개의 힘줄이 있다. ① 색깔로써: 모든 힘줄은 희다. ② 형태로써: 여러 형태이다. 이 가운데서 목의 윗부분부터 시작하여 다섯 개의 큰 힘줄은 몸을 연결하면서 앞쪽으로 내려오고, 다섯은 뒤쪽으로, 다섯은 오른 쪽으로, 다섯은 왼쪽으로 내려온다. 오른 손을 연결하면서 다섯은 손의 앞쪽으로 내려오고 다섯은 뒤쪽으로 내려온다. 왼 손을 연결하는 것도 마찬가지다. 오른 발을 연결하면서

다섯 개가 발 앞쪽으로 내려오고 다섯은 뒤쪽으로 내려온다. 왼 발을 연결하는 것도 마찬가지다.

이와 같이 몸을 지탱하는 것이라 불리는 예순 개의 힘줄이 몸을 연결하면서 [목에서부터] 내려온다. 이들은 건(腱, kaṇḍara, 깐다라)이라고도 부른다. 이들은 고구마 줄기의 형태이다. 그러나 여기저기 흩어져있는 그 보다 더 미세한 다른 힘줄들은 줄과 노끈의 형태이다. 그 보다 더 미세한 다른 힘줄들은 덩굴의 형태이다. 그 보다 더 미세한 다른 힘줄들은 큰 류트의 줄의 형태이다. 다른 것은 굵은 실가닥의 형태이다. 손과 발등의 힘줄은 새의 발 형태이다. 머리의 힘줄은 어린이 머리의 그물 모자의 형태이다. 등의 힘줄은 햇빛아래 펴놓은 젖은 그물의 형태이다. 사지의 구석구석에 붙어있는 힘줄은 몸에 붙어있는 그물모양의 옷의 형태이다.

100. ③ 방위로써: 두 방위에서 생겼다. ④ 장소로써: 온 몸의 뼈들을 함께 연결하고 있다. ⑤ 한계로써: 아래로는 삼백 개의 뼈 위에 고정되어있는 표면으로, 위로는 살과 내피와 닿아있는 부분으로, 주위로는 서로서로에 의해서 한정되어있다. 이것은 비슷한 것에 의한 한계이다. 비슷하지 않은 것에 의한 한계는 머리털에서 한 것과 같다.

8. 뼈(aṭṭhi)

101. 뼈는 서른두 개의 이빨을 제외한 나머지 예순네 개의 손의 뼈와 예순네 개의 발의 뼈와 살에 붙어있는 예순네 개의 연골과 두 개의 뒤꿈치 뼈와 양발에 두 개의 발목뼈와 두 개의 경골과 한 개의

무릎 뼈와 한 개의 넓적다리뼈와 두 개의 엉덩이뼈와 열여덟 개의 등뼈와 스무네 개의 갈비뼈와 열네 개의 가슴뼈와 한 개의 흉골과 두 개의 쇄골과 두 개의 견갑골과 두 개의 상박골(上膊骨)과 각 두 개씩의 전완골(前腕骨)과 일곱 개의 목뼈와 두 개의 턱뼈와 한 개의 코뼈와 두 개의 눈뼈와 두 개의 귀뼈와 한 개의 전두골과 한 개의 후두골과 아홉 개의 두개골이 있다. 이와 같이 삼백 개의 뼈가 있다.
① 색깔로써: 모두 희다. ② 형태로써: 여러 가지 형태이다.

102. 발가락의 끄트머리 뼈들은 까따까 씨앗의 형태이다. 그 다음에 중간 부분에 있는 뼈들은 잭 열매 씨앗의 형태이다. 바닥 부분의 뼈들은 작은 북의 형태이다. 발등의 뼈들은 흠이 생긴 깐달라 다발의 형태이다. 발뒤꿈치 뼈는 한 개의 핵을 가진 야자열매 씨앗의 형태이다.

103. 발목뼈는 [실로] 함께 묶은 두 개의 노리개 공의 형태이다. 발목뼈에 부착되어있는 경골은 껍질이 벗겨지지 않은 신디 줄기의 형태이다. 작은 경골들은 장난감용의 작은 활의 형태이다. 큰 것은 말라빠진 뱀의 등의 형태이다. 무릎 뼈는 한 쪽이 녹아버린 포말 덩어리의 형태이다. 무릎 뼈 [속으로 들어가서] 고정되어있는 경골은 끝이 무딘 소뿔의 형태이다. 넓적다리의 뼈는 도끼나 손도끼의 잘 깎지 않은 손잡이의 형태이다. 엉덩이뼈에 부착되어있는 넓적다리뼈의 부분은 노리개 공의 형태이다. 넓적다리뼈에 의해 고정되어있는 엉덩이뼈의 부분은 끝이 부러진 큰 뿌나가 열매의 형태이다.

104. 두 개의 엉덩이뼈는 도기공이 만든 두 개면서 하나로 연결

된 솥의 형태이다. 각각은 대장장이의 망치의 고리의 형태이다. 그 끝에 붙어있는 좌골은 아래로 늘어뜨려 놓은 뱀의 머리의 형태이다. 그것은 일곱이나 여덟 군데 구멍이 나있다. 등뼈들은 안으로는 납으로 만든 판을 감아놓은 형태이고 밖으로는 염주 알의 형태이다. 그들의 사이에는 톱의 이빨과 같은 두 개나 세 개의 가시들이 나있다.

105. 스물 네 개의 갈비뼈들 가운데서 불완전한 것은 부서진 검(칼)의 형태이고 완전한 것은 완전한 검의 형태이다. 그 모두는 흰 닭의 날개를 펼쳐놓은 형태이다. 열네 개의 가슴뼈는 낡은 육중한 건물 골격의 형태이다. 흉골은 숟가락의 오목한 부분의 형태이다. 쇄골들은 작은 구리칼의 손잡이의 형태이다. 어깨뼈들은 한쪽이 닳은 싱할라(스리랑카) 괭이의 형태이다.

106. 팔의 윗부분의 뼈(上膊骨)들은 거울의 손잡이의 형태이다. 전완골(前腕骨)들은 두 개의 야자수 줄기의 형태이다. 손목뼈들은 납으로 만든 판을 감아서 한 부분을 묶어서 쌓아올린 형태이다. 손의 뒷부분의 뼈들은 멍든 고구마 덩어리의 형태이다. 손가락뼈들 가운데서 엄지손가락뼈는 작은 북의 형태이고 가운데 손가락뼈들은 다 익지 않은 잭 열매 씨앗의 형태이고 새끼손가락뼈는 까따까 씨앗의 형태이다.

107. 일곱 개의 목뼈들은 막대기에 꿰어 차례대로 쌓아올린 대나무 줄기의 고리 형태이다. 아래턱뼈는 대장장이의 쇠망치 고리의 형태이다. 위의 것은 [사탕수수의 껍질을] 벗겨내는 칼의 형태이다. 눈구멍과 콧구멍의 뼈는 정수를 빼버린 어린 야자 씨앗의 형태이다.

전두골은 조가비로 만든 엎어놓은 주발의 형태이다. 귓구멍의 뼈는 이발사의 면도칼 상자의 형태이다. 전두골과 귓구멍의 위에 두건을 매는 곳의 뼈는 버터가 넘친 옹기에 매달려 있는 주름진 얇은 막의 형태이다. 후두골은 끝 부분의 구멍이 잘린 야자의 만곡의 형태이다. 두개골은 늙은 조롱박을 폐어서 만든 주발의 형태이다.

108. ③ 방위로써: 두 방위에 있다. ④ 장소로써: 예외 없이 온 몸에 있다. 구분해서 설하면 머리뼈는 목뼈에 부착되어있고, 목뼈는 등뼈에 부착되어있고, 등뼈는 엉덩이뼈에, 엉덩이뼈는 넓적다리뼈에, 넓적다리뼈는 무릎 뼈에, 무릎 뼈는 경골에, 경골은 발목뼈에, 발목뼈는 발등 뼈에 부착되어있다. ⑤ 한계로써: 안으로는 골수로써, 위로는 살로써, 끝과 뿌리는 서로서로에 의해서 한정된다. 이것은 비슷한 것에 의한 한계이다. 비슷하지 않은 것에 의한 한계는 머리털에서 한 것과 같다.

9. 골수(aṭṭhi-miñja)

109. 골수는 여러 뼈들의 속에 있다. ① 색깔로써: 이것은 흰색이다. ② 형태로써: 큰 뼈들 속에 있는 골수는 대나무 통에 넣어 뜨거워진 큰 사탕수수 끝의 형태이다. 작은 뼈들 속에 있는 골수는 대나무 마디에 넣어 끓인 작은 수수 끝의 형태이다. ③ 방위로써: 두 방위에 있다. ④ 장소로써: 뼈들 속에 있다. ⑤ 한계로써 뼈들 속의 표면에 의해 한정되어있다. 이것은 비슷한 것에 의한 한계이다. 비슷하지 않은 것에 의한 한계는 머리털에서 한 것과 같다.

10. 콩팥(vakka)

110. 콩팥은 한 개로 묶여있는 두 개의 살덩어리이다. ① 색깔로써: 이것은 담홍색으로 빨리밧다까 씨앗의 색깔이다. ② 형태로써: 아이들이 갖고 노는 한 쌍의 공의 형태이다. 혹은 하나의 가지에 붙어있는 두 개의 맹고 과일의 형태이다. ③ 방위로써: 이것은 윗방위에 놓여있다. ④ 장소로써: 목의 저부에서부터 하나의 뿌리가 생겨 조금 내려가서 둘로 나뉘어 지는 강한 힘줄에 묶인 채 염통의 살 주위에 있다. ⑤ 한계로써: 콩팥의 경계에 의해 한정되어있다. 이것은 비슷한 것에 의한 한계이다. 비슷하지 않은 것에 의한 한계는 머리털에서 한 것과 같다.

11. 염통(hadaya)

111. 염통이란 염통의 살이다. ① 색깔로써: 이것은 붉은 것이 마치 홍련 잎의 뒷면의 색깔이다. ② 형태로써: 밖의 잎을 제거하고 거꾸로 놓아둔 연꽃봉오리의 형태이다. 밖은 부드럽고 안은 꼬사따끼 열매의 안과 비슷하다. 통찰지를 가진 자의 것은 약간 피었고, 통찰지가 둔한 자의 것은 봉우리의 상태이다. 그 안에는 뿐나가 씨앗의 크기만 한 구멍이 있다. 그 속에 빠사따(pasata)[26] 반만큼의 피가 있다. 그것을 의지하여 마노의 요소(意界)와 마노의 알음알이의 요소(意識界)가 활동한다.

---

26) BDD에는 한 움큼 혹은 4분의 1 리터 정도 되는 액량의 단위라고 나타나지만 이 문맥에 적용시키기에는 너무 많은 양이다. 산스끄리뜨 'pṛṣata'가 빗방울을 뜻하기도 하므로 빗방울 하나 정도의 양이라고 보는 것이 더 타당할 것 같다.

112. 그것은 탐하는 기질의 사람의 것은 붉고, 성내는 기질의 사람의 것은 검고, 무지한 기질의 사람의 것은 고기를 씻은 물과 비슷하다. 사색하는 기질의 사람의 것은 완두 수프의 색깔이다. 신뢰하는 기질의 사람의 것은 [노란] 까니까라 꽃의 색깔이다. 지적인 기질의 사람의 것은 깨끗하고 맑고 탁하지 않고, 밝고 청정하여 윤이 나는 보석처럼 빛이 난다.

113. ③ 방위로써: 이것은 윗방위에 있다. ④ 장소로써: 몸속의 두 가슴 사이에 있다. ⑤ 한계로써: 염통은 염통의 경계에 의해 한정되어있다. 이것은 비슷한 것에 의한 한계이다. 비슷하지 않은 것에 의한 한계는 머리털에서 한 것과 같다.

12. 간(yakana)

114. 간은 쌍으로 된 살의 막이다. ① 색깔로써: 붉고, 담적색이고, 너무 붉지 않은 수련 잎의 뒷면의 색깔이다. ② 형태로써: 한 개의 뿌리와 두 개의 끝을 가신 것이 마치 꼬위랄라 잎의 형태이다. 이것은 둔한 사람에게 하나뿐이고 크다. 통찰지를 갖춘 자에게는 둘 혹은 셋의 작은 것들이 있다. ③ 방위로써: 윗방위에 있다. ④ 장소로써: 두 가슴의 사이에 오른쪽으로 기대어있다. ⑤ 한계로써: 간은 간의 경계에 의해 한정되어있다. 이것은 비슷한 것에 의한 한계이다. 비슷하지 않은 것에 의한 한계는 머리털에서 한 것과 같디.

13. 근막(kilomaka)

115. 근막은 숨겨진 것과 숨겨지지 않은 것으로 분류되는 두 가지 살의 덮개이다. ① 색깔로써: 두 가지 모두 흰색인 것이 두꿀라 천 조각의 색깔이다. ② 형태로써: 자기 장소의 형태이다. ③ 방위로써: 숨겨진 근막은 윗방위에 있고, 숨겨지지 않은 것은 두 방위에 있다. ④ 장소로써: 숨겨진 근막은 염통과 콩팥을 숨기고 있고, 숨겨지지 않은 근막은 온 몸의 내피 아래의 살을 덮고 있다. ⑤ 한계로써: 아래는 살로, 위로는 내피로, 주위로는 근막의 경계로 한정되어있다. 이것은 비슷한 것에 의한 한계이다. 비슷하지 않은 것에 의한 한계는 머리털에서 한 것과 같다.

14. 지라(pihaka)

116. 지라는 혀의 모양을 한 복부의 위쪽에 있는 살이다.[27] ① 색깔로써: 푸르다. 닉군디 꽃의 색깔이다. ② 형태로써: 손가락 일곱 마디의 크기이고, 검은 소의 늘어진 혀의 형태이다. ③ 방위로써: 윗방위에 있다. ④ 장소로써: 염통의 왼쪽과 복부의 위쪽에 의지하여있다. 타격을 입어 이것이 밖으로 나올 때에 중생들의 수명이 다한다. ⑤ 한계로써: 이것은 지라의 경계에 의해 한정되어있다. 이것은 비슷한 것에 의한 한계이다. 비슷하지 않은 것에 의한 한계는 머리털에서 한 것과 같다.

---

[27] 원문의 '*udara-jivhā-maṁsa*'를 Pm에서는 다음과 같이 풀이하고 있다. '*jivhā-saṇṭhānaṁ*(혀의 모양을 한) *udarassa*(복부의) *matthaka-passe*(윗 편에) *tiṭṭhanaka-maṁsaṁ*(놓여있는 살). —Pm.196)' 그래서 역자는 이와 같이 옮겼다.

15. 허파(papphāsa)

117. 허파는 둘 혹은 세[28] 덩어리로 나누어진 허파의 살이다. ① 색깔로써: 이것은 붉다. 너무 많이 익지 않은 무화과의 색깔이다. ② 형태로써: 고르게 썰지 않은 두꺼운 빵 조각의 형태이다. 안에 먹은 것과 마신 것이 없을 때 업에서 생긴 화대의 열이 솟아 그것에 의해 압박받기 때문에 씹은 짚의 더미처럼 무미건조하고 영양소가 없다. ③ 방위로써: 윗방위에 있다. ④ 장소로써: 몸의 내부에 두 가슴의 사이에 염통과 간위에 매달려서 이들을 숨기고 있다. ⑤ 한계로써: 이것은 허파의 경계에 의해 한정되어있다. 이것은 비슷한 것에 의한 한계이다. 비슷하지 않은 것에 의한 한계는 머리털에서 한 것과 같다.

16. 창자(anta)

118. 창자는 남자에게는 32완척의 길이이고, 여자에게는 28완척의 길이인데 21곳에서 접어져있는 창자이다. ① 색깔로써: 흰색이다. 흰색의 작은 모래로 만든 석회의 색깔이다. ② 형태로써: 피가 든 홈통에서 사리를 튼 목 잘린 뱀의 형태이다. ③ 방위로써: 두 방위에 있다. ④ 장소로써: 위는 식도로부터 아래는 대변의 통로에 매어있기 때문에 식도와 대변의 통로에 의해 한정된 몸속에 있다. ⑤ 한계로써: 창자의 경계에 의해 한정되어있다. 이것은 비슷한 것에

---

28) 원문의 'dvattiṁsa'는 문자적으로는 32를 나타내는 숫자이지만 내용상 싱할리 본의 'dvatti(둘, 셋)'로 보는 것이 옳다. 그래서 냐나몰리 스님도 'two or three pieces of flesh'로 옮겼다. 그러나 빼 마웅 틴은 'thirty-two different pieces of flesh'라고 잘못 영역했다.

의한 한계이다. 비슷하지 않은 것에 의한 한계는 머리털에서 한 것과 같다.

17. 장간막(antaguṇa)

119. 이것은 창자가 감기는 곳에서 그들을 묶고 있다. ①색깔로써: 흰색이다. 다까시딸리까 뿌리의 색깔이다. ② 형태로써: 다까시딸리까 뿌리의 형태이다. ③ 방위로써: 두 방위에 있다. ④ 장소로써: 발닦개 매트의 밧줄들의 바퀴 모양 가운데서 그 밧줄들을 꿰매고 있는 실처럼 21개의 사리 속에 들어있다. 이것은 사람들이 괭이질과 도끼질을 할 때 창자의 사리들이 흘러내리지 않도록 그들을 동여매고 있다. 마치 꼭두각시를 끌어당길 때 꼭두각시의 나무로 된 사지를 흘러내리지 않도록 동여매는 끈처럼. ⑤ 한계로써: 장간막의 경계에 의해 한정되어있다. 이것은 비슷한 것에 의한 한계이다. 비슷하지 않은 것에 의한 한계는 머리털에서 한 것과 같다.

18. 위 속의 음식(udariya)

120. 위 속의 음식은 먹고 마시고 씹고 맛본 것이 위 속에 있는 것이다. ① 색깔로써: 삼킨 음식의 색깔이다. ② 형태로써: 천으로 만든 거르는 기구에 느슨히 묶여있는 쌀의 형태이다. ③ 방위로써: 윗방위에 있다. ④ 장소로써: 위에 있다.

121. 여기서 위(胃, udara)라는 것은 젖은 천을 양끝에서 쥐어짤 때 그 중간에서 생긴 기포와 같은 내장의 막이다. 밖은 매끄럽다. 안은 썩은 고기를 말아서 싸놓은 썩은 맹고 잎사귀와 같다. 혹은 이

것은 썩은 잭 열매 껍질의 안과 같다.

이안에 둥글게 생긴 벌레, 간두빠다까 벌레, 딸라히라까 벌레, 바늘 입을 가진 벌레, 빠따딴뚜숫따까 벌레 등 서른두 가지 벌레의 무리로 분류되는 벌레들이 서로 뒤섞여 무리를 이루어 살고 있다. [위 속에] 마실 것과 먹거리 등이 없으면 날뛰고 비명을 지르고 심장의 살에 덤벼든다. 음식과 마실 것 등을 삼킬 때 입을 위로 치켜 올린 채 먼저 삼킨 두 세 덩이를 낚아채기 위해 앞을 다툰다.

위 속은 이 벌레들의 태어난 곳이고, 변소이고, 병원이고, 묘지이다. 마치 여름철에 큰비가 내릴 때 그 물을 따라 떠내려 온 오줌, 똥, 껍데기, 뼈, 힘줄, 침, 콧물, 피 등 갖가지 부패물이 천민촌 입구의 오물 구덩이에 떨어져서 진흙과 물에 뒤섞여있고, 이삼일 지나면 벌레들이 무더기로 생기고, 태양의 열기로 그것은 발효가 되면서 부글부글 끓는 것과 같다. 위에는 기포와 거품이 생기고 검은 색이 되면서 극도로 악취를 풍기고 혐오스럽다. 가까이 다가가는 것과 보는 것도 견딜 수 없거늘 냄새를 맡거나 혹은 맛보는 것이야 말해 뭐하겠는가?

이와 같이 잡다한 음식과 음료 등을 이빨의 절굿공이로 빻고 혀의 손으로 구르고 침의 액체가 엉기어 순식간에 색깔과 향기와 맛 등이 없어지고 베 짜는 사람이 사용하는 풀 반죽과 개가 토해낸 것과 같은 형태가 되고, 그곳에 모여 있던 담즙과 가래와 바람에 흠뻑 젖어 위장의 불의 열기로 그것은 발효가 되면서 벌레들과 함께 부글부글 끓는다. 위에서는 기포와 거품이 생기고 극도로 구역질나고 악취가 풍기고 혐오스런 상태로 남아있다. 이런 것을 들으면 음료와 음식 등에 대한 식욕이 떨어지거늘 통찰지의 눈으로 그것을 쳐다본 뒤에야 말해 뭐하겠는가?

그 속에 들어온 음료와 음식 등은 다섯 부분으로 나누어진다. 벌레들이 한 부분을 먹고, 위장의 불이 한 부분을 태우고, 한 부분은 오줌이 되고, 한 부분은 똥이 되고, 한 부분은 영양소가 되어 피와 살 등을 지탱한다.

122. ⑤ 한계로써: 위장막과 위 속의 음식의 경계에 의해 한정되어있다. 이것은 비슷한 것에 의한 한계이다. 비슷하지 않은 것에 의한 한계는 머리털에서 한 것과 같다.

19. 똥(karīsa)

123. 이것은 배설물이다. ① 색깔로써: 대부분 삼킨 음식의 색깔과 같다. ② 형태로써: 그 장소의 형태이다. ③ 방위로써: 아랫방위에 있다. ④ 장소로써: 소화된 찌꺼기를 담는 용기에 있다.

124. 소화된 찌꺼기를 담는 용기란 배꼽과 등뼈의 끝 사이의 창자 끝에 있는 가장 낮은 부분이다. 여덟 개의 손가락 넓이이고, 대나무 통과 같다. 마치 높은 곳에 떨어진 빗물이 아래로 흘러가 낮은 곳을 채우면서 있듯이, 아직 소화되지 않은 음식을 담는 용기에 떨어진 음료와 음식 등이 위장의 불에 의해 부글부글 끓으면서 계속해서 익혀 마치 맷돌 위에 갈아놓은 것처럼 부드러운 상태가 되어 창자의 통로를 타고 아래로 내려가 대나무 마디에 꽉 눌러 담아놓은 누르스름한 흙덩이처럼 잘 눌러져있다.

125. ⑤ 한계로써: 소화된 찌꺼기를 담는 용기의 막과 똥의 경

계에 의해 한정되어있다. 이것은 비슷한 것에 의한 한계이다. 비슷하지 않은 것에 의한 한계는 머리털에서 한 것과 같다.

20. 뇌(matthaluṅga)

126. 뇌[29]란 두개골 속에 있는 골수 덩어리이다. ① 색깔로써: 이것은 흰색이고 버섯의 살의 색깔이다. 또한 응유가 되기 전의 시큼한 우유의 색깔이다라고 말할 수 있다. ② 형태로써: 이것이 있는 장소의 형태이다. ③ 방위로써: 윗방위에 있다. ④ 장소로써: 두개골 속의 네 개의 봉합선 부분에 일치하도록 함께 놓여진 네 개의 밀가루 반죽처럼 함께 놓여있다. ⑤ 한계로써: 두개골 속의 표면과 뇌의 경계에 의해 한정되어있다. 이것은 비슷한 것에 의한 한계이다. 비슷하지 않은 것에 의한 한계는 머리털에서 한 것과 같다.

21. 담즙(pitta)

127. 담즙(쓸개즙)은 두 종류가 있다. 고정되어있는 담즙과 유동적인 담즙이다. ① 색깔로써: 고정되어있는 담즙은 진한 마두까 기름의 색깔이다. 유동적인 담즙은 시든 아꿀리 꽃의 색깔이다. ② 형태로써: 이 둘 모두 이것이 있는 장소의 형태이다. ③ 방위로써: 고정되어있는 담즙은 윗방위에 있고, 나머지는 두 방위에 있다. ④ 장소로써: 유동적인 담즙은 머리털, 몸털, 이빨, 손발톱의 살이 없는 부분과 딱딱하게 마른 피부를 제외한 온 몸에 퍼져있다. 마치 물 위

---

29) 뇌(matthaluṅga)는 「긴 염처경」(大念處經, D22)의 경문에는 나타나지 않는다. 주석서에서부터 첨가된 것이다. 자세한 것은 위 §44와 그 주해를 참조할 것.

의 기름방울처럼. 이것이 조화를 이루지 못하면 눈이 노랗게 되고 경련을 일으키고 몸이 떨리고 가렵다. 고정되어있는 담즙은 염통과 허파사이의 간의 살을 의지하여있다. 조롱박과 같은 담낭에 있다. 이것이 조화를 이루지 못하면 중생들이 흥분하고 미치고, 양심과 수치심을 버리고 해서는 안되는 일과 해서는 안되는 말과 해서는 안되는 생각을 한다. ⑤ 한계로써: 담즙의 경계에 의해 한정되어있다. 이것은 비슷한 것에 의한 한계이다. 비슷하지 않은 것에 의한 한계는 머리털에서 한 것과 같다.

22. 가래(semha)

128. 가래는 몸속에 있고 한 주발에 가득 찰 분량이다. ① 색깔로써: 흰색이다. 나가발라 잎사귀의 즙의 색깔이다. ② 형태로써: 이것이 있는 장소의 형태이다. ③ 방위로써: 윗방위에 있다. ④ 장소로써: 위장막에 붙어있다. 마치 물에 나무토막과 사금파리가 떨어지면 물 위의 이끼와 푸른 더껑이가 분리되어 두 쪽이 되었다가 다시 함께 펴듯이 마실 것과 먹거리 등을 삼킬 때에 음료와 음식이 떨어질 때 가래는 분리되어 두 쪽이 되었다가 다시 함께 편다. 이것이 부족하면 곪은 종기나 썩은 계란처럼 위장은 극도로 악취를 풍기고 썩는 냄새가 난다. 그 위장에서 올라오는 나쁜 냄새로 인해 트림과 입도 악취가 나서 썩는 냄새와 같다. 그 사람은 '저리가, 너에게 악취가 난다'라는 말을 듣는 지경에 이른다. 이것이 넉넉하면 나무로 된 변소 뚜껑처럼 위장 막 속에 썩는 냄새를 차단시킨다. ⑤ 한계로써: 가래의 경계에 의해 한정되어있다. 이것은 비슷한 것에 의한 한계이다. 비슷하지 않은 것에 의한 한계는 머리털에서 한 것과 같다.

23. 고름(pubba)

129. 피가 썩은 것이 고름이다. ① 색깔로써: 마른 잎의 색깔이다. 그러나 죽은 사람의 경우 이것은 썩은 걸쭉한 죽의 색깔이다. ② 형태로써: 이것이 있는 장소의 형태이다. ③ 방위로써: 두 방위에 있다. ④ 장소로써: 고름이 고이어있는 정해진 장소가 없다. 나무의 그루터기와 가시에 찔렸거나 불에 데여 상처가 생긴 몸의 부분에 피가 고여 썩거나 혹은 종기나 등창 등이 생긴 곳에 고름이 있다. ⑤ 한계로써: 고름의 경계에 의해 한정되어있다. 이것은 비슷한 것에 의한 한계이다. 비슷하지 않은 것에 의한 한계는 머리털에서 한 것과 같다.

24. 피(lohita)

130. 피는 두 가지가 있다. 고이어있는 피와 순환하는 피다. ① 색깔로써: 고이어있는 피의 색깔은 끓인 라크 염료의 걸쭉한 즙의 색깔이고, 순환하는 피는 라크 염료의 선명한 즙의 색깔이다. ② 형태로써: 둘 모두 이것이 있는 장소의 형태이다. ③ 방위로써: 고이어있는 피는 윗방위에 있고, 순환하는 피는 양 방위에 있다. ④ 장소로써 순환하는 피는 머리털, 몸털, 이빨, 손발톱의 살이 없는 부분과 딱딱하게 마른 피부를 제외하고 정·동맥의 망을 따라 업에서 생긴 온 몸에 퍼져있다. 고이어있는 피는 한 주발의 분량으로써 간이 있는 곳의 아래 부분을 채운다. 염통과 콩팥과 허파의 위로 조금씩 튀겨 콩팥과 염통과 간과 허파를 적신다. 피가 콩팥과 염통 등을 적시지 못할 때 중생들은 갈증이 난다. ⑤ 한계로써: 피의 경계에

의해 한정되어있다. 이것은 비슷한 것에 의한 한계이다. 비슷하지 않은 것에 의한 한계는 머리털에서 한 것과 같다.

25. 땀(seda)

131. 몸털 등의 모공에서 흘러내리는 물의 요소(水界)이다. ① 색깔로써: 투명한 참기름 색깔이다. ② 형태로써: 이것이 있는 장소의 형태이다. ③ 방위로써: 양 방위에 있다. ④ 장소로써: 이것은 피처럼 항상 고이어있는 정해진 장소가 없다. 불의 열기와 태양의 열기와 온도의 변화 등으로 몸이 더워졌을 때 마치 물에서 끌어당겨 낸 울퉁불퉁하게 자른 수련의 뿌리와 연꽃 줄기의 다발처럼 모든 머리털과 몸털의 모공에서 흘러나온다. 그러므로 이것의 형태는 머리털과 몸털의 모공들에 따라 알아야 한다. 땀을 파악하는 수행을 하는 자는 땀이 머리털과 몸털의 모공들을 채우는 것으로 그것을 마음에 잡도리해야 한다. ⑤ 한계로써: 땀의 경계에 의해 한정되어있다. 이것은 비슷한 것에 의한 한계이다. 비슷하지 않은 것에 의한 한계는 머리털에서 한 것과 같다.

26. 굳기름(meda)

132. 굳기름은 응고된 기름이다. ① 색깔로써 이것은 얇게 썬 심황 조각의 색깔이다. ② 형태로써: 건강한 몸의 경우 내피와 살의 사이에 놓여진 심황색의 고운 천의 형태이다. 약한 몸의 경우 정강이 살과 넓적다리 살과 척추 가까이에 있는 등살과 배를 덮는 살에 두 세 겹으로 놓여진 심황색의 고운 천의 형태이다. ③ 방위로써: 양 방위에 있다. ④ 장소로써: 건강한 몸의 경우 온 몸에 퍼져있고,

약한 몸의 경우 정강이 살 등에 있다. 비록 이것이 기름이긴 하지만 심하게 악취를 풍기기 때문에 머리에 바르는 기름으로도 사용하지 않고 코에 바르는 기름으로도 사용하지 않는다. ⑤ 한계로써: 아래는 살로 위로는 피부로 주위로는 굳기름의 경계에 의해 한정되어있다. 이것은 비슷한 것에 의한 한계이다. 비슷하지 않은 것에 의한 한계는 머리털에서 한 것과 같다.

27. 눈물(assu)

133. 눈물은 눈에서 흘러내리는 물의 요소(水界)이다. ① 색깔로써: 투명한 참기름의 색깔이다. ② 형태로써: 이것이 있는 장소의 형태이다. ③ 방위로써: 윗방위에 있다. ④ 장소로써: 이것은 눈구멍에 있다. 담낭에 있는 담즙처럼 이것은 눈구멍에 항상 고이어있는 것이 아니다. 중생들이 기쁘거나 떠들썩하게 웃거나 슬프거나 울거나 통곡하거나 혹은 적절하지 않은 음식을 먹거나 연기, 먼지, 흙 등이 들어갔을 때 이 기쁨과 슬픔과 적절하지 않은 음식과 온도 등으로 인해 눈물이 생겨 눈구멍을 채우고 머물거나 흘러내린다. 눈물을 식별하는 수행을 하는 자는 눈구멍을 채우고 머무는 것으로 그들을 식별해야 한다. ⑤ 한계로써: 눈물의 경계에 의해 한정되어 있다. 이것은 비슷한 것에 의한 한계이다. 비슷하지 않은 것에 의한 한계는 머리털에서 한 것과 같다.

28. [피부의] 기름기(vasā)

134. [피부의] 기름기는 용해된 기름이다. ① 색깔로써: 야자 기름의 색깔이다. 죽의 더껑이 위에 부은 기름의 색깔이라고 말할 수

도 있다. ② 형태로써: 목욕할 때 깨끗한 물위에 퍼진 기름방울의 형태인 엷은 막이다. ③ 방위로써: 양 방위에 있다. ④ 장소로써: 대부분 이것은 손바닥, 손등, 발바닥, 발등, 콧등, 이마, 어깨에 있다. 이 장소들에 항상 용해되어있는 것이 아니다. 불의 열기와 태양의 열기와 온도의 변화와 사대의 변화로 인해 이 부분들이 더워졌을 때 마치 목욕할 때 깨끗한 물위에 퍼진 기름방울의 막처럼 여기저기에 퍼진다. ⑤ 한계로써: [피부의] 기름기의 경계에 의해 한정되어있다. 이것은 비슷한 것에 의한 한계이다. 비슷하지 않은 것에 의한 한계는 머리털에서 한 것과 같다.

29. 침(kheḷa)

135. 침은 입 속의 거품과 섞인 물의 요소(水界)이다. ① 색깔로써: 흰색이다. 거품의 색깔이다. ② 형태로써: 이것이 있는 장소의 형태이다. 거품의 형태라고도 말할 수 있다. ③ 방위로써: 윗방위에 있다. ④ 장소로써: 이것은 양쪽의 볼에서 내려와 혀 위에 있다. 이것은 항상 고이어있는 것이 아니다. 중생들이 어떤 특정한 음식을 보거나 기억하거나, 뜨겁고 쓰고 맵고 짜고 신 것을 입에 넣거나, 염통이 쇠약하거나 메스꺼움이 일어날 때 침이 생겨 양쪽의 볼에서 내려와 혀 위에 머문다. 혀끝에 있는 침은 묽고 혀뿌리에 있는 것은 진하다. 무미건조한 낟알이나 밥이나 혹은 씹어 먹을 수 있는 것은 어떤 것이라도 입 속에 넣으면 마치 강가의 모래사장에 파 놓은 우물의 물이 마르는 법이 없듯이 이 침도 마르는 법이 없이 그것을 적실 수 있다. ⑤ 한계로써: 침의 경계에 의해 한정되어있다. 이것은 비슷한 것에 의한 한계이다. 비슷하지 않은 것에 의한 한계는 머리

털에서 한 것과 같다.

30. 콧물(siṅghāṇikā)

136. 콧물은 뇌에서 흘러내리는 불결한 것이다. ① 색깔로써: 어린 야자 씨의 색깔이다. ② 형태로써: 이것이 있는 장소의 형태이다. ③ 방위로써: 윗방위에 있다. ④ 장소로써: 콧구멍을 채우고 있다. 항상 여기 고이어있는 것은 아니다. 마치 어떤 사람이 연잎에 응유를 싸놓고 아래쪽을 가시로 찌르면 그 구멍으로 응유의 즙이 흘러나와 밖으로 떨어지는 것과 같다. 이와 같이 중생들이 울거나 적절하지 않은 음식과 온도의 변화에 의해 4대의 조화가 깨지면 머리 속에 있는 뇌수가 썩은 가래로 변한다. 이것이 흘러내려 구개의 구멍을 통하여 콧구멍을 채우면서 머물거나 흘러내린다. 콧물을 식별하는 수행을 하는 자는 콧구멍을 채우면서 머무는 것으로 그것을 식별해야 한다. ⑤ 한계로써: 콧물의 경계에 의해 한정되어있다. 이것은 비슷한 것에 의한 한계이다. 비슷하지 않은 것에 의한 한계는 머리털에서 한 것과 같다.

31. 관절활액(lasikā)

137. 관절활액은 관절사이에 있는 미끄러운 부패물이다. ① 색깔로써: 까니까라 나무 분비물의 색깔이다. ② 형태로써: 이것이 있는 장소의 형태이다. ③ 방위로써: 양 방위에 있다. ④ 장소로써: 관절을 윤활하게 하는 역할을 하면서 180개의 뼈 속에 있다. 만약 이것이 부족하면 그가 일어서거나 앉거나 앞으로 나아가거나 뒤로 물러서거나 굽히거나 펼 때에 뼈들이 삐걱거리면서 손가락 튕기는 것

과 같은 소리를 내면서 간다. 단지 한 두 유순 정도의 거리를 걷고 나면 바람의 요소(風界)가 요동하고 사지에 통증을 느낀다. 이것이 넉넉하면 그가 일어서거나 앉을 때 등에도 뼈들이 삐걱거리지 않고, 먼 거리를 걸을 때에도 바람의 요소가 요동하지 않고 사지에 통증을 느끼지 않는다. ⑤ 한계로써: 관절활액의 경계에 의해 한정되어 있다. 이것은 비슷한 것에 의한 한계이다. 비슷하지 않은 것에 의한 한계는 머리털에서 한 것과 같다.

32. 오줌(mutta)

138. 오줌은 오줌용액이다. ① 색깔로써: 콩으로 만든 수프의 색깔이다. ② 형태로써: 엎어놓은 물 단지 속의 물의 형태이다. ③ 방위로써: 아랫방위에 있다. ④ 장소로써: 이것은 방광 속에 있다. 오줌보를 방광이라 부른다. 마치 물이 들어 갈 주둥이가 없는 다공성의 항아리를 오물구덩이에 던져놓았을 때 오물구덩이의 액이 주둥이가 없는 다공성의 항아리에 스며들지만 들어간 길이 알려지지 않는 것처럼 몸으로부터 오줌이 방광으로 들어갈 때 그것이 들어간 길은 분명치가 않고 나가는 길은 분명하다. 방광이 오줌으로 가득 찰 때 중생들은 소변보고 싶다고 느낀다. ⑤ 한계로써: 방광 안과 오줌의 경계에 의해 한정되어있다. 이것은 비슷한 것에 의한 한계이다. 비슷하지 않은 것에 의한 한계는 머리털에서 한 것과 같다.

139. 이와 같이 머리털 등의 부분들을 색깔과 형태와 방위와 장소와 한계로 구분한 뒤 순서에 따라, 지나치게 급하게도 않고(§62) 등의 방법을 적용하여 색깔, 형태, 냄새, 거주지, 장소의 다섯 가지

방법으로 혐오스러운 상태를 마음에 잡도리할 때 마지막으로 개념(paññatti)을 극복한다. 마치 눈을 가진 사람이 32가지 색의 꽃들을 하나의 실에 꿰어놓은 화환을 볼 때 모든 꽃들은 일시에 분명해지는 것과 같다.

이와 같이 '이 몸에 머리털이 있다 …'라고 이 몸을 볼 때 모든 것들이 분명해진다. 그러므로 마음에 잡도리함의 능숙함에 대한 설명에서 '초심자가 머리털을 마음에 잡도리할 때 계속해서 마음에 잡도리하여 이 마지막 부분인 오줌에 이르러서 멈춘다. 오줌을 마음에 잡도리할 때 계속해서 마음에 잡도리하여 이 처음 부분인 머리털에 이르러서 멈춘다.'라고 설했다(§67).

140. 만약 그가 타인의 몸에 대해서도[30] 마음에 잡도리함을 짓고, 또 [자기의 몸에서와] 같이 [타인의 몸에서도] 모든 부분들이 분명해질 때 배회하는 인간이나 동물 등이 중생이라는 형태를 버리고 오직 부분들의 무더기로 나타난다. 그들이 마실 것과 먹을 것을 삼킬 때 부분들의 무더기에 넣어두는 것처럼 나타난다.

141. 순서대로 내버려둠 등으로 '혐오스럽다, 혐오스럽다'라고 계속해서 마음에 잡도리할 때 서서히 본삼매가 나타난다. 여기서 머리털 등이 색깔과 형태와 방위와 장소와 한계로 나타나는 것이 익힌 표상이고, [색깔 등] 모든 측면에서 혐오스러움으로 나타나는 것이 닮은 표상이다. 이것을 반복해서 닦고 수행할 때 부정의 명상주제에서 설한 것처럼 오직 초선의 본삼매가 일어난다. 이 본삼매는 한 부분이 분명해진 자에게는 오직 하나가 나타난다. 혹은 한 부

---

30) "'밖의 것들에 대해서(bahiddhāpi)'란 타인의 몸을 뜻한다.(Pm.214)"

분에서 본삼매를 얻은 뒤 다시 다른 부분에 대해서 노력을 하지 않는 자에게도 본삼매는 오직 하나만 나타난다.

142. 그러나 여러 부분들이 분명해진 자나 하나의 禪을 얻은 뒤 다른 것에 대해서도 노력을 하는 자에게는 마치 말라까(Mallaka) 장로의 경우처럼 부분들의 숫자만큼 여러 가지 초선이 일어난다. 존자는 『장부』를 암송하는 아바야(Abhaya) 장로의 손을 잡고 '도반 아바야여, 이 문제를 배우시게나'라고 하면서 다음과 같이 말했다. '말라까 장로는 32가지 부분들에 대해서 32가지의 초선을 얻었다네. 만약 그가 밤에 하나에 들고, 낮에 다른 하나에 들면 보름 넘게 들고, 만약 하루에 하나씩만 들면 한 달 넘게 든다네.'라고.

143. 이와 같이 이 명상주제는 초선으로 성취하지만 색깔과 형태 등에서 마음챙김의 힘으로 성취되기 때문에 몸에 대한 마음챙김이라 한다.

144. 이러한 몸에 대한 마음챙김을 닦는 비구는, "싫어함과 좋아함을 극복한다. 싫어함이 그를 사로잡지 못하며, 싫어함이 일어나는 족족 이를 극복하고 머문다. 그는 두려움과 공포를 극복한다. 두려움이나 공포가 그를 사로잡지 못하며, 두려움이나 공포가 일어나는 족족 이를 극복하고 머문다. 그는 추위와 더위와 배고픔과 목마름과, 날파리 모기 바람 뙤약볕 파충류에 닿음과, 고약하고 언짢은 말들과, 몸에 생겨난 괴롭고 날카롭고 거칠고 찌르고 불쾌하고 마음에 들지 않고 생명을 위협하는 갖가지 느낌들을 감내한다.(M.iii.97)" 그는 머리털 등의 색깔을 의지하여 네 가지 禪들을 얻는다. 여섯 가지

초월지(六神通)를 꿰뚫는다.

그러므로 현자는 이와 같이 여러 이익을 가진
몸에 대한 마음챙김을 항상 부지런히 닦아야 한다.

이것이 몸에 대한 마음챙김의 상세한 설명이다.

9. 들숨날숨에 대한 마음챙김(出入息念)
ānāpānassatikathā

145. 세존께서는 "비구들이여, 이 들숨날숨에 마음챙김을 통한 삼매를 닦고 많이 [공부]지으면 전적으로 고요하고 수승하고 순수하고 행복하게 머물고, 나쁘고 해로운(不善) 법들이 일어나는 족족 즉시에 사라지게 하고 가라앉게 한다.(S54:9/v.321)"라고 찬탄하셨다. 그리고 다시 이와 같이 말씀하셨다.

"비구들이여, 그러면 어떻게 들숨날숨에 마음챙김을 통한 삼매를 닦고 어떻게 많이 [공부]지으면 고요하고 수승하고 순수하고 행복하게 머물고, 나쁘고 해로운 법들이 일어나는 족족 즉시에 사라지게 하고 가라앉게 하는가?

비구들이여, 여기 비구가 숲 속에 가거나 나무 아래에 가거나 빈 방에 가거나 하여 가부좌를 틀고 몸을 곧추 세우고 전면에 마음챙김을 확립하여 앉는다. 그는 마음챙기면서 숨을 들이쉬고 마음챙기면서 숨을 내쉰다.

① 길게 들이쉬면서는 '길게 들이쉰다'고 꿰뚫어 알고(*pajānāti*),

길게 내쉬면서는 '길게 내쉰다'고 꿰뚫어 안다. ② 짧게 들이쉬면서는 '짧게 들이쉰다'고 꿰뚫어 알고, 짧게 내쉬면서는 '짧게 내쉰다'고 꿰뚫어 안다. ③ '온 몸을 경험하면서 들이쉬리라'며 공부짓고(sikkhati) '온 몸을 경험하면서 내쉬리라'며 공부짓는다. ④ '몸의 작용(kāya-saṅkhāra, 身行)을 편안히 하면서 들이쉬리라'며 공부짓고 '몸의 작용을 편안히 하면서 내쉬리라'며 공부짓는다.

⑤ '희열을 경험하면서 들이쉬리라'며 공부짓고 '희열을 경험하면서 내쉬리라'며 공부짓는다. ⑥ '행복을 경험하면서 들이쉬리라'며 공부짓고 '행복을 경험하면서 내쉬리라'며 공부짓는다. ⑦ '마음의 작용(citta-saṅkhāra, 心行)을 경험하면서 들이쉬리라'며 공부짓고 '마음의 작용을 경험하면서 내쉬리라'며 공부짓는다. ⑧ '마음의 작용을 편안히 하면서 들이쉬리라'며 공부짓고 '마음의 작용을 편안히 하면서 내쉬리라'며 공부짓는다.

⑨ '마음을 경험하면서 들이쉬리라'며 공부짓고 '마음을 경험하면서 내쉬리라'며 공부짓는다. ⑩ '마음을 기쁘게 하면서 들이쉬리라'며 공부짓고 '마음을 기쁘게 하면서 내쉬리라'며 공부짓는다. ⑪ '마음을 집중하면서 들이쉬리라'며 공부짓고 '마음을 집중하면서 내쉬리라'며 공부짓는다. ⑫ '마음을 해탈케 하면서 들이쉬리라'며 공부짓고 '마음을 해탈케 하면서 내쉬리라'며 공부짓는다.

⑬ '무상을 관찰하면서 들이쉬리라'며 공부짓고 '무상을 관찰하면서 내쉬리라'며 공부짓는다. ⑭ '탐욕이 빛바램을 관찰하면서 들이쉬리라'며 공부짓고 '탐욕이 빛바램을 관찰하면서 내쉬리라'며 공부짓는다. ⑮ '소멸을 관찰하면서 들이쉬리라'며 공부짓고 '소멸을 관찰하면서 내쉬리라'며 공부짓는다. ⑯ '놓아버림을 관찰하면서 들이

쉬리라'며 공부짓고 '놓아버림을 관찰하면서 내쉬리라'며 공부짓는다.(S.v.322)"

이처럼 세존께서는 열여섯 가지 토대로 들숨날숨에 대한 마음챙김의 명상주제를 설하셨다. 이제 그것을 닦는 방법을 설명하기에 이르렀다.

146. [그것을 닦는 방법은] 성전의 주석에 따라 설하면 모든 측면에서 완성된다. 그러므로 여기서는 성전의 주석을 우선으로 하여 그것을 닦는 방법을 해설할 것이다.

비구들이여, 어떻게 이 들숨날숨에 마음챙김을 통한 삼매를 닦고에서 우선 **어떻게**라는 단어는 들숨날숨에 마음챙김을 통한 삼매 수행을 여러 측면에서 설명하고자함을 나타내는 질문이다. 이 질문에 대한 **비구들이여, 이 들숨날숨에 마음챙김을 통한 삼매를 닦고**라는 문장은 여러 측면에서 설명하기위해 질문했던 그 법을 보여준다. **어떻게 많이 [공부]지으면 … 가라앉게 하는가**에서도 같은 방법이 적용된다.

147. 여기서 **닦는다**는 것은 일으킨다, 혹은 증장시킨다는 뜻이다. **들숨날숨에 마음챙김을 통한 삼매를**이라는 것은 들숨날숨을 파악하는 마음챙김과 함께하는 삼매 혹은 들숨과 날숨에 대한 마음챙김에 있는 삼매라는 뜻이다. **많이 [공부]지으면**이라는 것은 '거듭거듭 행하면'이라는 뜻이다.

148. **전적으로 고요하고 수승하고:** 전적으로 고요하면서도 전적으로 수승하다. 두 곳 모두 **전적으로**(eva)라는 단어에 의해 결정

적인 상태를 알아야 한다.[31]

무슨 뜻인가? [예를 들면] 부정(不淨)을 관하는 명상주제(VI)는 오직 통찰(paṭivedha)이라는 측면에서만 고요하고 수승하지만 대상으로서는 고요하지도 수승하지도 않다. 왜냐하면 [부정관의] 대상은 거칠고 또 혐오스럽기 때문이다.

그러나 이것은 그와 같지 않아서 어떤 이유로도 고요하지 않은 것이 없고 수승하지 않은 것이 없다. 오히려 대상도 고요하고 통찰이라 불리는 [禪의] 구성요소(各支)도 고요하기 때문에 이것은 고요하고 가라앉게 하고 [번뇌의 열을] 식힌다. 다시 이것은 대상을 통해서도 수승하고 [禪의] 구성요소를 통해서도 수승하기 때문에 아무리 가져도 넘치는 것이 아니다. 그러므로 **전적으로 고요하면서도 수승하다**고 설했다.

149. **순수하고 행복하게 머무는 것이다**: 여기서 불순물이 없기 때문에 순수한 것(asecana)이다. 순전하고 [준비의 마음 등과] 섞이지 않았고 단독적이고 특정한 것이다. 여기서는 [까시나의 경우처럼] 준비의 마음이나 근접의 [마음]을 통해서 고요해지는 것이 아니다. 처음에 마음에 가져올 때부터 자신의 고유성질에 의해 고요하

---

31) 'eva(오직, 전적으로)'라는 단어가 원문에는 'santo(고요하고)' 뒤에만 붙어있지만 그 뜻으로 볼 땐 'paṇīto(수승하고)' 뒤에도 붙어야 한다는 설명이다. 즉 santo와 paṇīto에 모두 해당되어 전적으로 고요하면서도 전적으로 수승하다는 뜻이다.
그런데 냐나몰리 스님은 이 문장을 '*it is peaceful in both ways and sublime in both ways*'라고 영역했다. 이것은 '구성요소의 측면과 대상의 측면 둘 다에서 이 들숨날숨에 마음챙김을 통한 삼매는 고요하고 수승하다'라는 아래의 설명에 따라 이렇게 해석한 것 같지만 문맥을 너무 앞서가는 번역이라 해야 하겠다.

고 수승하다는 뜻이다. 그러나 어떤 자들은32) '순전하고 맛을 가졌고 고유성질이 달콤하기 때문에 순수하다'라고 말한다. 이와 같이 이것은 순수하고 또 본삼매의 매 순간마다 육체적이고 정신적인 행복을 얻게 하기 때문에 행복하게 머무는 것이라고 알아야 한다.

150. **일어나는 족족**: 억압되지 않은 것은 모두. **나쁜**: 저열한. **해로운(不善) 법들**: 능숙하지 못함에서 생긴 법들. **즉시에 사라지게 한다**: 순간에 사라지게 한다, 억압한다. **가라앉게 한다**: 완전히 가라앉게 한다. 혹은 이것은 꿰뚫음(*nibbedha*)에 동참하기 때문에 서서히 증장하여 성스러운 도에 이르러서33) [해로운 법들을] 멸절시킨다, 편안히 가라앉게 한다는 뜻을 설했다.34)

151. 간략히 설하면 이것은 다음과 같은 뜻이다. '비구들이여, 어떤 방법으로, 어떤 측면으로, 어떤 규칙대로, 어떤 방법으로 들숨날숨에 마음챙김을 통한 삼매를 닦을 때, 전적으로 고요하고 … 나쁘고 해로운 법들이 일어나는 족족 즉시에 사라지게 하고 가라앉게 하는가?'

---

32) "[아누라다뿌라에 있는] 북쪽의 사원에 살던 자들을 두고 한 말이다. (*uttaravihāravāsike sandhāyāha* —Pm.216)"
33) "이 삼매는 성스러운 도의 토대다. 토대인 이 삼매가 서서히 증장하여 마치 성스러운 도의 상태에 이르는 것과 같다하여 '서서히 증장하여 성스러운 도에 이르러서(*anupubbena ariyamaggavuddhippatto*)'리고 표현했다.(Pm.216)"
34) 이 문단에서는 세 단계로 해로운 심리현상(不善法)을 가라앉히는 것을 설명하고 있다. 즉, 삼매의 단계에서는 억압하고(*vikkhambheti*), 도의 단계에서는 멸절하고(*samucchindati*), 과의 단계에서는 편안히 가라앉힌다(*paṭippasambheti*).(Pm 216)

152. 이제 그 뜻을 상세히 설하기 위해 여기서 **비구들이여**라고 시작하셨다. **비구들이여, 여기 비구가**라는 구절은 '비구들이여, 이 교법(*sāsana*)에서 비구가'라는 뜻이다. 왜냐하면 **여기**(*idha*)라는 단어는 모든 측면에서 들숨날숨에 마음챙김을 통한 삼매를 일으키는[35] 사람이 의지할 곳인 [부처님] 교법을 나타내고, 외도들에게는 그런 [의지할 만한 상태][36]가 있음을 부정하기 때문이다. 이와 같이 설하셨기 때문이다. "비구들이여, 오직 여기에 사문이 있고[37] …. 다른 교설에는 사문이 없다.(M.i.63; A.ii.238 등)" 그러므로 '이 교법에서 비구가'라고 설하신 것이다.

153. **숲 속에 가거나 혹은 … 빈 방에 가거나 하여:** 이것은 그가 들숨날숨에 마음챙김을 통한 삼매를 닦기에 적절한 처소를 찾은 것을 나타낸다. 이 비구의 마음은 오랫동안 형상(色), 소리 등 여러 대상으로 흩어져있기 때문에 들숨날숨에 마음챙김을 통한 삼매의 대상에 오르기를 원하지 않는다. 그것은 마치 거센 황소에 질매를 맨 달구지가 궤도를 벗어나는 것과 같다. 예를 들면 목동이 거센 어

---

35) "원문의 '모든 측면에서 들숨날숨에 마음챙김을 통한 삼매를 일으키는 (*sabbappakāra-ānāpānassati-samādhi-nibbattakassa*)'에서 '*sabbappakāra*(모든 측면)'는 본경에서 언급하고 있는 열여섯 가지 측면을 말한다. 이 열여섯 가지는 이 부처님의 교법에서만 알려져 있기 때문이다. 외도들은 이 들숨날숨에 대한 마음챙김을 안다 하더라도 오직 처음 네 가지 측면만을 안다.(Pm.217)"
36) 원문의 *tathābhāvapaṭisedhano*에서 *tathābhāva*란 앞서 설한 그런 사람들이 의지할 만한 상태라고 Pm.에서는 설명한다.(*yathāvuttassa puggala-ssa nissayabhāvapaṭisedhanoti attho*.— Pm.217.)
37) "모든 측면에서 들숨날숨에 마음챙김을 통한 삼매를 일으킨 자가 사문이 해야 할 일을 완성한 자이다.(Pm.217)"

미 소의 젖을 먹고 자란 거센 송아지를 길들이기를 원할 때 어미 소로부터 떼어내어 한 쪽에다 땅 속에 큰 기둥을 박고 그곳에 밧줄로 묶을 것이다. 그러면 그의 송아지는 여기저기를 처박아보지만 도망갈 수 없을 때 그 기둥 곁에 앉거나 누울 것이다.

이와 같이 이 비구도 오랫동안 형상 등의 대상 등인 먹을 것[38])과 마실 것으로 자라 못된 마음을 단련시키기를 원할 때 형상 등의 대상으로부터 격리시켜 숲 속이나 빈 방으로 가져가서 그곳에서 들숨과 날숨의 기둥에 마음챙김의 밧줄로 묶어야 한다. 그러면 그의 마음은 이곳저곳으로 부딪혀보지만 이전에 친숙했던 대상을 찾을 수 없고 또한 마음챙김의 밧줄을 끊고 도망갈 수도 없을 때 근접삼매와 본삼매를 통해 그 대상에 앉고 눕는다.

154. 그러므로 옛 스승들은 말씀하셨다.

> 여기 마치 송아지를 길들이는 사람이
> 기둥에다 묶는 것처럼
> 자기의 마음을 마음챙김으로
> 대상에 굳건히 묶어야 한다.

이처럼 이런 처소가 수행하기에 적절하다. 그러므로 위와 같이 설했다. 이것은 수행자가 들숨날숨에 마음챙김을 통한 삼매를 닦기에 적절한 처소를 찾은 것을 나타낸다.

---

38) "먹을 것이란 형상, 소리 등을 반연하여 생긴 영양소를 뜻한다(Pm. 217)."

155. 혹은 이 들숨날숨에 마음챙기는 명상주제는 명상주제들 가운데 가장 으뜸가고, 모든 부처님과 벽지불과 부처님의 제자들이 특별함을 얻는 것의 가까운 원인이고, 금생에 행복하게 머무는 것의 가까운 원인이다.39) 여자, 남자, 코끼리, 말 등의 소리가 뒤섞여있는 마을의 경계를 떠나지 않고서는 이것은 쉽게 닦을 수 없다. 시끄러움은 禪의 가시이기 때문이다. 마을이 없는 숲 속에서 수행자는 쉽게 명상주제를 들고 들숨날숨을 통해서 네 번째 禪을 일으키고 그것을 기초로 삼아 상카라(行)들을 명상하면서 가장 높은 과위인 아라한과에 이를 수 있다. 그러므로 그에게 적절한 거처를 보이기 위해 세존께서 **숲 속에 가거나**라고 시작하셨다.

156. 세존은 터를 보는 기술(宅地學)의 대가와 같다. 그 택지학의 대가는 계획도시의 땅을 보고 면밀히 조사하고는 '여기에 도시를 건설하라'고 지시한다. 안전하게 도시가 만들어졌을 때 그는 왕가로부터 큰 영광을 얻는다. 이와 같이 세존은 적절한 거처를 검증한 뒤 수행자에게 '여기서 명상주제를 들어라'고 지시하신다. 나중에 그곳에서 명상주제를 든 수행자가 아라한과를 얻었을 때 '참으로 세존은 정등각자이시다'라고 세존은 큰 영광을 얻는다.

157. 이 비구는 표범과 같다고 말한다. 마치 거대한 표범의 왕이 풀이 우거진 황무지나 숲의 정글이나 바위투성이인 황무지에 숨어서 거센 물소나 거센 황소나 돼지 등 야수들을 잡듯이 숲 속 등에서

---

39) "모든 부처님과 몇몇 벽지불과 부처님의 제자들이 특별함을 얻는 것의 가까운 원인이고, 다른 명상주제로 특별함을 얻은 자들이 금생에 행복한 삶을 사는 것의 가까운 원인이다.(Pm.217)"

명상주제를 드는 비구는 차례대로 예류도, 일래도, 불환도, 아라한 도와 [네 가지] 성스러운 과를 얻는다고 알아야 한다. 그러므로 옛 스승들은 말씀하셨다.

> 마치 표범이 잠복하여 야수들을 잡듯이
> 부지런히 수행하고 위빳사나를 닦는
> 부처님의 아들도 숲 속에 들어가서
> 최상의 과위를 증득한다.(Miln.369)

그러므로 그에게 수행을 촉진하기에 적절한 곳으로 숲 속의 거처를 보이시면서 세존께서 '숲 속에 가서'라고 말씀을 시작하신 것이다.

158. **숲 속에 가서:** 여기서 숲이란 "마을의 경계인 석주 밖을 나가면 모든 것은 숲이다"와 "숲 속 거처란 오백 활 길이만큼 떨어진 곳이다"로 설명하였다.(II. §49) 이런 특징을 가진 숲들 가운데서 한적함의 즐거움을 가진 어떤 숲 속에 가서. **나무 아래에 가서:** 나무 근처에 가서. **빈 방에 가서:** 비었고 한적한 공간에 가서. 여기서 숲과 나무 아래를 제외하고 나머지 일곱 가지 장소40)에 간 것도 빈 방에 간 것이라고 말할 수 있다.

159. 이와 같이 세 계절에 적절하고, 세 가지 체액과 기질에 적절하고,41) 들숨날숨에 대한 마음챙김을 닦기에 적절한 거처를 보이

---

40) "바위, 낭떠러지, 동굴, 묘지, 밀림, 노지, 짚너미이다.(Pm.218)"
41) "여름 등 세 계절과 가래 등 세 체액과 무지한 기질 등 세 기질에 적절한의 뜻이다. 왜냐하면 여름에는 숲 속이 적절하고, 겨울에는 나무 아래가, 우기에는 빈 방이 적절하다. 가래가 많은 사람에게 숲 속이, 쓸개즙이 많은 사람에게 나무 아래가, 바람이 많은 사람에게 빈 방이 적절하다. 무지

시고, 해이함이나 들뜸에 빠지지 않는 고요한 자세를 보이시면서 **앉는다**라고 설하셨다. 그 다음에 앉아있는 자세의 고정된 상태와 들숨날숨이 쉽게 일어남과 대상을 파악하는 방편을 보이시면서 **가부좌를 틀고**라고 시작하셨다.

160. **가부좌:** 넓적다리를 완전히 맞물리게 해서 앉는 것이다. **틀고(접고):** 고착시키고, **몸을 곧추 세우고:** 몸을 곧바로 세우고서, 열여덟 개의 등뼈의 끝이 다른 끝에 닿도록 두고, 이와 같이 앉을 때 그의 피부와 살과 힘줄이 꼬이지 않는다. 만약 그들이 꼬이면 그것으로 인해 순간순간에 느낌들이 일어나겠지만 [바르게 앉았기 때문에] 일어나지 않는다. 그들이 일어나지 않을 때 그의 마음은 하나가 된다. 명상주제로부터 떨어지지도 않고, 오히려 [특별함을 얻기 위해] 증장하고 강해진다.

161. **전면에 마음챙김을 확립하고**(parimukhaṁ satiṁ upaṭṭhapetvā): 명상주제를 향하여 마음챙김을 두고. 혹은 "접두어 *pari*(둘레에, 원만히)는 철저히 파악한다는 뜻이고, *mukhaṁ*(입, 얼굴)은 출구의 뜻이며, *sati*(마음챙김)는 확립한다는 뜻이다. 그러므로 *parimukhaṁ satiṁ*(철저히 파악하여 출구가 되는 마음챙김)이라고 설했다.(Ps.i.176)"[42] 이와 같이 『무애해도』에서 설한 방법에 따라서도 이 뜻을 알아야 한다. 간략히 설하면 '철저히 파악하여 [반대되는 심리현상인 잊어버림으로부터] 출구인 마음챙김을 [공부]짓고'라는 뜻이다.

한 기질의 사람에게 숲 속이, 성내는 기질의 사람에게 나무 아래가, 탐하는 기질의 사람에게 빈 방이 적절하다.(Pm.218)"

42) "*parī ti pariggahaṭṭho, mukhan ti niyyānaṭṭho, satī ti upaṭṭhānaṭṭho; tena vuccati parimukhaṁ satiṁ.*"

162. **그는 오직 마음챙기면서 숨을 들이쉬고 마음챙기면서 숨을 내쉰다:** 그 비구는 이와 같이 앉아서 이와 같이 마음챙김을 확립하여 그 마음챙김을 버리지 않고 오직 마음챙기면서 숨을 들이쉬고 마음챙기면서 숨을 내쉰다.

첫 번째 네 개조를 수행하는 방법

163. (1) 여러 방법으로 그는 마음챙김을 닦는 자(satokāri)가 된다. 이제 그 방법들을 보여주기 위해 **길게 들이쉬면서는**이라고 시작하셨다. 『무애해도』에서 **그는 오직 마음챙기면서 숨을 들이쉬고 마음챙기면서 숨을 내쉰다**라는 구절의 분석에서 이와 같이 설하셨다.

"그는 32가지 방법으로 마음챙기면서 [공부]짓는다. (i) 길게 들이쉼을 통해 마음이 하나됨과 흩어지지 않음을 꿰뚫어 알 때 그에게 마음챙김이 확립된다. 그 마음챙김과 그 지혜 때문에 그는 마음챙김을 닦는 자(satokāri)가 된다. (ii) 길게 내쉼을 통해 … (xxxi) 놓아버림을 관찰하면서 들이쉼을 통해, (xxxii) 놓아버림을 관찰하면서 내쉼을 통해 마음이 하나됨과 흩어지지 않음을 꿰뚫어 알 때 그에게 마음챙김이 확립된다. 그 마음챙김과 그 지혜 때문에 그는 마음챙김을 닦는 자가 된다.(Ps.i.176-77)"

164. **길게 들이쉬면서:** 늘숨을 길게 일으키면서. "앗사시(ussāsa)는 밖으로 나가는 바람이고, 빳사사(passāsa)는 안으로 들어오는 바람이다"라고 율장의 주석서에서 설했다. 그러나 경장의 주석서에서

는 그 반대의 뜻으로 설했다. 모든 태아들이 모태로부터 나올 때에 처음에 안의 바람이 밖으로 나온다. 그 다음에 밖의 바람이 가는 먼지와 함께 안으로 들어가면서 입천장에 닿아 멸한다. [그로 인해 유아는 재치기를 한다]. 이와 같이 우선 들숨날숨을 알아야 한다.

165. 들숨날숨의 길고 짧음은 시간으로써[43] 알아야 한다. 일정한 공간의 범위를 채우고 있는 물이나 혹은 모래를 긴 물, 긴 모래, 짧은 물, 짧은 모래라고 한다. 코끼리와 뱀의 몸의 경우 들숨과 날숨은 미세하고 아주 미세하여 몸이라 부르는 그들의 긴 공간을 천천히 채우고 천천히 나간다. 그러므로 길다고 한다. 개와 토끼 등의 경우 몸이라 불리는 짧은 공간을 급히 채우고 급히 나간다. 그러므로 짧다고 한다.

166. 인간들의 경우 어떤 자는 코끼리와 뱀의 경우처럼 긴 시간을 통해 길게 들이쉬고 내쉰다. 어떤 자는 개나 토끼의 경우처럼 짧게 한다. 그러므로 시간에 따라 오랜 시간 동안 나가고 들어오는 것이 긴 것이고, 짧은 시간 동안 나가고 들어오는 것이 짧은 것이라고 알아야 한다.

167. 이 비구는 [다음의] 아홉 가지 방법으로 길게 들이쉬고 길게 내쉬면서 '길게 들이쉰다, 길게 내쉰다'고 꿰뚫어 안다. 이와 같이 꿰뚫어 알 때 그에게 한 가지 토대로 몸을 관찰하는(身隨觀) 마음

---

43) 이 'addhāna'라는 단어는 시간과 장소의 범위를 나타낸다. 물, 모래, 코끼리, 뱀 등의 예문으로 그 장소의 범위의 크기를 보인 뒤 다시 시간의 길이로 들숨과 날숨의 길고 짧은 것을 설명하기 위해서 'yathā hi'라고 시작하는 문단을 설했다(Pm.219).

챙김을 확립하는 수행이 완성되었다고 알아야 한다.

168. 왜냐하면 『무애해도』에서 이렇게 설하셨기 때문이다. "어떻게 길게 들이쉬면서 '길게 들이쉰다'고 꿰뚫어 알고, 길게 내쉬면서 '길게 내쉰다'고 꿰뚫어 아는가? ① 그는 긴 시간 동안 긴 들숨을 들이쉬고 ② 긴 시간 동안 긴 날숨을 내쉬고 ③ 긴 시간 동안 긴 들숨과 날숨을 들이쉬고 내쉰다. 긴 시간 동안 긴 들숨과 날숨을 들이쉬고 내쉴 때 열의(*chanda*)가 일어난다.

④ 열의를 통해 그 전보다 더 미세하게 긴 시간 동안 긴 들숨을 들이쉬고 ⑤ 열의를 통해 그 전보다 더 미세하게 긴 시간 동안 긴 날숨을 내쉬고 ⑥ 열의를 통해 그 전보다 더 미세하게 긴 시간 동안 긴 들숨과 날숨을 들이쉬고 내쉰다. 열의를 통해 그 전보다 더 미세하게 긴 시간 동안 긴 들숨과 날숨을 들이쉬고 내쉴 때 기쁨(*pāmojja*)이 일어난다.

⑦ 기쁨을 통해 그 전보다 더 미세하게 긴 시간 동안 긴 들숨을 들이쉬고 ⑧ 기쁨을 통해 그 전보다 더 미세하게 긴 시간 동아 긴 날숨을 내쉬고 ⑨ 기쁨을 통해 그 전보다 더 미세하게 긴 시간 동안 긴 들숨과 날숨을 들이쉬고 내쉰다. 기쁨을 통해 그 전보다 더 미세하게 긴 시간 동안 긴 들숨과 날숨을 들이쉬고 내쉴 때 그의 마음은 긴 들숨과 날숨으로부터 선회하여 평온(*upekkhā*, 捨)이 확립된다.

이 아홉 가지 방법에 의한 긴 들숨과 날숨은 몸이고, 마음챙김은 토대(확립)고, 관찰이 지혜(*ñāṇa*)다. 몸은 토대(확립)지만 그것은 마음챙김은 아니다. 마음챙김은 토대(확립)이면서 또한 마음챙김이다. 이 마음챙김과 이 지혜로 그는 그 몸을 관찰한다. 그러므로 몸에서 몸을 관찰하는 마음챙김을 확립하는 수행이라 한다.(Ps.i.177)"

169. (2) 이 방법은 짧은 숨의 구절에도 적용된다. 그러나 차이점이 있다. 앞의 경우에는 '긴 시간 동안 긴 들숨'이라고 설했고 여기서는 '짧은 시간 동안 짧은 들숨'이라고 했다. 그러므로 "그래서 몸에서 몸을 관찰하는 마음챙김을 확립하는 수행이라 한다.(Ps.i.183)"라는 구절까지 '짧다'라는 단어와 함께 결합해야 한다.

170. 이와 같이 이 비구가 길고 짧은 것으로써 이 아홉 가지 방법에 의해 들숨과 날숨을 꿰뚫어 알 때 길게 들이쉬면서는 '길게 들이쉰다'고 꿰뚫어 알고 … 짧게 내쉬면서는 '짧게 내쉰다'고 꿰뚫어 안다고 알아야 한다. 그가 이와 같이 알 때,

긴 숨과 짧은 숨, 들이쉼과 내쉼
이 네 가지가 비구의 코끝에서 일어난다.

171. (3) **온 몸을 경험하면서 들이쉬리라 … 내쉬리라고 공부짓는다:** 온 들숨의 몸44)의 처음과 중간과 끝을 체험하면서, 분명하게 하면서 들이쉬리라고 공부짓는다. 온 날숨의 몸의 처음과 중간과 끝을 체험하면서, 분명하게 하면서 내쉬리라고 공부짓는다. 이와 같이 체험하면서, 분명하게 하면서 지혜와 함께한 마음으로 들이쉬고 내쉰다. 그러므로 '들이쉬리라 내쉬리라고 공부짓는다'고 한다.

172. 어떤 비구에게는 미세한 입자들에 분포된 들숨의 몸이나 혹은 날숨의 몸의 처음은 분명하지만 중간과 끝은 분명하지 않다.

---

44) 여기서 밝히고 있듯이 이 문맥에서 몸(kāya)은 호흡 그 자체를 나타낸다.

그는 오직 처음만 파악할 수 있고 중간과 끝에 대해서는 어렵다. 어떤 자에게는 중간은 분명한데 처음과 끝은 분명하지 않다 … 어떤 자에게는 끝은 분명하지만 처음과 중간이 분명하지 않다. 그는 오직 끝만 파악할 수 있고 처음과 중간에 대해서는 어렵다. 어떤 자에게는 모두 분명하다. 그는 모든 것을 파악할 수 있다. 어느 곳에도 어려움이 없다. 수행자는 마지막에 언급한 그런 자가 되어야 한다는 것을 보이면서 '온 몸을 경험하면서 내쉬리라 … 들이쉬리라고 공부짓는다'고 설했다.

173. 여기서 **공부짓는다**는 것은 이처럼 온 몸을 경험하면서 들이쉬고 내쉬리라면서 노력하고 정진한다는 뜻이다. [들숨날숨에 대한 마음챙김을 닦는] 그러한 자의 단속(saṁvara)[45])이 높은 계를 공부짓는 것(adhisīla-sikkhā, 增上戒學)이고, 삼매는 높은 마음을 공부짓는 것(adhicitta-sikkhā, 增上心學)이고, 통찰지는 높은 통찰지를 공부짓는 것(adhipaññā-sikkhā, 增上慧學)이다. 그는 그 대상에 대해 그 [들숨날숨에 대한] 마음챙김과 마음에 잡도리함과 함께 이 세 가지 공부지음을 짓고 반복하고 닦고 거듭거듭 행한다라고 이와 같이 여기서 그 뜻을 알아야 한다.

174. 여기서 첫 번째의 [두] 방법에서는 단지 들이쉬고 내쉬어야만 한다. 더 이상 해서는 안된다. 그 다음부터 지혜를 일으키는 것 등에 대해 노력을 해야 한다. 그러므로 성전에는 '들이쉰다고 꿰뚫어 알고, 내쉰다고 꿰뚫어 안다'고 이와 같이 현재의 시제로 말씀하고 계신다. 그 다음에는 지혜 일으키는 것 등을 해야 하는데 이러한

---

45) "여기서 단속(saṁvara)은 마음챙김 혹은 정진을 뜻한다.(Pm.220)"

측면을 보이기 위해 성전에서는 '온 몸을 경험하면서 들이쉬리라'라는 방법으로 미래의 시제가 사용되었다고 알아야 한다.

175. (4) **몸의 작용(身行)을**46) **편안히 하면서 들이쉬리라 … 내쉬리라고 공부짓는다:** 거친 몸의 작용을 편안히 하면서, 지극히 편안히 하면서, 멈추면서, 가라앉히면서, 들이쉬리라 내쉬리라고 공부짓는다.

176. 여기서 이와 같이 거칠고 미세한 상태와 편안함을 알아야 한다. 이 비구가 그 전에 [명상주제를] 파악하지 않았을 때에는47) 그의 몸과 마음은 불안하고 거칠었다. 몸과 마음의 거친 상태가 가라앉지 않을 때에는 들숨날숨도 거칠다. 더 강하게 일어난다. 코로 숨을 쉴 수가 없다. 입으로 들이쉬고 내쉬면서 머문다. 그러나 그의 몸과 마음이 파악될 때 그들은 고요해지고 가라앉는다. 그들이 가라앉을 때 들숨날숨도 미세하게 일어난다. 들숨날숨이 있는지 없는지 조사해봐야 할 상태에 이르게 된다.

177. 마치 어떤 사람이 달리기를 했거나 산에서 뛰어내려왔거나 무거운 짐을 머리에서 막 내려놓고 섰을 때 그의 들숨날숨은 거칠다. 코로 숨을 쉴 수가 없다. 입으로 들이쉬고 내쉬면서 서있다. 그러나 피로를 가시게 한 다음 목욕하고 물을 마시고 젖은 수건을 가

---

46) "여기서 몸의 작용(身行)이란 들숨날숨을 말한다. 비록 이것은 마음에서 생긴 것이지만 그것의 존재가 몸에 묶여있고 몸을 통해 형성되기 때문에 몸의 작용이라 부른다.(Pm.220)"
47) "'파악하지 않았을 때에는(apariggahitakāle)'이란 명상주제를 들지 않아서 몸과 마음을 파악하지 못했을 때라는 뜻이다.(Pm.220)"

슴에 없고 시원한 그늘에 누워있을 때 그의 들숨날숨들은 미세하다. 있는지 없는지 조사해봐야 할 상태에 이르는 것과 같다.

이와 같이 이 비구가 그 전에 [명상주제를] 파악하지 않았을 때에는 그의 몸과 마음은 불안하고 거칠었다. 몸과 마음의 거친 상태가 가라앉지 않을 때엔 들숨날숨도 거칠다. 더 강하게 일어난다. 코로 숨을 쉴 수가 없다. 입으로 들이쉬고 내쉬면서 머문다. 그러나 그의 몸과 마음이 파악될 때 그들은 고요해지고 가라앉는다. 그들이 가라앉을 때 들숨날숨도 미세하게 일어난다. 들숨날숨이 있는지 없는지 조사해봐야 할 상태에 이르게 된다.

178. 그것은 무슨 이유인가? 그가 그전에 명상주제를 파악하지 않았을 때는 '거친 몸의 작용(身行)을 연속적으로 편안히 한다'라고 관심을 갖지 않았고 마음에 두지 않았고 마음에 잡도리하지 않았고 반조하지 않았다. 그러나 파악했을 때에는 그런 것이 있었다. 그러므로 그가 파악하지 않았을 때보다 파악했을 때 몸의 작용은 미세하다. 그래서 옛 스승들은 말씀하셨다.

> 몸과 마음이 격렬할 때에는 강하게 일어나고
> 격렬하지 않을 때에는 미세하게 일어난다.

179. [명상주제를] 파악하더라도 아직 몸의 작용은 거칠다. 초선의 근접에서는 미세하다. 이곳에서도 거칠고 초선의 [본삼매]에서는 미세하다. 초선과 제2선이 근접에서도 거칠고 제2선에서는 미세하다. 제2선과 제3선의 근접에서도 거칠고 제3선에서는 미세하다. 제3선과 제4선의 근접에서도 거칠고 제4선에서는 매우 미세하여 그것

이 일어나지 않음에 이른다. 이것은 우선 『장부』를 외우는 스승과 『상응부』를 외우는 스승들의 견해이다.

그러나 『중부』를 외우는 스승들은 '초선에서 몸의 작용은 거칠고 제2선의 근접에서는 미세하다. 이와 같이 각 아래의 禪에서보다 그 위 禪의 근접에서 더 미세하다.'고 주장한다.

그러나 모든 분들의 견해에 따르면 [명상주제를] 파악하기 전에 일어난 몸의 작용은 파악할 때에 편안하게 된다. 파악할 때 일어난 몸의 작용은 초선의 근접에서 … 제4선의 근접에서 일어난 몸의 작용은 제4선의 [본삼매]에서 편안하게 된다. 이것은 우선 사마타의 경우에 설명하는 방법이다.

180. 위빳사나의 경우는 이러하다. 파악하지 않을 때 일어난 몸의 작용은 거칠고, 사대를 파악할 때 그것은 미세하다. 이것도 거칠고 [사대에서] 파생된 물질48)을 파악할 때 그것은 미세하다. 이것도 거칠고 모든 물질(rūpa, 色)을 파악할 때 그것은 미세하다. 이것도 거칠고 정신(nāma, 名)을 파악할 때 그것은 미세하다. 이것도 거칠고 물질과 정신(rūpa-arūpa)을 파악할 때 그것은 미세하다. 이것도 거칠고 조건(paccaya, 緣)을 파악할 때 그것은 미세하다. 이것도 거칠고 이런 조건과 함께 정신·물질(nāma-rūpa, 名色)을 파악할 때 그것은 미세하다. 이것도 거칠고 [무상, 고, 무아의] 특징을 대상으로 가지는 위빳사나에서 그것은 미세하다. 그것도 약한 위빳사나에서는 거칠고 강한 위빳사나에서는49) 미세하다. 여기서도 앞서 설한 방법대

---

48) 파생된 물질은 『길라잡이』 6장 §2의 2번 해설과 본서 XIV. §36이하를 참조할 것.
49) "역겨움의 관찰부터가 강한 위빳사나이고 그 이전은 약한 위빳사나이

로 각각 이전의 몸의 작용이 그 다음의 몸의 작용에 의해 편안해짐을 알아야 한다. 이와 같이 여기서 거칠고 미세한 상태와 편안함을 알아야 한다.

181. 그러나 『무애해도』에서는 여기에 대해서 이의를 제기하고 답변을 제시하는 형식으로 이 [몸의 작용을 편안히 한다는 구절]의 뜻을 다음과 같이 설하셨다.

"어떻게 몸의 작용을 편안히 하면서 들이쉬리라 … 내쉬리라고 공부짓는가? 무엇이 몸의 작용인가? 몸에 속해있는 긴 들숨과 날숨, 몸과 연결되어있는 이 법들이 몸의 작용이다. 이 몸의 작용들을 편안히 하고 소멸하고 가라앉히면서 공부짓는다. 특정한 어떤 몸의 작용에 의해서 몸이 앞으로 굽고 옆으로 굽고 모든 방향으로 굽고 뒤로 굽고 앞으로 흔들리고 동요하고 움직이고 떨림이 있을 때, 그런 몸의 작용을 편안히 하면서 들이쉬리라고 공부짓고 그런 몸의 작용을 편안히 하면서 내쉬리라고 공부짓는다. 특정한 어떤 몸의 작용에 의해서 몸이 앞으로 굽지 않고 옆으로 굽지 않고 모든 방향으로 굽지 않고 뒤로 굽지 않고 앞으로 흔들리지 않고 동요하지 않고 움직이지 않고 떨림이 없을 때, 그런 고요하고 미세한 몸의 작용을 편안히 하면서 들이쉬리라 … 내쉬리라고 공부짓는다."

182. "[이의를 제기함]: 만약 '몸의 작용을 편안히 하면서 들이쉬리라고 공부짓는다. 몸의 작용을 편안히 하면서 내쉬리라고 공부짓는다.'고 한다면 그럴 경우 [들숨날숨의] 바람에 대한 알아차림도

다.(Pm.221)" '역겨움을 관찰하는 지혜'는 XXI. §§43-44와 §50을 참조할 것.

없고, 들숨날숨의 일어남도 없고, 들숨날숨에 대한 마음챙김의 일어남도 없고, 들숨날숨에 마음챙김을 통한 삼매의 일어남도 없다. 이런 까닭에 지자들이 그 증득(samāpatti, 等至)에 들어감도 없고 나옴도 없다."50)

183. "[답변]: '몸의 작용을 편안히 하면서 들이쉬리라고 공부짓는다. 몸의 작용을 편안히 하면서 내쉬리라고 공부짓는다.'고 했다. 이럴 경우 [들숨날숨의] 바람에 대한 알아차림도 있고, 들숨날숨의 일어남도 있고, 들숨날숨에 대한 마음챙김의 일어남도 있고, 들숨날숨에 마음챙김을 통한 삼매의 일어남도 있다. 이런 까닭에 지자들이 그 증득에 들어감도 있고 나옴도 있다."

184. "마치 무엇과 같은가? 예를 들면 금속으로 만든 징을 두드렸을 때 처음에 거친 소리가 생긴다. 거친 소리의 표상을 잘 취했고, 잘 마음에 잡도리 했고, 잘 주시했기 때문에 거친 소리가 멸했을 때에도 [그것을 대상으로] 마음이 일어난다. 그 뒤에 희미한 소리가 생긴다. 희미한 소리의 표상을 잘 취했고, 잘 마음에 잡도리 했고, 잘 주시했기 때문에 희미한 소리가 멸했을 때에도 그 뒤에 [그것을 대상으로] 마음이 일어난다. 왜냐하면 그것은 희미한 소리의 표상을 대상으로 가졌기 때문이다.

이와 같이 처음에는 거친 들숨날숨이 일어난다. 거친 들숨날숨의 표상을 잘 취했고, 잘 마음에 잡도리했고, 잘 주시했기 때문에 거친 들숨날숨이 멸했을 때에도 마음이 흩어지지 않는다. 그 뒤에 미세한 들숨날숨이 일어난다. 미세한 들숨날숨의 표상을 잘 취했고, 잘

---

50) 원문의 'na ca naṁ taṁ'에 있는 naṁ은 단지 불변사이다(Pm.221).

마음에 잡도리했고, 잘 주시했기 때문에 미세한 들숨날숨이 멸했을 때에도 그 뒤에 마음이 흩어지지 않는다. 왜냐하면 그것은 미세한 들숨날숨의 표상을 대상으로 가졌기 때문이다.

이와 같이 몸의 작용을 편안히 할 때 [들숨날숨의] 바람에 대한 알아차림도 있고, 들숨날숨의 일어남도 있고, 들숨날숨에 대한 마음챙김의 일어남도 있고, 들숨날숨에 마음챙김을 통한 삼매의 일어남도 있다. 이런 까닭에 지자들이 그 증득에 들어감도 있고 나옴도 있다."

185. "몸의 작용을 편안히 하는 들숨과 날숨은 몸이고, 확립은 마음챙김이고, 관찰은 지혜다. 몸은 확립이지만 마음챙김은 아니다. 마음챙김은 확립이자 또한 마음챙김이다. 이런 마음챙김과 이런 지혜로 그는 그 몸을 관찰한다. 그러므로 몸에서 몸을 관찰하는 마음챙김을 확립하는 수행이라 한다.(Ps.i.184-86)"

이것이 몸을 관찰하는 것을 다룬 첫 번째 네 개조의 차례에 따른 설명이다.

186. 여기서 이 첫 번째 네 개조는 초심자를 위한 명상주제로 설했다. 그러나 나머지 세 가지의 네 개조는 이 첫 번째 네 개조에서 禪을 얻은 자에게 느낌, 마음, 법의 관찰로 설했다. 그러므로 이 명상주제를 닦아서 들숨날숨에서 생긴 제4선을 바탕한 위빳사나를 통해 무애해를 겸한 아라한과를 얻기를 원하는 초심자인 선남자는 앞서 설한 방법대로 계를 청정히 가지는 등 해야 할 일을 모두 한 다음, 앞서 설한 그런 스승의 곁에서 이제 다섯 단계의 명상주제를 배워야 한다.

187. 여기서 다섯 단계는 다음과 같다. 배움, 질문, 확립, 본삼매, 특징이다. 여기서 ① 배움(uggaha)이란 명상주제를 배우는 것이다. ② 질문(paripucchā)이란 명상주제를 질문하는 것이다. ③ 확립(upaṭṭhāna)이란 명상주제를 확립하는 것이다. ④ 본삼매(appanā)란 명상주제를 통한 본삼매다. ⑤ 특징(lakkhaṇa)이란 명상주제의 특징이다. 이 명상주제는 이런 특징을 가졌다라고 명상주제의 고유성질을 확정하는 것이다.

188. 이와 같이 다섯 단계의 명상주제를 배울 때 자신을 피로하게 해서도 안되고 스승을 심란하게 해서도 안된다. 그러므로 한 번에 조금씩 설명을 듣고 오랜 시간 암송해야 한다. 이와 같이 다섯 단계로 명상주제를 배우고 스승의 곁이나 앞서 설한 그런 다른 거처에서 살면서 사소한 장애들을 끊고, 공양을 마친 다음 식곤증을 떨쳐버리고 편안히 앉아서, 삼보를 계속해서 생각함으로써 마음을 기쁘게 하고, 스승으로부터 배운 것 가운데 단 한 구절도 혼돈하지 않고, 이 들숨날숨에 대한 마음챙김의 명상주제를 마음에 잡도리해야 한다.

189. 여기서 마음에 잡도리하는 방법은 다음과 같다.

    헤아림, 연결, 닿음, 안주함, 주시
    환멸, 두루 청정함, 그들을 되돌아봄[51]

---

51) 『청정도론』에 나타나는 이 8가지 단계는 들숨날숨에 마음챙기는 공부에서 가장 긴요한 설명으로 남방에서는 아주 중요시 되는 가르침이다.

여기서 ① 헤아림(*gaṇanā*)이란 단지 헤아리는 것이다. ② 연결(*anubandhanā*)이란 쫓아감이다. ③ 닿음(*phusanā*)이란 닿는 곳이다. ④ 안주함(*ṭhapanā*)이란 본삼매이다. ⑤ 주시(*sallakkhaṇā*)란 위빳사나이다. ⑥ 환멸(*vivaṭṭanā*)이란 도다. ⑦ 두루 청정함(*pārisuddhi*)이란 과다. ⑧ 그들을 되돌아봄(*paṭipassanā*)이란 반조다.

190. **[① 헤아림(*gaṇanā*)]:** 초심자인 선남자는 처음에 **헤아림**으로 이 명상주제를 마음에 잡도리해야 한다. 헤아릴 때 다섯이 되기 전에 멈추어서는 안된다. 열 번을 넘겨서도 안된다. 중간에 헤아리는 것을 흩뜨려서도 안된다. 다섯이 되기 전에 멈출 때 [다섯도 안 되는 그 숫자의] 좁은 범위에서 마음(心)과 마음부수(心所)가 흥분하기 때문이다. 마치 비좁은 우리에 가두어 둔 소 떼처럼. 열 번이 넘을 때 마음과 마음부수는 [호흡 대신] 헤아리는 것에 매달리게 된다. 중간에 헤아리는 것을 흩뜨릴 때 명상주제가 정점에 달했는지 아닌지 마음이 어수선하다. 그러므로 이 결점들을 피하고 헤아려야 한다.

191. 헤아릴 때 처음에는 천천히 헤아려야 한다. 마치 곡식을 되는 사람이 헤아리는 것처럼. 곡식을 되는 사람은 되를 채우고는 '하나'라고 말하면서 붓는다. 다시 채우면서 작은 티끌이라도 보면 그것을 가려내면서 '하~나'라고[52] 말한다. 이 방법은 '두~울' 등에도 적용된다. 이와 같이 들숨날숨에서 드러나는 것을 잡고서 '하~나'라고 시작하여 열 번에 이를 때까지 일어나는 대로 [계속해서] 그것을 주시하면서 헤아려야 한다.

---

52) 원문은 '*ekaṁ ekan ti*(하나, 하나 라고)'이다.

192. 그가 이와 같이 헤아릴 때 들어오고 나가는 들숨날숨이 분명해진다. 이처럼 [분명해지면] 그는 곡식을 되는 사람이 하는 것과 같은 천천히 헤아림을 버리고, 목동이 하는 것처럼 빨리 헤아려야 한다. 영리한 목동은 작은 돌을 그의 호주머니에 넣고 채찍을 손에 들고 아침에 소우리로 가서 소의 등을 때려 문간의 기둥에 앉아 문으로 나오는 소마다 하나 둘 하면서 작은 돌을 던지면서 헤아린다. 밤의 삼경을 비좁은 공간에서 불편하게 지냈던 소 떼들은 나오면서 서로서로 밀어제치면서 급히 무더기로 나온다. 그는 급히 셋, 넷, 다섯, 열 까지 헤아린다. 이와 같이 그가 앞서 설한 [빨리 헤아리는] 방법대로 헤아릴 때 들숨과 날숨이 분명해져서 빨리빨리 반복해서 움직인다.

193. 그때 그들이 반복해서 움직인다고 알고서는 안과 밖을 취하지 말고 오직 그들이 도달하는 [콧구멍의] 문에 닿은 것만을 취하여 '하나, 둘, 셋, 넷, 다섯; 하나, 둘, 셋, 넷, 다섯, 여섯; 하나, 둘, 셋, 넷, 다섯, 여섯, 일곱; … 여덟; … 아홉; … 열'하면서 빨리빨리 헤아려야 한다. 명상주제가 헤아림과 연결되어있을 때 헤아리는 힘으로 마음이 하나가 된다. 마치 키의 도움으로 격류에서 배가 머무는 것처럼.

194. 그가 이와 같이 빨리빨리 반복해서 헤아릴 때 명상주제가 끊임없는 진행(*pavatta*)으로 나타난다. 그러면 끊임없는 진행이라 알고서 [몸의] 안과 밖의 바람을 파악하지 말고 앞서 설한 방법대로 빨리 헤아려야 한다. 안으로 들어가는 바람과 함께 마음을 안으로 가져갈 때 [그 부분이] 안의 바람에 의해 타격을 받고 굳기름이 가

득 차는 것처럼 느껴진다.53) 밖으로 나가는 바람과 함께 마음을 밖으로 가져갈 때 갖가지 대상에 마음이 흩어진다. 숨이 닿는 부분에 마음챙김을 두고54) 닦을 때 그의 수행은 성취된다. 그래서 말하기를 '[몸의] 안과 밖의 바람을 파악하지 말고 오직 앞서 설한 방법대로 빨리 헤아려야 한다'라고 했다.

195. 그러면 얼마 동안이나 이것을 헤아려야 하는가? 헤아림이 없이도 들숨날숨이라는 그 대상에 마음챙김이 확립될 때까지이다. 왜냐하면 밖으로 흩어진 생각을 끊고 오직 들숨날숨이라는 그 대상에 마음챙김을 확립하기 위해 헤아림을 하기 때문이다.

196. [② **연결**(*anubandhanā*)]: 이와 같이 헤아림으로 마음에 잡도리한 뒤 **연결**로 마음에 잡도리해야 한다. **연결**이란 헤아림을 내려놓은 뒤 마음챙김으로 끊임없이 들숨날숨을 쫓아감이다. 그러나 이것은 처음과 중간과 마지막을 따라감이 아니다.

197. 배꼽은 나가는 바람의 시작이고 심장은 중간이고 코끝은 마지막이다. 코끝은 들어오는 바람의 시작이고 심장은 중간이고 배꼽은 마지막이다. 그가 그 [호흡의 처음과 중간과 마지막]을 따라갈 때 그의 마음은 흩어지고 불편하고 동요한다. 그래서 말씀하셨다.

---

53) "마음을 안으로 가져간다고 하는 것은 안으로 들어가는 바람을 마음에 잡도리하는 것이다. 안으로 들어가는 바람을 마음에 많이 잡도리할 때 마치 그 부분이 바람에 의해 타격을 받는 것 같고 굳기름이 가득 차는 것처럼 나타난다.(Pm.223)"
54) 원문은 '*phuṭṭha-phuṭṭha-okāse satiṁ ṭhapetvā*(계속해서 닿는 부분에 마음챙김을 두고)'인데 들숨날숨에 마음챙기는 공부에서 가장 중요한 설명으로 남방 스님들이 많이 인용하는 구문이다.

"들숨의 처음과 중간과 마지막을 마음챙김과 함께 따라갈 때 안으로 그의 마음이 흩어져 몸과 마음이 모두 불편하고 동요하고 떨린다. 날숨의 처음과 중간과 마지막을 마음챙김과 함께 따라갈 때 밖으로 그의 마음이 흩어져 몸과 마음이 모두 불편하고 동요하고 떨린다.(Ps.i.165)"

[③ 닿음(phusanā), ④ 안주함(ṭhapanā)]: 그러므로 연결로 마음에 잡도리할 때 처음과 중간과 마지막으로 마음에 잡도리해서는 안된다. 대신에 **닿음**과 **안주함**으로 마음에 잡도리해야 한다.

198. 연결과 다른 별개의 헤아림으로 마음에 잡도리하는 것이 아니듯이, 안주함과 다른 별개의 닿음으로 마음에 잡도리하는 것이 아니다. 오직 숨이 닿는 곳에서(phuṭṭha-phuṭṭha-ṭṭhāne) 그들을 헤아리면서 헤아림과 닿음으로 그들을 마음에 잡도리한다. 그곳에 헤아림을 내려놓은 뒤 마음챙김으로 그들을 연결하고, 또 본삼매로 마음을 안주하면서 연결과 닿음과 안주함으로 그들을 마음에 잡도리한다고 말한다. 이 뜻은 주석서들에서 절뚝발이와 문지기의 비유로 설했고, 『무애해도』에서는 톱의 비유로 설했다고 알아야 한다.

199. 여기서 절뚝발이의 비유는 다음과 같다. 마치 절뚝발이가 그네를 타고 노는55) 어머니와 아들의 그네를 밀어 움직이게 한 뒤 그네의 기둥 아래 앉아서 연속적으로 앞으로 왔다 뒤로 갔다하는 그네 밑신개의 양끝과 중간을56) 본다. 그는 결코 양끝과 중간을 보

---

55) "'kīḷataṁ'은 'kīḷantānaṁ(노는)'의 뜻이다.(Pm.225)"
그러므로 이 단어는 뒤의 '어머니와 아들(mātā-puttānaṁ)'을 수식하는 것으로 해석해야 한다.

기 위해 움직이지 않는다.

이와 같이 비구가 마음챙김과 함께 [들숨날숨과] 연결된 기둥 아래 [즉, 코끝에] 앉아서 들숨날숨의 그네를 밀어 움직이게 하고는 바로 그 [코끝 등의] 표상에 마음챙김과 함께 앉아서 연속적으로 들숨날숨이 오고 가면서 닿는 곳에 그들의 처음과 중간과 마지막을 마음챙김과 함께 쫓아가면서 [닿는] 그곳에다 마음을 두면서 쳐다본다. 그들을 보기 위해 결코 [안팎으로] 움직이지 않는다. 이것이 절뚝발이의 비유이다.

200. 이제 문지기의 비유는 이와 같다. 문지기가 도시의 안과 밖에 사는 사람들을 상대로 [돌아다니면서] 일일이 '당신은 누구십니까? 어디서 왔습니까? 어디 갑니까? 당신의 손에 있는 것은 무엇입니까?'라고 조사하지 않는다. 왜냐하면 그 도시 안팎에 사는 사람들은 그 문지기의 소관이 아니기 때문이다. 그러나 문에 도착하는 사람들은 낱낱이 조사한다. 이와 같이 안으로 들어간 들숨과 밖으로 나간 날숨은 이 비구의 소관이 아니다. 그러나 문에 도착하는 것은 모두 관여한다. 이것이 문지기의 비유이다.

201. 톱의 비유는 마땅히 처음부터 알아야 한다. 이와 같이 설하셨기 때문이다.

> 표상과 들숨과 날숨은 한 마음의 대상이 아니다.
> 이 세 법을 알지 못하는 자는 수행을 얻지 못한다.

---

56) "양끝이란 올 때의 앞의 끝과 갈 때의 뒤의 끝이고, 중간은 그네 밑싣개의 중간이다.(Pm.225)"

표상과 들숨과 날숨은 한 마음의 대상이 아니다.
이 세 법을 아는 자는 수행을 얻는다.

202. 어떻게 이 세 법들은 한 마음의 대상이 되지 못하는가? 어떻게 이 세 법들은 알려지지 않은 것이 아닌가? 왜 마음이 흩어지지 않고, 노력이 있고, 일을 성취하고, 또한 수승함을 얻는가?

예를 들어 편편한 땅위에 나무가 놓여있다 치자. 어떤 사람이 그 나무를 톱으로 자를 것이다. 나무에 닿는 톱니로써 그 사람의 마음챙김이 확립된다. 그는 다가오고 물러가는 톱니들을 마음에 잡도리하지 않는다. 그렇다고 해서 오고 간 톱니들이 알려지지 않은 것은 아니다. [이와 같이 하여] 그는 노력을 알고 일을 성취하고 또한 수승함을 얻는다.57)

연결하는 것의 표상은58) 편편한 땅위에 놓인 나무와 같고, 들숨날숨은 톱니와 같다. 나무에 닿는 톱니로써 그 사람의 마음챙김이 확립된다. 다가오고 물러가는 [다른] 톱니들을 마음에 잡도리하지 않는다. 그러나 오고 간 톱니들이 알려지지 않은 것은 아니다. 그에게는 노력이 있고 일을 성취하고 또한 수승함을 얻는다.

이와 같이 비구는 코끝59)이나 윗입술에 마음챙김을 확립하고 앉

---

57) "노력이란 나무를 자르는데 쏟는 정진이고, 일이란 그것을 자르는 행위이고, 수승함이란 여러 토막으로 잘라서 성취해야 할 목적의 수승함이다.(Pm.227)"
58) "원문의 *upanibandhana*(연결하는 것)는 마음챙김을 뜻하고, *nimitta*(표상)란 코끝 혹은 윗입술을 뜻한다.(Pm.227)"
59) '코끝'으로 옮긴 빠알리 원문은 '*nāsika-agga*'이다. 나시까악가를 코가 뾰족 튀어나온 콧마루라고 설명하는 경우가 대부분인데 원문을 통해서 보면 코(*nasika*)의 제일 윗부분(*agga*), 즉 코가 시작되는 제일 윗부분으로 이해해야 한다. 무엇보다도 이 부분에서 콧구멍은 기도와 연결되므로

는다. 그는 들어왔거나 나간 들숨날숨을 마음에 잡도리하지 않는다. 그렇더라도 들어왔거나 나간 들숨날숨이 알려지지 않은 것은 아니다. 그에게는 노력이 있고 일을 성취하고 또한 수승함을 얻는다.

203. 무엇이 노력인가? 부지런히 정진하는 자의 몸과 마음이 [수행하는] 일에 대해 적합함이 노력이다. 무엇이 일인가? 부지런히 정진하는 자의 오염원인 [다섯 가지 장애가 억압으로써] 없어지고 [감각적 욕망에 대해 일으킨 생각 등의] 생각(尋, *vitakka*)이 가라앉는 것이 일이다. 무엇이 수승함인가? 부지런히 정진하는 자에게 [열 가지] 족쇄가 [도닦음을 통해 근절로써] 끊어지고 [일곱 가지] 잠재성향이 멸하는 것이 수승함이다.[60]

이와 같이 이 세 가지 법들은 한 마음의 대상이 아니며, 이 세 가지 법들은 알려지지 않은 것이 아니고, 마음이 흩어지지 않고, 노력이 있고, 일을 성취하고, 또한 수승함을 얻는다.

> 들숨날숨에 대한 마음챙김을
> 부처님께서 설하신 대로
> 가득 채우고 잘 닦고 순서대로 증장시키면
> 그는 구름에서 나온 달처럼 이 세상을 비추리.

들숨날숨에 집중하면 이 부분의 콧구멍 안쪽에서 들숨날숨의 닿는 느낌이 가장 강력함을 체험할 수 있다. 콧마루나 콧등에서는 들숨날숨에 기인한 닿는 느낌이 일어나지 않는다. 그러므로 코끝(*nāsika-agga*)은 콧날이 아니라 코가 시작되는 제일 윗부분을 뜻한다고 보는 것이 타당할 것이다.

[60] 여기 나타나는 오염원(*kilesa* 혹은 *upakkilesa*), 족쇄(*saṁyojana*), 잠재성향(*anusaya*) 등은 『길라잡이』 7장의 I 해로운 범주의 『길라잡이』를 참조할 것.

이것이 톱의 비유이다. 그러나 여기 [톱의 비유에서] 이미 들어왔거나 나가버린 숨을[61] 마음에 잡도리하지 않음이 그 수행자의 목적이라고 알아야 한다.

204. 이 명상주제를 마음에 잡도리할 때 어떤 자에게 머지않아 [닮은] 표상이 나타난다. 그리고 [일으킨 생각 등] 나머지 禪의 구성요소로 장식된 본삼매라고 불리는 안주함(*ṭhapanā*)도 성취한다.

205. 어떤 자는 헤아림을 통해 마음에 잡도리할 때부터 서서히 거친 들숨날숨이 멸하여 몸의 어지러움이 가라앉을 때 몸도 마음도 가벼워져서 마치 몸이 공중에 떠있는 것 같이 된다. 예를 들면, 몸이 불편한 사람이 의자나 침대에 앉을 때에는 의자나 침대가 휘고 삐걱거리는 소리도 나고 침대보에 구김살도 가지만, 편안한 자가 앉을 때는 의자나 침대가 휘지도 않고 삐걱거리는 소리도 나지 않고 침대보에 구김살도 지지 않아서 저울에 솜을 채운 것처럼 되는 것과 같다. 왜 그런가? 편안한 몸은 가볍기 때문이다.

206. 그의 거친 들숨날숨이 멸할 때 미세한 들숨날숨의 표상을 대상으로 마음이 일어난다. 그것마저 멸할 때 차례대로 그보다 더 미세한 표상을 대상으로 마음이 일어난다.

207. 어떻게? 예를 들면 사람이 큰 쇠막대기로 청동으로 된 징을 친다면 즉시에 큰 소리가 날 것이고, 그 거친 소리를 대상으로

---

61) 원문에는 '*āgat-āgatavasena*(들어온 것으로써)'로 나타나는데 Pm에서는 '*āgata-gatavasena*(들어오고 나간 것으로써)'로 설명하고 있다.(Pm.227) 역자는 Pm을 따랐다.

마음이 일어날 것이다. 그 거친 소리가 멸할 때 그 다음에 희미한 소리의 표상을 대상으로 마음이 일어날 것이다. 그것마저 멸할 때 차례대로 그보다 더 희미한 소리의 표상을 대상으로 마음이 일어날 것이다. 이와 같이 알아야 한다. 이것은 "마치 금속으로 만든 징을 두드렸을 때(Ps.i.185)"로 시작하는 문단에서 이미 상세하게 설했다.(§184)

208. 다른 명상주제들은 높은 단계에 이를수록 분명해진다. 그러나 이 들숨날숨은 그와 같지 않다. 이것은 수행이 깊어질수록 미세함에 이른다. 때로는 나타나지 않기도 한다.

이와 같이 들숨날숨이 나타나지 않는다고 해서 그 비구가 자리에서 일어나 가죽으로 된 돗자리를 털고 나가버리면 안된다. 어떻게 해야 하는가? '스승님께 여쭈어보리라'라든지, '지금 나의 명상주제가 도망 가버렸다'라고 생각하면서 일어서서는 안된다. 자세를 어지럽히면서 떠나갈 때 명상주제가 낯설어져버리기 때문이다. 그러므로 앉아있는 그 상태에서 [평소에 숨이 닿는 곳, 즉 코끝]의 장소로 [마음을] 가져가야 한다.62)

209. [마음을] 가져가는 방법은 다음과 같다. 그 비구가 명상주제가 나타나지 않은 상태를 알게 되면 이와 같이 깊이 숙고해야 한다. '이 들숨날숨은 어디에는 있고, 어디에는 없는가? 누구에게는 있고 누구에게는 없는가?' 이와 같이 깊이 숙고할 때 '이들은 모태 안에 있는 자에게 없고 물에 빠진 자들에게도 없다. 마찬가지로 인

---

62) Pm에서는 '이전에 자기가 닿음으로써 주시하던 곳에(*pubbe attanā phusanavasena upadhāritaṭṭhānato*)'로 설명한다.(Pm.229)

식이 없는 중생들과 죽은 자들과 제4선에 든 자들과 색계와 무색계의 존재에 태어난 자들과 멸진정에 든 자들에게도 없다'고 안다.

그 후 다음과 같이 스스로 자신을 경책해야 한다. '지자여, 그대는 모태에 들어있는 것도 아니고 물에 빠진 것도 아니다. 그대는 인식이 없는 자도 아니고 죽은 것도 아니요, 또한 제4선에 든 것도 아니고, 색계와 무색계에 태어난 것도 아니고, 멸진정에 든 것도 아니다. 그대에게는 반드시 들숨날숨이 있다. 그대의 통찰지가 둔하기 때문에 파악을 못할 뿐이다.' 그때 그는 평소에 숨이 닿는 곳으로 마음을 안주하여 마음에 잡도리함을 일으켜야 한다.

210. 이 들숨과 날숨은 코가 큰 사람에게는 코끝을 치면서 생기고 코가 작은 사람에게는 윗입술을 치면서 생긴다. 그러므로 그는 '이곳에 이들이 닿는구나'라고 표상을 고정시켜야 한다. 이런 이유[63] 때문에 세존께서는 다음과 같이 설하셨다. "비구들이여, 나는 마음챙김을 잊어버리고 알아차리지 못하는 자에게 이 들숨날숨에 마음챙기는 수행을 설하지 않는다.(S.v.337)"라고.

211. 명상주제는 그 어떤 것이라도 마음챙기고 알아차리는 자에게만 성취된다. 이 들숨날숨의 명상주제 이외의 다른 것은 그것을 마음에 잡도리할 때 그에게 분명해진다. 그러나 이 들숨날숨의 명상주제는 [그렇지 않기 때문에] 중대하고 수행하기 어렵다. 이것은 부처님과 벽지불과 부처님의 직계제자들[64]과 대장부(*mahāpurisa*)들이 마음에 잡도리할 영역이다. 이것은 결코 쉬운 일이 아니다. 평범

---

63) 원문의 *atthavasa*는 원인, 이유의 뜻이다(Pm.229).
64) 원어는 '*buddhaputtā*'로 부처님의 아들들이란 뜻이다.

한 중생은 이것을 닦을 수 없다. 마음에 잡도리하면 할수록 그에 비례하여 더 고요해지고 더 미세해진다. 그러므로 여기선 강한 마음챙김과 통찰지가 요구된다.

212. 마치 얇은 헝겊 조각을 기울 때 바늘도 가는 것이 필요하고 바늘귀를 뚫는 기구는 더 가늘어야 하는 것과 같다. 이와 같이 얇은 헝겊 조각과 같은 이 명상주제를 닦을 때에 바늘과 같은 마음챙김과 바늘귀를 뚫는 기구와 같은 마음챙김과 함께한 통찰지도 강한 것이 필요하다. 이런 마음챙김과 통찰지를 구족한 비구는 그 들숨날숨을 평소에 닿는 부분(pakati-phuṭṭha-okāsa)이 아닌 다른 곳에서 찾아서는 안된다.

213. 예를 들면, 농부가 밭을 갈고 난 뒤 황소들을 풀어주어 풀을 뜯어먹게 하고 그늘에 앉아서 쉴 것이다. 그때 그의 황소들은 재빠르게 숲 속으로 들어갈 것이다. 다시 그들을 몰고 와서 멍에를 메우고자할 때 그 영리한 농부는 그들의 발자취를 쫓아 숲 속을 헤매지 않는다. 그는 밧줄과 마대기를 들고서 그들이 모이는 물 마시는 곳으로 곧장 가서 앉아있거나 누워있을 것이다. 그때 그 소들이 낮의 얼마동안 풀을 먹은 뒤 그들이 모이는 개울가로 내려와서 목욕하고 마시고 다시 올라와서 서있을 때 그들을 보고 줄로 묶어 막대기로 찌르면서 몰고 와서 멍에를 메어 다시 일을 할 것이다.

그와 같이 비구는 이 들숨날숨을 평소에 닿는 부분이 아닌 다른 곳에서 찾아서는 안된다. 마음챙김의 밧줄과 통찰지의 막대기를 가지고 평소에 닿는 곳에 마음을 안주하여 마음에 잡도리함을 일으켜야 한다. 이와 같이 그가 마음에 잡도리할 때 머지않아 그들이 다시 나타난다. 마치 그들이 모이는 물 마시는 곳에 황소들이 나타나는 것처럼. 그 다음에 마음챙김의 밧줄로 묶어 바로 그 장소에 그들을 매어 통찰지의 막대기로 찌르면서 거듭거듭 명상주제에 전념해야 한다.

214. 그가 이와 같이 전념할 때 머지않아 표상이 나타난다. 그러나 이것은 모든 사람에게 동일하진 않다. 어떤 자에게는 가벼운 감촉을 일으키면서 솜처럼 비단처럼 산들바람처럼 나타난다고 어떤 자들은 말한다.65)

215. 그러나 주석서에서는 다음과 같이 판별한다. 이것은 어떤 자에게는 별빛처럼 마니주처럼 진주처럼 나타나고, 어떤 자에게는 거친 촉감을 가진 목화씨와 거친 촉감을 가진 심재로 만든 못처럼 나타나고, 어떤 자에게는 긴 허리끈처럼 화환처럼 한모금의 연기처럼 나타나고, 어떤 자에게는 펴진 거미줄처럼 구름의 장막처럼 연꽃처럼 수레바퀴처럼 월륜처럼 일륜처럼 나타난다.

216. 예를 들면, 많은 비구들이 경전을 외우면서 앉아있을 때 한 비구가 '그대에게 이 경전이 마치 무엇처럼 나타나는가'라고 물으면, 어떤 사람은 '산에서 내려오는 큰 급류처럼 나타난다'고 말한다. 다른 사람은 '일련의 숲처럼 나타난다'고 하고, 또 다른 사람은 '시원한 그늘을 주는 가지들이 무성하고 과일이 열린 나무처럼 나타난다'고 말한다. 그들의 인식(*sañña*)이 다르기 때문에 하나의 경전이지만

---

65) "표상(*nimitta*)은 익힌 표상과 닮은 표상이다. 둘 모두 한꺼번에 언급했다. 비단 등의 세 비유는 익힌 표상에 적용되고 나머지는 둘 모두에 적용된다. 어떤 자는 어떤 스승들이다.(Pm.231)"

각자 다르게 나타난다.

이와 같이 인식이 다르기 때문에[66] 하나의 명상주제이지만 다르게 나타난다. 이것은 인식에서 생겼고 인식이 그 근원이고 인식이 그 원천이다. 그러므로 인식이 다르기 때문에 다르게 나타난다고 알아야 한다.

217. 여기서 들숨을 대상으로 한 마음이 다르고, 날숨을 대상으로 한 마음도 다르고, 표상을 대상으로 한 마음도 다르다. 이 세 가지 법이 없는 자는 그의 명상주제가 본삼매는커녕 근접삼매에도 이르지 못한다. 이 세 가지 법이 있는 자는 그의 명상주제가 근접삼매에도 이르고 본삼매에도 이른다. 왜냐하면 다음과 같이 설하셨기 때문이다.

> 표상과 들숨과 날숨은 한 마음의 대상이 아니다.
> 이 세 법을 알지 못하는 자 수행을 얻지 못한다.
> 표상과 들숨과 날숨은 한 마음의 대상이 아니다.
> 이 세 법을 아는 자 수행을 얻는다.

218. 이와 같이 [닮은] 표상이 나타나면 비구는 스승께 다가가서 말씀드려야 한다. '존경하는 스승님, 제게 이런 형태의 [표상이] 나타났습니다.' 그러나 스승은 '그것은 표상이다'라거나 '그것은 표상이 아니다'라고 말해서는 안된다. '여보게, 그와 같이 일어나는 것이네'라고 말하고는 '반복해서 마음에 잡도리하게'라고 말해야 한다. '표상이다'라고 말할 때 [만족하여] 중지해버릴지도 모른다. '표상이

---

[66] "'인식이 다르기 때문에'라는 것은 '표상이 일어나기 전에 일어났던 인식이 다르기 때문에'라는 뜻이다.(Pm.231)"

아니다'라고 말할 때 낙담하여 포기해버릴지도 모른다. 그러므로 그 어느 것도 이야기하지 말고 마음에 잡도리함을 유지하도록 격려를 해줘야 한다. 이와 같이 『장부』를 외우는 자들은 말한다.

그러나 『중부』를 외우는 자들은 이렇게 말한다. '여보게, 그것은 표상이라네. 선남자여, 명상주제를 반복해서 마음에 잡도리하게.'

219. 그때 그는 오직 표상에 마음을 안주해야 한다. 이와 같이 이 [닮은 표상이 나타난] 이후부터 그는 안주함을 통해 닦는다. 왜냐하면 이와 같이 옛 스승들이 말씀하셨기 때문이다.

[닮은] 표상에 마음을 안주하고
갖가지 형태를 여의면서[67]
지자는 들숨날숨에 자기 마음을 묶는다.

220. 이와 같이 그에게 표상이 나타나자마자 장애들이 억압되고 오염원들은 가라앉고 마음챙김은 확립되고 마음은 근접삼매에 든다.

221. 그때 [나타난] 색깔로 그 표상을 마음에 잡도리해서는 안된다. 특징으로[68] 반조해서도 안된다. 부적합한 거처 등 일곱 가지 부적합함을 피하고 일곱 가지 적합한 것을 수용하면서 *끄샤뜨리야*의 황후가 전륜왕이 될 태아를 보호하듯 농부가 익은 농작물을 보호하

---

67) "원문의 '여의면서(vibhāvayaṁ)'는 '사라지게 하면서(vibhāvento antaradhāpento)'의 뜻이다. 닮은 표상이 나타난 이후부터 그 형태들을 마음에 잡도리하지 않을 때 마치 사라진 것 같다.(Pm.232)"
68) "거친 상태 등 고유성질로써 혹은 무상 등의 특징으로써 통찰해서는 안된다는 말이다.(Pm.232)" 이런 특징을 통찰하게 되면 위빳사나가 되어서 본삼매가 깨어지기 때문이다.

듯 그것을 잘 보호해야 한다. 이와 같이 이것을 보호하고 거듭거듭 마음에 잡도리함을 통해 증장과 향상에 이르게 하여 열 가지 본삼매에 드는 능숙함을 성취해야 하고(IV. §42), [삼매와 더불어] 정진을 고르게 유지해야 한다(IV. §66).

222. 이와 같이 노력할 때 땅의 까시나에서 설한 방법대로 바로 그 표상에서 사종선(四種禪)과 오종선(五種禪)을 얻는다.

[⑤ **주시**(*sallakkhaṇā*) ⑥ **환멸**(*vivaṭṭanā*) ⑦ **두루 청정함**(*pārisuddhi*) ⑧ **그들을 되돌아봄**(*paṭipassanā*)]: 그러나 여기 [몸을 관찰함에서] 이와 같이 4종선과 5종선을 얻은 비구가 **주시**와 **환멸**로 명상주제를 증장하여 청정에 이르기를 원하면 다섯 가지 자유자재를 얻음으로써 바로 그 禪을(IV. §131) 능숙하게 한 다음 정신과 물질을 구분하면서 위빳사나를 시작해야 한다.

223. 어떻게? 증득(等至 = 본삼매)으로부터 출정하여 들숨과 날숨은 물질로 된(*karaja*) 몸과 마음이 그 원인이라고 본다. 풀무를 불 때 풀무와 사람의 적절한 노력으로 인해 바람이 움직인다. 이와 같이 몸과 마음을 조건으로 들숨날숨이 있다고 본다.69)

그 다음에 들숨날숨과 몸은 물질(色)이고 마음과 또 마음과 함께한 법들은 정신(名)이라고 구분한다. 이것은 여기서는 간략히 설한 것이다. 그러나 정신과 물질에 대한 구분은 뒤에서 상세하게 설명될 것이다.(XVIII. §3이하)

---

69) "몸은 풀무를 부는 것과 같고, 마음은 노력과 같다고 보아야 한다. 비록 들숨날숨이 마음에서 생겼지만 몸이 없이는 일어나지 않기 때문에 몸과 마음을 조건으로 들숨날숨이 있다고 했다.(Pm.233)"

224. 이와 같이 정신과 물질을 구분하고 그 정신과 물질의 조건을 찾는다. 찾은 결과 그 조건을 보고 삼세에서 정신과 물질의 일어남에 대한 의심을 극복한다.(XIX)

의심을 극복한 그는 깔라빠70)로 그들을 명상함을 통해(XX. §2 이하) 세 가지 특상을 제기하고, 일어나고 사라짐에 대한 관찰의 예비 단계에서 일어난 광명 등 열 가지 위빳사나의 경계(*upakilesa*, 오염)를 버린 뒤(XX. §105 이하) 이런 경계에서 벗어난 도닦음의 지혜가 도라고 구분한다.(XX. §126 이하) 그 후 일어남을 버리고 무너짐(*bhaṅga*)을 관찰하는 것에 이른다.

계속해서 무너짐을 관찰함으로써 상카라(行)들이 공포로 나타날 때 그 상카라들을 역겨워하고(XXI), 그들에 대한 탐욕이 빛바래고, 그들로부터 해탈한다.(XXII)

서서히 네 가지 성스러운 도에 이르러 아라한과에 서서, 열아홉 가지 반조하는 지혜71)를 마지막으로 얻어(XXII. §§18-21) 신들을 포함한 세상으로부터 최상의 보시를 받을만한 자가 된다.

225. 이렇게 하여 **헤아림**이 그 시작이고 **되돌아봄**72)이 마지막

---

70) 깔라빠(*kalāpa*)에 대해서는 XI. §2의 주해와 『길라잡이』 6장 §7의 10번 해설을 참조할 것.
71) XXII. §§19-21참조할 것. 반조는 도(*magga*), 과(*phala*) 열반(*nibbāna*) 버린 오염원(*pahīna-kilesasa*) 남아있는 오염원(*avasiṭṭha-kilesa*)의 다섯에 대해서 일어난다. 그러므로 예류자부터 아라한까지 모두 4×5=20가지의 반조가 되겠지만 아라한에게는 남아있는 오염원이란 존재하지 않으므로 남아있는 오염원에 대한 반조는 일어나지 않는다. 그래서 모두 19가지 반조가 일어난다.(Pm.233). XXII. §§19-21을 참조할 것.
72) HOS 본에는 '*paṭipassana-pariyosānā*(되돌아봄이 마지막인)'으로 나타나고 미얀마 6차결집본에는 '*vipassanā-pariyosānā*(위빳사나가 마지

인 들숨날숨에 마음챙김을 통한 삼매수행이 완성되었다. 이것이 첫 번째의 네 개조를 모든 측면에서 주석한 것이다.

226. 나머지 세 가지 네 개조의 경우 별도로 명상주제를 수행하는 방법이 없다. 그러므로 단어를 하나씩 설명하는 것에 따라 그들의 뜻을 알아야 한다.

두 번째 네 개조를 수행하는 방법

(5) **희열을 경험하면서**: 희열을 체득하면서, 분명하게 하면서, 내쉬리라 들이쉬리라고 공부짓는다. 두 가지 방법을 통해서 희열을 경험한다. 그것은 대상을 통해서와 미혹하지 않음을 통해서이다.

227. 어떻게 대상을 통해서 희열을 경험하는가? 그는 희열이 있는 두 禪 [즉, 초선과 제2선]에 든다. 그가73) 그것에 드는 순간에 禪을 얻음으로써 대상을 경험했기 때문에 대상을 통해서 희열을 경험한다.

어떻게 미혹하지 않음을 통해서 희열을 경험하는가? 희열이 있는 두 禪에 들었다가 출정하여 禪과 함께한 희열을 파괴되기 마련이고 사라지기 마련이라고 명상한다. 그가 위빳사나를 하는 순간에 특상을 경험하기 때문에 잊어버리지 않음을 통해서 희열을 경험한다.

228. 『무애해도』에서 이와 같이 설하셨기 때문이니라.

막인)'로 나타난다. HOS본이 문맥상 더 타당하기 때문에 이를 따라 옮겼다.
73) "원문의 '*tassa*(그의)'는 '*tena*(그에 의해서)'의 뜻이다.(Pm.234)"

"긴 들숨을 통해 마음이 하나됨과 흩어지지 않음을 알 때 마음챙김이 확립된다. 그런 마음챙김과 그런 지혜로 인해 희열을 경험한다. 긴 날숨을 통해 … 짧은 들숨을 통해 … 짧은 날숨을 통해 … 온몸을 경험하면서 들숨과 날숨을 통해 … 몸의 작용(身行)을 편안히 하면서 들숨과 날숨을 통해 마음이 하나됨과 흩어지지 않음을 알 때 마음챙김이 확립된다. 그런 마음챙김과 그런 지혜로 인해 희열을 경험한다.

전향할 때 그는 희열을 경험한다. 알 때, 볼 때, 반조할 때, 마음을 결정할 때, 믿음으로 결심할 때, 정진을 쏟을 때, 마음챙김을 확립할 때, 마음을 집중할 때, 통찰지로 꿰뚫어 알 때, 완전히 알아야 할 것(abhiññeyya)을 완전히 알 때, 철저히 알아야할 것(pariññeyya)을 철저히 알 때, 버려야할 것을 버릴 때, 닦아야할 것을 닦을 때, 실현해야할 것을 실현할 때 희열을 경험한다.74) 이와 같이 희열을 경험한다.(Ps.i.187)"

229. (6)-(8) 나머지의 구문 [즉 행복을 경험하면서, 마음의 작용을 경험하면서]도 이와 같은 방법으로 그 뜻을 알아야 한다. 그러나 다른 점은 이와 같다. 세 禪들로 행복을 경험하고 네 禪들로 마음의 작용을 경험한다고 알아야 한다. 마음의 작용은 두 가지 무더기인

---

74) "원문의 *abhiññeyya*는 출중한 통찰지로 알아야 하는 것이고 *abhijānato*는 위빳사나의 통찰지가 선행하는 도의 통찰지로 안다는 뜻이다. *pariññeyya*(통달해서 철저히 알아야 할 것)란 고제를 뜻하는데 조사의 통달지(*tīraṇa-pariññā*, XX. §§2-5 참조)와 도의 통찰지로 안다. *pahātabba*(버려야 할 것)는 집제를 뜻하는데 버림의 통달지(*pahāna-pariññā*, XX. §§2-5 참조)와 도의 통찰지로 버린다. *bhāvetabba*(닦아야 할 것)는 도제를 뜻하고, *sacchikātabb*(실현해야 할 것)는 멸제를 뜻한다(Pm.234.)."

느낌의 무더기(受蘊)와 인식의 무더기(想蘊)이다. **행복을 경험하면서**라는 구문에 대해서는 위빳사나의 영역을 보여주기 위해서 "행복은 두 가지 행복이다. 즉 육체적인 행복과 정신적인 행복이다.(Ps.i.188)"라고 『무애해도』에서 설하셨다.75) **마음의 작용(心行)을 편안히 하면서:** 거친 마음의 작용을 편안히 하면서, 소멸하면서라는 뜻이다. 이것은 몸의 작용(身行)에서 설한 방법대로 상세하게 알아야 한다(§§176-185).

230. 그리고 희열의 구문에서 느낌은 상카라(行)들에 속하는 희열의 제목 아래 언급되었고,76) 행복의 구문에서 느낌은 자기의 속성으로 언급되었다. 마음의 작용의 두 구문에서 "인식과 느낌은 마음부수 법들이고, 이들은 마음과 연결되어있는 마음의 작용이다.(Ps.i.188)"라는 말씀이 있기 때문에 '느낌은 인식과 함께한다'라고 이처럼 느낌을 관찰하는 방법으로 이 네 개조를 설했다고 알아야 한다.

세 번째 네 개조를 수행하는 방법

231. (9) 세 번째의 네 개조에서는 네 가지 禪들로 마음을 경험하는 것을 알아야 한다.

(10) **마음을 기쁘게 하면서:** 마음을 반갑게 하면서, 기쁘게 만들면서, 활기차게 하면서, 유쾌하게 하면서 내쉬리라 들이쉬리라고 공부 짓는다. 여기서는 삼매외 위빳사나의 두 가지 방법으로 기쁘게 한다.

---

75) "왜냐하면 사마타에서는 육체적인 행복이 없기 때문이다.(Pm.234)"
76) "희열을 언급함으로써 그것과 함께한 느낌을 설했다.(Pm.234)"

어떻게 삼매를 통해 기쁘게 하는가? 희열이 있는 두 禪에 든다. 그 증득의 순간에 그 禪과 함께한 희열로 마음을 반갑게 하고 기쁘게 한다. 어떻게 위빳사나를 통해 기쁘게 하는가? 희열이 있는 두 禪에 들었다가 출정하여 禪과 함께한 희열을 파괴되기 마련이고 사그라지기 마련이라고 명상한다. 이와 같이 위빳사나를 하는 순간에 禪과 함께한 희열을 대상으로 삼아 마음을 반갑게 하고 기쁘게 한다. 이와 같이 도닦는 자를 두고 '마음을 기쁘게 하면서 들이쉬리라 내쉬리라고 공부짓는다'고 말한다.

232. (11) **마음을 집중하면서:** 초선 등으로 대상에 마음을 고르게 놓는다, 고르게 둔다. 혹은 그 禪에 들었다가 출정하여 禪과 함께한 마음을 파괴되기 마련이고 사그라지기 마련이라고 명상할 때 그 위빳사나를 하는 순간에 특상을 통찰하는 것을 통해 순간적인 마음의 하나됨(khaṇikacittekaggata, 刹那心一境 = 刹那三昧)[77]이 그에게 일어난다. 이와 같이 일어난 순간적인 마음의 하나됨을 통해 대상에 마음을 고르게 놓고, 고르게 두는 자를 두고 '마음을 집중하면서 들이쉬리라 내쉬리라고 공부짓는다'라고 말한다.

233. (12) **마음을 해탈케 하면서:** 초선을 통해 장애들로부터 마음을 벗어나게 하고 해탈케 하면서, 제2선을 통해 일으킨 생각(尋)과 지속적인 고찰(伺)로부터, 제3선을 통해 희열로부터, 제4선을 통해 행복과 고통으로부터 마음을 벗어나게 하고 해탈케 하면서 들이

---

77) "'순간적인 마음의 하나됨'이란 한 순간만 지속되는 삼매이다. 왜냐하면 그것도 대상에 간단없이 하나의 형태로 일어나면서 반대되는 법에 의해 억압되지 않고 마치 본삼매에 든 것처럼 마음을 흔들림 없이 고정시키기 때문이다.(Pm.235)"

쉬고 내쉰다.

혹은 그가 그 禪에 들었다가 출정하여 禪과 함께한 마음은 파괴되기 마련이고 사그라지기 마련이라고 명상한다. 그가 위빳사나를 하는 순간에 무상의 관찰로 영원하다는 인식으로부터 마음을 벗어나게 하고 해탈케 하면서 들이쉬고 내쉰다. 괴로움의 관찰로 행복하다는 인식으로부터, 무아의 관찰로 자아라는 인식으로부터, 역겨움의 관찰로 즐김으로부터, 탐욕이 빛바램의 관찰로 탐욕으로부터, 소멸의 관찰로 일어남으로부터, 놓아버림의 관찰로 가짐으로부터 마음을 벗어나게 하고 해탈케 하면서 들이쉬고 내쉰다. 그러므로 '마음을 해탈케 하면서 들이쉬고 내쉬리라라고 공부짓는다'고 말한다.

이와 같이 마음의 관찰로 이 네 개조를 설했다고 알아야 한다.

네 번째 네 개조를 수행하는 법

234. ⒀ 그러나 네 번째의 네 개조에서 **무상을 관찰하면서**라고 한 구절에서 우선 무상한 것을 알아야 하고, 무상한 성질을 일아야 하고, 무상의 관찰을 알아야 하고, 무상을 관찰하는 자를 알아야 한다.

여기서 무상한 것이란 다섯 가지 무더기(五蘊)이다. 왜 그런가? 그들은 일어나고 멸하고 변하는 성질을 가졌기 때문이다. 무상한 성질이란 그들에게 존재하는 일어나고 멸하고 변하는 성질이다. 혹은 생겼다가 없어지는 것이다. 생긴 무더기(蘊)가 그 본래의 모습으로 머물지 않고 순간적인 부서짐을 통해 부서진다는 뜻이다. 무상의 관찰이란 그 무상함으로 물질 등에 대해 무상하다고 관찰하는 것이다. 무상을 관찰하는 자란 그 관찰을 하는 자이다. 그러므로 이런 무상을 관찰하는 자가 들이쉬고 내쉴 때 '무상을 관찰하면서 들이쉬리라 내쉬리라고 공부짓는다'고 말한다고 알아야 한다.

235. ⑭ **탐욕이 빛바램을 관찰하면서:** 여기 탐욕의 빛바램은 두 가지이다. 파괴로서의 탐욕의 빛바램과 절대적인 탐욕의 빛바램이다.78) 여기서 파괴로서의 탐욕의 빛바램이란 상카라(行)들이 순간적으로 무너지는 것이다. 절대적인 탐욕의 빛바램이란 열반이다. 탐욕이 빛바램을 관찰함이란 이 둘의 관찰로 일어나는79) 위빳사나와 도다. 이 두 가지 관찰을 갖추어 들이쉬고 내쉴 때 '탐욕이 빛바램을 관찰하면서 들이쉬리라 내쉬리라고 공부짓는다'고 말한다고 알아야 한다.

⑮ **소멸을 관찰하면서**라는 구절에도 이 방법이 적용된다.

236. ⑯ **놓아버림을 관찰하면서:** 여기서도 놓아버림은 두 가지이다. 버림으로서의 놓아버림과 들어감으로서의 놓아버림이다. 놓아버림의 관찰이란 놓아버림 그 자체가 관찰이다. 이것은 위빳사나와 도의 동의어이다.

왜냐하면 ① 위빳사나는 ㉠ 반대되는 것으로 대체하여 [과보로 나타난] 무더기들과, 업형성력(*abhisaṅkhāra*)들과 함께 오염원들을 버리기 때문에80) ㉡ 형성된 것에 대해 [무상 등의] 결점을 보고 그

---

78) "위빳사나의 순간에 탐욕의 빛바램(*virāga*)은 파괴로서의 탐욕의 빛바램(*khayavirāga*)이고, 도의 순간에 탐욕의 빛바램(*virāga*)은 절대적인 탐욕의 빛바램(*accantavirāga*)이다.(Pm.236)"
79) "즉 파괴로서의 탐욕의 빛바램을 관찰함으로써 위빳사나가 일어나고, 절대적인 탐욕의 빛바램을 관찰함으로써 도가 일어난다.(Pm.236)"
80) 냐나몰리 스님은 이 부분을 'since it gives up defilements with their aggregate-producing kamma-formations by cutting them

[형성된 것의] 반대인 열반으로 기울어짐으로써 열반에 들어가기 때문에 각각 버림으로서의 놓아버림과 들어감으로서의 놓아버림이라 한다.

② 도는 ㉠ 근절로써 무더기를 생기게 하는 업형성력들과 함께 오염원들을 버리기 때문에 ㉡ 열반을 대상으로 삼음으로써 열반에 들어가기 때문에 각각 버림으로서의 놓아버림과 들어감으로서의 놓아버림이라 한다.

이 두 [위빳사나의 지혜와 도의 지혜]는 각각 이전의 지혜를 계속해서 따라 보기 때문에 관찰(隨觀)이라 한다.81) 이 두 가지 놓아버림의 관찰을 구족한 채 내쉬고 들이쉴 때 '놓아버림을 관찰하면서 들이쉬리라 내쉬리라고 공부짓는다'고 말한다고 알아야 한다.

237. 이 네 번째의 네 개조는 순수한 위빳사나(純觀, *suddha-vipassanā*)로써 설했다. 그러나 이전의 세 가지 네 개조는 사마타와 위빳사나로써 설했다. 이와 같이 네 가지 네 개조로 열여섯 가지의 토대와 함께 들숨날숨에 마음챙기는 수행을 알아야 한다.

---

*off*라고 영역했는데 원문의 *khandhābhisaṅkhārehi*라는 합성어를 잘못 해석했기 때문이다. 이것은 병렬합성어이다. 해서 과보로 나타난 무더기들과 업형성력들로 옮겨야 한다. Pm에서도 이와 같이 설명하고 있다. "무상을 관찰함은 반대되는 것으로 대체함으로써 영원하다는 인식을 버린다. 그것을 영원한 것이라고 움켜쥠으로써 오염원과, 그것에 뿌리한 업형성력과, 그 두 가지에 뿌리한 과보의 무더기들이 미래에 일어날지도 모른다. 그 모든 것을 일어나지 않게 버린다.(Pm.236)"

81) "도의 지혜도 바로 그 이전의 지혜인 종성(*gotrabhu*)의 지혜를 따라(*anu*) 열반을 보기(*passana*) 때문에 관찰(隨觀, *anupassanā*)이라 한다.(Pm.236)" 종성(고뜨라부)에 대해서는 『길라잡이』 4장 §14의 3번 해설을 참조하고 종성의 지혜는 XXII. §1이하를 참조할 것.

결론

이와 같은 열여섯 가지 토대를 가진 이 들숨날숨에 대한 마음챙 김은 큰 결실이 있고 큰 이익이 있다.

238. ① "비구들이여, 참으로 이 들숨날숨에 마음챙김을 통한 삼매를 닦고 많이 [공부]지으면 전적으로 고요하고 수승하고 … (S.v.321)"등의 말씀이 있기 때문에(§145) 고요한 상태 등도 이 수행의 큰 이익이라고 알아야 한다.

② 또 일으킨 생각(尋, vitakka)을 끊어버릴 수 있는 능력도 큰 이익이라고 알아야 한다. 일으킨 생각은 삼매를 방해하는데 이것은 그 일으킨 생각 때문에 마음이 이곳저곳으로 달아남을 끊어버리고 마음을 오직 들숨날숨이라는 대상으로 향하게 한다. 왜냐하면 이것은 전적으로 고요하고 수승하고 순수하고 행복한 삶이기 때문이다. 그래서 설하셨다. "일으킨 생각을 끊기 위해 들숨날숨에 대한 마음챙김을 닦아야 한다.(A.iv.353)"

239. ③ 영지(明, vijjā)와 해탈을82) 성취하는 근본 원인이 됨도 이것의 큰 이익이라고 알아야 한다. 세존께서 이와 같이 설하셨기 때문이다. "비구들이여, 들숨날숨에 대한 마음챙김을 닦고 많이 [공부]지으면 네 가지 마음챙김의 확립(四念處)을 완성하고, 네 가지 마음챙김의 확립을 닦고 많이 [공부]지으면 일곱 가지 깨달음의 구성요소(七覺支)를 완성하고, 일곱 가지 깨달음의 구성요소를 닦고 많이 [공부]지으면 영지와 해탈을 성취한다.(M.iii.82)"

---

82) "영지는 도를, 해탈은 과를 뜻한다(Pm.237)."

240. ④ 더욱이 [임종시의] 마지막 들숨날숨을 아는 것도 이것의 큰 이익이라고 알아야 한다. 세존께서 이와 같이 설하셨기 때문이다. "라훌라야, 이와 같이 들숨과 날숨에 대한 마음챙김을 닦고 이와 같이 많이 [공부]지으면 마지막 들숨과 날숨이 소멸할 때에도 [멸한다고] 안다. 그것을 모른 채 멸하지 않는다.(M.i.425-26)"

241. 소멸에 따라 세 가지 마지막 들숨날숨이 있다. 즉 ① 존재에서의 마지막과 ② 禪에서의 마지막과 ③ 죽음에 의한 마지막이다.

존재 가운데서 욕계의 존재에서만 들숨날숨이 일어난다. 색계와 무색계에서는 일어나지 않는다. 그러므로 그들은 존재에서의 마지막이다. 禪가운데서 첫 번째 세 가지 禪에서는 일어난다. 제4선에서는 일어나지 않는다. 그러므로 그들은 禪에서의 마지막이다. 죽음의 마음(死心, cuti-citta) 이전의 16번째 마음[83])과 함께 일어나 죽음의 마음과 함께 사라지는 것이 죽음의 마지막 들숨날숨이다. 이 [죽음의] 마지막 들숨날숨이 여기서 뜻하는 마지막이다.

242. 이 명상주제에 전념하는 비구가 죽음의 마음 이전의 열여섯 번째 마음이 일어나는 순간에 일어남(生)으로 전향할 때 그에게 그들의 일어남이 분명해지고, 머묾(住)으로 전향할 때 그들의 머묾도 분명해지고, 무너짐(滅)으로 전향할 때 그들의 무너짐도 분명해진다. 왜냐하면 그 대상인 들숨날숨을 잘 파악했기 때문이다.

---

83) 물질이 일어나서 머무는 동안 마음은 16번 일어난다. 그러므로 16번째 마음이라고 하는 것이다. XX. §24와 그 주해를 참조할 것.

243. 들숨날숨이 아닌 다른 명상주제를 닦아서 아라한과를 얻은 비구는 그의 수명의 기간을 정확히 재기도 하고 못하기도 한다. 그러나 이 열여섯 가지 토대와 함께 들숨날숨을 닦아서 아라한이 된 자는 그의 수명의 기간을 반드시 정확하게 잰다. 그는 '이제 이만큼 나의 수명이 유지될 것이다. 이 이상 유지되지는 않을 것이다'라고 알고 자연스럽게 몸을 돌보고 가사를 수하는 등 모든 일을 마치고 눈을 감는다.

꼬따 산(Koṭapabbata)의 사원에 머물던 띳사 장로와, 마하까란지야(Mahā-Karañjiya) 사원에 머물던 마하 띳사 장로와, 데와뿟따(Devaputta)의 큰 왕국에서 탁발승이던 띳사 장로와, 찟딸라 산(Cittalapabbata)의 사원에 머물던 두 형제 장로처럼.

244. 다음 일화가 그 보기가 된다. 두 형제 장로 중의 한 분이 보름의 포살일에 계본을 외우고 비구 승가에 의해 둘러싸여 자기가 사는 곳으로 갔다. 경행처에 서서 달빛을 보다가 자기의 수명을 재고서 비구 승가에게 말했다. '지금까지 그대들은 어떤 방법으로 비구들이 열반하는 것을 보았는가?' 어떤 자들이 말씀드렸다. '저희들은 지금까지 자리에 앉아서 열반하는 것을 보았습니다.' 다른 자들은 '저희들은 공중에서 가부좌를 한 채 앉아서 열반하는 것을 보았습니다'라고 했다. 장로께서 말씀하셨다. '나는 이제 경행하다 열반하는 것을 보여주리라.' 그때 장로는 경행처에 선을 긋고는 '내가 경행처의 이쪽 끝에서 저쪽 끝에 이르러 되돌아오다가 이 선에 이를 때 열반하리라.' 그는 경행처에 올라 저쪽 끝에 이른 뒤 돌아오면서 한 발이 선에 이르는 순간에 열반하셨다.

그러므로 현자는 이와 같이 여러 이익을 가진
들숨날숨에 대한 마음챙김을
항상 부지런히 닦아야 한다.

이것이 들숨날숨에 대한 마음챙김의 상세한 설명이다.

10. 고요함을 계속해서 생각함
upasamānussatikathā

245. 들숨날숨에 대한 마음챙김 다음에 언급된 고요함을 계속해서 생각함을 닦고자하는 자는 조용히 혼자 머물러서, 다음과 같이 모든 괴로움의 고요함이라 불리는 열반의 덕들을 계속해서 생각해야 한다. "비구들이여, 형성되었거나 형성되지 않은 법들이 있는 한 그들 가운데서 탐욕의 빛바램이 최상이라고 불리나니, 그것은 바로 허영심의 분쇄요, 갈증의 제거요, 집착의 근절이요, 윤회의 멸절이요, 갈애의 파괴요, 탐욕의 빛바램이요, 소멸이요, 열반이다.(A.ii.34)"라고.

246. **있는 한**: 그만큼. **법**: 고유성질[84]). **형성되었거나 형성되지 않은**: [적절한] 조건들이 함께 모이고, 고르게 모여서 생긴 것이거나, 혹은 [조건들로부터] 생긴 것이 아니거나. **그들 가운데서 탐욕의 빛바램이 최상이라고 불리나니**: 그 형성되었거나 형성되지 않은 법들 가운데서 탐욕의 빛바램이 최상이 된다고 불리고, 으뜸이요

---

84) 법(*dhamma*)과 고유성질(*sabhāva*)에 대한 설명은 『길라잡이』 서문 §3과 1장 §2의 1번 해설에 잘 정리되어있다.

최고라고 불린다.

247. 여기서 **탐욕의 빛바램**이란 단지 탐욕이 없는 상태가 아니다. 사실은 '그것은 바로 허영심의 분쇄요 … 소멸이요, 열반이다'라는 구절에서 '허영심의 분쇄' 등이라 불리는 형성되지 않은 법들을 탐욕의 빛바램이라고 알아야 한다. 이것에 이를 때[85] 자만이라는 허영심, 남성이라는 허영심 등[86] 모든 허영심이 분쇄되고 파멸되고 파괴된다. 그러므로 **허영심의 분쇄**라 부른다.

이것에 이를 때 감각적 욕망에 대한 갈증이 제거되고 해소된다. 그러므로 **갈증의 제거**라 부른다. 이것에 이를 때 다섯 가닥의 감각적 욕망에 대한 집착을 근절한다. 그러므로 **집착의 근절**이라 부른다. 이것에 이를 때 삼계에 윤회하는 것을 끊어버린다. 그러므로 **윤회의 멸절**이라 부른다. 이것에 이를 때 모든 갈애가 파괴되기에 이른다. 그러므로 갈애가 파괴에 이르고 탐욕이 빛바래고 소멸한다. 그러므로 **탐욕의 빛바램이요, 소멸이요, 열반**이라 부른다.

이 갈애는 네 가지 모태(四生)와 다섯 가지 태어날 곳과 일곱 가지 알음알이의 거주와 아홉 가지 중생의 거처에서 존재가 계속되도록 연결하고, 묶고, 동여매기 때문에 '결박'이라는 인습적 표현을 얻는다. 이러한 갈애로부터 벗어나게 하고, 도망가게 하고, 헤어지게

---

85) "이 형성되지 않은 특징을 가졌고, 고유성질을 가진 법을 탐욕의 빛바램(*virāga*)이라고 알아야 한다. 왜냐하면 여기서 오염원의 법들이 사라지기 때문이다. 열반을 대상으로 삼고 일어난 성스러운 도에 의해 버려지는 자만의 허영심 등은 그곳에 이르러서 버려진다고 한다. 그러므로 그곳에 이르러라는 구절을 설했다.(Pm.239)"
86) "'내가 최고다'라고 상상하는 것으로 일어난 허영심이 자만이라는 허영심이고, 남성이라는 이유로 일어난 허영심이 남성의 허영심이다. '등'이라는 단어에는 태생에 의한 허영심 등이 포함된다.(Pm.239)"

하기 때문에 **열반**이라 부른다.

248. 이와 같이 허영심의 분쇄 등의 덕으로 인해 열반이라 불리는 고요함을 계속해서 생각해야 한다. 혹은 세존께서는 "비구들이여, 그대들에게 형성되지 않은 법을 설하리라 … 진리를 … 피안을 … 보기 어려운 것을 … 늙지 않음을 … 영원함을 … 희론 없음을 … 불사를 … 상서를 … 안은을 … 미증유를 … 재난 없음을 … 병 없음을 … 청정을 … 섬을 … 피난처를 그대들에게 설하리라 (S.iv.360-72)"라는 등의 다른 경들에서도 고요함의 덕들을 설하셨다. 이 덕들을 통해서도 계속해서 생각해야 한다.

249. 그가 이와 같이 허영심의 분쇄 등의 덕들로 고요함을 계속해서 생각할 때 "그때 그의 마음은 탐욕에 얽매이지 않고, 성냄에 얽매이지 않고, 어리석음에 얽매이지 않는다. 그때 그의 마음은 여래를 의지하여 올곧아진다.(A.iii.285)"라고 부처님을 계속해서 생각함 등에서 설한 방법대로(VII. §65 등) 장애들을 억압할 때 차례에 따라 어떤 한 순간에 禪이 구성요소들이 일어난다.

고요함의 덕은 심오하기 때문에 혹은 갖가지 종류의 덕을 계속해서 생각함에 전념하기 때문에 이 禪은 본삼매에는 이르지 못하고 근접에만 이른다. 이것은 고요함의 덕을 계속해서 생각함을 통해 일어나기 때문에 고요함을 계속해서 생각함이라 부른다.

250. 여섯 가지 계속해서 생각함의 경우처럼 이것도 성스러운 제자만이 성취한다. 비록 그렇다 하더라도 고요함을 존중하는 범부들도 이것을 마음에 잡도리해야 한다. 듣는 것만으로도 마음은 고

요함에 대해 깨끗한 믿음을 가지기 때문이다.

251. 이 고요함을 계속해서 생각함을 수행하는 비구는 행복하게 잠자고, 행복하게 깨어나고, 감각기능(根)들이 고요하고, 마음도 고요하고, 양심과 수치심을 가지며, 청정한 믿음을 가지고, 수승한 경지(즉, 열반)를 확신하고, 청정범행을 닦는 동료들이 존중하고 공경하며, 더 이상 통찰하지 못한다하더라도 적어도 선처로 인도된다. 그러므로

> 방일하지 않는 지자는 이러한 여러 이익을 가진
> 성스러운 고요함에 대한 마음챙김을 닦아야 한다.

이것이 고요함을 계속해서 생각함에 대한 상세한 설명이다.

> 어진 이를 기쁘게 하기 위해 지은 청정도론의
> 삼매수행의 표제에서
> 계속해서 생각함에 관한 해설이라 불리는
> 제8장이 끝났다.

제9장

brahmavihāraniddeso
거룩한 마음가짐〔梵住〕

제9장 거룩한 마음가짐(梵住)

brahmavihāraniddeso

1. 계속해서 생각함(隨念)의 명상주제 다음에 자애(*mettā*, 慈), 연민(*karuṇā*, 悲), 더불어 기뻐함(*muditā*, 喜), 평온(*upekkhā*, 捨)이라는 네 가지 거룩한 마음가짐(*brahmavihāra*, 梵住)을 설명한다.

1. 자애수행
mettābhāvanāvaṇṇanā

이 가운데서 이제 자애를 닦고자하는 수행자는 만일 그가 초심자라면 장애를 끊고 명상주제를 배워 공양을 마친 뒤 식곤증을 떨쳐 버리고 한적한 곳에서 잘 마련된 자리에 편안히 앉아 먼저 성냄의 위험과 인욕의 이익을 반조해야 한다.

2. 왜 그런가? 이 수행으로 성냄을 버려야 하고 인욕을 얻어야 하기 때문이다. 보지 못한 허물을 버릴 수 없고 알지 못한 이익

을 얻을 수 없기 때문이다. 그러므로 "도반이여, 성내거나, 성냄에 휩싸이거나, 마음이 [성냄에] 시달릴 때 생명조차 앗아간다(A.i.216)" 라고 시작하는 경을 통해 성냄의 허물을 보아야 한다.

"관용이 [그 특징인] 인욕은 최상의 고행이고
열반은 최상이라고 부처님들은 설하신다(D.ii.49; Dhp.184)"[87]

"인욕의 힘과 [인욕의] 힘의 군대를 가진 자
그를 나는 바라문이라 설한다(Dhp. 399)"

"인욕을 능가하는 것은 없다(S.i.222)"

이상과 같은 경 등을 통해서 인욕의 이익을 보아야 한다.

3. 이와 같이 성냄의 허물을 살펴보고 성냄으로부터 마음을 격리시켜, [많은] 이익을 가진 인욕에다 묶어두기 위해서 자애의 수행을 시작해야 한다. 수행을 시작할 때 '이런 사람들에 대해서는 제일 먼저 자애를 닦아서는 안되고, 이런 사람들에 대해서는 절대로 자애를 닦아서는 안된다'고 먼저 사람에 대한 허물을 알아야 한다.[88]

---

87) 냐나몰리 스님은 'No higher rule, the Buddhas say, than patience, and no nibbana higher than forbearance'라고 영역했는데 원문의 'titikkhā(관용)'라는 단어는 주격으로 'khanti(인욕)'의 부연설명이지 열반이라는 단어와는 무관하다.
Pm도 'parāpakārasahanādikā titikkhalakkhaṇā khanti uttamaṁ tapo.(Pm.240)'라 하여 '관용이라는 특징을 가진 인욕은 최상의 고행'이라고 인욕과 연관되는 것으로 설명하고 있다.

88) 냐나몰리 스님은 'But when he begins, he must know that some

4. 왜냐하면 이 자애는 ① 싫어하는 사람 ② 아주 좋아하는 친구 ③ 무관한 사람 ④ 원한 맺힌 사람, 이 네 부류의 사람에 대해서는 제일 먼저 닦아서는 안된다. 특히 이성에 제한하여 자애를 닦아서는 안되고, 죽은 자에 대해서는 절대로 자애를 닦아서는 안된다.

5. 무슨 이유로 싫어하는 사람 등에 대해서 제일 먼저 자애를 닦아서는 안되는가? 싫어하는 사람을 좋아하는 자의 위치에 두는 것은 피곤하기 때문이다. 아주 좋아하는 친구를 무관한 사람의 위치에 두는 것도 피곤하다. 그 친구에게 사소한 괴로움이라도 일어나면 눈물을 흘리는 것과 같다. 무관한 자를 존경하는 분의 위치와 좋아하는 자의 위치에 두는 것도 피곤하다. 원한 맺힌 사람을 생각할 때는 노여움이 일어난다. 그러므로 싫은 사람 등에 대해 제일 먼저 자애를 닦아서는 안된다.

6. 이성에 대해서 자애를 닦을 때 애욕이 일어난다. 한 대신의 아들이 정기적으로 방문하는 친근한 장로께 여쭈었다. '존자시여, 어떤 사람들에 내해 자애를 닦아야 합니까?' 장로는 사랑하는 사람에 대해서라고 말했다. 그는 자기의 부인을 사랑했다. 그가 자애를

---

persons are of the wrong sort at the very beginning and that lovingkindness should be developed towards certain kinds of persons and not towards certain other kinds at first'라고 의역을 하고 있다.

그러나 원문은 ① 어떤 사람들을 대상으로 하여서는 자애수행을 제일 먼저 닦아서는 안되고 ② 어떤 사람들을 대상으로 하여서는 절대로 자애수행을 닦아서는 안되는가를 정확하게 말하고 있고 이제 아래 문단에서 상세하게 설명하고 있다.

닦을 때 밤새 벽과 싸웠다. 그러므로 이성에 제한하여 자애를 닦아서는 안된다.

7. 죽은 사람에 대해서 닦을 때 본삼매를 얻지 못할 뿐만 아니라 근접삼매도 얻지 못한다. 한 젊은 비구가 그의 스승에 대해 자애를 닦았다. 그의 자애수행은 전진이 없었다. 그는 대장로를 뵈러 가서 '존자시여, 저는 자애를 통한 禪의 증득(mettā-jhāna-samāpatti)에 능숙합니다. 그런데 도무지 증득을 이룰 수가 없으니 어찌된 영문입니까?'라고 여쭈었다. 장로는 '여보게, [명상주제의 대상인] 그 표상을 찾아보게'라고 말씀하셨다. 찾아본즉 그의 스승이 사망한 것을 알고서 다른 자를 대상으로 자애를 닦으면서 증득에 들었다. 그러므로 죽은 자에 대해서는 절대로 자애를 닦아서는 안된다.

8. 무엇보다도 먼저 자기 자신에 대해 거듭거듭 닦아야 한다. '내가 행복하기를, 고통이 없기를!' 혹은 '내가 원한이 없기를, 악의가 없기를, 근심이 없기를, 행복하게 삶을 영위하기를!'이라고.

9. 그렇지만 『위방가』에서는 설하셨다. "어떻게 비구가 자애가 가득한 마음으로 한 방향을 가득 채우고 머무는가? 마치 사랑스럽고 마음에 드는 어떤 사람을 보고 자애를 갖는 것처럼 그는 모든 중생들에 대해 자애로 충만하다.(Vbh.272)"

『무애해도』에서는 "어떤 다섯 가지 때문에 자애를 통한 마음의 해탈(慈心解脫)은 제한 없이 충만한가? 모든 중생들이 원한이 없기를, 악의가 없기를, 근심이 없기를, 행복하게 살기를! 모든 생명들이 … 모든 존재들이 … 모든 인간들이 … 모든 몸을 가진 자들이 원한이 없기를, 악의가 없기를, 근심이 없기를, 행복하게 삶을 영위하기를! …(Ps.ii.130)"

「자애경」(Metta Sutta)에서도 설하셨다.

"참으로 행복하고 안은(安隱)하기를
모든 중생이 행복하기를!(Sn.145)"[89]

그렇다면 [이런 경의 말씀들은 앞의 설명과] 어긋나는 것이 아닌가? 만약 자신에 대한 수행이 언급되지 않았기 때문에 [어긋난다]고 한다면 그것과 어긋나는 것이 아니다.

10.
왜 그런가? 이것은 삼매로 설했고 이 [앞에서 자기를 대하여 닦음은] 본보기(sakkhi)로 설했기 때문이다. 비록 그가 백년이나 천년동안 '내가 행복하기를!'이라는 등의 방법으로 자기에 대한 자애를 닦는다고 해도 본삼매는 일어나지 않기 때문이다. 그러나 '내가 행복하기를!' 하고 닦을 때 '마치 내가 행복하기를 원하고 고통을 두려워하고 살기를 원하고 죽기를 원하지 않는 것처럼 다른 중생들도 참으로 그와 같다'라고 자기를 본보기로 삼을 때 다른 중생들의 이익과 행복에 대한 원이 일어난다. 세존께서도 다음과 같이 설하시면서 이 방법을 보이셨다.

"마음으로 모든 방향으로 찾아보았건만
어느 곳에도 자신보다 사랑스러운 자 얻을 수 없네.[90]

---

89) "*sukhino va khemino hontu,*
 sabbasattā bhavantu sukhitattā"
90) 이 게송의 동사인 '*ajjhagā*'는 동사 *adhigacchati*(adhi+√gam, to

이처럼 다른 이들에게도 각자 자신이 사랑스러운 것
그러므로 자기의 행복을 원하는 자, 남을 해치지 마세."

— S.i.75; Ud.47.

11. 그러므로 그 증거로 제일 먼저 자기를 자애로 가득 채워야 한다. 그 다음에 [자애를] 쉽게 일으키기 위해 좋아하고 마음에 들고 존중하고 공경하는 스승이나 스승에 필적할 만한 분이나 은사나 은사에 필적할 만한 분에 대하여 그 분에게서 발견되는 좋은 말씀 등과 존중과 공경을 생기게 하는 계행과 학식 등을 계속해서 생각하여 '이런 참된 분(眞人)께서 행복하시기를, 고통이 없으시기를!'하며 이런 방법으로 자애를 닦아야 한다. 그는 이런 사람에 대해서 반드시 본삼매에 든다.

12. 그러나 이 비구가 이만큼으로 만족하지 않고 이런 한계를 부수고자 할 때는 그 다음으로 아주 좋아하는 친구에 대해, 아주 좋아하는 친구 다음에는 무관한 자에 대해, 무관한 자 다음에는 원한 맺힌 자에 대해 자애를 닦아야 한다. 닦을 때 각각의 경우에 마음을 유연하고 적합하게 만들어 각각 그 다음으로 나아가야 한다.

13. 그러나 원한 맺힌 자가 없거나 대장부 기질을 타고나서 해를 입더라도 남들에 대해 원수라는 인식을 일으키지 않는다면 그는 '무관한 자에 대해서는 자애심을 적절하게 닦았다. 이제 그것을 원한 맺힌 자에게 적용시키리라'고 관심을 두어서는 안된다. '무관한

---

obtain)의 Pot. 3인칭 단수인 *adhigaccheyya*의 뜻이다. 그러므로 주어는 당연히 '그' 또는 '그녀'가 되어야 한다. 그러나 냐나몰리 스님은 '나'를 주어로 보았는데『상응부』「말리까 경」(S3:8)의 문맥상 옳지 않다.

자 다음에 원한 맺힌 자에 대해 자애를 닦아야 한다'라는 것은 원한을 맺은 적이 있는 자와 관련해서 설한 것이다.

14. 만약 그가 원수에 대해 마음을 가져갈 때 그가 지은 해악이 기억나서 적개심이 일어난다면 처음에 언급한 [세 부류의] 사람들 가운데 한 사람에 대해 거듭거듭 자애의 증득에 들었다가 출정하여 거듭거듭 그 사람에 대해 자애를 닦음으로 적개심을 제거해야 한다.

15. 만약 이와 같이 노력해도 제거되지 않으면,

> 톱 등의 비유의 경책을 계속해서 생각하면서
> 적개심을 버리기 위해 거듭거듭 노력해야 한다.

그는 이와 같이 자신을 경책해야 한다. 오, 성난 자여, 세존께서 설하지 않으셨던가?

"비구들이여, 무지막지한 악당들이 양쪽에 자루가 달린 톱으로 사지를 토막토막 자르더라도 그것 때문에 마음속에 화를 낸다면 그는 나의 가르침을 따르는 자가 아니다.(M.i.129)"

> "화를 낸 자에게 화로써 앙갚음을 하는 자는
> 처음 화를 낸 자 보다 더욱 비열하다.
> 화로써 앙갚음하지 않을 때
> 승리하기 어려운 전쟁에서 승리한다.
> 상대방이 화난 것을 알고서
> 마음챙기면서 고요하게 머무는 자는
> 자기와 남 둘 모두를 이롭게 한다.(S.i.162)"

"비구들이여, 적을 즐겁게 하고 적에게 도움 되는 일곱 가지 법이 있어 여자거나 남자거나 간에 화난 자에게 찾아온다. 무엇이 일곱인가?

비구들이여, 적은 그의 적에게 이와 같이 원한다. '이 자가 참으로 흉한 꼴이 되기를!'이라고. 그것은 무슨 이유인가? 비구들이여, 적은 자기 적의 아름다운 모습을 기뻐하지 않기 때문이다. 비구들이여, 이 화난 사람은 화에 압도되고, 화에 정복되어, 비록 목욕을 하고 향수를 뿌리고 이발과 면도를 하고 하얀 옷을 입더라도 그는 화에 압도되어 흉한 꼴이 된다. 비구들이여, 이것이 적을 즐겁게 하고 적에게 도움 되는 첫 번째 법으로 여자거나 남자거나 간에 화난 자에게 찾아오는 것이다.

다시 비구들이여, 적은 그의 적에게 이와 같이 원한다. '이 자가 괴롭게 잠들기를! …

이 자에게 행운이 따르지 않기를! …

이 자에게 부가 따르지 않기를! …

이 자에게 명성이 따르지 않기를! …

이 자에게 친구가 없기를! …

몸이 무너져 죽은 뒤 좋은 곳(善處)이나 천상에 태어나지 않기를!'이라고. 그것은 무슨 이유인가? 비구들이여, 적은 그의 적이 선처에 가는 것을 기뻐하지 않기 때문이다. 비구들이여, 이 화난 사람은 화에 압도되고, 화에 정복되어 몸으로 삿된 행위를 하고, 말로 삿된 행위를 하고 마음으로 삿된 행위를 한다. 그는 화에 압도되어 몸으로 … 말로 … 마음으로 삿된 행위를 하여 죽어서 몸이 무너진 다음에는 비참한 곳, 나쁜 곳(惡處), 파멸처, 지옥에 태어난다.(A.iv.94-

96)"라고.

"비구들이여, 마치 화장터에서 사용된 나무토막이 있어 양끝은 불타고 중간은 악취가 난다면 마을에서도 그것을 장작으로 사용하지 않을 것이고, 숲에서도 장작으로 사용하지 않을 것이다. 비구들이여, 이 사람은 그와 같다고 나는 말한다.(A.ii.95; It.90)"

그러므로 이제 그대가 이와 같이 화를 내면 세존의 가르침을 따르는 자가 아니리라. 화로써 앙갚음 할 때 처음 화낸 자 보다 더 비열하여 승리하기 어려운 전쟁에서 승리하지 못하리라. 그대의 적이 지은 일들을 그대 스스로 그대 자신에게 지을 것이고, 화장터에서 사용된 나무토막과 같을 것이다.

16. 그가 이와 같이 노력하고 애를 쓸 때 만약 적개심이 가라앉는다면 좋은 일이다. 만약 가라앉지 않는다면 그 사람의 고요함과 청정한 상태와 그것을 계속해서 생각할 때 믿음을 일으키는 그런 법을 기억하면서 적개심을 없애야 한다.

17. 어떤 자의 경우는 몸으로 짓는 행위만 고요하다. 그의 고요한 상태는 중대한 소임을 볼 때 모든 사람들이 안다. 그러나 말로 짓는 행위와 마음으로 짓는 행위는 고요하지 않다. 그러면 그런 것들은 기억하지 말고 오직 몸으로 짓는 행위의 고요함만을 기억해야 한다.

18. 어떤 자의 경우는 말로 짓는 행위만 고요하다. 그의 고요한 상태는 모든 사람들이 안다. 즉, 그는 천성적으로 친절하게 환대함에 능숙하고, 친절하게 말하고, 좋은 말을 하고, 기뻐하는 말을 하

고, 환한 얼굴을 하고, 먼저 공손하게 말을 하고, 감미로운 목소리로 법을 외우고, 의미와 표현을 원만히 갖추어 법문을 설한다. 그러나 몸으로 짓는 행위와 마음으로 짓는 행위는 고요하지 않다. 그러면 그런 것을 기억하지 말고 오직 말로 짓는 행위의 고요함만을 기억해야 한다.

19. 어떤 자의 경우는 마음으로 짓는 행위만 고요하다. 탑전에 예배하는 등에서 그의 고요한 상태는 모든 사람들에게 분명하다. 마음이 고요해지지 않은 자는 탑전이나 보리수나 장로들에게 예경할 때 공손하게 예배드리지 않는다. 법을 듣는 자리에서 마음이 산만하거나 졸면서 앉는다. 마음이 고요한 자는 조심스럽고 공손하게 예배한다. 귀를 기울여 신중하게 몸과 말을 통해 마음의 깨끗함을 나타내면서 법을 듣는다. 이와 같이 어떤 자의 경우는 마음으로 짓는 행위만 고요하다. 그러나 몸으로 짓는 행위와 말로 짓는 행위는 고요하지 않다. 그러면 그런 것을 기억하지 말고 오직 마음으로 짓는 행위의 고요함만을 기억해야 한다.

20. 그러나 어떤 자의 경우는 이런 세 가지 행위 중에서 단 한 가지도 고요하지 않다. 그러면 지금은 비록 이 자가 인간 세상에서 살고 있지만 며칠도 못 가서 여덟 가지 큰 지옥이나 열여섯 가지 작은 지옥에 떨어질 것이라고 그 사람에 대해 연민을 일으켜야 한다. 연민을 통해 적개심은 가라앉는다.

어떤 자의 경우 이 세 가지 행위가 모두 고요하다. 그러면 그가 가진 세 가지 가운데 어떤 것이라도 그가 원하는 것을 기억하면 된다. 그런 사람에 대해 자애를 닦는 것은 어렵지 않다.

21. 앞서 설한 이 뜻을 분명히 하기 위해 "도반들이여, 이것이 적개심을 제거하는 다섯 가지 방법이니 비구에게 적개심이 일어나면 이것으로 완전히 제거해야 합니다.(A.iii.186-90)"라는 『증지부』『다섯의 모음』에 있는 「절복진노경」(折伏瞋怒經, Āghātapaṭivinaya Sutta)을 상세히 설명해야 한다.

22. 만약 그가 이와 같이 애를 써도 적개심이 일어나면 이와 같이 자기를 훈계해야 한다.

> 만약 원수가 자기의 영역으로 삼은
> 그대의 [몸에] 고통을 줄지라도
> 무엇 때문에 그대는 그의 영역이 아닌
> 그대의 마음에 고통을 주려하는가.
>
> 많은 도움을 주었고 눈물을 흘리던
> 가족들마저 버렸거늘
> 무엇 때문에 크나큰 해악을 조래하는
> 그대의 적인 화는 버리지 않는가.
>
> 멋대로 부리는 화는 참으로
> 그대가 보호하는 계행의 뿌리를 멸절시키나니
> 그대같이 어리석은 자
> 또 누가 있겠는가.
> 다른 자가 비열한 행위를 했다고
> 그대는 불같이 화를 낸다.

왜 그대는 그대 스스로 남이 했던
같은 일을 하려하는가.

만약 나를 화나게 만들고자
남이 불쾌한 행위를 했다면
무엇 때문에 그대는 화를 내어
남의 소원을 만족시켜주려는가.

그대가 화를 내어 그에게 고통을 줄 수도
혹은 주지 않을 수도 있다.
그러나 그 화가 초래한 고통으로
당장에 그대 자신을 태우리.

만약 원수들이 분노로 인해
눈멀어 악처의 길을 간다면
무슨 이유로 그대도 분노하여
그들을 따라 가려는가.

적이 분노로 인해 그대에게
해로움을 끼쳤다면
그 분노만을 끊어버려라.
무엇 때문에 적절치 않게
그대에게 불쾌한 행위를 했던 [사람을] 괴롭히는가.
오온의 법들은 순간적인 것이라
이미 없어져버렸거늘
지금 그대는 누구에게 화를 내는가.

그에게 고통을 주려해도 그가 없다면
누구에게 고통을 주겠는가.
그대의 존재가 바로 고통의 원인이거늘
무엇 때문에 그에게 화를 내는가.

23. 만약 이와 같이 자기를 훈계해도 적개심이 가라앉지 않으면 그는 자신이나 남에게 업이 각자 자기의 주인임(*kammassakatā*)[91]을 반조해야 한다. 우선 이와 같이 자기 것을 반조해야 한다.

'여보게, 그에게 화를 내어 무엇을 할 것인가? 화냄으로 인한 그대의 업이 장차 그대를 해로움으로 인도하지 않겠는가? 그대의 업이 바로 그대의 주인이고, 그대는 업의 상속자이고, 업에서 태어났고, 업이 그대의 권속이고, 업이 그대의 의지처이다. 그대는 그대가 행한 업의 상속자가 될 것이다. 이 행위는 정등각을 얻게 하는 것도 아니고, 벽지불의 깨달음을 얻게 하는 것도 아니고, 성문의 지위에 이르게 하는 것도 아니고, 범천과 제석과 전륜왕과 지방의 왕 등 가운데 어느 지위도 얻게 하는 것이 아니다. 그와 반대로 이 행위는 교단으로부터 물러나게 하여 먹다 남은 음식을 먹는 지경에 처하게 하고, 지옥 등 갖가지 고통을 겪게 한다. 이 [화내는 업]을 행할 때 양손에 시뻘건 숯과 똥을 쥐고서 다른 자에게 던지려는 사람처럼 첫 번째로 자신을 태우고 악취나게 한다.'라고.

---

[91] '업이 자기의 주인임'으로 옮긴 '*kammassakatā*'는 '*kamma+sakatā*'로 분해 된다. 여기서 '*sakatā*'는 '*saka*(자기, 자신)'의 추상명사이다. 그래서 전체적으로 '업이 자기 자신임'이라는 의미이고 그래서 '업이 자신의 주인임'이라고 의역하였다. 오온의 역동적인 흐름일 뿐인 나의 삶의 흐름에서 오직 매 순간 일으키는 의도적 행위들이 개체의 연속성을 유지시켜나가는 '주인'이라는 의미이다.

24. 이와 같이 자기의 업이 자신의 주인임을 반조하고서 다른 사람에 대해서도 이와 같이 반조해야 한다. '그가 나에게 화를 내어서 무엇을 할 것인가? 이것이 그 자신을 해로움으로 인도하지 않겠는가? 이 존자는 자기 업의 주인이고, 업의 상속자이고, 업에서 태어났고, 업이 이 존자의 권속이고, 업이 이 존자의 의지처이다. 이 존자는 그가 행한 업의 상속자가 될 것이다. 이 행위는 정등각을 얻게 하는 것도 아니고, 벽지불의 깨달음을 얻게 하는 것도 아니고, 성문의 지위에 이르게 하는 것도 아니고, 범천과 제석과 전륜왕과 지방의 왕 등 가운데 어느 지위도 얻게 하는 것이 아니다. 그와 반대로 이 행위는 교단으로부터 물러나게 하여 먹다 남은 음식을 먹는 지경에 처하게 하고, 지옥 등 갖가지 고통을 겪게 한다. 이 [화내는 업]을 행할 때 바람을 안고 서서 다른 자에게 먼지를 뒤집어씌우려는 사람처럼 바로 자신이 뒤집어쓸 뿐이다.'라고. 세존께서 이처럼 말씀하셨기 때문이다.

> "분노하지 않고 청정하고 허물없는
> 그런 사람에게 화를 내면
> 그 악은 바로 그 어리석은 자에게 돌아가나니
> 마치 바람을 향해 던진 가는 먼지처럼.(Dhp.125)"

25. 만약 그가 이와 같이 업이 자기의 주인임을 반조해도 가라앉지 않는다면 그는 천인사께서 전생에 수행한 덕들을 반조해야 한다.

26. 이것이 반조하는 방법이다. '여보게, 출가자여. 그대의 스승께서는 깨닫기 전, 아직 정등각을 성취하지 않은 보살이셨을 때 4아

승지와 10만겁동안 바라밀을 완성하시면서 곳곳에서 적들이 살해하려할 때에도 결코 화를 내지 않으셨다.

27. 예를 들면, 「실라와 자따까」(Sīlava Jātaka)에서 실라와(Sīlava) 왕이 자신의 왕비에게 간통을 한 나쁜 대신이 적의 왕을 불러들여 3백 유순이나 되는 왕국을 점령할 때 그것을 방어하기 위해 출동한 대신들에게 무기를 사용하는 것을 허락지 않았다. 공동묘지에 땅을 파고 천명의 대신들과 함께 목까지 묻혔을 때 마음으로 조금도 화를 내지 않았다. 시체를 뜯어먹기 위해 재칼들이 와서 땅을 파헤쳐 주어서 영웅적인 힘을 발휘하여 목숨을 구하여 야차의 신통으로 자기의 궁전에 들어갔을 때 자기의 침상에 적의 왕이 잠자고 있는 것을 보고도 화를 내지 않고 서로 맹세를 하여 친구로 여기면서 말했다.

> "남자는 포부를 가져야 하고
> 현자는 싫증내지 않아야 한다.
> 나는 내가 원하던 대로 되었음을 보노라.(Jā.i.267)"

28. 「칸띠와디 자따까」(Khantivādī Jātaka, 忍辱主義者 本生譚)에서는 우치한 까시(Kāsi) 왕이 '사문이여, 당신은 어떤 교리를 설합니까?'라고 물었을 때 '나는 인욕을 설합니다'라고 답했다. 그러자 왕이 가시 박힌 매로 채찍질하게 하고 손발을 자를 때에도 그는 조금도 화를 내지 않았다.

29. 이미 성년이 되어 출가한 자가 이와 같이 하는 것은 그리 놀랄만한 일이 아닐 수도 있다. 「쭐라담마빨라 자따까」(Cūla-Dhammapāla Jātaka, 小護法 本生譚)에서는 아직 자리에 누워 움직이지

도 못할 때에도 [화를 내지 않았다.]

> "전단향으로 목욕한
> 왕국의 계승자 담마빨라
> 그의 팔이 잘립니다.
> 왕이시여, 제 숨이 넘어갑니다.(Jā.iii.181)"

라고 그의 어머니가 탄식하는 와중에도 왕이었던 그의 부친 마하빠따빠(Mahā-Patāpa, 大怒)는 마치 죽순을 자르듯이 그의 손발을 자르게 했지만 그는 조금도 화를 내지 않았다. 이에 만족하지 않고 그의 머리를 자르라고 명령했을 때 '지금이 마음을 잘 제어할 때다. 오, 담마빨라여. 지금 그대의 머리를 자르라고 명령한 아버지, 머리를 자르는 사람, 탄식하는 어머니, 그대 자신, 이 네 사람 모두에 대해서 평등한 마음을 가져야 한다.'라고 굳게 결심한 뒤 조금도 화내는 모습을 보이지 않았다.

30. 인간의 모습으로 이와 같이 하는 것은 그리 놀랄만한 일이 아닐 수도 있다. 축생이었을 때에도 그와 같이 했다. 찻단따(Chaddanta)라고 이름하는 코끼리가 되어서 독이 묻은 화살이 배꼽을 찔렀을 때도 해로움을 가한 사냥꾼에 대해 마음에 화를 내지 않았다. 그래서 말씀하셨다.

> "큰 화살에 찔렸을 때 코끼리는
> 마음속에 화내지 않고 사냥꾼에게 말했다
> 친구여, 무슨 목적으로, 무슨 이유로
> 나를 죽이려는가. 이것은 누구를 위함인가.(Jā.v.51)"

이와 같이 말했을 때 '존경하는 분이여, 까시 나라의 왕후가 당신의 상아를 목적으로 저를 보냈답니다'라고 대답하자 그녀의 소원을 성취시켜주려고 여섯 색깔의 광채가 찬란하게 반짝이는 아름다운 상아를 뽑아주었다.

31. 큰 원숭이가 되었을 때 바위의 절벽으로부터 사람을 구해주었다. 그 사람이 다음과 같이 생각하면서 돌을 들어 머리를 내리쳤다.

> "마치 숲 속의 다른 짐승들처럼
> 이것도 사람들의 먹거리로다.
> 배고픈 자가 이 원숭이를 잡아먹은들 어떠리.
> 만족스럽게92) [먹고 남은] 고기는
> 여행의 준비물로 가져가리라.
> 긴 여행을 마치도록 식량이 되겠구나.(Jā.v.71)"

원숭이는 두 눈에 눈물이 가득한 채 그 사람을 쳐다보았다.

> "존경하는 분이여, 당신은 나의 친구입니다.
> 당신이 이와 같이 해서는 안됩니다.
> 당신은 긴 수명을 가진 분이십니다.
> 다른 자를 막아주셔야 옳습니다.(Jā.v.71)"93)

---

92) 원문의 'asito'를 냐나몰리 스님은 'independently'라고 영역했는데 Pm에서는 'suhito(만족하여)'라고 해석했다. 즉 만족스럽게 먹고 나서라는 뜻이다. 자따까의 주석서에서도 'dhāto, suhito'라고 해석하고 있다. 이 문맥에서 볼 때 냐나몰리 스님의 'independently'라는 해석은 어색한 감을 준다.
93) 해당하는 자따까에 나타나는 게송은 다음과 같다.

라고 말한 뒤 그 사람에 대해 마음속으로 화내지도 않고 자기의 고통도 고려하지 않은 채 오직 그 사람이 안전한 곳까지 이르도록 해 주었다.

32. 부리닷따(Bhūridatta)라는 용왕이 되어 포살의 계목을 준수하기 위해 개미굴의 꼭대기에 누워있을 때 겁의 종말을 예고하는 불과 같은 약을 온 몸에 뿌렸을 때에도, 상자에 넣어 인도 전역에서 장난감처럼 다룰 때에도, 그 바라문에 대해 조금도 화내는 마음을 갖지 않았다. 그래서 말씀하셨다.

> "상자에 넣을 때에도
> 손으로 눌러 짜부라뜨릴 때에도
> 계를 파하는 두려움 때문에
> 알람바나(Ālambāna)에게 화내지 않았다.(Cp.85)"

33. 짬뻬야(Campeyya)라는 용왕이 되어 뱀장수가 괴롭힐 때에도 조금도 화내는 마음을 일으키지 않았다. 그래서 말씀하셨다.

> "내가 법을 실천하고 포살을 준수할 때
> 뱀장수가 나를 잡아 왕실의 성문에서 가지고 놀았다.
> 푸른색, 노란색, 빨간색 등
> 그가 생각하는 색깔이 그 어떤 것이든
> 그의 생각에 따라 그가 원하는 대로 되어주었다.
> 육지를 바다로 변하게 하고

---

māyyo maṁ kari bhaddante tvaṁ ca nāmedisaṁ kari tvaṁ ca kho nāma dīghāyu aññaṁ vāretuṁ arahasi.

바다를 육지로 변하게 할 수도 있었다.
만약 내가 그에게 화를 내었다면
그는 그 순간에 재가 되었을 것이다.
그러나 만약 마음대로 했더라면
계를 지키지 못했을 것이다.
파계한 자는 구경의 경지를 성취하지 못한다.(Cp.85)"

34. 상카빨라(Saṅkhapāla)라는 용왕이 되었을 때 날카로운 창으로 여덟 군데에 상처를 낸 뒤 상처의 구멍에 가시 돋친 넝쿨을 쑤셔 넣고 튼튼한 밧줄로 코를 꿰어 16명의 마을 청년들이 장대에 메어 옮겨 다니면서 땅바닥에 몸을 내동댕이쳐 큰 고통을 겪게 했을 때에 화를 내어 흘깃 쳐다보기만 해도 마을 청년들을 모두 재로 만들어버릴 수 있었지만 눈을 뜨고 조금도 화난 모습을 짓지 않았다. 그래서 말씀하셨다.

"알라라(Alāra)여, 나는 14일과 15일에는
항상 포살을 준수한다.
그때 16명의 마을 청년들이
밧줄과 견고한 창을 가지고 왔다.
포악한 자들이 코를 찢어 밧줄에 꿰어
나를 잡아 낚아갔다.
이와 같은 극심한 고통을 겪을 때에도
포살을 놓지지 않았다.(Jā.v.172-73)"

35. 이들뿐만 아니라 「마뚜뽀사까 자따까」(Mātuposaka Jātaka)

등 다른 곳에서도 여러 가지 놀랄만한 일이 있다. 일체지를 얻으셨고 신을 포함한 세상에서 가히 견줄 수 없는 인욕의 덕을 지니신 세존을 그대의 스승으로 언급하면서 적개심을 일으키는 것은 그대에게 가장 적당치 않고 어울리지 않는 것이다.'라고 [반조해야 한다]

36. 만약 그가 이와 같이 천인사께서 전생에 수행하신 공덕을 반조하는데도 오랫동안 오염원의 노예가 되었던 탓에 그 적개심이 가라앉지 않으면 그는 그 시작이 알려지지 않은 윤회를 반조해야 한다. 이와 같이 설하셨기 때문이다. "비구들이여, 이전에 [그대들의] 어머니가 되지 않았던 중생을 얻기 어렵고 ··· 이전에 아버지가 되지 않았던 중생을 ··· 형제가 ··· 자매가 ··· 아들이 ··· 이전에 딸이 되지 않았던 중생을 얻기 어렵다.(S.ii.189-90)"

그러므로 그 사람에 대해 이와 같이 생각해야 한다. '이 사람은 전생에 나의 어머니가 되어서 [나는] 열 달 동안 그녀의 모태에서 지냈으며, [태어난 뒤] 오줌, 똥, 침, 코 등을 마치 전단향처럼 역겨워 않고 치워주고 가슴에 안고 놀아주었으며 등에 업어서 키워주었을 것이다. 그는 전생에 아버지가 되어 양들이 다니는 길과 갈고리를 사용해야만 하는 험난한 길 등을 다니면서 상업을 하였고, 나를 위해 생명의 위협을 무릅쓰고 양쪽에서 진을 친 전쟁터에 나갔고, 배를 타고 대양으로 항해했고, 또 다른 어려운 일들을 하면서 아이들을 키워야지하는 생각으로 갖가지 수단으로 돈을 벌면서 나를 키웠을 것이다. 형제, 자매, 아들, 딸이 되어서 이 사람은 이런저런 도움을 주었다. 그러므로 그 사람에 대해 마음으로 화를 내는 것은 나에게 어울리지 않는 것이다.'

37. 만약 이와 같이 해도 마음을 가라앉힐 수 없다면 이와 같이 자애의 이익을 반조해야 한다. '오, 출가자여. 세존께서 이와 같이 설하지 않으셨던가? "비구들이여, 자애를 통한 마음의 해탈을 반복하고 닦고 많이 [공부]짓고 수레로 삼고 기초로 삼고 확립하고 굳건히 하고 열심히 시작할 때 열한 가지 이익이 기대된다. 무엇이 그 열한 가지인가? 편안하게 잠들고, 편안하게 깨어나고, 악몽을 꾸지 않고, 사람들이 좋아하고, 인간 아닌 자들이 좋아하고, 신들이 보호하고, 불이나 독이나 무기가 영향을 미치지 못하고, 마음이 쉽게 삼매에 들고, 안색이 맑고, 매하지 않은 채 죽고, 더 높은 경지를 통찰하지 못하더라도 범천의 세상에 태어난다.(A.v.342)" 만약 그대가 이 마음을 가라앉히지 못하면 이러한 이익을 잃게 될 것이다.'

38. 이와 같이 해도 가라앉힐 수 없다면 요소(界)들을 분석해야 한다. 어떻게?

'오, 출가자여. 그대가 그에게 화를 낼 때 무엇을 대하여 화를 내는가? 머리털을 대하여 화를 내는가? 아니면 몸털, 손·발톱 … 오줌을 대하여 화를 내는가? 혹은 머리털 등에 있는 땅의 요소(地界)를 대하여 화를 내는가? 아니면 물의 요소, 불의 요소, 바람의 요소를 대하여 화를 내는가?

다섯 가지 무더기(五蘊), 열두 가지 감각장소(十二處), 열여덟 가지 요소(十八界) 등을 의지하여 이 존자는 '어떤 분'이라고 불린다. 그 가운데서 물질의 무더기(色蘊)를 대하여 화를 내는가? 아니면 느낌의 무더기, 인식의 무더기, 상카라들의 무더기, 알음알이의 무더기를 대하여 화를 내는가?

혹은 눈의 감각장소(眼處)를 대하여 화를 내는가? 형상의 감각장소(色處)를 대하여 화를 내는가? … 마노의 감각장소(意處)를 대하여 화를 내는가? 법의 감각장소(法處)를 대하여 화를 내는가?

혹은 눈의 요소(眼界)를 대하여 화를 내는가? 형상의 요소(色界)를 대하여 화를 내는가? 눈의 알음알이의 요소(眼識界)를 대하여 화를 내는가?… 마노의 요소(意界)를 대하여 화를 내는가? 법의 요소(法界)를 대하여 화를 내는가? 마노의 알음알이의 요소(意識界)를 대하여 화를 내는가?'라고.

이와 같이 요소들을 분석할 때 마치 바늘 끝의 겨자씨처럼, 허공에 그림처럼 화는 발판을 얻지 못한다.

39. 요소들을 분석할 수 없을 때 보시를 통해서 [성냄을 제거해야] 한다. 자기의 소유물을 남에게 보시해야 하고 남의 소유물을 자신이 받아야 한다. 만약 남의 생계가 청정하지 못하여 그의 자구를 사용할 수 없다면 자기의 소유물을 보시해야 한다. 이와 같이 할 때 반드시 그 사람에 대한 적개심이 가라앉는다. 그 사람의 경우도 그가 전생부터 품어오던 화가 그 순간에 가라앉는다.

마치 찟딸라 산의 사원에서 발우를 보시받은 대장로의 경우처럼. 탁발음식만 수용하던 장로는 세 번이나 대장로에 의해 거처로부터 쫓겨났지만 '존자시여, 이 발우는 8개 금화의 값어치가 있는 것으로 재가자인 저의 어머니께서 보시한 것입니다. 법에 걸맞게 얻은 것입니다. 선량한 청신녀에게 공덕이 되게 하소서'라고 말하면서 발우를 보시로 올렸던 것이다. 이와 같이 보시는 참으로 큰 위력을 가진다. 그리고 이와 같이 설하셨다.

"보시는 조어되지 않은 사람을 조어하고
보시는 모든 이로움을 성취시킨다.
보시와 상냥한 말씨를 통해 [시주자는]
편안해지고 [시물을 받는 자는] 머리를 숙인다."

40. 이와 같이 하여 원수에 대해 적개심이 가라앉으면 좋아하는 사람, 아주 좋아하는 친구, 무관한 자 등에 대해서와 마찬가지로 그 원수에게도 자애의 마음을 일으켜야 한다. 거듭거듭 자애를 닦으면서 자기 자신과 좋아하는 사람과 무관한 사람과 원한 맺힌 사람이라는 이 네 사람에 대해 평등한 마음을 성취하면서 한계를 부수어야 한다.

41. 그 특징은 다음과 같다. 만약 이 사람이 좋아하는 사람, 무관한 사람, 원한 맺힌 사람과 함께 넷이서 한 자리에 앉아있을 때 강도가 와서 '존자시여, 한 명의 비구를 저희들에게 주시오'라고 말한다. 그 이유를 물은즉 '그 사람을 죽여 목의 피를 뽑아서 제사지내고자하오'라고 대답한다. 그때 이 비구가 아무개니 아무개를 잡아가기를 하고 생각한다면 한계를 부수지 못했다. 만약 이 세 사람은 잡아가지 말고 나를 잡아가기를하고 생각한다 해도 한계를 부수지 못했다. 왜 그런가? 잡혀가기를 바란 사람에겐 해로움을 원하고 나머지 세 사람의 이로움만을 원했기 때문이다. 그러나 네 사람 가운데 어느 한 사람도 강도에게 줄 수 없다고 보고, 자기와 그 세 사람에 대해서 평등한 마음을 일으킬 때 한계를 부순 것이다.

42. 그래서 옛 스승들은 말씀하셨다.

"자기 자신과 좋아하는 자와 무관한 자와
싫어하는 자, 이 넷에 대해 차별을 볼 때
그를 원하는 대로 자애를 얻는 자라 하지도 않고
자애에 능숙한 자라고 부르지도 않나니
그를 다만 중생의 번영을 원하는 자라 부른다.

비구가 넷의 한계를 부수고
신을 포함한 온 세계를
자애로 평등하게 채울 때
한계가 없는 그는 앞의 사람보다 크게 수승하다."

43. 이와 같이 한계를 부숨과 동시에 비구는 표상과 근접[삼매]를 얻는다. 한계를 부순 뒤 그 표상을 반복하고 닦고 많이 [공부]지을 때 어려움 없이 땅의 까시나에서 설한 방법대로 본삼매에 든다. 그러면 다섯 가지 구성요소들을 버렸고, 다섯 가지 구성요소들을 가지며, 세 가지로 좋고, 열 가지 특징을 가지고 자애와 함께한 초선을 얻는다. 이것을 얻은 뒤 차례대로 그 표상을 반복하고 닦고 많이 [공부]지을 때 4종선(四種禪)의 경우 제2선과 제3선을, 오종선의 경우 제2선과 제3선과 제4선을 얻는다.

44. 그는 초선 등의 어느 하나를 통해서 "자애가 함께한 마음으로 한 방향을 가득 채우면서 머문다. 그처럼 두 번째 방향을, 그처럼 세 번째 방향을, 그처럼 네 번째 방향을, 이와 같이 위로, 아래로, 주위로, 모든 곳에서 모두를 자신처럼 여기고, 모든 세상을 풍만하고, 광대하고, 무량하고, 원한 없고, 고통 없는 자애가 함께한 마음으로 가득 채우고 머문다.(Vbh.272)" 왜냐하면 초선 등으로 그 마

음이 본삼매에 든 자 만이 이 변환(vikubbanā)⁹⁴⁾을 이루기 때문이다.

45. **자애가 함께한:** 자애를 가진(mettāya samannāgatena). **마음으로**(cetasā): 마음으로(cittena). **한 방향을:** 어떤 한 방향에서 첫 번째로 취한 이런 중생을 언급하면서 한 방향에 포함된 중생들의 가득함을 설했다. **가득 채우면서:** 닿고서, 대상을 삼고서. **머문다:** 거룩한 마음가짐(梵住)에 확고한 위의로 머문다. **그처럼 두 번째 [방향을]:** 첫 번째 방향 등에서 어떤 한 방향을 가득 채우고 머물 듯이 그 다음에 두 번째, 세 번째, 네 번째 [방향]에도 그와 같이 한다는 뜻이다.

46. **이와 같이 위로:** 이와 같은 방법으로 윗방향으로라는 뜻이다. **아래로, 주위로:** 아랫방향과 주위의 방향에도 이와 같다. 여기서 아래라는 것은 아래의 [지옥중생 등]을 뜻하고 주위라는 것은 간방위들을 뜻한다. 이와 같이 마치 경마장의 말처럼 모든 방향에 자애가 함께한 마음을 보내고 돌아오게 한다. 이렇게 각각의 방향을 취하여 제한적으로 자애가 충만함을 드러냈다.

47. **모든 곳에서**라는 등을 설한 것은 제한 없음을 보이기 위한 것이다. 여기서 모든 곳이란 모든 장소(sabbattha)를 뜻한다. **모두를 자신처럼 여기고:** 저열하거나 중간이거나 수승하거나, 친구나 적이나 무관한 자 등으로 분류되는 모든 중생들에 대해서 자기를 대하는 것처럼 한다. 이 자는 다른 중생이라고 구분 짓지 않고 자기와 같다는 뜻을 설한 것이다. 혹은 **모두를 자신처럼 여기고**란 '마음의

---

94) 변형의 신통에 대해서는 XII. §22와 §24를 참조할 것.

온 상태를 다하여', '조금도 남겨두지 않고'라는 뜻이다. **모든:** 모든 중생. 모든 중생과 연결된이란 뜻이다. **세상:** 중생의 세상이다.

48. **풍만하고** 등으로 시작하는 동의어를 보이기 위해 여기서 다시 **자애가 함께한**을 말했다. 혹은 여기서는 한정적인(*odhiso*) 충만의 경우에서처럼 다시 **그처럼**(*tathā*)이라는 단어와 **이와 같이**(*iti*)라는 단어를 설하지 않았기 때문에 다시 **자애가 함께한 마음으로** 라고 설했다. 혹은 이것은 결론으로 설한 것이다.

풍만하고는 가득 채우는 것에 풍만함이라 보아야 한다. 경지로 이것은 **광대하다**. 익숙함과 무량한 중생을 대상으로 가지므로 이것은 **무량하고**, 악의와 적의를 버리므로 **원한 없고**, 슬픔을 버리므로 **고통이 없다**. 즉 고통이 없다는 뜻을 설했다. 이것이 자애가 함께한 마음으로라는 등의 방법으로 설한 변환(*vikubbanā*)의 뜻이다.

49. 이런 변환은 오직 본삼매에 든 자만이 성취할 수 있다. 그래서 『무애해도』에서 다음과 같이 설한 것도 본삼매에 든 자만이 성취할 수 있다고 한 것으로 알아야 한다. "제한 없이(*anodhiso*) 가득 채운 자애를 통한 마음의 해탈(慈心解脫)을 다섯 가지 방법으로 [닦는다]. 한정적으로(*odhiso*) 가득 채운 자애를 통한 마음의 해탈을 일곱 가지 방법으로 [닦는다]. [모든] 방향에 가득 채운 자애를 통한 마음의 해탈을 열 가지 방법으로 [닦는다].(Ps.ii.130)"

50. 이와 같이하여 "모든 중생들이 원한이 없기를, 악의가 없기를, 근심이 없기를, 행복하게 살기를! 모든 생명들이 … 모든 존재들이 … 모든 인간들이 … 몸을 가진 모든 자들이 원한이 없기를,

악의가 없기를, 근심이 없기를, 행복하게 삶을 영위하기를!(Ps.ii.130)"이라는(§10) 이런 다섯 가지로 제한 없이 가득 채운 자애를 통한 마음의 해탈을 [닦는다고] 알아야 한다.

51. "모든 여자들이 원한이 없기를, 고통이 없기를, 근심이 없기를, 행복하게 살기를! 모든 남자들이 … 모든 성자들이 … 모든 범부들이 … 모든 신들이 … 모든 인간들이 … 악도에 떨어진 모든 자들이 원한이 없기를, 고통이 없기를, 근심이 없기를, 행복하게 살기를!(Ps.ii.131)"이라는 일곱 가지로 한정적으로 가득 채운 자애를 통한 마음의 해탈을 [닦는다고] 알아야 한다.

52. "동쪽에 있는 모든 중생들이 원한이 없기를, 고통이 없기를, 근심이 없기를, 행복하게 살기를! 서쪽에 있는 모든 중생들이 … 북쪽에 있는 모든 중생들이 … 남쪽에 있는 모든 중생들이 … 동남방에 있는 모든 중생들이 … 서북방에 있는 모든 중생들이 … 동북방에 있는 모든 중생들이 … 서남방에 있는 모든 중생들이 … 아래에 있는 모든 중생들 … 위에 있는 모든 중생들이 원한이 없기를, 고통이 없기를, 근심이 없기를, 행복하게 살기를!

동쪽에 있는 모든 생명들이 … 모든 존재들이 … 모든 인간들이 … 몸을 가진 모든 자들이 원한이 없기를, 고통이 없기를, 근심이 없기를, 행복하게 살기를!

동쪽에 있는 모든 여자들이 … 모든 남자들이, 모든 성자들이, 모든 범부들이, 모든 신들이, 모든 인간들이, 악도에 떨어진 모든 자들이 원한이 없기를, 고통이 없기를, 근심이 없기를, 행복하게 살기를! 서쪽 … 북쪽 … 남쪽 … 동남방 … 서북방 … 동북방 … 서남방 … 아래 … 위에 있는 모든 여자들이 … 원한이 없기를, 고통이 없기를, 근심이 없기를, 행복하게 살기를!(Ps.ii.131)"이라는 이런 열 가지로 [모든] 방향에 가득 채운 자애를 통한 마음의 해탈을 [닦는다고] 알아야 한다.

53. 여기서 **모든**이란 남김없이 포함함을 뜻한다. **중생:** 물질 등의 오온에 대해 애욕과 탐욕으로 집착하고(*sattā*) 강하게 집착하기 때문에(*visattā*) 중생(*sattā*)이라 한다.

세존께서 이처럼 설하셨기 때문이다. "라다여, 물질에 대한 열망, 탐욕, 즐김, 갈애가 있다. 거기에 집착하고, 강하게 집착하기 때문에 중생이라 부른다. 느낌에 대한 … 인식에 대한 … 상카라들에 대한 … 알음알이에 대한 열망, 탐욕, 즐김, 갈애가 있다. 그것에 집착하고, 강하게 집착하기 때문에 중생이라 부른다.(S.iii.190)"

그러나 이 '중생'이라는 단어는 인습적 표현으로 탐욕을 여읜 자에게도 사용된다. 마치 찢어진 대나무로 만든 다른 종류의 부채에도 야자수로 만든 부채라는 단어를 사용하듯이. 그러나 문법가들은 뜻을 고려할 필요 없이 이것은 단지 이름일 뿐이라고 주장한다. 뜻을 고려하는 이들은 사뜨와(眞性)[95]와 관련되어있기 때문에 중생이라고 주장한다.

---

95) 사뜨와(*sattva*)는 상캬 철학에서 주장하는 쁘라끄르띠(*prakṛti*, Pāli. *pakati*)의 세 가지 속성(*guṇa*) 중 하나이다.(쁘라끄르띠는 XVI. §91주해와 XVII. 36주해 참조할 것) 세 가지 속성이란 사뜨와(진성, 眞性), 라자스(*rajas*, 격성, 擊性), 따마스(*tamas*, 암성, 暗性)이다. 저자는 이 중생(*satta*, Sk. *sattva*)이란 이런 진성(*satva*)의 뜻을 가지고 있기 때문에 사따(*satta*)라 불린다고 설명하고 있다. 실제로 이 두 단어는 모두 √*as*(*to be*)에서 파생되었다.

54. 숨쉬고 있기 때문에 **생명**(*pāṇa*, 살아 숨쉬는 자)들이다. 들숨과 날숨에 의지하여 존재한다는 뜻이다. 태어났기 때문에 **존재**(*bhūta*, 태어난 자)들이다. 완전히 생겼고 태어났다는 뜻이다. **인간**(뿍갈라, *puggala*)의 뿜(*puriṁ*)이라는 단어는 지옥을 뜻하며, 그곳에 빠지기(*galanti*) 때문에 뿍갈라(*puggala*, 인간)라 한다. **몸**(*attabhāva*)은 육체(*sarīra*)를 뜻한다. 혹은 오직 오온을 뜻한다. 그것으로부터 생긴 개념(*paññatti*)일 뿐이기 때문이다. 그 몸에 포함된 것(*pariyāpanna*)이 **몸을 가진 자**(*attabhāvapariyāpanna*)들이다. '포함된'이라는 것은 한정짓는 것이다. '그 속에 포함된'이라는 뜻이다.

55. 중생이라는 단어와 마찬가지로 그 나머지 모든 단어들도 일상적 표현에 따라 **모든 중생들**의 동의어라고 알아야 한다. 물론 모든 생물, 모든 생명 등 **모든 중생들**의 다른 동의어들도 있지만 분명한 것으로 이 다섯 가지를 취하여 제한 없이 가득 채운 자애를 통한 마음의 해탈을 [닦는다고] 설했다.

56. 중생이나 생명 등은 단지 단어만 다를 뿐 아니라 뜻으로도 실제로 다르다고 주장하는 자들은 제한 없이 가득 채움에 대한 언급에 모순된다. 그러므로 그와 같이 뜻을 취하지 말고 이 다섯 가지 가운데 어느 하나로 제한 없이 자애를 가득 채워야 한다.

'모든 중생들이 원한이 없기를!' 하는 것은 하나의 본삼매이다. '고통이 없기를!' 하는 것도 하나의 본삼매이나. 고통이 없다는 것은 괴로운 상태에서 벗어난 것이다. '근심이 없기를!' 하는 것도 하나의 본삼매이다. 근심이 없다는 것은 근심으로부터 벗어난 것이다. '행복하게 살기를!'하는 것도 하나의 본삼매이다.

그러므로 이 구절들 중에서 분명한 것으로 자애를 충만해야 한다. 이와 같이 다섯 가지 각각에 대해 네 가지 본삼매로 제한 없이 충만함에 스무 가지 본삼매가 있다.

57. 그러나 한정적으로 가득 채움의 일곱 가지에는 네 가지의 본삼매로 스무 여덟 가지 본삼매가 있다. 여기서 **여자, 남자**라는 것은 성별에 따라 설한 것이고, **성자, 범부**는 성자와 범부에 따라 설한 것이고, **신, 인간, 악도에 떨어진 자**는 재생(再生)에 따라 설한 것이다.

58. [모든] 방향에 가득 채움의 경우 **동쪽의 모든 중생들**로 시작하는 방법에 따라 각각의 방향에 스무 가지 본삼매가 되어 이백 가지 본삼매가 있고, **동쪽의 모든 여자들**로 시작하는 방법에 따라 각각의 방향에 28가지 본삼매가 되어 이백여든 가지 본삼매가 있다. 그러므로 모두 사백여든 가지 본삼매가 있다. 이와 같이 『무애해도』에서 언급한 모든 삼매는 528가지이다.

59. 이와 같이 이러한 본삼매 가운데 어느 하나로 자애를 통한 마음의 해탈을 닦을 때 이 수행자는 **편안하게 잠들고**(§37)라는 등의 방법으로 설한 열한 가지 이익을 얻는다.

60. ① **편안하게 잠들고**: 다른 사람들은 몸을 뒤치고 코를 골면서 불편하게 잠들지만 이렇게 잠들지 않고 편안하게 잠들고 잠들 때에도 마치 증득(等至)에 든 것과 같다.

61. ② 편안하게 깨어나고: 다른 사람들이 신음하고, 하품하고, 몸을 뒤치면서 고통스럽게 깨어나지만 그렇게 깨지 않고 마치 연꽃이 피듯이 행복하게 찡그리지 않고 깨어난다.

62. ③ 악몽을 꾸지 않고: 꿈을 꿀 때에도 길몽만 꾼다. 예를 들면 탑전에 예배를 드리고, 공양을 올리고, 법문을 듣는 것 등이다. 다른 사람들은 자기가 강도들에 의해 포위되고, 야수들에 의해 쫓겨 다니고, 낭떠러지에서 떨어지는 것을 꾸지만 그와 같은 악몽을 꾸지 않는다.

63. ④ 사람들이 좋아하고: 가슴에 걸려 매달려 있는 진주 목걸이처럼, 머리를 장식하는 화환처럼, 사람들이 좋아하고 마음에 들어 한다.

64. ⑤ 인간 아닌 자들이 좋아하고: 사람들이 좋아하듯이 인간 아닌 자들도 좋아한다. 위사카(Visākha) 장로의 경우처럼. 그는 빠딸리뿟따(Pāṭaliputta)96)의 지수였다고 한다. 그곳에서 살 때 이와 같이 들었다. '땀바빤니 섬(스리랑카)은 탑전의 화환으로 장식되어있고, 황금 가사로 빛나며, 어디든 원하는 곳에 사람이 앉거나 누울 수 있고, 기후가 좋고, 거처가 적당하고, 사람들이 선량하고, 법을 듣기에 적합하여 이 모든 것을 여기서 쉽게 얻을 수 있다'라고.

65. 그는 자기 재산을 부인과 자식에게 물려주고 오직 한 냥의 금화만 옷단에 꿰매어 집을 나섰다. 해안에서 배를 기다리느라 한

---

96) 지금 인도 비하르 주의 주도인 빠뜨나(Patna)이다.

달을 지냈다. 뛰어난 장사술로 여기서 물품을 구입하여 저기다 팔면서 합법적인 매매를 통해 그 동안에 금 천 냥을 모았다. 마침내 [스리랑카의] 대사(大寺, Mahāvihāra)에 와서 출가를 원했다.

66. 그가 수계를 위해 금강계단으로 인도될 때 허리띠 속에 달려있던 금 천 냥의 주머니가 땅에 떨어졌다. '이것이 무엇인가'라고 묻자 '존자시여, 금 천 냥입니다'라고 대답했다. '청신사여, 출가한 후로는 이 돈을 다룰 수 없으니 지금 처리하시오'라고 말하자 '위사카의 출가 장소에 오신 분들은 빈손으로 돌아가지 마십시오'라고 말하면서 주머니를 풀어 계단의 뜰에 뿌리고 출가하여 구족계를 받았다.

67. 그가 다섯 안거를 지낸 뒤 두 가지 계본(dve-mātikā)[97])에 능통하고 통달하였으며 자자(自恣)를 끝내고는 자기에게 적합한 명상주제를 들고서 각 절에서 넉 달씩 지내며 상주하는 대중들과 평등하게 소임을 보면서 다녔다. 이와 같이 다닐 때,

> 숲 속에 서서 사자후를 토하던 위사카 장로는
> 자기의 덕을 찾으면서 이 뜻을 읊었다.
> '구족계를 받은 이래로 이곳에 이르기까지
> 그 중간에 결점이란 없었으니
> 복받은 자여, 그대의 큰 이득이로다'라고

68. 그가 찟딸라 산의 승원에 갈 때 갈림길에 이르러 이 길로 가야할까 저 길로 가야할까하고 망설이면서 서있었다. 그때 그 산

---

97) 『비구계본』과 『비구니계본』을 뜻한다.

에 머물던 산신이 손을 펴서 '이 길입니다'라고 그에게 보여주었다.

69. 그가 찟딸라 산의 승원에 가서 그곳에서 넉 달을 지낸 뒤 날이 새면 떠나리라고 생각하면서 잠자리에 들었다. 경행처의 끝머리에 있는 마닐라 나무에 살던 목신이 계단에 앉아서 울음을 터뜨렸다.

장로는 '그대는 누구시오'라고 물었다. '존자시여, 저는 마닐리야(Maṇiliya, 마닐라 나무에 사는 자)입니다. '왜 우시오?' '존자가 떠나려하시기 때문입니다.' '내가 여기 사는 것이 당신들에게 무슨 덕이 있습니까?' '존자이여, 존자가 이 곳에 사실 때 신들은 서로에게 자애를 가집니다. 이제 존자가 떠나시면 그들은 서로 다툴 것이고 독설을 퍼부을 겁니다.'

장로는 '만약 내가 여기 살아 당신들이 행복하게 산다면 좋은 일입니다'라고 말하고 다시 넉 달을 그곳에서 지냈다. 다시 그곳에서 떠날 생각을 했다. 신이 다시 그곳에서 울었다. 이와 같은 방법으로 장로는 그곳에서만 지내셨고 그곳에서 열반에 드셨다. 이와 같이 자애에 머무는 비구를 인간이 아닌 자들도 좋아한다.

70. ⑥ **신들이 보호하고**: 마치 부모가 자식을 보호하듯이 신들이 그를 보호한다.

71. ⑦ **그에게 불이나 독이나 무기가 악영향을 미치지 못하고**: 자애에 머무는 자의 몸에 대해 이들이 악영향을 미치지 못하고 들어가지 못한다. 마치 여신도 웃따라(Uttarā)에게 불이 해치지 못했던 것처럼, 『상응부』를 독송하던 쭐라시와(Cūḷa-Siva) 장로에게 독

이 해치지 못했던 것처럼, 상낏짜(Saṁkicca) 사미에게 무기가 해치지 못했던 것처럼, 그의 몸을 방해하지 못한다는 뜻이다.

72. 여기서 어미 소의 설화를 이야기한다. 한 어미 소가 어린 송아지에게 젖을 먹이고 있었다고 한다. 어떤 사냥꾼이 이것을 맞히리라고 긴 손잡이가 달린 창을 손으로 휘두르면서 던졌다. 창이 그녀의 몸을 때리자마자 야자수 잎처럼 되돌아 왔으니 그것은 근접삼매의 힘 때문도 아니고 본삼매의 힘 때문도 아니다. 오직 송아지에 대한 강한 모성애의 마음 때문이었다. 이와 같이 자애는 큰 위력을 가진다.

73. ⑧ **마음이 쉽게 삼매에 들고**: 자애에 머무는 자의 마음은 빨리 삼매에 든다. 더디지 않다.

74. ⑨ **안색이 맑고**: 줄기에서 떨어진 야자처럼 그의 안색은 깨끗하다.

75. ⑩ **매하지 않은 채 죽고**: 자애에 머무는 자는 매한 채 죽지 않는다. 매하지 않은 채로 마치 잠드는 것처럼 죽는다.

76. ⑪ **더 높은 경지를 통찰하지 못하더라도**: 자애의 증득보다 더 높은 아라한과를 얻지 못할 때 여기서 죽어 잠에서 깨어나듯 범천의 세상에 태어난다.

이것이 자애수행에 대한 상세한 설명이다.

2. 연민수행

karuṇābhāvanāvaṇṇanā

77. 연민(悲)을 닦고자하는 자는 연민 없음의 위험과 연민의 이익을 반조한 뒤 연민수행을 시작해야 한다. 이것을 시작할 때 제일 먼저 좋아하는 사람 등에 대해서 시작해서는 안된다. 좋아하는 자는 좋아하는 자의 위치에 남아있고, 아주 좋아하는 친구는 아주 좋아하는 친구의 위치에 남아있고, 무관한 자는 무관한 자의 위치에 남아있고, 싫은 자는 싫은 자의 위치에 남아있고, 원한 맺힌 자는 원한 맺힌 자의 위치에 남아있기 때문이다. 이성과 죽은 자에 대해서는 절대로 닦아서는 안된다.

78. "어떻게 비구가 한 방향에 연민과 함께한 마음을 가득 채우고 머무는가? 마치 고통에 빠져있고 불운이 닥친 어떤 사람을 보고 연민이 가듯이 이와 같이 모든 중생들에 대해 연민을 가득 채운다.(Vbh.273)"라고 『위방가』에서 설했기 때문에 우선 제일 먼저 볼품없고, 고난에 빠져있고, 고통에 빠져있고, 불운이 닥쳤고, 거지 신세이고, 손발이 잘렸고, 걸식할 밥그릇을 앞에 놓은 채 빈민 구제소에 앉아있고, 손발에 구더기가 끓고, 신음하는 어떤 불쌍한 사람을 보고 '이 중생이 고난에 빠져있구나, 이 고통으로부터 벗어나기를!' 하고 연민을 일으켜야 한다. 이런 사람을 만나지 못하면 죄를 지은 사람이 비록 행복해보일지라도 그를 사형선고 받은 사람에 비유하여 연민을 일으켜야 한다.

79. 어떻게? 예를 들면 도둑맞은 물건과 함께 도적을 잡아왔을

때 사형에 처하라는 왕의 명령에 따라 왕의 대신들이 그를 묶어 사거리마다 백 대씩 때리면서 형장으로 끌고 가는 것과 같다. 사람들이 그에게 딱딱한 음식과 부드러운 음식과 화환과 향수와 연고와 구장 잎98)을 준다. 비록 그가 그것들을 먹고 즐기면서 행복하고 향락을 누리는 것처럼 가지만 어느 누구도 그가 행복하고 향락을 누린다고 생각지 않는다. 오히려 이 가련한 사람은 지금 죽을 것이다. 내딛는 발자국마다 죽음 곁으로 다가간다고 생각하면서 그 사람에게 연민을 느낀다.

이와 마찬가지로 연민을 명상주제로 가지는 비구는 지금 이 순간은 행복하지만 [죄를 지은] 사람에게 이와 같이 연민을 일으켜야 한다. '이 가련한 사람은 비록 지금은 행복하고 즐겁고 향락을 누리지만 [신·구·의] 세 가지 문 가운데 어느 하나를 통해서도 좋은 업을 쌓지 않았기 때문에 이제 악처에서 큰 고통과 슬픔을 겪으리라'고.

80. 이와 같이 그 사람에게 연민을 일으킨 뒤 같은 방법으로 그 다음에는 좋아하는 사람, 그 다음에는 무관한 사람, 그 다음에는 원한 맺힌 사람의 순서대로 연민을 일으켜야 한다.

81. 만약 그에게 앞서 설한 방법대로 원한 맺힌 자에게 적개심이 일어난다면 자애에서 설한 방법대로 그것을 가라앉혀야 한다. 좋은 업을 쌓은 어떤 사람이 친척을 잃거나 건강을 다치거나 재산을 잃는 등 중에서 어느 하나의 재앙이 닥친 것을 보거나 들으면 그 사람에 대해 연민을 일으켜야 한다.

---

98) 구장 잎(*tambūla*)은 인도나 남방 사람들이 식후에 즐겨 씹는 잎사귀로 비틀(*betel-leaf*)이라고 하며 지금도 그들이 내뱉은 빨간 물로 인도의 거리는 더럽혀지고 있다.

혹은 그런 재앙이 없다하더라도 윤회의 고통에서 벗어날 수 없기 때문에 그 사람은 괴로운 사람이라고 이와 같이 모든 곳에 연민을 일으켜야 한다. 앞서 설한 방법대로 자기 자신과 좋아하는 사람과 무관한 사람과 원한 맺힌 사람, 이 네 사람에 대해 한계를 부순 뒤 그 표상을 반복하고 닦고 많이 [공부]지어서 자애에서 설한 방법대로 세 가지 禪과 네 가지 禪으로 본삼매를 증장해야 한다.99)

82. 그러나 『증지부 주석서』에서는 제일 먼저 원한 맺힌 사람에게 연민을 일으켜야 한다고 한다. 그에 대해 마음을 유연하게 한 뒤 고통에 빠진 자, 그 다음에 좋아하는 사람, 그 다음에 자기라고 순서를 설했다. 그것은 고통에 빠진 자, 불운이 닥친 자라고 설한 성전과(§78) 일치하지 않는다. 그러므로 이미 설한 방법대로 수행을 시작하여 한계를 부순 뒤 본삼매를 증장해야 한다.

83. 그 다음에 다섯 가지 방법의 제한 없이 가득 채움과 일곱 가지 방법의 한정적으로 가득 채움과 열 가지 방법의 [모든] 방향에 가득 채움인 그 변환(*vikubbhanā*)과 편안하게 잠듦 등의 이익은 자애에서 설한 방법대로 알아야 한다.

이것이 연민수행에 대한 상세한 설명이다.

---

99) 사종선과 오종선에서 각각 맨 마지막을 제외한 禪들이다. 마지막 禪은 평온이 함께하기 때문에 자애, 연민, 더불어 기뻐함이 없다.

3. 더불어 기뻐하는 수행

muditābhāvanāvaṇṇanā

84. 더불어 기뻐함을 닦고자하는 자는 제일 먼저 좋아하는 사람 등에서 시작해서는 안된다. 좋아하는 사람은 단지 좋아한다는 사실만 갖고는 더불어 기뻐함의 가까운 원인이 되지 않는다. 하물며 무관한 자와 원한 맺힌 자야 말해 뭣하겠는가. 이성과 죽은 자는 이 수행의 영역이 아니다.

85. 그러나 주석서에서 '폭 빠진(sonda) 친구'라고 설한 아주 좋아하는 친구는 [더불어 기뻐함의] 가까운 원인이 될 수 있다. 그는 항상 반갑다. 먼저 웃고 나서 다음에 이야기를 나눈다. 그러므로 그 친구에 대해 제일 먼저 더불어 기뻐함을 가득 채운다. 혹은 좋아하는 친구가 행복하고 즐겁고 기뻐하는 것을 보거나 들으면 '이 사람이 이렇게 기뻐하다니, 좋구나. 참 잘 되었어'라고 더불어 기뻐함을 일으켜야 한다. 이 뜻과 관련해서 『위방가』는 설한다. "어떻게 비구가 더불어 기뻐함과 함께한 마음으로 한 방향을 가득 채우는가? 마치 좋아하고 마음에 드는 사람을 보면 기뻐하는 것과 같이 모든 중생에 대해 더불어 기뻐함을 가득 채운다.(Vbh.274)"

86. 만약 폭 빠진 친구나 좋아하는 사람이 과거에는 행복했는데 지금은 고통에 빠져있고 불운이 닥쳤다면 과거에 그의 행복했던 상태를 기억하면서 '이 자는 과거에는 이와 같이 큰 부를 지녔고 많은 수행원을 거느렸으며 항상 기뻐했다'고 그의 기뻐했던 상태를 취하여 더불어 기뻐함을 일으켜야 한다. '미래에 다시 그 성공을 이루

어 코끼리나 말이나 황금 마차 따위를 타고 다닐 것이다'라고 미래의 기뻐할 상태를 취하여 더불어 기뻐함을 일으켜야 한다. 이와 같이 좋아하는 사람에 대해 더불어 기뻐함을 일으키고, 그 다음에는 무관한 자에 대해서, 그 다음에는 원한 맺힌 자에 대해서 — 이런 순서대로 더불어 기뻐함을 일으켜야 한다.

87. 만약 그에게 앞서 설한 방법대로 원한 맺힌 자에게 적개심이 일어난다면 자애에서 설한 방법대로 그것을 가라앉혀야 한다. 이 세 부류의 사람과 자기 자신, 이 네 사람에 대해 평등한 마음으로 한계를 부순 뒤 그 표상을 반복하고 닦고 많이 [공부]지을 때 자애에서 설한 방법대로 세 가지 禪과 네 가지 禪으로 본삼매를 일으켜야 한다. 그 다음에 다섯 가지 방법의 제한 없이 가득 채움과 일곱 가지 방법의 한정적으로 가득 채움과 열 가지 방법의 [모든] 방향에 가득 채움인 그 변환과 편안하게 잠드는 등의 이익은 자애에서 설한 방법대로 알아야 한다.

이것이 더불어 기뻐하는 수행에 대한 상세한 설명이다.

4. 평온수행
upekkhābhāvanāvaṇṇanā

88. 평온수행을 닦고자하는 자는 먼저 자애 등에 대해 세 번째 禪과 네 번째 禪을 얻어야 한다. 이미 익숙한 제3선으로부터 출정하여 처음 세 가지 [자애·연민·더불어 기뻐함]에 대해 위험을 보아야 한다. 왜냐하면 '그들이 행복하기를!' 하는 방법으로 중생의 즐

거움에 대해 마음에 잡도리함과 연결되어있기 때문이고, 적의와 찬사가 가까이 있기 때문이고, 기쁨과 관련되어 거칠기 때문이다. 아울러 [평온의] 고요한(sata) 고유성질을 통해서 평온의 이익을 보아야 한다.

그리고 평소에 무관한 사람을 평정하게 쳐다보면서 평온을 일으켜야 한다. 그 다음에는 좋아하는 사람 등에 대해서 일으켜야 한다. 이처럼 설하셨기 때문이다. "어떻게 비구가 평온이 함께한 마음으로 한 방향을 가득 채우는가? 마치 마음에 들지도 않고 그렇다고 불쾌하지도 않은 사람을 보면서 평온을 유지하듯이, 그와 같이 모든 중생에 대해 평온으로 가득 채운다.(Vbh.275)"

89. 그러므로 앞서 설한 방법대로 무관한 사람에 대해 평온을 일으키고, 그 다음에 좋아하는 사람에 대해, 그 다음에 폭 빠진 친구에 대해, 그 다음에 원한 맺힌 사람에 대해, 이와 같이 세 부류의 사람과 자기 자신, 이 모든 곳에 중립으로 한계를 부순 뒤 그 표상을 반복하고 닦고 많이 [공부]지어야 한다.

90. 이와 같이 할 때 땅의 까시나에서 설한 방법대로 제4선이 일어난다. 그러면 이것은 땅의 까시나 등에서 제3선이 이미 일어난 자에게도 일어나는가? 일어나지 않는다. 왜 그런가? 대상이 같지 않기 때문이다. 그러나 자애 등에서 제3선이 일어난 자에게는 일어난다. 그것은 대상이 같기 때문이다. 그 다음에 변화와 이익을 얻는 것은 자애에서 설한 방법대로 알아야 한다.

이것이 평온의 수행에 대한 상세한 설명이다.

일반적인 항목의 주석
pakiṇṇakakathā

91. 이와 같이 최고의 범천이신 [세존께서]
설하신 거룩한 마음가짐(梵住)을 알고
다시 이들의 일반적인 항목의 주석도 알아야 한다.

92. 이제 자애와 연민과 더불어 기뻐함과 평온의 뜻에 관해서 설명한다.

호의를 가지기(*majjati*) 때문에 자애(*mettā*)이다. 애정을 가진다는 뜻이다. 친구에 대한 태도이기 때문에(*mitte bhavā*), 혹은 이것은 친구에게 일어나기(*mittassa pavatti*) 때문에 자애(*mettā*)이다.

다른 사람이 고통스러워할 때 선한 사람의 가슴이 동요하기(*kampanaṁ karoti*) 때문에 연민(*karuṇā*)이라 한다. 혹은 다른 사람의 고통을 제거하고, 죽이고, 분쇄하기 때문에 연민이다. 혹은 고통 받는 사람들을 향해 흩어져서(*kiriyati*) 가득 채움으로써 확장되기 때문에 연민이다.

이것을 가진 자는 이것 때문에 기뻐한다, 혹은 스스로 기뻐한다, 혹은 단지 기뻐하기 때문에 더불어 기뻐함(*muditā*)이다.

'원한이 없기를!'하는 등의 관심을 버리고 중립적인 상태에 의지함으로써 평정하기(*upekkhati*) 때문에 평온(*upekkhā*)이라 한다.

93. 특징 등에 관해서 설명한다. 자애는 복리(*hita*)의 형태로 일어나는 것이 그 특징이다. 복리를 가져오는 역할을 한다. 증오를 조복함(*vinaya*)으로 나타난다. 중생에 대해 사랑스러움을 보는 것이 가

까운 원인이다. 악의를 가라앉힐 때 이것을 성취하고 갈애100)를 일으킬 때 실패한다.

94. 연민은 중생에게 일어난 고통을 완화하려는 형태로 일어나는 것이 그 특징이다. 다른 자의 고통을 견디지 못하는 역할을 한다. 해코지 않음으로 나타난다. 고통에 압도된 자들에 대해 의지할 곳이 없는 상태를 보는 것이 가까운 원인이다. 잔인함을 가라앉힐 때 이것을 성취하고 근심을 일으킬 때 실패한다.

95. 더불어 기뻐함의 특징은 [다른 자의 성공을] 기뻐함이다. 질투하지 않는 역할을 한다. 따분함(arati)을 제거함으로 나타난다. 중생들의 성공을 보는 것이 가까운 원인이다. 따분함을 가라앉힐 때 이것을 성취하고 [세속적인 희열로] 와자지껄한 웃음을 일으킬 때 실패한다.

96. 평온은 중생들에 대해 중립적인 상태로 일어나는 것이 그 특징이다. 중생들에 대해 평정함을 보는 역할을 한다. 적의와 찬사를 가라앉힘으로 나타난다. 중생들은 업이 자신의 주인이다(*kammassakatā*). '[업 이외의] 다른 어떤 것이 있어 중생들이 행복하고, 고통으로부터 벗어나고, 이미 얻은 영화를 잃어버리지 않기를 바랄 수 있겠는가?'라고101) 생각하여 업이 자신의 주인임을 보는 것이 가까운 원인이다. 적의와 찬사를 가라앉힐 때 이것을 성취하고, 무지(*aññāṇa*)에 바탕한 무관심을 일으킬 때 실패한다. 무지는 감

---

100) "원문의 애정(*sineha*)은 갈애라는 애정(*taṇhā-sineha*)이다.(Pm.263)"
101) 오직 그가 지은 업으로 인해 행복하기도 하고 고통 받기도 한다는 뜻임.

각적 욕망에 바탕하기 때문이다.

97. 위빳사나의 행복과 [고귀한] 존재를 성취하는 것이 이 네 가지 거룩한 마음가짐의 공통적인 목적이고, 악의 등을 물리침이 특별한 목적이다. 왜냐하면 여기서 자애는 악의를 물리치는 것이 목적이고, 나머지는 각각 잔인함과 따분함과 애욕을 물리치는 것이 그 목적이기 때문이다. 이와 같이 설하셨다.

"도반이여, 악의로부터 벗어남이 곧 자애를 통한 마음의 해탈(慈心解脫)이다 … 잔인함으로부터 벗어남이 곧 연민을 통한 마음의 해탈이다 … 따분함으로부터 벗어남이 곧 더불어 기뻐함을 통한 마음의 해탈이다 … 애욕으로부터 벗어남이 곧 평온을 통한 마음의 해탈이다.(D.iii.248-49)"

98. 네 가지 거룩한 마음가짐의 각각은 가깝고 먼 두 가지 적이 있다. 사람의 가까이 있는 적과 같은 애욕이 자애의 거룩한 마음가짐의 가까운 적이다. 덕을 보는 것이 [자애와] 유사하기 때문이다. 애욕은 잽싸게 기회를 포착한다. 그러므로 그것으로부터 자애를 잘 보호해야 한다.

악의는 [자애와] 같은 성질인 애욕과는 다른 성질이기 때문에 먼 적이다. 마치 산림에 멀리 숨어있는 사람의 적처럼. 그러므로 악의의 공포로부터 벗어나서 자애를 닦아야 한다. 자애를 닦으면서 화를 낸다는 것은 있을 수 없는 일이다.

99. 재가에 의지한 슬픔이 연민의 거룩한 마음가짐의 가까운 적이다. 실패를 보는 것이 [연민과] 비슷하기 때문이다. 재가에 의

지한 슬픔은 다음과 같은 방법으로 전승되어온다. "눈으로 인지하는 형상들이 있으니, 원하고, 좋아하고, 매력있고, 마음을 끌며 세속적인 것과 연결되어있다. 이런 것들을 획득하지 못한 것을 획득하지 못한 것이라고 여기거나, 이미 지나갔고 소멸되었고 변해버린 이전에 획득하지 못한 것을 기억하면서 싫어하는 마음이 일어난다. 이러한 슬픔을 재가에 의지한 슬픔이라 부른다.(M.iii.218)"

잔인함은 [연민과] 같은 성질인 슬픔과는 다른 성질이기 때문에 먼 적이다. 그러므로 잔인함의 공포로부터 벗어나서 연민을 닦아야 한다. 연민을 일으키면서 살아 숨쉬는 것들을 해치는 것은 있을 수 없는 일이다.

100. 재가에 의지한 기쁨이 더불어 기뻐함의 거룩한 마음가짐의 가까운 적이다. 성공을 보는 것이 [더불어 기뻐함과] 비슷하기 때문이다. 재가에 의지한 기쁨은 다음과 같은 방법으로 전승되어온다. "눈으로 인지하는 형상들이 있으니, 원하고, 좋아하고, 매력있고, 마음을 끌며 세속적인 것과 연결되어있다. 이런 것들을 획득한 것을 획득한 것이라고 여기거나, 이미 지나갔고 소멸되었고 변해버린 이전에 획득한 것을 기억하면서 기뻐하는 마음이 일어난다. 이러한 기쁨을 재가에 의지한 기쁨이라 부른다.(M.iii.217)"

따분함은 [더불어 기뻐함과] 같은 성질인 기쁨과는 다른 성질이기 때문에 먼 적이다. 그러므로 따분함의 공포로부터 벗어나서 더불어 기뻐함을 닦아야 한다. 더불어 기뻐함을 일으키면서 외딴 거처나 혹은 지극히 유익한 법들에 대해 불만을 가진다는 것은 있을 수 없는 일이다.

101. 재가에 의지한 무지의 평온이 평온의 거룩한 마음가짐의 가까운 적이다. 허물과 덕을 고려하지 않는 것이 [평온과] 비슷하기 때문이다. 재가에 의지한 무지의 평온은 다음과 같은 방법으로 전승되어온다. "눈으로 형상을 보고 [모든 오염원의] 한계를 정복하지 못했고 업의 과보를 정복하지 못했고[102] 위험을 보지 못한 배우지 못한 범부에게도 평온이 생긴다. 그러나 이런 평온은 형상을 초월하지 못한다. 그러므로 이런 평온을 재가에 의지한 것이라고 부른다.(M.iii.217)"

애욕과 적개심은 [평온과] 같은 성질인 무지와는 다른 성질이기 때문에 먼 적이다. 그러므로 애욕과 적개심의 공포로부터 벗어나서 평온을 닦아야 한다. 평온을 유지하면서 동시에 애욕을 가지거나 분개하는 것은 있을 수 없는 일이다.

102. 하고자하는 열의가 이 모든 네 가지 거룩한 마음가짐의 시작이고, 장애 등을 억압하는 것이 중간이고, 본삼매에 드는 것이 마지막이다. 이 거룩한 마음가짐은 한 중생이나 혹은 여러 중생을 대상으로 가지며 [중생은] 개념에 속하는 법(*paññatti-dhamma*)이다. 근접삼매나 본삼매에서 대상을 확장할 수 있다.

103. 이것이 확장하는 순서이다. 마치 노련한 농부가 경작할 토지를 먼저 한정한 다음 경작하듯이 첫 번째로 하나의 거처를 한정하여 그곳의 중생들에 대해 '이 거처에 있는 중생들이 원한이 없기

---

102) 즉 재생연결의 과보를 극복하지 못했으므로 미래에 다시 태어나야 한다는 뜻이다.

를!'하는 등으로 자애를 닦아야 한다. 그것에 마음이 유연해지고 적합해지면 두 곳의 거처를 한정해야 한다. 그 다음에 서서히 셋, 넷, 다섯, 여섯, 일곱, 여덟, 아홉, 열, 한 거리, 마을의 반, 마을, 지역, 왕국, 한 방위, 이와 같이 하나의 우주까지, 혹은 다시 더 나아가 거기 있는 각각의 중생들에 대해 자애를 닦아야 한다. 그와 마찬가지로 연민 등을 닦아야 한다. 이것이 여기서 대상을 확장하는 순서이다.

104. 마치 무색계가 까시나의 결과이고, 비상비비상처가 삼매의 결과이고, 과의 증득이 위빳사나의 결과이고, 멸진정(*nirodha-samā-patti*)이 사마타와 위빳사나의 결과이듯이 평온의 거룩한 마음가짐(梵住)은 앞의 세 가지 거룩한 마음가짐의 결과이다. 마치 먼저 기둥을 세우고 서까래를 얹지 않고서는 공중에 대들보를 얹을 수 없듯이 앞의 것에 대해서 제3선을 얻지 않고서는 제4선을 닦을 수 없다.

105. 이와 같이 물을지도 모른다. '왜 자애, 연민, 더불어 기뻐함, 평온을 거룩한 마음가짐(梵住)이라 부르는가? 왜 오직 넷뿐인가? 무엇이 그들의 순서인가? 왜 아비담마에서는 무량(無量)이라 부르는가?'라고.

106. 답한다. 가장 수승하다(*seṭṭha*)는 뜻과 흠없는(*niddosa*) 상태로 거룩한 마음가짐의 상태를 알아야 한다. 이것은 중생들에 대한 바른 마음가짐으로 가장 수승하기 때문이다. 마치 범천들이 흠없는 마음으로 살듯이 이런 거룩한 마음가짐들과 함께하는 수행자들도 범천들과 동등하게 되어 머물기 때문에 가장 수승하다는 뜻과 흠없는 상태를 통해서 거룩한 마음가짐이라 부른다.

107. 왜 오직 넷 뿐인가하는 등의 질문에 대한 답이다.

① 청정으로 인도하는 도 등에 따라 넷이고
② 복리 등의 형태에 따라 그들의 순서가 있고
③ 무량한 영역에서 일어나기 때문에
무량이라 부른다.

108. 이 가운데서 ① 자애는 악의가 많은 자를 청정으로 인도하는 도고, 연민은 잔인함이 많은 자를, 더불어 기뻐함은 따분함이 많은 자를, 평온은 애욕이 많은 자를 청정으로 인도하는 도다.

중생들을 마음에 잡도리함은 네 가지가 있으니, 복리를 가져옴, 불리를 제거함, 성공을 기뻐함, [중립적인] 무관심이다. 마치 어머니가 어린 아들과 병든 아들과 사춘기에 접어든 아들과 자기의 일에 몰두한 네 아들에 대해, 어린 아들에게는 얼른 자라기를 바라고, 병든 아들에게는 쾌차하기를 바라고, 사춘기에 접어든 아들에게는 젊음의 행복을 오래 즐기기를 바라고, 자기의 일에 몰두한 아들에게는 조금의 관심도 갖지 않는 것처럼, 무량에 머무는 자도 모든 중생에 대해 자애 등을 닦아야 한다.

그러므로 청정으로 인도하는 도 등에 따라 무량은 넷이다.

109. ② 이 넷을 닦고자하는 자는 제일 먼저 중생들에 대해 복리증진을 바람으로 닦아야 한다. 자애는 복리증진을 바라는 특징을 가진다. 그 다음에 복리를 바랬던 중생들이 고통에 압도된 것을 보거나 듣거나 추측하여 그 고통을 완화시키려는 바람으로 닦아야 한다. 연민은 고통의 완화를 바라는 특징을 가진다. 그 다음에 이와

같이 복리를 바랬고, 고통이 제거되기를 바랐던 그들의 성공을 보면서 성공에 대해 더불어 기뻐함을 통해서 그들을 닦아야 한다. 더불어 기뻐함은 기뻐하는 특징을 가진다. 그 다음에는 해야 할 일이 없기 때문에 무심한 상태라 불리는 중립적인 상태로 그들을 닦아야 한다. 평온은 중립적인 상태를 바라는 특징을 가진다.

그러므로 복리 등의 형태로 제일 먼저 자애를 설했고, 그 다음에 연민, 더불어 기뻐함, 평온의 순서를 알아야 한다.

110. ③ 이 모든 것은 무량한 영역에서 일어난다. 왜냐하면 무량한 중생이 그들의 영역이고, 한 중생이나 이만큼의 지역에 자애 등을 닦아야 한다고 분량을 정하지 않고 전체를 가득 채움으로 일어나기 때문이다. 그래서 설하였다.

> 청정으로 인도하는 도 등에 따라 넷이고
> 복리 등의 형태에 따라 그들의 순서가 있고
> 무량한 영역에서 일어나기 때문에
> 무량이라 부른다.(§107)

111. 이와 같이 무량한 영역을 가진다는 점에서 이들은 동일한 특징을 갖지만 앞의 셋은 [4종선과 5종선에서 각각] 세 가지 禪과 네 가지 禪만을 가진다. 무슨 이유인가? 기쁨(*samanassa*)[103]으로부

---

103) 본 문단에서는 세 가지 술어들이 나타난다. 여기서 기쁨으로 옮긴 '*somanassa*'는 정신적인 즐거운 느낌(樂受)이고, 슬픔으로 옮긴 '*domanassa*'는 정신적인 괴로운 느낌(苦受)이고, 평온한 느낌으로 옮긴 '*upekkhā-vedanā*'는 괴롭지도 즐겁지도 않은 느낌(*adukkhamasukha-vedanā*, 不苦不樂受)이다. 여기에다 '*sukha*(즐거움, 행복)', '*dukkha*(괴로움)'를 합하여 아비담마에서는 모두 다섯 가지 느낌을 설한다. 자세한

터 분리되지 않았기 때문이다. 무슨 이유로 그들이 기쁨으로부터 분리되지 않는가? 슬픔(*domanassa*)에서 생긴 악의 등으로부터 벗어났기 때문이다.

그러나 마지막인 [평온]은 나머지 한 가지 禪도 가진다. 무슨 이유인가? 평온한 느낌(*upekkhā-vedanā*)과 관련되어있기 때문이다. 중생들에 대해 중립적인 상태로 일어나는 평온의 거룩한 마음가짐은 평온한 느낌 없이 존재하지 않는다.

112. 이와 같이 말할 지도 모른다. '세존께서 『증지부』의 『여덟의 모음』에서 네 가지 무량(四無量)에 대해 일반적으로 설하셨다. "비구여, 그 다음에 일으킨 생각과 지속적인 고찰이 함께한 삼매를 닦아야 한다. 일으킨 생각은 없고 지속적인 고찰만 있는 삼매를 닦아야 한다. 일으킨 생각도 없고 지속적인 고찰도 없는 삼매를 닦아야 한다. 희열이 있는 삼매를 닦아야 한다. 희열이 없는 삼매를 닦아야 한다. 행복이 함께한 삼매를 닦아야 한다. 평온이 함께한 삼매를 닦아야 한다.(A.iv.300)" 그러므로 네 가지 무량은 모두 사종선과 오종선을 다 가진다'라고.

그렇게 말하지 말라고 답해야 한다.

113. 만약 그렇다면 [세존께서 그 경에서 설하신] 몸의 관찰(身隨觀) 등도 사종선과 오종선을 다 가지게 되고 말 것이다. 느낌의 관찰 등에서는 초선도 없는데 하물며 제2선 등을 말해 무엇 하겠는가? 그러므로 문자에만 매달려서 세존을 비방하지 말라. 부처님의 말씀은 심오하다. 스승께 다가가서 뜻하는 것을 제대로 파악해야 한다.

것은 『길라잡이』 2장 §2의 2번 주해를 참조할 것.

114. 이것이 [그 경이] 뜻하는 것이다. "세존이시여, 세존께서 제게 간략하게 법을 설해주시면 감사하겠습니다. 그러면 저는 세존으로부터 법을 듣고 혼자 은둔하여 방일하지 않고 열심히, 독려하며 머물고자 합니다.(A.iv.299)"라고 한 비구가 세존께 법을 청했다. 그러나 그 비구는 그 전에도 법을 들었지만 그곳에서만 살았을 뿐 사문이 해야 할 일을 하러 떠나지 않았다.

그래서 세존께서는 그에게 "그런데 여기 이처럼 어떤 쓸모없는 인간들은 나에게 법을 설해주기를 청한다. 법을 설하면 [사문이 해야 할 일을 하러 떠나지 않고] 나를 따르리라고만[04] 생각한다.(A.iv.299)"라고 꾸짖으셨다. 그러나 그가 아라한과를 얻기 위한 강하게 의지하는 조건을 가졌기 때문에 그를 경책하시면서 설하셨다.

"그러므로 비구여, 그대는 이와 같이 공부지어야 한다. 나의 마음은 안의 것인 [명상주제에] 안정될 것이고, 아주 잘 안정될 것이며, 이미 일어난 삿되고 해로운 법들이 마음을 사로잡아 머물지 못할 것이다. 비구여, 이와 같이 공부지어야 한다.(A.iv.299)" 이 경책으로 내적으로 단지 마음의 하나됨(心一境性)인 근본삼매(*mūla-samādhi*)를 설하신 것이다.

115. 그 다음에 이 정도로 만족하지 말고 이와 같이 삼매를 증

---

104) 냐나몰리 스님은 이 부분을 '*they still fancy that they need not follow me*'라고 영역했는데 여기서는 부정의 뜻이 아니다. 설법을 요청해서 법을 설해주어도 수행하러 떠나지 않고 오직 나를 쫓아다닐 생각만 한다는 뜻이다. 원문은 '*mamañ ñeva anubandhitabbam*'인데 아마 '*ñeva*'를 '*na eva*'로 본 것 같다. 그러나 이것은 '*mamaṁ eva*'를 '*mamaññeva*'로 발음한 것에 지나지 않을 뿐이다.

장시켜야 한다는 것을 보이시기 위해서 "비구여, 그대의 마음이 안의 것인 [명상주제에] 안정되고, 아주 잘 안정되고, 이미 일어난 삿되고 해로운 법들이 마음을 사로잡아 머물지 않으면, 그 다음에 그대는 이와 같이 공부지어야 한다. 나는 자애를 통한 마음의 해탈을 닦고, 많이 [공부]짓고, 수레로 삼고, 기초로 삼고, 확립하고, 굳건히 하고, 부지런히 닦을 것이다. 비구여, 이와 같이 그대는 공부지어야 한다.(A.iv.299~300)"라고 그에게 자애수행을 설하셨다.

그리고 다시 설하셨다. "비구여, 그대가 이 삼매를 이와 같이 닦고 많이 [공부]지었다면 그 다음에는 일으킨 생각과 지속적인 고찰이 함께한 근본삼매를 닦아야 한다. 일으킨 생각은 없고 지속적인 고찰만 있는 삼매를 닦아야 한다 ⋯ 평온이 함께한 삼매를 닦아야 한다.(A.iv.300)"라고.

116. 이것은 '비구여, 이와 같이 자애로 이런 근본삼매를 닦았으면 이제 이 정도로 만족하지 말고 사종선과 오종선을 얻도록 이 근본삼매를 다른 대상에 대해서도 '일으킨 생각과 지속적인 고찰이 함께한' 등의 방법으로 닦아야 한다'라는 뜻이다.

117. 이와 같이 설하시고 다시 연민 등 나머지 거룩한 마음가짐을 선도(先導)로 삼아 다른 대상에 대해서 4종선과 5종선으로 더 깊은 수행을 해야 한다는 것을 설하시면서 "비구여, 그대가 이 삼매를 이와 같이 닦고 많이 [공부]지었다면 그 다음에는 '나는 연민을 통한 마음의 해탈을 [닦을 것이니]'라고 이와 같이 공부지어야 한다.(A.iv.300)"라고 말씀하신 것이다.

118. 이와 같이 자애 등을 선도로 삼아 사종선과 오종선으로 더 깊은 수행을 설하시고 다시 몸의 관찰(身隨觀) 등을 선도로 삼는 것을 보이시기 위해서 "비구여, 그대가 이 삼매를 이와 같이 닦고, 많이 [공부]지으면 그 다음에는 '몸에서 몸을 관찰하면서 머물리라'라고 이와 같이 공부 지어야 한다."라는 등으로 설하시면서 다음과 같이 아라한이 됨을 정점으로 하여 가르침을 종결지으셨다.

"비구여, 그대가 이 삼매를 이와 같이 닦고, 아주 잘 닦으면 그대가 어디를 가든지 편안하게 갈 것이고, 어느 곳에 머물던지 편안하게 머물 것이고, 어느 곳에 앉던지 편안하게 앉을 것이고, 어느 곳에서 잠자든지 편안하게 잠잘 것이다.(A.iv.301)"

그러므로 자애 등은 앞의 세 가지 禪 혹은 네 가지 禪을 가지며 평온은 나머지 한 가지 禪도 가진다고 알아야 한다. 논장(아비담마)에서도 이처럼 분석한다.

119. 이와 같이 세 가지 禪 혹은 네 가지 禪과 나머지 하나의 禪으로 두 가지가 되지만 이들은 깨끗함(*subha*)을 정점으로 하는 것 등으로 서로 다른 특별한 위력을 가진다고 알아야 한다. 왜냐하면 「할릿다와사나 경」(Haliddavasana Sutta)에서 이들을 깨끗함을 정점으로 하는 것 등으로 구별하여 설하셨기 때문이다. "비구들이여, 자애를 통한 마음의 해탈(慈心解脫)은 깨끗함이 정점이라고 나는 설한다 … 비구들이여, 연민을 통한 마음의 해탈은 공무변처가 정점이라고 나는 설한다 … 비구들이여, 더불어 기뻐함을 통한 마음의 해탈은 식무변처가 정점이라고 나는 설한다 … 비구들이여, 평온을 통한 마음의 해탈은 무소유처가 정점이라고 나는 설한다.(S.v.119-21)"

120. 왜 이와 같이 설하셨는가? [자애를 통한 해탈 등] 각각의 [해탈을 위한] 강하게 의지하는 [조건이] 되기 때문이다. 자애에 머무는 자에게는 중생들이 혐오스럽지 않다. 그때 혐오감이 없는 것에 친숙해져있기 때문에 혐오감이 없는 청정한 푸른 색깔 등에 대해 마음을 가져갈 때 어려움 없이 마음이 그곳에 들어간다. 이와 같이 자애는 깨끗함을 통한 해탈을 위한 강하게 의지하는 [조건이] 된다. 그러나 그것을 넘어서는 [다른 해탈의 조건은] 되지 않는다. 그러므로 깨끗함이 정점이라고 설하셨다.

121. 연민에 머무는 자가 몽둥이로 때리는 등 물질로 인한 중생의 고통을 관찰할 때 연민이 일어나기 때문에 물질에 대한 위험을 잘 알게 된다. 그가 물질에 대한 위험을 잘 알기 때문에 땅의 까시나 등 가운데서 [그가 명상했던] 어떤 까시나를 제거하여 물질로부터 벗어남인 허공에 마음을 가져갈 때 어려움 없이 마음이 그곳에 들어간다. 이와 같이 연민은 공무변처를 위한 강하게 의지하는 [조건이] 된다. 그러나 그것을 넘어서는 [다른 해탈의 조건은] 되지 않는다. 그러므로 공무변처가 정점이라고 설하셨다.

122. 더불어 기뻐함에 머무는 자가 갖가지 기쁨을 가져올 원인으로 인해 기쁨이 일어난 중생의 알음알이를 관찰할 때 더불어 기뻐함이 일어나기 때문에 더불어 기뻐함에 머무는 자의 마음은 알음알이(識)를 이해하는데 친숙해져있다. 그가 순서에 따라 얻은 공무변처를 초월한 뒤 허공의 표상을 자기의 영역으로 삼는 알음알이로 마음을 가져갈 때 어려움 없이 마음이 그곳에 들어간다. 이와 같이

더불어 기뻐함은 식무변처를 위한 강하게 의지하는 [조건이] 된다. 그러나 그것을 넘어서는 [다른 해탈의 조건은] 되지 않는다. 그러므로 식무변처가 정점이라고 설하셨다.

123. 평온에 머무는 자는 '중생들이 행복하기를. 고통으로부터 벗어나기를. 이미 얻은 행복으로부터 벗어나지 말기를.'하는 관심이 없기 때문에, 행복(즐거움)과 괴로움 등 구경[법](*paramattha*)105)을 취하는 것으로부터 방향을 바꾸었기 때문에, 평온에 머무는 자의 마음은 존재하지 않는 [중생이라는 개념을] 취하는데 고통스럽다. 그때 그의 마음은 구경법을 취함으로부터 방향을 바꾼 상태에 친숙해져 있고, 그의 마음이 궁극적으로는 존재하지 않는 [개념]을 취하는데 고통스러워한다.106) 순서에 따라 얻은 식무변처를 초월한 뒤 구경

---

105) 아비담마에서는 물질(28), 마음(1), 마음부수(52), 열반(1)의 82가지 법들을 구경법(*paramattha-dhamma*)이라 한다. 행복이나 괴로움 등은 52가지 마음부수(心所)법의 하나인 느낌(*vedanā*, 受)이다. 구경법 혹은 궁극적 실재에 대해서는 『길라잡이』 1장 §2의 1번 해설을 참조할 것.

106) 즉, 자애와 연민과 더불어 기뻐함에 머무는 자와는 달리 평온에 머무는 자는 중생들이 행복하기를 하는 관심이 없다. 따라서 행복, 고통 등 구경법(*paramattha*)을 취하는 대신 구경법이 아닌 '중생'이라는 개념(*paññatti*)을 취하는데 마음이 고통스럽다. '중생'이라는 것은 궁극적인 의미에서는 존재하는 것이 아니고 실재 존재하는 것은 오온이기 때문이다.

이 때 평온에 머무는 수행자의 마음은 앞의 자애, 연민, 더불어 기뻐함에 머묾을 통해서 이미 구경법을 취하는 것으로부터 얼굴을 돌려버린 상태에 친숙해져있고, 평온에 머물기 때문에 중생이라는 개념을 취하는 것에도 마음이 약간 괴롭다. 이런 상황이기 때문에 그는 식무변처를 초월하여 알음알이가 없어져버린 무소유처로 쉽게 든다는 뜻이다.(Pm. 273)

여기서 냐나몰리 스님은 원문의 '*avijjamāna-gahaṇa-dukkhaṁ cittaṁ hoti*'를 '*avijjamāna-gahaṇa-dakkhaṁ cittaṁ hoti*'로 이해해야 한다

법인 알음알이의 부재(abhava) — 이 부재에는 고유성질이 없다 — 에 마음을 가져갈 때 어려움 없이 마음이 그곳에 들어간다. 이와 같이 평온은 무소유처를 위한 강하게 의지하는 [조건이] 된다. 그러나 그것을 넘어서는 [다른 해탈의 조건은] 되지 않는다. 그러므로 무소유처가 정점이라고 설하셨다.

124. 이와 같이 깨끗함이 정점이라는 등으로 이들의 위력을 알고 난 뒤에 다시 이 모든 것은 보시 [바라밀] 등 모든 선한 법들을 완성한다고 알아야 한다. 왜냐하면 마하살(mahāsatta)들은 중생들의 복리를 소원하고, 중생들의 고통을 견디지 못하고, 이미 얻은 특별한 성공이 오래 지속되기를 원하고, 모든 중생들에 대해 편견이 없기 때문에 평등한 마음을 가지기 때문이다.

그들은 '이 사람에게는 주어야 한다, 이 사람에게는 주지 말아야 한다'라는 분별을 짓지 않고 모든 중생들에게 행복의 원인인 ① 보시(dāna)[107]를 행한다. 그들에게 해로움을 끼치는 것을 피하기 위해 ② 계(sīla)를 지킨다. 그 계율을 원만히 하기 위해 ③ 출가(nekkhamma, 出離)를 한다. 중생들의 복리와 불리에 대해 미혹하지 않기 위해 ④ 통찰지(paññā)를 청정히 한다. 중생들의 복리와 행복을 위해 항상 ⑤ 정진(viriya)한다. 최상의 정진으로 용맹스러움을 얻었지만 중생들이 저지르는 여러 가지 과실을 ⑥ 인욕(khanti)한다. '이것

고 주에서 설명을 하고 있고 또 본문에서도 그렇게 옮기고 있다. 그러나 Pm에서는 '*avijjamāna-gahaṇa-dukkhaṁ cittaṁ hoti*'라고 되어있을 뿐 '*dukkhaṁ*(괴로운)'을 '*dakkhaṁ*(능숙한, *skilled*)'으로 설명하지는 않는다.

107) 붓다고사 스님은 십바라밀로 네 가지 거룩한 마음가짐을 마무리 짓고 있다. 이하 상좌부의 십바라밀을 사무량심과 관련지어 설명하고 있다.

을 주겠다. 이것을 하겠다'라고 한 ⑦ 서원(*paṭiñña* = *sacca*)108)을 저버리지 않는다. 그들의 복리와 행복을 위해 ⑧ 굳은 결심(*adhiṭṭhāna*)을 가진다. 그들에 대한 흔들리지 않는 ⑨ 자애(*mettā*)로 [그들을] 우선으로 여긴다. ⑩ 평온(*upekkhā*)하기 때문에 보답을 바라지 않는다.

이와 같이 이들 [마하살들]은109) 바라밀을 완성한 뒤 열 가지 힘(十力)과 네 가지 담대함(四無畏)과 6가지 함께하지 않는 지혜(六不共智)와 18가지 부처님의 법(*buddhadhamma*)으로 분류되는 모든 선한 법들을 완성한다.110) 이와 같이 이 네 가지 거룩한 마음가짐(四梵住)은 보시[바라밀] 등 모든 선한 법들을 완성한다.

어진 이를 기쁘게 하기 위해 지은 청정도론의
삼매수행의 표제에서
거룩한 마음가짐에 관한 해설이라 불리는
제9장이 끝났다.

---

108) 십바라밀에서는 서원(*paṭiñña*) 대신에 진실(*sacca*, 진리)이 나타나는데 저자는 이 둘을 같은 것으로 보고 있다.

109) 이와 같이 바라밀을 완성하고서 다시 10력 등을 성취한다는 내용의 주어는 '*mahāsattā*(마하살들)'이다. 그러나 냐나몰리 스님은 네 가지 거룩한 마음가짐을 괄호 안에 넣어 주어로 삼고 있다. 다음에 따라 오는 '*evaṁ* (이와 같이)'부터의 주어가 네 가지 거룩한 마음가짐이다.

110) 열 가지 힘(十力)은 본서 XII. §76주해를, 네 가지 담대함(四無畏)은 I. §3주해를, 6가지 함께하지 않는 지혜(六不共智)는 Ps.i.121이하를, 18가지 부처님의 법(*buddhadhamma*)은 DA.iii.994를 참조할 것.

제10장

āruppaniddeso

무색[無色]의 경지

제10장 무색(無色)의 경지

āruppaniddeso

1. 공무변처(空無邊處)
ākāsānañcāyatanakathā

1. 거룩한 마음가짐(梵住) 다음에 설한 네 가지 무색의 경지 (*āruppa*)[111] 가운데 이제 공무변처(空無邊處, *ākāsānañcāyatana*)를 닦고

---

111) '무색의 경지'로 옮긴 '*āruppa*'는 '*arūpa*(무색)'의 워릇디(2차 곡용형)인 산스끄리뜨 '*ārūpya*'의 빠알리식 표기이다. 그래서 원의미는 '*arūpa*(무색)에 속하는 것'이다. 즉 '무색의 영역 혹은 경지'란 뜻이다. 『아비담맛타상가하』 등과 후대 주석서에서는 *arūpa-avacāra*(무색계)의 동의어로 쓰이고 있다.

굳이 이 둘을 정확하게 구분 짓자면 '*arūpāvacāra*(무색계)'는 무색계 마음(*citta*)과 무색계 세상(*bhūmi, loka*) 둘 다에 다 적용되지만 '*āruppa*'는 무색계 마음 즉 무색의 상태에만 적용되는 술어라 해야 할 것이다. 예를 들면 욕계의 중생이 무색계선의 경지에 들면 욕계에 있으면서도 무색계마음이 일어난 것이고 그의 마음은 '*arūpāvacāra-citta*'라 해도 되고 '*āruppa-citta*'라 해도 된다. 그래서 이 둘을 구분해서 옮기기 위해서 '*āruppa*'는 무색의 경지로 옮긴다.

색계가 예외 없이 네 가지 선(四禪 혹은 아비담마의 五禪)과 연결되어있듯이 무색계는 예외 없이 공무변처 등의 사처(四處)와 연결되어있다. 그

자하는 자는 "물질이 있기 때문에 몽둥이를 들고, 칼을 휘두르고, 말다툼을 하고, 시비하고, 분쟁한다. 그러나 무색의 경지에서는 절대로 없다. 그는 이와 같이 숙고한 뒤 오직 물질을 역겨워하기 위해, [물질에 대한] 탐욕을 빛바래게 하기 위해, 소멸하기 위해 도닦는다.(M.i.410)"라는 말씀 때문에 몽둥이를 드는 등과 눈병, 귓병 등 수천 가지 괴로움을 통해 거친 물질에서 위험을 보고, 그것을 극복하기 위해 한정된 허공의 까시나를 제외하고 땅의 까시나 등 아홉 가지 까시나 가운데 어떤 하나에서 제4선을 일으킨다.

2. 비록 그가 색계의 제4선으로 거친 물질을 초월했지만 까시나의 물질도 그 [거친 물질]과 비슷하기 때문에 그것도 또한 초월하고자 한다.

3. 어떻게? 예를 들면 뱀을 두려워하는 사람이 숲 속에서 뱀에 쫓겨 황급히 도망가지만 도망간 곳에서 다시 줄무늬가 그려진 야자 잎이나 넝쿨이나 밧줄이나 땅이 갈라진 금을 보고는 두려워하고 공포에 떨며 그것을 쳐다보려하지 않는 것과 같다.

다른 예를 들어보자. 해로움을 끼치며 적개심을 품고 있는 사람과 함께 같은 마을에서 살던 사람이 그에 의해 매질을 당하고 묶이고 자기 집을 불태우는 등으로 괴롭힘을 당하다가 다른 마을에서 살기 위해 이사를 가지만 그곳에서 만일 그에게 원한을 품고 있던 사람과 같은 형상과 소리와 행동거지를 가진 사람을 보면 그는 두려워하고 공포에 떨며 그 사람을 쳐다보려하지 않는 것과 같다.

래서 무색의 경지는 무색계선과 동의어이다. 실제로 VIII. §40과 본장의 §28 등에서는 '*aruppajjhāna*(무색계선)'라는 용어가 나타난다.

4. 이제 이것이 비유의 적용이다. 비구가 거친 물질을 대상으로 가지는 시기가 사람들이 뱀이나 원한을 품고 있는 사람에 의해 괴롭힘을 당하는 시기와 같다. 비구가 색계의 제4선으로 업에서 생긴 물질112)을 초월하는 때가 첫 번째 비유의 사람이 황급히 도망가는 것과 두 번째 비유의 사람이 다른 마을로 가는 것과 같다. 비구가 까시나의 물질도 업에서 생긴 물질과 비슷하다고 주시하면서 그것마저 극복하고자하는 것이 첫 번째 사람이 도망 간 곳에서 줄무늬가 그려진 야자 잎 등을 보면서, 또 두 번째 사람이 다른 마을에서 원수와 비슷한 사람을 보면서 두려워하고 공포에 떨며 쳐다보려 하지 않는 것과 같다.

멧돼지에게 쫓긴 개와 도깨비를 두려워 한 사람의 비유도 적용된다.

5. 이와 같이 그는 제4선의 대상인 까시나의 물질을 역겨워하여 그것으로부터 벗어나고자 다섯 가지 자유자재113)를 얻는다. 익숙한 색계의 제4선으로부터 출정하여 그 禪에 대해 '이것은 내가 역겨워하는 물질을 대상으로 삼는다.' '이것은 기쁨을 가까운 적으로 가진다.' 또 '이것은 고요한 해탈보다 거칠다'라고 위험을 본다. 그러나 여기는 [색계의 제4선과 마찬가지로] 구성요소(各支)들의 거친 상태가 없다. 색계의 [제4선이 평온과 심일경성이라는] 두 가지 구성요소를 가지듯이 무색의 경지들도 그와 같기 때문이다.114)

---

112) 업에서 생긴 물질(*kummaja-rūpa*)은 『길라잡이』 6장 §10을 참조할 것.
113) 다섯 가지 자유자재는 XXIII. §27과 '다섯 가지 자유자재함(*vasitā*)'으로 『길라잡이』 9장 §18에 정리되어있으니 참조할 것.
114) 아비담마에서는 이처럼 구성요소의 측면에서는 무색계선을 항상 색계 제4선과 같은 것으로 취급한다.

6. 그가 이와 같이 그곳에서 위험을 보고 집착을 종식시킨 뒤 공무변처를 고요하다고 마음에 잡도리한다. 그는 우주의 끝까지 혹은 그가 원하는 곳까지 까시나를 확장한 뒤 그 [까시나의 물질]이 닿은 허공을 '허공(ākāsa), 허공' 혹은 '끝없는 허공'이라고 마음에 잡도리하면서 [색계 제4선의 대상인 땅의 까시나 등 물질을] 제거한다.

7. 까시나를 제거할 때 그는 돗자리를 마는 것처럼 마는 것도 아니고, 솥에서 빵을 끄집어내는 것처럼 끄집어내는 것도 아니다. 다만 그것으로 전향하지 않고, 마음에 잡도리하지 않고, 반조하지 않을 뿐이다. 전향하지 않고, 마음에 잡도리하지 않고, 반조하지 않고 오로지 그것이 닿은 곳을 '허공, 허공'하며 마음에 잡도리하면서 까시나를 제거한다.

8. 까시나를 제거할 때 [허공이] 나타나는 것도 아니고 사라지는 것도 아니다. 단지 까시나를 마음에 잡도리하지 않고 '허공, 허공'이라고 생각하기 때문에 제거했다고 하는 것이다. 까시나를 제거하면 남겨진 허공이 드러난다. 까시나를 제거한 뒤 남은 허공이라 하던, 까시나가 닿은 허공이라 하던, 까시나가 제외된 허공이라 하던 이 모두 같은 뜻이다.

9. 그는 그 까시나를 제거한 뒤 남은 허공의 표상에 대해 '허공, 허공'하면서 계속해서 전향한다. 추론(takka)으로 치고 일으킨 생각(尋)으로 친다. 그가 이와 같이 계속해서 전향하고, 추론으로 치고 일으킨 생각으로 칠 때 장애들이 억압되고, 마음챙김이 확립되며, 근접삼매로 마음이 삼매에 든다. 그는 그 표상을 거듭거듭 반복하

고 닦고 많이 [공부]짓는다.

10. 그가 이와 같이 계속해서 전향하고 마음에 잡도리할 때 땅의 까시나 등을 대상으로 색계의 마음이 본삼매에 드는 것처럼, 허공을 대상으로 공무변처의 마음이 본삼매에 든다. 여기서도 앞의 단계에 속하는 세 번 혹은 네 번의 속행은 평온의 느낌이 함께한 욕계의 것이고, 네 번째 혹은 다섯 번째의 속행은 무색계의 것이다. 나머지는 땅의 까시나에서 설한 것과 같다.

11. 그러나 이것이 다른 점이다. 예를 들면, 어떤 사람이 가마나 자루나 항아리 등의 입구를 푸른 천이나 노란색이나 빨간색이나 흰색 등의 어느 한 가지 천으로 막고서 그것을 쳐다보다가 강한 바람이나 다른 어떤 사람이 그 천을 벗겨버렸을 때 그는 [그 가마 등의 안에 있는] 허공만 쳐다보면서 서있을 것이다. 이와 같이 [무색계의 마음이 일어났을 때] 비구는 전에 까시나의 원반을 禪의 눈(*jhāna-cakkhu*)으로 쳐다보면서 머물다가 '허공, 허공'하면서 준비의 마음에 속하는 마음에 잡도리함(作意)에 의해115) 급히 그 표상이 제거되었을 때 [무색계 禪의 눈으로] 허공만을 바라보면서 머문다.

12. 이렇게 될 때 "물질의 인식을 완전히 초월하고 부딪힘(*paṭigha*)116)의 인식이 사라지고 갖가지 인식을 마음에 잡도리하지

---

115) "근접삼매를 통해서라는 뜻이다. 준비와 수순과 근접의 이 셋은 뜻이 서로 다르지 않다.(Pm.276)"
116) 부딪힘으로 옮긴 '*paṭigha*'는 보통 '적의' 혹은 '적대감'으로 옮기는 술어이다. 그러나 이 공무변처의 문맥에서 나타날 때는 *prati*(대하여)+√*han*(*to strike, to kill*)라는 어원에 입각해서 '부딪힘'으로 옮긴다. 물질이 있을 땐 부딪힘이 있지만 물질이 제거되면 부딪힘도 없다. 냐나몰리

않기 때문에 '끝없는 허공'하면서 공무변처에 들어 머문다.(Vbh.245)"
라고 한다.

13. **완전히:** 모든 측면에서 혹은 [인식들을] 전부, 남김없이라는 뜻이다. **물질의 인식:** 인식이란 제목 아래 설한 ① 색계선과 ② 그 대상을 뜻한다.

① 왜냐하면 "색계선에 든 자가 물질들을117) 본다(D.ii.70; 111)"라는 등에서 색계선도 물질이라 불리기 때문이다. "그는 밖의 아름답고 추한 물질들을 본다(D.ii.110)"라는 등에서는 그 대상도 [물질이라 불리기 때문이다]. 그러므로 여기서 색계선에 대한 인식을 물질의 인식이라 한다. 이와 같이 이것은 인식의 제목 아래 설한 색계선의 동의어이다.

② 이것은 물질이라 이름 붙였기 때문에 물질의 인식이다. [색계선의 대상은] 물질이라고 이름한다는 뜻이다. 이와 같이 이것은 땅의 까시나 등으로 분류되는 그 대상과 동의어라고 알아야 한다.

14. **초월하기 때문에:** 탐욕이 빛바래기 때문에, 소멸하기 때문에. 무슨 뜻인가? [각각 다섯인] 유익한 것과 과보로 나타난 것과 단지 작용만 하는 것으로 열다섯 가지 禪118)이라 불리는 물질의 인식들(=색계선)과, 땅의 까시나 등 아홉 가지119) 대상이라 불리는 물

스님도 'sensory impingement'로 옮기고 있다.
117) 색계선에 든 자가 까시나의 물질들을 선정의 눈으로 본다는 뜻이다.(Pm. 277)
118) 이것은 색계의 마음들이다. 자세한 것은 『길라잡이』 1장 §§18-20을 참조할 것.
119) 열 가지 까시나들 가운데서 한정된 허공을 제외한 나머지를 말함.

질의 인식들에 대해 모든 형태로 남김없이 탐욕이 빛바래고 소멸한다. 그것에 대한 탐욕이 빛바래고 소멸하기 때문에 그는 공무변처에 들어 머문다. 물질에 대한 인식을 완전히 극복하지 않고서는 여기에 들어 머물 수 없기 때문이다.

15. 대상에 대해 탐욕을 버리지 않은 자는 인식을 초월할 수 없다. 인식을 초월한 때에는 대상도 이미 초월했다. 그래서 『위방가』에서는 대상을 초월하는 것 대신 오직 인식을 초월하는 것을 다음과 같이 설하셨다.

"여기서 무엇이 물질의 인식인가? 색계증득을 얻은 자나 그곳에 태어난 자나 금생에 그곳에서 행복하게 머무는 자[20]의 인식, 인식하는 것, 인식된 것을 물질의 인식들이라 한다. 이 물질에 대한 인식들을 지나고 능가하고 초월하기 때문에 '물질의 인식을 완전히 초월하기 때문에'라고 한다.(Vbh.261)"

그러나 이 증득은 대상을 초월함에 의해서 얻어야 한다. 초선 등처럼 동일한 대상에서 얻는 것이 아니다. 그러므로 이것은 대상을 초월하는 것으로 그 뜻을 설명했다고 알아야 한다.

16. **부딪힘의 인식이 사라졌기 때문에:** 눈 등의 토대와 형상(색깔) 등의 대상이 맞닿아서 일어난 인식이 부딪힘의 인식이다. 이것은 물질의 인식 등의 동의어이다. 그래서 말씀하셨다. "여기서 무엇이 부딪힘의 인식인가? 형상(색깔)의 인식, 소리의 인식, 냄새의

---

120) 색계증득을 얻은 자의 것은 유익한 인식이고, 그곳에 태어난 자의 것은 과보로 나타난 인식이고, 금생에 그곳에서 행복하게 머무는 자의 것은 단지 작용만 하는 인식인데 이것은 아라한의 경우에 해당된다.(Pm.277)

인식, 맛의 인식, 감촉의 인식을 부딪힘의 인식이라 한다.(Vbh.261)"
다섯 가지 유익한 과보와 다섯 가지의 해로운 과보인 이 열 가지[121]
부딪힘의 인식이 사라지고, 버려지고, 생기지 않는다, 그들을 일어
나지 않게 한다는 뜻이다.

17. 물론 이들은 초선 등에 머무는 자에게도 발견되지 않는다.
왜냐하면 그 [초선에 머물] 때는 다섯 문을 통해 마음이 일어나지
않기 때문이다. 그렇지만 [그 이전에] 다른 곳에서 이미 버린 행복
과 괴로움을 제4선에서도 언급하는 것처럼, 그 이전에 이미 버린
유신견 등을 세 번째 도(불환도)에서도 언급하는 것처럼 이 禪에 대
해 노력을 쏟게 하기 위해 이 禪을 찬탄하면서 이 [부딪힘의 인식
등을] 여기서 언급했다고 알아야 한다.

18. 혹은 비록 색계에 든 자에게도 [부딪힘의 인식들은] 발견되
지 않지만 그것은 버렸기 때문에 없는 것이 아니다. 왜냐하면 색계
수행은 물질에 대한 탐욕이 빛바래도록 하지 않고 또 물질을 의지
하여 그 [색계선]들이 일어나기 때문이다. 그러나 이 [무색계]수행
은 물질에 대한 탐욕이 빛바램에 이르도록 한다. 그러므로 그들을
여기서 버린다고 말하는 것은 타당하다. 단지 말로만 그렇다고 할
뿐 아니라 그것을 마음에 새겨두는 것이 적절하다.

19. 이보다 이전에는 그들이 버려지지 않았기 때문에 "초선을
증득한 자에게 소리는 가시이다(A.v.135)"라고 세존께서 설하셨다.

---

121) 여기서 10가지는 한 쌍의 전오식과 함께하는 열 가지(5×2=10) 인식을
말한다. 한 쌍의 전오식은 『길라잡이』 2장 §11의 1번 해설을 참조할 것.

오직 여기서 버려지기 때문에 무색계증득의 흔들림 없는 상태와 고요한 해탈의 상태를 설하셨다. 아울러 알라라 깔라마(Ālāra Kālāma)가 무색계증득에 머물 때 500대의 수레가 바로 곁을 지나갔었어도 그것을 보지도 못했고, 소리를 듣지도 못했다고 했다.

20. **갖가지 인식을 마음에 잡도리하지 않기 때문에:** 여러 가지 영역에서 일어나는 인식들, 혹은 여러 인식들. **갖가지 인식**이라 불리는 것은 [다음의 두 이유 때문이다].

첫째, "여기서 무엇이 갖가지 인식인가? 증득을 얻지 못한 자의 마노의 요소(意界)나 혹은 마노의 알음알이의 요소(意識界)에 포함된 인식과 인식하는 것과 인식된 것을 갖가지 인식이라 한다.(Vbh.261)" 라고 여기서 의도하는 인식을 분별론에서 분석하여 설했기 때문에 갖가지 인식이라 한다. 증득을 얻지 못한 자의 마노의 요소(意界)와 마노의 알음알이의 요소(意識界)에 포함된 인식이 형상(색깔)과 소리 등 각각의 고유성질이 서로 다른 영역에서 일어나기 때문이다.

둘째, 8가지 욕계의 유익한 인식, 12가지 해로운 인식, 11가지 욕계의 유익한 과보로 나타난 인식, 2가지 해로운 과보로 나타난 인식, 11가지 욕계의 단지 작용만 하는 인식 — 이 44가지 인식[122]은

---

122) 여기서 인식이라는 마음부수는 모든 마음들과 항상 함께 일어나는 '반드시들'이기 때문에 인식은 89가지의 모든 알음알이와 항상 함께한다. 그러므로 89가지 알음알이 가운데 여기에 해당되는 44가지 알음알이가 바로 여기서 말하는 44가지 인식이다.
여덟 가지 욕계의 유익한 인식은 여덟 가지 욕계의 유익한 마음이고, 12가지 해로운 인식은 12가지 해로운 마음이고, 11가지 욕계의 유익한 과보로 나타난 인식은 8가지 원인 있는 유익한 과보 마음 + 전오식을 제외한 세 가지 원인 없는 유익한 과보 마음이고, 두 가지 해로운 과보로 나타난 인식은 일곱 가지 해로운 과보 마음 가운데서 전오식을 제외한 두

서로 다르고, 고유성질이 다르고, 서로서로 같지 않기 때문에 갖가지 인식이라 한다. 그러므로 '그 갖가지 인식들을 전적으로 마음에 잡도리하지 않고, 전향하지 않고, 가져오지 않고, 반조하지 않는다. 그것들을 전향하지 않고 마음에 잡도리하지 않고 반조하지 않기 때문에 …'라는 뜻을 설한 것이다.

21. 앞에 나타난 물질의 인식과 부딪힘의 인식은 이 禪으로 인해 [무색계 세상에] 새로 태어난 존재에게도 없다. 하물며 그 [무색계의] 존재에서 이 禪에 들어 머무는 때에야 말해서 뭣하겠는가. 그러므로 '초월하고' '사라졌다'라고 두 가지 방법으로 그들의 부재를 설했다.

그러나 갖가지 인식들의 경우, 8가지 욕계의 유익한 인식과 9가지 단지 작용만 하는 인식과 10가지 해로운 인식123) — 이 27가지 인식들은 이 禪으로 인해 새로 태어난 존재에게는 있다. 그러므로 '그들을 마음에 잡도리하지 않고'라고 설했다고 알아야 한다. 왜냐하면 그곳에서도 이 禪에 들어 머물 때 그는 그들을 마음에 잡도리하지 않기 때문에 이 禪에 들어가서 머문다. 그러나 그들을 마음에 잡도리할 때는 [공무변처의 禪에] 들지 못한다.

가지 마음이고, 11가지 욕계의 단지 작용만 하는 인식은 세 가지 원인 없는 작용의 마음 + 여덟 가지 원인 있는 작용의 마음이다. 이들은 『길라잡이』 1장의 §§4-15에서 잘 분류되어있다.

123) 아홉 가지 단지 작용만 하는 인식은 11가지 욕계의 단지 작용만 하는 마음 가운데서 속행의 작용을 하지 않는 처음 두 가지를 제외한 것이고, 열 가지 해로운 인식은 열두 가지 해로운 마음 가운데서 두 가지 성냄에 뿌리박은 마음을 제외한 것이다.

22. 간략하게 설하면 여기서 **물질의 인식을 초월하기 때문에**라는 구절은 모든 색계의 법들을 버림을 설했고 **부딪힘의 인식이 사라지고 갖가지 인식을 마음에 잡도리하지 않기 때문에**라는 구절은 모든 욕계의 마음(心)과 마음부수(心所)들을 버리고 마음에 잡도리하지 않는 것을 설했다고 알아야 한다.

23. **끝없는 허공**: 그것의 일어남의 끝과 멸함의 끝이 알려지지 않았기 때문에 끝없다(ananta)고 한다. 허공은 까시나를 제거한 뒤 남겨진 허공을 뜻한다. 여기서 끝없는 상태는 마음에 잡도리함을 통해서 알아야 한다. 그러므로 『위방가』에서 설하셨다. "그 허공에 마음을 두고, 고정시키고, 끝없이 가득 채운다. 그러므로 끝없는 허공이라 한다.(Vbh.262)"

24. **공무변처에 들어 머문다**: 이것은 끝이(anto) 없기(na) 때문에 아난따(anata, 끝없는)이고, 허공이 끝이 없기 때문에 끝없는 허공(아까사-아난따, ākāsa-ananta)이고, 아까사-아난따가 바로 아까사-아난짜이다. 이 끝없는 허공(아까사-아난짜)은 이 禪이 그와 함께하는 [마음과 마음부수]법들과 함께124) 그곳에 머문다는 뜻에서 그 禪의 장소(āyatana)이기 때문에 아까사난짜야따나(ākāsa[공]-anañca[무변]-āya-

---

124) 원문의 'sasampayutta-dhammassa jhānassa(그와 함께하는 [마음과 마음부수]법들을 가진 禪의)'를 냐나몰리 스님은 'for the jhana whose nature it is to be associated with it'으로 옮겼는데 여기서 'sampayuttadhamma(함께하는 법)'란 이 禪과 함께하는 마음(心)과 마음부수(心所)법들을 뜻한다. §31의 식무변처의 설명에서도 이와 같이 잘 못 옮겼는데 §49의 비상비비상처의 설명에서는 앞의 두 곳과는 달리 바르게 영역을 했다.

tana[처], 공무변처)이다. 마치 데와아야따나(deva-āyatana)가 신들의 머무는 장소이듯이. **들어 머문다:** 그 공무변처에 이르러, 그것을 일으키고, 그에 적절한 위의의 머묾으로 머문다.

이것이 공무변처의 명상주제에 대한 상세한 설명이다.

2. 식무변처(識無邊處)
viññāṇañcāyatanakathā

25. 식무변처를 닦고자하는 자는 공무변처증득에 대해 다섯 가지 자유자재를 얻어야 한다. 그는 '이 [공무변처]증득은 색계선이라는 가까운 적이 있고, 식무변처처럼 고요하지 않다'고 공무변처에서 위험을 보고 집착을 종식시킨 뒤 식무변처를 고요하다고 마음에 잡도리한다. 그 허공을 가득 채우면서 일어난 알음알이(識)에 대해 '알음알이, 알음알이'하면서 계속해서 전향하고, 마음에 잡도리하고, 반조하고, 추론으로 치고, 일으킨 생각으로 쳐야 한다. '끝없다(ananta), 끝없다'라고 마음에 잡도리해서는 안된다.

26. 그가 이와 같이 그 표상인 [알음알이에] 계속해서 마음을 가져갈 때 장애들이 억압되고, 마음챙김이 확립되고, 근접삼매로 마음이 삼매에 든다. 그는 그 표상을 거듭거듭 반복하고 닦고 많이 [공부]짓는다. 그가 이와 같이 할 때 허공을 대상으로 공무변처의 마음이 본삼매에 들듯이 허공에 닿은 알음알이를 대상으로 식무변처의 마음이 본삼매에 든다. 본삼매에 드는 방법은 이미 설한 방법대로 알아야 한다.

27. 이렇게 될 때 "공무변처를 완전히 초월했기 때문에 '끝없는 알음알이'라 하면서 식무변처에 들어 머문다.(Vbh.245)"라고 한다.

28. **완전히:** 이것은 앞서 설한 것과 같다. **공무변처를 초월했기 때문에:** 여기서도 앞서 설한 방법대로 禪도 공무변처이고 대상도 그렇게 부른다. 왜냐하면 대상도 앞서 설한 방법대로 끝없는 허공이기 때문이다. 또 그것은 첫 번째 무색계선의 대상이기 때문에 머문다는 뜻에서 장소(āyatana)다. 마치 데와아야따나(deva-āyatana)가 신들의 [머무는 장소]이듯이. 그래서 공무변처이다. 그와 마찬가지로 이 끝없는 허공은 [공무변처]禪이 생기는(sañjāti) 원인이기 때문에 태어난 장소의 뜻에서 장소(āyatana)다. 마치 깜보자(Kambojā)가 말들이 [태어나 머무는] 장소이듯이. 그래서 공무변처이다.

이와 같이 禪과 대상, 이 둘 모두를 일어나지 않게 하고 또한 마음에 잡도리하지 않음으로써 초월한 다음 이 식무변처에 들어 머물러야 하기 때문에 [禪과 대상,] 이 둘을 하나로 만들어 '공무변처를 초월했기 때문에'라고 설했다고 알아야 한다.

29. **끝없는 알음알이:** '끝없는 허공'이라 하면서 이와 같이 [허공을] 두루 채우고 일어난 알음알이에 대해 '끝없는 알음알이'라 하면서 마음에 잡도리한다는 뜻이다. 혹은 '끝없다'는 것은 마음에 잡도리함과 관련하여 설했다고 알아야 한다. 왜냐하면 그가 허공을 대상으로 하는 알음알이를 전적으로 마음에 잡도리할 때 '끝없다'고 마음에 잡도리하기 때문이다.

30. "끝없는 알음알이라는 것은 수행자가 알음알이에 의해 닿은 그 동일한 허공을 마음에 잡도리하고 끝없이 가득 채우기 때문에 끝없는 알음알이라 한다.(Vbh.262)"라고 『위방가』에서 설했다. 그곳에서 **알음알이에 의해**(viññāṇena)라는 것은 목적격의 뜻으로 사용된 도구격이라고 알아야 한다. 왜냐하면 주석서를 [지은] 스승(Aṭṭhakathā-ācariya)들이 '그는 끝없이 가득 채우고, 그 허공에 닿은 그 동일한 알음알이를 마음에 잡도리한다'라고 그 뜻을 설명하셨기 때문이다.

31. **식무변처에 들어 머문다:** 여기서는 그러나 끝이 없기 때문에 끝없음(ananta, 아난따)이고, 아난따가 바로 아난짜이고, 알음알이(viññāṇa)가 끝이 없기(anañca) 때문에 윈냐나아난짜(viññāṇa-anañca)라고 말하지 않고 윈냐난짜(viññāṇañca)라고 말했다. 왜냐하면 이것이 일상적인 용법이기 때문이다. 그 끝없는 알음알이(윈냐난짜)는 머문다는 뜻에서 그와 함께하는 [마음과 마음부수]법들과 함께 禪의 장소이다. 마치 데와-아야따나가 신들의 [머무는 장소]이듯이. 그러므로 식무변처(viññāṇa[식]-añca[무변]-āyatana[처], 識無邊處)이다. 나머지는 앞서 [설한 방법과] 같다.

이것이 식무변처의 명상주제에 대한 상세한 설명이다.

3. 무소유처(無所有處)

ākiñcaññāyatanakathā

32. 무소유처를 닦고자하는 자는 식무변처증득에 대해 다섯 가

지 자유자재를 얻어야 한다. 그는 '이 [식무변처]증득은 공무변처라는 가까운 적이 있고, 무소유처처럼 고요하지 않다'고 식무변처에서 위험을 보고 집착을 종식시킨 뒤 무소유처를 고요하다고 마음에 잡도리한다. 그는 식무변처의 대상이었던 공무변처의 알음알이의 부재, 비어버림, 멀리 떠나버린 상태를 마음에 잡도리해야 한다.

33. 어떻게? 그 알음알이를 마음에 잡도리하지 않고, '없다, 없다'거나, '비었다, 비었다'거나, '멀리 떠나버렸다, 멀리 떠나버렸다'라고 계속해서 전향하고, 마음에 잡도리하고, 반조하고, 추론으로 치고, 일으킨 생각으로 쳐야 한다.

34. 그가 이와 같이 그 표상인 [알음알이의 부재로] 계속해서 마음을 가져갈 때 장애들이 억압되고, 마음챙김이 확립되고, 근접삼매로 마음이 삼매에 든다. 그는 그 표상을 거듭거듭 반복하고 닦고 많이 [공부]짓는다. 그가 이와 같이 할 때 마치 허공에 닿은 고귀한[125] 알음알이를 대상으로 식무변처의 마음이 본삼매에 들듯이, 그 허공을 두루 채우고서 일어난 고귀한 알음알이의 비어버림, 떠나버린 상태, 부재를 대상으로 무소유처의 마음이 본삼매에 든다. 여기서도 본삼매에 드는 방법은 이미 설한 방법대로 알아야 한다.

---

125) '고귀한'으로 옮긴 'mahaggata'는 색계와 무색계의 마음을 뜻하는 형용사이다. 욕계의 마음은 그 힘이나 시배력이 제한되어있기 때문에 제한된 (paritta)이라고 부른다.(DhsA.44)
한편 색계·무색계의 마음은 장애가 제거되었기 때문에 고귀하고, 고귀한 禪에 의해서 얻어졌기 때문에 고귀하다(VṬ)고 설명한다. 『길라잡이』 1장 §25의 1번 해설을 참조할 것.

35. 그러나 이것이 다른 점이다. 예를 들어보자. 어떤 사람이 집회장 등에서 어떤 목적으로 비구 대중이 모여 있는 것을 보고는 다른 곳으로 갔다. 집회의 일이 끝났을 때 비구들은 모두 일어나서 나갔다. 그때 그 사람이 다시 집회장으로 돌아와 문에 서서 다시 그 장소를 쳐다볼 때 비어있는 것을 보고, 떠나버린 상태만을 본다. '이 많은 비구들이 다 죽었구나'라거나 '이 많은 비구들이 다른 지역으로 가버렸구나'라고 생각하지 않는다. 오히려 '이것은 비었구나, 떠나버렸구나'라고 없는 상태만을 본다.

이와 같이 그 본삼매가 일어날 때 그전에 허공을 대상으로 일어난 알음알이를 식무변처의 禪의 눈으로 보면서 머물고는 [지금은] '없다, 없다'는 식으로 준비작업을 마음에 잡도리함으로 인해 그 알음알이가 사라져버렸을 때 그는 그것의 떠남이라 불리는 부재만을 보면서 머문다.

36. 이렇게 될 때 "식무변처를 완전히 초월했기 때문에 '아무것도 없다'고 하면서 무소유처에 들어 머문다.(Vbh.245)"라고 한다.

37. 여기서도 **완전히**라는 것은 앞서 설한 것과 같다. **식무변처**: 여기서도 앞서 설한 방법대로 禪도 식무변처이고 대상도 그렇게 부른다. 왜냐하면 대상도 앞서 설한 방법대로 끝없는 알음알이이기 때문이다. 또 그것은 두 번째 무색계선의 대상이기 때문에 머문다는 뜻에서 장소(āyatana)이다. 마치 데와야따나가 신들의 [머무는 장소]이듯이. 그래서 식무변처이다. 그와 마찬가지로 이 끝없는 알음알이는 [식무변처]禪이 생기는 원인이기 때문에 태어난 장

소의 뜻에서 장소(āyatana)이다. 마치 깜보자가 말들이 [태어나 머무는] 장소이듯이. 그래서 식무변처이다.

이와 같이 禪과 대상, 이 둘 모두를 일어나지 않게 하고 마음에 잡도리하지 않음으로써 초월하여 이 무소유처에 들어 머물러야 하기 때문에 [禪과 대상,] 이 둘을 하나로 만들어 '식무변처를 초월했기 때문에'라고 설했다고 알아야 한다.

38. **아무것도 없다:** '없다, 없다'거나 '비었다, 비었다'거나 '떠나버렸다, 떠나버렸다'라고 마음에 잡도리한다는 뜻이다. "아무것도 없다는 것은 그 알음알이를 존재하지 않게 하고, 없게 하고, 사라지게 하고, '아무것도 없다'고 본다. 그러므로 아무것도 없다고 한다.(Vbh.262)"라고 『위방가』에서도 설하신 것은 비록 [알음알이가] 부서짐으로 명상하는 것처럼 설하셨지만 다음과 같이 이 뜻을 보아야 한다. 그 알음알이에 전향하지 않고, 마음에 잡도리하지 않고, 반조하지 않고 오직 그 알음알이가 없는 상태, 비어있는 상태, 떠나버린 상태만을 마음에 잡도리하는 자를 두고 '존재하지 않게 하고, 없게 하고, 사라지게 한다'라고 말한다. 다른 뜻으로 말한 것이 아니다.(XXI. §17참조)

39. **무소유처에 들어 머문다:** 여기서는 그러나 [첫 번째 무색계 알음알이가] 조금도(kiñcana) 없기(na) 때문에 아낀짜나(akiñcana, 아무것도 없음)이다. 무너진 상태도 조금도 남아있는 것이 없다는 뜻이다. 아무것도 없는 상태가 아낀짠냐(ākiñcañña, 무소유)126)이다. 이

---

126) 문법적으로 'ākiñcañña'는 'akiñcana'의 워릇디(2차 곡용)이다. 그래서 '아무것도 없는 상태'라는 뜻이고 無所有로 한역되었다.

것은 공무변처 알음알이가 떠나감과 동의어이다. 이 아무것도 없는 상태는 머문다는 뜻에서 이 禪의 장소이다. 마치 데와아야따나가 신들의 [머무는 장소]이듯이. 그러므로 무소유처라 한다. 나머지는 앞의 것과 같다.

이것이 무소유처의 명상주제에 대한 상세한 설명이다.

4. 비상비비상처(非想非非想處)
nevasaññānāsaññāyatanakathā

40. 비상비비상처를 닦고자하는 자는 무소유처의 증득에 대해 다섯 가지 자유자재를 얻어야 한다. 그는 '이 무소유처는 식무변처라는 가까운 적이 있고, 비상비비상처처럼 고요하지 않다'라거나, "인식은 병이고, 인식은 종기이고, 인식은 화살이다 … 이것은 고요하고 이것은 수승하나니 그것은 곧 비상비비상처이다.(M.ii.231)"라고 이와 같이 무소유처에서 위험을, 더 높은 것에서 이익을 보면서 무소유처에 대한 집착을 종식시킨 뒤 비상비비상처를 고요하다고 마음에 잡도리한다. 그는 그 부재를 대상으로 일어난 무소유처증득이 '고요하다(*santā*), 고요하다'고 계속해서 전향하고, 마음에 잡도리하고, 반조하고, 추론으로 치고, 일으킨 생각으로 쳐야 한다.

41. 그가 이와 같이 그 표상인 [무소유처의 증득으로] 계속해서 마음을 가져갈 때 장애들이 억압되고, 마음챙김이 확립되고, 근접삼매로 마음이 삼매에 든다. 그는 그 표상을 거듭거듭 반복하고 닦고 많이 [공부]짓는다. 그가 이와 같이 할 때 마치 알음알이의 떠남을

대상으로 무소유처의 마음이 본삼매에 들듯이, 무소유처의 증득이라 불리는 네 가지 무더기(蘊)들을 대상으로 비상비비상처의 마음이 본삼매에 든다. 본삼매에 드는 방법은 이미 설한 방법대로 알아야 한다.

42. 이렇게 될 때 "무소유처를 완전히 초월했기 때문에 비상비비상처에 들어 머문다.(Vbh.245)"라고 한다.

43. **완전히:** 이것은 앞서 설한 것과 같다. **무소유처를 초월했기 때문에:** 여기서도 앞서 설한 방법대로 禪도 무소유처이고 대상도 그렇게 부른다. 왜냐하면 대상도 앞서 설한 방법대로 무소유이고 또 그것은 세 번째 무색계선의 대상이기 때문에 머문다는 뜻에서 장소이다. 마치 데와야따나가 신들의 [머무는 장소]이듯이. 그래서 무소유처이다. 그와 마찬가지로 이 무소유는 [무소유처]禪이 생기는 원인이기 때문에 태어난 장소의 뜻에서 장소(āyatana)이다. 마치 깜보자가 말들이 [태어나 머무는] 장소이듯이. 그래서 무소유처이다.

이와 같이 禪과 대상, 이 둘 모두를 일어나지 않게 하고 마음에 잡도리하지 않음으로써 초월하고는 이 비상비비상처에 들어 머물러야 하기 때문에 [禪과 대상,] 이 둘을 하나로 만들어 '무소유처를 초월했기 때문에'라고 설했다고 알아야 한다.

44. **비상비비상처:** 인식이 존재하기 때문에 이 [禪]을 비상비비상처라 부른다. 이처럼 닦는 자에게 인식이 남아있다. 그것을 보여주기 위해 『위방가』에서는 "인식을 가진 것도 아니고 인식을 갖

지 않은 것도 아닌 자"라고 설하시고는 "무소유처를 고요하다고 마음에 잡도리하고, 남은 상카라(行)들의 증득을 닦는다. 그러므로 인식을 가진 것도 아니고 인식을 갖지 않은 것도 아닌 자다.(Vbh.263)"라고 설했다.

45. 앞의 인용문에서 **고요하다고 마음에 잡도리한다**는 것은 '이 [무소유처의] 증득은 고요하다. 왜냐하면 이것은 알음알이의 부재를 대상으로 존속하고 있기 때문이다'라고 [禪이 고요하기 때문이 아니라] 대상이 고요하기 때문에 그것이 고요하다고 마음에 잡도리하는 것이다.

만약 고요하다고 마음에 잡도리하면 어떻게 초월함이 있겠는가? 그것에 들고자하는 원이 없기 때문이다. 비록 그것을 고요하다고 마음에 잡도리하지만 그에게는 '나는 이곳에 전향하리라, 입정하리라, 머물리라, 출정하리라, 반조하리라'라는 관심과 생각과 마음에 잡도리함이 없다. 무슨 이유인가? 무소유처보다 비상비비상처가 더 고요하고 더 수승하기 때문이다.

46. 예를 들면, 대 왕권을 가진 국왕이 아름답게 장식을 한 코끼리의 등에 타고 시내 거리를 순행하다가 상아 등을 조각하는 장인들이 한 개의 옷을 몸에 꽉 끼게 입고 다른 천으로 머리를 감고 그들의 사지는 상아가루 등으로 뒤집어쓴 채 상아 조각 등 기교를 부리는 것을 보고서, '오, 능숙한 대가들이로구나. 이런 공예품을 다 조각해 내다니!'하면서 그들의 예술적 감각을 칭찬하지만 '나도 차라리 왕국을 버리고 저런 장인이 되어야겠다.'라고는 생각하지 않는다. 그것은 무슨 이유인가? 왕국의 영광에 큰 이익이 있기 때문이다.

그가 장인을 떠나 앞으로 나아가듯이 비록 수행자가 그 [무소유처의] 증득을 고요하다고 마음에 잡도리하지만 그때 그에게 '나는 이것에 전향하리라, 입정하리라, 머물리라, 출정하리라, 반조하리라'라는 관심과 생각과 마음에 잡도리함이 없다.

47. 그가 이것을 고요하다고 마음에 잡도리할 때 앞서 설한 방법대로 그 최고로 미세한 본삼매에 이른 인식을 얻는다. 그것 때문에 그는 인식을 가진 것도 인식을 갖지 않은 것도 아닌 자라고 이름한다. 그는 **남은 상카라(行)들의 증득을 닦는다**라고 불린다. 남은 상카라들의 증득이란 극도로 미세한 상태에 이른 상카라들을 가진 네 번째 무색계증득이다.

48. 이와 같이 얻은 인식 때문에 이 [禪]을 비상비비상처라고 부른다. 이제 그 인식의 뜻을 보여주기 위해 다음과 같이 설하셨다. "비상비비상처란 비상비비상처를 얻었거나, 그곳에 태어났거나, 금생에 그곳에서 행복하게 사는 자의 마음(心)과 마음부수(心所)의 법들이다.(Vbh.263)" 이 가운데서 여기서 뜻하는 것은 그것을 얻은 자의 마음과 마음부수의 법들이다.

49. 이것이 단어의 뜻이다. 거친 인식은 없지만 미세한 인식은 있기 때문에 그와 함께하는 [마음과 마음부수]법들을 가진 이 禪은 인식이 있는 것도 아니고 인식이 없는 것도 아니다. 그러므로 비상비비상이다. 그 비상비비상은 마노의 감각장소(意處)와 법의 감각장소(法處)에 포함되어있기 때문에 장소(處, āyatana)이다. 그러므로 비상비비상처이다.

50. 혹은 여기서 인식은 분명하게 인식의 역할을 할 능력이 없기 때문에 인식이 아니다. 남은 상카라(行)들의 미세한 상태가 존재하기 때문에 인식이 아닌 것도 아니다. 그러므로 비상비비상이다. 그 비상비비상은 나머지 법들의 거처라는 뜻에서 장소(*āyatana*)이다. 그러므로 비상비비상처이다. 여기서 오직 인식만 이런 것이 아니고, 사실은 느낌도 '네와웨다나 나아웨다나(*n'eva vedanā nāvedanā*, 느낌도 아니고 느낌 아닌 것도 아님)'이다. 마음도 '네와찟따 나아찟따(마음도 아니고 마음 아닌 것도 아님)'이다. 감각접촉도 '네와팟사 나아팟사(감각접촉도 아니고 감각접촉 아닌 것도 아님)'이다. 이 방법은 나머지 함께하는 법들의 경우에도 적용된다. 인식을 선두로 하여 법을 설했다고 알아야 한다.

51. 발우에 칠한 기름 등의 비유로 이 뜻을 설명할 수 있다. 사미가 기름을 발우에 칠하여 한쪽에 두었다. 죽을 먹을 때에 장로가 사미에게 발우를 가져오라고 하였다. 사미는 '존자시여, 발우에 기름이 있습니다'라고 말씀드렸다. 장로가 '사미여, 그 기름을 가져 오거라. 기름통을 채워야겠다.'라고 말했을 때 '존자시여, 기름이 없습니다.'라고 말씀드렸다. [발우] 속에 기름이 있기 때문에 죽과 함께는 적당하지 않다는 뜻에서 기름이 있다고 했고, 기름통을 채우는 것 등에 대해서는 기름이 없다고 했다.

이와 같이 이 인식도 그 역할을 명확하게 할 능력이 없기 때문에 인식이 아니고, 남은 상카라(行)들의 미세한 상태로 존재하기 때문에 인식이 아님도 아니다.

52. 그러면 무엇이 여기서 인식의 역할인가? 대상을 인식하는 것과, 위빳사나의 대상이 되어 역겨움이 일어나게 하는 것이다. 마치 불의 요소(火界)가 식은 물에서 데는 역할을 명확하게 할 수 없듯이 여기서 [인식은] 인식하는 역할도 분명하게 할 수 없고, 나머지 증득에서의 인식처럼 위빳사나의 대상이 되어 역겨움이 일어나게 하는 역할을 할 수도 없기 때문이다.

53. 비구가 일찍이 다른 무더기(蘊)들에 대해서 천착(abhinivesa)하지 않고서 비상비비상처와 관련된 무더기들을 명상하여 역겨움에 이른다는 것은 불가능한 일이다.127) 그러나 사리뿟따 존자나 사리뿟따 존자와 같이 위빳사나가 분명하여 큰 통찰지를 가진 자만이 가능하다. 그런 분도 "이와 같이 이 법들은 없었다가는 생겨나고, 있었다가는 사라진다.(M.iii.28)"라고 깔라빠를 통한 명상으로만이 할 수 있다.(XX. §2) [감각접촉 등의 법을 분리하여] 따로 따로 [직접 무상 등으로] 관찰함으로써는128) 할 수 없다. 이와 같이 이 증득은 미세하다.

54. 발우에 칠한 기름의 비유처럼 길에 있는 물의 비유로도 이 뜻을 알 수 있다. 장로가 길을 떠났을 때 앞서 가던 사미가 물이 조금 있는 것을 보고서 '존자시여, 물이 있으니 신발을 벗는 것이 좋겠습니다.'라고 말씀드렸다. 장로가 '만약 물이 있다면 욕의를 가져오너라. 목욕을 하자.'라고 말하지 '존자시여, 물이 없습니다.'라고

---

127) XX. §2이하와 XXI. §23을 참조할 것.
128) *phassādidhamme vinibbhujjitvā visuṁ visuṁ sarūpato gahetvā aniccādivasena sammasanaṁ anupadadhammavipassanā.*(Pm.287)

말씀드렸다. 단지 신발이 젖는다는 뜻에서 물이 있다 했고, 목욕한다는 뜻에서는 물이 없다고 했다.

이와 같이 이 인식도 그 역할을 명확하게 할 능력이 없기 때문에 인식이 아니고, 남은 상카라(行)들의 미세한 상태로 존재하기 때문에 인식이 아님도 아니다.

55. 이 뿐만 아니라 다른 적절한 비유로도 이 뜻을 알 수 있다.
들어 머문다: 이것은 이미 앞에서 설했다.
이것이 비상비비상처의 명상주제에 대한 상세한 설명이다.

일반적인 항목의 주석

pakiṇṇakakathā

56. [누구와도] 닮지 않은 [세상의] 수인께서
네 가지 무색의 경지를 설하셨다
그것을 위와 같이 알고서
그것에 대한 일반적인 항목의 주석도 알아야 한다.

57. 이 무색계증득은 네 가지이니
대상을 초월함에 따른 것이다.
이들의 구성요소를 초월하는 것은
지자들이 인정하지 않는다.

58. 이 가운데서 물질인 [까시나의] 표상을 초월했기 때문에 첫 번째이고, 허공을 초월했기 때문에 두 번째이고, 허공을 대상으로

일어난 알음알이를 초월했기 때문에 세 번째이고, 허공을 대상으로 일어난 알음알이의 떠남을 초월했기 때문에 네 번째이다. 모든 곳에서 대상을 극복했기 때문에 이 무색계증득은 네 가지가 있다고 알아야 한다.

그러나 현자들은 이들의 구성요소를 초월함을 인정하지 않는다. 색계증득에서는 구성요소를 초월함이 있지만 여기서는 구성요소를 초월함이 없다. 이 모든 경우에 禪의 구성요소는 둘 뿐이니 곧, 평온(捨)과 마음의 하나됨(心一境性)이다.

59. 비록 이와 같다 하더라도,

여기서 각각 뒤의 것이 더욱 수승하나니
궁전의 층과 옷의 비유로 알아야 한다.

60. 4층으로 지은 궁전의 1층에 천상의 춤과 노래와 악기와 향수와 향과 화환과 음식과 침상과 옷 등으로 다섯 가닥의 유쾌한 감각적 욕망을 얻을 수 있고, 2층에는 그 보다 더 멋지고 3층에는 그 보다 더 멋지고, 4층에는 가장 멋진 감각적 욕망을 얻을 수 있다 치자. 그러나 그들은 넷으로 만들어진 건물의 층일 뿐이다. 건물의 층으로는 그들에게 다른 점이 없다. 그러나 다섯 가닥의 감각적 욕망을 성취함에 따라서는 각 아래 층 보다 위층이 더욱 멋지다.

한 여인이 짠 두껍고, 가늘고, 더욱 가늘고, 제일가는 실로 만든 네 겹, 세 겹, 겹, 홑으로 된 천이 있다 치자. 그들의 넓이와 길이는 같은 치수이다. 이들 네 가지 옷이 길이와 넓이는 같은 치수여서 크기로는 차이가 없지만 부드러운 감촉과 부드러운 상태와 값어치로는 그 앞의 것보다 각각 뒤의 것이 더욱 멋지다.

이와 같이 비록 이 넷 모두에 평온과 마음의 하나됨인 두 가지 구성요소 밖에는 없지만 실은 수행의 특별함을 통해서 이 구성요소들이 점점 수승한 상태가 되므로 각각 뒤의 것이 더욱 더 수승하다고 알아야 한다.

61. 이와 같이 이들은 순서대로 점점 수승하다.

> 오물 위에 세워진 천막에
> 한 사람이 매달려있고
> 다른 사람은 그 사람에 기대어있다.
> 세 번째 사람은 그 사람에게 기대지 않고
> 밖에 서있고 네 번째 사람이
> 그 사람에 기대어 서있다.
> 지자는 순서대로 이 네 사람을 통해서
> 넷의 일치를 알아야 한다.

62. 이 뜻은 다음과 같다. 오물이 있는 곳에 하나의 천막이 쳐져있었다. 그때 어떤 사람이 와서 그 오물을 혐오스러워하면서 손으로 그 천막을 잡고 그곳에 붙은 듯이 매달려있었다. 그때 다른 사람이 와서 그 천막에 매달려있는 사람에 기대었다. 그때 세 번째 사람이 와서 생각했다. '천막에 매달려있는 사람과 매달려있는 사람에 기대어있는 사람, 둘 모두 불안하다. 만약 천막이 무너지면 틀림없이 그들도 떨어질 것이다. 나는 차라리 밖에 서있어야겠다.' 그는 그 기대어있는 사람에게 기대지 않고 밖에 서있었다. 그때 네 번째 사

람이 와서 천막에 매달려있는 사람과 그에 기대어있는 사람의 불안한 상태를 고려하면서 밖에 서있는 사람은 잘 서있다고 생각하고서는 그 사람에 기대어 서있었다.

63. 여기서 까시나를 제거한 뒤 남겨진 허공은 오물의 장소에 있는 천막과 같다고 보아야 한다. 물질의 표상을 혐오스러워하여 허공을 대상으로 한 공무변처의 마음은 오물을 역겨워하여 천막에 매달린 사람과 같다고 보아야 한다.

허공을 대상으로 한 공무변처를 의지하여 생긴 식무변처의 마음은 천막에 매달려있는 사람을 의지한 사람과 같다고 보아야 한다.

공무변처의 마음을 대상으로 삼지 않고 그것의 부재를 대상으로 한 무소유처의 마음은 그 두 사람의 불안한 상태를 고려하여 그 천막에 매달려있는 사람을 의지하지 않고 밖에 서있는 사람과 같다고 보아야 한다.

알음알이의 부재라 불리는 밖의 장소에 서있는 무소유처의 마음을 의지하여 일어난 비상비비상처의 마음은 천막에 매달려있는 사람과 그에 기대어있는 사람의 불안한 상태를 고려하면서 밖에 서있는 사람은 잘 서있다고 생각하고서는 그 사람에 기대어 서있는 사람과 같다고 보아야 한다.

64. 이와 같이 일어나면서,

> 이것은 다른 것이 없기 때문에
> 그것을 대상으로 삼는다.
> 마치 왕의 허물을 보지만
> 생계를 위해 백성들이 그를 의지하듯이.

65. 비록 이 비상비비상처의 마음이 '무소유처의 마음은 식무변처라는 가까운 적이 있다'고 허물을 보지만 그 무소유처가 아닌 다른 대상이 없기 때문에 그것을 대상으로 삼는다. 마치 무엇처럼? 마치 백성이 왕의 허물을 보지만 생계를 위해 그를 의지하는 것과 같다.

전영토를 통치하는 왕이 있었다. 그는 제어되지 않았고, 몸과 말과 마음으로 짓는 행위가 거칠었다. 백성들은 그에 대해 '이 사람은 행동이 거칠다'고 허물을 보지만 달리 생계를 얻지 못해 생계 때문에 그를 의지하여 살았다. 그와 같이 비상비비상처의 마음은 그런 무소유처의 허물을 보지만 다른 대상을 얻지 못해 이것을 대상으로 삼는다.

66. 이와 같이 하면서,

> 긴 사닥다리를 타고 올라가는 자는
> 사닥다리의 가로대를 의지하고
> 산꼭대기를 올라가는 자는 산의 정상을 의지하고
> 바위산을 오르는 자는 자기의 무릎을 의지하듯이
> 비상비비상처는 [무소유처의] 禪을 의지하여 일어난다.

어진 이를 기쁘게 하기 위해 지은 청정도론의
삼매수행의 표제에서
무색의 경지에 관한 해설이라 불리는
제10장이 끝났다.

제11장
samādhiniddeso
삼매

제11장 삼매

samādhiniddeso

1. 음식에 혐오하는 수행

āhārepaṭikkūlabhāvanā

1. 이제 무색계 다음에 '하나의 인식'이라고 설한(Ⅲ. §105) 음식에 대해 혐오하는 인식의 수행을 해설하는 것에 이르렀다. 여기서, 가져오기(*āharati*) 때문에 음식(*āhāra*)이다. 그것은 네 가지이다. 먹는 음식(*kabaḷikāra-āhāra*, 段食)129), 감각접촉의 음식(*phassa-āhāra*, 觸食), 마음속 의도의 음식(*manosañcetana-āhāra*, 意思食), 알음알이의 음식(*viññāṇa-āhāra*, 識食)이다.

2. 그러면 무엇이 무엇을 가져오는가? 먹는 음식(段食)은 영양소를 여덟 번째로 하는130) 여덟 가지 물질을 가져온다. 감각접촉의

---

129) '먹는 음식'으로 옮긴 원어 가운데 '먹는'에 해당하는 '*kabaḷikāra*'는 직역하면 '덩어리로 된'이다. 그래서 중국에서는 단식(段食)이라고 옮겼다. 이것은 물질로 된 먹는 음식을 말한다.

130) 아비담마에서는 지・수・화・풍의 四大와 형상(*rūpa*), 냄새(*gandha*), 맛(*rasa*), 영양소(*ojā*)의 여덟을 '분리할 수 없는 것(*avinibbhoga*)'이란 용어를 써서 표현하고 있는데 이들은 항상 서로 묶여서 가장 단순한 형

음식(觸食)은 세 가지 느낌을 가져온다. 마음속 의도의 음식(意思食)은 세 가지 존재(욕계, 색계, 무색계)에서 재생연결을 가져온다. 알음알이의 음식(識食)은 재생연결의 순간에 정신·물질(nāmarūpa, 名色)을 가져온다.

3. 이 가운데서 먹는 음식이 있을 때 집착의 두려움이 있고, 감각접촉의 음식이 있을 때 다가가는 두려움이 있고, 마음속 의도의 음식이 있을 때 재생의 두려움이 있고, 알음알이의 음식이 있을 때 재생연결의 두려움이 있다. 이와 같이 두려움을 가진 이런 음식들 가운데서 먹는 음식은 아들의 살코기의 비유로 설명해야 하고(S.ii.98), 감각접촉의 음식은 가죽이 벗겨진 소의 비유로(S. ii.99), 마음속 의도의 음식은 활활 타는 숯 구덩이의 비유로(S.ii. 99), 알음알이의 음식은 백 개의 창의 비유로 설명해야 한다(S.ii.100).

태에서부터 아주 복잡한 것에 이르기까지 모든 물질적인 대상에 현현해 있기 때문이다. 다시 말하자면 이 여덟 가지는 물질의 무리(깔라빠, kalāpa)를 이루는 최소의 구성요소라는 것이다. 그래서 이 여덟 가지로만 구성된 깔라빠를 '순수한 팔원소(suddhaṭṭhaka)'라 표현하기도 한다.

모든 깔라빠는 이들 여덟 가지를 기본으로 하고 그 깔라빠의 특성에 따라 다른 물질을 더 가지고 있다. 그래서 여기에다 다른 하나가 더 붙으면 구원소(navaka)가 되고 다시 하나가 더 붙으면 십원소(dasaka)가 되고 하는 것이다.

이것의 다른 표현이 여기에 나타나는 '영양소를 여덟 번째로 한 것(ojaṭṭhamaka, 오잣타마까)이다. 위에서 보듯이 오자(영양소)가 이 분리할 수 없는 것(아위닙보가)에서 맨 나중 즉 여덟 번째에 언급되고 있기 때문이다.

그래서 아위닙보가(분리할 수 없는 것)와 숫다앗타까(순수한 팔원소)와 오자앗타마까(영양소를 여덟 번째로 하는 것)는 모두 동의어이다. 본서에서도 자주 등장하는 개념이므로 알아두어야 한다. 『길라잡이』 6장 §7의 10번 해설을 참조할 것.

4. 이런 네 가지 음식 가운데서 먹고 마시고 씹고 맛본 것으로 분류되는 먹는 음식만이 여기서 뜻하는 음식이다. 그런 음식에 대해 혐오하는 모습을 취함으로써 일어난 인식이 **음식에 대해 혐오하는 인식**이다.

5. 이 음식에 대해 혐오하는 인식을 닦고자하는 자는 명상주제를 배워 그 배운 것의 한 구절에 대해서도 의심이 없도록 하여 한적하게 혼자 머물면서 먹고 마시고 씹고 맛본 것으로 분류되는 먹는 음식에 대해 열 가지 형태로 혐오스러움을 반조해야 한다. 즉 ① [탁발]가는 것으로써 ② 구하는 것으로써 ③ 먹는 것으로써 ④ 분비물로써 ⑤ 저장되는 곳으로써 ⑥ 소화되지 않은 것으로써 ⑦ 소화된 것으로써 ⑧ 결과로써 ⑨ 배출하는 것으로써 ⑩ 묻은 것으로써 반조해야 한다.

6. **(1) [탁발]가는 것으로써:** 이와 같이 큰 위력을 가진 교단(sāsana)에 출가한 자는 밤새 부처님의 가르침을 외우거나 수행을 하고 아침 일찍 일어나 탑전의 뜰이나 보리수의 뜰을 쓰는 소임을 보고는 마실 물과 씻을 물을 마련한다. 그 다음 절 주위를 비질한 뒤 목욕을 하고 자리에 앉아 명상주제를 스무 번, 서른 번 마음에 잡도리하고는 일어나서 발우와 가사를 수하고 사람들이 붐비지도 않고, 한적함의 행복을 주고, 그늘과 물이 있고, 깨끗하고, 시원하고, 쾌적한 곳인 고행의 숲을 떠나 성스러운 한적함의 기쁨을 뒤로한 채 공동묘지를 향해 가는 재칼처럼 음식을 얻기 위해 마을을 향해 가야 한다.

7. 이와 같이 갈 때 침상이나 의자로부터 내려오는 순간부터 발의 먼지와 도마뱀의 똥 등으로 뒤덮여있는 깔개를 밟아야 한다. 그 다음에는 때때로 쥐 똥, 박쥐 똥 등으로 불결해져 실내보다 더 혐오스러운 현관의 계단을 보아야 한다. 그 다음에는 올빼미 똥, 비둘기 똥 등이 묻어있기 때문에 누각의 위층 보다 더 혐오스런 아래층을 보아야 하고, 그 다음에는 어떤 때는 바람에 날려 온 낙엽과 마른 풀 등에 의해, 병난 사미의 대소변과 침과 콧물 등에 의해, 우기철에는 비와 진흙에 의해 더러워져있기 때문에 더욱 혐오스러운 사원의 뜰을 보아야 하고, 사원의 뜰보다 더 혐오스러운 사원 밖의 길을 보아야 한다.

8. 서서히 보리수나 탑전에 예배드리고 [오늘은 어디로 탁발을 가야 할까]라고 강당에서 생각을 한 뒤 진주다발과 같은 탑과, 한 아름되는 공작꼬리의 깃털과 같이 아름다운 보리수와, 천상의 궁전과 같이 깨끗한 거처를 쳐다보는 대신, 이와 같이 아름다운 곳을 뒤로한 채 음식을 위해서 가야 한다고 생각하면서 떠난다. 마을의 길을 걸어갈 때 그루터기나 가시가 있는 길을 만날 수도 있고, 물살에 패인 울퉁불퉁한 길을 만날 수도 있다.

9. 그 다음에는 종기를 숨기는 사람처럼 하의를 단단히 입고 상처를 붕대로 감듯이 그의 허리를 묶는다. 뼈 무더기를 덮듯이 윗옷을 입고 약이 담긴 주발을 가져가듯이 발우를 가지고 마을 집 대문 가까이 가면 코끼리 사체, 말의 사체, 소의 사체, 물소의 사체, 인간의 시체, 뱀의 사체, 개의 사체 등을 보기도 한다. 단지 볼뿐만 아

니라 그들의 악취로 고통을 겪으면서 그 냄새도 참아야 한다. 그 다음엔 마을의 대문에 서서 사나운 코끼리, 말 등의 위험을 피하기 위해 마을 골목을 유심히 살펴야 한다.

10. 이와 같이 깔개를 밟는 것부터 시작하여 갖가지 시체에 이르기까지 그 혐오스러운 것을 음식을 위해서 밟아야 하고, 보아야 하고, 냄새 맡아야 한다. '아, 참으로 음식은 혐오스러운 것이로다.'라고 이와 같이 [탁발]가는 것으로써 혐오스러움을 반조해야 한다.

11. **[(2) 구함으로써]**: 어떻게 구함으로써 [혐오스러움을 반조하는가?] 이와 같이 가는 것의 혐오스러움을 참고서도 마을에 들어서서 가사를 바르게 수하고 거지처럼 발우를 손에 들고 마을골목에서 집집마다 다녀야 한다. 우기 철에는 걸음을 딛는 곳마다 종아리까지 진흙탕에 빠져 발이 물에 잠긴다. 한 손으로는 발우를 잡아야 하고 다른 손으로는 옷을 치켜 올려야 한다. 여름철에는 그의 몸이 질풍에 날려 온 쓰레기와 건초와 먼지를 뒤집어 쓴 채 다녀야 한다.

집집마다 그 대문에 서면 생선 씻은 물, 고기 씻은 물, 쌀 씻은 물, 침, 코, 개 똥, 돼지 똥 등에 뒤섞인 갖가지 벌레들과 청파리들이 들끓는 도랑과 수채통을 보기도 하고 밟기도 한다. 그곳으로부터 파리들이 올라와 가사와 발우와 머리에 앉는다.

12. 집에 들어섰을 때에도 어떤 자는 주고 어떤 자는 주지 않는다. 줄 때도 어떤 자는 어제 지었던 밥과 오래된 빵과 맛이 간 피죽을 준다. 어떤 자는 주지도 않고 '스님, 다른 집으로 가세요.'라고 말한다. 어떤 자는 못 본 척 하면서 말이 없다. 어떤 자는 얼굴을

돌린다. 어떤 자는 '까까중, 저리 가보시오.'라는 등의 거친 말로 대한다. 이와 같이 거지처럼 마을에 탁발을 하고 나와야 한다.

13. 이와 같이 마을을 들어가는 것부터 시작하여 나오기까지 물과 진흙 등 혐오스러운 것을 음식을 위해 밟아야 하고, 보아야 하고, 참아야 한다. '아, 참으로 음식은 혐오스러운 것이로다.'라고 이와 같이 음식을 구하는 것으로써 혐오스러움을 반조해야 한다.

14. **[(3) 먹는 것으로써]:** 어떻게 먹는 것으로써 [혐오스러움을 반조하는가?] 이와 같이 음식을 얻어서는 마을 밖의 안전한 곳에 편안히 앉아 그가 아직 손을 대지 않았을 때에는 그 음식에 걸맞는 존경할만한 비구나 선량한 사람을 보면 초대할 수 있다. 먹고 싶은 욕구에 일단 손을 대면 드시라고 권하기가 부끄럽다. 손을 넣어 비비면 다섯 손가락으로 땀이 흘러내려 파삭파삭한 음식을 젖게 하고 물렁하게 만든다.

15. 그것을 찌그러뜨려 아름다운 모양이 일그러질 때 덩이를 만들어 입에 넣으면 아랫니는 절구의 역할을 하고, 윗니는 절구공이의 역할을 하고, 혀는 손의 역할을 한다. 마치 개밥그릇 속의 개밥처럼 이빨의 절구공이로 그것을 부수어서 혀로 이리저리 돌릴 때 혀끝에 있는 맑고 묽은 침이 그것을 적시고, 혀 중간으로부터 뒤에 있는 짙은 침이 적시고, 칫솔이 닿지 않는 부분의 이빨사이에 있는 찌꺼기가 그것을 적신다.

16. 그가 이와 같이 이기고 침이 적시는 그 순간에 직접 볼 수는 없지만 그 특별한 모양과 냄새의 혼합물은 개 밥그릇에 개가 토

해 내놓은 것처럼 극도로 혐오스러운 상태에 이른다. 이와 같지만 눈의 영역에서 벗어났기 때문에 삼킨다. 이와 같이 먹는 것으로써 혐오스러움을 반조해야 한다.

17. **[(4) 분비물로써]:** 어떻게 분비물로써 [반조하는가?] 부처님이나 벽지불이나 전륜성왕은 담즙, 가래, 고름, 피, 이 네 가지 분비물 가운데서 오직 하나만 가진다. 덕이 작은 사람들은 네 가지 분비를 모두 다 가진다. 이와 같이 음식을 삼켜 안으로 들어갈 때 담즙의 분비가 많은 사람의 경우 [그 음식은] 마치 진한 마두까 기름이 묻은 것처럼 극도로 혐오스럽다. 가래의 분비가 많은 사람의 경우 그것은 마치 나가발라 잎의 액이 묻은 것과 같다. 고름의 분비가 많은 사람의 경우 그것은 상한 버터가 묻은 것과 같다. 피의 분비가 많은 사람의 경우 그것은 물감이 묻은 것과 같이 극도로 혐오스럽다. 이와 같이 분비물로써 혐오스러움을 반조해야 한다.

18. **[(5) 저장되는 곳으로써]:** 어떻게 저장되는 곳으로써 [혐오스러움을 반조하는가?] 이 네 가지 분비물 가운데 어느 하나의 분비물이 묻은 채 음식이 위 속으로 들어갈 때 그것은 금으로 된 그릇이나 수정으로 된 그릇이나 은으로 된 그릇 등에 담기는 것이 아니다. 만약 열 살 먹은 아이가 삼켰다면 십 년 동안 씻지 않은 오물통과 같은 장소에 저장되고, 만약 스무 살, 서른 살, 마흔 살, 쉰 살, 예순 살, 일흔 살, 여든 살, 아흔 살 먹은 사람, 혹은 백 살 먹은 사람이 삼켰다면 백 년 동안 씻지 않은 오물통과 같은 장소에 저장된다. 이와 같이 저장되는 곳으로써 혐오스러움을 반조해야 한다.

19. **[(6) 소화되지 않은 것으로써]:** 어떻게 소화되지 않은 것

으로써 [혐오스러움을 반조하는가?] 이 음식이 이와 같은 장소에 저장되어 소화가 되기 전 까지는 칠흑 같은 어둠에 가려있고, 갖가지 썩은 냄새에 오염된 바람이 순환하고, 악취가 나고 혐오스러운, 앞서 설한 그런 장소에 있다.

마치 가뭄에 때 아닌 구름이 비를 내려 천민촌 입구의 구덩이에 모여 있는 풀과 낙엽과 낡은 돗자리 조각과 뱀들의 사체와 개들의 사체와 사람들의 시체가 태양의 열기로 데워져서 포말과 거품 등을 내뿜듯이 그 날 삼켰던 것, 어제와 그제 삼켰던 것이 모두 모이고 섞여서 가래의 막으로 인해 숨이 막히고, 몸에 불의 열기로 발효되어 소화될 때 생긴 포말과 거품으로 쌓여, 극도로 혐오스러운 상태로 남아있다. 이와 같이 소화되지 않은 것으로써 혐오스러움을 반조해야 한다.

20. **[(7) 소화된 것으로써]**: 어떻게 소화된 것으로써 [혐오스러움을 반조하는가?] 이것이 몸의 불로 소화될 때 마치 금, 은 등의 광석처럼 금, 은 등의 상태로 변하는 것이 아니다. 포말과 거품을 뿜으면서 흙손으로 이겨서 관에 채워 넣은 누른 흙처럼 대변이 되어 배설물이 모이는 곳을 채우고, 소변이 되어 방광을 채운다. 이와 같이 소화된 것으로써 혐오스러움을 반조해야 한다.

21. **[(8) 결과로써]**: 어떻게 결과로써 [혐오스러움을 반조하는가?] 음식이 적당하게 소화될 때 이것은 머리털, 몸털, 손톱, 이빨 등 여러 가지 더러운 것들을 생산해낸다. 바르게 소화되지 않으면 피부병, 가려움, 두드러기, 문둥병, 전염병, 폐병, 기침, 하혈 등 백 가지 병을 생산해낸다. 이것이 음식의 결과이다. 이와 같이 결과로

써 혐오스러움을 반조해야 한다.

22. **[(9) 배출하는 것으로써]:** 어떻게 배출하는 것으로써 [혐오스러움을 반조하는가?] 삼킬 때에 하나의 문으로 들어가지만 배출할 때는 "눈으로부터 눈곱이, 귀로부터 귓밥이"(Sn.197)"등의 방법으로 여러 가지 문으로 배출한다. 삼킬 때에는 여러 친지들과 함께 삼키지만 내보낼 때는 대소변의 상태로 된 것을 혼자서 배출한다. 첫 날 그것을 먹을 때에는 즐겁고 만족스럽고, 최상의 희열과 기쁨을 가진다. 둘째 날 배출할 때는 코를 막고, 얼굴을 찌푸리며, 혐오스럽고, 민망스럽다. 첫 날에는 그것을 갈망하고, 탐하고, 게걸스럽고, 얼빠지게 삼켰지만 단 하루 지난 둘째 날에는 탐함도 없고, 괴롭고, 부끄러워하고, 혐오스러워하면서 배출한다.

23. 그래서 옛 스승들은 말씀하셨다.

> "맛난 음식, 마실 것, 딱딱한 음식, 부드러운 음식이
> 하나의 문으로 들어가서 아홉 문으로 배출된다.
>
> 맛난 음식, 마실 것, 딱딱한 음식, 부드러운 음식을
> 여러 친지들과 함께 먹지만 배출할 때는 숨어서 한다.
>
> 맛난 음식, 마실 것, 딱딱한 음식, 부드러운 음식을
> 즐기면서 먹지만 배출할 때에는 혐오스러워한다.
>
> 맛난 음식, 마실 것, 딱딱한 음식, 부드러운 음식은
> 하룻밤이 지나면 모두 썩어버린다."

이와 같이 배출하는 것으로써 혐오스러움을 반조해야 한다.

24. **[(10) 묻은 것으로써]**: 어떻게 묻은 것으로써 [혐오스러움을 반조하는가?] 먹을 때에 음식은 그의 손과 입술과 혀와 입천장에 묻는다. 손 등은 그것이 묻음으로써 혐오스러워진다. 씻은 뒤에도 냄새를 제거하기 위해 계속해서 씻어야 한다. 마치 밥을 지을 때 껍질이나 싸라기 등이 끓어올라 솥의 입구와 가장자리와 뚜껑에 묻는 것처럼 음식을 먹으면 온 몸에 퍼져있는 몸의 불로 부글부글 끓어올라 소화가 되면서 위로 올라붙어 치석으로 이빨에 묻는다. 침과 가래 등의 상태로 혀와 입천장 등에 묻고, 눈곱, 귀지, 코딱지, 대소변 등으로 눈과 귀와 코와 대소변도 등에 묻는다.

그것들이 이 문들에 묻으면 날마다 씻어도 불결하고 불쾌하다. 이 가운데 어떤 것을 닦으면 손도 다시 물로 씻어야 한다. 이 가운데 어떤 것을 닦으면 두 번 세 번 소똥과 진흙과 향기로운 가루로 닦아도 혐오스러움이 가시지 않는다. 이와 같이 묻은 것으로써 혐오스러움을 반조해야 한다.

25. 그가 이와 같이 열 가지 형태로 혐오스러움을 반조하고 추론으로 치고, 일으킨 생각으로 칠 때 그에게 먹는 음식은 혐오스러운 상태로써 분명해진다. 그는 그 표상을 거듭거듭 반복하고 닦고 많이 [공부]짓는다. 그가 이와 같이 할 때 장애들이 억압된다.

음식은 고유성질로는 심오하기 때문에 본삼매에는 이르지 못하고 근접삼매로 마음이 삼매에 든다. 그러나 혐오스러운 상태를 취하는 것으로써 인식이 분명해지기 때문에 이 명상주제는 '음식에 대해 혐오하는 인식'이라는 명칭을 가진다.

26. 음식에 대해 혐오하는 인식을 수행하는 비구는 맛에 대한

갈망으로부터 그의 마음이 물러나고, 움츠러들고, 되돌아온다. 마치 사막을 건너고자하는 사람이 자기 아들의 살을 먹듯이 그는 괴로움을 건너기 위해 허영심 없이 음식을 먹는다.

이렇게 되면 그는 음식에 대해 철저하게 알기 때문에 어려움 없이 다섯 가닥의 감각적 욕망에 대한 탐욕을 철저하게 알게 된다. 그는 다섯 가닥의 감각적 욕망을 철저히 알기 때문에 물질의 무더기(色蘊)를 꿰뚫어 안다. 소화되지 않은 것 등의 혐오스러움을 통해 몸에 대한 마음챙김의 수행을 성취한다. 부정의 인식(不淨想)에 수순하는 도닦음을 갖추게 된다. 이런 도닦음을 통해 금생에 불사를 맛보지 못한다하더라도 내세에는 적어도 선처에 태어난다.

이것이 음식에 대해 혐오하는 인식에 대한 상세한 설명이다.

2. 사대를 구분하는 수행

catudhātuvavatthānabhāvanā

27. 음식에 대해 혐오하는 인식 다음에 이제 '하나의 구분'이라고 설한(III. §10b) 사대(四大, *catu-dhātu*)[131]를 구분하는 수행을 해설

---

131) 여기서처럼 본서에서 사대(四大)로 옮기고 있는 원어는 '*catu-dhātu*(네 가지 요소)'이다. 정확히 옮긴다면 사계(四界)로 옮겨야 한다. 그러나 우리에게 익숙하지 않은 표현이고 자칫 욕계, 색계, 무색계의 삼계와 혼돈할 수도 있다. 그래서 우리에게 익숙한 사대로 옮겼다. 이 술어는 경들에서는 거의 나타나지 않는다. 경에서는 '*cattāro mahābhūtāni*(네 가지 큰 존재 혹은 근본물질)'로 대부분 나타난다. 여기서 '*mahā-bhūta*'는 '큰 것, 큰 존재' 등으로 직역할 수 있다. 그래서 이것을 중국에서는 四大種으로 옮기기도 하였으나 일반적으로는 四大로 정착되었다. 그리고 사대의 각각인 땅, 물, 불, 바람은 '*mahābhūta*'라고 부르지 않고 '*dhātu*(요소, 界)'라 불렀다. 그래서 우리가 地大로 부르는 원어는 '*pathavī-dhātu*(地

하는 것에 이르렀다. 여기서 구분(vavatthāna)한다는 것은 고유성질의 특징에 따라 확정(sanniṭṭhāna)짓는다는 것이다. 사대를 구분하는 것이 **사대의 구분**이다. 요소(*dhātu*, 界)를 마음에 잡도리함, 요소의 명상주제, 사대의 구분 — 이것은 같은 뜻이다.

이것은 경 가운데에 간략한 것과 상세한 것의 두 가지 방법으로 언급되었다. 「긴 염처경」(大念處經, D22/ii.294)에서는 간략하게 설하셨고, 「긴 코끼리발자국 비유경」(大象迹喩經, M28/i.185)과 「긴 라훌라 교계경」(大羅睺羅敎誡經, M62/i.421)과 「요소분별경」(界分別經, M140/iii.240)에서는 상세하게 설하셨다.

28. "비구들이여, 마치 솜씨 좋은 백정이나 그 도제가 소를 잡아서 각을 뜬 다음 큰길 네 거리에 이를 벌려놓고 앉아있는 것과 같다. 비구들이여, 이와 같이 비구는 이 몸을 처해진 대로 놓여진 대로 요소(界)별로 고찰한다. '이 몸에는 땅의 요소, 물의 요소, 불의 요소, 바람의 요소가 있다'고.(D.ii.294)" 이와 같이 사대를 명상주제로 가진 통찰지가 예리한 자를 위해서 「긴 염처경」에서는 간략하게 설하셨다.

29. 그 뜻은 이러하다. **마치 솜씨 좋은 백정이나** 먹거리를 위해 일하는 **그 도제가 소를 잡아** 나누어서 4방으로 통하는 대로의 중심지라 불리는 **큰길 네거리에** 부분씩 나누어 **앉아있는 것과 같다. 이와 같이 비구는** 이 몸을, 네 가지 자세(四威儀) 가운데 어떤 하나의 형태로 머물기 때문에 **처해진 대로**, 그와 같이 처해있기 때

界)'이고 그래서 역자는 '땅의 요소'라고 옮겼다.
한편 '*mahābhūta*'는 본서에서 '근본물질'로 옮기고 있다.

문에 놓여진 대로 요소별로 반조한다. '이 몸에는 땅의 요소, … 바람의 요소가 있다'고.

30. 무슨 뜻인가? 백정이 소를 키울 때에도, 도살장으로 끌고 올 때에도, 끌고 온 뒤에 묶어둘 때에도, 도살할 때에도, 도살해서 죽은 것을 볼 때에도, 그것을 베어서 부분마다 나누지 않고서는 그에게 '소'라는 인식은 사라지지 않는다. 그러나 뼈로부터 살을 발라내어 앉아있을 때 소라는 인식은 사라지고 '고기'라는 인식이 일어난다. 그는 '나는 소를 팔고 그들은 소를 사가져 간다.'고 생각지 않는다. 오히려 '나는 고기를 팔고, 그들은 고기를 사가져 간다.'고 생각한다.

이와 같이 이 비구도 전에 어리석은 범부였을 때는 출가를 하였다하더라도 [명상주제를 들지 않았으므로] 이 몸을 처해진 대로, 놓여진 대로 덩어리를 분해하여 요소별로 따로따로 반조하지 않았기 때문에 그것에 대해 중생, 사람, 인간이라는 인식이 사라지지 않았다. 요소별로 따로따로 반조할 때 중생이라는 인식은 사라진다. 요소를 의지하여 그의 마음은 안주한다. 그래서 세존께서는 말씀하셨다.

"비구들이여, 마치 솜씨 좋은 백정이 … 요소(界)별로 고찰한다. '이 몸에는 땅의 요소, 물의 요소, 불의 요소, 바람의 요소가 있다'고."(§28)

31. 「긴 코끼리발자국 비유경」(大象迹喩經)에서는 사대를 명상주제로 한 통찰지가 예리하지 않은 사람을 위해서 다음과 같이 상세하게 설하셨다.

"도반들이여, 무엇이 내적인 땅의 요소입니까? 안에 있고 개개인에 속하는 딱딱하고 견고하고 업에서 생긴 것(*upādinna*)132)은 무엇이건 이를 일러 내적인 땅의 요소라 합니다. 예를 들면 머리털·몸털·손발톱·이·살갗·살·힘줄·뼈·골수·콩팥·염통·간·근막·지라·허파·창자·장간막·위 속의 음식·똥입니다. 도반들이여, 그리고 그 외에도 안에 있고 개개인에 속하는 딱딱하고 견고하고 업에서 생긴 것은 무엇이건 이를 일러 내적인 땅의 요소라고 합니다.(M.i.185)"

"도반들이여, 무엇이 내적인 물의 요소입니까? 안에 있고 개개인에 속하는 물과 축축한 것과 업에서 생긴 것은 무엇이건 이를 일러 내적인 물의 요소라 합니다. 예를 들면 쓸개즙·가래·고름·피·땀·굳기름·눈물·[피부의] 기름기·침· 콧물·관절활액·오줌입니다. 도반들이여, 그리고 그 외에도 안에 있고 개개인에 속하는 물과 축축한 것과 업에서 생긴 것은 무엇이건 이를 일러 내적인 물의 요소라고 합니다.(M.i.187)"

"도반들이여, 무엇이 내적인 불의 요소입니까? 안에 있고 개개인에 속하는 불과 뜨거운 것과 업에서 생긴 것은 무엇이건 이를 일러 내적인 불의 요소라 합니다. 예를 들면 그것 때문에 따뜻해지고 늙고 타버린다거나 그것 때문에 먹고 마시고 소비하고 맛본 것이 완전히 소화된다든지 하는 것입니다. 도반들이여, 그 외에도 안에 있고 개개인에 속하는 불과 뜨거운 것과 업에서 생긴 것은 무엇이건 이를 일러 내적인 불의 요소라고 합니다.(M.i.188)"

---

132) '업에서 생긴 것'으로 옮긴 원어는 '*upādinna*(취착된 것)'이다. 아비담마에서는 업에서 생긴 18가지 물질을 '취착된 것'이라 한다. 이들은 갈애와 사견이 원동력이 된 업의 과보로 인해 얻어진 것들이기 때문이다. 그래서 역자는 '업에서 생긴 것'으로 의역했다. 자세한 것은 『길라잡이』 6장 §7의 8번 해설(취착된 것)을 참조할 것. 일반적인 업에서 생긴 물질은 6장 §10을 참조할 것.

"도반이여, 무엇이 내적인 바람의 요소입니까? 안에 있고 개개인에 속하는 바람과 풍기와 업에서 생긴 것은 무엇이건 이를 일러 내적인 바람의 요소라 합니다. 예를 들면 올라가는 바람, 내려가는 바람, 복부에 있는 바람, 창자에 있는 바람, 온몸에 움직이는 바람, 들숨과 날숨입니다. 도반들이여, 그 외에도 안에 있고 개개인에 속하는 바람과 풍기와 업에서 생긴 것을 일러 내적인 바람의 요소라고 합니다.(M.i.188)"

또한 「라훌라 교계경」(羅睺羅教誡經)과 「요소분별경」(界分別經)에서도 이와 같이 설하셨다.

32. 여기서 이것이 선명하지 않은 단어의 설명이다. **자기 안에 있고 개개인에 속하는**(ajjhattaṁ paccattaṁ): 우선 이 단어는 둘 모두 자기 것(niyaka)의 동의어이다. 자기 것이란 자기 안에서 생긴 것이고, 자기의 상속에 포함된 것이라는 뜻이다. 마치 세상에서 여인들에 관한(itthisu) 이야기(kathā)를 여인들의 이야기(adhitthi)라고 하듯이 자기 안에서(attani) 생겼기 때문에 안의 것(ajjhattaṁ)이고, 안의 것을 (uttanaṁ) 조선으로(paṭicca) 생겼기 때문에 개개인에 속한다(paccattaṁ)고 한다.

33. **딱딱한 것**: 견고한 것. **거친 것**: 거칠거칠한 것. 여기서 첫 번째 것은 특징을 나타내는 단어이고, 두 번째 것은 상태를 나타내는 단어이다. 왜냐하면 땅의 요소(地界)의 특징은 딱딱하고(kakkhaḷa, 堅固) 상태는 거칠다. 그러므로 거칠다고 했다. 입에서 생긴 것이란 꽉 잡은 것이다. '나,' '내 것'이라고 꽉 잡고, 붙잡고, 들러붙었다는 뜻이다.

34. 즉(seyyathidaṁ)은 부사이다. '그것이 무엇인가라고 한다면'의 뜻이다. 그 다음에 그것을 보여주기 위해 **머리털, 몸털** 등을 열거하셨다. 여기서 뇌를 더하여 스무 가지의 형태로 땅의 요소를 설하셨다고 알아야 한다. **그 외에도:** 나머지 [수계, 화계, 풍계]인 세 가지 부분들에 포함된 땅의 요소이다.

35. 흐르는 상태로 각각의 곳으로 흐르기 때문에 **물**이다. 업에서 생기고 [마음에서 생긴] 것 등으로 여러 가지 물에 속하기 때문에 **물에 속하는 것**이다. 무엇이 그것인가? 물의 요소의 점착하는 (ābandhana) 특징이 바로 그것이다.

36. 덥게 하기 때문에 **불**이다. 앞서 설한 방법대로 여러 종류의 불에 속하기 때문에 **불에 속하는 것**이다. 무엇이 그것인가? [불의 요소의] 뜨거움(uṇhatta)의 특징이 그것이다. **그것 때문에:** 불의 요소가 자극받기 때문에 이 몸이 **더워진다.** 하루걸러 생긴 열병 등으로 뜨거워진다. **그것 때문에 늙고:** 그것 때문에 이 몸이 늙고, 근이 무너지고, 기력이 쇠퇴하고, 주름이 지고, 흰머리가 되는 상태에 이른다.

그것 때문에 타고: 불의 요소가 자극을 받기 때문에 이 몸이 타고 그 사람이 '내 [속이] 탄다, 내 [속이] 탄다'라고 울면서 백 번이나 끓여서 찬물에 넣었다가 꺼낸 버터기름과 고시사[133]의 전단향 연고 등과 부채로 부치는 것을 원한다.

그것 때문에 먹었고 마셨고 씹었고 맛본 것이 완전히 소화되

---

133) 고시사는 전단향의 한 종류인데 갈색에 아름다운 향기를 가졌다고 한다.

고: 그것으로 인해 밥 등 먹은 것이나, 음료 등 마신 것이나, 밀가루로 만든 과자 등 딱딱한 것을 씹은 것이나, 망고 과일과 꿀과 당밀 등 맛본 것이 완전히 소화된다. 체액 등으로 각각 다른 상태로 된다는 뜻이다.134) 여기서 처음의 세 가지 불들135)은 [업, 마음, 온도, 음식의] 네 가지 원인에서 생겼고, 마지막 것은 업에서 생긴 것이다.

37. 움직이기 때문에 **바람**이다. 앞서 설한 방법대로 여러 종류의 바람에 속하기 때문에 **바람에 속하는 것**이다. 무엇이 그것인가? 팽창하는(vitthambhana) 특징이 그것이다. **위로 올라가는 바람**: 구토, 트림 등을 일으키는 것이 위로 올라가는 바람이다. **아래로 내려가는 바람**: 똥과 오줌 등을 배출해내는 것이 아래로 내려가는 바람이다. **뱃속의 바람**: 창자 밖의 바람이다. **창자 속의 바람**: 창자 안에 있는 바람이다. **사지에 순환하는 바람**: 정맥의 망을 통해 온 몸과 사지에 순환하며 구부리고 펴는 등의 상태를 일으키는 바람이다.

들숨: 안으로 들어가는 콧속의 바람이다. **날숨**: 밖으로 나가는 콧속의 바람이다. 여기서 처음의 다섯은 네 가지의 원인에서 생긴 것이고 들숨과 날숨은 마음에서 생긴 것이다. 모든 경우에서 **그 외에 도**란 나머지 세 가지 부분들에 포함된 물의 요소 등이다.

38. 이와 같이 스무 가지 형태로 땅의 요소를, 열두 가지 형태

---

134) "먹고 마셨던 것 등이 불로 인해서 체액과 피와 살과 굳기름과 힘줄과 뼈와 골수와 정액으로 각각 다른 상태로 변한다는 뜻이다.(Pm.307)"
135) 따뜻하게 하고, 늙게 하고, 태우고, 소화시키는 불, 이 네 가지 가운데서 처음 셋을 뜻한다. 미얀마 본에는 이 문맥의 원어가 *purimā tayo tejodhātusamuṭṭhānā*라고 표기되어있는데 Pm에서는 이것에 관한 언급이 없고 역자가 판단하기에도 HOS 본의 문맥이 타당한 것 같아 그것에 따라 옮겼다.

로 물의 요소를, 네 가지 형태로 불의 요소를, 여섯 가지 형태로 바람의 요소를 — 이처럼 모두 마흔두 가지 형태로 네 가지 요소(四大)를 상세하게 설명했다. 이것이 성전의 설명이다.

39. 수행하는 방법에 있어 통찰지가 예리한 비구가 '머리털이 땅의 요소(地界)이고, 몸털이 땅의 요소이다 …'라고 상세하게 사대를 파악하면 그에게 [명상주제가] 산만하게 나타난다. 그러나 '딱딱한 특징을 가진 것은 곧 땅의 요소고, 점착의 특징을 가진 것은 물의 요소고, 익히는(*paripācana*) 특징을 가진 것은 불의 요소고, 팽창하는 특징을 가진 것은 바람의 요소다'라고 마음에 잡도리할 때에는 그에게 명상주제가 분명해진다.

그러나 통찰지가 둔한 사람이 이와 같이 할 때 그것은 캄캄하고 분명하지가 않다. 첫 번째 설한 방법으로 상세하게 마음에 잡도리할 때 분명해진다.

40. 어떻게? 마치 두 비구가 중복된 것을 생략한 것이 많은 성전을 독송할 때 통찰지가 예리한 비구는 한 번 혹은 두 번 그 중복된 부분을 채우고 그 다음부터는 중복으로 인해 생략된 부분의 처음과 끝만을 독송하면서 계속한다. 그것에 대해 통찰지가 둔한 사람은 이와 같이 말한다. '무슨 독송이 이래? 아래 위 입술이 서로 닿지도 않는군. 이렇게 독송을 해서 언제 성전과 친숙해지겠는가?' 그는 생략된 부분마다 상세히 채우면서 독송한다. 다른 사람은 그것에 대해 이와 같이 말한다. '무슨 독송이 이래? 끝에 이를 수가 없겠군. 이렇게 독송해서 언제 끝에 이르겠는가?'

이와 같아서 통찰지가 예리한 사람은 머리털 등으로 상세하게 사대를 파악할 때 산만하게 나타난다. 그러나 '딱딱한 특징을 가진 것은 곧 땅의 요소다'라는 방법으로 간략하게 마음에 잡도리할 때 명상주제가 분명해진다. 통찰지가 둔한 사람이 이와 같이 할 때 그것은 캄캄하고 분명하지가 않다. 머리털 등으로 상세하게 마음에 잡도리할 때 분명해진다.

41. 그러므로 통찰지가 예리한 자가 이 명상주제를 닦고자하면 우선 한적한 곳에 혼자 머물러 자기의 온 몸으로 전향한다. '이 몸에 있는 딱딱한 성질이나 거친 성질은 땅의 요소이고, 점착하는 성질이나 유동의 성질은 물의 요소이고, 익게 하는 성질이나 뜨거운 성질은 불의 요소이고, 팽창하는 성질이나 움직이는 성질은 바람의 요소다'라고 간략하게 요소를 파악하고는 계속해서 땅의 요소, 물의 요소라고 단지 사대로, 중생도 아니고 영혼도 아니라고 전향해야 하고 마음에 잡도리해야 하고 반조해야 한다.

42. 그가 이와 같이 노력할 때 머지않아 요소(*dhātu*, 界)의 분류를 비추는 통찰지를 수반하는 삼매가 일어난다. 이것은 단지 근접삼매이다. 이것은 고유성질을 가진 법을 대상으로 하기 때문에 본삼매에는 이르지 못한다.

43. 혹은 이 사대에 중생이라는 것이 없음을 보여주기 위해 법의 사령관인 [사리뿟따 존자]께서는 다음과 같이 네 가지 부위를 설하셨다. "뼈와 힘줄과 살과 피부에 의해 공간이 둘러싸여있을 때 그것은 형상(*rūpa*)이라는 명칭을 얻는다.(M.i.190)" 이 가운데서 각각의 틈을 따라서 지혜의 손으로136) 분리한 뒤 이 가운데 딱딱한 성질이

나 거친 성질은 땅의 요소라고 앞서 설한 방법에 따라 요소를 파악한 뒤 계속해서 땅의 요소, 물의 요소라고 단지 요소로, 중생도 아니고 영혼도 아니라고 전향해야 하고 마음에 잡도리해야 하고 반조해야 한다.

44. 그가 이와 같이 노력할 때 머지않아 요소의 분류를 비추는 통찰지를 수반하는 삼매가 일어난다. 그것은 단지 근접삼매이다. 이것은 고유성질을 가진 법을 대상으로 하기 때문에 본삼매에는 이르지 못한다. 이것이 간략하게 전승되어오는 사대의 구분을 수행하는 방법이다.

45. 상세하게 전승되어 온 것은 다음과 같다고 알아야 한다. 통찰지가 둔한 수행자가 이 명상주제를 닦고자하면 스승의 곁에서 42가지 형태로 상세하게 요소들을 배운 뒤 앞서 설한 종류의 거처에서 머물면서 모든 소임을 다 해마치고 한적한 곳에 혼자 머물러 ① 부위와 함께 간략히 함으로써 ② 부위와 함께 분석함으로써 ③ 특징과 함께 간략히 함으로써 ④ 특징과 함께 분석함으로써 — 이와 같은 네 가지 방법으로 명상주제를 닦아야 한다.

46. **[(1) 부위와 함께 간략히 함으로써]**: 어떻게 부위와 함께 그들을 간략히 함으로써 닦는가? 여기 비구는 20가지 부분에서 딱딱한 특징을 가진 것은 땅의 요소라고 구분한다. 12가지 부분에서 점착하는 특징을 가진 물이라 불리는 액체를 물의 요소라고 구분한

---

136) "'각각의 틈을 따라서 지혜의 손으로'란 뼈와 힘줄, 힘줄과 살, 살과 피부로 이들을 부위별로 갈라진 틈을 만들어내는 지혜라 불리는 손으로라는 뜻이다.(Pm.308)"

다. 4가지 부분에서 익게 하는 열을 불의 요소라고 구분한다. 6가지 부분에서 팽창하는 특징을 가진 것은 바람의 요소라고 구분한다. 이와 같이 구분할 때 요소들은 분명해진다. 그들을 계속해서 전향하고 마음에 잡도리할 때 앞서 설한 방법대로 근접삼매가 일어난다.

47. **[(2) 부위와 함께 분석함으로써]**: 그러나 이와 같이 닦아도 명상주제를 성취하지 못하면 부위와 함께 그들을 분석함으로써 닦아야 한다. 어떻게? 몸에 대한 마음챙김의 명상주제의 해설에서 (VIII. §§48-78) 일곱 가지 습득에 능숙함과 열 가지 마음에 잡도리함에 능숙함을 설했다. 비구는 32가지 몸의 형태에서 그 모든 능숙함을 잊어버리지 않아야 한다. 피부의 다섯 등을 순·역순으로 독송을 시작한 뒤 그곳에서 설한 지시를 모두 따라야 한다.

그러나 이것이 다른 점이다. 그곳에서는 색깔에 따라, 형태에 따라, 방위에 따라, 처소에 따라, 한계에 따라 머리털 등을 마음에 잡도리한 뒤 혐오스러움을 통해 마음을 안정시켜야 하지만 여기서는 요소를 통해서이다. 그러므로 색깔 등의 다섯 가지 방법으로 머리털 등을 마음에 잡도리한 뒤 마지막에는 다음과 같이 마음에 잡도리해야 한다.

땅의 요소에 속하는 20가지 부위를 마음에 잡도리함

48. ① 머리털은 두개골을 둘러싼 내피 위에서 자란다. 개미굴의 꼭대기에 꾼타 풀이 자랄 때 개미굴의 꼭대기는 꾼타 풀이 내 위에서 자란다고 알지 못하고, 꾼타 풀도 내가 개미굴의 꼭대기 위에서 자란다고 알지 못한다. 그와 같이 두개골을 둘러싼 내피도 머리

털이 내 위에서 자란다고 알지 못하고, 머리털도 내가 두개골을 둘러싼 내피 위에서 자란다고 알지 못한다.

이것들은 서로서로 관심이 없고 반조하지 않는다. 그러므로 머리털은 이 몸의 개개의 부분이고, 의도가 없고, 결정할 수 없는 것(無記)[137]이고, 비었고, 중생이 아니고, 딱딱한 특징을 가진 땅의 요소이다.

49. ② 몸털은 몸을 둘러싼 내피 위에서 자란다. 폐허가 된 마을에 답바 풀이 자랄 때 폐허가 된 마을은 답바 풀이 내 위에서 자란다고 알지 못하고, 답바 풀도 내가 폐허가 된 마을에서 자란다고 알지 못한다. 그와 같이 몸을 둘러싼 내피도 몸털이 내 위에서 자란다고 알지 못하고, 몸털도 몸을 둘러싼 내피 위에서 내가 자란다고 알지 못한다.

이것들은 서로서로 관심이 없고 반조하지 않는다. 그러므로 몸털은 이 몸의 개개의 부분이고, 의도가 없고, 결정할 수 없는 것이고, 비었고, 중생이 아니고, 딱딱한 특징을 가진 땅의 요소이다.

50. ③ 손·발톱은 손가락과 발가락 끝에서 자란다. 어린이들이 막대기로 마두까의 씨앗을 찌르면서 놀고 있을 때 막대기들은 마두까의 씨앗이 우리에게 고착되었다고 알지 못하고, 마두까의 씨앗도 막대기들 위에 내가 고착되었다고 알지 못한다. 그와 같이 손가락과 발가락은 우리 끝에 손·발톱이 자란다고 알지 못하고, 손·발톱도 내가 손가락과 발가락의 끝에서 자란다고 알지 못한다.

이것들은 서로서로 관심이 없고 반조하지 않는다. 그러므로 손·

---

137) 이 결정할 수 없는 것(無記)에는 네 가지 분류가 있다. 즉 과보마음, 단지 작용만 하는 마음, 물질, 열반이 그것이다. 여기서는 논의의 주제가 물질이므로 결정할 수 없는 것이라 했다.

발톱은 이 몸의 개개의 부분이고, 의도가 없고, 결정할 수 없는 것이고, 비었고, 중생이 아니고, 딱딱한 특징을 가진 땅의 요소이다.

51. ④ 이빨은 턱뼈에서 자란다. 건축가들이 주춧돌 위에 구멍을 내어 석주를 회반죽으로 묶어 세워두었을 때 주춧돌의 구멍은 우리에게 석주가 놓여있다고 알지 못하고, 석주도 내가 주춧돌의 구멍에 놓여있다고 알지 못한다. 그와 같이 턱뼈는 우리 위에 이빨이 자란다고 알지 못하고, 이빨도 내가 턱뼈 위에 자란다고 알지 못한다.

　이것들은 서로서로 관심이 없고 반조하지 않는다. 그러므로 이빨은 이 몸의 개개의 부분이고, 의도가 없고, 결정할 수 없는 것이고, 비었고, 중생이 아니고, 딱딱한 특징을 가진 땅의 요소이다.

52. ⑤ 살갗은 온몸을 감싸고 있다. 큰 류트가 젖은 소가죽으로 둘러싸여있을 때 큰 류트는 내가 젖은 소가죽에 의해 둘러싸여있다고 알지 못하고, 젖은 소가죽도 내가 큰 류트를 둘러싸고 있다고 알지 못한다. 그와 같이 몸은 내가 살갗으로 둘러싸여있다고 알지 못하고, 살갗도 내가 몸을 둘러싸고 있다고 알지 못한다.

　이것들은 서로서로 관심이 없고 반조하지 않는다. 그러므로 살갗은 이 몸의 개개의 부분이고, 의도가 없고, 결정할 수 없는 것이고, 비었고, 중생이 아니고, 딱딱한 특징을 가진 땅의 요소이다.

53. ⑥ 살은 뼈 무더기에 붙어있다. 벽을 두꺼운 점토로 발라놓았을 때 벽은 내가 두꺼운 짐토로 발라져있다고 알지 못하고, 두꺼운 점토도 내가 벽을 발라놓았다고 알지 못한다. 그와 같이 뼈 무더기는 내가 900개의 덩어리가 되는 살로 발라져있다고 알지 못하

고, 살도 내가 뼈 무더기에 붙어있다고 알지 못한다.

이것들은 서로서로 관심이 없고 반조하지 않는다. 그러므로 살은 이 몸의 개개의 부분이고, 의도가 없고, 결정할 수 없는 것이고, 비었고, 중생이 아니고, 딱딱한 특징을 가진 땅의 요소이다.

54. ⑦ 힘줄은 몸속에 있는 뼈들을 묶고 있다. 나무로 된 벽들138)을 넝쿨로 함께 묶어놓았을 때 나무로 된 벽들은 우리가 넝쿨에 의해 함께 묶여있다고 알지 못하고, 넝쿨도 우리가 나무로 된 벽들을 함께 묶고 있다고 알지 못한다. 그와 같이 뼈들은 우리가 힘줄에 의해 함께 묶여있다고 알지 못하고, 힘줄도 우리가 뼈를 함께 묶고 있다고 알지 못한다.

이것들은 서로서로 관심이 없고 반조하지 않는다. 그러므로 힘줄은 이 몸의 개개의 부분이고, 의도가 없고, 결정할 수 없는 것이고, 비었고, 중생이 아니고, 딱딱한 특징을 가진 땅의 요소이다.

55. ⑧ 뼈들 가운데서 뒤꿈치뼈는 발목뼈를 떠받치면서 서있다. 발목뼈는 경골을 떠받치면서 서있다. 경골은 넓적다리뼈를 떠받치면서 서있다. 넓적다리뼈는 엉덩이뼈를 떠받치면서 서있다. 엉덩이뼈는 등뼈를 떠받치면서 서있다. 등뼈는 목뼈를 떠받치면서 서있다. 목뼈는 머리뼈를 떠받치면서 서있다. 머리뼈는 목뼈 위에 놓여있다. 목뼈는 등뼈 위에 놓여있다. 등뼈는 엉덩이뼈 위에 놓여있다. 엉덩이뼈는 넓적다리뼈 위에 놓여있다. 넓적다리뼈는 경골 위에 놓여있다. 경골은 발목뼈 위에 놓여있다. 발목뼈는 뒤꿈치뼈 위에 놓여

---

138) 냐냐몰리 스님은 'kuḍḍadāru(막대기로 만든 벽)'를 'withies and sticks'라고 영역했다.

있다.

56. 예를 들면, 벽돌과 목재와 소똥 등을 겹겹으로 쌓아놓았을 때 각각의 아래에 있는 것들은 우리가 위에 있는 것들을 떠받치면서 서있다고 알지 못하고, 위에 있는 것들도 우리가 아래 있는 것들 위에 놓여있다고 알지 못하는 것과 같다.

그와 같이 뒤꿈치 뼈는 내가 발목뼈를 떠받치면서 서있다고 알지 못하고, 발목뼈도 내가 경골을 떠받치면서 서있다고 알지 못한다. 경골은 내가 넓적다리뼈를 떠받치면서 서있다고 알지 못한다. 넓적다리뼈는 내가 엉덩이뼈를 떠받치면서 서있다고 알지 못한다. 엉덩이뼈는 내가 등뼈를 떠받치면서 서있다고 알지 못한다. 등뼈는 내가 목뼈를 떠받치면서 서있다고 알지 못한다.

목뼈는 내가 머리뼈를 떠받치면서 서있다고 알지 못한다. 머리뼈는 내가 목뼈 위에 놓여있다고 알지 못한다. 목뼈는 내가 등뼈 위에 놓여있다고 알지 못한다. 등뼈는 내가 엉덩이뼈 위에 놓여있다고 알지 못한다. 엉덩이뼈는 내가 넓적다리뼈 위에 놓여있다고 알지 못한다. 넓저디리뼈는 내가 경골 위에 놓여있다고 알지 못한다. 경골은 내가 발목뼈 위에 놓여있다고 알지 못한다. 발목뼈는 내가 뒤꿈치뼈 위에 놓여있다고 알지 못한다.

이것들은 서로서로 관심이 없고 반조하지 않는다. 그러므로 뼈는 이 몸의 개개의 부분이고, 의도가 없고, 결정할 수 없는 것이고, 비었고, 중생이 아니고, 딱딱한 특징을 가진 땅이 요소이다.

57. ⑨ 골수는 각 뼈들의 사이에 있다. 대나무 통속 등에 삶은 죽순 등을 넣었을 때 대나무 통 등은 우리 속에 삶은 죽순 등이 들

어있다고 알지 못하고, 죽순 등도 우리가 대나무 통 속 등에 있다고 알지 못한다. 그와 같이 뼈들도 우리 속에 골수가 있다고 알지 못하고, 골수도 내가 뼈들 속에 있다고 알지 못한다.

　이것들은 서로서로 관심이 없고 반조하지 않는다. 그러므로 골수는 이 몸의 개개의 부분이고, 의도가 없고, 결정할 수 없는 것이고, 비었고, 중생이 아니고, 딱딱한 특징을 가진 땅의 요소이다.

58.　⑩ 콩팥은 목덜미로부터 한 개의 뿌리로 내려와서 조금 내려온 뒤 둘로 나뉘어져서 단단한 힘줄에 묶인 채 염통의 살을 둘러싸고 있다. 두 개의 망고를 줄기로 묶어놓았을 때 줄기는 내가 두 개의 망고를 묶어놓았다고 알지 못하고, 두 개의 망고도 내가 줄기에 묶여있다고 알지 못한다. 그와 같이 단단한 힘줄도 내가 콩팥을 묶고 있다고 알지 못하고, 콩팥도 내가 단단한 힘줄에 묶여있다고 알지 못한다.

　이것들은 서로서로 관심이 없고 반조하지 않는다. 그러므로 콩팥은 이 몸의 개개의 부분이고, 의도가 없고, 결정할 수 없는 것이고, 비었고, 중생이 아니고, 딱딱한 특징을 가진 땅의 요소이다.

59.　⑪ 염통은 몸속의 늑골들의 중간을 의지하여있다. 낡은 수레의 좌석 가운데에 한 점의 살을 두었을 때 낡은 수레의 좌석은 한 점의 살이 나를 의지하여 놓여있다고 알지 못하고, 한 점의 살도 내가 낡은 수레의 좌석 가운데에 있다고 알지 못한다. 그와 같이 늑골들의 중간은 염통이 나를 의지하여있다고 알지 못하고, 염통도 내가 늑골들의 중간을 의지하여있다고 알지 못한다.

　이것들은 서로서로 관심이 없고 반조하지 않는다. 그러므로 염통은 이 몸의 개개의 부분이고, 의도가 없고, 결정할 수 없는 것이고, 비었고, 중생이 아니고, 딱딱한 특징을 가진 땅의 요소이다.

60. ⑫ 간은 몸속에 두 가슴 사이의 오른쪽에 있다. 요리하는 솥단지의 한 쪽에 두 개의 고기 덩어리가 붙어있을 때 요리하는 솥단지의 한 쪽은 두 개의 고기 덩어리가 나에게 붙어있다고 알지 못하고, 두 개의 고기 덩어리도 내가 요리하는 솥단지의 한쪽에 붙어 있다고 알지 못한다. 그와 같이 가슴 사이의 오른 쪽은 간이 내 옆에 있다고 알지 못하고, 간도 내가 가슴 사이의 오른쪽에 붙어있다고 알지 못한다.

이것들은 서로서로 관심이 없고 반조하지 않는다. 그러므로 간은 이 몸의 개개의 부분이고, 의도가 없고, 결정할 수 없는 것이고, 비었고, 중생이 아니고, 딱딱한 특징을 가진 땅의 요소이다.

61. ⑬ 근막 가운데서 덮여있는 근막은 염통과 콩팥을 둘러싸고 있고, 덮여있지 않은 근막은 온 몸의 피부아래의 살을 싸고 있다. 고기를 천으로 싸놓았을 때 고기는 내가 전에 싸여있다고 알지 못하고, 천도 내가 고기를 싸고 있다고 알지 못한다. 그와 같이 콩팥과 염통과 온 몸의 살은 내가 근막에 덮여있다고 알지 못하고, 근막도 내가 콩팥과 염통과 온 몸의 살을 덮고 있다고 알지 못한다.

이것들은 서로서로 관심이 없고 반조하지 않는다. 그러므로 근막은 이 몸의 개개의 부분이고, 의도가 없고, 결정할 수 없는 것이고, 비었고, 중생이 아니고, 딱딱한 특징을 가진 땅의 요소이다.

62. ⑭ 지라는 염통의 왼 쪽에 있는 위장의 위쪽에 있다. 창고의 위쪽에 소똥 덩어리를 두었을 때 창고의 위쪽은 소똥 덩이리가

나를 의지해 있다고 알지 못하고, 소똥 덩어리도 내가 창고의 위쪽에 있다고 알지 못한다. 그와 같이 위장의 위쪽은 지라가 나를 의지하여있다고 알지 못하고, 지라도 내가 위장의 위쪽에 있다고 알지 못한다.

이것들은 서로서로 관심이 없고 반조하지 않는다. 그러므로 지라는 이 몸의 개개의 부분이고, 의도가 없고, 결정할 수 없는 것이고, 비었고, 중생이 아니고, 딱딱한 특징을 가진 땅의 요소이다.

63. ⑮ 허파는 몸속의 두 가슴 사이에 있으면서 염통과 간의 위쪽에서 그들을 덮고서 매달려있다. 오래된 창고 속에 새집이 매달려 있을 때 오래된 창고 속은 내 속에 새집이 매달려 있다고 알지 못하고, 새집도 내가 오래된 창고 속에 매달려 있다고 알지 못한다. 그와 같이 몸속은 내 속에 허파가 매달려 있다고 알지 못하고, 허파도 내가 이와 같은 몸속에 매달려 있다고 알지 못한다.

이것들은 서로서로 관심이 없고 반조하지 않는다. 그러므로 허파는 이 몸의 개개의 부분이고, 의도가 없고, 결정할 수 없는 것이고, 비었고, 중생이 아니고, 딱딱한 특징을 가진 땅의 요소이다.

64. ⑯ 창자는 목덜미로부터 항문까지에 이르는 몸속에 있다. 피가 담긴 홈통에 머리 잘린 뱀의 사체를 사리를 틀어 담가 놓았을 때 피가 담긴 홈통은 내 속에 뱀의 사체가 담겨있다고 알지 못하고, 뱀의 사체도 내가 피가 담긴 홈통에 담겨있다고 알지 못한다. 그와 같이 몸속은 내 속에 창자가 있다고 알지 못하고, 창자도 내가 몸속에 있다고 알지 못한다.

이것들은 서로서로 관심이 없고 반조하지 않는다. 그러므로 창자는 이 몸의 개개의 부분이고, 의도가 없고, 결정할 수 없는 것이고,

비었고, 중생이 아니고, 딱딱한 특징을 가진 땅의 요소이다.

65. ⑰ 장간막은 21군데 창자의 접혀진 곳에서 그들을 묶고 있다. 발을 닦기 위해 가는 밧줄들로 만든 원형의 매트리스를 밧줄로 꿰매었을 때 그 원형의 매트리스는 밧줄들이 나를 꿰매고 있다고 알지 못하고, 밧줄들도 우리가 발을 닦기 위해 가는 밧줄들로 만든 원형의 매트리스를 꿰매고 있다고 알지 못한다. 그와 같이 창자는 장간막이 나를 묶고 있다고 알지 못하고, 장간막도 내가 창자를 묶고 있다고 알지 못한다.

이것들은 서로서로 관심이 없고 반조하지 않는다. 그러므로 장간막은 이 몸의 개개의 부분이고, 의도가 없고, 결정할 수 없는 것이고, 비었고, 중생이 아니고, 딱딱한 특징을 가진 땅의 요소이다.

66. ⑱ 위속의 음식은 위속에 들어있는 먹고 마시고 씹고 맛본 것이다. 개밥그릇에 개가 토해놓았을 때 개밥그릇은 내 속에 개가 토한 것이 있다고 알지 못하고, 개가 토한 것도 내가 개밥그릇에 들어있다고 알지 못한다. 그와 같이 위는 내 속에 위 속의 음식물이 들어있다고 알지 못하고, 위속의 음식물은 내가 위 속에 있다고 알지 못한다.

이것들은 서로서로 관심이 없고 반조하지 않는다. 그러므로 위속의 음식은 이 몸의 개개의 부분이고, 의도가 없고, 결정할 수 없는 것이고, 비었고, 중생이 아니고, 딱딱한 특징을 가진 땅의 요소이다.

67. ⑲ 똥은 소화된 음식의 저장소라 불리며 손가락 여덟 마디의 길이이고 대나무 통과 같은 막창자안에 있다. 부드럽고 누른 진

흙을 대나무 통에 꽉 채워 두었을 때 대나무 통은 내 속에 누른 진흙이 있다고 알지 못하고, 누른 진흙도 내가 대나무 통에 들어있다고 알지 못한다. 그와 같이 소화된 음식의 저장소는 내 속에 똥이 들어있다고 알지 못하고, 똥도 내가 소화된 음식의 저장소에 들어있다고 알지 못한다.

이것들은 서로서로 관심이 없고 반조하지 않는다. 그러므로 똥은 이 몸의 개개의 부분이고, 의도가 없고, 결정할 수 없는 것이고, 비었고, 중생이 아니고, 딱딱한 특징을 가진 땅의 요소이다.

68. ⑳ 뇌는 두개골 안에 있다. 오래된 박 바가지 속에 밀가루 반죽을 담아놓을 때 박 껍질은 내 속에 밀가루 반죽이 있다고 알지 못하고, 밀가루 반죽도 내가 박 껍질 속에 있다고 알지 못한다. 그와 같이 두개골 안은 내 속에 뇌가 있다고 알지 못하고, 뇌도 내가 두개골 안에 있다고 알지 못한다.

이것들은 서로서로 관심이 없고 반조하지 않는다. 그러므로 뇌는 이 몸의 개개의 부분이고, 의도가 없고, 결정할 수 없는 것이고, 비었고, 중생이 아니고, 딱딱한 특징을 가진 땅의 요소이다.

물의 요소에 속하는 12가지 부위를 마음에 잡도리함

69. ① 담즙 가운데서 유동하는 담즙은 생명기능(命根)과 연결되어 온 몸에 퍼져있고, 고이어있는 담즙은 담낭 안에 있다. 기름이 빵에 스며들었을 때 빵은 기름이 나에게 스며들었다고 알지 못하고, 기름도 내가 빵에 스며들었다고 알지 못한다. 그와 같이 몸은 유동하는 담즙이 나에게 퍼져있다고 알지 못하고, 유동하는 담즙도 내가

몸에 퍼져있다고 알지 못한다.

　수세미 덩굴의 주머니가 빗물로 가득 차있을 때 수세미 덩굴의 주머니는 내 속에 빗물이 있다고 알지 못하고, 빗물도 내가 수세미 덩굴의 주머니 속에 있다고 알지 못한다. 그와 같이 담낭은 내 속에 고이어있는 담즙이 있다고 알지 못하고 고이어있는 담즙도 내가 담낭 속에 있다고 알지 못한다.

　이것들은 서로서로 관심이 없고 반조하지 않는다. 그러므로 담즙은 이 몸의 개개의 부분이고, 의도가 없고, 결정할 수 없는 것(無記)이고, 비었고, 중생이 아니고, 액체이고, 점착하는 특징을 가진 물의 요소이다.

70.　② 가래는 한 주발에 찰 분량으로 위장의 표면에 있다. 오물구덩이 위에 거품의 표면이 생겼을 때 오물구덩이는 거품의 표면이 나 위에 있다고 알지 못하고, 거품의 표면은 내가 오물 구덩이 위에 있다고 알지 못한다. 그와 같이 위장의 표면은 내 위에 가래가 있다고 알지 못하고 가래는 내가 위장의 표면에 있다고 알지 못한다.

　이것들은 서로서로 관심이 없고 반조하지 않는다. 그러므로 가래는 이 몸의 개개의 부분이고, 의도가 없고, 결정할 수 없는 것이고, 비었고, 중생이 아니고, 액체이고, 점착하는 특징을 가진 물의 요소이다.

71.　③ 고름은 장소가 일정하지 않다. 나무 막대기나 가시에 상처를 입거나 또한 불 등에 덴 몸의 부분에 피가 상하여 썩는 곳이나 종기와 등창 등이 생기는 곳에는 어디든지 있다.

　도끼 등에 찍힌 나무에서 나무진이 묻어나올 때 나무의 찍힌 장소는 내 속에 나무진이 있다고 알지 못하고, 나무진도 내가 나무의 찍힌 장소에 있다고 알지 못한다. 그와 같이 몸에 나무의 그루터기와 가시 등으로 상처가 난 부분은 내 속에 고름이 있다고 알지 못하고, 고름도 내가 그 장소에 있다고 알지 못한다.

이것들은 서로서로 관심이 없고 반조하지 않는다. 그러므로 고름은 이 몸의 개개의 부분이고, 의도가 없고, 결정할 수 없는 것이고, 비었고, 중생이 아니고, 액체이고, 점착하는 특징을 가진 물의 요소이다.

72. ④ 피 가운데서 순환하는 피는 담즙처럼 온 몸에 퍼져있다. 고이어있는 피는 간이 있는 장소의 아래 부분을 채운다. 한 주발에 찰 분량으로 콩팥과 염통과 간과 허파를 적신다. 여기서 순환하는 피는 유동하는 담즙과 같다고 판별한다.

오래된 항아리에서 빗물이 스며 나와 밑면에 있는 돌과 질그릇 조각 등이 젖을 때 돌과 질그릇 조각 등은 우리가 물에 젖는다고 알지 못하고, 물도 내가 돌과 질그릇 조각 등을 적신다고 알지 못한다. 그와 같이 간의 아래쪽의 부분이나 콩팥 등은 각각 내 속에 피가 있다거나 우리가 젖는다고 알지 못하고, 피도 내가 간의 아래쪽을 채우고 콩팥 등을 적시고 있다고 알지 못한다.

이것들은 서로서로 관심이 없고 반조하지 않는다. 그러므로 피는 이 몸의 개개의 부분이고, 의도가 없고, 결정할 수 없는 것이고, 비었고, 중생이 아니고, 액체이고, 점착하는 특징을 가진 물의 요소이다.

73. ⑤ 땀은 불 등의 열이 있을 때 머리털과 몸털의 모공의 틈새를 채우고는 그곳으로부터 흘러내린다. 물에서 수련의 뿌리와 연

꽃줄기의 다발을 끌어당기면 수련 등의 다발의 틈새는 우리로부터 물이 떨어진다고 알지 못하고, 수련 등 다발의 틈새로부터 떨어지는 물은 내가 수련 등 다발의 틈새로부터 떨어진다고 알지 못한다. 그와 같이 머리털과 몸털의 모공의 틈새는 우리로부터 땀이 흘러내린다고 알지 못하고, 땀도 내가 머리털과 몸털의 모공의 틈새로부터 흘러내린다고 알지 못한다.

이것들은 서로서로 관심이 없고 반조하지 않는다. 그러므로 땀은 이 몸의 개개의 부분이고, 의도가 없고, 결정할 수 없는 것이고, 비었고, 중생이 아니고, 액체이고, 점착하는 특징을 가진 물의 요소이다.

74. ⑥ 굳기름은 건강한 사람에게는 온 몸에 퍼져있고, 야윈 사람에게는 정강이 살 등에 있는 응고된 기름이다. 고깃덩이를 노란 천에 싸놓았을 때 살덩이는 나를 의지하여 노란 천이 있다고 알지 못하고, 노란 천도 나를 의지하여 고깃덩이가 있다고 알지 못한다. 그와 같이 온 몸이나 정강이 등에 있는 살은 나를 의지하여 굳기름이 있다고 알지 못하고, 굳기름도 내가 온 몸이나 정강이 등을 의지하여있다고 알지 못한다.

이것들은 서로서로 관심이 없고 반조하지 않는다. 그러므로 굳기름은 이 몸의 개개의 부분이고, 의도가 없고, 결정할 수 없는 것이고, 비었고, 중생이 아니고, 액체이고, 점착하는 특징을 가진 물의 요소이다.

75. ⑦ 눈물은 생길 때 눈구멍을 채우고 있거나 혹은 흘러내린다. 어린 야자열매의 구멍에 물이 가득 차있을 때 어린 야자열매의 구멍은 우리 속에 물이 있다고 알지 못하고, 어린 야자열매의 구멍에 있는 물도 내가 어린 야자열매의 구멍에 있다고 알지 못한다. 그

와 같이 눈구멍은 우리 속에 눈물이 있다고 알지 못하고, 눈물도 내가 눈구멍 속에 있다고 알지 못한다.

이것들은 서로서로 관심이 없고 반조하지 않는다. 그러므로 눈물은 이 몸의 개개의 부분이고, 의도가 없고, 결정할 수 없는 것이고, 비었고, 중생이 아니고, 액체이고, 점착하는 특징을 가진 물의 요소이다.

76. ⑧ 피부의 기름기는 불 등의 열이 있을 때 손바닥과 손등, 발바닥과 발등, 콧등과 이마와 어깨 등에 있는 용해된 기름이다. 죽에다 기름을 넣었을 때 죽은 나에게 기름이 퍼져있다고 알지 못하고, 기름은 내가 죽에 퍼져있다고 알지 못한다. 그와 같이 손바닥 등의 장소는 나에게 피부의 기름기가 퍼져있다고 알지 못하고, 피부의 기름기도 내가 손바닥 등의 장소에 퍼져있다고 알지 못한다.

이것들은 서로서로 관심이 없고 반조하지 않는다. 그러므로 피부의 기름기는 이 몸의 개개의 부분이고, 의도가 없고, 결정할 수 없는 것이고, 비었고, 중생이 아니고, 액체이고, 점착하는 특징을 가진 물의 요소이다.

77. ⑨ 침은 침이 생길 조건이 있을 때 양쪽 뺨 옆에서 내려와 혀 바닥에 머문다. 강변의 우물에 물이 끊임없이 새어나올 때 우물의 바닥은 내 위에 물이 고이어있다고 알지 못하고, 물도 내가 우물의 바닥 위에 놓여있다고 알지 못한다. 그와 같이 혀 바닥은 내 위에 침이 양쪽 뺨 옆에서 내려와 머문다고 알지 못하고, 양쪽 뺨 옆에서 내려온 침도 내가 혀 바닥에 머문다고 알지 못한다.

이것들은 서로서로 관심이 없고 반조하지 않는다. 그러므로 침은 이 몸의 개개의 부분이고, 의도가 없고, 결정할 수 없는 것이고, 비었고, 중생이 아니고, 액체이고, 점착하는 특징을 가진 물의 요소이다.

78. ⑩ 콧물이 생길 때는 콧구멍을 채우거나 혹은 흘러내린다. 조개껍질 속에 상한 응유를 담아두었을 때 조개껍질은 내 속에 상한 응유가 있다고 알지 못하고, 상한 응유도 내가 조개껍질 속에 있다고 알지 못한다. 그와 같이 콧구멍은 내 속에 콧물이 있다고 알지 못하고, 콧물도 내가 콧구멍 속에 있다고 알지 못한다.

  이것들은 서로서로 관심이 없고 반조하지 않는다. 그러므로 콧물은 이 몸의 개개의 부분이고, 의도가 없고, 결정할 수 없는 것이고, 비었고, 중생이 아니고, 액체이고, 점착하는 특징을 가진 물의 요소이다.

79. ⑪ 관절활액은 관절의 윤활유 역할을 성취하면서 108개의 관절에 있다. 굴대에 기름칠을 하면 굴대는 나를 기름이 윤활하게 한다고 알지 못하고, 기름도 내가 굴대를 윤활하게 한다고 알지 못한다. 그와 같이 108개의 관절은 관절활액이 우리들을 윤활하게 한다고 알지 못하고, 관절활액도 내가 108개의 관절을 윤활하게 한다고 알지 못한다.

  이것들은 서로서로 관심이 없고 반조하지 않는다. 그러므로 관절활액은 이 몸의 개개의 부분이고, 의도가 없고, 결정할 수 없는 것이고, 비었고, 중생이 아니고, 액체이고, 점착하는 특징을 가진 물의 요소이다.

80. ⑫ 오줌은 방광 속에 있다. 물이 들어 갈 주둥이가 없고[139]

---

139) 냐나몰리 스님은 '*amukha*(주둥이 없는)'를 '*adhomukha*(주둥이를 아래로 한)'로 보면서 영역했다. VIII. §138에서 오줌을 설명할 때 '*adhomukha-ṭṭhapita-udakakumbha*(엎어 놓은 물 항아리)'라는 내용

스며들기만 하는 항아리를 오물구덩이에 던져놓았을 때 스며드는 항아리는 내 속에 오물구덩이의 여과수가 있다고 알지 못하고, 오물구덩이의 여과수도 내가 침투성의 항아리 속에 있다고 알지 못한다. 그와 같이 방광은 내 속에 오줌이 있다고 알지 못하고 오줌도 내가 방광 속에 있다고 알지 못한다.

이것들은 서로서로 관심이 없고 반조하지 않는다. 그러므로 오줌은 이 몸의 개개의 부분이고, 의도가 없고, 결정할 수 없는 것이고, 비었고, 중생이 아니고, 액체이고, 점착하는 특징을 가진 물의 요소이다.

불의 요소에 속하는 4가지 부위를 마음에 잡도리함

81. 이와 같이 머리털 등을 마음에 잡도리한 뒤 다음과 같이 불의 부분들을 마음에 잡도리해야 한다. 즉 ① 이것 때문에 따뜻해지는 그것은 이 몸의 개개의 부분이고, 의도가 없고, 결정할 수 없는 것(無記)이고, 비었고, 중생이 아니고, 익게 하는 특징을 가진 불의 요소이다. ② 이것 때문에 늙는 그것은 … ③ 이것 때문에 타는 그것은 … ④ 이것 때문에 먹고 마시고 씹고 맛본 것이 완전히 소화되는 그것은 이 몸의 개개의 부분이고, 의도가 없고, 결정할 수 없는 것이고, 비었고, 중생이 아니고, 익게 하는 특징을 가진 불의 요소이다.

이 있기 때문인 것 같다.

바람의 요소에 속하는 6가지 부위를 마음에 잡도리함

82. 그 다음에 먼저 ① 위로 올라가는 바람을 위로 올라간다고 파악하고 ② 아래로 내려가는 바람을 아래로 내려간다고 파악하고 ③ 뱃속의 바람을 뱃속의 바람이라 파악하고 ④ 창자 속의 바람을 창자 속의 바람이라 파악하고 ⑤ 사지에 순환하는 바람을 사지에 순환하는 바람이라 파악하고 ⑥ 들숨과 날숨을 들숨과 날숨이라 파악한다.

그다음 '위로 올라가는 바람이란 이 몸의 개개의 부분이고, 의도가 없고, 결정할 수 없는 것이고, 비었고, 중생이 아니고, 팽창하는 특징을 가진 바람의 요소이다. 아래로 내려가는 바람이란 … 뱃속의 바람이란 … 창자 속의 바람이란 … 사지에 순환하는 바람이란 … 들숨과 날숨이란 이 몸의 개개의 부분이고, 의도가 없고, 결정할 수 없는 것이고, 비었고, 중생이 아니고, 팽창하는 특징을 가진 바람의 요소이다.'라고 바람의 부분들을 마음에 잡도리해야 한다.

83. 그가 이와 같이 마음에 잡도리할 때 요소(다뚜)들이 분명해진다. 계속해서 그들에 대해 전향하고 마음에 잡도리할 때 앞서 설한 방법대로 근접삼매가 일어난다.

84. **[(3) 특징과 함께 간략히 함으로써]**(§45): 그러나 이와 같이 닦아도 명상주제를 성취하지 못할 때는 특징과 함께 그들을 간략히 함으로써 닦아야 한다. 어떻게?

[땅의 요소에 속하는] 몸의 스무 가지 부분에서 딱딱한 특징은 땅의 요소라고 구분해야 한다. 그곳에 있는 점착의 특징은 물의 요소

고, 익게 하는 특징은 불의 요소고, 팽창하는 특징은 바람의 요소라고 구분해야 한다.

[물의 요소에 속하는] 몸의 열두 가지 부분에서 점착의 특징은 물의 요소다고 구분해야 한다. 그곳에 있는 익게 하는 특징은 불의 요소고, 팽창하는 특징은 바람의 요소고, 딱딱한 특징은 땅의 요소라고 구분해야 한다.

[불의 요소에 속하는] 몸의 네 부분에서 익게 하는 특징은 불의 요소라고 구분해야 한다. 그것으로부터 흩어지지 않는 팽창하는 특징은 바람의 요소고, 딱딱한 특징은 땅의 요소고, 점착하는 특징은 물의 요소라고 구분해야 한다.

[바람의 요소에 속하는] 몸의 여섯 부분에서 팽창하는 특징은 바람의 요소라고 구분해야 한다. 그곳에 있는 딱딱한 특징은 땅의 요소고, 점착하는 특징은 물의 요소고, 익게 하는 특징은 불의 요소라고 구분해야 한다. 그가 이와 같이 구분할 때 요소들은 분명해진다. 계속해서 그들에 대해 전향하고 마음에 잡도리할 때 앞서 설한 방법대로 근접삼매가 일어난다.

85. **[(4) 특징과 함께 분석함으로써]**: 그러나 이와 같이 닦아도 명상주제를 성취하지 못할 때는 특징과 함께 그들을 분석함으로써 닦아야 한다. 어떻게? 앞서 설한 방법대로 머리털 등을 파악한 뒤 머리털에 있는 딱딱한 특징은 땅의 요소라고 구분해야 한다. 그곳에 있는 점착하는 특징은 물의 요소고, 익게 하는 특징은 불의 요소고, 팽창하는 특징은 바람의 요소라고 구분해야 한다. 이와 같이 모든 부분들 가운데 낱낱의 부분에 대해 각각 사대를 구분해야 한다. 그가 이와 같이 구분할 때 요소들은 분명해진다. 계속해서 그들

에 대해 전향하고 마음에 잡도리할 때 앞서 설한 방법대로 근접삼매가 일어난다.

그 외에 13가지 방법으로 마음에 잡도리함

86. 다시 다음과 같은 방법으로 요소들을 마음에 잡도리해야 한다. 즉 ① 단어의 뜻에 따라 ② 깔라빠에 따라 ③ 입자에 따라 ④ 특징 등에 따라 ⑤ 생긴 것에 따라 ⑥ 다른 것과 같은 것에 따라 ⑦ 분리할 수 있는 것과 분리할 수 없는 것에 따라 ⑧ 비슷한 것과 비슷하지 않는 것에 따라 ⑨ 안과 밖의 차이에 따라 ⑩ 포함하는 것에 따라 ⑪ 조건에 따라 ⑫ [서로] 알지 못하는 것에 따라 ⑬ 조건의 분석에 따라 마음에 잡도리해야 한다.

87. 여기서 ① **단어의 뜻에 따라**: '널리 펴져있기 때문에(*patthaṭattā*) 흙(*pathavī*)이다. 흐르고(*appoti*), 마르게 하고(*āpiyati*), 불어나도록 하기(*appāyati*) 때문에140) 물(*āpo*)이다. 뜨겁게 하기(*tejati*) 때문에 불(*tejo*)이다. 불기(*vāyati*) 때문에 바람(*vāyo*)이다. 그러나 일반적으로는 자기의 고유한 특징을 가지기 때문에(*salakkhaṇa-dhāraṇato*), 고통을 취하기 때문에(*dukkha-ādānato*), 고통을 그곳에 놓기 때문에(*dukkha-ādhānato*) 요소(*dhātu*)라 한다.'고 마음에 잡도리하는 자는 개별적인 것과 보편적인 것으로 단어의 뜻에 따라 마음에 잡도리해야 한다.

---

140) 냐나몰리 스님은 '*it flows*(*appoti*) *or it glides*(*āpiyati*) *or it satisfies* (*appāyati*), *thus it is water*'라고 영역했다.

88. ② **깔라빠에 따라:** 머리털·몸털 등의 방법으로 스무 가지 형태의 땅의 요소를 설했고, 담즙·가래 등의 방법으로 열두 가지 형태의 물의 요소를 설했다.

> 형상(색깔), 냄새, 맛, 영양소, 사대[141]
> 이 여덟 가지가 모여 있기 때문에
> 머리털이라는 일상적인 말이 있다.
> 그들을 분해할 때 머리털이라는 말도 없어진다.

그러므로 머리털도 여덟 가지의 깔라빠일 뿐이다. 몸털 등도 그와 같다. 그러나 업에서 생긴 부분은 생명기능(命根)과 성과 함께 열 가지 법의 깔라빠이다. 그러나 현저한 것에 따라 땅의 요소 혹은 물의 요소라고 이름한다. 이와 같이 깔라빠에 따라 마음에 잡도리해야 한다.

89. ③ **입자에 따라:** 이 몸에 중간 정도의 키를 취하여 입자로 부수어 가는 먼지가 되었을 땐 이 몸에 있는 땅의 요소는 도나(dona)[142]의 분량 만큼이다. 그것은 그것의 반 정도 분량인 물의 요소에 의해 결합되어있다. 불의 요소에 의해 보호되고, 바람의 요소에 의해 팽창되어 그것은 흩어지지 않고 소멸되지 않는다. 흩어지지 않고 소멸되지 않은 채 여성, 남성 등 여러 가지 다른 상태에 이르고,

---

141) 이 여덟 가지는 '분리할 수 없는 것', '순수한 팔원소', '영양소를 여덟 번째로 한 것' 등으로 불리며 이 여덟 가지가 깔라빠의 최소단위이다. 상세한 것은 위 §2주해와 『길라잡이』 6장 §7의 10번 해설을 참조할 것.
142) 1도나는 1/8부셀(1부셀은 약 36리터 = 약 2말)이라한다.(BDD)

작고, 크고, 길고, 짧고, 견고하고 단단한 상태 등을 나타낸다.

90. 이 몸에서 액체이면서 점착하는 형태를 가진 물의 요소는 땅의 요소를 의지하여 머물고, 불의 요소에 의해 보호되고, 바람의 요소에 의해 팽창되어 그것은 똑똑 떨어지지 않고, 흘러내리지 않는다. 똑똑 떨어지지 않고, 흘러내리지 않은 채 계속해서 원기를 회복시킨다.

91. 이 몸에서 먹고 마신 것을 소화시키고 따뜻한 형태이고, 뜨거움의 특징을 가진 불의 요소는 땅의 요소를 의지하여 머물고, 물의 요소에 의해 결합되고, 바람의 요소에 의해 팽창되어 이 몸을 성숙하게 하고, 피부색을 아름답게 한다. 그 불의 요소에 의해 성숙할 때 이 몸은 썩지 않는다.

92. 이 몸에서 사지를 순환하고 움직이고 팽창하는 특징을 가진 바람의 요소는 땅의 요소를 의지하여 머물고, 물의 요소에 의해 결합되고, 불의 요소에 의해 보호되어 이 몸을 팽창시킨다. 그 바람의 요소에 의해 팽창되어 이 몸은 무너지지 않고 똑바로 선다. 다른 [움직이는 특징을 가진] 바람이 압력을 가하여 행·주·좌·와의 [네 가지] 자세 가운데 암시를 보이고, 구부리고, 펴고, 손발을 움직인다. 이와 같이 여성과 남성 등으로 어리석은 사람들을 속이면서 마술의 장난과 같은 요소들의 기계는 돌아간다. 이와 같이 입자에 따라 마음에 잡도리해야 한다.

93. ④ **특징 등에 따라:** 땅의 요소는 무엇이 그것의 특징이고, 역할이고, 나타남인가라고 사대 모두에 대해 전향해야 한다. 땅의

요소는 딱딱함의 특징을 가지고, 토대의 역할을 하고, 받아들임으로 나타난다. 물의 요소는 흘러내림의 특징을 가지고, 강화하는 역할을 하고, 결합으로 나타난다. 불의 요소는 뜨거움의 특징을 가지고, 소화하는 역할을 하고, 부드러움을 공급함으로 나타난다. 바람의 요소는 팽창의 특징을 가지고, 움직이게 하는 역할을 하고, 전달함으로 나타난다. 이와 같이 특징 등에 따라 마음에 잡도리해야 한다.

94. ⑤ **생긴 것에 따라:** 땅의 요소 등을 상세하게 설함으로써 머리털 등 마흔두 가지 부분들을 설했다. 이 가운데서 위속의 음식, 똥, 고름, 오줌, 이 네 가지는 오직 온도에서 생긴 것[143]이다. 눈물과 땀과 침과 콧물, 이 네 가지는 온도 혹은 마음에서 생긴 것이다. 먹은 것 등을 소화시키는 불은 업에서 생긴 것이다. 들숨과 날숨은 마음에서 생긴 것이다. 나머지 모든 것은 네 가지 모두에서 생긴 것이다. 이와 같이 생긴 것에 따라 마음에 잡도리해야 한다.

95. ⑥ **다른 것과 같은 것에 따라:** 모든 요소들은 각자의 특징 등을 가지기 때문에 서로 다르다. 땅의 요소의 특징과 역할과 나타남이 다른 것과 다르고, 물의 요소 등의 것도 다르다. 이와 같이 비록 이들이 특징 등과 업에서 생긴 것 등으로는 각각 다르지만 물질(*rūpa*), 근본물질(*mahābhūta*), 요소(*dhātu*), 법(*dhamma*), 무상(*anicca*) 등으로는 같다.

96. 이 모든 요소들은 변하는 특징(*ruppanalakkhaṇa*)을 벗어나지

---

[143] 모든 물질은 업(*kamma*), 마음(*citta*), 온도(*utu*), 음식(*āhāra*)에서 생긴다고 아비담마에서는 말한다. 상세한 것은 『길라잡이』 6장 §§9-13을 참조할 것.

않기 때문에 루빠(*rūpa*, 물질)이고, 거대하게 나타남(*mahanta-pātubhāva*) 등의 이유로 인해 마하부따(*mahā-bhūta*, 근본물질, 사대, 大種)144)이다. '거대하게 나타남 등으로 인해'라는 것은 이 요소들은 다음과 같은 이유들로 마하부따(근본물질, 大種)라 불린다. 즉 ㉠ 거대하게 나타나기 때문에 ㉡ 큰 마술과 같기 때문에 ㉢ 큰 것들에 의해서 지속되기 때문에 ㉣ 크게 변화하기 때문에 ㉤ 크고 실재이기 때문이다.

97. ㉠ **거대하게 나타나기 때문에:** 이 마하부따(근본 물질)들은 업에서 생기지 않은 것(무생물)의 상속과 업에서 생긴 것(생물)의 상속 모두에 거대하게 나타난다. 업에서 생기지 않은 것의 상속에 있어,

이십사만이 있다.
이만큼의 두께를 가진 것을 땅이라고 말한다.

라는 방법으로 이들이 거대하게 나타남에 대해 부처님을 계속해서 생각함의 해설에서 설했다.(Ⅶ. §41) 업에서 생긴 것의 상속에서도 이들은 물고기, 거북이, 신, 다나와(*dānava*) 귀신 등의 몸을 통해 거대하게 나타난다. 이처럼 설하셨기 때문이다. "비구들이여, 큰 바다에 백 유순이나 되는 큰 생물이 있다.(A.iv.207)"

98. ㉡ **큰 마술과 같기 때문에:** 이것은 마치 마술사가 본래 수정이 아닌 물을 수정으로 만들어 보여주고, 금이 아닌 흙덩이를 금

---

144) 여기서 '근본물질'로 의역한 빠알리어는 '*mahā-bhūta*'이다. 이것은 위 §27의 주해에서 밝혔듯이 사대(四大)로 옮겨야 하는 술어이지만 본서에서 계속해서 사대로 옮기고 있는 '*catu-dhātu*(네 가지 요소)'와 혼돈을 피하기 위해서 근본물질로 옮긴다. 그러나 여기서는 어원을 설명하고 있으므로 그냥 '마하부따'로 음역을 하고 있다.

으로 만들어 보여주고, 자기가 야차도 아니고 새도 아니건만 야차와 새의 모습으로 보여주는 것과 같다. 그와 마찬가지로 자기가 청색도 아니지만 청색의 파생된 물질로 변하여 보여주고, 노란색도 아니고 … 빨간색도 아니고 … 흰색도 아니지만 흰색의 파생된 물질로 변하여 보여준다. 그러므로 마술사의 큰 마술145)과 비슷하기 때문에 마하부따(근본물질)이다.

99. 마치 야차 등 큰 유령146)들이 어떤 자를 낚아챌 때 그 사람의 안에서도 밖에서도 그들의 머무는 장소가 발견되지 않는다. 그렇다고 그 사람과 떨어져있는 것도 아니다. 그와 마찬가지로 이들도 각각의 안에서도 밖에서도 머무는 장소가 발견되지 않는다. 그렇다고 서로서로를 의지하지 않고 머무는 것도 아니다. 그러므로 생각으로 그 장소를 헤아릴 수 없고 야차 등의 큰 유령과 같기 때문에 마하부따이다.

100. 마치 야차녀라 불리는 큰 유령이 아름다운 색깔과 형상과 몸짓으로 자기의 무시무시한 모습을 숨기고 중생들을 속이듯이 이들도 여자 몸과 남자 몸 등에 대해 마음에 드는 피부 색깔과, 마음에 드는 사지의 형태와, 마음에 드는 손가락과 발가락과 눈썹의 동작으로 딱딱한 것 등으로 분류되는 자기의 역할과 특징을 숨기고 어리석은 사람을 속인다. 자기의 고유성질을 보는 것을 허락지 않

---

145) 본문에서 '큰 마술'로 옮긴 원어도 '*mahā-bhūta*(근본물질)'이다. 아마 싱할리 주석서 전통에서 *mahā-bhūta*를 *mahā-abbhutā*(기적, 경이)로도 이해하여 설명했던 것 같다.
146) 큰 유령으로 옮긴 원어도 *mahā-bhūta*이다. *bhūta*는 자따까 등에서 유령이라는 뜻으로도 쓰인다.

는다. 그러므로 그들은 사기꾼으로서 야차녀의 큰 유령과 같기 때문에 마하부따이다.

101. ㉢ **큰 것들에 의해서 지속되기 때문에:** 이들은 여러 큰 물품들로써 지속되어야 한다. 왜냐하면 이들은 매일 많은 음식과 옷 등을 공급함에 의해서 되었고(*bhūtāni*) 유지되기(*pavattāni*) 때문에 마하부따이다. 혹은 큰 노력으로 존재하기 때문에 마하부따이다.

102. ㉣ **크게 변화하기 때문에:** 업에서 생기지 않은 것들이나 업에서 생긴 것들 모두 큰 변화를 겪는다. 업에서 생기지 않은 것들의 큰 변화는 겁이 다할 때(XIII. §34) 분명하고, 업에서 생긴 것들의 큰 변화는 요소들이 부조화를 이룰 때 분명하다. 그러므로 다음과 같이 큰 변화를 겪기 때문에 마하부따이다.

> 겁화가 세상을 태울 때 불꽃이
> 땅으로부터 솟아 범천을 태운다.
>
> 성난 물이 세상을 함몰할 때
> 백 천 구지147)나 되는 우주를 소멸시킨다.
>
> 성난 바람의 요소가 세상을 소멸할 때
> 백 천 구지나 되는 우주를 흩어버린다.

---

147) 백 천 구지는 '*koṭi sata-sahassa*'를 옮긴 것이다. 인도의 수량 단위에서 꼬띠(구지)는 천만을 뜻한다. 그러므로 백 천 구지는 100×1000×10,000,000=10조를 나타낸다. 우주(*cakka-vāḷa*)는 모두 10조 개가 있다는 말이고 겁말에는 이런 우주가 부서진다는 말이다. 여기에 대해서는 XIII. §32이하에 상술되고 있다.

깟타무카 [독사]에 물릴 때 이 몸이 뻣뻣해지듯이
땅의 요소가 격발할 때 깟타무카에 물린 것과 같다.

뿌띠무카 [독사]에 물릴 때 이 몸이 썩듯이
물의 요소가 격발할 때 뿌띠무카에 물린 것과 같다.

악기무카 [독사]에 물릴 때 이 몸이 타듯이
불의 요소가 격발할 때 악기무카에 물린 것과 같다.

삿타무카 [독사]에 물릴 때 이 몸이 파열하듯이
바람의 요소가 격발할 때 삿타무카에 물린 것과 같다.

103. ⓓ **크고 실재이기 때문이다:** 이들은 크다. 큰 노력으로 파악해야 하기 때문이다. 이들은 실재이다. 존재하기 때문이다. 그러므로 크기 때문이고(*mahuttā*) 실재이기 때문에(*bhūtattā*) 마하부따이다. 이와 같이 이 모든 요소(界)들은 거대하게 나타남 등의 이유 때문에 마하부따(근본물질)이다.

104. 자기의 고유한 특징을 가지기 때문에(*salakkhaṇadhāraṇato*), 고통을 취하기 때문에(*dukkha-ādānato*), 고통을 그곳에 놓기 때문에(*dukkha-ādhānato*)(§87) 모든 요소들은 요소의 특징(*dhātulakkhaṇaṁ*)을 벗어나지 않기 때문에(*anatītattā*) 요소(*dhātu*)이다. 자기의 고유한 특징을 가지기 때문에 또 자기에게 적절한 순간만 그것을 가지기 때문에 법(*dhamma*)이다. 무너진다는 뜻에서 무상이고, 두렵다는 뜻에서 괴로움이고, 실체가 없다는 뜻에서 무아다.

이와 같이 이 모두는 물질(*rūpa*), 근본물질(*mahābhūta*), 요소(*dhātu*),

법(dhamma), 무상(anicca) 등으로 같은 것이다. 이와 같이 다른 것과 같은 것에 따라 마음에 잡도리해야 한다.

105. ⑦ **분리할 수 있는 것과 분리할 수 없는 것에 따라**[148]: 이들은 가장 최소인 순수한 팔원소 등의 깔라빠에서 함께 일어나기 때문에 장소로는 분리할 수 없다. 그러나 특징으로 분리할 수 있다. 이와 같이 분리할 수 있는 것과 분리할 수 없는 것에 따라 마음에 잡도리해야 한다.

106. ⑧ **비슷한 것과 비슷하지 않은 것에 따라:** 이와 같이 비록 이들은 분리할 수 없는 것이지만 앞의 둘은 무겁기 때문에 비슷하고, 뒤의 둘은 가볍기 때문에 비슷하다. 그러나 앞의 것은 뒤의 것과 비슷하지 않고, 뒤의 것도 앞의 것과 비슷하지 않다. 이와 같이 비슷한 것과 비슷하지 않은 것에 따라 마음에 잡도리해야 한다.

107. ⑨ **안과 밖의 차이에 따라:** 안의 요소들은 [눈 등 여섯 가지] 알음알이의 토대와 [몸과 말의 두 가지] 암시[149]와 기능(根)들의[150] 의지처이다. 이들은 [행·주·좌·와의] 위의와 연관되어있고, [업, 마음, 온도, 음식의] 네 가지 [조건에서] 생긴다. 밖의 요소

---

148) '분리할 수 있는 것과 분리할 수 없는 것(vinibbhoga-avinibbhoga)'에 대해서는 위 §2의 주해와 『길라잡이』 6장 §7의 10번 주해 참조할 것.
149) 암시(viññatti)에 대해서는 XIV. §§61-62와 『길라잡이』 6장 §4의 9번 해설을 참조할 것.
150) "기능은 여자의 기능과 남자의 기능과 생명기능을 뜻한다. 그러나 기능의 의지처가 심장토대를 뜻한다고 설하는 자들의 견해에 따르면 여덟 가지 물질적인 기능을 뜻한다고 알아야 한다. 그 여덟 가지 기능이란 다섯 감각기능과 여자의 기능과 남자의 기능과 생명기능이다.(Pm.355)"

들은 이것과 반대된다. 이와 같이 안과 밖의 차이에 따라 마음에 잡도리해야 한다.

108. ⑩ **포함하는 것에 따라:** 업에서 생긴 땅의 요소는 업에서 생긴 [물, 불, 바람의] 다른 요소들에 함께 포함된다. 왜냐하면 기원이 다르지 않기 때문이다. 그와 마찬가지로 마음 등에서 생긴 것은 마음 등에서 생긴 다른 요소들에 포함된다. 이와 같이 포함하는 것에 따라 마음에 잡도리해야 한다.

109. ⑪ **조건에 따라:** 땅의 요소는 물의 요소에 의해 결합되고, 불의 요소에 의해 보호되고, 바람의 요소에 의해 팽창된다. 그런 땅의 요소는 나머지 세 요소가 머무는 장소로 그들에게 조건이 된다.

물의 요소는 땅의 요소를 의지하여 머물고, 불의 요소에 의해 보호되고, 바람의 요소에 의해 팽창된다. 그런 물의 요소는 나머지 세 요소를 점착함으로써 그들에게 조건이 된다.

불의 요소는 땅의 요소를 의지하여 머물고, 물의 요소에 의해 결합되고, 바람의 요소에 의해 팽창된다. 그런 불의 요소는 나머지 세 요소를 익게 함으로써 그들에게 조건이 된다.

바람의 요소는 땅의 요소를 의지하여 머물고, 물의 요소에 의해 결합되고, 불의 요소에 의해 익는다. 그런 바람의 요소는 나머지 세 요소를 팽창함으로써 그들에게 조건이 된다.

이와 같이 조건에 따라 마음에 잡도리해야 한다.

110. ⑫ **[서로] 알지 못하는 것에 따라:** 여기서 땅의 요소는 나는 땅의 요소라거나 나머지 세 요소들의 머무는 장소가 되어 조건

이 된다고 알지 못한다. 나머지 세 요소들도 땅의 요소가 우리들의 머무는 장소가 되어 우리들에게 조건이 된다고 알지 못한다. 이 방법은 모든 곳에 적용된다. 이와 같이 알지 못하는 것에 따라 이들을 마음에 잡도리해야 한다.

111. ⓭ **조건의 분석에 따라:** 요소들에게 네 가지 조건이 있는데 업과 마음과 음식과 온도이다. 여기서 업에서 생긴 요소들에게는 오직 업이 조건일 뿐 마음 등은 아니다. 마음 등에서 생긴 요소들에게도 오직 마음 등이 조건일 뿐 다른 것은 아니다.

업에서 생긴 요소들에게 업은 생산[업][151]의 조건이 된다. 나머지 요소들에게는 경전에 따르면 강하게 의지하는 조건[152]이 된다. 마음에서 생긴 요소들에게 마음은 생산[업]의 조건이 된다. 나머지 요소들에게는 뒤에 생긴 조건, 존재하는 조건, 떠나 가버리지 않은 조건으로 조건이 된다. 음식에서 생긴 요소들에게 음식은 생산[업]의 조건이 된다. 나머지 요소들에게는 음식의 조건, 존재하는 조건, 떠나 가버리지 않은 조건으로 조건이 된다. 온도에서 생긴 요소들에게 온도는 생산[업]의 조건이 된다. 나머지 요소들에게는 존재하는 조건, 떠나 가버리지 않은 조건으로 조건이 된다.

업에서 생긴 근본물질들은 업에서 생긴 것에게 조건이 되고, 마음 등에서 생긴 것에게도 조건이 된다. 마음에서 생긴 것과 음식에서 생긴 것도 그와 같다. 온도에서 생긴 근본물질들은 온도에서 생

---

151) 생산업(*janaka-kamma*)에 대해서는 XIX. 19와 『길라잡이』 5장 §18의 1번 해설을 참조할 것.
152) 여기서 언급되고 있는 여러 조건은 XVII §17이하와 『길라잡이』 8장에서 설명하고 있는 24가지 조건들을 참조할 것.

긴 근본물질들에게 조건이 되고, 업 등에서 생긴 것에게도 조건이 된다.(*Cf.* XX. §27이하)

112. 업에서 생긴 땅의 요소는 업에서 생긴 다른 것들에게 함께 생긴 조건, 서로 지탱하는 조건, 의지하는 조건, 존재하는 조건, 떠나 가버리지 않은 조건과 머무는 장소로 조건이 된다. 그러나 생산[업]의 조건은 되지 않는다. 이것은 나머지 [마음과 음식과 온도의] 세 가지 조건에서 생긴 근본물질들에게 의지하는 조건, 존재하는 조건, 떠나 가버리지 않은 조건으로 조건이 된다. 그러나 머무는 장소와 생산[업]의 조건은 되지 않는다.

여기서 [업에서 생긴] 물의 요소는 [업에서 생긴] 나머지 세 요소들에게 함께 생긴 조건 등과 점착으로 조건이 된다. 그러나 생산[업]의 조건은 되지 않는다. 이것은 나머지 [마음과 음식과 온도의] 세 가지 조건에서 생긴 근본물질들에게 의지하는 조건, 존재하는 조건, 떠나 가버리지 않은 조건으로 조건이 된다. 그러나 점착과 생산[업]의 조건은 되지 않는다.

[업에서 생긴] 불의 요소는 [업에서 생긴] 나머지 세 요소에게 함께 생긴 조건 등과 익게 하는 것으로 조건이 된다. 그러나 생산[업]의 조건은 되지 않는다. 이것은 나머지 [마음과 음식과 온도의] 세 가지 조건에서 생긴 근본물질들에게 의지하는 조건, 존재하는 조건, 떠나 가버리지 않은 조건으로 조건이 된다. 그러나 익게 하는 것과 생산[업]의 조건은 되지 않는다.

[업에서 생긴] 바람의 요소는 [업에서 생긴] 나머지 세 요소들에게 함께 생긴 조건 등과 팽창하는 것으로 조건이 된다. 그러나 생산[업]의 조건은 되지 않는다. 이것은 나머지 [마음과 음식과 온도의]

세 가지 조건에서 생긴 근본물질들에게 의지하는 조건, 존재하는 조건, 떠나 가버리지 않은 조건으로 조건이 된다. 그러나 팽창하는 것과 생산[업]의 조건은 되지 않는다.

마음과 음식과 온도에서 생긴 땅의 요소 등에도 이와 같은 방법이 적용된다.

113. 이와 같이 함께 생긴 조건 등의 영향으로 이 요소들이 일어날 때,

> 하나의 요소를 조건으로 세 요소가 일어남에
> 네 가지 방법이 있고
> 세 요소를 조건으로 하나의 요소가 일어남에
> 네 가지 방법이 있다.
> 두 요소를 조건으로 두 요소가 일어남에
> 여섯 가지 방법이 있다.

114. 땅의 요소 등에서 각각을 조건으로 각각 나머지 세 요소들이 있기 때문에 하나를 조건으로 세 개가 네 가지 방법으로 일어난다. 그와 마찬가지로 땅의 요소 등에서 각각의 요소들은 각각 나머지 셋을 조건하기 때문에 셋을 조건으로 하나가 네 가지 방법으로 일어난다. 그러나 앞의 둘을 조건으로 뒤의 둘이 일어나고, 뒤의 둘을 조건으로 앞의 둘이, 첫 번째와 세 번째를 조건으로 두 번째와 네 번째가, 두 번째와 네 번째를 조건으로 첫 번째와 세 번째가, 첫 번째와 네 번째를 조건으로 두 번째와 세 번째가, 두 번째와 세 번째를 조건으로 첫 번째와 네 번째가, 이와 같이 두 요소를 조건으로

두 요소가 여섯 가지 방법으로 일어난다.

115. 이 가운데 땅의 요소는 앞으로 나아가고 뒤로 돌아설 때에 (M.i.57) 발을 내리 눌리는 것의 조건이 된다. 물의 요소를 수반하는 땅의 요소는 발을 세우는 것의 조건이 된다. 땅의 요소를 수반하는 물의 요소는 내려놓는 것의 조건이 된다. 바람의 요소를 수반하는 불의 요소는 들어 올리는 것의 조건이 된다. 불의 요소를 수반하는 바람의 요소는 앞으로 가져오고 옆으로 가져가는 것의 조건이 된다.(XX. §62이하) 이와 같이 조건의 분석에 따라 마음에 잡도리해야 한다.

116. 이와 같이 단어의 뜻 등에 따라 마음에 잡도리할 때 개개의 방법을 통해 요소들은 분명해진다. 그들을 계속해서 전향하고 마음에 잡도리할 때 앞서 설한 방법대로 근접삼매가 일어난다. 그 근접삼매는 네 가지 요소들을 구분하는 지혜의 위력으로 일어나기 때문에153) '사대의 구분'이라고 이름한다.

117. 이 사대의 구분을 수행하는 비구는 공함에 몰입한다. 중생이라는 인식을 제거한다. 그는 중생이라는 인식을 제거함으로써 사나운 야수, 야차, 도깨비 등의 관념(*vikappa*)을 간직하지 않기 때문에 두려움과 공포를 견딘다. 지겨움과 기뻐함을 극복하고, 원하는 것에 기분이 들뜨거나 원하지 않는 것에 우울해 하지 않는다. 큰 통찰지를 가지며, 불사를 성취하거나 내생에 선처에 태어난다.

---

153) 냐나몰리 스님은 '*because it arises in one who defines the four elements owing to the influence of his knowledge*'라고 영역했는데 원문의 '*vavatthāpakassa*(구분하게 하는)'라는 단어는 뒤의 '*ñāṇassa*(지혜)'를 수식하는 것이지 사람을 지칭하는 것이 아니다.

이와 같이 큰 위력을 가졌고
뛰어난 수행자 사자들의 놀이터인
사대의 구분을
지자는 항상 수행해야 한다.

이것이 사대의 구분에 대한 상세한 설명이다.

118. 삼매를 닦는 방법을 상세하게 보이기 위해 'I 삼매란 무엇인가? II 무슨 뜻에서 삼매라 하는가?'라는 방법으로 질문을 했다.(III. §1) 그 중에서 'VII 어떻게 닦아야 하는가?'라는 구문에 대해 이 시점에서 모든 측면에서 뜻의 해설을 마쳤다.

119. 여기서 삼매란 두 가지를 뜻한다. 즉, 근접삼매와 본삼매이다. 열 가지 명상주제에서 마음의 하나됨(*cittekaggatā*, 心一境性)과 본삼매 이전의 마음에서 마음의 하나됨은 근접삼매이다. 나머지 명상주제에서 마음의 하나됨은 본삼매이다. 이 명상주제들을 닦기 때문에 두 가지 삼매를 닦는다. 그래서 설하였다. 'VII 어떻게 닦아야 하는가라는 구문에 대해 이 시점에서 모든 측면에서 뜻의 해설을 마쳤다'라고.

삼매의 이익

samādhiānisaṁsakathā

120. 그리고 **VIII 삼매를 닦으면 무슨 이익이 있는가?**라고 제기한 질문(III. §1)에 대해서는 지금 여기서 행복하게 머묾 등의 다섯

가지 삼매수행의 이익이 있다.

① 번뇌 다한 아라한들은 '禪에 들어 하나된 마음으로 하루 종일 행복하게 머물리라'면서 삼매를 닦는다. 그들에게 본삼매수행은 금생에 행복하게 머무는 이익을 준다.

그래서 세존께서 말씀하셨다. "쭌다여, 그러나 이것들을 이 성스러운 율에서는 말살이라 부르지 않는다. 성스러운 율에서는 이것들을 지금 여기서 행복하게 머묾이라 부른다.(M.i.40-2)"

121. ② 유학과 범부들이 '증득(等至)에서 출정하여 삼매에 든 마음으로 위빳사나를 하리라'고 생각하면서 닦을 때에 본삼매의 수행도 위빳사나의 가까운 원인이기 때문에 위빳사나의 이익을 얻고, 근접삼매의 수행도 [갈애와 오염 등으로 오염된] 위험한 곳에서 쉼터를 얻는 방법으로 위빳사나의 이익을 얻는다.

그래서 세존께서 말씀하셨다. "비구들이여, 삼매를 닦아야 한다. 비구들이여, 삼매를 잘 닦은 비구는 있는 그대로 꿰뚫어 안다.(S.iii.13)"

122. ③ 그러나 이미 여덟 가지 증득154)을 얻고 초월지(abhiññā)의 기초가 되는 禪에 들었다가 출정하여 '하나인 상태에서 여럿이 된다'라고 설한(XII. §2) 초월지를 원하여 그것을 생기게 하는 자들이 있다. 그들에게 본삼매의 수행은 초월지를 얻는 이익이 있다. 본삼매의 수행은 원인이 있을 때는 언제든지(sati sati āyatane)155) 초월지의 가까운 원인이 되기 때문이다.

그래서 세존께서 말씀하셨다. "초월지로 실현시킬 수 있는 법이

---

154) 초선 등의 색계 4선과 공무변처 등의 무색계 4선을 말한다.
155) "전생에 성취한 초월지를 얻을 원인이 있을 때라는 뜻이다.(Pm.362)"

라면 그것이 어떤 것이든지 간에, 초월지로 그 경지를 실현하기 위해서 마음을 기울이면 그런 원인이 있을 때는 언제든지 그것을 실현하는 능력을 얻는다.(M.iii.96)"

123. ④ 禪을 놓치지 않은 [범부]가 '범천의 세상에 태어나리라'면서 범천의 세상에 태어나기를 원하거나, 원하지 않더라도 禪으로부터 물러나지 않으면, 그때 본삼매의 수행은 존재의 특별함을 가져오기 때문에 존재의 특별함의 이익을 얻는다.

그래서 세존께서는 "색계의 초선을 조금 닦으면 어디에 재생하는가? 범중천의 동료로 태어난다.(Vbh.424)"는 등을 말씀하셨다. 그러나 근접삼매의 수행은 욕계의 선처에서 존재의 특별함을 가져온다.

124. ⑤ 여덟 가지 증득을 얻은 성자들이 '멸진정에 들어 7일 동안 마음 없이 되어 소멸인 열반을 얻어 지금 여기서 행복하게 머물리라'면서 삼매를 닦을 때 본삼매의 수행은 그들에게 멸진[정]의 이익이 있다.

그래서 세존께서 말씀하셨다. "열여섯 가지 지혜와 아홉 가지 삼매를 통해 자유자재에 이른 통찰지가 멸진정의 지혜이다.(Ps.i.2.97)"[156]

125. 이와 같이 삼매수행의 이익은 지금 여기서 행복하게 머무는 것 등 다섯 가지이다. 그러므로,

---

156) "열여섯 가지 지혜란 무상, 고, 무아, 역겨움, 탐욕이 빛바램, 소멸, 놓아버림, 물러섬의 수관인 이 여덟 가지와 여덟 가지 성스러운 도와 과가 그것이다. 아홉 가지 삼매란 다섯 가지 색계선과 네 가지 무색계선이 그것이다.(Pm.362)"

여러 이익을 가졌고, 오염원의 때를 깨끗이 하는
삼매수행에 몰두함을 현자는 게을리 말지어다.

126. 이상으로 "통찰지를 갖춘 사람은 계에 굳건히 머물러서"라는 게송에서(I. §1) 계·정·혜의 제목 아래 청정도론에서 설한 정(定, *samādhi*, 삼매)을 설명하여 마쳤다.

어진 이를 기쁘게 하기 위해 지은 청정도론에서
삼매에 관한 해설이라 불리는
제11장이 끝났다.

제1장은 계에 관한 해설, 제2장은 두타행에 관한 해설, 제3장은 명상주제에 관한 해설, 제4장은 땅의 까시나에 관한 해설, 제5장은 나머지 까시나에 관한 해설, 제6장은 부정에 관한 해설, 제7장은 여섯 가지의 계속해서 생각함에 관한 해설, 제8장은 나머지 계속해서 생각함에 관한 해설, 제9장은 거룩한 마음가짐에 관한 해설, 제10장은 무색의 경지에 관한 해설, 제11장은 음식에 대해 혐오하는 인식과 사대의 구분의 둘에 관한 해설이었다.

제12장
iddhividhaniddeso
신통변화

제12장 신통변화

iddhividhaniddeso

초월지에 대한 주석
abhiññākathā

1. '삼매수행은 초월지(*abhiññā*, 神通智)157)의 이익을 가져온

---

157) 초월지로 옮긴 '*abhiññā*'는 일반적으로는 모든 종류의 신통을 나타낸다. 특히 '*chaḷabhiññā*(여섯 가지 초월지)'는 六神通으로 한역된 술어이다. 그러나 역자는 일반적으로 신통으로 옮기고 있는 '*iddhi*'와 구분 짓기 위해서 아빈냐를 '초월지'로 옮기고 잇디(*iddhi*)는 신통으로 옮긴다.
『길라잡이』에서는 '*abhiññā*'를 신통지로 옮겼다. 그러나 아빈냐는 반드시 신통만을 뜻하지는 않는다. 본서 III. §15에서 "처음 禪을 닦는 것부터 시작하여 그 禪의 근접삼매가 일어날 때까지 계속되는 삼매의 수행을 도 닦음(*paṭipadā*)이라 한다. 근접삼매부터 시작하여 본삼매까지 계속되는 통찰지를 초월지(*abhiññā*)라 한다."라고 설명하고 있기 때문이다. 이처럼 이것은 본삼매에서 생기는 지혜이므로 초월적이다. 그래서 초월지라 옮겼다. 물론 이 초월지에는 여러 가지 신통들도 다 포함된다.
그리고 '*iddhividha*(신통변화)'는 이런 육신통 가운데 첫 번째인 소위 말하는 신족통(神足通)을 뜻한다. 그리고 신통의 문맥에서 '*iddhi*(신통)'와 '*iddhividha*(신통변화)'는 동의어로 봐도 무난하다. 그리고 신통을 나타내는 단어로 '*pāṭihāriya*'가 있는데 본서에서는 '신변(神變)'으로 옮기고 있다. 이것은 쌍신변이라는 술어에 나타난다.

다.'(XI. §122)고 한 것은 세간적인 초월지158)에 관해서 설한 것이다. 이제 그 초월지를 성취하기 위해서 수행자는 땅의 까시나 등에서 얻은 제4선으로써 수행해야 한다. 왜냐하면 삼매수행은 이러한 이익을 얻게 할 뿐만 아니라 [삼매수행도] 역시 더욱 견고해지기 때문이다. 아울러 그가 이익을 얻고 삼매수행을 더욱 견고하게 갖출 때 통찰지의 수행도 쉽게 성취하게 될 것이다. 그러므로 이제 초월지를 주석하려 한다.

2. 세존께서 제4선의 삼매를 얻은 선남자들에게 삼매수행의 이익을 보이시기 위해, 또 점점 더 수승한 법159)을 설하시기 위해 다섯 가지 세간적인 초월지를 설하셨다.

다섯 가지 세간적인 초월지란 ① "이와 같이 그의 마음이 삼매에 들고, 청정하고, 깨끗하고, 허물이 없고, 오염을 벗고, 부드럽고, 일에 적합하고, 안정되고, 흔들림이 없는 상태에 이르렀을 때 그는 신통변화(神足通)로 마음을 향하고, 기울인다. 그는 여러 가지 신통변화를 나툰다. 하나인 상태에서 여럿이 되기도 하고 …(D.i.77)"160)라

---

158) 여섯 가지 초월지(六神通) 가운데 처음의 다섯 가지를 세간적인 신통이라 한다. 그 다섯 가지 가운데 첫 번째인 신통변화(神足通)가 본서 XII에서 설명되고 나머지 4가지는 XIII에서 설명된다.
159) "이 교단에 4종선만 성취해야 하는 것이 아니고 또한 신통변화의 지혜만 얻어야 하는 것이 아니라 다른 것도 있다는 것을 보이기 위해 이것을 설했다.(Pm.365)"
160) 경에 나타나는 신통변화(신족통)의 정형구를 본장에서는 여기까지만 인용하였다. 그러나 본장에서(§48이하) 신통변화의 정형구 전체를 아래의 열 가지로 구분하여 모두 주석하고 있으므로『장부』「사문과경」(D2) 등에 나타나는 신통변화의 정형구의 전문을 여기에 옮긴다.
"① 하나인 채 여럿이 되기도 하고 ② 여럿이 되었다가 하나가 되기도 한다. ③ 나타났다 ④ 사라졌다하고 ⑤ 벽이나 담이나 산을 아무런 장애

는 등의 방법으로 신통변화(神足通)와 ② 신성한 귀의 요소의 지혜(天耳通)와 ③ [남의] 마음을 아는 지혜(他心通)와 ④ 전생을 기억하는 지혜(宿命通)와 ⑤ 죽음과 다시 태어남을 아는 지혜(天眼通)이다.

1. 신통변화(神足通)에 대한 주석
iddhividhakathā

여기서 '하나인 상태에서 여럿이 된다'라는 등의 신통변화를 행하려는 초심수행자는 흰색의 까시나까지 여덟 가지 까시나에 대해 각각 여덟 가지의 증득(等至)을 얻어야 한다. 그 다음에 다음과 같은 열네 가지 방법으로 마음을 완전히 조복해야 한다. ① 까시나의 순서대로 ② 까시나의 역순으로 ③ 까시나의 순·역순으로 ④ 禪의 순서대로 ⑤ 禪의 역순으로 ⑥ 禪의 순·역순으로 ⑦ 禪을 건너뜀으로써 ⑧ 까시나를 건너뜀으로써 ⑨ 禪과 까시나를 건너뜀으로써 ⑩ 구성요소를 초월함으로써 ⑪ 대상을 초월함으로써 ⑫ 구성요소와 대상을 초월함으로써 ⑬ 구성요소를 구분함으로써 ⑭ 대상을 구분함으로써 조복해야 한다.

3. 그러면 무엇이 까시나의 순서이며 … 무엇이 대상의 구분인가?

없이 통과하기를 마치 허공에서처럼 한다. ⑥ 땅에서도 떠올랐다 잠겼다 하기를 물 속에서처럼 한다. ⑦ 물 위에서 빠지지 않고 걸어가기를 땅 위에서처럼 한다. ⑧ 가부좌한 채 허공을 날아가기를 날개 달린 새처럼 한다. ⑨ 저 막강하고 위력적인 태양과 달을 손으로 만져 쓰다듬기도 하며 ⑩ 심지어는 저 멀리 범천의 세계에까지도 몸의 자유자재함을 발휘한다."

(1) 여기 비구가 먼저 땅의 까시나에서 禪에 든다. 그 다음에 물의 까시나를 대상으로 이와 같이 순서대로 여덟 가지의 까시나를 대상으로 백 번이고 천 번이고 禪에 든다. 이것이 **까시나의 순서**이다.

(2) 흰색의 까시나부터 시작하여 그와 같이 역순으로 禪에 드는 것을 **까시나의 역순**이라 한다.

(3) 땅의 까시나부터 시작하여 흰색의 까시나까지, 흰색의 까시나부터 시작하여 땅의 까시나까지 禪에 드는 것을 **까시나의 순·역순**이라 한다.

4. (4) 초선부터 시작하여 순서대로 비상비비상처까지 계속해서 禪에 드는 것을 **禪의 순서**라 한다.

(5) 비상비비상처부터 시작하여 초선까지 계속해서 禪에 드는 것을 **禪의 역순**이라 한다.

(6) 초선부터 시작하여 비상비비상처까지, 비상비비상처부터 시작하여 초선까지 이와 같이 순·역순으로 계속해서 禪에 드는 것을 **禪의 순·역순**이라 한다.

5. (7) 땅의 까시나를 대상으로 초선에 들었다가 그것을 대상으로 제3선에 든다. 그 다음에 까시나를 제거하고 공무변처에 든다. 그 다음에 무소유처에 든다. 이와 같이 까시나를 건너뛰지 않고 禪만 하나를 건너뛰는 것을 **禪의 건너뜀**이라 한다. 이와 같이 물의 까시나 등을 대상으로 한 禪에도 이것이 적용된다.

(8) 땅의 까시나를 대상으로 초선에 들었다가 다시 불의 까시나를 대상으로 초선에, 그 다음에 푸른색의 까시나에, 그 다음에 빨간색의 까시나에서 초선에 든다. 이와 같은 방법으로 禪을 건너뛰지 않

고 까시나만 하나씩 건너뛰는 것을 **까시나의 건너뜀**이라 한다.

(9) 땅의 까시나를 대상으로 초선에 들었다가 그 다음에 불의 까시나를 대상으로 제3선에, 푸른색의 까시나를 제거한 뒤 공무변처에, 빨간색의 까시나로부터 무소유처의 禪에 든다. 이와 같은 방법으로 禪과 까시나를 건너뛰는 것을 **禪과 까시나의 건너뜀**이라 한다.

6.
(10) 땅의 까시나를 대상으로 초선에 들었다가 그곳에서 [제2선, 제3선 등] 다른 것에 드는 것을 **구성요소의 초월**이라 한다.

(11) 땅의 까시나를 대상으로 초선에 든 뒤 물의 까시나를 대상으로, 흰색의 까시나를 대상으로도 역시 그 초선에 든다. 이와 같이 모든 까시나 가운데 오직 하나의 禪에만 드는 것을 **대상의 초월**이라 한다.

(12) 땅의 까시나를 대상으로 초선에 든 뒤 물의 까시나를 대상으로 제2선에, 불의 까시나를 대상으로 제3선에, 바람의 까시나를 대상으로 제4선에, 푸른색 까시나를 제거한 뒤 공무변처에, 노란색 까시나로부터 식무변처에, 빨간색 까시나로부터 무소유처에, 흰색 까시나로부터 비상비비상처에 든다. 이와 같이 각각 하나씩 건너뜀으로써 구성요소와 대상을 초월하는 것을 **구성요소와 대상의 초월**이라 한다.

7.
(13) 초선은 다섯 개의 구성요소를 가진다고 구분한 다음 제2선은 세 개의 구성요소를, 제3선은 두 개의 구성요소를, 제4선도 그와 같고, 공무변처 … 비상비비상처도 그와 같다고 오직 禪의 구성요소만을 구분하는 것을 **구성요소의 구분**이라 한다.

(14) 그와 마찬가지로 이것은 땅의 까시나라고 구분한 다음 이것

은 물의 까시나 … 이것은 흰색의 까시나라고 오직 대상만을 구분하는 것을 **대상의 구분**이라 한다.

어떤 자들은 구성요소와 대상의 구분도 주장하지만 주석서에서 언급하지 않았기 때문에 수행의 주제가 될 수 없다.

8. 이런 열네 가지 형태로 마음을 조복하지 않고 이전에도 닦은 적이 없는 초심수행자가 신통에 의한 변환(vikubbanā)을 나툰다는 것은 불가능하다. 왜냐하면 초심자에게는 까시나의 준비를 짓는 것조차도 어렵기 때문이다. 이것은 백 사람이나 천 사람 가운데서 한 사람 정도 가능한 것이다. 까시나의 준비를 지은 자라도 표상을 일으키는 것은 어렵다. 백 사람이나 천 사람 가운데서 한 사람 정도 가능한 것이다. 표상이 일어났을 때도 그것을 확장하여 본삼매를 얻는 것은 어렵다. 백 사람이나 천 사람 가운데서 한 사람 정도 가능하다. 본삼매를 얻은 자라도 열네 가지 방법으로 마음을 조복하는 것은 어렵다. 백 사람이나 천 사람 가운데서 한 사람 정도 가능하다. 신통에 의한 변환을 나툰 자라도 재빠르게 禪에 드는 것[161]은 어렵다. 백 사람이나 천 사람 가운데 한 사람 정도 가능하다.

9. 마치 락키따(Rakkhita) 장로의 경우처럼. 그는 계를 받은 지 8년 되어 테람밧탈라(Therambatthala, 장로망고평원)에 마하로하나굿따(Mahā-Rohaṇagutta) 장로를 간병하기 위해 온 3만 명의 신통변화를 가진 사람들 가운데 있었다. 그의 위력은 땅의 까시나의 설명에서

---

161) '재빠르게 禪에 드는 것'으로 옮긴 빠알리어 'khippa-nisanti'의 nisanti는 '본다(nisāmana)'라는 뜻으로 禪의 눈으로 땅의 까시나 등 禪의 대상을 본다는 뜻이다. 그러므로 'khippanisanti'는 재빨리 禪에 든다는 뜻이다.(Pm.367)

이미 설했다.(IV. §135) 그의 위력을 보고 장로께서 말씀하셨다. '도반들이여, 만약 락키따가 없었더라면 '그들은 용왕을 보호할 수 없었다'라는 말로 우리 모두 비난을 면치 못했을 것이다. 그러므로 마치 [군인이] 녹을 제거하고서 무기를 들고 다녀야 하듯이 번뇌의 때를 제거하고서 [신통변화의] 무기를 자기가 항상 가지고 다녀야 한다.' 라고. 그 3만 명의 비구들은 장로의 경책을 명심하여 재빠르게 禪에 드는 자가 되었다.

10. 재빠르게 禪에 들더라도 남을 돕기는 어렵다. 백 사람이나 천 사람 가운데서 한 사람 정도 가능하다. 마치 기리반다와하나 뿌자(Giribhaṇḍavāhanapūja)162)에서 마라가 숯불의 비를 쏟아지게 했을 때 허공에 땅을 만들어서 숯불의 비로부터 보호해준 장로의 경우처럼.

11. 이전에 수행이 이미 깊었던 부처님과 벽지불과 상수제자들은 앞서 설한 점진적인 수행 없이도 오직 아라한과를 증득함으로써 이 신통을 나투는 것과 무애해 등 다른 덕들을 성취한다.

12. 그러므로 마치 장신구를 만들려는 금세공인이 불에 녹이는 것 등을 통해 금을 부드럽게 하고 적합하게 한 다음에 그것을 만들고, 마치 옹기를 만들려는 도공이 점토를 잘 반죽하여 부드럽게 한 다음 만들 듯이, 초심자는 이 열네 가지 방법으로 마음을 조복한 뒤 열의를 필두로, 마음을 필두로, 정진을 필두로, 검증163)을 필두로

---

162) "쩨띠야 산에서부터 시작하여 섬의 전역과 바다의 1유순까지 거행되는 큰 등불 축제이다.(Pm.367)"
163) 열의(*chanda*), 마음(*citta*), 정진(*viriya*), 검증(*vīmaṁsa*)은 네 가지 성취수단 혹은 신통의 기초(*iddhi-pāda*, 如意足)라 하여 초월지를 얻는

禪에 들어가고, 전향 등에 자유자재를 얻어 [마음을] 부드럽고 적합하게 한 다음 신통변화의 수행을 해야 한다.

전생에 [수행하여 이것을 얻을] 조건을 갖춘 자는 까시나를 대상으로 제4선에만 자유자재를 얻은 뒤에도 나툴 수 있다. 이제 [신통변화를 나투는] 방법을 보이시면서 세존께서는 "이와 같이 그의 마음이 삼매에 들고"라고 시작하셨다.(§2)

13. 이제 성전에 따라 한 구절씩 판별한다.
그 사람: 제4선을 얻은 수행자다. **이와 같이:** 이것은 제4선을 얻은 순서를 보여주는 것이다. 즉 초선을 얻는 것을 시작으로 순서대로 제4선을 얻는다고 설한 것이다. **삼매에 들고:** 제4선으로써 삼매에 들 때. **마음이:** 색계 마음이.

14. **청정하고** 등의 닦어 가운데서 평온에 기인한 마음챙김이 청정한 상태이기 때문에 청정하다. 청정하기 때문에 **깨끗하다**. 두명하다는 뜻이다. 행복 등의 조건을 제거함으로써 탐욕 등의 허물을 버렸기 때문 **허물이 없다**. 허물이 없기 때문에 **오염을 벗었다**. 왜냐하면 허물로 그 마음을 오염시키기 때문이다. 잘 닦았기 때문에 **부드럽다**. 자유자재를 얻은 것을 뜻한다. 자유자재한 마음은 부드럽다고 한다. 부드럽기 때문에 **일에 적합하다**. 일을 견뎌내고, 일에 적당하다는 뜻이다.

15. 왜냐하면 부드러운 마음은 일에 적합하기 때문이다. 마치 잘 정제된 금처럼. 이 [부드러움과 일에 적합함] 둘은 모두 잘 닦았

기초이다. XXII. §36과 『길라잡이』 7장 §26을 참조할 것.

기 때문에 있는 것이다. 이처럼 말씀하셨다. "비구들이여, 이와 같이 닦고, 많이 [공부]지을 때 그것처럼 부드럽고 일에 적합한 것을 보지 못하나니 그것은 곧 마음이다.(A.i.9)"

16. 이 청정한 상태 등에 안정되어있기 때문에 **안정되었다**. 안정되어있기 때문에 **흔들림이 없는 상태이다**. 움직임이 없고 동요함이 없다는 뜻이다. 혹은 부드럽고 일에 적합한 상태를 통해 자기 스스로 자유자재에 머물기 때문에 **안정되었다**. 믿음 등으로 강화되었기 때문에 **흔들림이 없는 상태이다**.

17. 믿음으로 강화된 마음은 불신으로 흔들리지 않는다. 정진으로 강화된 마음은 게으름으로 흔들리지 않는다. 마음챙김으로 강화된 마음은 부주의로 흔들리지 않는다. 삼매로 강화된 마음은 들뜸으로 흔들리지 않는다. 통찰지로 강화된 마음은 무명으로 흔들리지 않는다. [지혜의] 광명과 함께한 마음은 오염원의 어둠으로 흔들리지 않는다. 이 여섯 가지의 법으로 강화될 때 흔들림 없는 상태에 이른다.

18. 이와 같이 여덟 가지 구성요소를 갖춘 마음은164) 초월지로 실현하여야 할 법들을 초월지로 실현하는데 적합하다.

---

164) "여덟 가지 구성요소란 삼매에 들고, 청정하고, 깨끗하고, 허물이 없고, 오염을 벗었고, 부드럽고, 일에 적합하고, 흔들림이 없음이다. 이들로서 안정된 상태를 뜻한다. 혹은 이들이 삼매에 든 마음의 구성요소이기 때문에 '삼매에 들고'를 구성요소로 취하는 대신 마지막의 안정된 상태와 흔들림이 없는 상태를 분리하여 여덟 가지 구성요소가 된다.(Pm.368)"

19. 다른 방법으로 [설명한다]. 그는 제4선으로 **삼매에 든다**. 장애들을 멀리 한 상태이기 때문에 **청정하다**. 일으킨 생각(尋) 등을 초월했기 때문에 **깨끗하다**. 禪을 얻어서 나쁜 포부165)가 없기 때문에 **허물이 없다**. 탐욕 등 마음의 오염원들이 떠났기 때문에 **오염을 벗었다**. 이 둘 모두「아낭가나 경」(Anaṅgaṇa Sutta, 無穢經, M5)과「옷감의 비유 경」(Vattha Sutta, 布喩經, M7)에 따라 알아야 한다.

자유자재를 얻었기 때문에 부드럽다. 신통의 기초(*iddhipāda*, 如意足, 성취수단)의 상태에 다가갔기 때문에 **일에 적합하다**. 수행의 완성으로 수승한 상태에 이르렀기 때문에 **안정되고 흔들림이 없는 상태에 이르렀다**. 흔들림이 없는 상태에 이른 것에 걸맞게 안정되었다는 뜻이다. 이와 같이 여덟 가지 구성요소를 갖춘 마음은 초월지로 실현해야할 법들을 초월지로 실현하는데 적합하다. 왜냐하면 그것은 [신통의] 기초이고 가까운 원인이기 때문이다.

열 가지 신통의 주석
dasaiddhikathā

20. **그는 마음을 신통변화를 향해 인도하고 기울인다**: 여기서는 성취한다는 뜻(*ijjhanatthena*)에서 신통(*iddhi*)이다. 성공한다는 뜻에서, 획득한다는 뜻에서라는 말이다. 성공과 획득을 성취라고 부르기 때문이다. 그래서 말씀하셨다. "원하는 자에게 이것은 성취된다.(Sn.766)" 그와 마찬가지로 "출리를 성취했기(*ijjhati*) 때문에 신통

---

165) "자만, 허영, 사기 등의 오염원이 '*icchāvacara*(나쁜 포부)'에 속한다.(Pm. 368)"

(*iddhi*)이고 … 반대되는 것(*paṭipakkha*)을 버렸기(*harati*) 때문에 신변(*pāṭihāriya*)이다. 아라한도를 성취했기 때문에 신통이고 … 반대되는 것을 버렸기 때문에 신변이다.(Ps.ii.229)"

21. 다른 방법으로 [설명한다]. 성취한다는 뜻(*ijjhanaṭṭhena*)에서 신통(*iddhi*)이다. 이것은 수단의 구족과 동의어이다. 수단을 구족할 때 성취하게 되는데 그것은 원하는 결과를 가져오기 때문이다. 그래서 말씀하셨다. "계를 지니고 성품이 착한 찟따(Citta) 장자가 만약 내생에 전륜성왕이 되기를 소원했다면 계를 지닌 그는 그의 소원을 성취했을 것이다. 왜냐하면 청정하기 때문이다.(S.iv.303)"

22. 다른 방법으로 [설명한다]. 이것으로 중생들이 성취하기 때문에 신통(*iddhi*)이다. 성취한다는 것은 성공한다, 성장한다, 증진한다는 뜻이다. 이것은 열 가지이다. 그래서 말씀하셨다. "신통은 열 가지가 있다." 다시 말씀하셨다. "무엇이 열 가지 신통인가? ① 결의에 의한 신통 ② 변형의 신통 ③ 마음으로 [다른 몸을] 만드는 신통 ④ 지혜가 충만함에 의한 신통 ⑤ 삼매가 충만함에 의한 신통 ⑥ 성자들의 신통 ⑦ 업의 과보로 생긴 신통 ⑧ 공덕을 가진 자의 신통 ⑨ 주술에 의한 신통 ⑩ 각각 바른 노력을 조건으로 성취한다는 뜻에서의 신통이다.(Ps.ii.205)"

23. **[(1) 결의에 의한 신통]**: "본래는 한 사람이지만 여럿으로 전향한다. 혹은 백 사람으로 혹은 천 사람으로 혹은 백 천 사람으로 전향한다. 전향 한 뒤 '여럿이 되리라'라고 지혜로 결의한다.(Ps.ii.207)" 이와 같이 분별하고서 나타낸 신통은 결의를 통해 완성되었기

때문에 **결의**(adhiṭṭhāna)**에 의한 신통**이라 한다.

24. **[(2) 변형의 신통]**: "그는 본래의 모습을 버리고 동자의 모습을 보이거나 뱀의 모습 … 갖가지 군대를 보이기도 한다.(Ps.ii. 210)"라고 이와 같이 전승되어온 신통은 본래의 모습을 버리고 변환하여 생겼기 때문에 **변형**(vikubbanā)**의 신통**이라 한다.

25. **[(3) 마음으로 [다른 몸을] 만드는 신통]**: "여기 비구가 이 몸에서 다른 몸을 창조한다(abhinimmināti). 그것은 형상을 가졌고 마음으로 만든 것이다(Ps.ii.210)"라고 이런 방법으로 전승되어온 신통은 [자기의] 몸 안에서 마음으로 만든 [다른] 몸을 생기게 하기 때문에 **마음으로 [다른 몸을] 만드는**(manomaya) **신통**이라 한다.

26. **[(4) 지혜가 충만함에 의한 신통]**: [아라한 도의] 지혜가 일어나기 이전이거나 이후거나 아니면 [도가 일어나는] 그 순간에 지혜의 힘으로 생긴 특별함을 **지혜가 충만함**(ñāṇa-vipphāra)**에 의한 신통**이라 한다. 이와 같이 설하셨기 때문이다.

"무상의 관찰(隨觀)을 통해 영원하다는 인식을 버리는 뜻을 성취하기 때문에 지혜가 충만함에 의한 신통이다. 아라한도를 통해 모든 오염원들을 버리는 뜻을 성취하기 때문에 지혜가 충만함에 의한 신통이다. 바꿀라(Bākkula) 존자에게 지혜가 충만함에 의한 신통이 있었고, 상낏짜(Saṅkicca) 존자에게 지혜가 충만함에 의한 신통이 있었고, 부따빨라(Bhūtapāla) 존자에게 지혜가 충만함으로 인한 신통이 있었다.(Ps.ii.211)"

27. 바꿀라 존자가 유아였을 때 강에서 목욕을 시키던 유모의 실수로 강물에 빠져버렸다. 물고기가 그를 삼킨 후 바라나시의 목욕장소에 이르렀다. 어부가 그것을 잡아 한 장자의 부인에게 팔았다. 그녀는 그 물고기가 마음에 들어 '내가 이것을 요리해야지'하고 그것을 갈랐을 때 뱃속에 금으로 만든 형상과 같은 아이를 보고서 '아들을 얻었구나!'라고 기뻐했다. 이와 같이 바꿀라 존자가 그의 마지막 생에 물고기의 뱃속에서 무사하게 살아남은 것을 두고 **지혜가 충만함으로 인한 신통**이라 한다. 왜냐하면 이것은 그 생에 자신이 얻은 아라한 도의 지혜의 힘으로 일어난 것이기 때문이다. 그러나 이 설화는 상세하게 설해야 한다.

28. 상낏짜 장로는 모태에 있을 때 어머니가 죽었다. 장작더미 위에 그녀를 올려 막대기로 찔러 태우려고 할 때 태아는 막대기 끝에 찔려 그의 눈가에 상처를 입고 소리를 질렀다. 그 후 태아가 살아있다고 생각하면서 그녀를 끄집어 내려서 배를 갈라 아이를 할머니께 주었다. 그는 그녀의 보살핌으로 성장한 뒤 출가하여 무애해와 함께 아라한이 되었다. 이처럼 앞서 설한 방법대로 상낏짜 존자가 화장더미에서 무사하게 생존했던 것을 **지혜가 충만함으로 인한 신통**이라 한다.

29. 부따빨라 동자의 아버지는 왕사성의 가난한 사람이었다. 그는 장작을 패우기 위해 짐마차를 끌고 숲으로 가서 장작더미를 꾸려 저녁 무렵에 성문 근처로 돌아왔다. 그때 그의 소가 멍에를 벗고 도시로 도망을 갔다. 그는 짐마차 옆에다 아이를 앉혀놓고 소를

잡기 위해 따라가면서 도시로 들어갔다. 그가 다시 나오기도 전에 성문이 닫혀버렸다. 맹수와 야차들이 들끓는 도시 밖에서 3경의 밤이 새도록 아이가 무사하게 생존했던 것을 **지혜가 충만함으로 인한 신통**이라 한다. 그러나 이 설화는 상세하게 설해야 한다.

30. **[(5) 삼매가 충만함에 의한 신통]:** 삼매가 일어나기 이전이나 이후나 아니면 그 순간에 삼매의 힘으로 생긴 특별함을 **삼매가 충만함에 의한 신통**이라 한다. 이렇게 설하셨기 때문이다. "초선으로 장애들을 버리는 뜻을 성취하기 때문에 삼매가 충만함에 의한 신통이다 … 비상비비상처의 증득으로 무소유처의 인식을 버리는 뜻을 성취하기 때문에 삼매가 충만함에 의한 신통이다. 사리뿟따 존자에게 삼매가 충만함에 의한 신통이 있었다. 산지와(Sañjīva) 존자에게는 삼매가 충만함에 의한 신통이 있었다. 카누꼰단냐(Khāṇukoṇḍañña) 존자에게는 삼매가 충만함에 의한 신통이 있었다. 웃따라(Uttarā) 청신녀에게는 삼매가 충만함에 의한 신통이 있었다. 사마와띠(Sāmāvatī) 청신녀에게는 삼매가 충만함에 의한 신통이 있었다.(Ps.ii.211-12)"

31. 사리뿟따 존자가 마하목갈라나 존자와 함께 까뽀따깐다라(Kapotakandarā)에서 머물 때 보름날 저녁에 깨끗이 삭발을 하고는 노지에 앉아있었다. 그때 한 나쁜 야차가 그의 동료 야차의 경고에도 불구하고 머리를 쳤다. 그 소리는 마치 천둥과 같았다. 그가 칠 때 장로는 증득(等至)에 들어있었다. 그의 일격에 조금도 통증이 없었다. 이것이 그 존자에게 있었던 삼매가 충만함에 의한 신통이다. 이 일화는 『우다나』(자설경)에 전승되어 온다.(Ud.39)

32. 산지와 장로가 멸진정에 들어있을 때였다. 목동 등이 살펴보고는 '돌아가셨구나.'라고 생각하면서 풀과 장작과 소똥을 모아놓고 불을 질렀다. 그러나 장로 가사의 실오라기 하나도 타지 않았다. 이것이 그 존자에게 있었던 삼매가 충만함에 의한 신통이다. 왜냐하면 이것은 [멸진정 이전의 8가지의 禪의] 연속적인 증득으로 생긴 사마타의 힘으로 일어난 것이기 때문이다. 이 일화는 경(M.i.333)에 전승되어 온다.

33. 카누꼰단냐 장로는 본래 자주 증득에 들곤 했다. 그는 어떤 숲에서 밤에 증득에 들어 앉아있었다. 500명의 도적들이 물건을 훔쳐 달아나다가 '이젠 우리를 쫓아오는 사람들이 없겠지'라고 생각하면서 휴식을 취하고 싶은 마음에 보따리를 내려놓았다. '이것은 나무 그루터기구나'라고 생각하면서 장로 위에 모든 보따리를 얹어두었다. 그들이 휴식을 취한 다음 떠나려고 할 때 처음에 물건을 내려놓은 사람이 그것을 잡으려는 순간 장로도 증득에 들기 전에 미리 결의한 시간이 되어 출정했다.

그들은 장로가 움직이는 모습을 보고 무서워서 비명을 질렀다. 장로는 '청신사들이여, 두려워 마시오, 나는 비구입니다'라고 말했다. 그들은 다가와서 절을 했다. 장로에 대해 깨끗한 믿음이 생겨 출가하여 무애해를 겸한 아라한이 되었다. 여기서 500개의 장물꾸러미에 눌린 채 장로가 무사히 생존했던 것이 삼매가 충만함에 의한 신통이다.(DhpA.ii.254)

34. 웃따라 청신녀는 뿐나까(Puṇṇaka) 장자의 딸이었다. 그녀를

질투하던 시리마(Sirimā)라는 매춘부가 끓는 기름 대야를 그녀의 머리에 부었다. 웃따라는 그 순간에 자애의 [증득에] 들어있었다. 기름은 연잎의 물방울처럼 흘러내렸다. 이것이 그녀에게 있었던 삼매가 충만함에 의한 신통이다. 그러나 이 일화는 상세히 설해야 한다.(DhpA.iii.310; AA.i.451)

35. 사마와띠는 우데나(Udena) 왕의 첫째 왕비였다. 마간디야(Māgaṇḍiya)라는 바라문이 자기의 딸이 첫째 왕비의 자리에 오르기를 바라면서 그녀의 류트 안에 독사를 집어넣고 왕에게 말했다. '대왕이시여, 사마와띠가 대왕을 죽이기를 원하여 류트 속에 독사를 넣어 소지하고 있습니다.' 왕은 독사를 보자 화가 나서 사마와띠를 죽이리라고 생각하고 활을 빼들어 독화살을 고정시켰다. 사마와띠는 시녀들과 함께 자애로 왕을 가득 채웠다. 왕은 화살을 쏠 수도 내려놓을 수도 없이 떨면서 서있었다.

그때 왕비가 그에게 말했다. '대왕이시여, 고단하십니까?' '그렇소, 고단하다오.' '그렇다면 활을 내려놓으세요.' 활은 왕의 발아래 떨어졌다. 그때 왕비가 '대왕이시여, 허물이 없는 사람에게 허물을 뒤집어씌우지 마세요.'라고 말했다. 이와 같이 왕이 감히 화살을 쏠 수 없었던 것이 사마와띠 청신녀에게 있었던 삼매가 충만함에 의한 신통이다.(DhpA.i.216; AA.i.443)

36. **[(6) 성자들의 신통]**: 혐오스러운 것 등에 대해 혐오스럽지 않다고 인식하면서 머무는 것 등이 **성자들의 신통**이다. 이처럼 말씀하셨다. "무엇이 성자들의 신통인가? 여기 비구가 만약 혐오스러운 것에 대해 혐오스럽지 않다고 인식하면서 머물리라고 바라면 그

것에 대해 혐오스럽지 않다고 인식하면서 머문다 … 평온하게 마음챙기고 알아차리면서 머문다.(Ps.ii.212)" 이것은 마음이 자유자재에 달한 성자들에게만 일어나기 때문에 **성자들의 신통**이라 한다.

37. 이 신통을 갖춘 번뇌 다한 비구는 혐오스럽고 원하지 않는 대상에 대해 자애로 가득 채우거나 혹은 요소(四大)라고 마음에 잡도리하면서 혐오스럽지 않다고 인식하면서 머문다. 혐오스럽지 않은 대상과 원하는 대상에 대해 부정(不淨)을 가득 채우거나 혹은 무상이라고 마음에 잡도리하면서 혐오스럽다고 인식하면서 머문다.

그와 마찬가지로 혐오스러운 것과 혐오스럽지 않은 것에 대해 자애로 가득 채우거나 혹은 요소라고 마음에 잡도리하면서 혐오스럽지 않다고 인식하면서 머문다. 혐오스럽지 않은 것과 혐오스러운 것에 대해 부정을 가득 채우거나 혹은 무상이라고 마음에 잡도리하면서 혐오스럽다고 인식하면서 머문다. "눈으로 형상을 보고서 기뻐하지도 않고(Ps.ii.213)"라는 등의 방법으로 설하신 여섯 가지 구성요소를 가진 평온을 일으키려는 자는 혐오스러운 것과 혐오스럽지 않은 것의 둘 모두를 제거하고 평온하게 마음챙기고 알아차리며 머문다.

38. 『무애해도』에서 "어떻게 혐오스러운 것에 대해 혐오스럽지 않다고 인식하면서 머무는가? 원하지 않는 대상에 자애를 가득 채우거나 요소라고 비추어 바라본다.(Ps.ii.212)"라는 등의 방법으로 이 뜻을 분석하셨다. 이와 같이 이것은 마음이 자유자재에 달한 성자들에게만 일어나기 때문에 **성자들의 신통**이라 한다.

39. **[(7) 업의 과보에서 생긴 신통]**: 새 등의 경우 하늘을 나는 것 등을 **업의 과보에서 생긴**(kammavipākaja) **신통**이라 한다. 이처럼 말씀하셨다. "무엇이 업의 과보에서 생긴 신통인가? 모든 새와 모든 신과 일부의 인간과 일부의 악처에 떨어진 자들에게 있는 것이 업의 과보에서 생긴 신통이다.(Ps.ii.213)"

모든 새들이 禪이나 위빳사나가 없이도 허공으로 나는 것이 업의 과보에서 생긴 신통이고, 모든 신들과 겁초(劫初)의 일부 인간들도 그와 같다. 그와 마찬가지로 야차녀인 삐양까라(Piyaṅkara)의 어머니, 웃따라의 어머니, 풋사밋따(Phussamittā), 담마굿따(Dhammagutta) 등 이러한 일부 악처(惡處)에 떨어진 자들이 하늘을 나는 것이 **업의 과보에서 생긴 신통**이다.

40. **[(8) 공덕을 가진 자의 신통]**: 그러나 전륜성왕 등이 하늘을 나는 것 등은 **공덕을 가진 자**(puññavan)**의 신통**이라 한다. 이처럼 말씀하셨다. "무엇이 공덕을 가진 자의 신통인가? 전륜성왕은 [코끼리, 말, 전차, 보병의] 4종의 군대와 함께 마부와 목동까지 거느리고 하늘을 난다. 조띠까(Jotika) 장자가 공덕을 가진 자의 신통을 가졌고, 자띨라까(Jaṭilaka) 장자가 공덕을 가진 자의 신통을 가졌고, 고시따(Ghosita) 장자가 공덕을 가진 자의 신통을 가졌고, 멘다까(Meṇḍaka) 장자가 공덕을 가진 자의 신통을 가졌고, 큰 공덕을 가졌던 다섯 분이 공덕을 가진 자의 신통을 가졌다.(Ps.ii.213)" 간략하게 설하면 공덕의 무더기가 성숙할 때에 성취하는 특별함이 **공덕을 가진 자의 신통**이다.

41. 조띠까 장자에게 수정궁전과 64그루의 여의수가 땅을 가르고 솟아났다. 이것이 그가 가진 **공덕을 가진 자의 신통**이다. 자띨라까에게 80완척이나 되는 높이의 황금동산이 생겼다. 고시따에게 그를 죽이기 위해 일곱 곳에서 공격을 가했을 때에도 무사히 살아남은 것이 **공덕을 가진 자의 신통**이다. 멘다까에게 1시따(*sīta*)166) 정도 크기의 땅에 칠보로 만들어진 양들이 나타난 것이 **공덕을 가진 자의 신통**이다.

42. 큰 공덕을 가졌던 다섯 분이란 멘다까(Meṇḍaka) 장자, 그의 부인인 짠다빠두마시리(Candapadumasirī), 그의 아들 다난자야(Dhanañjaya) 장자, 그의 며느리 수마나데위(Sumanadevī), 그의 하인 뿐나(Puṇṇa)이다.

그들 가운데서 [멘다까] 장자가 머리를 씻고 하늘을 쳐다볼 때 허공으로부터 일만 이천 오백 개의 창고에 빨간 쌀이 가득 채워졌다. 그의 부인이 날리(*nāḷi*)167)의 분량만큼의 밥을 가져 인도 전역의 주민들에게 베풀어도 밥이 다하지 않았다. 그의 아들이 천 냥의 금이 든 지갑을 가져 인도 전역의 주민들에게 보시를 하여도 금이 남아 돌았다. 그의 며느리가 뚬바(*tumba*)의 분량만큼의 쌀을 가져 인도 전역의 주민들에게 나누어주어도 곡식이 떨어지지 않았다. 그의 하

---

166) 넓이를 재는 도량단위인데 구체적으로 어느 정도인지는 불분명하나. '*sīta*'가 밭고랑을 뜻하므로 이와 관련 있는 넓이인 듯하다.
167) 도량단위이다. 4 *tumba*(*kuḍuba*)는 1 *nāḷi*이고 16날리는 1 *doṇa*이며 날리는 *pattha*와 같은 단위라 한다. 1도나는 1/8부셸(1부셸은 약 36리터 = 약 2말)이라 한다.
아래의 *tumba*는 물항아리라는 뜻인데 곡식의 양을 새는 단위로 쓰인다.

인이 한 개의 쟁기로 밭을 갈 때 양쪽에 일곱씩 열 네 개의 밭고랑이 만들어졌다. 이것이 그들이 가진 **공덕을 가진 자의 신통**이다.

43. **[(9) 주술에 의한 신통]**: 주술사 등이 하늘에 나는 것 등이 **주술에 의한**(*vijjāmaya*) **신통**이다. 이처럼 말씀하셨다. "무엇이 주술에 의한 신통인가? 주술사들은 주문을 외운 뒤 하늘을 난다. 허공이나 공중에서 코끼리를 보여주기도 한다 … 갖가지 군대를 보여주기도 한다.(Ps.ii.213)"

44. 각각의 바른 노력을 통해 그 일을 성취하는 것을 **(10) 각각 바른 노력**(*sammāpayoga*)**을 조건으로 성취한다는 뜻에서의 신통**이라 한다. 이처럼 말씀하셨다. "출리로 감각적 욕망을 버리는 뜻을 성취한다. 그러므로 이것은 각각 바른 노력을 조건으로 성취한다는 뜻에서의 신통이다 … 아라한도로 모든 오염들을 버리는 뜻을 성취한다. 그러므로 이것은 각각 바른 노력을 조건으로 성취한다는 뜻에서의 신통이다.(Ps.ii.213-14)"

도닦음이라 불리는 바른 노력의 설명으로 이 성전의 문구는 앞의 [삼매가 충만함에 의한 신통]에서 보인 성전의 문구와 비슷하다. 그러나 주석서에는 "수레의 형태로 군대를 정렬시키는 전술 등168)을 통한 기술, 약을 제조하는 기술, 세 가지 베다를 외우는 것, 삼장을 외우는 것, 경작하고 파종하는 것 등 가운데 어떤 일을 하고서 생긴 특별함이 각각 바른 노력을 조건으로 성취한다는 뜻에서의 신통이

---

168) "차의 형태, 바퀴의 형태, 연꽃의 형태 등으로 군대를 정렬시키는 전술을 뜻한다.(Pm.379)"
그러나 냐나몰리 스님은 '*any work belonging to a trade such as making a cart assemblage*'라고 영역했다

다."라고 전승되어 온다.

45. 이러한 열 가지 신통 가운데서 [위에서 말한] **신통을**(§2)이라는 이 문구에는 오직 이 결의에 의한 신통을 언급한 것이다. 그러나 ② 변형의 신통과 ③ 마음으로 [다른 몸을] 만드는 신통도 여기에 부합한다.169)

결의에 의한 신통
adhiṭṭhānā iddhi

46. **신통변화로**(*iddhividhāya*)(§2): 신통의 부분으로, 혹은 신통을 나툼으로, **마음을 향하고 기울인다:** 그 비구가 앞서 설한 방법대로 그의 마음이 초월지를 위한 기초가 되었을 때 신통변화를 얻기 위해 준비의 마음을 일으킨다. 그것을 까시나의 대상에서 떼어내어 신통변화를 향하여 보낸다. **기울인다:** 얻어야 할 신통으로 기울이고 기댄다.

47. **그는:** 이와 같이 그의 마음을 인도한 비구는. **여러 가지:** 다른 종류, 갖가지 종류. **신통변화:** 신통의 각 부분. **나툰다:** 경험한다, 닿는다, 깨닫는다, 얻는다는 뜻이다.

---

169) 이하 §136까지에서 본장의 주요주제인 ① 결의에 의한 신통을 §2의 주해에서 인용한 경의 열 가지 신통변화의 정형구를 통해서 자세하게 설명하고 있다. 그리고 §§137-39에서 간단하게 ② 변형의 신통과 ③ 마음으로 [다른 몸을] 만드는 신통의 차이점을 서술한 뒤 본장을 끝맺는다.

1. 하나인 상태에서 여러 몸을 나투는 신통

48. 이제 그것의 여러 종류를 보이기 위해 **하나인 상태에서 여럿이 되기도 하고**라고 설했다. 여기서 **하나인 상태에서**라는 것은 신통을 나투기 전에는 본래 한 사람이었다는 뜻이다. **여럿이 되기도 하고**라는 것은 여러 사람들의 곁에서 경행하고 싶어 하거나 독송을 하고 싶어 하거나 질문을 하고 싶어 하여 백 사람이나 천 사람이 된다는 뜻이다. 그러면 어떻게 이와 같이 신통을 얻는가? 신통의 ① 네 가지 토대 ② 네 가지 기초 ③ 여덟 가지 다리(韻脚) ④ 열여섯 가지 근본을 성취한 뒤 ⑤ 지혜로 결의하기 때문이다.

49. 여기서 **(1) 네 가지 토대**란 네 가지 禪이라고 알아야 한다. 법의 사령관인 [사리뿟따 존자사] 이와 같이 설하셨기 때문이다. "무엇이 신통의 네 가지 토대인가? 초선은 떨쳐버림에서 생긴 토대이고, 제2선은 희열과 행복의 토대이고, 제3선은 평온과 행복의 토대이고, 제4선은 괴롭지도 행복하지도 않은 것의 토대다. 이들 네 가지 신통의 토대는 신통을 얻도록, 신통을 거듭 얻도록, 신통으로 여러 모습으로 변환함(vikubbanatā)을 얻도록, 신통의 위엄(visavitā)을 얻도록, 신통의 자유자재(vasitā)를 얻도록, 신통의 담대함(vesārajja)을 얻도록 인도한다.(Ps.ii.205)"

이 가운데서 처음의 세 가지 禪은 희열이 충만함과 행복이 충만함을 통해서 행복의 인식과 가벼움의 인식에 들어가서 그의 몸을 가볍고 부드럽고 일에 적합하게 하여 신통을 얻도록 한다. 이와 같은 방법으로 [처음 세 가지 禪은] 신통을 얻도록 인도하기 때문에 보조적인 토대라고 알아야 하고, 제4선은 신통을 얻는 기본토대라고 알아야 한다.

50. **(2) 네 가지 기초**는 네 가지 성취수단(*iddhi-pāda*, 신통의 기초, 如意足)이라고 알아야 한다. 이와 같이 설하셨기 때문이다. "무엇이 신통의 네 가지 기초인가? 여기 비구가 열의를 [주로 한] 삼매와 정근의 의도적 행위(*saṅkhāra*, 行)를 갖춘 성취수단을 닦는다. 정진을 [주로 한] 삼매와 정근의 의도적 행위를 갖춘 성취수단을 닦는다. 마음을 [주로 한] 삼매와 정근의 의도적 행위를 갖춘 성취수단을 닦는다. 검증을 [주로 한] 삼매와 정근의 의도적 행위를 갖춘 성취수단을 닦는다. 이 네 가지 신통의 기초는 신통을 얻도록 … 신통의 담대함을 얻도록 인도한다.(Ps.ii.205)"

51. 여기서 열의가 그 원인인, 혹은 열의가 우선인 삼매가 **열의를 [주로 한] 삼매**(*chanda-samādhi*)이다. 이것은 하고 싶어 하는 열의를 우선으로 하여 얻은 삼매의 동의어이다. 정근인(*padhānabhūtā*) 의도적 행위(*saṅkhārā*, 行)가 **정근의 의도적 행위**(*padhāna-saṅkhārā*)이다. 이것은 네 가지 기능을 성취하는 바른 노력인 정진의 동의어이다. **갖춘**이란 열의를 우선으로 한 삼매와 정근의 의도적 행위를 구족한다는 뜻이다.

52. **성취수단**(*iddhipāda*, 신통의 기초, 如意足): 완성한다는 뜻에서, 성취한다는 뜻에서, 이것을 통해 중생들이 성공하고, 성장하고, 증진하기 때문에 이러한 방법으로 초월지의 마음과 관련된 열의를 [주로 한] 삼매와 정근의 의도적 행위는 신통(성취, *iddhi*)이라는 용어

를 얻는다. 그런 열의를 [주로 한] 삼매와 정근의 의도적 행위의 토대(adhiṭṭhāna)라는 의미에서 기초(pāda, 수단)인 나머지 마음과 마음부수의 더미라는 뜻이다. 이처럼 설하셨기 때문이다. "성취수단(신통의 기초, 如意足)이란 그렇게 된 자의 느낌의 무더기(受蘊)이다 … 알음알이의 무더기(識蘊)이다.(Vbh.217)"

53. 혹은 이것으로써 도달하기 때문에 pāda(기초, 수단)이다. 도달한다는 뜻이다. iddhipāda(성취수단, 신통의 기초)라는 합성어는 신통을 위한(iddhiyā) 기초(pāda)로 해석된다. 이것은 열의 등과 동의어이다. 이처럼 말씀하셨다.

"비구들이여, 만약 비구가 열의를 의지하여 삼매를 얻고, 마음의 하나됨을 얻는다면 이것은 열의를 [주로 한] 삼매(chanda-samādhi)라 한다. 그는 아직 일어나지 않은 사악한 해로운 법들을 일어나지 않도록 하기 위해 부지런히 노력한다. 이것을 정근의 의도적 행위(padhāna-saṅkhāra)라 한다. 이와 같이 비구들이여 이 열의와, 이 열의를 [주로 한] 삼매와, 이 정근의 의도적 행위들을 일러 '열의를 [주로 한] 삼매와 정근의 의도적 행위를 갖춘 성취수단'이라 한다.(S.v.268)" 이와 같이 나머지 성취수단들에 대해서도 그 뜻을 알아야 한다.

54. (3) 여덟 가지 다리(韻脚)란 열의 등 여덟 가지라고 알아야 한다. 이처럼 설하셨기 때문이다. "무엇이 여덟 가지 신통의 다리인가? 만약 비구가 열의를 의지하여 삼매를 얻고, 마음의 하나됨을 얻으면 열의는 삼매가 아니고, 삼매도 열의가 아니다. 열의와 삼매는 서로 다른 것이다. 만약 비구가 정진을 … 마음을 … 검증을 의지

하여 삼매를 얻고, 마음의 하나됨을 얻으면 검증은 삼매가 아니고, 삼매도 검증이 아니다. 검증과 삼매는 서로 다른 것이다. 이 여덟 가지 신통의 다리는 신통을 얻도록 … 신통의 담대함을 얻도록 인도한다.(Ps.ii.205-6)." 여기서 신통을 일으키기를 원하는 열의가 삼매와 결합하여 신통을 얻도록 인도한다. 정진 등도 그와 같다. 그러므로 이 여덟 가지 다리를 설했다고 알아야 한다.

55. **(4) 열여섯 가지 근본:** 열여섯 가지로써 마음의 확고부동함을 알아야 한다. 이처럼 말씀하셨기 때문이다.

"신통에는 몇 가지 근본이 있는가? 열여섯 가지가 있다.

활기찬 마음은 게으름으로 인해 흔들리지 않으므로 확고부동하다. 우쭐대지 않은 마음은 들뜸으로 인해 흔들리지 않으므로 확고부동하다. 유혹에 이끌리지 않은 마음은 탐욕으로 인해 흔들리지 않으므로 확고부동하다. 퇴짜 맞지 않은 마음은 악의로 인해 흔들리지 않으므로 확고부동하다.

의존하지 않은 마음은 사견으로 인해 흔들리지 않으므로 확고부동하다. 묶이지 않은 마음은 욕탐으로 인해 흔들리지 않으므로 확고부동하다. 벗어난 마음은 감각적 욕망으로 인해 흔들리지 않으므로 확고부동하다. 교제하지 않은 마음은 오염원으로 인해 흔들리지 않으므로 확고부동하다.

한계를 벗어버린 마음은 오염원의 한계로 인해 흔들리지 않으므로 확고부동하다. 하나된 마음은 여러 가지 오염원으로 인해 흔들리지 않으므로 확고부동하다.

믿음으로 강화된 마음은 불신으로 인해 흔들리지 않으므로 확고부동하다. 정진으로 강화된 마음은 게으름으로 인해 흔들리지 않으므로 확고부동하다. 마음챙김으로 강화된 마음은 부주의로 인해 흔들리지 않으므로 확고부동하다. 삼매로 강화된 마음은 들뜸으로 인해 흔들리지 않으므로 확고부동하다. 통찰지로 강화된 마음은 무명으로 인해 흔들리지 않으므로 확고부동하다. 광명과 함께한 마음은 무명의 어두움으로 인해 흔들리지 않으므로 확고부동하다.

이 열여섯 가지 신통의 근본은 신통을 얻도록 … 신통의 담대함을 얻도록 인도한다.(Ps.ii.206)"

56. 물론 이 뜻은 **이와 같이 그의 마음이 삼매에 들고**로 시작하는 문장에서(§2) 이미 성취되었다. 그러나 초선 등이 신통의 토대와 기초와 다리와 근본이 됨을 보이기 위해 다시 설하셨다. 앞의 것은 경들에서 전승되어 온 방법이고, 이것은 『무애해도』에서 [설한 방법이다]. 이와 같이 두 곳 모두 혼돈을 없애기 위해 다시 설하셨다.

57. **(5) 지혜로 결의한다:** 그는 신통의 경지와 기초와 다리와 근본이 되는 법들을 성취하여 초월지의 기초가 되는 禪(제4선)[170]에 들었다가 출정한다. 만약 백 사람이 되기를 원하면 '백 사람이 되리라, 백 사람이 되리라'고 준비를 한 다음 다시 초월지의 기초가 되는 禪에 들었다가 출정하여 결의한다. 결의하는 마음과 함께 동시에 백 사람이 된다. 천 사람이 되는 등에서도 같은 방법이다. 만약 이와 같이 하여 성취하지 못할 때는 다시 준비를 짓고 두 번째로 입정하였다가 출정하여 결의해야 한다. 『상응부 주석서』에서 한 번

---

170) 기초가 되는 禪(*pādakajjhāna*)은 초월지에서 가장 중요한 개념이다. 모든 종류의 신통은 모두 이 기초가 되는 선에 들었다가 나와야 가능하기 때문이다. 넷으로 분류한 색계 제4선이 항상 모든 종류의 초월지의 기초가 되는 선이다.

이나 두 번 입정해야 한다고 설했기 때문이다.

58. 여기서 기초가 되는 禪(제4선)의 마음은 [닮은] 표상을 그 대상으로 가지지만 준비의 마음(앞의 세 가지 禪)은 백 사람을 그 대상으로 가지거나 천 사람을 그 대상으로 가진다. 이런 백 천의 사람들은 개념으로 설한 것이 아니라 형상을 가진 것으로 설한 것이다. 이 결의하는 마음도 그와 마찬가지로 백 사람을 그 대상으로 가지거나 천 사람을 그 대상으로 가진다. 그 [결의하는 마음]은 앞서 설한 본 삼매처럼 고뜨라부(*gotrabhu*, 種姓) 바로 다음에 오직 한 번 일어나는데 그것은 색계의 제4선에 속한다.

59. 『무애해도』에서도 다음과 같이 설했기 때문이다. "본래 한 사람이 여럿으로 전향한다. 백 사람이나 천 사람이나 백 천 사람으로 전향하여 '여러 사람이 되리라'고 지혜로 결의한다. 그는 여러 사람이 된다. 마치 쭐라빤타까(Cūla-Panthaka) 존자처럼.(Ps.ii.207)"

여기서도 **전향한다**는 것은 준비의 삼매로 설한 것이다. **전향하여 지혜로 결의한다**는 것은 초월지로 설한 것이다. 그러므로 그는 여러 사람으로 전향한다. 그 다음에 그는 준비의 마음들 끝에 입정한다. 그것으로부터 출정하여 다시 '여러 사람이 되리라'고 전향하고, 그 다음에 단 한 순간의 초월지로 결의한다. 이 초월지는 세 번 혹은 네 번 일어나는 이전의 [준비의] 마음 다음에 일어나며, 결정을 내리기(*sanniṭṭhāpana*) 때문에 결의라는 이름을 얻는다. 이와 같이 이 뜻을 알아야 한다.

60. 그러나 **마치 쭐라빤타까 존자처럼**이라고 설한 것은 여러

사람이 되는 것의 직접적인 증거(*kāya-sakkhi*)를 보여주기 위한 것이다. 이것은 일화를 통해서 설명해야 한다.

두 형제가 길에서(*panthe*) 태어났기 때문에(*jātattā*) 빤타까(Panthaka)라는 이름을 얻었다고 한다. 그 중에서 형은 마하빤타까(Mahā-Panthaka)였다. 그는 출가하여 무애해를 겸비한 아라한이 되었다. 아라한이 되어 동생 쭐라빤타까를 출가시키고 다음 게송을 주었다.

> "마치 향기로운 꼬까나다의 연꽃이
> 아침에 향내음을 풍기면서 피듯이
> 멀리 빛을 드리우신 부처님을 보라.
> 마치 허공에서 빛나는 태양과 같구나.(A.iii.239)"

그는 넉 달이 다 가도록 이것을 외울 수가 없었다. 그때 형인 장로가 그에게 '너는 이 교단에 있을 자격이 없다'고 하면서 절 밖으로 쫓아버렸다.

61. 그때 장로는 공양의 초청과 관련된 소임을 보고 있었다. 지와까(Jīvaka)가 장로를 찾아와서 '존자시여, 내일 아침에 세존과 함께 500명의 비구들이 저희 집에 와서 공양을 드십시오.'라고 했다. 장로는 '쭐라빤타까를 제외한 나머지 대중들을 위해서 그것을 받아들이겠습니다.'라고 승낙했다. 쭐라빤타까는 문에 서서 울고 있었다. 세존께서 천안으로 보시고 그를 찾아가셔서 '무슨 이유로 울고 있는가?'라고 물으셨다. 그는 세존께 그 동안에 있었던 일을 말씀드렸다.

62. 세존께서는 '외우는 것을 못한다고 해서 나의 교단에 있을 자격이 없는 것은 아니다. 비구여, 슬퍼하지 말라'라고 하시고는 팔을 잡아 절 안으로 들어가게 하여 신통으로 [아주 깨끗한] 천 조각을 만들어 주셨다. '비구여, 이것을 문지르면서 '먼지 닦기(*rajo-haraṇa*), 먼지 닦기'라고 반복해서 외워야 한다.'고 하셨다. 이와 같이 하자 천은 더러워졌다. 그는 '천은 깨끗하다. 여기에는 허물이 없다. 허물은 이 몸에 있다'라고 [부정의] 인식(不淨想)을 얻고서는 무더기들(五蘊)에 지혜를 돌려 위빳사나를 증장시켜 수순과 고뜨라부의 근처에 이르렀다.171)

63. 그때 세존께서 그를 위해 광명의 게송을 읊으셨다.

"탐욕이 때일 뿐 먼지를 때라 하지 않네
때는 탐욕의 동의어
현자는 이러한 때를 버리고
때 없는 자의 교단에 머문다.

성냄이 때일 뿐 먼지를 때라 하지 않네
때는 성냄의 동의어
현자는 이러한 때를 버리고
때 없는 자의 교단에 머문다.

---

171) 즉, 아직 도의 출현(*vuṭṭhāna-gāminī*)에는 이르지 못했고 상카라들에 대한 평온의 지혜(*saṅkhārupekkhā-ñāṇa*)까지 이르렀다. 도가 나타날 마지막 인식 과정의 근처에 이르렀다는 뜻이다. 이러한 위빳사나의 여러 단계에 대해서는 XXI와 『길라잡이』 9장 §25를 참조하고 도의 출현에 대해서는 XXII. §83이하를 참조할 것.

> 어리석음이 때일 뿐 먼지를 때라 하지 않네
> 때는 어리석음의 동의어
> 현자는 이러한 때를 버리고
> 때 없는 자의 교단에 머문다.(Nd1.505)"

그 게송이 끝나자 그는 네 가지 무애해와 여섯 가지 초월지(六神通)를 수반한 아홉 가지[172] 출세간법을 손에 쥐게 되었다.

64. 천인사께서는 그 다음날 비구 대중과 함께 지와까의 집에 가셨다. 보시를 위해 물로 씻는 절차를 마치고 죽을 올리려할 때 세존께서는 손으로 자신의 발우를 가렸다. 지와까는 '세존이시여, 무슨 일로 그러십니까?'라고 여쭈었다. '절에 한 비구가 남아있구나. 가서 그를 데리고 빨리 오라' 하면서 세존께서는 사람을 보내었다.

65. 한편 세존께서 절 밖으로 나가시자,

> "빤타까는 자신을 천 명으로 만들어
> 초청을 알리는 순간까지
> 아름다운 망고 숲에 앉아있었다.(Th1.563)"

66. 그때 그 사람이 가서 가사로 인해 숲이 온통 빛나는 것을 보고 돌아와서는 '세존이시여, 비구들이 가득 차있습니다. 그 가운데 누가 그 분인지 모르겠습니다.'라고 했다. 세존께서 그에게 말씀하셨다. '가서 처음 보는 사람의 가사 자락을 잡고서 스승님께서 당신을 부르십니다라고 말하고 데려오너라.' 그는 가서 장로의 가사

---

172) 네 가지 도와 네 가지 과와 열반의 아홉 가지이다.

자락을 잡았다. 그 순간에 그가 창조한 사람들은 모두 사라졌다. 장로는 '자네는 가게'라고 그를 돌려보내고 세수 등 몸에 관한 일을 한 다음 그 사람보다 먼저 가서 정해진 자리에 앉았다. 이것을 두고 **마치 쭐라빤타까 존자처럼**이라고 설했다.

67. 여기서 창조되었던 많은 사람들은 특정한 구분을 만들지 않고 창조했기 때문에 신통을 가진 사람과 닮는다. 서거나 앉을 때나, 이야기하거나 조용히 있을 때 등에도 신통을 가진 자가 하는 그대로 그들도 한다. 만약 그가 여러 가지 모습이 되기를 원한다면, 일부는 유년기에 있고, 일부는 중년기에 있고, 일부는 노년기에 있고, 그와 마찬가지로 긴 머리털을 가진 자, 반쯤 삭발한 자, 완전히 삭발한 자, 백발이 섞인 머리털을 가진 자, 옅은 붉은 가사를 수한 자, 황색 가사를 수한 자가 되기도 한다.

싯구를 외거나 설법을 하거나 영창을 하거나 질문을 하거나 질문에 답하거나 옷에 물을 들이거나 옷을 꿰매거나 세탁하거나, 더 나아가 다른 모습들을 만들기를 원한다면 기초가 되는 禪에서 출정하여, '이만큼의 비구들은 유년의 모습이 되기를'하는 방법으로 준비를 짓고 다시 입정하였다가 출정하여 결의해야 한다. 결의하는 마음과 함께 동시에 각각 원하던 모습으로 된다. 이 방법은 여럿이 되었다가 하나가 된다는 등에도 적용된다.

2. 여러 몸이 되었다가 하나의 몸을 나누는 신통

68. 그러나 이것이 다른 점이다. 이 비구는 이와 같이 여러 형태를 창조한 후에 '다시 혼자가 된 채 경행하고, 독송하고, 질문을

하리라'고 생각하거나 '이 절에는 스님들이 많이 살지 않는다. 만약 어떤 자들이 와서 '어디서 이만큼의 닮은 스님들이 왔는가. 틀림없이 이 장로의 위력일 것이다'라고 나를 알아버릴 것이다.'라는 겸손한 생각으로 '혼자가 되리라'고 바라면 기초가 되는 禪(제4선)에 들었다가 출정하여 '혼자가 되리라'고 결의해야 한다. 결의하는 마음과 함께 동시에 혼자가 된다. 이와 같이 하지 않을 때는 미리 결심했던 시간이 경과함에 따라 자동적으로 혼자가 된다.

69. 나타났다 사라졌다 하고[173]: 나타나게 하고 사라지게 한다는 뜻이다. 이것과 관련하여 『무애해도』에서 설하셨다. "나타남이란 다른 것에 의해 가려지지 않고, 숨겨지지 않고, 드러나고, 분명해진다는 뜻이다. 사라짐이란 다른 것에 의해 가려지고, 숨겨지고, 닫히고, 둘러싸여진다는 뜻이다.(Ps.ii.207)"

3. 나타내는 신변
āvibhāva-pāṭihāriya

이제 이런 신통을 가진 자가 나타나게 하고 싶으면 어두움을 광명으로 만들고, 덮인 것을 드러나게 하고, 시야에 나타나지 않은 것을 시야에 나타나게 한다.

70. 어떻게? 이 [신통을 가진 자]는 자기나 다른 사람이 가려져 있거나 멀리 있더라도 눈에 보이도록 하고 싶으면 기초가 되는 禪에서 출정하여 '이 어두운 장소가 환하게 밝아지기를' 혹은 '이 가려

---

173)   이 부분은 위 §2의 주해의 인용문에는 빠져있다.

진 것이 드러나기를' 혹은 '시야에 나타나지 않은 이것이 시야에 나타나기를'하고 전향한다. 다음에 준비를 짓고서는 앞서 설한 방법대로 결의한다. 결의와 함께 결의한 대로 된다. 멀리 있는 다른 사람들이 볼 수 있고, 자기 스스로도 보기를 원하면 볼 수 있다.

71. 그러면 이전에 누가 이 신통을 나투셨는가? 세존께서 행하셨다. 세존께서 쭐라수밧다(Cūla-Subhaddā)의 초대를 받으시고 윗사깜마(Vissakamma)가 창조한 500대의 가마와 함께(DhpA.iii.470) 사왓티로부터 7유순이 떨어진 사께따(Sāketa)로 가실 때 사께따의 주민들은 사왓티의 주민들을 볼 수 있고, 사왓티의 주민들은 사께따의 주민들을 볼 수 있도록 결의를 하셨다. 도시의 중간에 내려 땅을 두 쪽으로 쪼개어 지옥을 보여주셨고, 하늘을 두 쪽으로 갈라서 범천의 세상을 보여주셨다.

72. 그리고 천상으로부터 하강하신 것을 통해서도 이 뜻을 알아야 한다. 세존께서 쌍신변(雙身變)174)을 나투시고 팔만 사천 중생들을 속박에서 해탈케 하신 뒤 '과거 부처님들은 쌍신변을 나투신 후 어디로 가셨나?'라고 전향하셨다. 삼십삼천에 이르렀음을 아시고 한 발로 땅의 표면에 서고 나머지 한 발은 유간다라 산에 놓으시고는 다시 첫 번째 발을 들어 수미산 정상을 밟은 뒤 붉은 대리석 위에서 안거를 지내셨다. 그곳에 모인 1만 우주의 신들에게 아비담마의 해설을 처음부터 시작하셨다. 걸식하러 가실 때에는 한 분의 부

---

174) 쌍신변(*yamaka-pāṭihāriya*)은 신통 가운데서 가장 나투기 어려운 신통이라 알려져 있다. 불과 물이 동시에 나타나게 하는 등 정반대되는 두 가지(*yamaka*, 雙)를 동시에 나타내는 신통이다. 자세한 것은 『길라잡이』4장 §21의 2번 해설을 참조할 것.

처님을 만들어내셨고 그 분이 법을 설하셨다.

73. 세존께서는 나갈라따 치목을 씹어 아노땃따(Anotatta) 호수에서 입안을 가시고 북 꾸루(Uttarakuru) 지방에서 걸식하신 후 아노땃따 호숫가에서 공양을 드셨다. 사리뿟따 장로가 그곳에 가서 세존께 인사드렸다. 세존께서는 '오늘은 이만큼 법을 설했노라'고 하시면서 장로에게 그 방법을 설해주셨다. 이와 같이 석 달 동안 끊임없이 아비담마를 설하셨다. 그것을 듣고서 8억의 신들이 법을 관통하였다.

74. 세존께서 쌍신변을 나투실 때 군중들이 12유순이나 모여들었다. 세존을 꼭 뵙고 돌아가리라고 야영을 하며 기다렸다. 쭐라아나타삔디까(Cūḷa-Anāthapiṇḍika, 작은 급고독) 장자가 그들에게 모든 필수품을 조달했다. 인간들은 세존께서 어디에 계시는지 알기 위해 아누룻다(Anuruddha) 장로께 여쭈었다. 장로는 광명을 확장하여 천안으로 세존께서 삼십삼천에서 안거 중에 계신 것을 보았다. 보자마자 알렸다.

75. 그들은 세존께 인사드리기 위해 마하목갈라나 장로께 청했다. 장로는 대중 가운데서 대지 속으로 잠입하여 수미산을 쪼개어 세존의 발아래 나타나서 세존의 발에 절을 올리고 여쭈었다. '세존이시여, 잠부디빠(염부제)의 사람들이 세존의 발에 절을 올리고 세존을 꼭 친견하고 돌아가겠다고 말합니다'라고. 세존께서 말씀하셨다. '목갈라나여, 지금 법의 사령관인 큰 형 [사리뿟따]는 어디에 있는가?' '스승님이시여, 상까사(Saṅkassa)의 도시에 있습니다.' '목갈라나

여, 나를 보기를 원하는 자는 내일 아침 상까사로 오도록 하라. 내일이 보름인 포살일이니 대자자(大自恣)를 위해 상까사로 내려갈 것이다.'

76. '감사합니다, 세존이시여'라고 장로는 십력(十力)175)을 가진 분께 절을 올리고 온 길로 내려가서 사람들의 곁에 이르렀다. 오고 가는 길에 사람들이 그 [수미산]을 볼 수 있도록 결의했다. 이것이 여기서 마하목갈라나 장로가 행하신 나타내보임의 신변이다. 그가 이와 같이 와서 그 소식을 알렸다. '[상까사를] 멀다고 생각하지 말

---

175) 부처님의 열 가지 힘을 말한다. 경(M12, 등)에는 다음과 같이 정형화되어 나타난다.
"여래에게는 열 가지 여래의 힘(如來十力)이 있다. 그 힘을 구족하여 여래는 대웅(āsabha)의 위치를 얻었고 회중에서 사자후를 토하고 브라흐마의 바퀴를 굴린다.
① 여래는 가능한 것을 가능한 것으로 가능하지 않는 것을 가능하지 않는 것으로 있는 그대로 꿰뚫어 안다.
② 여래는 과거 미래 현재의 업의 [과보를] 받는 것을 경우에 따라(ṭhānaso) 원인에 따라(hetuso) 있는 그대로 꿰뚫어 안다.
③ 여래는 모든 곳으로 통하는 도닦음(遍行道)을 …
④ 여래는 여러 요소(界)와 다양한 요소를 가진 세계를 …
⑤ 여래는 중생들의 다양한 성향(adhimuttikata)을 …
⑥ 여래는 다른 중생들과 다른 인간들의 감각기능(根)의 한계를 …
⑦ 여래는 禪・해탈・삼매・증득(等至)의 오염과 깨끗함과 나타남을 있는 그대로 꿰뚫어 안다.
⑧ 여래는 [한량없는] 전생의 갖가지 삶들을 기억할 수 있다.(宿命通)
⑨ 여래는 인간의 능력을 넘어선 청정한 하늘눈(天眼)으로 모든 중생들이 천박하거나 고상하게, … 이렇듯 중생들이 어떻게 지은 바 업에 따라서 가는지를 꿰뚫어 안다(天眼通).
⑩ 여래는 모든 번뇌가 다하여 아무런 번뇌가 없는 마음의 해탈(心解脫)과 지혜의 해탈(慧解脫)을 바로 지금 여기서 스스로 초월지에 의해 증명하며 구족하여 머문다(漏盡通)."

고 내일 아침 공양 후에 출발합시다'라고 말했다.

77. 세존께서 제석천왕(Sakka = 인드라)에게 말씀하셨다. '대왕이여, 내일 아침 인간 세상으로 가오'라고. 천왕은 윗사깜마(Vissa-kamma)에게 명령하였다. '여보게, 내일 아침 세존께서 인간계에 가시려고 한다네. 세 개의 계단을 만들게. 하나는 금으로 만들고, 하나는 은으로 만들고, 하나는 수정으로 만들게.' 그는 그렇게 만들었다.

78. 그 다음날 세존께서는 수미산 정상에 서서 동방의 세계를 내려다보셨다. 여러 천들의 우주가 열려서 하나의 평원처럼 선명했다. 동방처럼 서방과 북방과 남방도 내려다보셨고 모두 열려있음을 보셨다. 아래로는 무간지옥에 이르기까지 위로는 색구경천까지 내려다보셨다. 사람들은 그 날을 세상이 열린 날이라고 한다. 사람들도 신들을 보고, 신들도 사람들을 보았다. 사람들은 위로 올려다보지 않았고, 신들은 아래로 내려다보지 않았다. 모두 서로서로 정면에서 보았다.

79. 세존께서는 중간인 수정으로 만든 계단으로 내려오셨다. 여섯 욕계의 신들은 왼쪽의 금으로 만든 계단으로, 정거천(淨居天)과 대범천(大梵天)들은 오른 쪽의 은으로 만든 계단으로 내려왔다. 천왕(제석천)은 의발을 들었고, [사함빠띠] 대범천은 3유순의 넓이나 되는 하얀 일산을 들었고, 수야마(Suyāma)는 야크의 꼬리로 만든 불자(拂子)를 들었고, 간다르와의 아들인 빤짜시카(Pañcasikha)는 4분의 3유순의 크기나 되는 흰 빌바 나무로 만든 류트를 들고서 세존께 예배하면서 내려왔다. 그 날 세존을 뵙고서 성불(*buddha-bhāva*)하기를 발

원(piha)하지 않고 서있었던 중생은 한 명도 없었다. 이것이 세존께서 행하신 나타내보임의 신통이다.

80. 땀바빤니 섬의 딸랑가라(Talaṅgara)에 머물던 담마딘나(Dhammadinna) 장로가 띳사 대사원의 탑전에 앉아서 "비구들이여, 세 가지 법을 갖춘 비구는 순수한 도닦음을 행하는 자이다.(A.i.113)"라고 「아빤나까 경」(Apaṇṇaka Sutta, 純眞經)을 설하면서 아래 방향으로 부채를 펴자 지옥에 이르기까지 하나의 평원이 되었다. 그 다음에 위를 향해 펴자 범천까지 하나의 평원이 되었다. 장로는 지옥의 두려움으로써 두려움을 일으키고 천상의 행복으로써 열망하게 하고는 법을 설했다. 어떤 자들은 예류자가 되었고, 어떤 자들은 일래자, 불환자, 아라한이 되었다.

4. 숨기는 신변
tirobhāvā-pāṭihāriya

81. 그러나 사라지게 하기를 원하는 자는 광명을 암흑으로 만든다. 덮이지 않은 것을 덮게 하고, 시야에 나타난 것을 시야에서 사라지게 한다. 어떻게? 가려져있지 않거나 곁에 서있더라도 자기나 다른 사람을 눈에 보이지 않도록 하고 싶으면 기초가 되는 禪에서 출정하여 '이 밝은 장소가 어두워지기를' 혹은 '이 드러난 것이 가려지기를' 혹은 '시야에 나타난 이것이 시야에서 사라지기를'하고 전향한다. 그 다음에 준비를 짓고서 앞서 설한 방법대로 결의한다. 결의의 마음과 함께 동시에 결의한 그대로 된다. 다른 사람들이 비록 가까이 있더라도 볼 수 없고, 자기도 보기를 원하지 않으면 볼

수 없다.

82. 그러면 이전에 누가 이 신통을 나투셨는가? 세존께서 나투셨다. 비록 명문가의 아들 야사(Yasa)가 세존의 곁에 앉아있었지만 세존께서는 그의 아버지가 그를 보지 못하도록 신통을 나투셨다.(Vin.i.16)

그와 마찬가지로 마하깝삐나(Mahā-Kappina) 왕을 만나러 120유순176)을 가서 그를 불환과에 이르도록 하고 그의 대신들 천 명은 예류과에 이르게 하셨다. 왕을 따라 아노자(Anojā) 왕비가 천 명의 시녀들과 함께 와서 곁에 앉아있었지만 왕과 그의 대신들을 보지 못하도록 신통을 나투시었다. '세존이시여, 왕을 보신 적이 있습니까?'라고 그녀가 여쭈었을 때 '왕을 찾는 것이 더 낫겠는가, 아니면 자기 자신을 찾는 것이 더 낫겠는가?'라고 하셨다.(*Cf.* Vin.i.23) '세존이시여, 자기 자신을 찾는 것이 더 낫겠습니다'라고 말하면서 그녀가 앉아있을 때 천 명의 시녀들과 함께 그녀가 예류과에 이르도록 법을 설하셨다. 그러자 대신들은 불환과에 이르렀고, 왕은 아라한이 되었다.(AA.i.322; DhpA.ii.124 참조)

83. 그리고 마힌다(Mahinda) 장로도 이 신통을 나투었으니, 땀바빤니 섬에 도착한 날 자기와 함께 온 다른 사람들을 [데와남삐야] 왕이 보지 못하도록 하였다.(Mv.i.103)

---

176) 원문의 '*vīsa-yojana-sata*(120유순)'를 냐나몰리 스님은 '*two thousand leagues*'라고 영역했는데 이천 유순은 '*dvi-yojana-sahassa*'라는 표현을 사용한다.

84. 나아가 분명하게 드러내 보이는 모든 신통은 나타내보임(āvibhāva)이라 하고, 숨기는 신통은 사라지게 함(tirobhāva)이라 한다.

이 중에서 분명하게 드러내 보이는 신통에서는 신통도 드러내고 신통을 나투는 자도 드러낸다. 그것은 쌍신변으로 설명해야 한다. 그곳에는 둘 모두 나타나기 때문이다. "여기 여래께서 쌍신변을 나투신다. 제자들은 그것을 갖추지 못하였다. 상체에서는 불더미를 생기게 하고, 하체에서는 물이 흐르는 것을 생기게 하셨다.(Ps.i.125)"

숨기는 신통에는 오직 신통만 나타나고, 신통을 나투는 자는 나타나지 않는다. 그것은 「마하까 경」(Mahaka Sutta, S.iv.200)과 「브라흐마니만따니까 경」(Brahmanimantanika Sutta, 梵天招待經, M49/i.330)으로 설명해야 한다. 그곳에 각각 마하까(Mahaka) 존자와 세존의 신통만 나타나고, 신통을 나투는 자는 나타나지 않는다.

85. 이처럼 말씀하셨다. "찟따(Citta) 장자가 한 곁에 앉아서 마하까 존자께 이와 같이 말씀드렸다. '존자시여, 존자께서 인간을 능가하는 법인 신통변화를 보여주시면 감사하겠습니다.' '장자여, 그렇다면 마당에 그대의 상의를 펼치고 그 위에 풀 무더기를 흩어놓게.' '알겠습니다, 존자시여'라고 찟따 장자는 마하까 존자께 대답하고 마당에 상의를 펼치고는 그 위에 풀 무더기를 흩어놓았다. 그때 마하까 존자는 절에 들어와서 열쇠구멍과 빗장 사이에서 불길이 나와 풀 무더기만을 태우고 상의는 태우지 않은 그런 신통을 나투었다.(S.iv.290)"

86. 이와 같이 말씀하셨다. "비구들이여, 그때 나는 이런 신통

을 나투었다. '범천과 범천의 측근들과 범천의 무리들이 나의 소리는 듣지만 나를 보지는 못할 것이다'라고 생각하면서 사라져서는 이 게송을 읊었다.

> 나는 존재에 두려움을 보노라
> 존재하지 않음을 구하는 자들에서 존재를 보노라.177)
> 어떤 존재도 나는 환영하지 않고
> 즐김을 움켜쥐지도 않는다.(M.i.330)"

5. 장애가 없는 신통

87. **벽이나 담이나 산을 아무런 장애 없이 통과하기를 마치 허공에서처럼 한다**(§2주해): 여기서 벽을 통과한다란 벽을 넘어, 벽의 저쪽이란 뜻이다. 이 방법은 나머지 경우에도 적용된다. **벽**이란 집의 벽과 동의어이다. **담**이란 집과 절과 마을 등을 둘러싼 담이다. **산**은 흙으로 된 산이거나 돌로 된 산이다. **아무런 장애 없이**란 걸림 없다는 말이다. **마치 허공에서처럼**: 허공에 있는 것처럼.

88. 이와 같이 가고자하는 자는 허공의 까시나를 대상으로 입정하였다가 출정하여 벽이나 담이나 수미산이나 우주 등에서 어느 하나의 산으로 전향한다. 그 다음에 준비를 짓고는 '허공이 되라'고 결의해야 한다. 그것은 허공이 된다. 그가 아래로 내려가고자하거나

---

177) 냐나몰리 스님은 두 번째 구절의 *bhavaṁ*을 *disvā*의 또 다른 목적격으로 보지 않고 첫 구절의 *bhave*의 형용사로 보고 영역했는데 역자는 Pm의 설명을 따라 옮겼다.

위로 올라가고자하면 그것은 구멍이 되고 꿰뚫으면서 가고자하면 그것은 틈이 된다. 그는 그곳에서 장애 없이 간다.

89. 삼장법사 쭐라아바야 장로는 여기에 대해서 이렇게 말했다. '도반이여, 무엇 때문에 굳이 허공의 까시나를 대상으로 입정하는가? 코끼리, 말 등을 창조하고자하는 자는 코끼리, 말 등의 까시나를 대상으로 입정하는가? 어느 까시나든지 그곳에서 준비를 지은 뒤 여덟 가지 증득에 대한 자유자재가 기준이라네. 그가 원하는 대로 된다네.' 비구들은 말했다. '존자시여, 성전에 허공의 까시나만이 전승되어 오기 때문에 반드시 이것을 말해야 합니다.'

90. 여기서 이것이 성전이다. "본래 허공의 까시나의 증득을 얻은 이가 벽을 지나고, 담을 지나고, 산을 지나는 것으로 전향한다. 전향한 뒤 '허공이 되라'고 지혜로 결의한다. 허공이 된다. 그는 벽을 지나고, 담을 지나고, 산을 지나 장애 없이 간다. 마치 본래 신통을 갖지 못한 사람들이 벽의 장애물이 없는 곳을 걸림 없이 지나가듯이, 마음이 자유자재를 얻은 신통을 가진 자도 벽을 가로질러 지나고, 담을 지나고, 산을 지나 장애 없이 간다. 마치 허공에 있는 것처럼.(Ps.ii.208)"

91. 만약 이 비구가 결의를 하고 가다가 그 중간에 산이나 나무가 서있다면 다시 입정한 뒤 결의해야 하는가? 나쁠 것은 없다. 그러나 다시 입정한 뒤 결의하는 것은 은사의 곁에 있으면서 의지할 자를 취하는 것178)과 같은 격이다. 이 비구가 허공이 되라고 결

---

178) 본서 III. §48 각주 참고할 것.

의했기 때문에 허공이 된다. 첫 번째 결의의 힘이 있기 때문에 그가 가는 도중에 온도에서 생긴 다른 산이나 나무가 생겨난다는 것은 불가능한 일이다. 그러나 다른 신통을 가진 자가 먼저 창조했을 때는 먼저 만들어 낸 것이 우세하다. 그러므로 나중 사람은 그 위나 아래로 가야 한다.

6. 땅 속으로부터 출몰하는 신통

92. **땅에서도 떠올랐다 잠겼다 한다**: **떠올랐다**는 것은 위로 나타난다는 뜻이다. **잠겼다**는 것은 가라앉는다는 뜻이다. '떠올랐다 잠겼다(ummujjanimmujjaṁ)'라는 합성어는 '떠오름과 내려감(ummujjañ ca nimmujjañ ca)'으로 풀이된다.

이와 같이 하고자하는 자는 물의 까시나를 대상으로 입정하였다가 출정한 후 '이곳의 땅이 물이 되라'고 한계를 정한 뒤 준비를 짓는다. 그 후에 앞서 설한 방법대로 결의해야 한다. 결의와 함께 장소를 한정한 부분만큼의 땅이 물이 된다. 그는 그곳에서 내려가고 올라온다.

93. 여기서 이것이 성전이다. "본래 물의 까시나의 증득을 얻은 이가 땅으로 전향한다. 전향한 뒤 '물이 되라'고 지혜로 결의한다. 그것은 물이 된다. 그는 땅속으로 내려가고 올라온다. 마치 본래 신통을 갖지 못한 사람들이 물에서 내려가고 올라오듯이, 마음이 자유자재를 얻은 신통을 가진 자도 땅속으로 내려가고 올라온다. 마치 물 속에 있는 것처럼.(Ps.ii.208)"

94. 내려가고 올라오는 것만 할 뿐 아니라 목욕하고, 마시고, 입을 씻고, 소지품을 씻는 등의 가운데서 원하는 것은 모두 할 수 있다. 단지 물로 만들뿐만 아니라 버터, 기름, 꿀, 당밀, 물 등 그가 원하는 것을 '이것은 이만큼, 저것은 저만큼 되라'고 전향한 뒤 준비를 짓는다. 그 후에 결의한다. 결의한 만큼 그것이 된다. 그것을 가져 그릇에 담을 때 버터기름은 오직 버터기름이고, 식용유 등은 오직 식용유 등이고, 물은 오직 물일뿐이다.

그가 그것에 젖고 싶으면 젖고, 젖고 싶지 않으면 젖지 않는다. 그 땅은 신통을 나툰 그 사람에게만 물이다. 나머지 사람들에겐 땅일뿐이다. 그곳에 사람들이 걸어가기도 하고 탈것 등에 타고 가기도 한다. 경작 등도 한다. 만약 그가 '그들에게도 물이 되라'고 원하면 물이 된다. 미리 한정한 시간이 경과하면 본래부터 항아리, 호수 등에 있던 물을 제외한 나머지 한정한 곳은 모두 땅이 된다.

7. 물 위에서 침몰하지 않는 신통

95. **물위에서 빠지지 않고:** 여기서 물을 밟았을 때 밑으로 가라앉는 것을 빠짐(*bhijjamāna*)이라 하고, 그와 반대되는 것을 빠지지 않음(*abhijjamāna*)이라 한다.

이와 같이 가고자하는 자는 땅의 까시나를 대상으로 입정하여 출정한 뒤 '이곳의 물이 땅이 되라'고 한계를 정하고는 준비를 짓는다. 그 후 앞서 설한 방법대로 결의해야 한다. 결의와 함께 장소를 한정한 부분만큼 그곳에 있는 물이 땅이 된다. 그는 그 위로 간다.

96. 여기서 이것이 성전이다. "본래 땅의 까시나의 증득을 얻은 자가 물로 전향한다. 전향한 뒤 '땅이 되라'고 지혜로 결의한다. 그것은 땅이 된다. 그는 물 위에서 빠지지 않고 간다. 마치 본래 신통을 갖지 못한 사람들이 갈라지지 않은 땅위에서 가듯이, 마음이 자유자재를 얻은 신통을 가진 자도 물 위에서 빠지지 않고 간다. 마치 땅 위에 있는 것처럼.(Ps.ii.208)"

97. 가는 것뿐만이 아니라 그가 원하는 자세를 취한다. 단지 땅만 만드는 것이 아니라 보석, 금, 산, 나무 등 가운데서 그가 원하는 것을 앞서 설한 방법대로 전향한 뒤 결의한다. 결의한 대로 된다. 그 물은 그 사람에게만 땅이 된다. 다른 사람들에겐 물일뿐이다. 물고기와 거북이와 물새 등은 그곳에서 그들이 원하는 대로 돌아다닌다. 만약 그가 다른 사람에게도 땅이 되기를 바란다면 그는 그렇게 한다. 그러나 미리 한정한 시간이 경과하면 물로 된다.

8. 날아가는 신통

98. **가부좌한 채 날아간다:** 가부좌를 한 채 간다. **날개 달린 새:** 날개를 가진 새.

이와 같이 하기를 원하는 자는 땅의 까시나를 대상으로 입정하였다가 출정하여 만약 앉은 채 가고 싶으면 가부좌를 할 만큼의 장소를 한정하여 준비를 짓는다. 그 후 앞서 설한 방법대로 결의해야 한다. 만약 누워서 가고 싶으면 침상 크기만큼, 만약 걸어서 가고 싶으면 길의 크기만큼, 이와 같이 적절한 장소를 한정하고서는 앞서 설한 방법대로 땅이 되라고 결의해야 한다. 결의와 함께 땅이 된다.

99. 여기서 이것이 성전이다. "그는 가부좌를 한 상태에서 허공을 날아간다. 마치 날개 달린 새처럼. 본래 땅의 까시나의 증득을 얻은 자가 허공으로 전향한다. 전향한 뒤 '땅이 되라'고 지혜로 결의한다. 그것은 땅이 된다. 그는 허공 가운데서 걷기도 하고, 서기도 하고, 앉기도 하고, 눕기도 한다. 마치 본래 신통을 갖지 못한 사람들이 갈라지지 않은 땅위에서 걷기도 하고 … 눕기도 하듯이, 마음이 자유자재를 얻은 신통을 가진 자도 허공가운데서 걷기도 하고 … 눕기도 한다."

100. 허공을 날아가고자 하는 비구는 천안을 얻은 자라야 한다. 무슨 이유인가? 가는 도중에 온도로 인해 생긴 산과 나무 등이 있기도 하고 질투를 하는 용과 금시조가 그런 것들을 창조해낼지도 모르기 때문이다. 이런 것들을 보기 위해서이다. 이런 것들을 보면 어떻게 해야 하는가? 기초가 되는 禪에 입정하였다가 출정한 뒤 '허공이 되라'고 준비를 지은 뒤 결의해야 한다.

101. [삼장법사 쭐라아바야] 장로가 말하였다. '도반이여, 무슨 목적으로 다시 증득에 입정하는가? 그의 마음이 이미 삼매에 들어 있지 않은가? 그러므로 어느 곳이든지 허공이 되라고 결의하면 허공이 된다네.' 비록 그분이 이와 같이 말했지만 벽을 장애 없이 지나가는 신통에서 설한 방법대로 해야 한다.

그리고 한적한 곳으로 내려앉기 위해서도 천안을 얻은 자라야 한다. 만약 목욕하는 장소나 마을의 입구 같은 공공장소에 내리면 많은 사람들에게 알려지게 된다. 그러므로 천안으로 보고서 적당하지 않은 장소를 피하고 적당한 곳에 내린다.

9. 손으로 해와 달을 만지는 신통

102. **저 막강하고 위력적인 태양과 달을 손으로 만져 쓰다듬기도 하며:** 여기서 태양과 달은 4만2천 유순이나 되는 고도의 운행을 함으로써 그들의 막강함을 알아야 하고, 세 개의 섬을 동시에 비춤으로써 그들의 위력을 알아야 한다. 혹은 이와 같이 고도로 운행하고 빛을 비추기 때문에 그들의 막강함을 알아야 하고, 그 막강함으로써 그들의 위력을 알아야 한다. **만진다**는 것은 잡는다, 한 부분에 닿는다는 뜻이다. **쓰다듬는다**는 것은 마치 거울의 표면처럼 두루 문지른다는 말이다.

103. 이 신통은 초월지의 기초가 되는 禪을 통해 성취된다. 여기서는 까시나를 대상으로 입정하는 법칙이 없다. 왜냐하면 『무애해도』에 이와 같이 설하셨기 때문이다.

"그는 손으로 저 막강하고 위력적인 태양과 달을 만지고 쓰다듬는다. 여기서 마음이 자유자재에 달한 신통을 가진 자는 … 태양과 달로 전향한다. 전향한 뒤 '손의 근처에 있기를'하고 지혜로 결의한다. 그것은 손의 근처에 있게 된다. 그는 앉거나 누워서 손으로 달과 해에 닿고, 만지고, 쓰다듬는다. 마치 본래 신통을 갖지 못한 사람들이 손 가까이에 있는 어떤 물건에 닿고 만지고 쓰다듬듯이, 마음이 자유자재를 얻은 신통을 가진 자도 … 만지고 쓰다듬는다.(Ps.ii.208-9)"

104. 만약 그가 가서 만지기를 원하면 가서 만진다. 그러나 만약 여기 앉거나 누워서 만지기를 원하면 '손의 근처에 있기를'이라고 결의한다. 결의한 힘으로 마치 야자열매가 그 줄기로부터 떨어지듯이 손의 근처에 와서 있을 때 그들을 만지거나 손을 늘려서 만진다. 그가 손을 늘릴 때 업에서 생긴 [본래의 손을] 늘리는가 아니면 업에서 생기지 않은 [창조한] 것을 늘리는가? 업에서 생긴 것을 의지하여 업에서 생기지 않은 것을 늘린다.

105. 여기서 삼장법사 쭐라아바야 장로가 말하였다. '도반이여, 무엇 때문에 업에서 생긴 것은 커지지도 않고 작아지지도 않는다고 하는가? 비구가 열쇠 구멍 등을 통해 나올 때 업에서 생긴 것이 작아지고, 자기 몸을 크게 만들 때 커지는 것이 아닌가. 마하목갈라나 장로처럼.'

난도빠난다 용왕을 길들인 이야기
Nandopanandanāgadamanakathā

106. 어느 때 아나타삔디까(Anāthapiṇḍika, 급고독) 장자가 세존의 설법을 들은 후 '세존이시여, 내일 아침 5백 명의 비구들과 함께 저희 집에서 공양을 드십시오'라고 초대를 하고는 돌아갔다. 세존께서는 승낙하셨다. 낮의 남은 기간과 밤의 일부분이 지난 뒤 이른 새벽에 일만 세계를 둘러보셨다. 그때 난도빠난다(Nandopananda)라는 용왕이 세존의 지혜의 영역에 와있었다.

107. 세존께서 '이 용왕이 나의 지혜의 영역에 와있구나. 그에게 [삼보를 신뢰함에] 강하게 의지하는 조건이 있는가'라고 전향하시고는 '이 용왕은 사견을 가졌고, 삼보에 청정한 믿음이 없다'고 보셨다. '누가 이 용왕을 사견으로부터 벗어나게 할 것인가'라고 전향하시면서 마하목갈라나 장로를 보셨다. 날이 밝아지자 몸에 관한 일을 보시고는 아난다 존자를 부르셨다. '아난다여, 여래가 천상으로 간다고 5백 명의 비구에게 알려라.'

108. 그날 용들은 난도빠난다 용왕을 위해 연회장을 준비하고 있었다. 그는 천상의 보석으로 만든 의자에 앉아 천상의 하얀 일산을 쓰고 세 무리의 무희들과 용왕의 권속들에 둘러싸여 천상의 그릇에 담겨진 음식과 마실 것을 쳐다보면서 앉아있었다. 그때 세존께서는 500명의 비구들과 함께 궁전 위를 지나 삼십삼천을 향해 가는 것을 용왕이 볼 수 있도록 하면서 지나가셨다.

109. 그때 난도빠난다 용왕에게 이와 같은 사악한 견해가 일어났다. '이들 까까머리 사문들이 우리 궁전 위를 바로 지나 삼십삼천의 세계를 들락날락하는구나. 지금 이후부터 내 머리 위에 발먼지를 뿌리면서 가는 것을 결코 허락하지 않겠다.' 그는 일어나 수미산 기슭에 가서 그의 본래의 몸을 버리고 그의 사리로 수미산을 일곱 번 감고 그의 목을 위로 펴서 삼십삼천을 그의 목으로 덮어서 보이지 않게 만들었다.

110. 그때 랏타빨라(Raṭṭhapāla) 존자가 세존께 이와 같이 말씀드렸다. '세존이시여, 전에는 이 장소에 서서 수미산을 볼 수 있었고,

수미산의 성벽을 볼 수 있었고, 삼십삼천을 볼 수 있었고, 웨자얀따(Vejayanta) 궁전을 볼 수 있었고, 웨자얀따 궁전 위의 깃발을 볼 수 있었습니다. 세존이시여, 그런데 무엇 때문에 지금은 수미산도 보이지 않고 … 웨자얀따 궁전 위의 깃발도 보이지 않습니까?' '랏타빨라여, 난도빠난다라는 용왕이 우리에게 화가 나서 수미산을 그의 사리로 일곱 번 감고 목을 위로 펴서 그것을 막아 어둡게 만들고 서있다.' '세존이시여, 제가 그 자를 길들이겠습니다.' 세존께서는 승낙치 않으셨다. 그때 밧디야(Bhaddiya) 존자와 라훌라(Rāhula) 존자와 모든 비구들이 차례대로 일어나서 청을 드렸다. 그러나 세존께서는 승낙하지 않으셨다.

111. 마지막으로 마하목갈라나 장로가 '세존이시여, 제가 길들이겠습니다'라고 말씀드렸다. '목갈라나여, 그대가 길들이게'라고 세존께서 승낙하셨다. 장로는 본래의 몸을 버리고 큰 용왕의 모습을 창조하여 난도빠난다를 자기의 사리로 14번 감고 난도빠난다의 목 위에 자기의 목을 편 뒤 수미산에 대고 압착했다.

용왕은 연기를 뿜었다. 장로도 '네 몸에만 연기가 있는 것이 아니라 내 몸에도 있다'고 말하면서 연기를 내뿜었다. 용왕의 연기는 장로를 괴롭히지 못했지만 장로의 연기는 용왕을 괴롭혔다.

그 다음에 용왕은 불꽃을 내뿜었다. 장로도 '너의 몸에만 불이 있는 것이 아니라 내 몸에도 역시 불이 있다'고 말하면서 불꽃을 내뿜었다. 용왕의 불은 장로를 괴롭히지 못했지만 장로의 불은 용왕을 괴롭혔다.

112. 용왕은 '이 자가 나를 수미산에다 대고 압착한 뒤 연기와

불꽃을 내뿜는구나'라고 생각하며 '당신은 누구십니까?'라고 물었다. '난다여, 나는 목갈라나다.' '존자시여, 당신의 비구의 모습을 되찾으십시오.' 장로는 그 용의 몸을 버리고 용왕의 오른쪽 귓구멍으로 들어가서 왼쪽 귓구멍으로 나오고, 왼쪽 귓구멍으로 들어가서 오른쪽 귓구멍으로 나왔다. 그와 마찬가지로 오른쪽 콧구멍으로 들어가서 왼쪽 콧구멍으로 나오고, 왼쪽 콧구멍으로 들어가서 오른쪽 콧구멍으로 나왔다. 그 다음에 용왕이 입을 열었다. 장로는 입으로 들어가서 뱃속에서 동쪽 서쪽으로 경행했다.

113. 세존께서는 '목갈라나여, 목갈라나여, 조심하라. 이 용왕은 큰 신통을 가졌다'라고 하셨다. 장로는 '세존이시여, 저는 네 가지 성취수단(如意足)을 닦고, 많이 [공부]짓고, 수레로 삼고, 기초로 삼고, 확립하고, 굳건히 하고, 부지런히 닦았습니다. 세존이시여, 난도빠난다 뿐만 아니라 난도빠난다 같은 용왕 백, 천, 백 천도 길들일 수 있습니다'라고 말씀드렸다.

114. 용왕은 생각했다. '들어갈 때는 내가 보지를 못했다. 이제 나올 때에는 그를 이빨 사이에 넣고 씹어 물어야지'라고 생각하고 '스님이시여, 밖으로 나오세요. 배 안에서 위 아래로 경행하면서 저를 괴롭히지 마세요'라고 했다. 장로는 나와서 밖에 서있었다. 용왕은 '이사람이구나'라고 보자마자 코로 질풍을 날렸다. 장로는 제4선에 들었다. 그 바람은 장로의 몸 털 하나도 움직이지 못했다. 나머지 비구들도 [그때 장로가 나투었던] 신통을 처음부터 모두 나툴 수 있었지만 이 [코로 질풍을 날리는] 곳에 이르러서는 이처럼 빨리 알아차린 뒤 입정할 수 없다고 아시고 세존께서 그들에게 용왕을 길

들이는 것을 승낙치 않으셨다고 한다.

115. 용왕은 '내가 콧속의 질풍으로 이 사문의 몸털 하나도 움직일 수 없구나. 이 사문은 큰 신통을 가진 자로구나'라고 생각했다. 장로는 그 몸을 버리고 금시조로 변하여 금시조의 질풍을 보이면서 용왕을 쫓아갔다. 용왕은 그 몸을 버리고 동자의 모습으로 변하여 '존자시여, 당신께 귀의합니다'라고 말하면서 장로의 발에 절을 올렸다. 장로는 '난다여, 스승님이 오셨다. 이리 오너라. 가서 뵙자' 하면서 용왕을 항복시키고 독이 없게 만든 뒤 세존의 곁으로 데리고 갔다.

116. 용왕은 세존께 절을 올리고 '세존이시여, 당신께 귀의합니다'라고 했다. 세존께서는 '용왕이여, 행복하라'고 말씀하시고는 비구 대중에 싸여 아나타삔디까의 집으로 가셨다. 아나타삔디까는 '세존이시여, 무슨 일로 늦게 오셨습니까?'라고 여쭈었다. '목갈라나와 난도빠난다 사이에 전쟁이 있었다네.' '세존이시여, 누가 이기고, 누가 졌습니까?' '목갈라나가 이기고 난도빠난다가 졌다네.' 아나타삔디까는 '세존이시여, 세존께서 7일 동안 빠짐없이 제가 공양을 올리는 것과, 7일 동안 장로를 공경하는 것을 허락해주십시오'라고 말씀드린 뒤 7일 동안 부처님을 위시한 500명의 비구들에게 큰 경의를 표했다.

117. 이와 같이 난도빠난다를 항복할 때 만든 큰 몸과 관련하여 이렇게 말했다. '자기 몸을 크게 만들 때는 그 몸이 커지는 것이 아닌가? 마치 마하목갈라나 장로처럼'(§105) 이와 같이 설했지만 비구

제12장 신통변화 333

들은 업에서 생긴 것을 의지해서 업에서 생기지 않은 것을 늘린다고 대답했다. 여기서 이것이 옳다.179)

118. 그가 이와 같이 했을 때 태양과 달을 만질 뿐만 아니라 만약 그가 원한다면 발 올려놓는 받침을 만들어 발을 올려놓을 수도 있고, 의자를 만들어 앉을 수도 있고, 침상을 만들어 누울 수도 있고, 덧베개를 만들어 기댈 수도 있다. 한 사람이 이와 같이 하듯이 다른 사람도 그와 같이 할 수 있다. 수백 수천의 비구들이 이와 같이 할 때 그들 각각이 그와 같이 성취한다. 태양과 달의 운행과 빛을 발하는 것도 전과 같이 한다. 마치 천 개의 접시에 물을 가득 담아 놓으면 그 각각의 접시에 동시에 월륜이 나타나지만 달의 운행과 빛을 발함은 본래와 같듯이 이 신통도 그와 같다.

---

179) "즉 업에서 생긴 물질을 의지하여 업에서 생기지 않은 물질을 증대시킨다는 뜻이다. 업에서 생긴 것은 마음과 온도에서 생기지 않기 때문이다. 혹은 업에서 생긴 것은 항상 감각기능과 연결되어있는 것을 의미한다. 하여 그 업에서 생긴 것을 그와 같이 늘리는 것은 옳지 않다. 그러므로 설한 대로 늘리는 것을 알아야 한다.
하나의 상속에서 업에서 생긴 물질과 업에서 생기지 않은 물질이 마치 혼합된 것처럼 일어난다 해도 실제로는 혼합된 것이 아니다. 마치 한 파인트 분량의 우유를 여러 파인트 분량의 물에 부었을 때 비록 우유가 완전히 섞여 모든 곳에 분명히 있지만 그 우유가 많아진 것이 아니다. 오직 물이 많아진 것이다. 이와 마찬가지로 업에서 생긴 것과 업에서 생기지 않은 것이 마치 혼합된 것처럼 일어난다 해도 업에서 생긴 것이 늘어나는 것이 아니다. 신통의 힘으로 마음에서 생긴 것과 그것의 영향으로 온도에서 생긴 것이 늘어난다고 알아야 한다.(Pm.397)"

10. 몸이 자유자재한 신통

119. **범천의 세계에 이르기까지:** 범천의 세계까지 한정을 지은 뒤. **몸의 자유자재함을 발휘한다:** 범천의 세계에서 그는 몸으로 자기의 자유자재를 얻는다. 이 뜻은 성전에 따라 알아야 한다. 여기서 이것이 성전이다.

"범천의 세계에 이르기까지 그는 몸의 자유자재함을 발휘한다. 만약 마음의 자유자재를 얻은 신통을 가진 자가 범천의 세계를 가고자하면 비록 멀지만 '가까이에 있기를'하고 가까이 있기를 결의한다. 그것은 가까이 있게 된다. 가깝지만 '멀리 있기를'하고 멀리 있기를 결의한다. 그것은 멀리 있게 된다. 많은 것이 적어지도록 '적게 있기를'하고 결의한다. 그것은 적어진다. 적은 것이 많아지도록 '많이 있기를'하고 결의한다. 그것은 많아진다.

신성한 눈(天眼)으로 범천의 형상을 본다. 신성한 귀의 요소(天耳界, 天耳通)로 범천의 소리를 듣는다. 남의 마음을 아는 지혜(他心通)로 범천의 마음을 안다.

만약 마음의 자유자재를 얻은 신통을 가진 자가 몸을 볼 수 있게 하여 범천의 세계를 가고자하면 몸으로 마음을 변화시켜야 하고, 몸으로 마음을 결의해야 한다. 몸으로 마음을 변화시키고 몸으로 마음을 결의하고는 행복의 인식과 가벼움의 인식에 든다. 그는 볼 수 있는 몸으로 범천의 세계에 간다.

만약 마음의 자유자재를 얻은 신통을 가진 자가 몸을 볼 수 없게 하여 범천의 세계를 가고자하면 마음으로 몸을 변화시켜야 하고, 마음으로 몸을 결의해야 한다. 마음으로 몸을 변화시키고 마음으로 몸을 결의하고는 행복의 인식과 가벼움의 인식에 든다. 그는 볼 수 없는 몸으로 범천의 세계에 간다.

그는 그 범천의 면전에서 마음으로 이루어졌고, 사지를 모두 갖추었고, 감각기능(根)이 구족한 형상을 창조한다. 만약 신통을 가진 자가 경행하면 그 창조된 몸도 그곳에서 경행한다. 만약 그 신통을 가진 자가 서있으면 … 앉아있으면 … 누워있으면 그 창조된 몸도 그곳에서 누워있다.

만약 그 신통을 가진 자가 연기를 뿜으면 … 불꽃을 내뿜으면 … 법을 설하면 … 질문을 하면 … 질문을 받아 답하면 그 창조된 몸도 그곳에서 질문을 받아 답한다. 만약 그 신통을 가진 자가 그 범천과 함께 서있거나, 이야기를 하거나, 토론을 하면 그 창조된 몸도 그곳에서 그 범천과 함께 서있고, 이야기하고, 토론을 한다. 신통을 가진 자가 하는 대로 그 창조된 몸도 그와 같이 한다.(Ps.ii.209-10)"

120. 멀지만 가까이 있기를 결의한다: 기초가 되는 禪에서 출정하여 멀리 있는 하늘 세계와 범천의 세계로 전향한다. '가까이 있기를'하고, 전향한 뒤 준비를 짓고 다시 입정하여 '가까이 있기를'하고 지혜로 결의한다. 그것은 가까이 있게 된다. 이 방법은 나머지 구절에도 적용된다.

121. 누가 멀리 있는 것을 잡아서 가까이 있게 했나? 세존이시다. 세존께서는 쌍신변을 나투시고 천상 세계로 가실 때 유간다라와 수미산을 가까이 있게 하는 땅의 표면으로부터 한 발은 유간다라에 놓고 다른 발은 수미산의 정상에 두셨다.

122. 다른 자는 누가 했는가? 마하목갈라나 장로이다. 장로가 사왓티에서 공양을 드시고 그곳을 떠나실 때 12유순의 길이나 되는 대중에게180) 30유순의 상까사 도시로 가는 길을 축소한 뒤 그 순간에 도착하게 했다.

123. 나아가 땀바빤니 섬의 쭐라사뭇다(Cūla-Samudda) 장로도 행했다. 흉년이 들었을 때 아침에 장로의 곁에 700명의 비구들이 왔다. 장로는 '이 큰 비구대중이 어디로 탁발을 가야할까'라고 생각할 때 땀바빤니 섬의 전역에서는 갈만한 곳을 보지 못하고 바다 건너 빠딸리뿟따가 가능할 것이라고 보았다. 장로는 비구들에게 의발을 수하게 하고는 '도반들이여, 여기 탁발을 가세'라고 말하고 땅을 축소하여 빠딸리뿟따로 갔다.

비구들은 '존자시여, 여기가 어느 도시입니까?'라고 여쭈었다. '도반들이여, 빠딸리뿟따일세.' '존자시여, 빠딸리뿟따는 아주 멀리 있습니다.' '노련한 장로들은 먼 것을 가깝게도 만든다네.' '존자시여, 큰 바다가 어디 있습니까?' '도반들이여, 그대들은 도중에 푸른 물이 흐르는 개천 하나를 건너오지 않았는가?' '존자시여, 그렇습니다. 그러나 바다는 크지 않습니까?' '도반들이여, 노련한 장로들은 큰 것도 작게 만든다네.'

---

180) 냐나몰리 스님은 이 문상을 'he abridged the twelve-league crowd and the thirty-league road to the city of Saṅkassa'라고 영역했다. 즉, 'dvādasayojanikaṁ parisaṁ(12유순의 대중)'도 'saṅkhipitvā(줄인 뒤)'의 목적격으로 본 것이다. 그러나 그 대중을 줄인 것은 아니고 그 대중에게 상까사로 가는 길을 신통으로 줄여준 것이다.

124. 그 장로처럼, 띳사닷따(Tissadatta) 장로도 저녁에 목욕을 한 뒤 상의를 입고 '보리수에 예배하리라'는 생각이 일어났을 때 이와 같이 했다.

125. 누가 가까운 것을 멀게 만들었는가? 세존이시다. 세존께서는 그분 가까이 있던 앙굴리말라를 멀리 있도록 만드셨다.(M.ii.99참조)

126. 누가 많은 것을 적게 만들었는가? 마하깟사빠(Mahā-Kassapa, 대가섭) 장로이다. 왕사성의 축제일에 500명의 소녀들이 달떡을 가지고 축제를 즐기기 위해 가는 도중에 세존을 뵙고 아무것도 드리지 않았다. 그러나 뒤에 오는 장로를 뵙고는 '우리 장로께서 오신다. 떡을 드려야지'하면서 모두 떡을 가지고 장로께 다가갔다. 장로는 발우를 꺼내어 모든 것이 오직 발우 하나에 가득 담기도록 만들었다. 세존께서는 장로를 기다리시며 앞에 앉아 계셨다. 장로는 가져와서 세존께 올렸다고 한다.

127. 일리사(Illīsa) 장자의 일화에 의하면(Jā.i.348; DhpA.i.372) 마하목갈라나 장로는 적은 것을 많게 만들었다. 까까왈리야(Kākavaliya)의 일화에 의하면 세존께서도 그렇게 하셨다. 마하깟사빠 장로가 7일 동안 멸진정에 들었다가 출정하여 가난한 자를 복되게 하고자 까까왈리야라는 가난한 사람의 대문에 서있었다. 그의 부인이 장로를 보고는 자기 남편을 위해 준비해 놓은 소금기 없는 시큼한 죽을 발우에 떠드렸다. 장로는 그것을 가지고 세존의 손에 드렸다. 세존께서는 그것이 많은 비구대중에게 충분하도록 결의하셨다. 하나의 발우에 가져온 것이 온 대중에게 충분하였다. 까까왈리야는 7일째

되는 날 장자가 되었다고 한다.

128. 적은 것을 많게 만들뿐만 아니라 단 것을 달지 않게, 달지 않은 것을 달게 하는 등에서 무엇이든 그가 원하는 것을 신통을 가진 자는 모두 성취한다. 마하아눌라(Mahā-Anula) 장로는 많은 비구들이 탁발을 가서 반찬도 없이 오직 밥만 얻어서 강가의 강둑에 앉아서 공양하는 것을 보고 '강가의 물이 버터기름이 되라'고 결의한 뒤 사미들에게 기미를 알아차리게 했다. 그들은 그릇에다 가져와서 비구 대중에게 올렸다. 모두 맛있는 버터기름과 함께 먹었다고 한다.

129. **신성한 눈(天眼)으로:** 여기 [인간세계에] 남아있으면서 빛을 확장하여 그 범천의 형상을 본다. 여기 남아있으면서 범천이 말하는 소리를 듣고, 마음을 안다.

130. **몸으로 마음을 변화시키고:** 물질로 된 몸으로 마음을 변화시킨다. 기초가 되는 禪의 마음을 취하여 몸에다 둔다. 마음이 몸을 따르도록 한다. 그것은 천천히 간다. 왜냐하면 몸의 움직임은 [마음보다] 느리기 때문이다.

131. **행복의 인식과 가벼움의 인식에 든다:** 신통의 마음과 함께 생긴 행복의 인식과 가벼움의 인식에 이르고, 들고, 닿고, 얻는다. 신통의 마음이란 [신통의] 기초가 되는 禪을 대상으로 가진다. 행복의 인식이란 평온과 관련된 인식이다. 왜냐하면 평온은 고요하기 때문에 행복이라고 한다. 그와 동일한 인식이 가벼움의 인식이다. 왜냐하면 그것은 장애들(五蓋)과 일으킨 생각(尋) 등 반대되는 것으로부터 벗어났기 때문이다. 그가 그것에 이를 때 그의 몸도 솜털

처럼 가볍다. 그는 이와 같이 바람에 둥둥 떠다니는 솜털과 같이 가벼운, 볼 수 있는 몸으로 범천의 세계에 간다.

132. 이와 같이 갈 때 만약 원하면 땅의 까시나로 허공에 길을 만들어 걸어서 가기도 하고, 만약 원하면 바람의 까시나로 바람이 되라고 결의하여 솜털처럼 바람을 통해서 간다. 여기서 중요한 것은 가고자하는 욕구(*gantu-kāmatā*)이다. 가고자하는 욕구가 있을 때 이처럼 마음을 결의한 자는 결의한 힘에 의해 들려서 마치 궁수가 쏜 화살처럼 볼 수 있는 몸으로 간다.

133. **마음으로 몸을 변화시키고:** 몸을 취하여 마음에다 놓는다. 몸이 마음을 따르도록 한다. 빨리 간다. 왜냐하면 마음의 움직임은 [몸보다] 빠르기 때문이다. **행복의 인식과 가벼움의 인식에 든다:** 신통의 마음과 함께 생긴 행복의 인식과 가벼움의 인식에 든다. 이 신통의 마음은 물질적인 몸을 대상으로 가진다. 나머지는 앞서 설한 방법대로 알아야 한다. 그러나 이것은 마음이 가는 것이다.

134. '그런데 그가 이처럼 볼 수 없는 몸으로 갈 때, 결의하는 마음이 일어나는 순간에 가는가, 그것이 머무는 순간에 가는가, 아니면 그것이 무너지는 순간에 가는가?'라는 질문에 '세 순간에 [모두] 간다'고 장로가 말했다. 자기가 직접 가는가, 아니면 창조한 것을 보내는가? 원하는 대로 한다. 그러나 여기서는 자기가 직접 가는 것이 전승되어 온다.

135. **마음으로 이루어졌고:** 결의하는 마음으로 만들어졌기 때문에 마음으로 이루어진 것이다. **감각기능(根)이 구족한:** 이것은

눈, 귀 등의 형상으로 설했다. 그러나 창조된 형상에는 감성(感性)[181]이 없다. **만약 신통을 가진 자가 경행하면, 그 창조된 몸도 그곳에서 경행한다:** 여기서 언급한 이런 것들은 모두 제자들이 창조한 몸에 대해서 설한 것이다. 부처님께서 창조하신 몸은 세존께서 하는 대로도 하고, 또한 세존이 원하는 것에 따라 다른 것도 한다.

136. 그 신통을 가진 자가 여기 [인간세계에] 있으면서 천안으로 그 범천의 형상을 보고, 천이통으로 소리를 듣고, 타심통으로 마음을 알 때 그는 몸의 자유자재를 얻지 못한다. 그 신통을 가진 자가 여기 [인간세계에] 있으면서 그 범천과 함께 서있거나, 이야기를 하거나, 토론을 할 때도 그는 몸의 자유자재를 얻지 못한다. 그가 멀리 있는 것을 가까이 있으라고 결의하는 등의 결의를 할 때도 그는 몸의 자유자재를 얻지 못한다. 볼 수 있는 몸이나 볼 수 없는 몸으로 범천의 세계에 갈 때도 그는 몸의 자유자재를 얻지 못한다.

그는 '그 범천의 면전에서 형상을 창조한다'(§119)라는 등의 방법으로 설한 것을 행할 때에 몸이 자유사재를 얻었다고 한다. 나머지는 여기서 몸의 자유자재를 얻기 전의 단계를 보여주기 위해 설했다.

이것이 결의에 의한 신통(§45)이다.

137. 그러나 변형의 신통과 마음으로 [다른 몸을] 만드는 신통(§22; §§45-6)의 차이점은 다음과 같다. 먼저 변환을 나투고자하는 자는 [다음 인용문의] 동자의 모습 등에서 그가 원하는 것을 결의해야

---

181) 눈, 귀, 코, 혀, 몸의 감각기능이 있는 부분의 물질을 아비담마에서는 감성(pasāda)이라 한다. 『길라잡이』 6장 §3의 2번 해설을 참조할 것.

한다. "그는 본래의 모습을 버리고 동자의 모습을 보여준다. 혹은 용의 모습, 금시조의 모습, 아수라의 모습, 제석의 모습, 신의 모습, 범천의 모습, 바다의 모습, 산의 모습, 사자의 모습, 호랑이의 모습, 표범의 모습, 코끼리, 말, 차, 보병을 보여준다, 갖가지의 군대를 보여준다.(Ps.ii.210)"

138. 결의할 때 땅의 까시나 등 가운데서 어떤 하나를 대상으로 가지고, 초월지의 기초인 제4선에서 출정하여 자기의 모습을 동자로 전향해야 한다. 전향한 후 준비를 짓고 다시 입정하였다가 출정하여 '이러한 모습의 동자가 되리라'라고 결의해야 한다. 결의의 마음과 함께 동자가 된다. 마치 데와닷따(Devadatta)가 한 것처럼. 이 방법은 모든 곳에 적용된다.

코끼리를 보여준다는 등에서는 외부의 코끼리 등을 보여주는 것으로 설했다. 여기서는 '내가 코끼리가 되리라'고 결의하지 않고 '코끼리가 있어라'라고 결의해야 한다. 말 등에서도 이 방법이 적용된다. 이것이 변형의 신통이다.

139. 마음으로 [다른 몸을] 만드는 신통을 나투고자하는 자는 기초가 되는 禪에서 출정하여 먼저 앞서 설한 방법대로 몸으로 전향하고는 '구멍이 있기를'이라고 결의한다. 그러면 구멍이 있게 된다. 그때 자기 몸속에서 다른 몸으로 전향하고 준비를 짓는다. 그 후 앞서 설한 방법대로 결의한다. 그의 속에 다른 몸이 생긴다. 그는 그것을 끌어낸다. 마치 문자풀에서 새순을, 칼집에서 칼을, 허물에서 뱀을 끌어내듯이.

그러므로 이와 같이 설하셨다. "여기 비구는 이 몸에서, 마음으로 이루어졌고, 사지를 모두 갖추었고, 감각기능이 구족한 다른 형상의 몸을 창조한다. 예를 들면, 사람이 문자 풀에서 새순을 뽑아내면서 이렇게 생각하는 것과 같다. '이것은 문자이고, 이것은 새순이다. 문자와 새순은 서로 다르다. 문자로부터 새순을 뽑아내었다.'라고.(Ps.ii.210-11)"

여기서 마치 새순 등이 문자 풀 등과 비슷하듯이, 마음으로 만들어진 형상도 신통을 가진 자와 닮았다. 그러므로 이것을 보여주기 위해 이 비유를 설했다. 이것이 마음으로 [다른 몸을] 만드는 신통이다.

어진 이를 기쁘게 하기 위해 지은 청정도론에서
신통변화(神足通)에 관한 해설이라 불리는
제12장이 끝났다.

제13장
abhiññāniddeso
초월지

제13장 초월지

abhiññāniddeso

2. 신성한 귀의 요소(天耳界, 天耳通)의 주석

dibbasotadhātukathā

1. 이제 신성한 귀의 요소(*dibba-sota-dhātu*, 天耳界, 天耳通)를 해설할 차례에 이르렀다. 여기 [천이통과] 그 다음의 세 가지 신통에 대해서도 "이와 같이 그의 마음이 삼매에 들고 …(D.i.79)" 등으로 설하신 구절의 뜻을 앞서 설한 방법대로 알아야 한다.(XII. §13 이하) 여기서는 모두 다른 점만을 주석할 것이다.182)

2. **신성한 귀의 요소(天耳界)로:** 천상과 비슷하기 때문에 '신성하다(*dibba*).' 왜냐하면 신들은 선행의 업(*sucarita-kamma*)에서 생겼고, 담즙과 가래와 피 등의 방해를 받지 않고, 오염원에서 벗어났

---

182) 본 장에서도 저자는 본서에서는 인용하지 않는 『장부』 「사문과경」(D2) 등에 나타나는 다음 정형구를 해설하면서 천이통을 설명하고 있다.
"그는 신성한 귀의 요소(天耳界)로 마음을 향하고, 기울인다. 그는 인간의 능력을 넘어선 청정하고 신성한 귀의 요소로 천상이나 인간의 소리 둘 다를 멀든 가깝든 간에 다 듣는다(天耳通).(D.i.79)"

기 때문에 멀리 있는 대상도 받아들이는 능력을 가진 신성한 감성인 귀의 요소를 가진다. 그리고 정진수행(vīriyabhāvanā)183)의 힘에서 생겨난 이 비구의 지혜의 귀의 요소는 그것과 비슷하다. 그러므로 천상과 비슷하기 때문에 '신성하다.' 더욱이 신성한 마음가짐(dibba-vihāra)으로 얻은 것이기 때문에 신성하고, 신성한 마음가짐을 바탕으로 했기 때문에 신성하다.

들는다는 뜻과 영혼이 아니라는 뜻에서 귀의 요소(耳界)이다. 또한 귀의 요소의 역할을 함에 있어 귀의 요소와 같기 때문에 귀의 요소이다. 그런 신성한 귀의 요소로 **청정하고**: 오염원이 없기 때문에 청정하고, **인간의 능력을 넘어선**: 소리를 들음에 인간의 경계를 뛰어넘어, 인간의 고깃덩어리의 귀의 요소를 넘어서, 초월하여.

3. **소리 둘 다를 듣는다**: 두 가지 소리를 듣는다. 무엇이 그 둘인가? **천상과 인간**이다. 신들의 소리와 인간들의 소리라는 뜻이다. 이것은 부분적으로 포함한 것이라고 알아야 한다.184) **멀든 가깝든**: 그는 다른 우주의 먼 소리도 듣고, 자기 몸에 붙어사는 생물들의 가까운 소리까지도 듣는다는 뜻이다. 이것은 구별 없이 모든 소리라고 알아야 한다.

4. 어떻게 이 신성한 귀의 요소를 일으키는가? 그 비구는 초월지의 기초가 되는 제4선에 들었다가 출정해야 한다. 준비에 속하

---

183) "정진으로 성취하기 때문에 모든 이로운 수행이 정진의 수행이다. 혹은 정근의 의도적 행위(行)를 갖춘 정근의 수행도 정진의 수행이다. 그 위력으로 지혜의 귀의 요소가 생겼다.(Pm.400)"
184) 즉 모든 소리를 다 들을 수 있지만 이 두 가지 소리만을 언급했기 때문에 부분적으로 포함한 것이라고 했다는 말이다.

는 삼매의 마음으로 [무엇보다도 먼저 멀리서 들리는 자연적인 소리,185) 즉] 숲 속의 사자소리 등으로 전향해야 한다. 사원 내의 종소리, 북소리, 고동소리, 사미와 젊은 비구들이 우렁차게 경전 외는 소리, '존자시여, 무엇입니까? 수좌여, 무엇인가?'라는 등의 보통 이야기소리, 새소리, 바람소리, 발소리, 끓는 물의 쉿하는 소리, 뙤약볕에 말라가는 야자 잎 소리, 개미 기어가는 소리 등 가장 큰 것부터 시작하여 점차 미세한 소리로 전향해야 한다.

그는 동쪽 소리들에 대한 소리의 표상186)을 마음에 잡도리해야 한다. 서쪽, 북쪽, 남쪽, 아래쪽, 위쪽, 동쪽 간방, 서쪽 간방, 북쪽 간방, 남쪽 간방 소리들에 대한 소리의 표상을 마음에 잡도리해야 한다. 크고 작은 소리들에 대한 소리의 표상을 마음에 잡도리해야 한다.

5. 이 소리들은 보통의 마음에도 분명하다. 준비에 속하는 삼매의 마음에는 더욱 분명해진다. 그가 이와 같이 소리의 표상을 마음에 잡도리할 때 신성한 귀의 요소가 막 일어나려는 슈간에187) 그 소리늘 중에 어떤 하나를 대상으로 의문전향(意門轉向)188)이 일어난

---

185) '*paṭhamataraṁ pakatisotapathe dūre oḷāriko*'는 HOS본에는 나타나지 않고 미얀마 6차결집본에 나타나는데 문맥에 어울리므로 역자가 첨가하여 옮겼다.
186) "'*sadda-nimitta*(소리의 표상)'란 지혜가 일어날 원인이 되기 때문에 소리가 바로 소리의 표상이다. 혹은 앞서 설한 소리들의 거칠고 가는 상태가 소리의 표상이다.(Pm.400)"
187) 냐나몰리 스님은 여기서도 '[*thinking*] '*Now the divine ear element will arise*', *mind-door adverting arises making one of these sounds it object*'라고 영역했는데 '순간에'라고 해야 한다. IV. §74의 주해를 참조할 것.
188) 의문전향은 『길라잡이』 1장 §10의 3번 해실을 참조할 것.

다. 그것이 멸하면 네 번 혹은 다섯 번의 속행이 일어난다. 그 가운데 처음 셋 혹은 넷은 준비와 근접과 수순과 고뜨라부라고 이름하는 욕계의 마음이고, 네 번째 혹은 다섯 번째는 색계 제4선에 속하는 본삼매의 마음이다.(*Cf.* IV. §74, §181)

6. 본삼매의 마음과 함께 일어난 지혜를 신성한 귀의 요소(天耳界)라고 알아야 한다. 그 [본삼매가 일어난] 다음 신성한 귀의 요소가 [지혜의] 귀에 병합된다. 그 [신성한 귀의 요소]를 강화할 때 '이 범위 내의 소리를 들으리라'고 하면서 [기초가 되는 禪의 대상을] 손가락 한 마디(aṅgula) 넓이만큼 확장해야 한다. 그 다음에 손가락 두 마디 넓이, 손가락 네 마디 넓이, 손가락 여덟 마디 넓이, 한 뼘(vidatthi, 12 aṅgula의 넓이), 한 라따나(ratana, 24 aṅgula의 넓이), 요사채 안, 앞뜰, 절 도량 안, 절 주위, 절에 달린 공원, 탁발 가는 마을, 군 등으로 우주까지 나아가 그보다 더 넓게 한정하면서 확장해야 한다.

7. 이와 같이 초월지를 얻은 자는 다시 기초가 되는 禪에 들 필요 없이, 기초가 되는 禪의 대상이 닿은 공간 내의 소리를 [초월지로] 모두 듣는다. 이와 같이 들을 때 만약 범천의 세계까지 소라, 북, 심벌즈 등의 소리가 뒤섞여있더라도 그 각각을 '이것은 고동소리, 이것은 북소리'라고 구별하기를 원하면 충분히 구별할 수 있다.

신성한 귀의 요소의 설명이 끝났다.

3. [남의] 마음을 아는 지혜(他心通)의 주석
cetopariyañāṇakathā

8. [남의] 마음을 아는 지혜(他心通)[189]의 주석에서 **[남의] 마음을 아는 지혜**(*cetopariya-ñāṇā*)라는 [단어를 풀이해보면] 주위로 간다(*pariyāti*)라고 해서 아는 것(*pariyaṁ*)이다. 즉 한정한다(*paricchindati*)는 뜻이다. [남의] 마음을(*cetaso*) 아는 것(*pariyaṁ*)을 [남의] 마음을 아는 것(*cetopariya*)이라 한다. [남의] 마음을 아는 지혜(*ceto-*

---

189) 여기서도 본서에서는 [남의] 마음을 아는 지혜의 정형구를 언급하지 않고 바로 주석을 하고 있는데 그것을 인용한다.
"그는 [남의] 마음을 아는 지혜(他心通)로 마음을 향하고 기울인다. 그는 자기의 마음으로 다른 중생들과 다른 인간들의 마음을 대하여 꿰뚫어 안다.
① 탐욕이 있는 마음은 탐욕이 있는 마음이라고 꿰뚫어 알고
② 탐욕을 여읜 마음은 탐욕을 여읜 마음이라고 꿰뚫어 안다.
③ 성냄이 있는 마음은 성냄이 있는 마음이라고 꿰뚫어 알고
④ 성냄을 여읜 마음은 성냄을 여읜 마음이라고 꿰뚫어 안다.
⑤ 어리석음이 있는 마음은 어리석음이 있는 마음이라고 꿰뚫어 알고
⑥ 어리석음을 여읜 마음은 어리석음을 여읜 마음이라고 꿰뚫어 안다.
⑦ 수축한 마음은 수축한 마음이라고 꿰뚫어 알고
⑧ 흩어진 마음은 흩어진 마음이라고 꿰뚫어 안다.
⑨ 고귀한 마음은 고귀한 마음이라고 꿰뚫어 알고
⑩ 고귀하지 않은 마음은 고귀하지 않은 마음이라고 꿰뚫어 안다.
⑪ 위가 있는 마음은 위가 있는 마음이라고 꿰뚫어 알고
⑫ 위가 없는 마음은 위가 없는 마음이라고 꿰뚫어 안다.
⑬ 삼매에 든 마음은 삼매에 든 마음이라고 꿰뚫어 알고
⑭ 삼매에 들지 않은 마음은 삼매에 들지 않은 마음이라고 꿰뚫어 안다.
⑮ 해탈한 마음은 해탈한 마음이라고 꿰뚫어 알고
⑯ 해탈하지 않은 마음은 해탈하지 않은 마음이라고 꿰뚫어 안다."
— D.i.79-80.

pariyañāṇā)라는 단어는 마음을 아는 것(*cetopariya*)이 바로 지혜(*ñāṇa*)이기 때문에 [남의] 마음을 아는 지혜(*cetopariyañāṇa*)라고 분해된다. '그것을 향하여'라는 뜻이다.

다른 중생들이란 자기를 제외한 나머지 중생들이다. **다른 인간들**이라는 것도 같은 뜻이다. 교화할 중생들의 근기가 다르고 또 교법의 장엄을 위해 다른 단어를 사용했다. **마음으로 마음을**: 자기의 마음으로 다른 자들의 마음을. **대하여**(*paricca*): 한정하고서. **꿰뚫어 안다**: 탐욕이 있는 마음 등 여러 가지로 잘 안다.

9. 어떻게 이 지혜를 일으키는가? 이것은 신성한 눈(*dibba-cakkhu*, 天眼)으로 성취한다. 그것이 이것의 준비다. 그러므로 비구는 광명을 확장하여 천안으로 심장의 물질190)에 의지하여있는 피의 색깔을 보면서 다른 자의 마음을 찾아야 한다.

마음이 기쁠 때 피는 익은 니그로다 열매처럼 붉다. 만약 마음이 슬플 때 그것은 익은 잠부 열매처럼 검다. 마음이 평온할 때 피는 참기름처럼 맑다. 그러므로 그는 이 물질은 기쁨의 기능(根)에서 생겼고, 이 물질은 정신적 고통의 기능에서 생겼고, 이것은 평온의 기능에서 생겼다고 다른 자의 심장에 있는 피의 색깔을 계속해서 보고 마음을 찾으면서 [남의] 마음을 아는 지혜를 강화해야 한다.

10. 이와 같이 강화할 때 심장의 물질을 보지 않고도 오직 마음으로 마음에 다가감으로써 점차 욕계의 [54가지] 모든 마음191)과

---

190) 아비담마에서는 우리의 마노(*mano*, 意)와 마노의 알음알이(意識)가 의지하는 토대로 심장의 물질(*hadaya-rūpa*)을 설한다. 자세한 것은 XIV. §60과 『길라잡이』 6장 §3의 5번 해설과 3장 §20의 2번 해설을 참조할 것
191) 욕계, 색계, 무색계의 81가지 마음들에 대해서는 『길라잡이』 1장의 〈도

색계의 [15가지]와 무색계의 [12가지] 마음도 모두 꿰뚫어 알게 된다. 주석서에서도 이와 같이 설했다.

"무색계에서 다른 자의 마음을 알고자하면 누구의 심장 물질을 보아야 하는가? 기능(根)에 따라 물질이 변화할 때 누구의 것을 보아야 하는가? 어느 누구의 것도 보지 않는다. 어느 곳으로든지 마음을 전향할 때 [정형구에 나타나는] 16가지 마음을 잘 아는 이것이 바로 신통을 가진 자의 영역이다. 이 [심장의 색깔을 보는] 것은 [신통을 얻기 위해] 천착하지 않은 사람을 위해서 설한 것이다."

11. 탐욕이 있는 마음 등 가운데서 탐욕과 함께한 여덟 가지 마음은 ① **탐욕이 있는 마음**이라고 알아야 한다. 그 나머지 [삼계와 출세간인] 네 가지 세상의 유익한(善) 마음과 결정할 수 없는(無記) 마음은 ② **탐욕을 여읜 마음**이라고 알아야 한다. 두 가지 정신적 고통과 함께하는 마음과 의심과 들뜬 마음, 이 네 가지 마음은192) 이 두 영역에 포함되지 않았다. 그러나 어떤 장로들은 이들도 포함시켰다.

두 가지 정신적 고통과 함께하는 마음은 ③ **성냄이 있는 마음**이라 한다. 모든 네 가지 세상의 유익한 마음과 결정할 수 없는 마음은 ④ **성냄을 여읜 마음**이라 한다. 나머지 열 가지 해로운(不善) 마음은 이 두 영역에 포함되지 않는다. 그러나 어떤 장로들은 그들도 포함시킨다.

어리석음이 있는 마음과 어리석음을 여읜 마음에서 [탐욕과 성냄

표:1.1>을 참조할 것.
192) 즉 여기서 네 가지 마음이란 성냄에 뿌리박은 두 가지 마음과 어리석음에 뿌리박은 두 가지 마음이다.

이라는 해로운 뿌리와 섞이지 않고] 각별히 의심과 들뜸만이 함께한 두 가지를 ⑤ **어리석음이 있는 마음**이라 한다. 그러나 어리석음은 모든 해로운 마음에 존재하기 때문에 열두 가지 해로운 마음도 어리석음이 있는 마음이라고 알아야 한다. 나머지는 ⑥ **어리석음을 여읜 마음**이다.

12. 해태와 혼침이 함께한 것이 ⑦ **수축한 마음**이다. 들뜸과 함께한 것이 ⑧ **흩어진 마음**이다.

색계와 무색계의 것은 ⑨ **고귀한 마음**이고, 나머지는 ⑩ **고귀하지 않은 마음**이다.

모든 삼계의 마음은 ⑪ **위가 있는 마음**이고, 출세간은 ⑫ **위가 없는 마음**이다.

근접에 이르고, 본삼매에 이른 것은 ⑬ **삼매에 든 마음**이고, 이 둘에 이르지 않은 것은 ⑭ **삼매에 들지 않은 마음**이다.

반대되는 것으로 대체함에 의한 해탈, 억압에 의한 해탈, 근절에 의한 해탈, 편안히 가라앉음에 의한 해탈, 벗어남에 의한 해탈 가운데에 어느 하나에[193] 이른 것을 ⑮ **해탈한 마음**이라 하고, 이런 다섯 가지 해탈에 이르지 못한 마음을 ⑯ **해탈하지 못한 마음**이라고 알아야 한다.

이와 같이 [남의] 마음을 아는 지혜(他心通)를 얻은 비구는 탐욕이 있는 마음은 탐욕이 있는 마음이라고 꿰뚫어 알고 … 해탈하지 않

---

193) "반대되는 것으로 대체함에 의한 해탈은 욕계의 유익한 마음을, 억압에 의한 해탈은 고귀한 마음을, 근절에 의한 해탈은 도의 마음을, 편안히 가라앉음에 의한 해탈은 과의 마음을, 벗어남에 의한 해탈은 열반을 뜻한다.(Pm.401)"

은 마음은 해탈하지 않은 마음이라고 꿰뚫어 안다. 모든 종류의 마음을 잘 안다.

[남의] 마음을 아는 지혜의 주석이 끝났다.

4. 전생을 기억하는 지혜(宿命通)의 주석

pubbenivāsānussatiñāṇakathā

13. 전생을 기억하는 지혜(*pubbenivāsa-anussati-ñāṇa*, 宿命通, 宿住智)[194]의 주석에서, **전생을 기억하는 지혜로:** 전생의 거처를 기억하는 것에 관한 지혜를 목적으로, **전생**(*pubbe-nivāsa*)이란 과거의 전생에서 살았던 무더기(蘊)(*nivuttha-kkhandha*)들이다.

여기서 '살았던(*nivuttha*)'이란 ① 자기 안에서 일어났고, 경험했고, 자기의 상속에 생겼다가 멸했다는 뜻이다. ② 혹은 전생이란 [과거 전생에서] 살았던(경험했던) 법(*nivuttha-dhamma*)들이다.[195] 여기서는

---

194) 앞에서와 마찬가지로 『장부』「사문과경」(D2) 등에 나타나는 전생을 기억하는 지혜의 정형구를 인용한다.
"그는 전생을 기억하는 지혜(宿命通)로 마음을 향하고 기울인다. 그는 여러 가지 전생을 기억한다. 즉, 한 생, 두 생, 세 생, 네 생, 다섯 생, 열 생, 스무 생, 삼십 생, 사십 생, 오십 생, 백 생, 천 생, 백 천 생, 세계가 무너진 여러 겁, 세계가 이루어진 여러 겁, 세계가 무너지고 이루어지는 여러 겁, '어느 곳에서 이런 이름을 가졌고, 이런 종족이었고, 이런 용모를 가졌고, 이런 음식을 먹었고, 이런 행복과 고통을 경험했고, 이런 수명의 한계를 가졌고, 그곳에서 죽어 다른 어떤 곳에 다시 태어나 그곳에서도 이런 이름을 가졌고, 이런 종족이었고, 이런 용모를 가졌고, 이런 음식을 먹었고, 이런 행복과 고통을 경험했고, 이런 수명의 한계를 가졌고, 그곳에서 죽어 여기 다시 태어났다'고 이처럼 한량없는 전생의 갖가지 모습들을 그 특색과 더불어 상세하게 기억한다.(D.i.81)"
195) 여기 '*pubbenivāsa*(전생)'라는 단어에서 '*pubbe*(전)'라는 단어는 '*pubbe*

대상(gocara)으로 경험한 것이 '살았던(nivuttha)'이다.

① 자신의 알음알이로 알았고, 구분한 것을 살았던(nivuttha)이라 한다. ② 혹은 윤회의 행로를 끊은 자들의 경우 다른 자의 알음알이로 알았고 구분한 것도 살았던(nivuttha)이라 한다. 이 뒤의 것 [즉, 다른 자의 알음알이로 알았던 대상]은 부처님들만이 얻는다.

전생을 기억하는: 전생을 기억하는 그 마음챙김(sati)이 전생을 기억함(pubbenivāsānussati)이다. **지혜:** 그 마음챙김과 관련된 지혜이다. **전생을 기억하는 지혜로:** 전생을 기억하는 지혜를 목적으로, 이 지혜를 얻기 위해, 이르기 위해라는 뜻이다.

14. **여러 가지:** 갖가지의, 여러 가지의 형태로 일어난, 상세하게 설했다는 뜻이다. **전생을:** 바로 한 생 이전의 생부터 거슬러 올라가서 여기저기서 살았던 상속이다. **기억한다:** 오온의 순서에 따라, 혹은 죽음과 재생연결에 따라 기억한다.

15. 여섯 부류의 사람들이 이 전생을 기억한다. 즉 ① 외도들 ② 평범한 제자들 ③ 뛰어난 제자들 ④ 상수제자들 ⑤ 벽지불들 ⑥ 부처님들이다.

16. 이 중에서 외도들은 40겁만을 기억한다. 그 이상은 못한다. 무슨 이유인가? 통찰지가 약하기 때문이다. 왜냐하면 그들은 정신

---

atītajātisu(이전의 과거생)'로 설명해 마치고, 그 다음에 'nivāsa'라는 단어를 두 가지 방식으로 설명을 하는데 그 첫 번째가 'nivutthakkhandhā(살았던 무더기)'라는 뜻이고, 두 번째가 'nivuttha-dhammā(경험했던 법=대상)'라고 설명을 한다. 첫 번째는 자기의 상속을 뜻하고, 두 번째는 다른 사람의 상속, 다른 사람의 지혜 등 일반적인 대상을 뜻한다.

과 물질을 분석함이 없기 때문에 통찰지가 약하다. 평범한 제자들은 백겁, 천겁까지도 기억한다. 통찰지가 강하기 때문이다. 80명의 뛰어난 제자들은 십만 겁을 기억한다. 두 상수제자들은 1아승지겁과 십만 겁을 기억한다. 벽지불들은 2아승지겁과 십만 겁을 기억한다. 이만큼만 그들의 마음을 향하게 하기 때문이다. 그러나 부처님들의 경우에는 한계가 없다.

17. 외도들은 오온의 순서만을 기억한다. 순서를 버린 뒤 죽음과 재생연결에 따라서는 기억할 수 없다. 장님처럼 그들은 원하는 곳에 건너뛸 수가 없다. 마치 장님이 지팡이를 의지해서 가듯이 이들도 오직 오온들의 순서를 의지해서 기억한다. 평범한 제자들은 오온들의 순서에 따라서도 기억하고 죽음과 재생연결에 따라서도 기억한다. 80명의 뛰어난 제자들도 그와 같다. 두 상수제자들은 오온들의 순서와 상관없이 한 사람의 죽음을 보면서 재생연결을 보고, 다시 다른 사람의 죽음을 보면서 재생연결을 본다. 이와 같이 죽음과 재생연결에 따라서 추적하면서 간다. 벽지불도 그와 같다.

18. 부처님들은 오온의 순서에 따라서 혹은 죽음과 재생연결에 따라서 추적할 필요가 없다. 여러 천만 겁 가운데서 전이든 후든 그들이 선택한 곳은 모두 분명해진다. 그러므로 마치 성전의 생략구문(peyyāla)처럼 여러 천만 겁을 뛰어넘어 원하는 곳에 옮겨가면서 사자의 급습처럼 간다.

마치 머리털을 적중하는 데 능숙한 사라방가(Sarabhaṅga)와 같은 궁수가 쏜 화살이 날아가는 도중에 나무와 덩굴 등에 걸리지 않고 오직 과녁에 적중하고 못 미치거나 빗맞지 않듯이, 이와 같이 부처님들이 갈 때 그들의 지혜는 도중에 있는 생들에서 못 미치거나 빗맞힘이 없다. 못 미치거나 빗맞힘이 없이 오직 원하는 곳을 취한다.

19. 전생을 기억하는 자들 가운데서 외도들이 전생을 보는 것은 반딧불의 빛처럼 나타난다. 평범한 제자들의 것은 촛불처럼, 뛰어난 제자들의 것은 횃불처럼, 상수제자들의 것은 새벽의 별빛처럼, 벽지불들의 것은 달빛처럼, 부처님들의 것은 천의 광선으로 장엄한 가을 햇빛처럼 나타난다.

20. 외도들이 전생을 기억하는 것은 마치 장님이 지팡이 끝으로 더듬으면서 가는 것과 같다. 평범한 제자들이 전생을 기억하는 것은 마치 외나무다리를 가는 것과 같다. 뛰어난 제자들이 전생을 기억하는 것은 마치 사람이 다니는 다리를 가는 것과 같다. 상수제자들이 전생을 기억하는 것은 마치 수레들이 다니는 다리를 가는 것과 같다. 벽지불들이 전생을 기억하는 것은 마치 많은 사람들이 걸어가는 큰 길을 가는 것과 같다. 부처님들이 전생을 기억하는 것은 마치 큰 마차들이 달리는 대로를 가는 것과 같다.

21. 그러나 이 문맥에서 뜻하는 것은 제자들이 전생을 기억하는 것이다. 그래서 설명하였다. '기억한다: 오온의 순서에 따라, 혹은 죽음과 재생연결에 따라 기억한다'라고.(§14)

22. 그러므로 이와 같이 기억하기를 원하는 초심수행자는 공양을 마치고는 탁발로부터 돌아와 조용히 혼자 머물러 순서대로 네 가지 禪에 든다. 신통의 기초인 제4선에서 출정하여 방금 자기가 앉았던 그 행위로 전향해야 한다. 그 다음에 자리를 마련하던 것, 방

에 들어오던 것, 가사와 발우를 정돈하던 것, 공양하던 것, 마을에서 돌아오던 것, 마을에서 탁발을 다니던 것, 마을로 탁발을 위해 들어가던 것, 절에서 나가던 것, 탑전과 보리수의 단에서 예배하던 것, 발우를 씻던 것, 발우를 가지던 것, 발우를 가지기 이전에 입을 씻던 일 등 일체의 행위, 이른 아침에 했던 행위, 지난 밤 마지막 삼경에 했던 행위, 초경에 했던 행위 — 이와 같이 역순으로 밤새 행했던 행위로 전향해야 한다.

23. 이만큼은 보통의 마음에도 분명하다. 그러나 준비의 삼매에 든 마음에는 아주 분명하다. 만약 어떤 것이라도 분명하지 않은 것이 있으면 다시 기초가 되는 禪에 들었다가 출정하여 전향해야 한다. 그렇게 함으로써 마치 등불을 켜 놓은 것처럼 분명하게 된다. 이와 같이 반드시 역순으로 두 째날, 세 째날, 네 째날, 다섯 째날 행했던 일로, 열흘 동안에, 보름 동안에, 한 달 동안에, 일년 내에까지 행했던 일로 전향해야 한다.

24. 이와 같은 방법으로 십 년, 이십 년, 내지 금생에 있었던 자신의 재생연결까지 전향하면서 전생의 죽는 순간에 일어난 정신·물질로 전향해야 한다. 현명한 비구는 첫 번째 시도로 재생연결을 열어 제치고 전생의 죽는 순간의 정신·물질을 대상으로 삼을 수 있다.

25. 그러나 전생의 정신·물질은 남김없이 사라지고 이제 다른 것이 생겼기 때문에 그곳은 닫혀서 암흑과 같다. 통찰지가 약한 자는 볼 수가 없다. 그렇더라도 '나는 재생연결을 열어 제치고 전생의 죽는 순간의 정신·물질을 대상으로 만들 수 없구나'라고 멀리 내

팽개쳐서는 안된다. 그 기초가 되는 禪에 계속해서 입정해야 한다. 그것에서 출정할 때마다 그곳으로 전향해야 한다.

26. 예를 들면 힘이 좋은 사람이 궁전의 꼭대기를 세우기 위해 큰 나무를 자를 때 가지와 이파리를 끊는 것만으로 도끼날이 무뎌졌다면 그것으로 큰 나무를 자를 수 없을 것이다. 그렇더라도 그는 중간에 그만 두지 않고 대장간으로 가서 도끼날을 예리하게 갈아서 다시 돌아와 자를 것이다. 도끼날이 무뎌지면 다시 그와 같이 가서 자를 것이다. 그가 이와 같이 자를 때 이미 잘라진 곳은 다시 자를 필요가 없고 잘라지지 않은 곳을 자를 때 머지않아 큰 나무가 넘어지고 말 것이다.

그와 같이 기초가 되는 禪에서 출정하여 그 전에 전향했던 것으로는 전향하지 말고 재생연결로 전향할 때 머지않아 재생연결을 열어 전생의 죽는 순간에 일어난 정신·물질을 대상으로 삼을 수 있을 것이다. 나무꾼과 이발사 등으로도 이 뜻을 설명할 수 있다.

27. 여기서 방금 앉던 행위부터 시작하여 재생연결로 거슬러 올라가기까지의 기간을 대상으로 삼고 일어난 지혜는 전생을 기억하는 지혜라 하지 않는다. 그것은 준비단계의 삼매의 지혜라 한다. 어떤 자들은 이것도 과거를 아는 지혜라 하기도 하는데 이것은 색계에서는 타당하지 않다. 이제 비구가 재생연결을 넘어 전생의 죽는 순간에 일어난 정신·물질을 대상으로 의문전향이 일어나고, 그것이 멸할 때 그 동일한 대상에 대해 네 번 혹은 다섯 번의 속행이 일어난다. 그 가운데서 앞의 것들은 앞서 설한 방법대로 준비 등이라 이름하는 욕계의 것이고, 마지막 것은 색계의 제4선에 속하는 본

삼매의 마음이다.(Cf. IV. §74)

그때 그 마음과 함께 지혜가 일어나는데 이것이 전생을 기억하는 지혜이다. 이 지혜와 결합된 마음챙김으로 "그는 여러 가지 전생을 기억한다. 즉 한 생, 두 생 … 한량없는 전생의 갖가지 모습들을 사소한 것까지 상세하게 기억한다.(D.i.81)"

28. 여기서 **한 생**이란 재생연결부터 시작하여 죽음까지 한 생에 포함된 오온의 상속이다. 이 방법은 **두 생** 등에도 적용된다. **세계가 무너진 여러 겁** 등에서는 멸하는 겁을 **수축하는 겁(壞劫)**이라 하고, 늘어나는 겁을 **팽창하는 겁(成劫)**이라 한다고 알아야 한다.

29. 수축한 상태로 머무는 것(壞住)도 수축하는 [겁]에 포함된다. 왜냐하면 그것은 무너진 것에 뿌리를 두기 때문이다.196) 팽창한 상태로 머무는 것(成住)도 팽창하는 [겁]에 포함된다. 이와 같기 때문에 다음과 같이 설하신 것도 이해가 된다. "비구들이여, 네 가지 아승지 겁이 있나니 어떤 것이 그 넷인가? 수축하는 것(壞)과 수축한 상태로 머무는 것(壞住)과 팽창하는 것(成)과 팽창한 상태로 머무는 것(成住)이다.(A.ii.142)"

30. 이 가운데서 세 가지 수축이 있다. 물로 인한 수축, 불로 인한 수축, 바람으로 인한 수축이다. 세 가지 수축의 한계가 있다. [제

---

196) 'taṁmūlakattā(그 수축한 것에 뿌리를 둔)'를 Pm.에서는 'taṁpubbakattā(그것이 먼저 된 것)'로 설명한다. 즉 수축한 것이 수축한 채 머무는 것보다 먼저라는 뜻이다. 그러므로『장부』「사문과경」(D2)의 인용문에는 오직 수축(saṁvaṭṭa)과 팽창(vivaṭṭa)의 둘만을 언급했지만 수축한 채 머무는 것(saṁvaṭṭaṭṭhāyi)과 팽창한 채 머무는 것(vivaṭṭaṭṭhāyi)도 각각 그 속에 포함된다는 뜻이다.

2선의] 광음천(光音天), [제3선의] 변정천(遍淨天), [제4선의] 광과천(廣果天)이다. 겁이 불로 인해 수축할 때 광음천 아래까지 불에 탄다. 물로 인해 수축할 때 변정천 아래까지 물에 용해된다. 바람으로 인해 수축할 때 광과천 아래까지 바람에 파괴된다. 상세하게 설하면 항상 한 개의 부처님의 국토(Buddha-khetta)를 파괴한다.

31. 부처님의 국토는 세 가지이다. 탄생(jāti)의 국토, 권위(āṇā)의 국토, 경계(visaya)의 국토이다.

이 가운데서 탄생의 국토는 여래가 입태 할 때 등에 진동한 일만 개의 우주(cakkavāḷa, 輪圍)까지이다.

권위의 국토는 백 천 구지의 우주까지이다. 그곳에 「라따나 경」(Ratana Sutta, 寶經 = 寶呪, Sn. p.39), 「칸다 빠릿따」(Khandha Paritta, 蘊護呪, Vin.ii.109; A.ii.72), 「다작가 빠릿따」(Dhajagga Paritta, 幢頂護呪, S.i.218), 「아따나띠야 빠릿따」(Āṭānāṭiya Paritta, 稻竿護呪, D.iii.194), 「모라 빠릿따」(Mora Paritta, 孔雀護呪, Jā.ii.33) 등의 빠릿따(護呪)들의 위력이 미친다.

경계의 국토는 끝이 없고, 한량이 없다. "원하는 곳까지(A.i.228)"라고 설했다. 여래는 어느 곳이던 어느 것이던 원하는 것을 안다.

이와 같이 이 세 가지 국토 가운데서 하나의 권위의 국토가 파괴된다. 그것이 파괴할 때 탄생의 국토도 역시 파괴된다. 무너질 때 반드시 동시에 무너지고, 성립할 때에도 반드시 동시에 성립한다.

32. 이것이 어떻게 멸하고 성립하는지 알아야 한다. 불이 겁을 태울 때 처음에는 겁을 파괴할 큰 구름이 몰려와 백 천 구지의 우주에 한 차례 큰비가 내린다. 사람들은 만족스럽고 기뻐하여 모든 씨

앗을 가져나가 심는다. 새순들이 소가 뜯어먹을 만큼 자랐을 때 나귀의 울음소리 같은 천둥에도 불구하고 한 방울의 비도 내리지 않는다. 그때 이후부터 비는 완전히 그쳐버린다. 이것을 두고 세존께서는 말씀하셨다.

"비구들이여, 여러 해 동안, 여러 백 년 동안, 여러 천 년 동안, 여러 백 천 년 동안 비가 내리지 않는다.(A.iv.100)" 빗물을 의지해 살던 중생들은 죽어 범천의 세계에 태어난다. 꽃과 과일을 의지해 살던 신들도 또한 그와 같다.

33. 이와 같이 오랜 세월이 지날 때 이곳저곳에서 물이 말라버린다. 서서히 물고기와 거북이도 죽어 범천의 세계에 태어난다. 지옥 중생들도 그와 같다. 지옥의 중생들은 일곱 번째 해가 떠오를 때 그곳에서 사라진다고 어떤 이들은 주장한다. 禪 없이는 범천의 세계에 태어나지 않는다. 그들 가운데 어떤 자는 배고픔에 시달려 禪을 증득할 수 없다. 그들이 어떻게 그곳에 태어나는가? 욕계의 천상 세계에서 얻은 禪으로 [그곳에 태어난다].

34. 로까뷰하(Lokabyūha, 世莊嚴)라고 이름하는 욕계의 신들이 백 천 년이 지난 뒤 겁의 [종말이] 시작될 것임을 알고서 관모를 풀고, 산발한 머리털과 비참한 얼굴로 눈물을 손으로 닦으면서 물들인 옷을 입고 아주 보기 흉한 모습으로 사람들이 다니는 길에 다니면서 이와 같이 알릴 것이다.

'여러분, 여러분, 지금부터 백 천 년이 지난 뒤에 겁의 [종말이] 시작될 것입니다. 이 세상은 멸망할 것이고, 대해도 마를 것입니다. 이 대지와 산의 왕인 수미산도 불타고, 멸할 것입니다. 세상의 멸망은 범천의 세계까지 이를 것입니다. 여러분, 자애를 닦으십시오. 연민과 더불어 기뻐함과 평온을 닦으십시오. 어머니를 봉양하고 아버지를 봉양하고 집안의 어른을 공경하십시오.'라고

35. 그들의 말을 듣고 대부분의 사람들과 땅에 거주하는 신들은 두려움이 생겨 서로에게 부드러운 마음을 가져 자애 등의 덕을 행한 뒤 [욕계의] 천상세계에 태어난다. 그곳에서 천상의 깨끗한 음식을 먹고 바람의 까시나를 대상으로 준비를 짓고서 禪을 증득한다. 다른 [악처에 떨어진] 중생들은 미래에 겪어야 할 업197)으로 인해 천상세계에 태어난다. 왜냐하면 미래에 겪어야 할 업이 없이 윤회에 유전하는 중생이란 없기 때문이다. 그들도 그곳에서 禪을 증득한다. 이와 같이 [욕계의] 천상세계에서 禪을 증득함으로써 모두 범천의 세계에 태어난다.

36. 비가 끊어진 뒤 오랜 세월이 지났을 때 두 번째 태양이 떠오른다. 세존께서 "비구들이여, 그때에(A.iv.100-3)"라고 설하신 삿따수리야(Sattasūriya, 일곱 개의 태양) 경을 상세하게 설명해야 한다. 그 두 번째 태양이 떠오를 때 밤과 낮의 구분이 없다. 한 개의 태양이 뜨면 다른 한 개의 태양이 진다. 세상은 끊임없이 태양으로 불탄다.

보통의 태양에는 태양의 천자(devaputta)가 있지만198) 겁이 멸하

---

197) 미래에 겪어야할 업(aparāpariya-vedanīya-kamma)은 전문술어인데 '받는 시기가 확정되지 않은 업'을 말한다. XIX. §14와 『길라잡이』 5장 §20의 3번 해설을 참조할 것.
198) "이것은 겁의 [종말이 시작되기 전에 있었던 태양의 궁전이다. 겁의 [종말이] 시작될 때에 다른 욕계의 신들처럼 태양의 천자들도 禪을 일으켜 범천의 세계에 태어난다. 그러나 일륜은 더욱 빛나고 더욱 작열한다. 어떤 자들은 이것을 사라지게 한 뒤 다른 것이 생긴다고 주장한다.(Pm.

는 태양에는 없다. 보통의 태양이 운행할 때는 허공에 먹구름과 연기도 떠다니지만 겁을 소멸시키는 태양이 운행할 때 허공은 텅 비었고 연기와 구름 한 점 없는 것이 마치 거울의 표면과 같다. 다섯 개의 큰 강199)을 제외한 나머지 작은 강 등의 물은 모두 말라버린다.

37. 그 뒤 오랜 세월이 지났을 때 세 번째 태양이 떠오른다. 그것이 떠오름으로 인해 큰 강들도 말라버린다.

38. 그 뒤 오랜 세월이 지났을 때 네 번째 태양이 떠오른다. 그것이 떠오름으로 인해 큰 강들의 원천인 히말라야에 있는 일곱 개의 큰 호수들이 말라버린다. 시하빠빠따나, 항사빠따나, 깐나문다까, 라따까라, 아노땃따, 찻단따, 꾸날라가 그 일곱 개의 호수이다.

39. 그 뒤 오랜 세월이 지났을 때 다섯 번째 태양이 떠오른다. 그것이 떠오름으로 인해 서서히 큰 바다에 손가락 한 마디를 적실 만큼의 물도 없다.

40. 그 뒤 오랜 세월이 지났을 때 여섯 번째 대양이 떠오른다. 그것이 떠오름으로 인해 전 우주는 한 무리의 연기가 된다. 그 연기로 인해 그것의 수분은 증발한다. 이것처럼 백 천 구지의 우주도 이와 같이 된다.

41. 그 뒤 오랜 세월이 지났을 때 일곱 번째 태양이 떠오른다. 그것이 떠오름으로 인해 전 우주는 백 천 구지의 우주와 함께 한

---

199) "다섯 개의 강은 강가(Gaṅgā), 야무나(Yamunā), 사라부(Sarabhū), 아찌라와띠(Aciravatī), 마히(Mahī)이다.(Pm.405)"

개의 불꽃이 된다. 백 유순의 높이인 수미산 봉우리가 파괴되어 허공에서 사라진다. 그 불꽃이 높이 솟아 사대왕천을 덮친다. 그곳에 있는 황금으로 만든 궁전, 보석으로 만든 궁전, 수정으로 만든 궁전을 태우고 삼십삼천을 덮친다.

이와 같은 방법으로 초선의 영역까지 계속된다. 그곳에 있는 세 가지 범천의 세계 [즉, 범중천, 범보천, 대범천]을 태우고 광음천에 이르러서 그친다. 형성된 것(行)들이 미진만큼이라도 있는 한 그것은 꺼지지 않는다. 형성된 것들을 모두 태우고는 꺼진다. 버터기름과 기름을 태우는 불꽃처럼 재도 남기지 않는다. 아래 허공과 함께 위 허공은 일대 암흑을 이룬다.

42. 오랜 세월이 지난 뒤 큰 구름이 일어나 처음으로 가는 비가 내린다. 서서히 연꽃 줄기, 막대기, 절굿공이, 야자수의 줄기 등의 크기의 물줄기가 내리면서 백 천 구지의 우주의 불탔던 곳을 모두 채우고서 그친다. 그 물 아래와 주위에 바람이 일어나 [그 물을] 덩어리의 둥근 형태를 만든다. 마치 연잎의 물방울처럼. 어떻게 기대한 분량의 물을 덩어리로 만드는가? 구멍(*vivara*)을 냄으로써 그렇게 한다. 바람은 그것의 여기저기에 구멍을 만든다.

43. 그것은 이와 같이 바람에 의해 엉기고 덩어리가 되면서 줄어들어 서서히 아래로 떨어진다. 그것이 아래로 떨어질 때 범천의 장소에 범천의 세계가 다시 나타나고 위의 네 가지 욕계 천상세계의 장소에 천상세계가 다시 나타난다. 그 전에 있던 땅의 장소까지 떨어질 때 다시 거센 바람이 일어난다. 그것은 마치 뚜껑 닫힌 물항아리 속의 물처럼 그 물을 그치게 하고 정지시켜버린다. 달콤한 물이 줄어들 때 물 위로 땅의 맛을 생기게 한다. 그것은 색깔과 향

기와 맛이 있다. 마치 물기가 없는 우유죽 위의 더껑이처럼.

44. [제2선의 범천의 세계에 속하는] 광음천의 세계에 처음 태어난 중생들은 수명이 다하거나 공덕이 다하여 그곳에서 죽어 여기 [인간세계에] 태어난다. 그들은 스스로 빛나고 허공을 다닌다. 그들은 「악간냐 경」(Aggañña Sutta, 起世經, D.iii.85)에서 설한 것과 같이 달콤한 땅을 맛본 뒤 갈애에 압도되어 그것을 먹기 위해 덩이를 만드는데 바쁘다. 그때 그들의 광명은 사라지고 암흑이 된다. 어두움을 보고 그들은 두려워한다.

45. 그때 그들에게 두려움을 없애고 용기를 주기 위해 50유순에 가득한 일륜이 나타난다. 그들은 그것을 보고 우리가 광명을 얻었다고 기뻐하고 만족스러워하면서 두려움에 떠는 우리들의 두려움을 없애고 용기(sūrabhāva)를 내게 하면서 떠올랐기 때문에 태양(sūriya)이 되어라하면서 그것을 태양이라 부른다. 태양이 낮 동안 빛을 발하고서 질 때에 그들은 우리가 얻은 광명이 사라졌다고 생각하면서 다시 두려워한다. 그들은 이와 같이 생각한다. '만약 우리가 다른 광명을 얻을 수 있다면 얼마나 좋을까.'

46. 마치 그들의 생각을 아는 듯이 49유순의 월륜이 나타난다. 그들은 그것을 보고 더욱 기뻐하고 만족스러워하면서 우리의 소원(chanda)을 알았던 것처럼 떠올랐기 때문에 달(canda)이 되어라하면서 그것을 달이라 부른다.

47. 이와 같이 태양과 달이 나타날 때 별들도 그들의 별자리에 나타난다. 그 이후부터 낮과 밤이 구별되었고, 서서히 한달, 보름,

계절, 일년이 알려졌다.

48. 태양과 달이 나타나던 날 수미산, 우주산, 히말라야산이 나타났다. 그들은 전도 후도 아닌 팍구나(Phagguṇa) 달200)의 보름날에 나타났다. 어떻게? 조밥을 지을 때 거품이 끓어오르자마자 동시에 어떤 부분은 불룩하게 솟고 어떤 부분은 움푹하게 들어가고 어떤 부분은 평탄하다. 이와 같이 불룩하게 솟은 곳에 산들이 있고, 움푹하게 들어간 곳에 바다들이 있고, 평탄한 곳에 섬들이 있다.

49. 그 중생들이 달콤한 땅을 맛보면서 서서히 어떤 자는 잘생기고, 어떤 자는 못생기게 된다. 잘생긴 자들은 못생긴 자들을 업신여긴다. 그들이 멸시하기 때문에 그 달콤한 땅 맛은 사라진다. 땅의 부산물이 생겨난다. 그것도 그와 같은 방법으로 사라진다. 그때 바달라따 덩굴이 생겨난다. 그것도 그와 같은 방법으로 사라진다. 그때 경작하지 않고도 익는 쌀이 생겨난다. 그것은 속껍질도 없고 겉껍질도 없고 깨끗하고 향기로운 쌀열매(taṇḍula-pphala)다.

50. 그로부터 그들에게 그릇들이 생겨난다. 그들은 쌀을 솥단지에 넣고서 돌 위에 올려놓는다. 자연적으로 불이 일어나 그것을 요리한다. 그 밥은 재스민 꽃을 닮았다. 그것은 국이나 반찬이 필요 없다. 그들이 맛보고 싶어 하는 바로 그 맛이 된다.

51. 그들이 이 거친 음식을 먹기 시작한 후부터 오줌과 똥이 생겼다. 그것을 내보내기 위해 상처구멍이 생겨났다. 남자에게 남성이 여자에게 여성이 생겨났다. 그때 여자는 남자를, 남자는 여자를

---

200) 팍구나 달은 2월 보름부터 3월 보름까지로 봄이 시작되는 계절이다.

오랫동안 깊이 생각한다. 그들이 오랫동안 깊이 생각하기 때문에 애욕으로 흥분한다. 그때 성교를 한다.

52. 그들은 법답지 못한 행위로 인해 지자들로부터 비난을 받고 벌을 받아 그 법답지 못한 행위를 숨기기 위해 집을 짓는다. 그들은 집에서 살면서 어떤 게으른 중생들의 사고방식에 따라 저장을 한다. 그때부터 속껍질과 겉껍질이 쌀을 덮게 되고 그들을 수확한 자리에 다시 자라지 않았다. 그들은 모여서 탄식한다. "여보시오, 중생들에게 죄악이 생겨났습니다. 이전에 우리는 마음으로 만들어졌습니다.(D.iii.90)" 이와 같이 「악간냐 경」(起世經)에서 설한 방법대로 상세히 알아야 한다.

53. 그 다음에 그들은 한계를 정한다. 어떤 중생이 다른 자의 소유물을 훔친다. 두 번째 까지는 꾸짖고 세 번째는 주먹과 흙덩이와 몽둥이 등으로 때린다. 이와 같이 훔치고, 비난하고, 거짓말하고, 몽둥이를 드는 일 등이 생길 때 그들은 모여서 생각한다. "만약 우리가 야단쳐야 할 사람을 바르게 야단치고, 비난 받아야 할 사람에게 비난하고, 쫓겨나야 할 사람을 쫓아낼 한 사람을 선출하면 좋지 않을까? 우리는 그에게 쌀의 일부를 공급하면 될 것이다.(D.iii.92)"

54. 이와 같이 결정을 내린 사람들 가운데서 이 겁에서는 보살로 계시던 우리 세존께서 그 사람들 가운데서 용모가 가장 출중했고, 가장 미남이었고, 가장 존경을 받았고, 현명했고, 억제하고 격려할 능력을 갖춘 분이셨다. 그들은 그에게 다가가 청하여 추대하였다. 그는 그 대중(*mahājana*)이 선출했기(*sammata*) 때문에 마하삼마따

(*mahā-sammata*, 크게 존경받는 분)이고, 국토(*kettha*)의 주인(*adhipati*)이기 때문에 캇띠야(*khattiya*, 끄샤뜨리야, 왕족)이고, 공정하고 평등하게 다른 이들을 기쁘게 하기(*rañjeti*) 때문에 라자(*rāja*, 왕)라는 세 가지의 이름으로 알려졌다. 세상의 희유한 지위에 관한 한 보살이 제일 첫 번째 사람이다. 이와 같이 보살을 우두머리로 하여 끄샤뜨리야의 권속이 생긴 뒤 차례로 바라문 등의 계급도 생겼다.

55. 여기서 겁을 파괴할 큰 구름이 몰려온 때부터 불꽃이 꺼지는 때까지가 일 아승지(*asaṅkheyya*)201)가 되고 **수축하는 [겁]**이라 한다. 겁을 파괴할 불꽃이 꺼지는 때부터 백 천 구지의 우주를 가득 채울 큰 구름이 다시 몰려오는 때까지가 두 번째 아승지가 되고 **수축한 상태로 머무는 [겁]**이라 한다. 큰 구름이 다시 몰려온 때부터 달과 태양이 나타나는 때까지가 세 번째 아승지가 되고 **팽창하는 [겁]**이라 한다. 달과 태양이 나타난 때부터 겁을 파괴할 큰 구름이 다시 몰려오는 때까지가 네 번째 아승지가 되고 **팽창한 상태로 머무는 [겁]**이라 한다. 이 네 아승지가 하나의 대겁(大劫)이 된다. 이와 같이 불로 인해 파괴되고 성립되는 것을 알아야 한다.

56. 겁이 물로 인해 소멸하는 경우에도 '처음에 겁을 파괴할 큰 구름이 몰려와서'라는 등으로 앞서 설한 방법대로 상세하게 알아야 한다(§32).

---

201) 아승지로 옮긴 원어는 '*asaṅkheyya*'인데 문자적인 의미는 '헤아릴 수 없는'이다. 여기서 보듯이 우주가 한 번 성립(팽창)하거나 무너지거나(수축) 머무는데 걸리는 시간을 의미한다. DPL에서는 천만이라고 한다. 이 경우에는 구지(*koṭi*)와 같은 수이다. DPL에 의하면 아승지는 10의 140승 혹은 10의 141승의 기간이라 하는데 너무 큰 숫자인 것 같다.

57. 이것이 다른 점이다. 거기서는 두 번째 태양이 나타나지만 여기서는 겁을 파괴할 가성(苛性)의 물(khāra-udaka)을 가진 큰 구름이 나타난다. 그것은 처음에는 가늘게 내리다가 점차 큰 물줄기와 함께 백 천 구지의 우주를 가득 채우면서 내린다. 가성의 물에 닿자마자 대지와 산 등은 녹아버린다. 물은 사방으로 바람에 의해 지탱된다.

땅으로부터 제2선의 영역까지 물이 침범한다. 그곳에 있는 세 가지 범천의 세계를 녹여버리고 [제3선의] 변정천에 이르러서 그친다. 형성된 것(行)들이 미진만큼이라도 있는 한 그 물은 가라앉지 않는다. 형성된 것들을 모두 소멸한 뒤 갑자기 가라앉고 사라진다. 아래 허공과 함께 위 허공은 일대 암흑을 이룬다는 것은 모두 앞서 설한 것과 같다(§41).

그러나 여기서는 제2선의 광음천과 함께 세상의 재현이 시작된다. 변정천에서 떨어져 중생들은 광음천 등에 다시 태어난다.

58. 여기서 겁을 파괴할 큰 구름이 몰려온 때부터 겁을 파괴할 물이 그치는 때까지가 한 아승지가 된다. 물이 그치는 때부터 큰 구름이 다시 몰려오는 때까지가 두 번째 아승지가 된다. 큰 구름이 다시 몰려온 때부터 … 이 네 아승지가 하나의 대겁이 된다. 이와 같이 물로 인해 파괴되고 성립되는 것을 알아야 한다.

59. 겁이 바람으로 인해 소멸하는 경우에도 '처음에 겁을 파괴할 큰 구름이 몰려와서'라는 등으로 앞서 설한 방법대로 상세하게 알아야 한다(§32).

60. 그러나 이것이 다른 점이다. 그곳에서는 두 번째 태양이 나타나지만 여기서는 겁을 파괴하기 위해 바람이 나타난다. 그것은 처음에는 거친 티끌을 일으킨다. 그 다음에 가는 티끌, 가는 모래, 거친 모래, 조약돌, 돌멩이 등과 누각만큼 큰 돌과 평탄하지 않은 곳에 있는 큰 나무를 들어올린다. 그들은 땅으로부터 허공으로 날려가 다시 떨어지지 않고 그곳에서 가루로 부서져 없어진다.

61. 서서히 대지의 아래로부터 바람이 일어나 땅을 회전시키고 전복시켜 허공으로 날려버린다. 땅의 부분들은 백 유순만큼의 크기, 2백, 3백, 4백, 5백 유순만큼의 크기로 부서져 바람의 속력에 날려 허공에서 가루로 부서져 없어진다. 바람은 우주산과 수미산마저 들어올려 허공으로 날려버린다. 그들은 서로서로 부딪혀 가루가 되어 사라진다. 이와 같은 방법으로 땅에 있는 궁전과 허공에 있는 궁전을 파괴하면서 여섯 가지 욕계의 천상세계들을 파괴하고 백 천 구지의 우주를 파괴한다. 우주산은 우주산과 함께, 히말라야는 히말라야와 함께, 수미산은 수미산과 함께 서로서로 부딪혀 가루로 부서져 없어진다.

62. 바람은 땅으로부터 제3선의 영역까지 파괴한다. 그곳의 세 가지 범천의 세계를 파괴한 뒤 [제4선의] 광과천에 이르러 그친다. 이와 같이 [바람은] 형성된 것들을 모두 파괴하고 스스로 멸한다. 아래 허공과 함께 위 허공은 일대 암흑을 이룬다는 것은 모두 앞서 설한 것과 같다(§41).

그러나 여기서는 범천의 변정천의 세계와 함께 세상의 재현이 시작된다. 광과천에서 떨어져 중생들은 변정천 등에 다시 태어난다.

63. 여기서 겁을 파괴할 큰 구름이 몰려온 때부터 겁을 파괴할 바람이 그치는 때까지가 한 아승지가 된다. 바람이 그치는 때부터 큰 구름이 다시 몰려오는 때까지가 두 번째 아승지가 된다. … 이 네 아승지가 하나의 대겁이 된다. 이와 같이 바람으로 인해 파괴되고 성립되는 것을 알아야 한다.

세계가 파멸하는 원인

64. 무슨 이유로 이와 같이 세계가 파괴되는가? [세 가지] 해로운 뿌리 때문이다. 해로운 뿌리들이 치성할 때 이와 같이 세계는 파괴된다. 탐욕이 치성할 때 그것은 불로 인해 파괴된다. 성냄이 치성할 때 물로 인해 파괴된다. ― 어떤 자들은 성냄이 치성할 때 불로 인해 파괴되고, 탐욕이 치성할 때 물로 인해 파괴된다고도 주장한다. ― 어리석음이 치성할 때 바람으로 인해 파괴된다.

65. 이와 같이 파괴될 때 끊임없이 일곱 번 불로 파괴되고, 여덟 번째는 물로 인해 파괴된다. 다시 일곱 번 불로 인해 파괴되고, 여덟 번째는 물로 인해 파괴된다. 이와 같이 각각 여덟 번째에 물로 인해 파괴되면서 일곱 번 물로 인해 파괴되고 일곱 번은 불로 인해 파괴된다. 이와 같이 63겁이 지나간다. 이제 [64번째는] 물로 인해 파괴될 차례에 이르렀다. 그러나 바람이 그것을 침해한 뒤 기회를 얻어 64겁의 수명을 가진 변정천을 파괴하면서 세계를 파괴한다.

66. 겁을 기억하는 비구가 전생을 기억할 때 이들 겁 가운데서 세계가 수축하는 여러 겁, 세계가 팽창하는 여러 겁, 세계가 수축하

고 팽창하는 여러 겁도 기억한다. 어떻게? '어느 곳에서 나는'이라는 방법으로 기억한다.

어느 곳에서 나는: 그 팽창하는 겁에 나는 그런 존재에, 태에, 태어날 곳에, 알음알이의 거주에, 중생의 거처에, 중생의 부류에 있었다.

67. **이런 이름을 가졌고**: 띳사 혹은 풋사라는 이름을 가졌다. **이런 종족이었고**: 깟짜나 혹은 깟사빠라는 종족이었다. 이것은 그의 전생에 자기의 이름과 종족을 기억하는 것으로 설했다. 만약 그때 자기용모의 아름다움과 추함, 생활상태의 어려움과 화려함, 행복의 경험과 고통의 경험, 단명과 장수의 상태를 알기를 원하면 그것도 충분히 기억한다. 그래서 말씀하셨다. "이런 용모를 가졌고 … 이런 수명의 한계를 가졌다.(D.i.81)"

68. **이런 용모를 가졌고**: 흰색 혹은 갈색의 피부색이다. **이런 음식을 먹었고**: 쌀과 고기 반찬의 음식을 먹었고, 바람에 의해 떨어진 과일의 음식을 먹었다. **이런 행복과 고통을 경험했고**: 여러 가지 육체적이고 정신적인 혹은 세속적이거나 비세속적인 것 등의 여러 가지 행복과 고통을 경험했다. **이런 수명의 한계를 가졌고**: 이와 같이 백세의 수명을 가졌고 혹은 8만4천겁의 수명을 가졌다.

69. **그곳에서 죽어 여기 다시 태어났다**: 나는 그 존재에서, 모태에서, 태어난 곳에서, 알음알이의 거주에서, 중생의 거처에서, 중생의 부류(*nikāya*)에서 죽어 다시 어떤 존재에, 모태에, 태어날 곳에, 알음알이의 거주에, 중생의 거처에, 중생의 부류에 다시 태어났다. **그곳에서도 나는**: 그 존재에서, 모태에서, 태어난 곳에서, 알음알이

의 거주에서, 중생의 거처에서, 중생의 부류에서 나는. **이런 이름을 가졌고** 등은 앞서 설한 것과 같다.

70. **그곳에서 나는**은 자기가 원하는 만큼 점점 과거 생으로 올라가는 자의 기억이고, **그곳에서 죽어**는 방향을 바꾸어 반조하는 것이다. **여기 태어났다**는 것은 그가 지금 여기 태어나기 전에 그가 태어난 장소에 대해서 여기 다시 태어났다고 설했다고 알아야 한다. **그곳에서도 나는** 등은 그가 여기에 태어나기 전에 태어난 장소에서 이름, 종족 등을 기억함을 보여주기 위해 설했다. **그곳에서 죽어서 여기 다시 태어났다:** 다시 태어나기 이전의 장소에서 죽어 여기 어떤 끄샤뜨리야 가문 혹은 바라문 가문에 태어났다.

71. **이처럼**(*iti*): 이와 같이(*evaṁ*). **갖가지 모습들을 그 특색과 더불어:** 이름과 종족 등이 특색이고, 용모 등이 갖가지 모습이다. 왜냐하면 이름과 종족을 통해 중생들은 띳사 혹은 깟사빠라고 알려진다. 용모 등을 통해 갈색, 흰색 등 다양함이 드러난다. 그러므로 이름과 종족은 특색이고, 다른 것들은 갖가지 모습들이다. **상세하게 기억한다:** 이것은 이미 설명되었다.

전생을 기억하는 지혜의 주석이 끝났다.

5. 죽음과 다시 태어남을 아는 지혜의 주석

cutūpapātañāṇakathā

72. 중생들의 죽음과 다시 태어남을 [아는] 지혜(*cutūpapātañāṇa*, 天眼通)[202]의 주석에서 **죽음과 태어남을 [아는] 지혜로**(*cutūpapāta-*

ñāṇāya)라는 합성어는 '죽음과 태어남의 지혜로(cutiyā ca upapāte ca ñāṇāya)'로 풀이한다. 그 지혜로 중생들의 죽음과 태어남을 안다. 그것을 목적으로, 신성한 눈(天眼)의 지혜를 목적으로라는 뜻이다. **마음을 향하고 기울인다:** 준비의 마음을 향하고 기울인다. **그는:** 그의 마음을 기울인 비구는.

73. 천상과 비슷하기 때문에 신성하다(dibba). 왜냐하면 신들은 선행의 업에서 생겼고, 담즙과 가래와 피 등의 방해를 받지 않고, 오염원에서 벗어났기 때문에 멀리 있는 대상도 받아들이는 능력을 가진 신성한 감성인 눈을 가진다. 그리고 정진수행(vīriyabhāvanā)의 힘에서 생겨난 이 비구의 지혜의 눈은 그것과 비슷하다. 그러므로 천상과 비슷하기 때문에 신성하다. 더욱이 신성한 마음가짐으로 얻

---

202) 마찬가지로 『장부』 「사문과경」 (D2) 등에 나타나는 죽음과 다시 태어남을 [아는] 지혜의 정형구를 옮긴다.
"그는 중생들의 죽음과 다시 태어남을 [아는] 지혜로 마음을 향하고 기울인다. 그는 청정하고 인간을 넘어선 신성한 눈(天眼)으로 중생들이 죽고 태어나고, 천박하고 고상하고, 잘생기고 못생기고, 좋은 곳(善處)에 가고 나쁜 곳(惡處)에 가는 것을 보고, 중생들이 지은바 그 업에 따라 가는 것을 안다. '이들은 몸으로 못된 짓을 골고루 하고 입으로 못된 짓을 골고루 하고 또 마음으로 못된 짓을 골고루 하고, 성자들을 비방하고, 삿된 견해를 지니어 사견업(邪見業)을 지었다. 이들은 죽어서 몸이 무너진 다음에는 비참한 곳, 나쁜 곳(惡處), 파멸처, 지옥에 태어났다. 그러나 이들은 몸으로 좋은 일을 골고루 하고 입으로 좋은 일을 골고루 하고 마음으로 좋은 일을 골고루 하고 성자들을 비방하지 않고 바른 견해를 지니고 정견업(正見業)을 지었다. 이들은 죽어서 몸이 무너진 다음에는 좋은 곳(善處), 천상세계에 태어났다.'
이와 같이 청정하고 인간을 넘어선 신성한 눈으로 중생들이 죽고 태어나고, 천박하고 고상하고, 잘생기고 못생기고, 좋은 곳(善處)에 가고 나쁜 곳(惡處)에 가는 것을 보고, 중생들이 지은바 그 업에 따라서 가는 것을 안다.(D.i.82-83)"

은 것이기 때문에 신성하고, 신성한 마음가짐을 바탕으로 했기 때문에 신성하다.(이상은 눈만 다르고 §2와 같음)

광명을 취함으로써 큰 광채를 발하기 때문에 신성하다. 벽 등의 뒤에 있는 형상도 봄으로써 광범위하기 때문에 신성하다. 이 모든 것은 문법에 따라 알아야 한다. 본다는 뜻에서 눈이고 눈의 역할을 함으로써 눈과 같기 때문에 눈이다. 죽음과 다시 태어남을 봄으로써 견청정[203]의 원인이 되기 때문에 청정하다.

74. 죽음만을 보고 다시 태어남을 보지 않는 자는 단견을 가진다. 다시 태어남만 보고 죽음을 보지 않는 자는 새로운 존재가 나타났다는 견해를 가진다. 그러나 둘 다를 보는 자는 두 가지 사견을 모두 극복하기 때문에 그의 견해는 견청정의 원인이다. 부처님의 아들들은 둘 모두 본다. 그래서 '죽음과 다시 태어남을 봄으로써 견청정의 원인이 되기 때문에 청정하다'고 설하였다.

75. 사람들이 볼 수 있는 경계를 초월하여 형상을 보기 때문에 **인간을 넘어선 것이다**. 혹은 인간의 육안을 넘어서기 때문에 **인간을 넘어선다**고 알아야 한다. 그 **청정하고 인간을 넘어선 신성한 눈(天眼)으로 중생들을 본다**: 인간들이 마치 육안으로 보듯이 중생들을 본다.

76. **죽고 태어나고**: 죽는 순간이나 태어나는 순간에는 천안으로 그들을 볼 수는 없다. 죽음에 다다라 지금 죽어가는 자들을 **죽는**(*cavamāna*) 중생들이라 했고, 막 재생연결을 가졌고 다시 태어난 자

---

203) XVIII와 『길라잡이』 9장의 」30을 참조할 것.

들을 **태어나는**(upapajjamāna) 중생들이라 했다. 그와 같이 죽어가고 있고, 막 태어난 중생들을 본다는 것을 보였다.

77. **천박하고:** 천한 태생과 종족과 재산 등으로 천대받고, 멸시받고, 모욕받고, 경멸받는. 이것은 어리석음의 결과와 관련되어있기 때문이다. **고상하고:** 어리석음 없음의 결과와 관련되어있기 때문에 그와 반대되는. **잘생기고:** 성냄 없음의 결과와 관련되어있기 때문에 원하고, 사랑스럽고, 마음에 드는 형상을 가진. **못생기고:** 성냄의 결과와 관련되어있기 때문에 원하지 않고, 사랑스럽지 않고, 불쾌한 형상을 가진. 아름답지 않고, 험악하다는 뜻이다. **좋은 곳(善處)에 가고:** 선처에 가고, 혹은 탐욕 없음의 결과와 관련되어있기 때문에 유복하고 부자인. **나쁜 곳(惡處)에 가는:** 악처에 가는, 혹은 탐욕의 결과와 관련되어있기 때문에 음식과 마실 것이 없는 가난한.

78. **업에 따라 가는지:** 쌓았던 업이 어떤 것이든 그것에 따라서 간다. 여기서 '죽고'라는 등의 첫 번째 구절은 천안의 역할을 말했고, 이 구절은 업에 따라서 가는 것을 [아는] 지혜의 역할을 말했다.

79. 이것이 그 지혜가 일어나는 순서이다. 여기 비구가 아래의 지옥을 향하여 광명을 확장하여 극심한 고통을 겪고 있는 지옥 중생들을 본다. 이것을 보는 것은 천안의 역할이다. 그는 이와 같이 마음에 잡도리한다. '어떤 업을 지어 이 중생들은 이런 고통을 겪는가?' 그때 그에게 '이런 것을 지었기 때문에'라고 그 업을 대상으로 지혜가 일어난다.

그와 마찬가지로 위로 천상세계를 향하여 광명을 확장하여 난다나 숲, 미사까 숲, 파루사까 숲 등에서 대 부귀영화를 누리는 중생들을 본다. 이것을 보는 것도 천안의 역할이다. 그는 이와 같이 마음에 잡도리한다. '어떤 업을 닦아 이 중생들은 이런 부귀영화를 누리는가?' 그때 그에게 '이것을 닦았기 때문에'라고 그 업을 대상으로 지혜가 일어난다. 이것을 '업에 따라 가는 것을 아는 지혜'라 한다.

80. 이것을 위해서는 별도의 준비가 없다. 이와 마찬가지로 미래를 아는 지혜의 경우도 그와 같다. 왜냐하면 이들은 천안이 그들의 기초가 되며, 천안과 함께 성취되기 때문이다.

81. **몸으로 못된 짓을**이라는 등에서, 나쁜(*duṭṭhu*) 행위(*caritaṁ*)나 타락한(*duṭṭhaṁ*) 행위(*caritaṁ*)는 오염원으로 인해 썩었기 때문에 못된 짓이다. 몸을 통한(*kāyena*) 삿된 행위(*ducaritaṁ*) 혹은 몸으로부터(*kāyato*) 일어난 삿된 행위(*ducaritaṁ*)라고 해서 **몸으로 하는 못된 짓**(*kāyaducarita*)이다. 나머지 경우에도 이와 같은 방법이 적용된다. **저질렀고**: 갖추었고.

82. **성자들을 비방하고**: 부처님과 벽지불과 성문제자들인 성자들과 재가의 예류자들에게 손해를 끼치려고 극단적인 방법을 쓰거나 덕을 훼손함으로써 비방한다. 독설을 퍼붓고, 신랄하게 비난한다는 뜻이다.

83. '이들에게는 사문의 법이 없다, 이들은 사문이 아니다'라고 말할 때 극단적인 방법으로 비방하는 것이고, '이들에게는 禪도 해탈도 도도 과도 없다'는 등으로 말할 때 덕을 훼손함으로써 비방하는 것이라고 알아야 한다. 그가 알고 비방을 하거나 모르고 비방을

하거나 둘 모두 성자를 비방하는 것이다. 이것은 무거운 업으로 무간업과 같다. 생천(生天)에 장애가 되고 도를 얻는 것에 장애가 된다. 그러나 [참회하여] 고칠 수 있다.

84. 이것을 분명히 하기 위해 다음 일화를 알아야 한다. 장로 한 분과 젊은 비구가 어떤 마을에서 탁발을 다녔다. 그들은 첫 번째 집에서 한 숟갈 정도의 뜨거운 죽을 얻었다. 장로는 바람기운 때문에 배속에 통증을 느꼈다. 그는 생각했다. '이 죽이 나에게 이롭겠다. 식기 전에 먹어야겠다.' 그는 사람들이 문지방을 만들기 위해 가져온 나무토막 위에 앉아서 먹었다. 젊은 비구는 그것을 역겨워하면서 '극심한 배고픔에 휘둘려 이 노장이 우리가 부끄러워해야 할 행위를 하는구나.'라고 말했다. 장로는 마을에서 걸식을 마치고 절로 가서 젊은 비구에게 말했다. '수좌여, 그대는 이 교단에서 발판을 얻었는가?' '그렇습니다, 존자시여. 저는 예류자입니다.' '수좌여, 그렇다면 나머지 높은 도를 위해 정진하지 말게나. 그대는 번뇌 다한 자를 비방했다네.' 그는 그에게 참회했다. 그리하여 그는 본래대로 [청정하게] 되었다.

85. 그러므로 성자를 비방한 자는 그에게 가서, 만약 자기가 연장자면 쪼그리고 앉은 채 '내가 스님에 대해 이러이러한 말을 했다네. 나의 참회를 받아주게.'라고 참회를 구해야 한다. 만약 자기가 연소자면 절을 한 뒤 쪼그리고 앉아 합장하고서 '존자시여, 제가 존자에 대해서 이러이러한 말을 했습니다. 저의 참회를 받아주십시오.'라고 참회를 구해야 한다. 만약 그 [성자가] 떠나고 없으면 자기가 직접 가거나 함께 거주하는 자 등을 보내어서 참회를 구해야 한다.

86. 만약 직접 갈 수도 없고 사람을 보낼 수도 없으면 그 절에 거주하는 비구들에게 다가가서 만약 그들이 연소자면 쪼그리고 앉고, 만약 연장자면 연장자에 대해 설한 방법대로 행하고는, '존자들이시여, 제가 이런 이름의 스님에 대해 이러이러한 말을 했습니다. 그 스님께서 저의 참회를 받아주시길 원하옵니다.'라고 말하면서 참회를 구해야 한다. 면전에서 용서를 받지 못할 때에도 이와 같이 해야 한다.

87. 만약 그가 혼자 유행하는 비구여서 어디서 사는지 어디로 갔는지 알 길이 없다면 현명한 비구에게 가서 '존자시여, 제가 이런 이름의 스님에 대해 이러이러한 말을 했습니다. 제가 그것을 기억할 때 후회천만입니다. 어떻게 해야 합니까?'라고 말해야 한다. 그는 말한다. '생각하지 말게. 그분께서 그대를 용서할걸세. 마음을 편히 가지시게.' 그는 그 성자가 간 방향을 향해 합장한 채 '참회를 받아주십시오'라고 말해야 한다.

88. 만약 그가 반열반에 들었다면 반열반에 들 때 누웠던 그 침상으로 가거나 화장터까지 가서 참회를 구해야 한다. 이와 같이 할 때 생천하는 것에 장애가 되지 않고, 도를 얻는 것에 장애가 되지 않는다. 본래대로 [청정하게] 된다.

89. **삿된 견해를 지니어:** 전도된 견해를 가져. **사견업(邪見業)을 지었다:** 사견 때문에 얻은 갖가지의 업과 삿된 견해에 뿌리박은 몸으로 짓는 업 중에 어느 것을 짓는 것이다. 여기서 말로 짓는 삿된 행위를 언급함으로써 성자를 비방하는 것이 이미 포함되었고, 또

마음으로 짓는 삿된 행위를 언급함으로써 이미 삿된 견해가 포함되었지만 이 [성자를 비방함과 삿된 견해]들이 큰 허물이 되는 것을 보여주기 위해 이 두 구절을 다시 언급했다고 알아야 한다.

90. 성자들을 비방하는 것은 무간업과 같기 때문에 큰 허물이다. 이와 같이 설하셨다. "사리뿟따여, 예를 들면 계를 구족하고, 삼매를 구족하고, 통찰지를 구족한 비구는 지금 여기에서 원지(圓智, aññā)204)를 성취할 것이다. 사리뿟따여, 그와 같이 이런 경우도 나는 설하리라. '그 말을 버리지 않고, 그 마음을 버리지 않고, 그 견해를 버리지 않으면 마치 [옥졸들이] 데리고 가서 던져버리듯이 반드시 지옥에 던져질 것이다'라고.(M.i.71)"

삿된 견해보다 더 큰 허물은 어느 것도 없다. 그래서 말씀하셨다. "비구들이여, 이보다 더 큰 허물은 단 한 법도 보지 못하나니, 그것은 바로 삿된 견해이다. 비구들이여, 삿된 견해가 가장 큰 허물이다.(A.i.33)"

91. **몸이 무너져**: 업에서 생긴(upādiṇṇa) 무더기(五蘊)를 버리고, **죽은 뒤**: 그 바로 다음에 생산된 무더기(五蘊)를 받아. 혹은 '몸이 무너져'라는 것은 생명기능(命根)이 끊어진 뒤를 뜻하고, '죽은 뒤'는 죽음의 마음(死心) 다음에라는 뜻이다.

92. **비참한 곳** 등은 모두 지옥의 동의어이다. **지옥**(niraya)은 천상과 해탈의 원인인 공덕이라고 알려진 'aya'에서 벗어났기 때문에 (apetattā), 혹은 행복의 원인이(āyassa) 없기 때문에(abhāva) **비참한**

---

204) "원지(圓智)란 아라한과를 얻음이다.(Pm.411)"

곳(apāya)이다.

고통스러운(dukkhassa) 태어날 곳(gati), 괴로움의 귀의처가 **나쁜 곳**(duggati, 惡處)이다. 혹은 성냄이 많은 연고로 나쁜(duṭṭhena) 업으로 생긴 운명(gati)이 **나쁜 곳**(duggati)이다.

나쁜 행위를 저지른 자들이 따로 분리되어(vivasā) 이곳에 떨어지기(nipatanti) 때문에 **파멸처**(vinipāta)이다. 혹은 그들이 멸할 때(vinassantā) 사지가 찢긴 채 여기에 떨어지기(patanti) 때문에 **파멸처**이다.

여기에서는 만족을 인식할 길이(ayo) 없기(natthi) 때문에 **지옥**(niraya)이다.

93. 혹은 **비참한 곳**의 언급은 축생계를 나타낸다. 축생계는 선처로부터 벗어났기 때문에 비참한 곳이다. 그러나 큰 세력을 가진 용왕 등이 있기 때문에 나쁜 곳은 아니다. **나쁜 곳**의 언급은 아귀의 세계를 나타낸다. 선처로부터 벗어났고, 고통스러운 태어날 곳이기 때문에 이것은 비참한 곳이고 또 나쁜 곳이다. 아수라처럼 파멸처가 아니기 때문에 이것은 파멸처는 아니다. **파멸처**의 언급은 아수라의 세계를 나타낸다. 이것은 앞서 설한 뜻에 따라 비참한 곳이고 나쁜 곳이다. 모든 기회를 박탈당했기 때문에 파멸처라 한다. **지옥**의 언급은 무간 등 여러 가지 지옥을 나타낸다. **태어났다**: 가서 그곳에서 다시 태어났다는 뜻이다.

94. 앞서 설한 것과 반대로 밝은 쪽을 알아야 한다. 이것이 다른 점이다. 여기서 좋은 곳(善處)의 언급은 인간이 태어날 곳(gati)도 포함한다. 천상의 언급은 오직 신의 태어날 곳을 포함한다. 아름다운(sundara) 태어날 곳(gati)이 **좋은 곳**(sugati, 善處)이다. 형상 등 대

상들에서 가장(sutthu) 으뜸이기(agga) 때문에 **천상**(sagga)이다. 모든 것이 무너지고 파괴한다(lujjana-palujjana)는 뜻에서 **세계**(loka)라 한다. 이것이 단어의 뜻이다.

신성한 눈(天眼)으로 등은 결론짓는 구절이다. 이것이 여기서 **이와 같이 청정하고 인간을 넘어선 신성한 눈으로 … 가는 것을 안다**라는 구절에 대한 간략한 뜻이다.

95. 이와 같이 보기를 원하는 초심자인 선남자는 까시나를 대상으로 삼아 초월지의 기초가 되는 禪을 모든 측면에서 [천안의 지혜를 향해] 보내기에 적합하도록 만들어야 한다.

불의 까시나, 흰색의 까시나, 광명의 까시나, 이 세 가지 까시나 가운데 하나를 [이 天眼智가 일어날 때까지] 가까이 두어야 한다. 근접 禪(근접삼매)을 그의 영역으로 삼아205) 확장한 뒤 멈추어야 한다. 여기 [이 까시나를 확상한 곳에서] 본삼매를 일으켜서는 안된다는 것이 여기서 뜻하는 것이다. 만약 일으키면 이 까시나는 초월지를 위한 준비 삼매의 바탕이 되지 않고, 기초禪의 바탕이 되어버린다.206)

이 세 가지 까시나 가운데 광명의 까시나가 가장 좋다. 그러므로 그것이나 혹은 다른 두 가지 가운데 어느 것을 까시나의 해설에서 설한 방법대로 [근접삼매를] 일으켜서 오직 그 근접의 경지에서 멈추어서 확장해야 한다. 확장하는 방법도 [까시나의 해설]에서

---

205) "즉 근접삼매를 더욱 친숙하게 만든 다음 대상을 확장한다는 뜻이다.(Pm.412)"
206) "왜냐하면 준비를 짓지 않은 자에게 초월지로서의 본삼매는 성취되지 않기 때문이다.(Pm.412)"

설한 방법대로 알아야 한다. 확장한 범위 내에 있는 형상은 모두 볼 수 있다.

96. 그가 형상을 볼 때 준비의 단계는 지나간다. 그 다음에 광명이 사라진다. 그것이 사라질 때는 형상도 볼 수 없다. 그때 계속해서 기초가 되는 禪에 든 뒤 출정하여 광명을 두루 채워야 한다. 이와 같이 광명은 서서히 강해진다. '이곳에 광명이 있기를'하고 한정한 곳만큼 광명이 있다. 하루 종일 앉아서 보더라도 형상을 볼 수 있다.

97. 여기서 밤에 햇불을 들고 길을 가는 사람의 비유를 들 수 있다. 어떤 사람이 밤에 햇불을 들고 길을 떠났다. 도중에 그의 햇불이 꺼져버렸다. 그때 그는 평탄하고 울퉁불퉁한 길을 도무지 분간할 수 없었다. 그는 건초를 땅바닥에다 모아놓고 다시 불을 지폈다. 불꽃이 타올라 이전의 빛보다 더 큰 빛을 만들었다. 이와 같이 꺼지고 다시 훨훨 타오르기를 반복하는 가운데 드디어 해가 솟았다. 해가 떠올랐을 때 '햇불이 필요 없다'고 생각하면서 그것을 버리고 하루 종일 여행했다.

98. 준비단계의 [삼매에서] 생긴 까시나의 광명은 마치 햇불의 빛과 같다. 형상을 쳐다볼 때 준비의 차례가 지나감으로써 광명이 사라질 때 형상을 볼 수 없음은 마치 햇불이 꺼져 평탄한 길과 울퉁불퉁한 길을 분간할 수 없는 것과 같다. 세속해서 입정함은 건초를 모으는 것과 같다. 다시 준비를 지을 때에 더 강한 광명으로 충만함은 마치 햇불이 그 이전보다 더 큰 빛을 발하는 것과 같다. 강

한 광명이 그가 한정한 곳에 남아있음은 마치 태양이 떠오른 것과 같다. 제한된 광명을 버리고 강한 광명으로 하루 종일이라도 형상을 보는 것은 마치 횃불을 버리고 하루 종일 여행하는 것과 같다.

99. 이 비구의 육안의 시야에 나타나지 않는 것, 즉 뱃속에 있거나, 심장에 있거나, 땅의 표면 아래에 있거나, 벽과 산과 담에 가려져있거나, 다른 우주에 속해있는, 이러한 형상이 이제 지혜의 눈의 시야에 들어와서 마치 육안으로 보는 것처럼 볼 수 있게 된다. 이때 신성한 눈(天眼)이 생겼다고 알아야 한다. 이 [천안]이 여기서 형상을 보는 능력을 가진다. 준비의 마음들은 이런 형상을 보는 능력이 없다.

100. 그러나 그 [천안]은 범부에게는 장애가 된다. 무슨 이유인가? 그가 '광명이 있기를'이라고 결의한 곳은 모두 땅과 바다와 산을 꿰뚫고 광명이 생긴다. 그리하여 무시무시한 형상인 도깨비, 귀신 등의 형상을 볼 때 그에게 두려움이 일어난다. 그 때문에 마음이 광란하여 오히려 禪으로 인해서 미쳐버린다. 그러므로 형상을 보는 것에 방일하지 말아야 한다.207)

101. 여기서 천안이 일어나는 순서는 다음과 같다. 앞서 설한 종류의 형상을 대상으로 의문전향이 일어났다가 사라질 때 그 동일한 형상을 대상으로 네 번 혹은 다섯 번의 속행이 일어난다.(§5) 모든 것은 앞서 설한 방법대로 알아야 한다.

---

207) "천안을 얻었다고 만족하지 말고 위빳사나를 수행하거나 사성제에 몰입하여 천안으로 대상을 보는 것에 대해 방일하지 말아야 한다.(Pm.412)"

여기서도 [네 번과 다섯 번 가운데 각각 셋과 넷인] 앞의 마음들은 일으킨 생각과 지속적인 고찰이 있는 욕계의 마음이고, 마지막의 것으로 목적을 성취한 마음이 제4선에 속하는 색계의 것이다. 그것과 함께 동시에 생긴 지혜가 '중생들의 죽음과 태어남을 [아는] 지혜'라고 불리며, '천안의 지혜(天眼通)'라고도 불린다.

죽음과 태어남을 [아는] 지혜의 주석이 끝났다.

일반적인 항목의 주석

pakiṇṇakakathā

102. 오온을 아시는 분, 그 주인께서
다섯 가지 초월지를 설하셨으니
그들을 안 다음
일반적인 항목의 주석도 알아야 한다.

103. 이 가운데서 죽음과 태어남의 지혜라 불리는 신성한 눈(天眼通)은 미래를 아는 지혜(*anāgataṁsa-ñāṇa*)와 업에 따라 감을 아는 지혜(*yathākammupaga-ñāṇa*)라는 두 가지 부속적인 지혜를 가진다. 이와 같이 이 두 가지와 신통변화 등의 다섯을 더한 일곱 가지 초월지의 지혜들을 여기서 설했다.

104. 이제 그들이 가지는 대상(*ārammaṇa*)의 분류에 대해 혼돈하지 않기 위해,

대선인께서는 삼개조의 대상을 네 가지로 설하셨으니
이것으로 일곱 가지 초월지의 생겨남을 설명해야 한다.

105. 이것이 그 설명이다. 네 가지 삼개조의 대상을 대선인께서 설하셨다. 무엇이 그 넷인가? ① 제한된 대상의 삼개조 ② 도의 대상[208]의 삼개조 ③ 과거의 대상의 삼개조 ④ 안의 대상의 삼개조이다.

106. 여기서 **(1) 신통변화의 지혜(神足通)**는 제한된 대상, 고귀한 대상, 과거의 대상, 미래의 대상, 현재의 대상, 안의 대상, 밖의 대상이라는 일곱 가지 대상에 대해서 일어난다. 어떻게?

① 그 몸이 마음을 의지하게 만든 뒤 보이지 않는 몸으로 가기를 원할 때 마음에 따라 몸을 변화시키고(XII. §119), 그것을 고귀한 마음[209]에 놓고, 얹어둘 때 [문법적으로] 목적격으로 사용된 것이[210] 대상이 된다. 그러므로 물질적인 몸이 그것의 대상이기 때문에 이 [신통변화의 지혜는] **제한된(작은) 대상**을 가진다.

② 마음이 몸을 의지하게 만든 뒤 보이는 몸으로 가기를 원할 때 몸에 따라 마음을 변화시키고, 기초가 되는 禪의 마음을 물질적인 몸에 놓고, 얹어둘 때 [문법적으로] 목적격으로 사용된 것이 대상이 된다. 그러므로 고귀한 마음이 그것의 대상이기 때문에 이것은 **고귀한 대상**을 가진다.

---

208) 정확하게 표현하면 도를 대상으로 가짐이다. 이 문맥 전체에서 '도의 대상'은 도를 대상으로 가짐으로, '과거의 대상'은 과거를 대상으로 가짐으로, '안의 대상'은 안을 대상으로 가짐으로 등으로 이해해야 한다. 문맥에 맞게 합성어를 풀어 적기가 힘들어 도의 대상, 과거의 대상, 안의 대상 등으로 직역을 했을 뿐이다.
209) 거듭 밝히지만 아비담마에서는 색계와 무색계의 마음을 고귀한(mahaggata) 마음이라 하고 욕계의 마음을 제한된(작은, paritta) 마음이라 부른다. 『길라잡이』 1장 §3의 해설과 본서 X. §34의 주해를 참조할 것.
210) "문법적으로 목적격을 얻은 것은 '몸을 변화시킨다(kāyaṁ pariṇāmeti)'라는 구절의 몸을 뜻한다.(Pm.414)"

107. ③ 그 동일한 마음이 지나갔고, 소멸한 것을 대상으로 가지기 때문에 이것은 **과거의 대상**을 가진다.

④ 부처님의 사리를 안치할 때에 마하깟사빠(대가섭) 장로에게 있었던 것처럼 미래를 결정하는 사람들의 경우 이것은 **미래의 대상**을 가진다. 마하깟사빠 장로가 부처님의 사리를 안치할 때 '미래에 218년 동안 이 향들이 다하지 말고, 꽃들이 시들지 말고, 등불이 꺼지지 말지어다'고 결의했다. 모든 것이 그와 같이 되었다. 앗사굿따(Assagutta) 장로는 왓따니야(Vattaniya) 거주처에서 비구 대중이 반찬 없이 밥만 공양하는 것을 보고 '매일 우물물이 식전에 응유가 되어라'고 결의했다. 식전에 가져오면 응유가 되고 식후에는 보통의 물이 되었다.

108. ⑤ 몸이 마음을 의지하게 만든 뒤 보이지 않는 몸으로 갈 때 이것은 **현재의 대상**을 가진다.

⑥ 몸에 따라 마음을, 혹은 마음에 따라 몸을 변화시킬 때, 자기를 동자의 모습 등으로 창조할 때 이 [신통변화의 지혜는] **안의 대상**을 가진다. 왜냐하면 이것은 자기의 몸과 마음을 대상으로 삼았기 때문이다.

⑦ 밖의 코끼리와 말 등을 보일 때에 이것은 **밖의 대상**을 가진다.

이와 같이 일곱 가지 대상에서 신통변화의 지혜가 일어남을 알아야 한다.

109. (2) **신성한 귀의 요소의 지혜**(天耳通)는 제한된(작은) 대상, 현재의 대상, 안의 대상, 밖의 대상이라는 네 가지 대상에 대해 일

어난다. 어떻게?

① 이것은 소리를 대상으로 하고, 소리는 제한된 것이기 때문에 **제한된(작은) 대상**을 가진다. ② 반드시 현존하는 소리를 대상으로 일어나기 때문에 **현재의 대상**을 가진다. ③ 자기 뱃속에 있는 소리를 들을 때 이것은 **안의 대상**을 가진다. ④ 다른 자들의 소리를 들을 때 이것은 **밖의 대상**을 가진다. 이와 같이 네 가지 대상에서 신성한 귀의 요소의 지혜가 일어남을 알아야 한다.

110. (3) [남의] 마음을 아는 **지혜**(他心通)는 제한된 대상, 고귀한 대상, 무량한 대상, 도의 대상, 과거의 대상, 미래의 대상, 현재의 대상, 밖의 대상이라는 여덟 가지 대상에 대해 일어난다. 어떻게?

① 다른 자들의 욕계의 마음을 알 때 그것은 **제한된 대상**을 가진다.

② 색계와 무색계의 마음을 알 때 그것은 **고귀한 대상**을 가진다.

③ 도와 과를 알 때 그것은 **무량한 대상**을 가진다. 범부는 예류자의 마음을 알지 못하고, 예류자는 일래자의 마음을 알지 못한다. 이와 같이 아라한까지 적용된다. 그러나 아라한은 모든 자들의 마음을 안다. 높은 것을 증득한 사람은 그 보다 낮은 사람들의 마음을 안다. 이 차이점을 알아야 한다.

④ 도의 마음을 대상으로 할 때 그것은 **도의 대상**을 가진다.

⑤ 과거의 7일 동안과 ⑥ 미래의 7일 동안의 다른 자들의 마음을 알 때 그것은 각각 **과거의 대상**과 **미래의 대상**을 가진다.

111. ⑦ 어떻게 그것이 현재의 대상을 가지는가? 현재는 세 가지이다. ㉠ 순간으로서의 현재(khaṇa-paccuppanna) ㉡ 상속으로서의 현재(santati-paccuppanna) ㉢ 기간으로서의 현재(addhā-paccuppanna)이다.

이 가운데서 생기고, 머물고, 멸하는 것에 이른 것이 ㉠ **순간으로서의 현재**이다. 하나 혹은 두 개의 상속의 차례에 포함된 것이 ㉡ **상속으로서의 현재**이다.

112. 어두운데 앉아 있다가 빛이 있는 곳에 갔을 때 단박에 대상이 분명하지 않다. 그것이 분명해질 때까지 그 중간에 하나 혹은 두 개의 상속의 차례가 [지나갔다고] 알아야 한다.

빛이 있는 곳에서 걷다가 창고 안에 들어갔을 때 즉시에 형상이 분명하지가 않다. 그것이 분명해질 때까지 그 중간에 하나 혹은 두 개의 상속의 차례가 [지나갔다고] 알아야 한다.

먼 곳에 서서 빨래하는 사람의 손의 움직임과 종과 북 등을 치는 움직임을 보지만 즉시에 소리를 듣지 못한다. 그 소리를 들을 때까지 그 중간에 하나 혹은 두 개의 상속의 차례가 [지나갔다고] 알아야 한다.

이것은 『중부』를 독송하는 자들의 주장이다.

113. 그러나 『상응부』를 독송하는 자들은 물질의 상속과 정신의 상속, 이 두 가지 상속을 말한다. 물을 밟고 지나갔을 때 강둑에 밟은 물의 선이 깨끗해질 때까지, 여행에서 돌아온 자의 몸에 열이 식을 때까지, 햇볕에서 돌아와 방안으로 들어갔을 때 어두움이 가실 때까지, 방안에서 명상주제를 마음에 잡도리하다가 낮에 덧문을 열고서 쳐다볼 때 눈부심이 가라앉을 때까지 이 물질의 상속이 지속되고, 정신의 상속은 둘 혹은 셋의 속행(*javana*)의 차례를 가진다고 말한다.

이 둘 모두를 **상속으로서의 현재**라고 그들은 말한다.

114. 한 존재에 포함된 것을 ㉢ **기간으로서의 현재**라고 한다. 이것을 두고 「밧다에까라따 경」(Bhaddekaratta Sutta, 賢善一夜經, M133)에서는 이렇게 설하셨다. "도반이여, 마노와 법들은 모두 현재입니다. 이 현재에 대해 알음알이는 욕탐에 계박되어버립니다. 알음알이가 욕탐에 계박되기 때문에 그는 그것을 즐깁니다. 그것을 즐길 때 그는 현재의 법들에 정복되어버립니다.(M.iii.197)" 주석서에서는 상속으로서의 현재가 언급되었고, 경에서는 기간으로서의 현재가 언급되었다.

115. 여기서 어떤 자들은211) '순간으로서의 현재의 마음이 [남의] 마음을 아는 지혜의 대상이 된다'고 말한다. 무슨 이유인가? 신통을 가진 자의 마음과 다른 자의 마음은 하나의 순간에 일어나기 때문이다. 이것이 그들의 비유이다. 한 움큼의 꽃을 허공에 던졌을 때 반드시 한 꽃의 줄기는 다른 줄기를 친다. 그와 같이 '다른 이의 마음을 알리라'고 생각하면서 무더기로 여러 사람들의 마음으로 전향할 때 반드시 한 사람의 마음으로 다른 한 사람의 마음이 생기는 순간, 혹은 머무는 순간, 혹은 멸하는 순간에 통찰한다.

116. 그러나 이 주장은 적절하지 않다고 주석서에서 논파되었다. 왜냐하면 백년이고 천년이고 계속해서 전향하더라도 전향하는 마음과 아는 [속행의] 마음, 이 둘은 동시에 존재하지 않기 때문이고, 전향과 속행이 원하지 않는 곳에서212) 다른 대상을 취하는 결점이 있

---

211) "아바야기리(無畏山)에 머무는 자들이다.(*abhayagirivāsino*, Pm.416)"
212) "다른 이의 마음을 향하여 전향하는 마음과 그것을 아는 마음은 다르기 때문에 신통의 마음이 일어나는 순간에 다른 이의 마음이 일어난다는 것

기 때문이다. 상속으로서의 현재와 기간으로서의 현재가 [남의 마음을 아는 지혜의] 대상이 된다고 알아야 한다.

117. 현존하는 속행과정213)으로부터 전후로 둘 혹은 셋의 속행과정의 기간에 있는 다른 자의 마음을 모두 **상속으로서의 현재**라고 한다. **기간으로서의 현재**는 속행의 차례로 설명되어야 한다고 『상응부 주석서』에서 설했다. 그것은 옳게 말한 것이다.

118. 이제 [남의] 마음을 아는 지혜를 설명한다. 다른 자의 마음을 알기를 원하는 신통을 가진 자는 전향을 한다. 전향의 마음은 순간으로서의 현재인 [다른 자의 마음을] 대상으로 삼은 뒤 그것과 함께 멸한다. 그 다음에 네 번 혹은 다섯 번의 속행이 일어난다. 그 중에서 마지막 것이 신통의 마음이고, 나머지는 욕계의 것이다. 멸해 버린 그 [다른 자의] 마음이 이 모든 마음들의 대상이 된다.

이 [마음]들은 다른 대상을 갖지 않는다. 왜냐하면 기간으로서의 현재의 대상을 갖기 때문이다. 그들이 동일한 대상을 가지더라도 [마지막 속행인] 신통의 마음만이 다른 자의 마음을 알고 다른 [전향의 마음과 욕계의 속행]들은 알지 못한다. 마치 눈의 문에서 눈의 알음알이(眼識)만이 형상을 보고 다른 것들은 보지 못하듯이.

은 옳지 않다. 왜 그런가? 도의 과정과 과의 과정이외의 원하지 않는 곳에서 그 두 마음이 서로 다른 대상을 취할 경우 대상이 다르게 되는 결점이 있기 때문이나.(Pm.416)"
213) 하나의 속행과정(*javana-vīthi*)은 본삼매의 속행과정과 임종직전의 속행과정을 제외하고는 반드시 일곱 개의 속행의 마음으로 구성된다. 자세한 것은 『길라잡이』 3장 §8의 12번 해설과 4장 §§21-23을 참조할 것.

119. 이와 같이 이 [남의 마음을 아는 지혜]는 상속으로서의 현재와 기간으로서의 현재로 **현재의 대상**을 가진다. 혹은 상속으로서의 현재도 기간으로서의 현재에 포함되기 때문에 기간으로서의 현재로 **현재의 대상**을 가진다고 알아야 한다.

⑧ 이것은 다른 자의 마음이 그것의 대상이기 때문에 **밖의 대상**을 가진다.

이와 같이 여덟 가지 대상에서 [남의] 마음을 아는 지혜(他心通)가 일어남을 알아야 한다.

120. **(4) 전생을 기억하는 지혜(宿命通)**는 제한된 대상, 고귀한 대상, 무량한 대상, 도의 대상, 과거의 대상, 안의 대상, 밖의 대상, 설할 수 없는 대상이라는 여덟 가지 대상에 대해 일어난다. 어떻게?

① 욕계의 무더기들(五蘊)을 기억할 때에 그것은 **제한된 대상**을 가진다. ② 색계와 무색계의 무더기들(五蘊)을 기억할 때 그것은 **고귀한 대상**을 가진다. ③ 과거에 자기나 남이 닦은 도와 증득한 과를 기억할 때 그것은 **무량한 대상**을 가진다. ④ 닦은 도만을 기억할 때 그것은 **도의 대상**을 가진다. ⑤ 반드시 이것은 **과거의 대상**을 가진다.

121. 비록 [남의] 마음을 아는 지혜(他心通)와 업에 따라 감을 아는 지혜가 과거의 대상을 가지지만 그 중에서 남의 마음을 아는 지혜(타심통)는 7일 이내의 과거의 마음만을 대상으로 가진다. 그것은 [알음알이를 제외한 나머지 네 가지] 무더기(蘊)나 무더기들과 관련된 [이름, 종족 등]은 알지 못한다. 그것은 도와 관련된 마음을 대상

으로 삼기 때문에 간접적으로 [타심통은] 도를 대상으로 가진다고 설했다.

그리고 업에 따라 감을 아는 지혜는 단지 과거의 의도(cetanā)를 그 대상으로 가진다.

그러나 전생을 기억하는 지혜(宿命通)는 과거의 무더기들(五蘊)이나 무더기들과 관련된 것은 모두 그 대상이 되지 않는 것이 없다. 왜냐하면 이 전생을 기억하는 지혜는 과거의 무더기들과 또한 그 무더기들과 관련된 것에 대해 일체지의 지혜(sabbaññuta-ñāṇa, 一切知智)와 동등하기 때문이다. 그러므로 이 차이점을 알아야 한다. 이것은 주석서에 따른 설명이다.

122. 그러나 『빳타나』(發趣論)에서 "[수, 상, 행, 식의] 유익한 무더기들은 신통변화의 지혜와 [남의] 마음을 아는 지혜와 업에 따라 감을 아는 지혜와 미래를 아는 지혜에게 대상의 조건으로 조건이 된다.(Ptn.154)"라고 설하셨다. 그러므로 [수, 상, 행, 식의] 네 가지 무더기들도 [남의] 마음을 아는 지혜와 업에 따라 감을 아는 지혜의 대상이 된다. 여기서도 유익한 것과 해로운 무더기들은 업에 따라 감을 아는 지혜의 대상이 된다.

123. ⑥ 자기의 무더기들(五蘊)을 기억할 때 이 전생을 기억하는 지혜는 **안의 대상**을 가진다. ⑦ 다른 자의 무더기들을 기억할 때 이것은 **밖의 대상**을 가진다.

⑧ '과거에 위빳시(Vipassī)라는 세존이 계셨다. 그의 어머니는 반두마띠였고, 아버지는 반두마였다'라는(D.ii.6-7) 방법으로 이름과 종족과 땅의 표상 등을 기억할 때 그것은 **설할 수 없는 대상**을 가진

다. 이름과 종족은 무더기들과 연결되어있고 일상적인 말에 따라 생긴 언어표현(*byañjana*)이 나타내는 의미(*attha*)라고 보아야 하지 언어표현 그 자체로 보아서는 안된다. 언어표현은 소리의 감각장소(聲處)에 포함되므로 제한된 [대상]이지 [설할 수 없는 대상은 아니기] 때문이다. 이처럼 말씀하셨기 때문이다. "언어(*nirutti*, 詞)의 무애해는 제한된 대상을 가진다.(Vbh.304)" 우리는 여기서 이런 설명을 선택한다.

이와 같이 여덟 가지 대상에서 전생을 기억하는 지혜(宿命通)가 일어남을 알아야 한다.

124. **(5) 신성한 눈의 지혜(天眼通)**는 제한된 대상, 현재의 대상, 안의 대상, 밖의 대상이라는 네 가지 대상에서 일어난다. 어떻게?

① 그것은 형상을 대상으로 하고, 형상은 제한된 것이기 때문에 **제한된 대상**을 가진다. ② 현존하는 형상에 대해서 일어나기 때문에 그것은 **현재의 대상**을 가진다. ③ 자기의 뱃속 등에 있는 형상을 볼 때에 그것은 **안의 대상**을 가진다. ④ 다른 자의 형상을 볼 때에 그것은 **밖의 대상**을 가진다.

이와 같이 네 가지 대상에서 신성한 눈의 지혜(天眼通)가 일어남을 알아야 한다.

125. **(6) 미래를 아는 지혜**는 제한된 대상, 고귀한 대상, 무량한 대상, 도의 대상, 미래의 대상, 안의 대상, 밖의 대상, 설할 수 없는 대상이라는 여덟 가지 대상에 대해 일어난다. 어떻게?

① '이 자는 미래에 욕계에 태어날 것이다'라고 알 때 이것은 **제한된 대상**을 가진다. ② '그는 색계나 무색계에 태어날 것이다'라고

알 때 이것은 **고귀한 대상**을 가진다. ③ '그는 도를 닦을 것이다. 그는 과를 증득할 것이다'라고 알 때 이것은 **무량한 대상**을 가진다. ④ '그는 도를 닦을 것이다'라고 알 때 이것은 **도의 대상**을 가진다. ⑤ 그러나 이것은 반드시 **미래의 대상**을 가진다.

126. 비록 [남의] 마음을 아는 지혜(他心通)도 미래의 대상을 가지지만 그것은 7일 이내의 미래의 마음만을 대상으로 가진다. 그것은 다른 무더기들(五蘊)과 또한 그 무더기들과 관련된 것을 알지 못한다. 미래를 아는 지혜의 경우 전생을 기억하는 지혜(宿命通)에서 설한 방법대로(§121) 미래에 이것의 대상이 되지 않는 것이 없다.

127. ⑥ '내가 어느 곳에 태어날 것이다'라고 알 때 이것은 **안의 대상**을 가진다. ⑦ '어떤 자가 어느 곳에 태어날 것이다'라고 알 때 이것은 **밖의 대상**을 가진다. ⑧ '미래에 미륵(Metteyya)이라는 세존이 태어날 것이다. 그의 아버지는 수브라흐마라는 바라문이고, 그의 어머니는 브라흐마와띠라는 바라문이다'라는 방법으로(D.iii.76 참조) 이름과 종족을 알 때에 전생을 기억하는 지혜에서 설한 방법대로 (§123) 이것은 **설할 수 없는 대상**을 가진다.

이와 같이 여덟 가지 대상에서 미래를 아는 지혜가 일어남을 알아야 한다.

128. **(7) 업에 따라 감을 아는 지혜**는 제한된 대상, 고귀한 대상, 과거의 대상, 안의 대상, 밖의 대상이라는 다섯 가지 대상에서 일어난다. 어떻게?

① 욕계의 업을 알 때 그것은 **제한된 대상**을 가진다. ② 색계나

무색계의 업을 알 때 그것은 **고귀한 대상**을 가진다. ③ 과거의 것만 알기 때문에 **과거의 대상**을 가진다. ④ 자기의 업을 알 때 **안의 대상**을 가진다. ⑤ 다른 자의 업을 알 때 **밖의 대상**을 가진다.

이와 같이 다섯 가지 대상에서 업에 따라 감을 아는 지혜가 일어남을 알아야 한다.

129. 여기서 '안의 대상을 가진다. 밖의 대상을 가진다.'라고 설한 것이 어떤 때에는 안을 알고, 어떤 때에는 밖을 알 때에 **안팎의 대상**을 가진다고 한다.

어진 이를 기쁘게 하기 위해 지은 청정도론에서
초월지에 관한 해설이라 불리는
제13장이 끝났다.

제14장

khandhaniddeso

무더기〔蘊〕

제14장 무더기(蘊)

khandhaniddeso

통찰지(慧)란 무엇인가

paññākathā

1. "통찰지를 갖춘 사람은 계에 굳건히 머물러서
   마음과 통찰지를 닦는다."(I. §1)

여기서 삼매(*samādhi*)는 마음이라는 제목 아래 표현되었으며 이제까지 비구가 초월지라는 이익을 얻어서 더 깊은 삼매수행을 갖추어 모든 측면에서 이를 잘 닦았다.

이제 삼매 다음에는 **통찰지**(*paññā*, 般若, 慧)를 닦아야 한다. 이 [통찰지는 앞에서] 아주 간략하게 설명했기 때문에 그것을 이해하는 (*viññātuṁ*) 것도 쉽지 않은데 하물며 그것을 닦음이랴. 그래서 이제 [통찰지의] 상세한 [설명]과214) 통찰지를 닦는 방법을 드러내기 위

---

214) 여기서 '*vitthāraṁ*(상세한 [설명])'은 '*dassetuṁ*(드러내기 위해)'의 목적어이다. 왜냐하면 뒤에 따라오는 '*ca*(그리고)'가 있기 때문이다. 그러나

해서 다음 질문을 제기한다.

    I 무엇이 통찰지인가?
    II 무슨 뜻에서 통찰지라 하는가?
    III 통찰지의 특징, 역할, 나타남, 가까운 원인은 무엇인가?
    IV 얼마나 많은 종류의 통찰지가 있는가?
    V 어떻게 닦아야 하는가?
    VI 통찰지를 닦으면 무슨 이익이 있는가?

2. 이것이 그 질문에 대한 대답이다.

I **무엇이 통찰지인가?** 통찰지는 여러 종류가 있으며 여러 측면이 있다. 이 모든 것을 설명하려드는 대답은 원하는 목적을 달성시키지 못할 뿐만 아니라 오히려 혼란을 초래할 것이다. 그래서 오직 여기서 필요한 것에 관해서만 말하려한다. 통찰지는 유익한 마음(善心)과 연결된 위빳사나의 지혜(*vipassanā-ñāṇa*)이다.215)

3. II **무슨 뜻에서 통찰지라 하는가?** 꿰뚫어 안다(*pajānana*)는 의미에서 통찰지라 한다. 그러면 대체 꿰뚫어 안다는 것은 무엇인가? 인식하는(*sañjānana*) 형태와 자세히 아는(*vijānana*) 형태와는 달리 여러 측면에서 아는 것(*nānappakārato jānanaṁ*)을 말한다.

왜냐하면 인식(*saññā*)과 알음알이(*viññāṇa*)216)와 통찰지(*paññā*)가 공

   냐나몰리 스님은 'to deal with the detailed method of its development'로 뒤의 '[통찰지를] 닦는 방법(*bhāvanānayaṁ*)'을 수식하는 형용사로 간주하였다.
215) "*kusalacitta-sampayuttaṁ vipassanā-ñāṇaṁ paññā.*"
216) 여기서 '*viññāṇa*'는 일반적으로 옮기고 있는 알음알이(識)의 뜻과 완전히 부합하는 것은 아니다. 알음알이는 오온의 다섯 번째이며 대상을 아는

히 아는 성질을 가졌다 하더라도 인식(산냐)은 '푸르다, 누르다'라고 단지 대상을 인식하는 정도이며, 무상·고·무아라는 특징을 통찰(paṭivedha)하지는 못한다. 알음알이(윈냐나)는 '푸르다, 누르다'라고 대상을 알뿐만 아니라 특징을 통찰한다. 그러나 아무리 노력해도 도(magga)의 현전에 이르지는 못한다. 통찰지는 이미 설한대로 대상도 알고 특징을 통찰할 뿐만 아니라 노력하여 도의 현전에 이른다.

4. 예를 들면, 어느 분별없는 어린아이와 시골 농부와 금속 세공인 세 사람이 금속 세공인의 모루 위에 놓여진 동전 더미를 보았다하자. 분별없는 어린아이는 동전이 아름답고 장식이 되어있으며 길고 네모지고 둥글다는 정도로만 안다. 그러나 인간들이 일용품이나 향락을 얻으려고 이것을 보배처럼 여긴다는 사실은 모른다.

시골 농부는 이것이 아름답고 장식이 되어있다는 것 등을 알고, 인간들이 일용품과 향락을 얻으려고 이것을 보배처럼 여긴다는 것도 안다. 그러나 이것은 '진짜이고, 이것은 가짜이며, 이것은 반쯤 섞인 혼합물이다'라고 이들의 차이점은 알지 못한다.

금속 세공인은 이 모든 것을 다 안다. 그는 동전을 보기만 해도 알며 부딪히는 소리를 듣거나 냄새를 맡거나 혀를 대 보거나 손으로 무게를 어림잡아보아도 안다. 그는 이것이 어느 특정한 마을이나 읍이나 도시나 산이나 강가에서 만들어졌는지도 알고 어느 장인에 의해서 만들어졌는지도 안다.

것을 뜻하며 아비담마에서는 찰라생·찰라멸하는 마음(citta)과 동의어로 쓰이기 때문이다. 여기서는 대상을 경험하는 단계로 산냐-윈냐나-빤냐라는 술어를 통해서 그 깊이를 설명하고 있으므로 윈냐나를 '자세히 앎'정도로 이해하면 될 것 같다.

이와 같이 이 비유의 적용을 알아야 한다.

5. 인식(산냐)은 분별없는 어린아이가 동전을 보는 것과 같다. 왜냐하면 그것은 대상의 나타난 양상을 푸르다 등의 정도로만 알기 때문이다. 알음알이(윈냐냐)는 시골 농부가 동전을 보는 것과 같다. 왜냐하면 그것은 대상의 양상을 푸르다 등으로 알고 나아가 [무상·고·무아의] 특징을 통찰함에 이르기 때문이다.

통찰지(빤냐)는 금속 세공인이 동전을 보는 것과 같다. 왜냐하면 대상의 양상을 푸르다 등으로 알뿐만 아니라 그것의 특징을 통찰함에 이르고 여기서 더 나아가 도의 현전에 도달하기 때문이다. 그러므로 인식함(sañjānana)의 형태와 자세히 앎(vijānana)의 형태와는 달리 여러 측면에서 아는 것을 꿰뚫어 앎(pajānana)이라고 알아야 한다. 이것을 두고 '꿰뚫어 안다(pajānana)'는 의미에서 통찰지라 한다'라고 말했다.

6. 그러나 이 통찰지(빤냐)는 인식(산냐)이나 알음알이(윈냐냐)가 일어날 때 항상 일어나는 것은 아니다.217) 그리고 설령 통찰지가 일어난다하더라도 인식이나 알음알이로부터 분리(vinibbhutta)할 수 없다. '이것은 인식이고 이것은 알음알이며 이것은 통찰지다'라고 분리해서 차이점을 취할 수 없고, 아주 미세하며 보기 어렵다. 그래서

---

217) 아비담마에 의하면 마음(*citta*)이 일어나는 곳엔 언제나 산냐나 윈냐냐 (아비담마에서는 윈냐냐가 바로 마음임)가 함께 일어나지만 빤냐는 그렇지가 않다. 빤냐는 두 가지 원인을 가졌거나(*duhetuka*) 또는 원인이 없는(*ahetuka*) 마음의 경우에는 일어나지 않고 오직 세 가지 원인을 가진 (*tihetuka*) 47가지 마음의 경우에만 일어난다. 자세한 것은 『길라잡이』 2장 <도표:2.2>를 참조할 것.

나가세나 존자는 말씀하셨다.

"'대왕이시여, 세존께서는 참으로 하기 힘든 일을 하셨습니다.' '나가세나 존자시여, 세존께서는 무슨 하기 힘든 일을 하셨습니까?' '대왕이시여, 세존께서는 다음과 같은 하기 힘든 일을 하셨습니다. 세존께서는 동일한 대상에서 일어나는 형상이 없는 마음(心)과 마음부수(心所)의 법들을 구분해서 말씀하셨습니다. 이것은 감각접촉(phassa, 觸)이고 이것은 느낌(vedanā, 受)이고 이것은 인식(saññā, 想)이고 이것은 의도(cetanā, 意思)고 이것은 마음(citta, 心)이라고 설하셨습니다.(Miln. 87)'"

7. **Ⅲ 통찰지의 특징, 역할, 나타남, 가까운 원인은 무엇인가?** 통찰지의 특징은 법의 고유성질(sabhāva)을 통찰(paṭivedha)하는 것이다. 그것의 역할은 법의 고유성질을 덮어버리는 어리석음(moha)의 어둠을 쓸어버리는 것이다. 통찰지는 미혹하지 않음(asammoha)으로 나타난다. 통찰지의 가까운 원인은 삼매(samādhi)다. "삼매를 잘 닦은 자는 있는 그대로 알고 본다.(A.v.3)"라는 말씀이 있기 때문이다.

통찰지의 분류
paññāpabhedakathā

8. **Ⅳ 얼마나 많은 종류의 통찰지가 있는가?**

[한 가지]: ① 먼저 법의 고유성질을 통찰하는 특징으로 오직 한 가지이다.

[두 가지]: ② 세간과 출세간으로 두 가지이다. 그와 같이 ③ 번뇌를 가진 것과 번뇌가 다한 것 등으로 ④ 정신과 물질을 구분하는

것으로 ⑤ 기쁨이 함께한 것과 평온이 함께한 것으로 ⑥ 견(見, dassana)의 경지와 수행(bhāvanā)의 경지로 두 가지이다.

[세 가지]: ⑦ 생각(cintā)으로 얻은 것과 들어서(suta) 얻은 것과 수행(bhāvanā)으로 얻은 것으로 세 가지이다. 그와 같이 ⑧ 제한된 대상을 가진 것과 고귀한 대상을 가진 것과 무량한 대상을 가진 것으로 ⑨ 증장시키는 데 능숙한 것과 손상시키는 데 능숙한 것과 수단에 능숙한 것으로 ⑩ 안을 천착하는 것 등으로 세 가지이다.

[네 가지]: ⑪ 네 가지 진리들(四諦)에 대한 지혜로 ⑫ 네 가지 무애해로 네 가지이다.

9. 여기서 ① 한 가지의 분류에 관해서는 그 뜻이 분명하다.

두 가지 분류에서 ② 세간의 도와 함께하기 때문에 **세간의** [통찰지]이고 출세간의 도와 함께하기 때문에 **출세간의** [통찰지]이다. 이처럼 세간과 출세간으로 두 가지이다.

10. 두 가지의 두 번째에 ③ 번뇌들의 대상이 되는 것을 **번뇌를 가진 것**(sāsava)이라 하고, [번뇌들의] 대상이 아닌 것을 **번뇌가 다한 것**(anāsava)이라 한다. 뜻으로 이것은 각각 세간의 [통찰지]와 출세간의 [통찰지]와 같다. 번뇌와 함께한 것을 번뇌를 가진 것이라 하고 번뇌와 분리된 것을 번뇌 다한 것이라 한다는 등218)에서도 이 방법이 적용된다. 이와 같이 번뇌를 가진 것과 번뇌가 다한 것 등으로 두 가지이다.

---

218) '등에서(ādīsu)'라는 것은 『담마상가니』(法集論, Dhs) 마띠까(論母)의 'āsavagocchaka(번뇌의 모음)'의 나머지 법들을 말한다. 이 법들에도 '대상이 되는 것과 대상이 아닌 것'과 '함께한 것과 분리된 것'이 각각 적용된다는 뜻이다.

11. 두 가지의 세 번째에 ④ 위빠사나를 수행하고자하는 사람에게 네 가지 비물질(*arūpa*, 정신)의 무더기를 구분하는 통찰지가 있다. 이것이 **정신**(*nāma*, 名)**을 구분하는 통찰지**이다. 물질의 무더기(色蘊)를 구분하는 통찰지가 있으니 그것이 **물질을 구분하는 통찰지**이다. 이와 같이 정신과 물질을 구분하는 것으로 두 가지이다.

12. 두 가지의 네 번째에 ⑤ 욕계의 두 가지219) 유익한 마음(*kusalacitta*, 善心)과 오종선(五種禪)에서 네 가지 禪과 함께하는 열여섯 가지220) 도의 마음(*maggacitta*)에 속하는 통찰지는 **기쁨이 함께한 것**이고, 욕계의 두 가지 유익한 마음과 제5선과 함께하는 네 가지 도의 마음에 속하는 통찰지는 **평온이 함께한 것**이다. 이와 같이 기쁨이 함께한 것과 평온이 함께한 것으로 두 가지이다.

13. 두 가지의 다섯 번째에 ⑥ 첫 번째 도의 통찰지는 **견**(見, *dassana*)**의 경지**221)이고 나머지 세 가지 도의 통찰지는 **수행**(*bhāvanā*)**의 경지**이다. 이와 같이 견의 경지와 수행의 경지로 두 가지이다.

---

219) 여기서는 통찰지를 논하고 있기 때문에 욕계의 8가지 유익한 마음 가운데서 지혜와 함께한 것(*ñāṇasampayutta*) 두 가지만이 해당된다.
220) 도의 마음(*maggacitta*)은 5禪의 각각에 네 가지 道(*magga*), 즉 예류도, 일래도, 불환도, 아라한도가 있어 모두 20 가지인데 이 가운데서 마지막 제 5禪의 네 가지 도를 제외한 처음 네 가지 禪까지의 열여섯 가지를 말한다.
221) '견의 경지(*dassana-bhūmi*, 見地)'는 예류도(*sotāpanna-magga*)를 뜻하며 '나머지 세 가지 도(*avasesamaggattaya*)'는 일래도, 불환도, 아라한도를 뜻한다.

14. 세 가지의 첫 번째에 ⑦ 타인으로부터 듣지 않고 얻은 통찰지는 본인의 생각으로 얻었기 때문에 **생각으로 얻은 것**(cintāmayā)이라 한다. 타인으로부터 들어서 얻은 통찰지는 들어서 얻었기 때문에 **들어서 얻은 것**(sutamayā)이라 한다. 이렇건 저렇건 간에 수행을 통하여 얻었고 절정을 이룬222) 통찰지를 **수행으로 얻은 것**(bhāvanāmayā)이라 한다. 이처럼 설하셨기 때문이다.

"이 가운데서 어떤 것이 생각으로 얻은 통찰지인가? 직업적인 일의 분야나 기술의 분야나 지식의 분야에서, 업이 자신의 주인임에 대한, 혹은 진리(四諦)에 수순함에 대한, 혹은 물질은 무상하다거나, 느낌은 … 인식은 … 의도적 행위는 … 알음알이는 무상하다라고 하는 이치에 대한 수순, 인내, 견해, 선호, 의견, 판단, 현상을 사유하기를 좋아함 등을 타인으로부터 듣지 않고 얻은 것을 '생각으로 얻은 통찰지(cintāmayā paññā)'라 한다. … 타인으로부터 들어서 얻은 통찰지를 '들어서 얻은 통찰지(sutamayā paññā)'라 한다. 체득한 자223)의 통찰지는 모두 '수행으로 얻은 통찰지(bhāvanāmayā paññā)'라 한다.(Vbh.324-25)"

이와 같이 생각으로 얻은 것과 들어서 얻은 것과 수행으로 얻은 것으로 세 가지이다.

---

222) '절정을 이룬'으로 옮긴 원어는 'appanāppattā'인데 이것은 삼매수행의 문맥에서는 '본삼매를 얻은'으로 옮겨야 한다. 그러나 통찰지는 삼매가 아니므로 '절정을 이룬'으로 옮겼다. 통찰지가 禪(jhāna)과 道(magga)와 果(phala)의 상태에 이른 것을 말한다.

223) 즉 禪의 증득(jhānasamāpatti) 道의 증득(maggasamāpatti), 果의 증득(phalasamāpatti)을 이룬 자를 말한다.

15. 세 가지의 두 번째에 ⑧ 욕계의 법들을 대상으로 하여 생긴 통찰지는 **제한된 대상을 가진다.** 색계와 무색계를 대상으로 하여 생긴 통찰지는 **고귀한 대상을 가진다.** 이 둘은 세간의 통찰지이다. 열반을 대상으로 하여 생긴 통찰지는 **무량한 대상을 가진다.** 이것은 출세간의 통찰지이다. 이와 같이 제한된 대상을 가진 것과 고귀한 대상을 가진 것과 무량한 대상을 가진 것으로 세 가지이다.

16. 세 가지의 세 번째에 ⑨ 증장(āya)은 향상(vuddhi)을 뜻한다. 이것은 두 가지인데 손해(anattha)를 버림과 이익을 생기게 함이다. 이것에 능숙함을 일러 **증장시키는 데 능숙함**(āya-kosalla)이라 한다. 이처럼 말씀하셨다.

"그 가운데서 어떤 것이 증장시키는 데 능숙함인가? 이 법들을 마음에 잡도리하는 자는 아직 일어나지 않은 해로운 법(不善法)들을 일어나지 않게 하고 이미 일어난 해로운 법들을 버린다. 그리고 이 법들을 마음에 잡도리하는 자는 아직 일어나지 않은 유익한 법(善法)들을 일어나게 하고 이미 일어난 유익한 법들을 다시 더 자라게 하고 번성하게 하고 닦고 완성으로 인도한다. 여기서 통찰지, 꿰뚫어 앎 … 어리석음 없음, 법의 간택(擇法), 바른 견해(正見)를 일러 증장시키는 데 능숙함이라 한다.(Vbh.325-26)"

17. 손상이란 파멸을 뜻한다. 이것도 두 가지인데 이익을 버림과 손해를 생기게 함이다. 이것에 능숙함을 일러 **손상시키는 데 능숙함**(apāya-kosalla)이라 한다. 이처럼 말씀하셨다. "이 가운데서 어떤 것이 손상시키는 데 능숙함인가? 이 법들을 마음에 잡도리하는

자가 아직 일어나지 않은 유익한 법들을 일어나지 않게 하고 … (Vbh.322)"등이다.

18. 모든 곳에서 결과를 가져오게 할 여러 가지 법들의 수단들 가운데서 특정 순간에 즉시 떠올라서 그 경우에 맞게 생겨난 능숙함을 일러 **수단에 능숙함**(upāya-kosalla)이라 한다. 이처럼 말씀하셨다. "수단에 대한 모든 통찰지가 수단에 능숙함이다.(Vbh.326)" 이와 같이 증장시키는 데 능숙한 것과 손상시키는 데 능숙한 것과 수단에 능숙한 것으로 세 가지이다.

19. 세 가지의 네 번째에 ⑩ 자신의 무더기들(五蘊)을 취하여 시작한 위빳사나의 통찰지가 **안을 천착**(abhinivesa)**하는 것**이다. 남의 무더기들을 취하거나 혹은 기능(根)들이 없는 외부의 물질을 취하여 시작한 것이 **밖을 천착하는 것**이다. 둘 다를 취하여 시작한 것이 **안팎을 천착하는 것**이다. 이와 같이 안을 천착하는 것 등으로 세 가지이다.

20. 네 가지의 첫 번째에 ⑪ 괴로움의 진리(苦諦)를 대상으로 하여 생긴 지혜가 **괴로움에 대한 지혜**이다. 괴로움의 일어남을 대상으로 하여 생긴 지혜가 **괴로움의 일어남에 대한 지혜**이다. 괴로움의 소멸을 대상으로 하여 생긴 지혜가 **괴로움의 소멸에 대한 지혜**이다. 괴로움의 소멸로 인도하는 도닦음을 대상으로 하여 생긴 지혜가 **괴로움의 소멸로 인도하는 도닦음의 지혜**이다. 이와 같이 네 가지 진리들(四諦)에 대한 지혜로 네 가지이다.

21. 네 가지의 두 번째에 ⑫ **네 가지 무애해**라고 하는 뜻(*attha*, 결과) 등에 대해 통달한 네 가지 지혜들이 있다. 이처럼 설하셨기 때문이다. "뜻(결과)에 대한 지혜가 뜻(*attha*)에 대한 무애해(義無碍解)이다. 법(원인)에 대해 지혜가 법(*dhamma*)에 대한 무애해(法無碍解)이다. 뜻과 법에 대해서 [정확한] 언어를 구사함에 대한 지혜가 언어(*nirutti*)에 대한 무애해(詞無碍解)이다. 지혜들에 대한 지혜가 영감(*paṭibhāna*)에 대한 무애해(辯無碍解)이다.(Vbh.293)"

22. 이 가운데서 뜻(*attha*, 義, 결과)이라는 것은 간략하게 말하면 원인(*hetu*)에 대한 결과(*phala*)의 동의어다. 원인에 걸맞게 결과에 이르고 도달하고 얻는다고 해서 원인에 대한 결과를 뜻이라 한다. 자세히 분석하면 ① 무엇이든 조건 따라 일어난 것 ② 열반 ③ [부처님이] 설하신 [경의] 뜻 ④ 과보로 나타난 [마음](*vipāka*) ⑤ 단지 작용만 하는 [마음](*kiriya*) — 이 다섯 가지 법들을 뜻이라 한다고 알아야 한다. 그가 이런 뜻을 반조할 때, 그 뜻에 대해 통달한 그의 지혜가 **뜻에 대한 무애해(義無碍解)**이다.

23. 법(*dhamma*)이라고 한 것은 간략하게 말하자면 조건(*paccaya*)의 동의어다. 조건이 이런 저런 결과를 낳게 하고 생기게 하고 가져오게 한다고 해서 법이라 한다. 자세히 분석하면 ① 결과를 생기게 하는 원인 ② 성스러운 도 ③ 설하신 [경] ④ 유익한 [마음](*kusala*, 善) ⑤ 해로운 [마음](*akusala*, 不善) — 이 다섯 가지 법들을 법이라고 알아야 한다. 그가 이런 뜻을 반조할 때, 그 법에 대해 통달한 그의 지혜가 **법에 대한 무애해(法無碍解)**이다.

24. 논장(Abhidhamma)에서 다음과 같이 바로 이 뜻을 설했기 때문이다.

"괴로움에 대한 지혜가 뜻에 대한 무애해이다. 괴로움의 일어남에 대한 지혜가 법에 대한 무애해이다. … 원인에 대한 지혜가 법에 대한 무애해이다. 원인의 결과에 대한 지혜가 뜻에 대한 무애해이다. … 태어남, 생성됨, 생을 받음, 생김, 다시 생김, 나타남 — 이런 법들에 대한 지혜가 뜻에 대한 무애해이다. 어떤 법들로부터 이 법들이 태어나고, 생성되고, 생을 받고, 생기고, 다시 생기고, 나타나는 그런 법들에 대한 지혜가 법에 대한 무애해이다.

늙음과 죽음에 대한 지혜가 뜻에 대한 무애해이다. 늙음과 죽음의 원인에 대한 지혜가 법에 대한 무애해이다. … 형성된 것(saṅkhāra, 行)들의 소멸에 대한 지혜가 뜻에 대한 무애해이다. 형성된 것들의 소멸로 인도하는 도닦음에 대한 지혜가 법에 대한 무애해이다 …

여기 비구가 있어 법을 알고 경(經, sutta)과 응송(應頌, geyya)과 … 방등(方等, vedalla)을 아는 것이 법에 대한 무애해이다. 그는 여러 가지로 설해진 [경]의 뜻을 안다. '이것이 이 경의 뜻이고 이것이 이 경의 뜻이다'라고, 이것을 일러 뜻에 대한 무애해라 한다. …

어떤 것이 유익한 법(善法)들인가? 욕계의 유익한 마음이 일어날 때 … 이러한 것이 유익한 법들이다. 이러한 법들에 대한 지혜가 법에 대한 무애해이다. 그들의 결과에 대한 지혜가 뜻에 대한 무애해이다.(Vbh.293-95)"

25. **뜻과 법에 대해서 [정확한] 언어를 구사함에 대한 지혜:**

그 뜻과 법에 대한 고유한 언어(nirutti)와 예외 없는 일상적 표현(vohāra)이 있다. 그것을 설하거나 발음하거나 표현함에 관한 지혜이고, 그것을 설하거나 발음하거나 표현함을 들으면 즉시 '이것은 고유한 언어(sabhāva-nirutti)이고 이것은 고유한 언어가 아니다'라고 아는 모든 중생들의 근본어(mūla-bhāsā) — 법다운 언어로 잘 알려졌고 고유한 언어인 마가디어(Māgadhika)다 — 에 대해 통달한 지혜가 **언어에 대한 무애해**이다. 언어에 대한 무애해를 증득한 자는 팟소(phasso)[224], 웨다나(vedanā) 등의 말을 들으면 이것은 고유한 언어라고 안다. 그러나 팟사(phassā), 웨다노(vedano) 등의 말을 들으면 이것은 고유한 언어가 아니라고 안다.

26. **지혜들에 대한 지혜**(ñāṇesu ñāṇa): 그가 모든 곳에서 지혜들을 대상으로 반조할 때, 지혜를 대상으로 한 그의 지혜가 **영감에 대한 무애해**이다. 혹은 앞서 말한 세 가지 지혜에 대해 각각의 대상, 역할 등으로 상세하게 아는 것이 **영감에 대한 무애해**라는 뜻이다.

27. 이 네 가지 무애해는 유학의 경지와 무학의 경지의 두 단계에서 통달하게 된다. 그 가운데서 상수 제자들과 큰 제자들은 무학의 경지에서 통달했고 아난 존자와 찟따 장자와 담미까 청신사와 우빨리(Upāli) 장자와 쿳줏따라(Khujjuttarā) 청신녀 등은 유학의 경지에서 통달했다.

---

224) phasso(觸)는 항상 남성명사로 쓰이고 'vedanā(受)'는 항상 여성명사로 쓰인다. 그래서 이것을 여성명사로 만들어서 'phassā'로 발음하거나 남성명사로 만들어 'vedano'로 발음하면 바른 언어의 사용법이 아니다. 성·수·격 등과 시제와 태 등을 정확히 이해하고 구사하는 것을 언어(詞)에 대한 무애해라 부르고 있다.

28. 무애해가 비록 이렇게 두 단계에서 얻어지지만 ① 증득 ② 교학 ③ 들음 ④ 질문 ⑤ 전생의 수행이라는 이 다섯 가지에 의해서 선명해진다.

그 가운데서 ① **증득**(adhigama)이란 아라한이 되는 것이다. ② **교학**(pariyatti, 배움)이란 부처님의 말씀을 반복해서 외는 것이다. ③ **들음**(savaṇa)이란 신중하고 주의 깊게 법을 듣는 것이다. ④ **질문**(paripucchā)이란 성전과 주석서 등에 대한 까다롭고 난해한 문장을 논의함이다. ⑤ **전생의 수행**(pubba-yoga)이란 과거세 부처님들의 교단에서 걸식을 가고 올 때 항상 명상주제를 가졌던 자가 위빳사나를 수행하여 수순(隨順, anuloma)과 고뜨라부(gotrabhū, 種姓) 근처까지 이르렀던 것을 말한다.

29. 다른 사람들은 말한다.

① 전생의 수행 ② 넓은 견문 ③ 방언
④ 전승된 가르침 ⑤ 질문 ⑥ 증득
⑦ 어른을 모심 ⑧ 선우를 가까이 함
이것이 무애해를 얻는 원인이다

30. 이 가운데서 ① **전생의 수행**은 앞서 말한 것과 같다. ② **넓은 견문**(bāhu-sacca)이란 여러 가지 지식이나 기술에 능숙함이다. ③ **방언**(desabhāsā)이란 백 한 가지 일상적 표현에 능숙함이다. 특히 마가디어에 능숙함이다. ④ **전승된 가르침**(āgama, 阿含)이란 적어도 비유품 정도라도 부처님 말씀을 반복해서 외는 것이다. ⑤ **질문**이란 비록 한 개의 게송일지라도 그 의미를 논의함이다. ⑥ **증득**

(adhigama)이란 예류과를 얻거나 내지 아라한과를 얻음을 말한다. ⑦ **어른을 모심**(garu-sannissaya)이란 견문이 넓고 영감이 뛰어난 어른들 곁에서 지냄이다. ⑧ **선우를 가까이 함**(mitta-sampatti)이란 그러한 선우를 얻음이다.

31. 이 가운데서 부처님들과 벽지불들은 전생의 수행과 증득에 의해서 무애해를 얻으셨고, 제자들은 이 모든 것들을 통해서 얻는다. 무애해를 얻기 위해 명상하는 어떤 특별한 방법은 없다. 유학들은 유학의 과를 통한 해탈 다음에 무애해를 얻고, 무학들은 무학의 과를 통한 해탈 다음에 무애해를 얻는다. 마치 여래들이 오직 성스러운 과에 의해서 열 가지 힘(十力)을 성취하듯이 성자들도 오직 성스러운 과에 의해서 무애해를 성취한다. 이런 무애해를 두고 이와 같이 말하였다. '네 가지 무애해를 통해서 [통찰지는] 네 가지이다.'(§8)

통찰지의 토양과 뿌리와 몸통에 대한 구분
paññā-bhūmi mūla sarīra-vavatthana

32. **V 어떻게 닦아야 하는가?** 여기서 무더기(khandha, 蘊), 감각장소(āyatana, 處), 요소(dhātu, 界), 기능(indriya, 根), 진리(sacca, 諦), 연기(paṭiccasamuppāda, 緣起) 등으로 구분되는 법들이 이 통찰지의 **토양**(paññā-bhūmi)이다. 계청정과 마음청정 — 이 둘은 이 [통찰지의] **뿌리**(mūla)이다. 견청정, 의심을 제거함에 의한 청정, 도와 도 아님에 대한 지(知)와 견(見)에 의한 청정, 도닦음에 대한 지와 견에 의한 청정, 지와 견에 의한 청정 — 이 다섯은 [통찰지의] **몸통**(sarīra)이다.

그러므로 먼저 토양이 되는 법들에 대한 파악과 질문을 통해서 지혜를 굳건하게 한 뒤, 뿌리가 되는 두 가지 청정을 성취하고, 몸통이 되는 다섯 가지 청정들을 성취함으로써 통찰지를 닦아야 한다. 이것이 요점이다.

다섯 가지 무더기(五蘊)들

33. 이제 상세하게 설명한다. 위에서 '무더기(蘊), 감각장소(處), 요소(界), 기능(根), 진리(諦), 연기(緣起) 등으로 구분되는 법들이 이 통찰지의 토양이다'라고 했다. 여기서 무더기는 다섯 가지 무더기(五蘊)들이니 물질의 무더기(rūpakkhandha, 色蘊), 느낌의 무더기(vedanākkhandha, 受蘊), 인식의 무더기(saññākkhandha, 想蘊), 상카라들의 무더기(saṅkhārakkhandha, 行蘊), 알음알이의 무더기(viññāṇakkhandha, 識蘊)이다.

(1) 물질의 무더기(色蘊)
rūpakkhandhakathā

34. 그 가운데서 차가움 등으로 인해 변하는(ruppana)[225] 특징

---

225) ruppana는 √rup(to break, to violate)에서 파생된 중성명사이며 rūpa(色)를 설명하는 단어로 다른 주석서 등에서도 많이 나타나고 있다. 산스끄리뜨에 나타나는 rūpa의 원의미는 '방해, 성가심'을 뜻한다고 보여진다. 즉 물질이란 우리의 진행이나 시계(視界) 등을 막고 방해하는 것이며 그래서 성가시게 하고 뇌로움을 주는 것이라는 뜻으로 파악할 수 있겠다. 그러나 후대 빠알리 주석가들은 이 ruppana를 변화(vikāra)로 해

을 가진 법은 그 무엇이든 모두 하나로 묶어 물질의 무더기(rūpa-kkhandha, 色蘊)라고 알아야 한다. 이것은 변하는 특징에 의해서는 한 가지이지만 근본물질(bhūta-rūpa)과 파생된 물질(upādāya-rūpa)로 두 가지이다.

35. 이 가운데서 **근본물질**(bhūta-rūpa, 元素色)은 네 가지이니 땅의 요소(pathavī-dhātu, 地界), 물의 요소(āpo-dhātu, 水界), 불의 요소(tejo-dhātu, 火界), 바람의 요소(vāyo-dhātu, 風界)이다. 그들의 특징과 역할과 나타남은 사대를 구분하는 장에서 이미 설했다.(XI. §§87-93) 그러나 그들의 가까운 원인에 대해서 말하자면, 그들 각각은 나머지 세 요소가 그것의 가까운 원인이다.226)

36. **파생된 물질**(upādā-rūpa, 所造色)은 스무네 가지이니, 눈, 귀, 코, 혀, 몸, 형상, 소리, 냄새, 맛,227) 여자의 기능(女根), 남자의 기능(男根), 생명기능(命根), 심장토대, 몸의 암시(身表), 말의 암시(語表), 허공의 요소(空界), 물질의 가벼움(色輕快性), 물질의 부드러움(色柔軟

석하고 있다. 그래서 『위바위니 띠까』(VT)에서는 '춥고 더운 등의 반대되는 조건들 때문에 변화(vikāra)를 겪고 변화를 강요하는 것'으로 해석하고 있다. 이것이 남방의 전통적인 견해이며 이 견해에 따라 역자도 '변하는'으로 옮겼다.

226) 즉, 땅의 요소의 가까운 원인(近因)은 물의 요소, 불의 요소, 바람의 요소이며, 같이하여 물의 요소의 가까운 원인은 땅의 요소, 불의 요소, 바람의 요소 … 이다.

227) 맛(味) 다음에 나타날만한 감촉(phoṭṭhabba, 觸)은 파생된 물질의 목록에서 제외되었다. 아비담마에서는 감촉을 다름 아닌 네 가지 근본물질 가운데서 물의 요소를 제외한 땅의 요소, 불의 요소, 바람의 요소라고 보기 때문이다. 이에 대한 설명은 『길라잡이』 3장 §4의 해설과 3장 §16의 2번 해설과 6장 §3의 3번 해설을 참조할 것.

性), 물질의 적합함(色適業性), 물질의 생성(色積集), 물질의 상속(色相續), 물질의 쇠퇴(色老性), 물질의 무상함(色無常性), 먹는 음식(段食)이다.

37. (1) 눈(cakkhu, 眼)의 특징은 형상(색깔)228)이 부딪쳐오는 것에 만반의 준비가 된 근본물질(四大)로 된 감성229)이다. 혹은 [대상을] 보고자하는 욕망에 기인한(daṭṭhu-kāmatā-nidāna) 업에서 생겨난 근본물질로 된 감성이 그 특징이다. 눈의 역할은 형상들에서 [눈의 알음알이를]230) 끌어당기는 것(āviñchana)이다. 눈은 눈의 알음알이(眼識)의 기반(ādhāra)으로 나타난다. 이것의 가까운 원인은 보고자하는 욕망에 기인한 업에서 생겨난 근본물질이다.

38. (2) 귀(sota, 耳)의 특징은 소리가 부딪혀오는 것에 만반의 준비가 된 근본물질로 된 감성이다. 혹은 듣고자하는 욕망에 기인한 업에서 생겨난 근본물질로 된 감성이 그 특징이다. 귀의 역할은 소리들에서 [알음알이를] 끌어당기는 것이다. 귀는 귀의 알음알이

---

228) *rūpa*는 물질일반을 뜻하는 의미로도 쓰이고 형상을 뜻하기도 하고 색깔을 뜻하기도 한다. 역자는 물질일반으로서의 *rūpa*는 오온의 처음인 색온(물질의 무더기)이고 아비담마의 18가지 구체적인 물질을 나타내므로 '물질'이라 옮긴다. 그러나 눈의 대상인 *rūpa*의 경우 때에 따라 '형상'으로 옮기기도 하고 '색깔'이라 옮기기도 하며 '형상(色)'으로도 옮기기도 하고 그냥 '색(色)'이라 옮기기도 한다.
229) *pasāda*(m.)는 pra+√sad(to sit)에서 파생된 명사로서 원래 경장에서는 '깨끗한 믿음(淨信)'을 뜻한다. 그러나 아비담마에서는 이 깨끗함의 의미를 감각기능이 의지하는 물질을 뜻하는 전문술어로 정착시켰다. 그런 의미에서 感性이라고 옮긴다. 자세한 것은 『길라잡이』 6장 §3의 2번 해설을 참조할 것.
230) 냐나몰리 스님은 'Its function is to pick up [an object] among visible data(눈의 역할은 형상 가운데서 대상을 끌어당긴다)'라고 영역했는데 Pm에서는 '알음알이를 끌어당긴다'고 설명한다.(Pm.433)

(耳識)의 기반으로 나타난다. 이것의 가까운 원인은 듣고자하는 욕망에 기인한 업에서 생겨난 근본물질이다.

39. **(3) 코**(ghāna, 鼻)의 특징은 냄새가 부딪혀오는 것에 만반의 준비가 된 근본물질로 된 감성이다. 혹은 냄새를 맡고자하는 욕망에 기인한 업에서 생겨난 근본물질의 감성이 그 특징이다. 코의 역할은 냄새들에서 알음알이를 끌어당기는 것이다. 코는 코의 알음알이(鼻識)의 기반으로 나타난다. 이것의 가까운 원인은 냄새를 맡고자하는 욕망에 기인한 업에서 생겨난 근본물질이다.

40. **(4) 혀**(jivhā, 舌)의 특징은 맛이 부딪혀오는 것에 만반의 준비가 된 근본물질로 된 감성이다. 혹은 맛보고자하는 욕망에 기인한 업에서 생겨난 근본물질의 감성이 그 특징이다. 혀의 역할은 맛들에서 알음알이를 끌어당기는 것이다. 혀는 혀의 알음알이(舌識)의 기반으로 나타난다. 이것의 가까운 원인은 맛보고자하는 욕망에 기인한 업에서 생겨난 근본물질이다.

41. **(5) 몸**(kāya, 身)의 특징은 감촉이 부딪혀오는 것에 만반의 준비가 된 근본물질의 감성이다. 또는 맞닿고자하는 욕망에 기인한 업에서 생겨난 근본물질의 감성이 그 특징이다. 몸의 역할은 맞닿음들에서 알음알이를 끌어당기는 것이다. 몸은 몸의 알음알이(身識)의 기반으로 나타난다. 이것의 가까운 원인은 맞닿고자하는 욕망에 기인한 업에서 생겨난 근본물질이다.

42. 어떤 자들231)은 '눈은 근본물질들 가운데서 불을 더 많이 가진 근본물질로 된 감성이다. 귀는 바람을, 코는 흙을, 혀는 물을

더 많이 가진 근본물질로 된 감성이다. 몸은 모두를 [동등하게 가진] 것이다.'라고 말한다. 다른 자들은 '눈은 불을 더 많이 가진 근본물질로 된 감성이다. 귀는 허공(vivara)을, 코는 바람을, 혀는 물을, 몸은 흙을 더 많이 가진 것이다.'라고 말한다. 그들에게 경을 가져와 보라고 말해야 한다. 참으로 그런 경을 찾을 수 없을 것이다.

43. 그러나 어떤 자들은 '이 [감성들은] 불 등의 속성인 색깔 등의 도움을 받기 때문이다.'라고 이유를 댈 것이다. 그들에게 말해야 한다. '누가 색깔 등을 불 등의 속성이라 말했는가?'라고. 왜냐하면 분리할 수 없는 성질을 가진 근본물질들에 대해서 이것은 이것의 속성이고 저것은 저것의 속성이라고 말할 수 없기 때문이다.

44. 혹은 이렇게 말할지도 모른다. '당신들은 어떤 각각의 물질에서 근본물질들 가운데 어느 하나가 더 많기 때문에 흙 등이 받치는 역할 등을 한다고 여긴다. 그와 마찬가지로 불 등이 더 많은 물질에서 색깔 등이 더 많은 상태를 발견하므로 색깔 등이 그들의 속성이라고 여길 수 있다.'라고. 그들에게 말해야 한다. '만약 물이 더 많은 발효된 술의 냄새보다 흙이 더 많은 솜의 냄새가 더 강하거나, 불이 더 많은 더운 물의 색깔보다 찬 물의 색깔이 더 흐리다면 당신의 주장을 받아들일 것이다.'라고.

45. 그러나 이 두 경우는 일어나지 않는다. 그러므로 지탱을 해주는 근본물질에 많고 작은 차이가 있다는 억측은 버려야 한다. 비

---

231) "여기서 '어떤 자들'은 마하상기까(Mahāsaṅghika)들이다. 이들 가운데서 와수담마(Vasudhamma)가 "눈에는 불이 더 많고, 귀에는 바람이, 코에는 흙이, 혀에는 물이 몸에는 모두가 동등하다."라고 주장하기 때문이다.(Pm. 434)"

록 하나의 깔라빠에도 근본물질의 차이는 없지만 색깔과 맛 등은 서로서로 다르다. 이와 마찬가지로 다른 곳에서도 차이는 없지만 눈의 감성 등은 서로서로 다르다고 알아야 한다.

그럼 각각 서로 다른 이유는 무엇인가? 오직 업(*kamma*) 때문에 그들이 다르다. 이렇게 업이 다르므로 그들이 다른 것이지 근본물질의 차이 때문은 아니다. 근본물질이 차이가 있다면 감성은 생기지 않는다. '감성은 근본물질이 동등한 것에만 있고 그렇지 않은 것에는 없기 때문이다'라고 옛 스승들이 말씀하셨다.

46. 이렇게 업이 다르기 때문에 차이를 지닌 이 [감성]들 가운데 눈과 귀는 각자 대상이 자기에게 직접 도달하지 않더라도 그 대상을 취한다. 왜냐하면 자신의 의지처(*nissaya*)인 [근본물질에] 직접 도달하지 않은 대상에 대해서 알음알이가 일어나기 때문이다. 코, 혀, 몸은 각각의 대상이 자기에게 직접 도달했을 때 그 대상을 취한다. 왜냐하면 [코와 혀의 대상인 냄새와 맛은 근본물질에] 의지함으로써 [알음알이가 일어나고], 몸의 대상인 감촉은 제 스스로 자신이 의지처인 [근본물질에] 직접 닿아야만 그 대상에 대한 알음알이가 일어나기 때문이다.232)

47. 여기서 눈이라고 하는 것은 검은 속눈썹으로 덮여있고 검

---

232) 코와 혀의 대상인 냄새와 맛은 근본물질이 아니다. 그러므로 근본물질을 의지함으로써 각자 자신의 의지처인 코와 혀에 이르고, 몸의 대상인 감촉은 물의 요소를 제외한 나머지 3대 그 자체이다. 그래서 제 스스로 자신의 의지처인 몸에 이른다. 이렇게 코와 혀와 몸은 그 대상이 자기에게 닿았을 때 코의 알음알이, 혀의 알음알이, 몸의 알음알이가 일어나는 원인이 된다.

고 밝은 원반에 의해 변화하는 푸른 연꽃잎을 닮은 것을 말한다. **(1) 눈의 [감성]**233)은 [여러 물질적인 현상이] 혼합된 전체 눈(sasambhāra-cakkhu)234)에서 흰 동자에 의해 싸여있고 면전에 서있는 사람의 형상이 비치는 곳인 검은 동자의 중간에 있다.

그것은 일곱 겹의 면에 베어있는 기름처럼 눈의 일곱 세포에 퍼져있다. 그것은 받치고, 뭉치고, 익히고, 움직이는 역할을 하는 근본물질의 도움을 받는다. 마치 무사계급의 왕자가 붙들어 보호하고 목욕시키고 치장하고 부채질하는 유모 네 명의 시중을 받는 것과 같다. 그것은 온도와 마음과 음식에 의해 지탱되고 생명기능에 의해서 유지되며 형상(색깔), 냄새, 맛 등과 함께한다.(XVIII. §5 참조) 크기는 이의 머리만 하며 눈의 알음알이 등이 일어나는 토대(vatthu)와 문(dvāra)235)의 역할을 적절하게 수행한다.

48. 법의 사령관인 [사리뿟따 존자]도 이렇게 말씀하셨다.

"눈의 감성으로 사람은 형상(색깔)들을 본다.
그것은 작고 미세하여 마치 이의 머리와 같다."

---

233) 여기서 보듯이 눈과 눈의 감성은 다르다. 지금 설명하고 있는 것은 눈의 감성, 귀의 감성 등이므로 감성이란 단어를 첨가해서 옮기고 있다. 감성(pasāda)에 대해서는 『길라잡이』 6장 §3의 2번 해설을 참조할 것.

234) '전체 눈(sasambhāracakkhu)'이란 '눈의 감성(cakkhu-pasāda)'을 둘러싸고 있는 다른 여덟 가지 분리할 수 없는 물질(avinibhoga)과 생명기능(jīvitindriya, 命根)등을 포함한 전체 안구를 뜻한다.

235) 눈의 감성은 눈의 알음알이가 일어나는 토대(vatthu)이고 오문전향(五門轉向, pañcadvārāvajjana)과 눈의 알음알이 등 46가지 마음(citta)이 일어나는 문(dvara)의 역할을 한다. 토대와 문에 대해서는 각각『길라잡이』 3장 §20이하와 3장 §12이하를 참조할 것.

49. **(2) 귀의 [감성]**은 [여러 물질적인 현상이] 혼합된 전체 귓구멍 속에 부드럽고 갈색인 털에 둘러싸여있는 반지모양을 한 곳에 있다. 그것은 앞서 말한 기능을 가진 근본물질의 도움을 받는다. 그것은 온도와 마음과 음식에 의해 지탱되며 생명기능에 의해 유지되고 형상(색깔) 등과 함께한다. 귀의 알음알이 등이 일어나는 토대와 문의 역할을 적절하게 수행한다.

50. **(3) 코의 [감성]**은 전체 비공에서 염소의 발굽 모양을 한 곳에 있다. 그것은 앞서 말한 대로 도움을 받고 지탱되며 유지되고 함께한다. 코의 알음알이 등이 일어나는 토대와 문의 역할을 적절하게 수행한다.

51. **(4) 혀의 [감성]**은 전체 혀의 중간에 연꽃잎의 끝 모양을 한 곳에 있다. 그것은 앞서 말한 대로 도움을 받고 지탱되며 유지되고 함께한다. 혀의 알음알이 등이 일어나는 토대와 문의 역할을 적절하게 수행한다.

52. **(5) 몸의 [감성]**은 업에서 생긴[236] 물질이 있는 이 몸의 모든 곳에 두루 퍼져있다. 마치 면 조각에 베어든 기름처럼. 그것은

---

[236] 업에서 생긴으로 의역한 '*upādiṇṇa*'는 upa+ā+√dā(*to give*)의 과거수동분사로서 '움켜쥔, 취착된' 등의 뜻이다. 12연기에서 갈애(*taṇhā*)에 의해서 조건지워진 *upādāna*(取)가 이 동사에서 파생되었다. 아비담마에서는 전문 술어로 쓰여서 '업에서 생긴'의 뜻으로 쓰인다. 자세한 것은 XI. §31의 주해를 참조할 것.
한편 우리 몸에서 머리카락의 끝과 손·발톱의 끝과 말라버린 피부 등은 업에서 생긴 물질(*upādiṇṇa-rūpa*)이 아니다. 그러므로 그곳에는 몸의 감성이 없다.

앞서 말한 대로 도움을 받고 지탱되며 유지되고 함께한다. 몸의 알음알이 등이 일어나는 토대와 문의 역할을 적절하게 수행한다.

53. 마치 뱀, 악어, 새, 개, 자칼이 각자 자신들의 영역인 개미굴, 물, 허공, 동네, 묘지에 강하게 끌리듯이 눈 등도 형상(색깔) 등 각각 자신들의 대상으로 달려간다고 알아야 한다.

54. [감성의 물질] 다음에 형상(색깔) 등의 가운데서 **(6) 형상**(색깔, *rūpa*, 色)은 눈에 부딪치는 특징을 가진다. 그것의 역할은 눈의 알음알이의 대상이 되는 것이다. 눈의 알음알이의 영역(*gocara*)으로 나타난다. 가까운 원인은 근본물질이다. 나머지 모든 파생된 물질(*upādārūpa*)237)도 이와 같다. 차이점이 있는 곳에서는 말할 것이다. 이 형상(색깔)은 푸르고 노란 등 많은 종류가 있다.

55. **(7) 소리**(*sadda*, 聲)는 귀에 부딪치는 특징을 가진다. 그것의 역할은 귀의 알음알이의 대상이 되는 것이다. 귀의 알음알이의 영역으로 나타난다. 북 소리, 테이버 소리 등 많은 종류가 있다.

56. **(8) 냄새**(*gandha*, 香)는 코에 부딪치는 특징을 가진다. 그것의 역할은 코의 알음알이의 대상이 되는 것이다. 코의 알음알이의 영역으로 나타난다. 뿌리 냄새, 고갱이 냄새 등 많은 종류가 있다.

57. **(9) 맛**(*rasa*, 味)은 혀에 부딪치는 특징을 가진다. 그것의 역

---

237) 즉 네 가지 근본물질이 모든 24가지 파생된 물질(*upādā-rūpa*)들의 가까운 원인이라는 것이다. 그러므로 오직 이와 다를 때만 언급을 한다고 했다.

할은 혀의 알음알이의 대상이 되는 것이다. 혀의 알음알이의 영역으로 나타난다. 뿌리 맛, 줄기 맛 등 많은 종류가 있다.

58. **(10) 여자의 기능**(*itthi-indriya*, 女根)의 특징은 여성(여자됨, *itthibhāva*)이다. 그것의 역할은 '이 사람은 여자다'라고 보여준다. 여자의 외관상의 표시, 속성, 활동, 자세에 대한 이유로 나타난다.

(11) 남자의 기능(*purisa-indriya*, 男根)의 특징은 남성(남자됨)이다. 그것의 역할은 '이 사람은 남자다'라고 보여준다. 남자의 외관상의 표시, 속성, 활동, 자세에 대한 이유로 나타난다.

이 둘 모두 몸의 감성처럼 몸 전체에 퍼져있다. 그러나 이것이 몸의 감성이 있는 곳에 있다거나 그것이 없는 곳에 있다고 말해서는 안된다. 마치 색깔과 맛 등과238) 같이 이 둘은 서로 섞일 수 없다.239)

59. **(12) 생명기능**(*jīvitindriya*, 命根)은 함께 생겨난 물질들을 지탱하는 특징을 가진다. 그것은 그들을 생기게 하는 역할을 가진다. 그들이 존재하는 것으로 나타난다. 지속되어야 할 근본물질이 가까운 원인이다. 비록 지탱하는 특징 등이 준비되어있으나 함께 생겨난

---

238) 감성과 감각기능(*indriya*, 根)은 고유성질이 다르기 때문에 서로 섞일 수 없다. 마치 기름과 물을 한 그릇에 담아도 서로 섞이지 않고 색과 맛이 한 물질에 있어도 그 둘은 서로 섞이지 않는 것처럼.
'*rūparasādayo*(형상, 맛 등)'를 냐나몰리 스님은 '*natures of visible data, etc.*(형상의 성질 등)'라고 '*rasa*'를 성질이라고 번역했다. 아마 스님이 저본으로 한 HOS본에는 '*saṅkaro natthi*(섞임이 없다)'라는 구문이 누락되어있어서 이렇게 번역한 것 같다 뜻이 드러나질 않는다 그러나 빼 마웅 틴은 '*material objects and taste, and so on*(형상, 맛 등)'이라 번역했다.

239) '*saṅkaro natthi*(섞임이 없다)'는 HOS본에는 없지만 미얀마본에는 나타난다. 이 부분이 있어야 전체 문맥을 이해할 수 있다.

물질들이 존재하는 그 순간에만 그들을 지탱한다, 마치 물이 연꽃 등을 보호하는 것과 같이. 비록 법들이 각각의 조건에 따라 생기지만240) 이것은 그들을 지탱한다, 마치 유모가 왕자를 보호하듯이. 생명기능은 생겨난 법들과 동반하여 저 스스로 생겨난다. 마치 선장처럼.

이것이 다한 뒤로는 생기게 하지 못한다. 왜냐하면 생명기능 자체도 없고 생겨야 할 것들도 없기 때문이다. 이것이 무너지는 순간에는 존재를 지속시킬 수 없다. 이것 자체가 무너지고 있기 때문이다. 기름이 닳은 심지가 등불을 지속시킬 수 없는 것처럼. 그렇다고 생명기능이 지탱하고 생기게 하고 지속시키는데 힘이 없다고 여겨서는 안된다. 왜냐하면 앞서 말한 그 순간에는 이러한 기능들을 모두 성취하기 때문이다.

60. **(13) 심장토대**(*hadaya-vatthu*)는 마노의 요소(*mano-dhātu*, 意界)와 마노의 알음알이의 요소(*manoviññāṇa-dhātu*, 意識界)의 의지처가 되는 특징을 가진다. 그들에게 장소를 제공하는 역할을 가진다. 그들을 지님으로 나타난다. 심장 안에 있는 피를 의지해서 있다. 그 피의 종류에 대해서는 이미 몸에 대한 마음챙김의 주석에서 설했다.(VIII. §111)

그것은 받치는 등의 역할을 하는 근본물질의 도움을 받는다. 그것은 온도와 마음과 음식에 의해 지탱되고 생명기능에 의해서 유지된다. 그것은 마노의 요소(意界)와 마노의 알음알이의 요소(意識界)와 또 이들과 함께하는 법들이 생기는 토대가 된다.

---

240) 여기서는 오직 업으로부터 생긴 것만을 의미한다. 왜냐하면 생명기능은 오직 업으로부터 생긴 물질들을 보호하기 때문이다.

61. 마음에 의해 생긴 바람의 요소(風界)가 앞으로 나아가는 등의 행동을 생기게 한다. 이 바람의 요소의 형태 변화(ākāra-vikāra)를 **(14) 몸의 암시**(kāya-viññatti, 身表)라 한다. 이것은 동시에 태어난 물질의 몸을 뻣뻣하게 하고 지탱하고 움직이게 하는 조건이다. 이것의 역할은 의도하는 것을 넌지시 알리는 것이다. 몸을 움직이는 원인으로 나타난다. 이것의 가까운 원인은 마음으로부터 생긴 바람의 요소이다.

이것은 몸의 움직임을 통하여 의도한 것을 알리는 원인이고 또 그 자체가 몸을 통하여, 즉 몸의 움직임을 통하여 알아져야 하기 때문에 몸의 암시라 한다. 이 몸의 암시는 마음으로부터 생긴 물질을 움직인다. 또한 온도로부터 생긴(utuja) 물질 등도 이 마음으로부터 생긴 물질과 서로 연관되어있는데 그들이 움직이기 때문에 앞으로 나아가는 행동 등이 생긴다고 알아야 한다.

62. 마음으로부터 생긴 땅의 요소(地界)가 특정한 말을 하게 한다. 이 땅의 요소의 형태 변화를 **(15) 말의 암시**(vacī-viññatti, 語表)라 한다. 이것은 업에서 생긴 물질들과 서로 부딪치게 하는 조건이다241). 이것의 역할은 의도하는 것을 넌지시 알리는 것이다. 말하는 소리를 내는 원인으로 나타난다. 가까운 원인은 마음으로부터 생긴 땅의 요소이다.

이것은 말하는 소리를 통하여 의도한 것을 알리는 원인이고 또 그 자체가 말을 통하여, 즉 말하는 소리를 통하여 알 수 있기 때문

---

241) 즉 마음으로부터 생긴 땅의 요소(cittaja-paṭhavī)와 업으로부터 생긴 땅의 요소(kammaja-paṭhavī)가 부딪쳐서 소리가 생긴다는 말이다.

에 말의 암시라 한다. 마치 물이 있음을 암시해 주는 숲 속에 높이 매달려 있는 소의 두개골 등을 보면 '아 여기에 물이 있구나'라고 알듯이 몸의 움직임을 보거나 말하는 소리를 듣고서 사람들은 몸의 암시와 말의 암시를 안다.

63. **(16) 허공의 요소**(ākāsa-dhātu, 空界)의 특징은 물질의 범위를 정하는 것이다. 물질의 경계를 보여주는 것이 그 역할이다. 물질의 한계로 나타난다. 또는 닿지 않는 상태와 구멍과 공간의 상태로 나타난다. 한정된 물질이 가까운 원인이다. 이 허공의 요소 때문에 한정된 물질들에 대해 이것은 저것보다 위이고, 아래이며, 맞은편이라고 한다.

64. **(17) 물질의 가벼움**(rūpassa lahutā)242)은 신속함이 그 특징이다. 물질의 무거움을 떨쳐버리는 역할을 한다. 신속하게 변화하는 역할로 나타난다. 그것의 가까운 원인은 가벼운 물질이다.

(18) 물질의 부드러움(rūpassa mudutā)은 뻣뻣하지 않음이 그 특징이다. 물질의 뻣뻣함을 떨쳐버리는 역할을 한다. 어떤 행위에서나 거역하지 않음으로 나타난다. 그것의 가까운 원인은 부드러운 물질이다.

(19) 물질의 적합함(rūpassa kammaññatā)은 몸으로 짓는 행위와 조화되도록 다루기 쉬움이 그 특징이다. 부적합함을 떨쳐버리는 역할을 한다. 힘이 없지 않음으로 나타난다. 그것의 가까운 원인은 다루기 쉬운 물질이다.

---

242) 가벼움, 부드러움, 적합함은 마음부수법들에도 속한다. 그들과 구분하기 위해서 여기서는 '물질의'라는 한정어를 사용하고 있다.

65. 이 [가벼움, 부드러움, 적합함의] 셋은 각각 서로 떨어져 존재하지 않는다. 그러나 다음과 같이 이 셋의 차이점을 알아야 한다. 마치 건강한 사람에게서 발견되는 것처럼 물질의 가벼움, 느리지 않음, 신속한 변화 등의 물질의 변화가 물질의 가벼움이다. 이 물질의 변화는 사대의 부조화를 막는 원인에 의해 생겼다.243) 사대의 부조화는 물질의 느린 성질을 초래한다.

마치 잘 문질러진 가죽에서 발견되는 것처럼 물질의 유연성, 여러 다른 행위들에서 마음껏 기량을 발휘하는 순응성 등의 물질의 변화가 물질의 부드러움이다. 이 물질의 변화는 사대의 부조화를 막는 원인에 의해 생겼다. 사대의 부조화는 물질의 뻣뻣함을 초래한다.

마치 잘 정제된 금에서 발견되는 것처럼 물질의 적합성, 몸으로 짓는 행위들에 대해 재능을 발휘함 등의 물질의 변화가 물질의 적합함이다. 이 물질의 변화는 사대의 부조화를 막는 원인에 의해 생겼다. 사대의 부조화는 몸으로 짓는 행위에 대해 적합하지 못함을 초래한다.

66. **(20) 물질의 상속**(*upacaya*, 積集)은 시작(*ācaya*)이 특징이다. 이것의 역할은 물질을 처음으로 출현하도록 하는 것이다. 건네줌으로 나타난다. 또는 완성된 상태로 나타난다. 가까운 원인은 적집된 물질이다.

(21) 물질의 상속(*santati*)은 활동하는 특징이 있다. 이것의 역할은 붙들어 매는 것이다. 상속으로 나타난다. 가까운 원인은 붙들어 매

---

243) 알맞은 온도, 좋은 음식, 편안한 마음, 이 셋이 세 가지 변화의 각각의 원인이다. 그러나 구분 없이 네 가지(업, 마음, 온도, 음식) 모두가 이 셋의 원인이다.

야 할 물질이다. 이 둘은 물질이 처음 생길 때의 용어이다.

그러나 이 둘의 형태가 다르기도 하고 또 배우는 사람의 근기가 달라 요점(uddesa)에서는 "물질의 생성, 물질의 상속(Dhs.134)"이라고 했다. 하지만 뜻으로 볼 때는 차이가 없기 때문에 해설(niddesa)에서는 이 둘을 "여섯 감각장소(六入)의 시작은 물질의 생성이고, 물질의 생성은 물질의 상속이다.(Dhs.144)"라고 했다.

67. 주석서에서 "시작(ācaya)은 처음 생김이고 생성은 증장이며 상속은 진행이다.(DhsA.641)"라고 설한 뒤 "시작을 처음 생김이라 한 것은 마치 강둑에 웅덩이를 팠을 때 물이 솟아나는 시간과 같고, 생성을 증장이라 한 것은 마치 물이 웅덩이에 가득 고이는 시간과 같고, 상속을 진행이라 한 것은 마치 그 물이 넘쳐 흘러가는 것과 같다.(DhsA.641)"고 비유를 들었다. 비유를 들고는 다음과 같이 설했다. "무엇을 설했는가? 여섯 감각장소(六入)로 시작을 설했다. 시작으로 여섯 감각장소를 설했다."

그러므로 다음과 같이 설했다고 알아야 한다. 물질들이 처음으로 생기는 것을 시작(ācaya)이라 하며 이에 덧붙여 다른 물질들이 생기는데 그들의 생김을 생성(upacaya)이라 한다. 왜냐하면 이것은 증장의 형태로 나타나기 때문이다. 이에 덧붙여 또 다른 물질들이 계속해서 생기는데 그들의 생김을 상속(santati)이라 한다. 왜냐하면 이것은 붙들어매는 형태로 나타나기 때문이다.

68. **(22) 쇠퇴**(jaratā, 늙음)의 특징은 물질의 성숙이다. 그것의 역할은 [종말로] 인도하는 것이다. 마치 묵은 쌀처럼 비록 본성을 잃지는 않았지만 새로움(싱싱함)을 잃은 것으로 나타난다. 그것의 가까

운 원인은 성숙되어가는 물질이다. 부러진 이빨 등으로 이빨에 변화를 발견하기 때문에 이것은 '분명한 쇠퇴'에 관해서 말한 것이다. 정신의 쇠퇴는 '가려진(paṭicchanna) 쇠퇴'라 한다. 그것에는 변화를 볼 수 없다. 흙과 물과 바위, 달, 태양 등의 쇠퇴는 '간단없는(avīci) 쇠퇴'라 한다.

69. **(23) 물질의 무상함**(aniccatā)의 특징은 완전히 무너짐이다. 그것의 역할은 가라앉게 하는 것이다. 무너짐과 사라짐으로 나타난다. 그것의 가까운 원인은 무너지고 있는 물질이다.

70. **(24) 먹는 음식**(kabaḷikāra āhāra, 段食)의 특징은 영양소(ojā)이다. 그것의 역할은 물질에게 영양을 공급하는 것이다. 물질을 지탱함으로써 나타난다. 가까운 원인은 덩이를 만들어 먹어야 할 음식이다. 먹는 음식은 영양소의 다른 이름인데 이것으로 중생들은 자신을 유지시킨다.

71. 이상이 경전에 전해 내려오는 물질들이다. 그러나 주석서에는 힘(bala)이라는 물질, 근원(sambhava)이라는 물질, 태어남(jāti)이라는 물질, 병(roga)이라는 물질, 다른 자들244)이 주장하는 혼침(middha)이라는 물질과 같은 다른 물질을 첨가한다. 그러나 다음의 말씀으로 **혼침의 물질**은 존재하지 않는다고 첫 번째로 논파되었다.245)

---

244) "'다른 자들'이란 아비야기리(Abhayagiri, 무외산)에 거주하는 자들을 뜻한다.(Pm.446)"
245) 혼침은 다섯 가지 장애(五蓋)들에 포함되는데 인용한 게송에서 깨달은 분에게는 장애들은 없다고 했으니까 깨달으면 물질이 없어져서 몸도 없어져버리는 모순이 생긴다. 그러므로 혼침이 물질이라는 것은 논파되었다는 말이다.

"참으로 당신은 성인이시며 정각자이십니다.
더 이상 장애(nīvaraṇa)들은 없습니다.(Sn.541)"

나머지 것에서도 **병의 물질**은 쇠퇴(늙음)와 무상함에 포함되었고, **태어남의 물질**은 생성과 상속에, **근원의 물질**은 물의 요소(水界)에, **힘의 물질**은 바람의 요소(風界)에 이미 포함되었다. 그래서 그 중에 단 하나도 따로 존재하지 않는다고 의견이 일치되었다.

이와 같이 24가지 파생된 물질과 앞서 말한 4가지 근본물질을 합하여 모자라지도 넘치지도 않게 28가지가 된다.

72. (1) 이 모든 것은 "원인이 아니고, 원인을 갖지 않으며, 원인과 함께하지 않고,246) 조건을 가지며, 세간적이고, 번뇌에 물들기 쉽다.(Dhs.124-25)"라는 등의 방법에 의해서 한 가지이다.

① 안의 것(ajjhattika)과 밖의 것(bahira) ② 거친 것(oḷārika)과 미세한 것(sukhuma) ③ 먼 것(santike)과 가까운 것(dure) ④ 생산된 것(nipphanna)과 생산되지 않은 것(anipphanna) ⑤ 감성(pasāda)과 감성이 아닌 것 ⑥ 기능인 것(indriya)과 기능이 아닌 것 ⑦ 업에서 생긴 것(upādiṇṇa, 취착된)과 업에서 생기지 않은 것 ⑧ 부딪침이 있는 것(sappaṭigha)과 부딪침이 없는 것으로 두 가지이다.

73. ① 이 가운데서 눈부터 시작하여 처음 다섯 가지는 **안의 물질**이라 한다. 왜냐하면 이들은 몸을 의지하여 생기기 때문이다.

---

246) 여기서 원인이란 여섯 가지 원인, 즉 탐, 진, 치, 불탐, 부진, 불치를 말한다. 이들은 마음부수이기 때문에 당연히 물질과는 상관이 없다. 그러나 물질도 업 등의 조건에 따라서 생긴 것이기 때문에 조건을 가진다고 설명하고 있다.

그 나머지는 **밖의 물질**이라 한다. 왜냐하면 몸의 외부에 있기 때문이다.

② 눈부터 시작하여 아홉 가지와 물의 요소를 제외한 나머지 세 가지 요소, 이 12가지는 **거친 물질**이다. 왜냐하면 이들은 부딪힘에 의해서 알아지기 때문이다. 그 나머지는 **미세한 물질**이다. 앞의 것과 반대되기 때문이다.

③ 미세한 것은 **먼 것**이다. 그 고유성질을 꿰뚫기 어렵기 때문이다. 그 나머지 것은 **가까운 것**이다. 그 고유성질을 쉽게 꿰뚫기 때문이다.

④ 사대와, 눈부터 시작하여 13가지와, 먹을 수 있는 음식, 이 18가지 물질은 **생산된 것**이다. 범위를 한정하는 성질과 변화하는 성질과 삼특상의 성질을 초월하여 고유성질에 의해서 파악되기 때문이다. 그 나머지는 **생산되지 않은 것**이다. 앞의 것과 반대되기 때문이다.

⑤ 눈부터 시작하여 다섯 가지는 형상(색깔) 등을 아는 원인이 되므로 **감성의 물질**이다. 마치 거울의 표면처럼 밝기 때문이다. 그 나머지는 **감성이 아닌 물질**이다. 앞의 것과 반대되기 때문이다.

⑥ 감성의 물질과 여성의 기능부터 시작하여 세 가지, [이 여덟 가지]는 다스린다(adhipati)는 뜻에서 **기능**(根)이라 한다. 그 나머지는 **기능이 아닌 것**이다. 앞의 것과 반대되기 때문이다.

⑦ 업에서 생긴 것이라고 나중에 설명할 이것이 바로 **업에서 생긴 물질**이다. 왜냐하면 업에 의해서 취해졌기 때문이다. 그 나머지는 **업에서 생기지 않은 것**이다. 앞의 것과 반대되기 때문이다.

74. (2) 다시 모든 물질은 ① 눈으로 볼 수 있는 물질의 삼개조와 ② 업에서 생긴 물질의 삼개조 등에 따라 세 가지이다.

① 그 가운데서 거친 물질 가운데서도 형상(색깔)은 **볼 수도 있고 부딪침도 있다.** 그 나머지는 **볼 수는 없고 부딪침은 있다.** 모든 미세한 물질은 **볼 수도 없고 부딪침도 없다.** 이렇게 첫 번째로 볼 수 있는 것의 삼개조에 의해서 세 가지이다.

75. ② 업에서 생긴 물질의 삼개조에 의하면 업으로부터 생긴 것이 **업에서 생긴 것**(kammaja, 業生)이고, 그 이외의 조건으로부터 생긴 것이 **업 아닌 것으로부터 생긴 것**(akammaja, 非業生) 이고, 어느 것으로부터도 생기지 않은 것이 **업으로부터 생긴 것도 아니고 업 아닌 것으로부터 생긴 것도 아닌 것**(非業生非非業生)이다.

마음으로부터 생긴 것이 **마음에서 생긴 것**(cittaja)이고, 그 이외의 다른 조건으로부터 생긴 것이 **마음이 아닌 것으로부터 생긴 것**(acittaja)이고, 어느 것으로부터도 생기지 않은 것이 **마음에서 생긴 것도 아니고 마음 아닌 것에서 생긴 것도 아닌 것**이다.

음식으로부터 생긴 것이 **음식에서 생긴 것**(āhāraja)이고, 그 이외의 다른 조건으로부터 생긴 것이 **음식이 아닌 것에서 생긴 것**이고, 어느 것으로부터도 생기지 않은 것이 **음식에서 생긴 것도 아니고 음식 아닌 것에서 생긴 것도 아닌 것**이다.

온도로부터 생긴 것이 **온도에서 생긴 것**(utuja)이고, 그 이외의 다른 조건으로부터 생긴 것이 **온도 아닌 것에서 생긴 것**이고, 어느 것으로부터도 생기지 않은 것이 **온도에서 생긴 것도 아니고 온도 아닌 것에서 생긴 것도 아닌 것**이다.

이와 같이 업에서 생긴 것 등의 삼개조로 세 가지이다.

76.
(3) 다시 이것은 ① 보이는 물질 등과 ② 유형의 물질 등과 ③ 토대의 물질 등으로 네 가지이다.

① 이 가운데서 형상(색깔)의 감각장소(色處)는 **보이는**(diṭṭha)[247] [물질]이다. 왜냐하면 이것은 보는 것의 대상이기 때문이다. 소리의 감각장소(聲處)는 **들리는**(suta) [물질]이다. 왜냐하면 이것은 듣는 것의 대상이기 때문이다. 냄새, 맛, 감촉, 이 셋은 **감지되는**(muta) [물질]이다. 왜냐하면 이들은 자기에게 닿은 것만을 취하는 감각기능[즉 코, 혀, 몸]의 대상이기 때문이다. 나머지는 **알아지는**(viññāta) [물질]이다. 왜냐하면 알음알이의 대상이기 때문이다. 이와 같이 보이는 물질 등의 사개조로 네 가지이다.

77.
② 여기서 생성된 물질은 **유형의 물질**(rūpa-rūpa)이다. 허공의 요소는 [범위를] **한정하는 물질**(pariccheda-rūpa)이다. 몸을 통한 암시에서부터 물질의 적합성까지는 **변화의 물질**(vikāra-rūpa)이다. 물질의 생김, 늙는 성질, 부서짐은 **특징의 물질**(lakkhaṇa-rūpa)이다. 이와 같이 유형의 물질 등의 사개조로 네 가지이다.[248]

78.
③ 심장의 물질은 **토대**(vatthu)**이지만 문**(dvāra)**은 아니다.**(DhsA.82이하) 한 쌍의 암시는 **문이지만 토대는 아니다.** 감성의

---

247) 여기서부터 차례대로 언급되고 있는 diṭṭha(보여진), suta(들린), muta(감지된), viññānta(알아진)의 정형구는 숫따니빠따 4장에서부터 등장하는 것으로 그곳에서 세존께서는 지자는 이런 것에 의지하지 않는다고 역설하고 계신다.(Sn.808 등)
248) 물질에 대한 이러한 여러 가지 전문술어들은 『길라잡이』 6장의 <도표6.1> 물질의 개요에 잘 정리되어있으므로 참조할 것.

물질은 **토대이면서 문이다.** 나머지는 **토대도 문도 아니다.** 이와 같이 토대 등의 사개조로 네 가지이다.249)

79. (4) 다시 ① 한 가지에서 생긴 것(*ekaja*) ② 두 가지에서 생긴 것(*dvija*) ③ 세 가지에서 생긴 것(*tija*) ④ 네 가지에서 생긴 것(*catuja*) ⑤ 어느 것으로부터도 생기지 않은 것(*nakutocijāta*) 등으로 오개조이다.

① 이 가운데서 오직 업에서 생긴 것과 오직 마음에서 생긴 것이 **한 가지에서 생긴 것**이다. 이 가운데서 심장토대와 더불어 기능의 물질은 오직 업에서 생긴 것이고, 한 쌍의 암시는 오직 마음에서 생긴 것이다.

② 어떤 때는 마음에서 생기고 어떤 때는 온도에서 생기는 것이 **두 가지에서 생긴 것**이다. 그것은 소리의 감각장소(聲處) 뿐이다.

③ 어떤 때는 온도에서, 어떤 때는 마음에서, 어떤 때는 음식에서 생기는 것이 **세 가지에서 생긴 것**이다. 이것은 물질의 부드러움 등 세 가지이다.

④ 업 등 네 가지 조건으로부터 생긴 것이 **네 가지에서 생긴 것**이다. 이것은 특징의 물질들을 제외한 나머지 전부이다.

80. ⑤ 특징의 물질은 **어느 것으로부터도 생기지 않은 것**이다. 무슨 이유인가? 생긴 것에 [또 다시] 생김이 없기 때문이다. 나머지 둘도 생긴 것의 성숙이고 부서짐일 뿐이다.

"형상의 감각장소(色處), 소리의 감각장소, 냄새의 감각장소, 맛의

---

249) 토대와 문과 관계된 이런 차이점 등은 『길라잡이』 3장 §20의 1번 해설에 정리되어있다.

감각장소, 감촉의 감각장소, 허공의 요소, 물의 요소, 물질의 가벼움, 물질의 부드러움, 물질의 적합성, 물질의 생성, 물질의 상속, 먹는 음식 — 이러한 것들은 마음에서 생긴 것이다.(Dhs.254)" 등에서 태어남도 어떤 것에서 생겼다라고 인정하는 것은 물질을 생기게 하는 조건들이 그들의 역할을 수행하는 그 순간에(kicca-anubhāva-kkhaṇe) [그 처음 태어남을] 보았기 때문이라고 알아야 한다.250)

이상으로 물질의 무더기에 대한 상세한 주석을 마친다.

(2) 알음알이의 무더기(識蘊)
viññāṇakkhandhakathā

81. 나머지 무더기들 가운데서 느껴진 것(vedayita)의 특징을 가진 것은 그 무엇이건 모두 한 데 묶어 느낌의 무더기(受蘊)라고 알아야 한다. 인식하는(sañjānana) 특징을 가진 것은 그 무엇이건 모두 한 데 묶어 인식의 무더기(想蘊)라고 알아야 한다. [업을] 형성하는(abhi-saṅkharaṇa) 특징을 가진 것은 그 무엇이건 모두 한 데 묶어 상카라들의 무더기(行蘊)라고 알아야 한다. 잘 아는(vijānana) 특징을 가진 것은 그 무엇이건 모두 한 데 묶어 알음알이의 무더기(識蘊)라고 알아야 한다.

---

250) 특징이 물질은 어느 것으로부터도 생긴 것이 아니라고 했다. 그런데 『담마상가니』에서 특징의 물질인 '물질의 생성'과 '물질의 상속'을 마음에서 생긴 것이다라고 업, 마음, 온도, 음식 가운데 어떤 조건에서 생긴 것임을 설했다. 그 이유는 여기서는 물질을 생기게 하는 조건들이 그들의 역할을 수행하는 그 순간을 태어남이라고 했기 때문이라는 뜻이나.

이 가운데서 알음알이의 무더기를 알고 나면 나머지 것들은 알기 쉽다. 그래서 알음알이의 무더기를 먼저 설명할 것이다.

82. '잘 아는 특징을 가진 것은 그 무엇이건 모두 한 데 묶어 알음알이의 무더기라고 알아야 한다'고 앞서 말했다. 그렇다면 무엇이 잘 아는 특징을 가지는가? 알음알이(viññāṇa)이다. 이처럼 말씀하셨다. "도반이여, 잘 알기 때문에 알음알이라 합니다.(M.i.292)"

알음알이(viññāṇa, 識)와 마음(citta, 心)과 마노(mano, 意)는 뜻에서는 하나이다.251) 이 알음알이는 잘 안다는 특징을 가지는 그 고유성질(sabhāva)로서는 한 가지이지만 종류(jati)에 따라 세 가지이니, ㉮ 유익한 것(kusala, 善) ㉯ 해로운 것(akusala, 不善) ㉰ [유익함과 해로움으로] 결정할 수 없는 것(abyākata, 無記)이다.

이 가운데서 **㉮ 유익한 것**은 일어나는 곳(bhūmi, 地)의 구분에 따라 네 가지이니 ① 욕계(欲界, kāma-avacara) ② 색계(色界, rūpa-avacara) ③ 무색계(無色界, arūpa-avacara) ④ 출세간(出世間, lokuttara)이다.252)

83. 이 가운데서253) **욕계 마음**은 기쁨(somanassa)과 평온(upe-

---

251) "viññāṇaṁ, cittaṁ mano ti atthato ekaṁ." 아비담마의 기본전제 가운데 하나이다.
252) 네 가지 일어나는 곳은 『길라잡이』 1장 §3에 잘 설명되어있다.
253) 이하 본서에서는 89가지 마음을 하나하나 정리하고 있다. 그러나 본서에서는 마음을 먼저 욕계·색계·무색계·출세간으로 분류하여 설명하지 않고 논장(Abhidhamma)에서 분류하는 기준인 선·불선·무기의 순서로 설명하고 있어서 복잡하게 느껴진다. 그래서 아비담맛타 상가하(『아비담마 길라잡이』) 등의 후대의 개설서에서는 모두 욕계·색계·무색계·출세간으로 분류하여 일목요연하게 그려내고 있다. 89가지 마음은 『길라잡이』 1장 <도표:1.1>에 일목요연하게 정리되어있으니 참조하기 바란다.

kkhā)과 지혜(*ñāṇa*)와 자극(*saṅkhāra*)254)의 분류에 따라서 여덟 가지이다.

(1)-(2) 기쁨이 함께하고 지혜가 있으며 자극받지 않은 것과, 자극을 받은 것

(3)-(4) 기쁨이 함께하고 지혜가 없으며 자극받지 않은 것과, 자극을 받은 것

(5)-(6) 평온이 함께하고 지혜가 있으며 자극받지 않은 것과, 자극을 받은 것

(7)-(8) 평온이 함께하고 지혜가 없으며 자극받지 않은 것과, 자극을 받은 것이다.255)

84.

① 보시할 물건과 보시 받을 사람 등의 행운을 만나거나 또는 다른 기쁨거리(*somanassa-hetu*)를 만나 기쁘고 신명이 난 사람이 '보시하면 공덕을 쌓는다'라는 정견을 가진다. 그는 그 정견을 가장 중요시 여겨 조금도 망설임 없이 타인으로부터 자극을 받지 않고서도 보시 등을 행하는 공덕을 쌓는다. 그때 그의 마음은 기쁨이 함께하고 지혜가 있으며 자극받지 않은 것이다.

② 앞서 말한 대로 기쁘고 만족해진 사람이 정견을 중요시 여기지만 관대함의 결여로 망설이거나 또는 다른 이의 자극을 받아 보시 등을 행하는 공덕을 쌓는다. 그때 그의 마음은 기쁨이 함께하고

---

254) 이 문맥에서 '자극'으로 옮긴 '*saṅkhāra*'는 삼장에서는 '상카라, 行, 의도적 행위, 형성된 것, 업형성력' 등으로 번역된다. 그러나 이 욕계 여덟 가지 마음의 문맥에서는 자극이 있음과 없음의 뜻으로 쓰였으므로 '자극'이라 옮겼다. 이런 경우에는 영어로도 *prompting*이나 *stimulant*로 옮긴다.
255) 『길라잡이』1장 <도표:1.4>를 참조할 것.

지혜가 있으며 자극을 받은 것이다. 왜냐하면 자극이란 스스로나 또는 타인에 의해서 생긴 이전의 노력(pubba-payoga)에 대한 동의어이기 때문이다.

85. ③ 친척들이 평소 행하던 것을 보고 그것을 따라 행하던 어린 아이들이 스님을 보고 기뻐서 즉시에 손에 들고 있던 것을 보시하거나 인사를 드린다. 그때 세 번째의 마음이 일어난다.

④ 그러나 '보시를 올려라. 인사를 드려라' 라고 친척들이 시켜서 행할 때 네 번째의 마음이 일어난다.

⑤-⑧ 이 네 가지 경우에는 보시할 물건과 보시 받을 사람 등의 행운을 만나지 못하거나 또는 다른 기쁨거리를 만나지 못하여 기쁨이 없다. 이 때 이 나머지 네 가지가 평온이 함께한 것이다.

이렇게 욕계의 유익한 마음은 기쁨, 평온, 지혜, 자극의 구분에 따라 여덟 가지라고 알아야 한다.

86. 색계 마음은 禪의 구성요소에 따라 다섯 가지이다.

(9) 일으킨 생각(vitakka, 尋), 지속적인 고찰(vicāra, 伺), 희열(pīti, 喜), 행복(sukha, 樂), 삼매(samādhi, 定)와 결합된 초선의 [마음]

(10) 이것으로부터 일으킨 생각이 제외된 제2선의 [마음]

(11) 이것으로부터 지속적인 고찰이 제외된 제3선의 [마음]

(12) 이것으로부터 희열이 빛바랜 제4선의 [마음]

(13) 행복이 가라앉고 평온(upekkhā, 捨)과 결합된 제5선의 [마음]이다.

<도표: 89가지 마음의 분류>

	유익한 마음 (善心)	해로운 마음 (不善心)	과보의 마음 (異熟心)	작용만하는 마음
욕 계	(1)-(2) (3)-(4) (5)-(6) (7)-(8) * 기쁨/평온, 지혜의 유/무, 자극의 유/무의 조합으로	(22)-(29): 탐욕에 뿌리박은 마음 (30)-(31): 성냄에 뿌리박은 마음 (32)-(33): 어리석음에 뿌리박은 마음	(34)-(38) 눈·귀·코·혀·몸의 알음알이 (前五識) (39) 마노의 요소 (意界)(받아들임) (40)-(41) 마노의 알음알이의 요소 (意識界) (42)-(49) = (1)-(8)과 같음 (50)-(54) 前五識 (55) = (39)와 같음 (56) = (40)과 같음	(70) 마노의 요소 (意界) (71)-(72) 마노의 알음알이의 요소 (意識界) (73)-(80) = (1)-(8)과 같음
색 계	(9) 초선 (10) 제2선 (11) 제3선 (12) 제4선 (13) 제5선		(57) 초선 (58) 제2선 (59) 제3선 (60) 제4선 (61) 제5선	(81) 초선 (82) 제2선 (83) 제3선 (84) 제4선 (85) 제5선
무 색 계	(14) 공무변처 (15) 식무변처 (16) 무소유처 (17) 비/비상처		(62) 공무변처 (63) 식무변처 (64) 무소유처 (65) 비/비상처	(86) 공무변처 (87) 식무변처 (88) 무소유처 (89) 비/비상처
출 세 간	(18) 예류도 (19) 일래도 (20) 불환도 (21) 아라한도		(66) 예류과 (67) 일래과 (68) 불환과 (69) 아라한과	
합 계	21가지	12가지	36가지	20가지

* 색계 초선부터 제5선까지는 일으킨 생각(尋), 지속적인 고찰(伺), 희열(喜), 행복(樂), 평온(捨, 오직 제5선에만 있음), 삼매(定)의 조합으로 분류됨.

87. 무색계 마음은 네 가지 무색들의 결합에 따라 네 가지이다.

(14) 앞서 말한 공무변처의 禪과 결합된 첫 번째 [마음]

(15)-(17) 각각 식무변처 등과 결합된 두 번째, 세 번째, 네 번째 [마음]이다.

88. 출세간 마음은

(18)-(21) [예류도, 일래도, 불환도, 아라한도의] 네 가지 도의 결합에 따라 네 가지이다.

이와 같이 유익한(善) 알음알이는 모두 21 가지이다.

89. (나) 해로운(不善) [마음]은 일어나는 곳(地)에 따라 오직 한 가지로 욕계에만 있다. 이것은 뿌리(mūla)에 따라 세 가지이니, 탐욕에 뿌리박은 [마음], 성냄에 뿌리박은 [마음], 어리석음에 뿌리박은 [마음]이다.

90. 이 가운데서 탐욕에 뿌리박은 것은 기쁨, 평온, 사견(diṭṭhigata), 자극의 분류에 따라 여덟 가지이다.

(22)-(23) 기쁨이 함께하고 사견이 있으며 자극받지 않은 것과, 자극을 받은 것

(24)-(25) 기쁨이 함께하고 사견이 없으며 자극받지 않은 것과, 자극을 받은 것

(26)-(27) 평온이 함께하고 사견이 있으며 자극받지 않은 것과, 자극을 받은 것

(28)-(29) 평온이 함께하고 사견이 없으며 자극받지 않은 것과, 자극을 받은 것이다.256)

91. ① '감각적 쾌락에 빠져도 아무런 위험이 없다'라는 식의 삿된 견해를 앞세워 기쁘고 만족해진 사람이 본성이 열렬하여 타인으로부터 자극을 받지 않고 감각적 쾌락을 즐기거나 또는 저속한 향연을 즐기는 것은 가치가 있다고 믿는다. 그때 첫 번째 해로운 마음이 일어난다.

② 감수성이 둔하여 타인으로부터 자극을 받아 이것을 행할 때 두 번째 마음이 일어난다.

③ 삿된 견해를 앞세우지 않고 단순히 기쁘고 만족해진 사람이 본성이 열렬하여 타인으로부터 자극을 받지 않고 성교를 하고 타인의 성공을 탐내며 타인의 재산을 훔칠 때 세 번째 마음이 일어난다.

④ 감수성이 둔하여 타인으로부터 자극을 받아 이것을 행할 때 네 번째 마음이 일어난다.

⑤-⑧ 나머지 네 가지 경우에는 감각적 쾌락을 누릴 행운을 만나지 못하거나 또는 다른 기쁨거리를 만나지 못하여 기쁨이 없다. 이때 이 나머지 네 가지가 평온이 함께한 것이다.

이와 같이 탐욕에 뿌리박은 [마음은] 기쁨, 평온, 사견, 자극의 분류에 따라 여덟 가지라고 알아야 한다.

92. **성냄에 뿌리박은 것**은 (30)~(31) 슬픔이 함께하고 적의(*patigha*)와 결합되었으며 자극이 없는 것과, 자극이 있는 것의 두 가지이다. 살생하는 것 등에서 열광적일 때와 둔할 때 각각 이 두 가지는 일어난다고 알아야 한다.

---

256) 『길라잡이』 1장 <도표:1.2>를 참조한 것.

93. **어리석음에 뿌리박은 것**은 (32)-(33) 평온이 함께하고 의심(*vicikicchā*)과 결합되거나 들뜸과 결합된 두 가지이다. 이것은 결단이 없을 때와 산만할 때 일어난다고 알아야 한다.

이와 같이 해로운 마음은 열두 가지이다.

94. (다) **[유익함과 해로움으로] 결정할 수 없는(無記) 마음**은 종류(*jāti*, 種)에 따라 두 가지이다.

㉠ 과보로 나타난 [마음](*vipāka*)[257]

㉡ 단지 작용만 하는 [마음](*kiriya*)

이 가운데서 ㉠ **과보로 나타난 [마음]**은 일어난 곳(地)에 따라 네 가지이다. 즉 ① 욕계 ② 색계 ③ 무색계 ④ 출세간의 [마음]이다.

이 가운데서 **욕계의 과보로 나타난 것**[258]은 두 가지이니, 유익한 과보와 해로운 과보로 나타난 것이다. 유익한 과보로 나타난 것도 또한 두 가지이니 원인[259]을 갖지 않은 것과 원인을 가진 것이다.

---

257) 왜 '*vipāka*(과보)'와 '*kriya*(작용)'를 '과보로 나타난 마음'과 '단지 작용만 하는 마음'으로 옮기고 있는지는 바로 다음 §95의 주를 참조할 것. 원어로 89가지 마음을 읽으면서 자칫 맥락을 놓치게 될 이유 가운데 하나가 이 위빠까와 끼리야를 단순히 과보와 작용으로 이해하기 때문이다. 반드시 '과보'가 아니라 '과보로 나타난 마음(혹은 과보 마음)'으로, '작용'이 아니라 '[단지] 작용만 하는 마음'으로 마음을 넣어서 이해해야 한다.

258) 욕계의 원인 없는 과보로 나타난 마음 15가지와 원인 없는 단지 작용만 하는 마음 3가지는 아비담마에서 어려운 부분에 속하며 이를 제대로 이해해야 아비담마에서 설하는 마음의 구조를 정확하게 이해할 수 있다. 이것을 깊이 음미해서 제대로 이해할 때 남방 아비담마의 심도 깊은 체계와 아비담마가 간곡히 전하고자하는 우리 삶의 구도를 제대로 파악할 수 있다. 『길라잡이』 1장의 <도표:1.3>과 §8이하에 나타나는 해당 부분의 설명을 참조하면서 음미하면 제대로 이해할 수 있다.

259) 아비담마에서 원인(*hetu*)은 모두 6 가지뿐이다. 즉 탐·진·치· 불탐·

95. 이 가운데서 탐욕 없음 등의 과보로 나타난 것과 관련된[260] 원인[261]이 없는 것을 **원인을 갖지 않은 [유익한 과보로 나타난 마음]**이라 한다. 그것은 다음의 여덟 가지이다.

(34)-(38) 눈·귀·코·혀·몸의 알음알이

(39) 받아들이는 역할을 하는 마노의 요소(意界)

(40)-(41) 조사하는 등의 역할을 하는 두 가지의 마노의 알음알이의 요소(意識界)이다.

96. (34) 이 가운데서 눈의 알음알이(眼識)는 눈의 감성을 의지하여 형상(색깔)을 아는 특징을 가진다. 오직 형상(색깔)만 그 대상으로 가지는 역할을 한다. 색과 대면함으로써 나타난다. 형상을 대상으로 가지는 (70) 단지 작용만 하는 마노의 요소(意界)의 사라짐[262]

부진·불치이다. 그 가운데서 탐욕 없음, 성냄 없음, 어리석음 없음의 셋은 선한 마음(*kusala-citta*)의 원인이고 탐욕, 성냄, 어리석음의 셋은 악한 마음(*akusala-citta*)의 원인이다.

260) 여기서 원문의 '*vipāka-hetu*'는 '과보로 나타난 마음과 연결된 원인'을 말하지 난지 '과보의 원인'이라고 보면 큰 잘 못이다. 아비담마에서 '*vipāka*'는 그냥 '과보'가 아니고 '과보로 나타난 마음(*vipākam cittam*)'이며 '*kiriya*'는 그냥 '작용'이 아니고 '단지 작용만 하는 마음(*kiriyam cittam*)'임을 잊지 말아야 한다. 이렇게 전문술어에 대한 정확한 이해가 없으면 아비담마가 어렵기만 하고 큰 오해를 불러일으킨다. 그래서 '*kusala-hetu*'는 '선한 원인'이 아니고 '선한 마음과 연결된 원인'이고, '*kiriya-hetu*'는 작용의 원인이 아니라 '단지 작용만 하는 마음과 연결된 원인'이다. 그러나 냐나몰리 스님은 '*that without root-cause is that devoid of non-greed, etc., <u>as the cause of result</u>*' 라고 해석했는데 이 문맥상 맞지 않다.

261) 거듭 밝히지만 이런 문맥에서 나타나는 원인(*hetu*)은 항상 탐욕(*lobha*), 성냄(*dosa*), 어리석음(*moha*), 탐욕 없음(*alobha*), 성냄 없음(*adosa*), 어리석음 없음(*amoha*)의 여섯 가지를 말한다는 것을 잊으면 안된다.

이 가까운 원인이다.

(35)-(38) 귀·코·혀·몸의 알음알이는 귀 등의 감성을 의지하여 소리 등을 아는 특징을 가진다. 오직 소리 등을 그 대상으로 가지는 역할을 한다. 소리 등과 대면함으로써 나타난다. 소리 등을 대상으로 가지는 (70) 단지 작용만 하는 마노의 요소(意界)의 사라짐이 가까운 원인이다.

97. 눈의 알음알이 등의 바로 다음에는 (39) [과보로 나타난] 마노의 요소(意界)가 있으며 이것은 형상 등을 아는 특징을 가진다. 형상 등을 받아들이는 역할을 한다. 그러한 상태로263) 나타난다. 눈의 알음알이 등의 사라짐이 가까운 원인이다.

(40)-(41) 원인을 갖지 않은 과보로 나타난 마노의 알음알이의 요소(意識界)는 여섯 가지 대상을 아는 특징을 가지고 둘 다264) 조사265)하는 등의 역할을 한다. 그것은 조사하는 역할을 한다. 그러한 상태로 나타난다. 심장토대가 가까운 원인이다.

98. 이것은 기쁨 또는 평온이 함께하는 것에 따라 각각 두 곳 또는 다섯 곳에서 일어나는 것으로 분류된다. (40) 이 가운데서 하나는 절대적으로 원하는 대상에서 생기므로 기쁨이 함께하고, 5문에서는 조사하는 것으로 생기고 속행(javana)이 끝날 때는 등록하는 것

---

262) 인식과정에서 단지 작용만 하는 마음인 전향의 마음이 사라진 뒤 안식이 일어나기 때문에 가까운 원인이라 했다.
263) 즉 형상 등을 받아들이는 것으로 나타난다는 뜻이다.
264) 여기서 둘은 평온이 함께한 것과 기쁨이 함께한 유익한 과보로 나타난 마노의 알음알이의 요소이다.
265) 조사(satīraṇa)는 『길라잡이』 3장의 §8의 10번 해설을 참조할 것.

으로 생기기 때문에 두 곳에서 생긴다. (41) 다른 하나는 적당히 원하는 대상에서 생기므로 평온이 함께하고 조사, 결정, 재생연결, 잠재의식(바왕가), 죽음의 마음266)으로 생기기 때문에 다섯 곳에서 일어난다.

99. 여덟 가지 원인을 갖지 않은 과보로 나타난 마음도 역시 정해진 대상과 정해지지 않은 대상을 가짐에 따라 두 가지이다. 이것은 평온, 행복, 기쁨의 분류에 따라 세 가지이다. (34)-(38) 다섯 가지 알음알이(前五識)는 정해진 대상을 가진다. 왜냐하면 그들은 각각 형상 등에서 생기기 때문이다. (39)-(41) 나머지 알음알이의 대상은 일정하지가 않다. 그 가운데서 (39) 마노의 요소(意界)는 형상 등 다섯 가지 대상에서 생긴다. (40)-(41) 두 가지 마노의 알음알이의 요소(意識界)는 여섯 가지 대상에서 생긴다. 여기서 (38) 몸의 알음알이(身識)는 행복이 함께하고 (40) 마노의 알음알이의 요소는 두 곳에서 생기는데 기쁨이 함께한다. (41) 그 나머지는 평온이 함께한다.

이와 같이 원인을 갖지 않은 유익한 과보로 나타난 마음은 여덟 가지로 알아야 한다.

100. (42)-(49) 탐욕 없음(不貪) 등 과보의 원인이 함께한 것을 **원인을 가진 것**이라 한다. 이것은 욕계의 유익한 마음((1)-(8))처럼 기쁨 등의 분류에 따라 여덟 가지이다.

유익한 마음은 보시 등을 통하여 여섯 가지 대상에서 생긴다. 그러나 이것은 그렇지 않다. 이것은 오직 욕계에 포함되어있는 여섯

---

266) 여기서 언급되는 여러 마음들은 『길라잡이』 3장의 §8의 해설들을 참조할 것.

가지 대상에서 재생연결, 잠재의식(바왕가), 죽음, 등록의 [마음]으로 일어난다. 자극을 받는 것과 자극을 받지 않는 것은 그것의 원인 등에 따라 알아야 한다. 관련된 법들에는 차이가 없지만 과보로 나타난 마음은 거울표면에 비친 영상과 같이 수동적이고, 유익한 마음은 얼굴과 같이 활동적이라고 알아야 한다.

101. **해로운 과보로 나타난 마음**은 원인을 갖지 않은 것이다. 이것은 다음의 일곱 가지이다.

 (50) 눈의 알음알이

 (51)-(54) 귀·코·혀·몸의 알음알이

 (55) 받아들이는 역할을 하는 마노의 요소

 (56) 조사하는 역할을 하는 마노의 알음알이의 요소이다. 다섯 곳에서 생긴다.

이것의 특징 등에 대해서는 원인을 갖지 않은 유익한 과보로 나타난 마음((34)-(41))에서 설한대로 알아야 한다.

102. 유익한 과보로 나타난 마음은 원하는 것이거나 보통으로 원하는 대상을 갖지만 이 해로운 과보로 나타난 마음은 싫어하는 것이거나 약간 싫어하는 대상을 가진다. 전자는 평온, 행복, 기쁨의 분류에 따라 세 가지이지만 후자는 고통과 평온의 분류에 따라 두 가지이다.

여기서 (54) 몸의 알음알이는 오직 고통이 함께하고 나머지는 평온이 함께한다. 여기서의 평온은 저열하지만 고통처럼 강렬하지는 않다. 그러나 유익한 과보로 나타난 마음에서 평온은 수승하지만 행복처럼 그렇게 강렬하지는 않다.

이렇게 해서 이 일곱 가지 해로운 과보로 나타난 마음과 앞의 열여섯 가지 유익한 과보로 나타난 마음을 합치면 욕계의 과보로 나타난 알음알이는 23가지가 된다.

103. (57)-(61) **색계의 과보로 나타난 마음**은 유익한 마음((9)-(13))처럼 다섯 가지이다. 그러나 유익한 마음은 속행의 인식과정에서 禪의 증득으로 생기지만 과보로 나타난 마음은 재생의 과정(*upapatti*)에서 재생연결, 잠재의식, 죽음의 마음으로 일어난다.

104. 색계에서처럼 (62)-(65) **무색계의 과보로 나타난 마음**도 유익한 마음처럼 네 가지이다. 그들이 생기는 것도 색계에서 설한 그대로이다((14)-(17)).

105. (66)-(69) **출세간의 과보로 나타난 마음**은 네 가지이다. 왜냐하면 이것은 (18)-(21) 네 가지 도와 관련된 마음의 과이기 때문이다. 이것은 두 가지267)로 생기는데, 도가 일어나는 인식과정에서 생기고 또 과의 증득으로 일어난다.

이와 같이 모두 네 곳(地)에서 과보로 나타난 마음은 36가지가 된다.

106. ⓒ **단지 작용만 하는 마음**(*kiriya*)은 일어나는 곳(地)의 분류에 따라 세 가지이니 ① 욕계 ② 색계 ③ 무색계이다.

이 가운데서 **욕계의 단지 작용만 하는 마음**은 원인을 가진 것과

---

267) 즉 한 가지는 삼매(*samādhi*)에 든 자의 인식과정(*vīthi-citta*)에서 준비(*parikamma*) → 근접(*upacāra*) → 수순(*anuloma*) → 종성(*gotrabhū*) → 도(*magga*) 다음에 과(*phala*)로 일어나고, 또 다른 한 가지는 과의 증득으로 앞의 과 다음에 일어난다. XXIII. §14참조.

원인을 갖지 않은 것, 두 가지이다. 이 중에서 단지 작용만 하는 마음과 관련된 탐욕 없음 등의 원인이 없는 [마음]268)을 원인을 갖지 않은 것이라 한다. 그것은 (70) 마노의 요소(意界)와 (71)-(72) 마노의 알음알이의 요소(意識界)의 분류에 따라 두 가지이다.

107. 이 가운데서 (70) 마노의 요소는 눈의 알음알이 등의 앞에 오고 형상 등을 아는 특징을 가진다. 전향하는 역할을 한다. 형상 등과 대면함으로써 나타난다. 가까운 원인은 잠재의식(바왕가)의 끊어짐(*viccheda*)269)이다. 이것은 오직 평온이 함께한다.

108. 마노의 알음알이의 요소(意識界)는 공통되는 것과 특별한 것에 따라 두 가지이다. 그 가운데서 (71) 공통되는 것은 평온이 함께하고 원인을 갖지 않은 단지 작용만 하는 마음이다. 이것은 여섯 가지 대상을 아는 특징을 가진다. 5문(五門)에서는 결정하는 역할을 하고 마노의 문(意門)에서는 전향하는 역할을 한다. 그와 같은 상태로 나타난다. 원인을 갖지 않은 과보로 나타난 마노의 알음알이의 요소의 사라짐, 또는 잠재의식(바왕가)의 사라짐이 가까운 원인이다.270)

---

268) §95의 주에서 밝혔듯이 *kiriya-hetu*는 '단지 작용만 하는 마음과 연결된 원인'을 뜻한다. 탐욕 없음 등의 원인이 없는 것을 '원인을 갖지 않은 단지 작용만 하는 마음(*ahetuka-kiriya-cittam*)'이라 한다. 그러나 냐나몰리 스님은 여기서도 *that without root-cause is that devoid of non-greed, etc., <u>as the cause of result</u>* 라 하여 '결과에 대한 원인'이라고 잘못 옮긴데다가 또 *kiriya*를 '결과'로 문맥에 전혀 맞지 않게 옮겼다.
269) 『아비담맛타 상가하』(아비담마 길라잡이)와 같은 후대 논서에는 '*bhavaṅga-upaccheda*'로 나타난다. 바왕가의 끊어짐에 대해서는 『길라잡이』 3장 §8의 2번 해설 등과 4장 <도표:4.1>을 참조할 것.
270) 이것은 5문에서는 결정의 역할을 하므로 인식과정에서 그 이전의 단계인

(72) 특별한 것은 기쁨이 함께하고 원인을 갖지 않은 단지 작용만 하는 마음이다. 이것은 여섯 가지 대상을 아는 특징을 가진다. 아라한으로 하여금 하찮은 것에도 미소를 머금게 하는 역할을 한다. 그러한 상태로 나타난다. 가까운 원인은 반드시 심장토대이다.

이와 같이 욕계의 단지 작용만하는 원인을 갖지 않은 마음은 세 가지이다.

109. (73)-(80) **[욕계의] 원인을 가진 것**은 기쁨 등의 분류에 따라 유익한 마음((1)-(8))처럼 여덟 가지이다. 그러나 유익한 마음은 유학과 범부에게만 일어나지만 이것은 오직 아라한에게만 일어나는 것이 그 차이점이다.

이와 같이 욕계의 단지 작용만 하는 마음은 열한 가지이다.

(81)-(85) **색계**와 (86)-(89) **무색계의 단지 작용만 하는 마음**도 유익한 마음처럼 각각 다섯 가지와 네 가지이다. 이들은 아라한들에게만 일어나는 것이 유익한 마음과의 차이점이라고 알아야 한다.

이와 같이 세 가지 일어나는 곳에 따라 모두 20가지 단지 작용만 하는 마음이 있다.

110. 이와 같이 21가지 유익한 마음, 12가지 해로운 마음, 36가지 과보로 나타난 마음, 20가지 단지 작용만 하는 마음의 모두 89가지 마음이 있다. 이들은 14가지 형태로 일어난다. 즉 ① 재생연결 ② 잠재의식 ③ 전향 ④ 봄 ⑤ 들음 ⑥ 냄새맡음 ⑦ 맛봄 ⑧ 닿음

조사하는 역할(*santīraṇa-kicca*)을 하는 마노의 알음알이의 요소의 사라짐이 가까운 원인이고, 의문(意門)에서는 전향하는 역할(*āvajjana-kicca*)을 하기 때문에 그 이전의 단계인 잠재의식의 사라짐이 가까운 원인이라는 뜻이다.

⑨ 받아들임 ⑩ 조사 ⑪ 결정 ⑫ 속행 ⑬ 등록 ⑭ 죽음으로 일어난다.271)

111. 어떻게 생기는가?

① **[재생연결]**: 여덟 가지 욕계의 유익한 마음의 영향으로 중생들은 천상이나 인간에 태어난다. 그들이 죽는 순간에 업이나 업의 표상(*kamma-nimitta*)이나 태어날 곳의 표상(*gati-nimitta*)272) 중의 하나가 나타나는데 그것을 대상으로 여덟 가지 욕계의 원인을 가진 과보로 나타난 마음이 일어난다. 인간 가운데서 중성 등으로 태어나는 사람에겐 평온이 함께하고 원인을 갖지 않은 과보로 나타난 마노의 알음알이의 요소가 일어난다. 이것은 힘이 약한 두 가지 원인273)을 가진 유익한 과보로 나타난 마음이다. 이 아홉 가지 마음이 **재생연결**(*paṭisandhi*)로 일어난다.(XVII. §120참조)

112. 색계와 무색계의 유익한 마음의 영향으로 색계나 무색계에 태어난다. 그들이 죽는 순간에 업의 표상이 나타나는데 그것을 대상으로 아홉 가지 색계와 무색계의 과보로 나타난 마음이 **재생연결**로 일어난다.

113. 해로운 마음의 영향으로 중생들은 악처에 태어난다. 그들이 죽는 순간에 업이나 업의 표상이나 태어날 곳의 표상 중의 하나

---

271) 이들 14가지는 마음의 역할(*kicca*)이라는 제목으로 『길라잡이』 3장 §8의 해설에 잘 설명되어있다.
272) 업, 업의 표상, 태어날 곳의 표상에 대해서는 『길라잡이』 3장 §8의 1번 해설과 3장 §17의 5번 해설 등을 참조할 것.
273) 두 가지 원인 등에 대해서는 『길라잡이』 4장 §§24-26을 참조할 것.

가 나타나는데 그것을 대상으로 해로운 과보로 나타난 원인을 갖지 않은 마노의 알음알이의 요소가 **재생연결**로 일어난다.

이렇게 해서 19가지 과보로 나타난 마음이 재생연결로 일어난다고 알아야 한다.

114. ② [잠재의식(바왕가)]: 재생연결식이 사라지면 그것이 어떤 종류의 재생연결이건 그것을 뒤따라서 그와 같은 종류의 마음이 동일한 대상에 **잠재의식**(bhavaṅga)으로 일어난다. 이 마음은 재생연결을 가져왔던 그 업과 동일한 업의 과보로 나타난 것이다. 계속해서 그와 같은 잠재의식이 일어난다. 다른 알음알이가 일어나 이 잠재의식이 지속되는 것을 방해하지 않는 한, 강물의 흐름처럼 꿈 없는 숙면을 취할 때에도 끊임없이 일어난다. 이렇게 해서 앞의 [열아홉 가지 마음들이] 잠재의식으로 일어난다고 알아야 한다.

115. ③ [전향]: 이와 같이 잠재의식의 지속이 계속되는 동안 중생들의 감각기능(根)들이 대상을 알아차릴 수 있을 때 형상이 눈의 영역 안으로 들어오면(apatha-gate) 눈의 감성은 그 형상과 부딪친다. 그 부딪침 때문에 잠재의식은 흔들린다(calana). 잠재의식이 사라지면 마치 잠재의식을 끊어버리는(vicchindamāna) 것처럼 동일한 형상을 대상으로 **전향**(āvajjana)의 역할을 하는 (70) 단지 작용만 하는 마노의 요소(意界)가 일어난다. 귀의 문 등에서도 여기서 설한 방법대로 알아야 한다.

116. 여섯 가지 대상이 마노의 문(意門)으로 들어오면 잠재의식이 흔들리고 그 뒤에 마치 잠재의식을 끊어버리는 것처럼 전향의 역할

을 하는, 평온이 함께하고 원인이 없는 단지 작용만 하는 마노의 알음알이의 요소(意識界)가 일어난다. 이와 같이 단지 작용만 하는 두 가지 마음은 전향하는 것으로 일어난다고 알아야 한다.

117. ④-⑧ [**봄, 들음, 냄새맡음, 맛봄, 닿음**]: 전향하는 마음 다음에는 먼저 눈의 문에서는 보는 역할을 수행하고 눈의 감성을 의지처로 삼는 눈의 알음알이(眼識)가 일어난다. 귀의 문 등에서는 듣는 역할 등을 수행하면서 귀, 코, 혀, 몸의 알음알이가 일어난다. 그들은 원하거나 보통으로 원하는 대상에 관해서는 유익한 과보의 마음이고, 싫어하거나 약간 싫어하는 대상에 관해서는 해로운 과보의 마음이다. 이와 같이 열 가지 과보의 마음이 **봄, 들음, 냄새맡음, 맛봄, 닿음**으로 일어난다고 알아야 한다.

118. ⑨ [**받아들임**]: "눈의 알음알이의 요소(眼識界)가 생겼다가 사라진 다음 마음(心, *citta*), 마노(意, *mano*), 정신작용(*mānasa*)274)이라 적절히 불리는 마노의 요소(意界)가 일어난다.(Vbh.88)"라는 말씀이 있다.

그러므로 눈의 알음알이(眼識) 등의 다음에 각각의 동일한 대상을 받아들이면서 [눈의 알음알이 등의] 유익한 과보로 나타난 마음 다

---

274) *mānasa*는 Sk. *manas*(Pāli. *mano*)의 곡용형이다. 그래서 '마노에 속하는'의 뜻에서 '의도, 정신작용' 등을 의미한다. 『담마상가니』와 『위방가』 등의 논서에서는 윈냐나(*viññāṇa*)를 마음(*citta*), 마노(*mano*), 정신작용(*mānasaṁ*), 심장(*hadayaṁ*) 등과 동의어로 취급하고 있다.(*cittaṁ mano mānasaṁ hadayaṁ paṇḍaraṁ mano manāyatanaṁ manindriyaṁ viññāṇaṁ viññāṇakkhandho.* — Dhs.10; Vbh.87 등)
그리고 본서 XIV §82에서도 '마음과 알음알이와 마노는 뜻으로는 하나이다'라고 전제하고 있다.

음에는 (39) 유익한 과보로 나타난 마음으로 마노의 요소가 일어난다. [눈의 알음알이 등의] 해로운 과보로 나타난 마음 다음에는 (55) 해로운 과보로 나타난 마음으로 마노의 요소가 일어난다. 이와 같이 두 가지 과보로 나타난 마음이 **받아들임**(*sampaṭicchana*)의 마음으로 일어난다고 알아야 한다.

119. ⓾ [조사]: "마노의 요소(意界)가 생겼다가 사라진 다음 마음, 마노, 정신작용(*mānasa*)이라 적절히 불리는 마노의 알음알이의 요소(意識界)가 일어난다.(Vbh.89)"라는 말씀이 있다.

그러므로 마노의 요소가 받아들인 동일한 대상을 조사하는, 원인 없는 과보로 나타난 마노의 알음알이의 요소가 일어난다. 이것은 (55) 해로운 과보로 나타난 마음인 마노의 요소 다음에는 (56) 해로운 과보의 마음이고 (39) 유익한 과보의 마음 다음에는 열렬히 원하는 대상에 대해서는 (40) 기쁨이 함께하고, 보통으로 원하는 대상에 대해서는 (41) 평온이 함께한다. 이와 같이 세 가지 과보로 나타난 마음이 **조사**(*santīraṇa*)하는 마음으로 일어난다고 알아야 한다.

120. ⓫ [결정]: 조사하는 마음 다음에는 그 동일한 대상을 결정하는 (71) 평온이 함께하고 원인 없는 단지 작용만 하는 마노의 알음알이의 요소(意識界)가 일어난다. 이와 같이 한 가지 단지 작용만 하는 마음이 **결정**(*voṭṭhabbana*)하는 마음으로 일어난다고 알아야 한다.

121. ⓬ [속행]: 결정하는 마음 다음에 만약 형상 등의 대상이 크면(*mahanta*) 그 조사된 대상에 다음의 [29가지 마음중의] 하나가

여섯 번 내지 일곱 번275)의 **속행**(javana)으로 일어난다. 즉 8가지 욕계의 유익한 마음, 12가지 해로운 마음, 9가지 나머지 욕계의 단지 작용만 하는 마음이다. 이것은 5문의 경우에 해당된다. 그러나 의문(意門, 마노의 문)에서는 이 속행들이 의문전향(意門轉向) 다음에 일어난다.

종성(種姓, gotrabhū, 성인의 반열에 드는 순간의 마음)의 경지 위로는 다음의 26가지 속행들 중에서 하나가 조건을 가졌을 때 일어난다. 즉 색계의 5가지 유익한 마음과, 5가지 단지 작용만 하는 마음, 무색계의 4가지 유익한 마음과 4가지 단지 작용만 하는 마음, 출세간의 4가지 道의 마음과 4가지 果의 마음이다.

이와 같이 55가지 유익한 마음, 해로운 마음, 단지 작용만 하는 마음, 과보로 나타난 마음이 속행의 마음으로 일어난다고 알아야 한다.

122. ⑬ [등록]: 속행이 끝났을 때 만약 5문에서 대상이 크거나 의문에서 대상이 선명하면 욕계 중생들에게 욕계 속행이 끝났을 때 원하는 대상 등이나 과거 업이나 속행의 마음 등에서 조건을 얻는다. 그 조건을 따라 (42)-(49) 여덟 가지 '원인을 가진 욕계 과보로 나타난 마음'이나, (40), (41), (56) 세 가지 '원인 없는 과보로 나타난 마노의 알음알이의 요소(意識界)' 중에서 과보로 나타난 마음 하나가 일어나는 것이다.

이것은 역류하는 배를 잠시 후에 따라 올라가는 물처럼 잠재의식

---

275) 여기서 유념해야 할 것은 이 일곱 번은 모두 꼭 같은 마음이라는 점이다. 즉 첫 번째 자와나가 유익한 것(善)이면 나머지 모두가 유익한 것이고 해로운 것(不善)이면 나머지 모두가 해로운 것이지 일곱 개중에서 몇 개는 유익한 것이고 몇 개는 해로운 것일 수는 결코 없다. 자와나에 대해서는 『길라잡이』 3장 §8의 12번 해설과 4장 §§21-23도 참조할 것.

(바왕가)이 가지는 대상이 아닌 다른 대상에 속행을 따라 한 번 내지 두 번 일어난다. 이것은 속행이 끝났을 때 잠재의식의 대상에 일어날 수 있지만 그(*tad*) 속행의(*javanassa*) 대상을(*ārammaṇa*) [자신의] 대상으로 삼아 일어나기 때문에 **땃-아람마나**(등록)라고 부른다. 이와 같이 11가지 과보로 나타난 마음이 **등록**(*tadārammaṇa*)의 마음으로 일어난다고 알아야 한다.

123. ⑭ [**죽음**]: 등록이 끝났을 때 다시 잠재의식이 생긴다. 잠재의식이 끊어지면 다시 전향(*āvajjana*) 등이 생긴다. 이와 같이 마음이 조건(*paccaya*)을 얻어 계속 흘러서(*santāna*) 잠재의식 다음엔 전향이, 전향 다음엔 봄 등이 마음의 법칙(*citta-niyama*)276)에 따라 계속해서 일어나 한 생의 잠재의식이 끝날 때까지 계속된다. 한 생에 있어서 모든 알음알이 가운데서 마지막 잠재의식을 **죽음**(*cuti*)의 마음이라 한다. 왜냐하면 그것은 그 생에서 끝나는 [마음]이기 때문이다. 그러므로 [재생연결과 잠재의식처럼] 19가지 과보로 나타난 마음 가운데 하나가 죽음의 마음으로 일어난다고 알아야 한다.

124. 죽음의 [마음] 다음에는 계속해서 재생연결 [마음이], 재생연결 [마음] 다음에는 또 잠재의식(바왕가)이 생긴다. 이렇게 해서 존재(有, *bhava*), 태어날 곳(*gati*), 머묾(*ṭhiti*), 거처(*nivāsa*)에서 윤회하는 중생들에게 마음의 흐름(*citta-santāna*, 心相續)은 끊임없이 계속된다. 아라한과를 증득한 자의 경우 죽음의 마음(*cuti-citta*)과 더불어 이것도 끝닌다.

---

276) 마음의 법칙(*citta-niyama*)에 대해서는 『길라잡이』 4장 §4의 1번 해설을 참조할 것.

이상으로 알음알이의 무더기에 대한 상세한 주석을 마친다.

(3) 느낌의 무더기(受蘊)
vedanākkhandhakathā

125. '느껴진 것(vedayita)의 특징을 가진 것은 그 무엇이건 모두 한 데 묶어 느낌의 무더기라고 알아야 한다'라고 앞서 말했다.(§81) 이제 여기서도 느껴진 것의 특징을 가진 것이란 바로 느낌 그것일 뿐이다. 이처럼 말씀하셨기 때문이다. "도반이여, '느끼기(vedayati) 때문에 느낌이라 부릅니다.(M.i.293)"

126. 이 느낌은 느껴진 것의 특징을 가지는 고유성질로는 한 가지이지만 종류(jāti)에 따라 세 가지이니, 유익한 것(kusala, 善)과 해로운 것(akusala, 不善)과 [유익함과 해로움으로] 결정할 수 없는 것(abyākata, 無記)이다.

이 가운데서 욕계 [마음]은 기쁨과 평온과 지혜와 자극의 분류에 따라서 여덟 가지라고 말했다.(§83) 그 유익한 알음알이와 연결된 것이 **유익한 [느낌]**이고, 해로운 알음알이와 연결된 것이 **해로운 [느낌]**이고, 결정할 수 없는(無記) 알음알이와 연결된 것이 **결정할 수 없는 [느낌]**이라고 알아야 한다.

127. 이 것은 고유성질의 분류에 따라 다섯 가지이니, 육체적 즐거움(sukha, 樂)277), 육체적 고통(dukkha, 苦), 정신적 즐거움(somanassa),

---

277) 여기서 '육체적 즐거움'으로 옮기고 있는 sukha는 본서에서 세 가지로 다르게 옮긴다. sukha는 대부분 sukha-vedanā(즐거운 느낌)의 문맥에서

정신적 고통(*domanassa*)[278], 평온(*upekkhā*, 捨)이다.

이 중에서 **육체적 즐거움**은 (38) 유익한 과보로 나타난 몸의 알음알이와 연결된 것이고, **육체적 고통**은 (54) 해로운 과보로 나타난 몸의 알음알이와 연결된 것이다.

정신적 즐거움은 다음과 같은 62가지 마음과 연결되어있다. 욕계에서는 네 가지 유익한 마음(1)-(4), 네 가지 원인을 가진 유익한 과보로 나타난 마음(42)-(45), 한 가지 원인 없는 과보로 나타난 마음(40), 네 가지 원인을 가진 단지 작용만 하는 마음(73)-(76), 한 가지 원인 없는 단지 작용만 하는 마음(72), 네 가지 해로운 마음(22)-(25)과 연결되어있다. 색계에서는 제5선의 각각의 마음을 제외한 네 가지 유익한 마음(9)-(12), 네 가지 과보로 나타난 마음(57)-(60), 네 가지 단지 작용만 하는 마음(81)-(84)과 연결되어있고, 출세간의 마음은 禪이 아닌 것이 없으므로 여덟 가지 출세간 마음((18)-(21), (66)-(69))이 각각 다섯 가지 禪을 가져 40가지가 된다. 이 가운데서 제5선의 여덟 가지를 제외한 나머지 32가지 유익한 마음과 과보로 나타난 마음[279]과 연결되어있다.

나타나므로 기본적으로 '즐거움'이라 옮긴다. 한편 禪의 구성요소로서 나타날 경우에는 *sukha*를 '행복'으로 옮긴다. 여기서처럼 즐거운 느낌이 육체적 즐거움과 정신적 즐거움으로 구분되어 나타날 때는 *sukha*는 육체적 즐거움으로 옮기고 '*somanassa*'는 '정신적 즐거움'으로 옮긴다. 그 외에 '*somanassa*'는 '기쁨'으로 옮긴다.

278) '정신적 고통'으로 옮기고 있는 '*domanassa*'는 크게 세 가지 문맥에서 나타난다. '세상에 대한 욕심과 싫어하는 마음을 버리면서(*vineyya loke abhijjhādomanassaṁ*, D22)'라는 문맥에서는 '싫어하는 마음'으로 옮기고 여기서처럼 분명하게 육체적인 고통과 짝이 되어 나타날 때는 '정신적 고통'으로 옮기며 그 외는 '슬픔'으로 옮긴다.

279) 출세간의 40가지 마음 가운데서 평온이 함께한 제5선의 마음 8가지를 제

정신적 고통은 두 가지 해로운 마음(30)–(31)과 연결되어있고, **평온**은 나머지 55가지 마음과 연결되어있다.

128. **육체적 즐거움**은 원하는 감촉(phoṭṭhabba)을 경험하는 특징을 가진다. 관련된 법들을 활기차게 하는 역할을 한다. 육체적인 만족으로 나타난다. 몸의 기능(身根)이 가까운 원인이다.

육체적 고통은 싫어하는 감촉을 경험하는 특징을 가진다. 관련된 법들을 시들게 하는 역할을 한다. 육체적인 고통으로 나타난다. 몸의 기능이 가까운 원인이다.

정신적 즐거움은 원하는 대상을 경험하는 특징을 가진다. 이런저런 원하는 측면을 향유하는 역할을 한다. 정신적인 만족으로 나타난다. 편안함(輕安)이 가까운 원인이다.

정신적 고통은 싫어하는 대상을 경험하는 특징을 가진다. 이런저런 싫어하는 측면을 향유하는 역할을 한다. 정신적인 고통으로 나타난다. 반드시 심장이 가까운 원인이다.[280]

평온의 특징은 중립적인(majjhatta) 느낌이다. 관련된 법들을 활기차게도 시들게도 하지 않는 역할을 한다. 고요한 상태로 나타난다. 희열이 없는 마음이 가까운 원인이다.

하면 32가지 마음이 정신적 즐거움과 연결된 것인데 이 32가지 마음을 종류에 따라 분류하면 유익한 마음 16가지와 과보의 마음 16가지가 된다. 그러므로 '32가지 유익한 마음과 과보로 나타난 마음과 연결되어있다'로 옮겨야 한다. 그러나 냐나몰리 스님은 이 부분을 '*it is associated with the remaining 32 kinds of profitable resultant.*(32가지 유익한 과보의 마음과 연결되어있다)'라고 잘못 영역했다.

280) "불만족은 오직 욕계 중생에게만 일어나므로 심장이 그것의 가까운 원인이라 했다.(Pm.456)"

이상으로 느낌의 무더기에 대한 상세한 주석을 마친다.

(4) 인식의 무더기(想蘊)
saññākkhandhakathā

129. '인식하는(sañjānana) 특징을 가진 것은 그 무엇이건 모두 한데 묶어 인식의 무더기라고 알아야 한다'라고 앞서 말했다.(§81) 이제 여기서도 인식하는 것의 특징을 가진 것이란 바로 인식 그것일 뿐이다. 이처럼 말씀하셨기 때문이다. "도반이여, '인식하기(sañjānāti) 때문에 인식이라 부릅니다.(M.i.293)"

이 인식은 인식하는 것의 특징을 가지는 고유성질로는 한 가지이지만 종류(jāti)에 따라 세 가지이니, 유익한 것(善)과 해로운 것(不善)과 결정할 수 없는 것(無記)이다.

유익한 알음알이와 연결된 것이 **유익한 [인식]**이고, 해로운 알음알이와 연결된 것이 **해로운 [인식]**이고, 결정할 수 없는 알음알이와 연결된 것이 **결정할 수 없는 [인식]**이라고 알아야 한다. 인식으로부터 분리된 알음알이는 없기 때문에 인식은 알음알이의 종류만큼 있다.

130. 비록 이 인식이 알음알이와 같은 방법으로 분류되지만 특징 등으로 볼 때 모든 인식은 인식하는(sañjanana) 특징을 가진다. '이것이 바로 그것이구나'라고 다시 인식할 수 있는 원인이 될 표상을 만드는(nimitta-karaṇa) 역할을 한다. 목수들이 목재 등에 표시하는 것처럼. 표상에 따라 이해하려는 것으로 나타난다. 마치 장님

이 코끼리를 보는 것 마냥.(Ud.68-9) 대상이 어떻게 나타나든지 나타난 대상이 가까운 원인이다. 마치 어린 사슴들이 허수아비를 보고 사람이라는 인식을 일으키는 것처럼.

이상으로 인식의 무더기에 대한 상세한 주석을 마친다.

(5) 상카라들의 무더기(行蘊)
saṅkhārakkhandhakathā

131. '[업을] 형성하는(*abhisaṅkharaṇa*) 특징을 가진 것은 그 무엇이건 모두 한 데 묶어 상카라들의 무더기(行蘊)라고 알아야 한다'라고 앞서 말했다.(§81) 여기서 [업을] 형성하는 특징은 더미를 만드는 (*rāsi-karaṇa*) 특징을 가진다. 그러면 그것은 무엇인가? 상카라(*saṅkhāra*, 行)들281)이다. 그래서 말씀하셨다. "비구들이여, 형성된 것

---

281) 역자는 '*saṅkhāra*'를 도대체 어떻게 한글로 옮길 것인가 고민하다가 아직까지는 상카라로 그대로 두는 것이 좋을 듯하여 상카라로 음역하는데 그치고 있다.
주지하다시피 빠알리 가운데서 가장 옮기기 힘든 단어 중의 하나가 바로 이 상카라이다. 상카라의 어원이 *saṁ*(*together*)+√*kṛ*(*to do*)이기 때문에 중국에서는 어원을 살려 行으로 정착하였다. 그러나 行이라는 술어를 가지고 상카라의 의미를 파악한다는 것은 무리다. 상카라에 관계된 몇 가지 측면과 이에 관계된 상카라의 몇 가지 역어들에 대해서 적어본다.
① 오온 가운데서 알음알이의 무더기(識蘊)를 아비담마에서는 마음(*citta*, 心)으로 이해하고 나머지 수상행온은 52가지 마음부수(*cetasika*, 心所)로 이해한다. 이 마음부수는 마음이 일어날 때 함께 일어나는 우리 심리작용을 통틀은 것이다. 이러한 마음부수법들 가운데서 느낌과 인식을 제외한 50가지 법은 모두 행온에 속한다. 이 경우 상카라는 예외 없이 항상 복수로 나타나고 있다. 그래서 역자는 이런 상카라들은 '심리작용들'

(saṅkhata)을 계속 형성하기(abhisaṅkharonti)[282] 때문에 상카라들이라 부른다.(S.iii.87)"

132. 이들은 [업을] 형성하는 특징을 가지고, 쌓는(āyūhana) 역할을 하며, 관심을 가짐(vipphāra)으로 나타난다. 나머지 세 가지 무더

로 이해한다. 그러므로 이 경우에는 '의도적 행위'만으로 옮겨서는 안된다.
② 물론 신행(kāya-saṅkhāra), 구행, 의행 등의 문맥에서 상카라는 '의도적 행위'란 뜻에 가깝다.
③ 제행무상 등의 문맥에 나타나는 삽베 상카라(sabbe saṅkhārā, 諸行, 복수로 나타남)는 '형성된 것들'에 가깝다. 이것은 유위법(有爲法)으로 한역되는 상카따 담마(saṅkhata-dhamma)와 같은 의미이다.
④ 12연기에서의 상카라는(이경우도 항상 복수로 나타난다) XVII에서 '공덕이 되는 행위(puñña-abhisaṅkhāra), 공덕이 되지 않는 행위, 흔들림 없는 행위'로 설명이 되듯이 '업형성력들' 혹은 '의도적 행위들'로 해석된다.
이렇듯 문맥마다 그 어감을 달리하는 단어가 상카라임에는 틀림없다. 그렇다고 각 문맥마다 이것저것 다른 역어를 사용한다는 것도 혼란스럽고 무리한 번역이라 아니할 수 없다. 그래서 고심을 거듭하다가 전체를 모두 상카라(行)로 통일해서 음역을 하고 있음을 밝힌다. 초기불전연구원에서는 상카라 전체의 의미를 아우를 수 있는 좋은 역어를 찾아서 정착시키려 고심을 계속하고 있다.
한편 XVII. §§44-47에서도 상카라의 여러 의미에 대해서 설명하고 있으니 참조하기 바란다.

282) 상카라의 특징을 나타내는 단어로 본서에서는 *abhisaṅkhāra, abhisaṅkharaṇa, abhisaṅkaroti* 등의 *abhi+saṁ+√kṛ(to do)*에서 파생된 단어들을 많이 사용하고 있다. 본서의 전체적인 문맥에서 볼 때 *abhisaṅkhāra*는 업형성력이나 의도적 행위(*cetanā*)라는 상카라의 적극적인 측면을 나타내는 술어로 사용되고 있다. 그래서 XVII. §46에서도 "삼계의 유익하거나 해로운 의도를 일러 '계속 형성하는(*abhisaṅkharaṇaka*) 상카라'라 부른다."라고 정의하고 있다. 그래서 역자는 문맥에 따라서 이들을 [업]지음, 계속 형성하는 상카라 등으로 옮기고 있으며 XVII에서 많이 나타나는 *puñña-abhisaṅkhāra* 등은 공덕이 되는 행위 등으로 옮기고 있다.

기들이 가까운 원인이다. 이렇게 특징 등으로 볼 때에는 한 가지이지만 종류에 따라 세 가지이니, 유익한 것(善)과 해로운 것(不善)과 결정할 수 없는 것(無記)이다. 이들 가운데서 유익한 알음알이와 연결된 것이 **유익한 [상카라]**들이고, 해로운 알음알이와 연결된 것이 **해로운 [상카라]**들이고, 결정할 수 없는 알음알이와 연결된 것이 **결정할 수 없는 [상카라]**들이라고 알아야 한다.

133. 이 가운데서 **욕계의** 첫 번째 **유익한 마음**(1)과 연결된 것은 36가지이다.283) 즉 정해진 것(*niyata*)으로 [아비담마 논모(論母, *mātika*)에 명시되어] 전승되어 오는 27가지, 예와빠나까284) 4가지,

---

283) 여기서도 알 수 있듯이 본서는 상카라들을 설명하는 것도 논장의 전통을 따라서 선·불선·무기의 순서로 설명하고 그 안에서 다시 욕계·색계·무색계·출세간으로 나누어 설명하고 있다. 상카라 전반에 대해서는 『길라잡이』 2장에서 52가지 마음부수들로 설명되고 있다. 『길라잡이』에서는 이들을 여러 계층으로 체계적이고 조직적으로 잘 분류하여 설명하고 있으니 참조하기 바란다.

284) '*yevāpanakā*(예와빠나까)' 혹은 '*yevapana*(예와빠나)'는 문자적으로는 '*ye vā pana*라는 구문에 속하는'이란 뜻이다.('*ye vā pana*'의 문자적인 의미는 '그(*ye*) 혹은(*vā*) 그런데(*pana*)'이다.) 이 술어는 『담마상가니』(法集論)에서 제일 먼저 나타나는 아비담마의 전문술어인데 『담마상가니』에는 어떤 마음(*citta*)이 일어나는 순간 어떤 마음부수(*cetasika*)가 함께 일어나며, 또 그들은 일정하게 일어나는 것인지, 아니면 이름을 명시하지 않은 또 다른 마음부수가 있는지 등의 구분이 정해져있다. 여기서 예와빠나까란 이름이 명시되지 않은 마음부수를 뜻한다.
욕계의 첫 번째 마음이 일어날 때 36개의 마음부수 혹은 상카라들이 함께 일어나는데 그 가운데서 네 개는 그 목록에 이름이 명시되어있지 않은 것으로, *chanda*(열의[欲]), *adhimokkha*(결심), *manasikāra*(마음에 잡도리함), *tatra-majjhattatā*(중립)을 말한다. 이 예와빠나까는 그래서 '*ye vā pana tasmiṁ samaye aññe pi dhammā*(그런데 그때에 생기는 다른 법들)'이라는 Dhs.i.58등에 나타나는 구문을 전문술어화한 것이라 하겠다.

정해지지 않은 것(*aniyata*) 5가지이다.

이 가운데서 감각접촉, 의도, 일으킨 생각(尋), 지속적인 고찰(伺), 희열, 정진, 생명기능(命根), 삼매(定), 믿음(信), 마음챙김(念), 양심(慚), 수치심(愧), 탐욕 없음, 성냄 없음, 어리석음 없음, 몸285)의 경안, 마음의 경안, 몸의 가벼움, 마음의 가벼움, 몸의 부드러움, 마음의 부드러움, 몸의 적합함, 마음의 적합함, 몸의 능숙함, 마음의 능숙함, 몸의 올곧음, 마음의 올곧음 — 이 27가지는 [아비담마 논모(論母, *mātika*)에 명시되어] 전승되어 오는 것이다.(Dhs.1; DhsA.1)

열의(欲), 결심, 마음에 잡도리함, 중립 — 이 4가지는 예와빠나까에 속한다.(Dhs.1)

연민, 더불어 기뻐함, 몸으로 짓는 나쁜 행위의 절제(*virati*), 입으로 짓는 나쁜 행위의 절제, 삿된 생계수단의 절제 — 이 5가지는 정해지지 않은 것이다. 왜냐하면 이들은 가끔 일어나고, 또 일어나더라도 이들은 서로 같이 일어나지 않기 때문이다.

134. 닿는다(*phusati*)고 해서 **감각접촉**(*phassa*)이라 한다. 이것은 닿는 특징을 지니고, 부딪치는 역할을 하며, 동시발생(*sannipāta*)으로 나타난다. 영역(*āpatha*)에 들어온 대상이 가까운 원인이다.

비록 이것은 정신이지만 대상에 닿는 형태로 생긴다. 비록 이것은 어느 한 쪽에 들러붙지 않지만 마치 형상(색깔)이 눈에 부딪치고, 소리가 귀에 부딪치듯 마음과 대상을 부딪치게 한다. 동시발생으로

---

285) 이 문맥에서 나타나는 몸(*kāya*)은 모두 이 단어가 일반적으로 지칭하는 '육체적인 몸'을 뜻하는 것이 아니다. 아래 §144에서도 밝히고 있지만 여기서 몸(*kāya*)은 마음부수들(느낌, 인식, 상카라들)을 뜻하고, 마음은 마음(*citta*) 혹은 알음알이(*viññāṇa*, 識)를 말한다. 이것은 아래 '올곧음'까지 다 적용된다.

나타난다. 왜냐하면 세 가지 [즉 눈과 형상과 눈의 알음알이 등]의 동시발생(三事和合)이라 하는 자기 자신의 조건으로 설명되기 때문이다. 이것은 알음알이가 적절하게 전향286)하고, 감각기관을 통해 대상이 나타났을 때 자동적으로 일어나기 때문에 영역에 들어온 대상이 가까운 원인이라고 했다. 이것은 느낌의 근원이므로 마치 가죽이 벗겨진 소처럼(S.ii.99) [맨 것(bare)이라고] 알아야 한다.

135. 의도한다(cetayati)고 해서 **의도**(cetanā)라고 한다. 묶는다(abhisandahati)는 뜻이다. 이것은 의도하는 성질을 특징으로 한다. 격려하는 역할을 한다. 조정하는 것으로 나타난다. 마치 상수 제자와 대 목수처럼 자기의 일과 남의 일을 성취한다. 급한 일을 기억하는 것 등에 대해287) 관련된 법들을 실행하게 하는 성질에 의해서 이것은 분명하다.

136. **일으킨 생각**(尋)과 **지속적인 고찰**(伺)과 **희열**에 대해서 언급해야 할 것은 땅의 명상주제에 대한 해설에서 초선을 주석할 때 이미 설명했다.(IV. §§88-98)

137. **정진**은 활기참(vīra-bhāva)이다. 노력함이 특징이다. 동시에 태어난 법들을 지탱하는 역할을 한다. 무너지지 않는 상태로 나타난다. "절박함을 가진 자는 지혜롭게(yoniso, 근원적으로) 노력한

---

286) 원문은 'taj-ja-asamannāhārena'로서 여기서는 轉向(āvajjana)의 마음을 뜻한다.
287) 냐나몰리 스님은 이 문장을 'But it is evident when it occurs in the marshalling [driving] of associated states in connexion with <u>urgent work, remembering, and so on</u>'으로 번역 했는데 여기서는 '… <u>remembering urgent work, and so on</u>'이라 옮겨야 뜻이 통한다.

다.(A.ii.115)"라는 말이 있기 때문에 이것의 가까운 원인은 절박함이다. 또는 정진을 쏟을 동기288)가 가까운 원인이다. 바르게 시작되었을 때 이것은 모든 성공의 근원이라고 알아야 한다.

138. 이것 때문에 [관련된 법들이] 살고(jīvanti), 또는 이것은 자기 스스로 살고, 또는 단지 살아있기 때문에 **생명기능**(命根)이라 한다. 이것의 특징 등은 물질의 생명기능을 설명한대로 알아야 한다.(XIV. §59) 그것은 물질들의 생명기능이고 이것은 정신들의 생명기능이다. 이것이 여기서 차이점이다.

139. 대상에 마음을 고르게 놓는다, 또는 바르게 놓는다, 또는 단지 마음을 모은다라고 해서 **삼매**(samādhi)라 한다. 이것은 방황하지 않거나 혹은 산만하지 않는 특징을 가진다. 동시에 태어난 법들을 뭉치는 역할을 한다. 마치 물이 목욕 가루를 뭉치듯이. 고요함으로 나타난다. 대부분의 경우 즐거움(행복)이 가까운 원인이다. 바람이 없을 때 흔들림 없는 등불처럼 마음의 안정됨이라고 알아야 한다.

140. 이것 때문에 믿고, 혹은 이것은 그 스스로 믿고, 혹은 단지 믿기 때문에 **믿음**(saddhā)이라 부른다. 그것의 특징은 믿는 것이다. 혹은 신뢰하는 것(okappana)이다. 깨끗하게 하는 역할을 한다. 마치 물을 정화하는 보석처럼. 혹은 [믿음으로 대상에] 들어가는 것이다. 마치 홍수를 건너는 것처럼. 더럽지 않음으로 나타난다. 혹은 결심(adhimutti)으로 나타난다. 믿을 만한 대상이 가까운 원인이다. 혹은

---

288) 한편 이와 반대되는 8가지 'kusīta-vatthu(게으름의 동기)'에 대해서는 A.iv.332를 참조할 것.

정법을 듣는 등 예류과의 조건이 가까운 원인이다. 이것은 손과 재산과 씨앗처럼 보아야 한다.

141. 이것 때문에 기억하고, 혹은 이것은 그 스스로 기억하고, 혹은 단지 기억하기 때문에 **마음챙김**(*sati*)이라 한다. [대상에] 깊이 들어가는 것(*apilāpana*)[289]을 특징으로 한다. 잊지 않는 것(*asammosa*)을 역할로 한다. 보호하는 것으로 나타난다. 혹은 대상과 직면함(*visaya-abhimukha-bhāva*)으로 나타난다. 강한 인식(*thira-saññā*)이 가까운 원인이다. 혹은 몸 등에 대한 마음챙김의 확립(*sati-paṭṭhāna*)이 가까운 원인이다. 이것은 기둥처럼 대상에 든든하게 서있기 때문에, 혹은 눈 등의 문을 지키기 때문에 문지기처럼 보아야 한다.

142. 몸으로 짓는 나쁜 행위 등에 대해 부끄러워한다고 해서 **양심**(*hiri*)이라 한다. 이것은 부끄러움(*lajjā*)의 동의어이다. 오직 그것에 대해 두려워한다라고 해서 **수치심**(*ottappa*)이라 한다. 이것은 악행에

---

289) *apilāpana*(*nt.*)는 두 가지로 설명을 한다. 첫째는 *api*+√*lap*(*to prate, to speak*)에서 파생된 명사로 간주하여 '헤아림, 반복함'의 뜻으로 보는 것이다. 이렇게 본다면 마음챙김은 반복해서 거듭 챙기는 것을 특징으로 한다는 말이 되겠다. 둘째는 *a*(부정접두어)+√*plu*(*to float*)에서 파생된 명사로서 '[물 위로] 둥둥 떠다니지 않는 것(DhsA.147)'을 뜻한다고 보는 것이다. 이렇게 본다면 마음챙김은 대상의 주위로 맴돌지 않고 대상으로 깊이 들어가는 것을 특징으로 한다는 말이다.
특히 추상명사형인 *apilāpanatā*를 『앗타살리니』에서는 '*anupavisana-saṅkhātena ogāhanaṭṭhena apilāpanabhāvo apilāpanatā.*(DhsA.147)'로 후자의 입장에서 설명하고 있다. 그리고 다시 설명하기를 '예를 들면 조롱박이나 병(단지)등은 물에서 둥둥 떠다니고 깊숙이 들어가지 않지만 마음챙김은 대상에 대해 그렇지 않다. 마음챙김이 대상에 깊숙이 들어가기 때문에 '아뼅라빠나따'라고 한다.(*Ibid.*)'라고 하고 있다. 이것이 전통적인 상좌부 불교의 견해라서 역자도 이 후자의 입장을 따랐다.

대한 불안의 동의어이다.

이 가운데서 양심은 악행에 대해 진저리를 내는 것이 특징이다. 수치심은 두려워함이 특징이다. 양심은 부끄러움 때문에 악행을 짓지 않는 역할을 하고, 수치심은 두려움 때문에 악행을 짓지 않는 역할을 한다. 이들은 이미 말한 방법대로 악행을 피하는 것으로 나타난다. 가까운 원인은 각각 자기를 중히 여김(gārava)과 타인을 중히 여김이다. 자신을 중히 여겨 양심상 악행을 버린다. 마치 좋은 가문의 규수처럼. 타인을 중시 여겨 수치심으로 악행을 버린다. 마치 궁녀처럼. 이 두 가지 법은 세상의 보호자라고 알아야 한다.

143. 이것 때문에 탐하지 않고 혹은 이것은 그 스스로 탐하지 않고, 혹은 단지 탐하지 않기 때문에 **탐욕 없음**(alobha)이라 한다. **성냄 없음**(adosa)과 **어리석음 없음**(amoha)에도 이 방법이 적용된다.

이 가운데서 **탐욕 없음**은 대상에 대해 마음으로 욕심이 없음이 그 특징이다. 혹은 집착하지 않음이 그 특징이다. 마치 연잎의 물방울처럼. 움켜쥐지 않음이 그 역할이다. 마치 해탈한 비구처럼. 집착하지 않음으로 나타난다. 마치 오물통에 빠진 사람처럼.

성냄 없음은 잔악함이 없는 것이 그 특징이다. 혹은 수순함이 특징이다. 마치 다정한 친구처럼. 성가심을 버리는 것이 그 역할이다. 혹은 열을 버리는 것이 그 역할이다. 마치 전단향처럼. 차가움으로 나타난다. 마치 보름달처럼.

어리석음 없음은 고유성질을 있는 그대로 통찰하는 특징을 가진다. 혹은 실패 없이 [적중해서] 꿰뚫는 특징을 가진다. 마치 숙련된 궁수가 쏜 화살이 관통하는 것처럼. 대상을 밝히는 역할을 한다. 마치 등불처럼. 미혹하지 않음으로 나타난다. 마치 숲 속에서 좋은 안내자처럼.

144. 몸을 안정시키는 것이 **몸의 경안**(kāya-passaddhi)이다. 마음을 안정시키는 것이 **마음의 경안**이다. 여기서 몸이란 것은 느낌 등의 세 가지 무더기(蘊)들이다. 몸과 마음의 경안 둘 모두 몸과 마음의 불안을 가라앉히는 것이 그 특징이다. 몸과 마음의 불안을 완화하는 역할을 한다. 동요하지 않음과 청량함으로 나타난다. 몸과 마음이 가까운 원인이다. 이들은 몸과 마음을 가라앉지 못하게 하는 들뜸 등의 오염원과 반대된다고 알아야 한다.

145. 몸의 가벼운 상태가 **몸의 가벼움**(kāya-lahutā)이다. 마음의 가벼운 상태가 **마음의 가벼움**이다. 이들은 몸과 마음의 무거움을 가라앉히는 것이 그 특징이다. 몸과 마음의 무거움을 덜어버리는 역할을 한다. 몸과 마음의 느리지 않음으로 나타난다. 몸과 마음이 가까운 원인이다. 이들은 몸과 마음의 무거움을 초래할 해태와 혼침 등의 오염원과 반대된다고 알아야 한다.

146. 몸의 유연한 상태가 **몸의 부드러움**(kāya-mudutā)이다. 마음의 유연한 상태가 **마음의 부드러움**이다. 이들은 몸과 마음의 뻣뻣함(thambha)을 완화하는 특징을 가진다. 몸과 마음의 경직된 상태를 풀어주는 역할을 한다. 저항하지 않음으로 나타난다. 몸과 마음이 가까운 원인이다. 이들은 몸과 마음의 경직된 상태를 초래할 사견과 자만 등의 오염원과 반대된다고 알아야 한다.

147. 몸이 일에 적합한 상태가 **몸의 적합함**(kāya-kammaññatā)이다. 마음이 일에 적합한 상태가 **마음의 적합함**이다. 그들은 몸과 마

음이 일에 부적합한 상태를 가라앉히는 특징을 가진다. 그들은 몸과 마음이 일에 부적합한 상태를 부수는 역할을 한다. 그들은 어떤 것을 몸과 마음의 대상으로 만드는 것을 성취함으로 나타난다. 몸과 마음이 가까운 원인이다. 몸과 마음이 일에 적합하지 못한 상태를 초래할 나머지 장애들과 반대되고, 신뢰할 대상에 신뢰를 가져오며, 이로운 행위에 쉽게 적응함이 마치 잘 정제된 금과 같다고 알아야 한다.

148. 몸의 능숙한 상태를 **몸의 능숙함**(kāya-pāguññatā)이라 한다. 마음의 능숙한 상태를 **마음의 능숙함**이라 한다. 그들의 특징은 몸과 마음이 건강함이다. 몸과 마음의 병을 덜어버리는 역할을 한다. 실수하지 않음으로 나타난다. 몸과 마음이 가까운 원인이다. 몸과 마음의 병을 초래할 불신 등과 반대된다고 알아야 한다.

149. 몸의 곧은 상태를 **몸의 올곧음**(kāya-ujukatā)이라 한다. 마음이 곧은 상태를 **마음의 올곧음**이라 한다. 그들의 특징은 몸과 마음의 곧음이다. 몸과 마음의 구부러짐을 없애는 역할을 한다. 반듯함으로 나타난다. 몸과 마음이 가까운 원인이다. 몸과 마음의 구부러짐을 초래할 거짓이나 속임수 등과 반대된다고 알아야 한다.

150. **열의**(chanda, 欲)는 하고 싶어 함의 동의어이다. 그러므로 이것은 하고 싶어 하는 특징을 가진다. 대상을 찾는 역할을 한다. 대상을 원함으로 나타난다. 바로 그 대상이 가까운 원인이다. 이 열의는 대상을 잡는 데 마음을 뻗는 것이 마치 손을 뻗는 것과 같다고 알아야 한다.

151. 결심하는 것이 **결심**(adhimokkha, 勝解)이다. 그것은 결정하는 특징을 가진다. 더듬거리지 않는 역할을 한다. 결정으로 나타난다. 결정해야 할 법이 가까운 원인이다. 대상에 확고부동하기 때문에 이것은 마치 석주와 같다고 알아야 한다.

152. 행위를 함(kiriyā)이 지음(kāro)290)이고, 마음에(manasi) 지음(karo)이 **마음에 잡도리함**(manasikaro, 作意)이다. 이전의 마음과는 다른 마음을 만들기 때문에 마음에 잡도리함이라 한다. 대상에 대한 제어, 인식과정에 대한 제어, 속행(javana)에 대한 제어, 이 세 가지 측면에서 그렇게 한다. 그 중에서 대상에 대한 제어란 마음에 짓는 것이다. 그래서 마음에 잡도리함이다.

이것은 관련된 법들을 대상으로 내모는(sāraṇa)291) 특징을 가진다. 관련된 법들을 대상과 연결시키는 역할을 한다. 대상과 대면함으로 나타난다. 대상이 가까운 원인이다. 이것은 스스로 상카라들의 무더기(行蘊)에 속해 있으면서 대상을 제어하는 것(paṭipādaka)이기 때문에 관련된 법들의 조어자(sārathi)라고 알아야 한다.

그런데 인식과정에 대한 제어란 오문전향(五門轉向, pañcadvārāvajjana)292)의 동의어이다. 속행에 대한 제어란 의문전향(意門轉向,

---

290) manasikāro(마나시까로, 마음에 잡도리함, 作意)라는 어원분석을 하면서 먼저 까로(kāro)가 무엇인지를 설명한다. 행위함(kiriyā, 끼리야)이 바로 까로(kāro)라 했다. 그러므로 kiriyā(행위함)와 kāro는 둘 다 주격이다. 그러나 냐나몰리 스님은 kiriyā를 소유격으로 보고 'It is the maker of what is to be made' 라고 옮겼는데 문맥상 맞지 않다.

291) sāraṇa(nt.)는 √sṛ(to move)에서 파생된 명사로서 '흘음, 밖으로 내모는 것'을 의미한다. √smṛ(to remember)에서 파생된 sāraṇā(f.)는 '기억'을 뜻하는 명사인데 이것과 구분되어야 한다.

manodvāra-ārāvajjana)의 동의어이다. 이 둘은 여기에 포함되지 않는다.

153. 그 법들에서 중립적인 상태를 가짐이 **중립**(*tatramajjhattatā*)293)이다. 마음과 마음부수를 공평하게 나르는 특징을 가진다. 모자라거나 넘치는 것을 막는 역할을 한다. 혹은 편견(*pakkha-pāta*)을 끊는 역할을 한다. 중립적인 상태로 나타난다. 그것은 마음과 마음부수에 대해 공정하기 때문에294) 고르게 앞으로 나아가는 말들을 공평하게 모는 마부와 같이 보아야 한다.

154. **연민**(*karuṇā*, 悲)과 **더불어 기뻐함**(*muditā*, 喜)은 거룩한 마음가짐(梵住)의 해설(IX. §92, §§94-95)에서 설명한대로 알아야 한다. 그곳에서는 본삼매를 얻은 색계에 속하고 여기서는 욕계에 속하는 것이 차이점이다.

어떤 자는 자애와 평온은 정해지지 않은 것(*aniyata*)들에 포함된다고 한다. 그것은 동의할 수 없다. 뜻으로 볼 때 성냄 없음이 바로 자애이고 중립이 바로 평온이다.

155. 몸으로 짓는 나쁜 행위로부터 절제하는 것이 **몸으로 짓는 나쁜 행위의 절제**(*virati*)이다. 이 방법은 나머지 [**입으로 짓는 나쁜**

---

292) 오문전향과 의문전향에 대해서는 『길라잡이』 4장 §6이하를 참조할 것.
293) '*tatra-majjhattā*'는 문자적으로는 '*tatra*(거기에)+*majjhatta*(중간에 섬)'에다 추상명사형 어미인 '-*tā*'를 붙여서 만든 추상명사로서 '중간에 서게 됨'을 뜻한다. 한편 '*majjhatta*'는 '*majjhattha*(Sk. *madhyastha*)'라고 표기되기도 하는데 '-*ttha*(-*stha*)'가 √*sthā*(*to stand*)의 명사형이므로 '*majjhaṭṭha*'가 더 좋은 표기가 아닐까 생각해본다. 불교산스끄리뜨에서는 모두 '*madhyastha*'로 나타난다.
294) 냐나몰리 스님은 이 부분에 해당하는 원문인 '*cittacetasikānaṁ ajjhupekkhaṇabhāvena*'를 옮기지 않았다.

행위의 절제, 삿된 생계수단의 절제의] 경우에도 적용된다. 이들 셋의 특징은 몸으로 짓는 나쁜 행위 등의 대상을 범하지 않거나 어기지 않는 것이다. 몸으로 짓는 나쁜 행위 등의 대상으로부터 움츠리는 역할을 한다. 이들을 행하지 않음으로 나타난다. 믿음, 양심, 수치심, 소욕(少欲) 등의 덕이 가까운 원인이다. 마음이 악행으로부터 등을 돌리는 것이라고 보아야 한다.

156. 이와 같이 이들 36가지 상카라(行)들이 욕계의 첫 번째 유익한 마음과 연결된다고 알아야 한다. 첫 번째 마음과 연결되는 것처럼 두 번째 마음과도 연결되는데 여기서는 자극이 있는 것만 다르다. 어리석음 없음을 제외한 나머지는 세 번째 마음과 연결된다고 알아야 한다. 네 번째 마음과도 그렇게 연결되고 자극이 있는 것만 다르다. 첫 번째에서 설한 것 가운데 희열을 제외한 나머지가 다섯 번째 마음과 연결된다. 여섯 번째에도 그와 같이 연결되고 여기서도 자극이 있는 것만 다르다. 어리석음 없음을 제외한 나머지는 일곱 번째와 연결된다고 알아야 한다. 여덟 번째 경우에도 그와 같이 연결되고 자극이 있는 것만 다르다.

157. 첫 번째에서 설한 것 가운데 세 가지 절제를 제외한 나머지는 **색계의 유익한 마음**에서 첫 번째와 연결된다. 이것에서 일으킨 생각을 제외한 나머지는 두 번째와, 다시 이것에서 지속적인 고찰을 제외한 나머지는 세 번째와, 다시 이것에서 희열을 제외한 나머지는 네 번째와, 다시 이것에서 정해지지 않은 것에 속하는 연민과 더불어 기뻐함을 제외한 나머지는 다섯 번째와 연결되며, 이들은 네 가지 **무색계의 유익한 마음**에도 연결된다. 무색계에 속하는 것

만 여기서 다른 점이다.

158. 출세간에서 초선을 가진 도의 마음의 경우 색계 초선의 마음에서 설한대로 알아야 한다. 제2선 등을 가지는 경우에도 색계 제2선의 마음 등에서 설한대로 알아야 한다. 연민과 더불어 기뻐함은 없고, 절제는 정해진 것이다. 여기서는 출세간의 경지인 것이 차이점이다.

이와 같이 유익한 상카라(行)들을 알아야 한다.

159. **해로운(不善) [상카라]**들에서 탐욕에 뿌리박은 첫 번째 해로운 마음과 관련된 것은 17가지인데 13가지는 정해진 것으로서 [아비담마 논모(論母, mātika)에 명시되어] 전승되어 오는 것이며 4가지는 예와빠나까에 속한다.

이 가운데서 감각접촉(觸), 의도(思), 일으킨 생각(尋), 지속적인 고찰(伺), 희열, 정진, 생명기능(命根), 삼매(定), 양심 없음(無慚), 수치심 없음(無愧), 탐욕(貪), 어리석음(痴), 사견(邪見) — 이 13가지는 [아비담마 논모(論母, mātika)에 명시되어] 전승되어 오는 것이다.

열의(欲), 결심(勝解), 들뜸(掉擧), 마음에 잡도리함(作意) — 이 4가지는 예와빠나까에 속한다.

160. 이 가운데서 부끄러워하지 않는다고 해서 양심이 없는 자라하고, 양심이 없는 자의 상태를 **양심 없음**(ahirika, 無慚)이라 한다. 두려워하지 않는다고 해서 **수치심 없음**(anottappa, 無愧)이라 한다.

양심 없음은 몸으로 짓는 나쁜 행위 등에 대해 혐오하지 않는 특징을 가진다. 혹은 부끄러움이 없는 것이 특징이다. 수치심 없음은 그 행위에 대해 걱정하지 않는 특징을 가진다. 혹은 두려워하지 않는 특징을 가진다. 자세한 것은 양심과 수치심에서 설한 것(§142)과 반대로 알아야 한다.

161. 이것 때문에 탐하고, 혹은 이것 스스로 탐하고, 혹은 단지 탐하기 때문에 **탐욕**(*lobha*)이라 한다. 이것 때문에 어리석고, 혹은 이것 스스로 어리석고, 혹은 단지 어리석기 때문에 **어리석음**(*moha*)이라 한다.

162. 이 가운데서 **탐욕**은 마치 끈끈이처럼 대상을 거머쥐는 특징을 가진다. 마치 달구어진 냄비에 놓인 고깃덩이처럼 달라붙는 역할을 한다. 마치 염색하는 안료처럼 버리지 않음으로 나타난다. [족쇄]에 묶이게 될 법들에서 달콤함을 봄이 가까운 원인이다. 탐욕은 갈애의 강물로 늘어나면서 마치 강물의 거센 물살이 큰 바다로 인도하듯 중생을 잡아 악처로 인도한다고 알아야 한다.

163. **어리석음**의 특징은 마음의 어두운 상태이다. 혹은 지혜가 없음이다. 통찰하지 않는 역할을 한다. 혹은 대상의 고유성질을 덮어버리는 역할을 한다. 바른 수행의 결여로 나타난다. 혹은 어두움으로 나타난다. 근원을 벗어나서(*ayoniso*, 지혜 없이) 마음에 잡도리함이 가까운 원인이다. 모든 해로움의 뿌리라고 알아야 한다.

164. 이것 때문에 삿되게 보고 혹은 이것 스스로 삿되게 보고, 단지 삿되게 보기 때문에 **사견**(*micchā-diṭṭhi*)이라 한다. 이것의 특징은 이치에 어긋나는 고집이다. 집착하는 역할을 한다. 삿된 고집으로 나타난다. 성스러운 제자들을 친견하고자하지 않음 등이 가까운

원인이다. 이것은 가장 비난받아야 할 것이라고 알아야 한다.

165. 들뜬 상태가 **들뜸**(uddhacca)이다. 그것의 특징은 바람결에 출렁이는 물처럼 고요하지 않음이다. 마치 바람에 부딪혀 흔들리는 깃발처럼 동요하는 역할을 한다. 마치 돌에 맞아 흩어지는 재처럼 산란한 움직임으로 나타난다. 마음이 동요할 때 그것에 대해 지혜 없이 마음에 잡도리함이 가까운 원인이다. 마음의 산만함이라고 알아야 한다.

166. 나머지는 유익한 상카라에서 설한 방법대로 알아야 한다. 이들은 해로운 상태이고, 해로운 상태이기 때문에 저열함이 그들과는 다른 점이다. 이와 같이 17가지 상카라들이 첫 번째 해로운 마음과 연결된다고 알아야 한다. [이들은] 첫 번째 마음과 연결된 것처럼 두 번째 마음과도 연결되는데 여기서는 자극이 있고 해태와 혼침이 정해지지 않은 것이라는 것만 다르다.

167. 나태함이 **해태**(thina)이고, 무기력함이 **혼침**(middha)이나. 분발심이 없어 무력하고 활기가 없어 피로하다는295) 뜻이다. 'thīna-middhaṁ(해태·혼침)'은 'thīnañ ca middhañ ca(해태와 혼침)'로 풀이해야 한다.

이 가운데서 해태는 분발이 없는 특징을 가진다. 정진을 없애는 역할을 한다. 처지는 것으로 나타난다. 혼침은 일에 적합하지 못한 특징을 가진다. [마음의 문을] 덮어버리는 역할을 한다. 게으름으로

---

295) 원문은 'asattivighāto(활기가 없어서 피로하다)'인데 냐나몰리 스님은 '<u>loss of vigour</u>'로만 옮겨 'asatti(활기 없음)'의 의미를 빠트렸다.

나타난다. 혹은 졸음과 수면으로 나타난다. 권태, 하품 등에 대해 지혜 없이 마음에 잡도리함이 이 둘의 가까운 원인이다.

168. 첫 번째 설한 것에서 사견을 제외한 나머지가 세 번째 [해로운] 마음과 연결된다고 알아야 한다. 그러나 여기서는 **자만**(māna)이 정해지지 않은 것에 속하는 것이 다르다. 이 [자만]의 특징은 오만함이다. 건방짐이 그 역할이다. 허영심으로 나타난다. 사견으로부터 분리된 탐욕이 가까운 원인이다. 광기와 같다고 보아야 한다. 두 번째 설한 것에서 사견을 제외한 나머지는 네 번째 해로운 마음과 연결된다고 알아야 한다. 여기서도 역시 자만은 정해지지 않은 것에 속한다.

169. 첫 번째 설한 것에서 희열을 제외한 나머지가 다섯 번째 마음과 연결된다. 다섯 번째 마음과 연결되는 것처럼 여섯 번째 마음과도 연결된다. 그러나 여기서는 자극이 있고 해태와 혼침은 정해지지 않은 것에 속하는 것만 다르다. 다섯 번째 설한 것에서 사견을 제외한 나머지가 일곱 번째 마음과 연결된다고 알아야 한다. 여기서도 역시 자만은 정해지지 않은 것이다. 여섯 번째 설한 것에서 사견을 제외한 나머지가 여덟 번째 마음과 연결된다고 알아야 한다. 여기서도 역시 자만은 정해지지 않은 것이다.

170. 두 가지 성냄에 뿌리박은 마음 가운데서 첫 번째 마음과 연결된 것은 18가지이다. 즉 정해진 것으로서 [아비담마 논모(論母, mātika)에 명시되어] 전승되어 오는 것이 11가지이고 예와빠나까는 4가지이고 정해지지 않은 것이 3가지이다.

이 가운데서 감각접촉, 의도, 일으킨 생각, 지속적인 고찰, 정진, 생명기능, 삼매, 양심 없음, 수치심 없음, 성냄, 어리석음 — 이 11가지는 [아비담마 논모에 명시되어] 전승되어 오는 것이다.

열의, 결심, 들뜸, 마음에 잡도리함 — 이 4가지는 예와빠나까에 속한다.

질투, 인색, 후회(惡作) — 이 3가지는 정해지지 않은 것이다.

171. 이 가운데서 그것 때문에 성내고 혹은 그것 스스로 성내고 혹은 단지 성내기 때문에 **성냄**(dosa)이라 한다. 그것은 마치 두들겨 맞은 독사처럼 잔인함을 특징으로 가진다. 그것은 마치 한 모금의 독처럼 퍼지는 역할을 한다. 혹은 자기의 의지처를 태우는 역할을 한다. 마치 숲 속의 불처럼. 성내고 있음으로 나타난다. 마치 기회를 포착한 원수처럼. 성을 낼 대상이 가까운 원인이다. 이것은 독소가 섞인 오줌과 같다고 알아야 한다.

172. 질투함이 **질투**(issā)이다. 이것은 타인의 성공을 시기하는 특징을 가진다. 좋아하지 않는 역할을 한다. 혐오함으로 나타난다. 타인의 성공이 가까운 원인이다. 이것은 족쇄로 보아야 한다.

173. 인색한 상태가 **인색**(macchariya)이다. 그것은 이미 얻었거나 얻게 될 자기의 성공을 숨기는 특징을 가진다. 다른 사람과 그것을 나누어 가지는 것을 참지 못하는 역할을 한다. 움츠림으로 나타난다. 혹은 쓰디쓴 상태(kaṭukañcukatā)[296)]로 나타난다. 자기의 성공이

---

296) kaṭukañcukatā는 전통적으로 kaṭuka+añcuka에 추상명사형 어미인 '-tā'를 붙여서 만든 것으로 간주한다. 여기서 kaṭuka는 '쓴 [맛]'을 뜻하며 añcuka는 √añc(to go, to stretch out)에서 파생된 명사로 간

가까운 원인이다. 이것은 정신적인 추한 꼴로 보아야 한다.

174. 악한 것(*kucchita*)을 행하였음(*kata*)이 악행을 했음(*kukkata*)이다. 그것의 상태가 **후회**(*kukkucca*, 惡作)297)이다. 나중에 속을 태우는 특징을 가진다. [좋은 일을] 행하지 않은 것과 [나쁜 일을] 행한 것을 슬퍼하는 역할을 한다. 뉘우침으로 나타난다. 행함과 행하지 아니함이 가까운 원인이다. 노예의 근성과 같다고 보아야 한다.

175. 나머지는 앞에서 설했다. 이와 같이 18가지 상카라들이 성냄에 뿌리박은 것의 첫 번째 마음과 연결된다고 알아야 한다. 첫 번째와 연결되는 것처럼 두 번째 마음과도 연결된다. 자극이 있고 해태와 혼침은 정해지지 않은 것에 속하는 것이 차이점이다.

176. 두 가지 어리석음에 뿌리박은 마음 가운데서 의심과 관련된 마음에는 13가지가 연결된다.

이 가운데서 감각접촉, 의도, 일으킨 생각, 지속적인 고찰, 정진, 생명기능, 마음의 머묾(心止), 양심 없음, 수치심 없음, 어리석음, 의

주한다. 그래서 쓰라림이 퍼져 나오는 것을 뜻한다 할 수 있다. 여기서는 너무 인색하면 자기 재산 등이 줄어들 때 속이 쓰림을 뜻한다고 보면 되겠고 인색하면 항상 긴장해서 애간장을 태우는 것을 뜻한다고 여겨도 되겠다. 그래서 PED에는 '가슴이 오그라드는 것(the shrinking up of the heart)'이라고 표현하고 있다.

297) 후회로 옮기는 '*kukkucca*'는 음미해 볼 필요가 있는 단어이다. 이 단어는 여기서 보듯이 전통적으로 *ku*(나쁜)+*kata*(행한, √*kr̥, to do*의 과거분사)가 합성되어 *kukkata*가 되고 이것의 추상명사가 *kukkucca*라고 설명한다. 즉 전에 지은 행위에 대해서 '아차! 잘못(*ku*) 했구나(*kata*)'라고 뉘우치거나 안달복달하는 마음상태를 말한다. 중국에서는 '잘못(惡) 했다(作)'라는 말 그대로 직역해서 惡作이라 옮겼는데 원어를 모르고서는 이해하기가 수월하지 않은 단어이다.

심 — 이 11가지는 [아비담마 논모에 명시되어] 전승되어 오는 것이다.

들뜸, 마음에 잡도리함 — 이 두 가지는 예와빠나까에 속한다.

177. 이 가운데서 **마음의 머묾**(citta-ṭṭhiti, 心止)이란 생긴 [순간만] 머무는 정도의 얕은 삼매이다.298)

치료하려는 바람(cikicchā)299)이 없는 것이 **의심**(vicikicchā)이다. 이 것은 회의하는 특징을 가진다. 흔들리는 역할을 한다. 결정하지 못함으로 나타난다. 혹은 불분명하게 파악함으로 나타난다. 지혜 없이 마음에 잡도리함이 가까운 원인이다. 도닦음에 방해가 된다고 보아야 한다.

나머지는 앞서 설한 것과 같다.

178. 한편 의심과 관련된 마음에서 설한 상카라들에서 의심을 제외한 나머지 12가지 상카라들이 들뜸과 관련된 마음과 연결된다. 여기서는 의심이 없기 때문에 결심이 일어난다. 그것과 함께 13가지이다. 결심이 있기 때문에 삼매는 더욱 깊다. 여기서 들뜸은 [아비담마 논모에 명시되어] 전승되어 오는 것이고, 결심과 마음에 잡도리함은 예와빠나까에 속한다.

---

298) 여기서 보듯이 본서에서는 89가지 모든 마음과 항상 함께하는 마음부수 (반드시들)인 삼매(혹은 하나됨)가 의심과 함께 나타날 때는 삼매 혹은 하나됨이라는 술어를 사용하지 않고 '생기는 [순간만] 머무는 정도의 얕은 삼매(pavattiṭṭhitimatto dubbalo samādhi)'로 표현하고 있다. Pm.에서도 'pavatti ṭṭhiti-matta(생겨 머무는 정도)'를 'khaṇa-ṭṭhiti-matto (순간만 머무는 정도)'라고 주석하고 있다.

299) cikicchā는 남방불교 전통에서는 kicchati(to cure)의 Desiderative(소망형)로 간주한다.(NMD 참조) 그래서 역자는 남방전통에 따라서 이렇게 옮긴다.

이와 같이 해로운 상카라들을 알아야 한다.

179. 결정할 수 없는 [상카라]들(abyākata, 無記)300)에서 과보로 나타난 무기(34)-(69)는 원인을 갖지 않은 것과 원인을 가진 것의 분류에 따라 두 가지이다. 그 가운데서 원인을 갖지 않은 과보로 나타난 마음((34)-(41), (50)-(56))과 연결된 것은 원인 없는 것(ahetuka)이다.

이 가운데서 유익한 과보로 나타난 눈의 알음알이(34), 해로운 과보로 나타난 눈의 알음알이(50)와 연결된 것은 네 가지이다. 즉 감각접촉, 의도, 생명기능, 마음의 머묾이 [아비담마 논모에 명시되어] 전승되어 오는 것이고, 마음에 잡도리함은 예와빠나까에 속하는 것이며, 그래서 모두 다섯 가지이다. 물론 이들은 귀·코·혀·몸의 알음알이와도 연결된다.

180. 이들 [다섯 가지]와 일으킨 생각, 지속적인 고찰, 결심의 여덟 가지는 두 가지 마노의 요소(意界)((39), (55))와 연결된다. 마찬가지로 이들은 세 가지 원인을 갖지 않은 마노의 알음알이의 요소(意識界)((40), (41), (56))와 연결된다. 그러나 여기서 기쁨이 함께한 것(40)은 그 [여덟 가지]와 함께 희열이 첨가된다고 알아야 한다.

---

300) 무기(無記, abyākata)는 네 종류가 있다. 즉 위빠까(vipāka, 과보로 나타난 마음), 끼리야(kiriya, 단지 작용만 하는 마음), 루빠(rūpa, 물질), 닙바나(nibbāna, 열반)이다. 여기서는 상카라들의 무더기(行蘊)를 다루고 있기 때문에 이 네 가지 가운데서 물질과 열반을 제외한 과보로 나타난 무기와 단지 작용만 하는 무기(§183)를 차례대로 설명한다.
그리고 다시 강조하거니와 꾸살라(kusala, 유익한 것, 善)와 아꾸살라(akusala, 해로운 것, 不善)는 과보(vipāka)를 가져오는 것들이지만 이 무기인 마음들은 과보를 수반하지 않는다.

181. 원인을 가진 과보로 나타난 마음((42)-(49))과 연결된 것은 원인을 가진 것(sahetuka)이다. 그 가운데서 여덟 가지 욕계의 과보로 나타난 마음과 연결된 상카라들은 여덟 가지 욕계의 유익한 마음((1)-(8))과 연결된 상카라들과 같다. 그러나 정해지지 않은 것 가운데서 연민, 더불어 기뻐함은 과보의 마음에는 없다. 그들은 중생을 대상으로 하기 때문이다.301) 욕계의 과보로 나타난 마음은 반드시 좁은 대상을 가진다. 연민, 더불어 기뻐함뿐만 아니라 [세 가지] 절제들도 과보로 나타난 마음에는 없다. 다섯 가지 학습계율302)은 "오직 유익한 것이다.(Vbh.291)"라고 설하셨기 때문이다.

182. 색계, 무색계, 출세간의 과보로 나타난 마음과 연결된 상카라들은 그들 각각의 유익한 마음과 연결된 상카라들과 같다.

183. 단지 작용만 하는 결정할 수 없는 것(無記)도 원인을 갖지 않은 것((70)-(72))과 원인을 가진 것((73)-(80))의 분류에 따라 두 가지이다. 그 가운데서 원인을 갖지 않은 단지 작용만 하는 마음과 연결된 [상카라들은] 원인 없는 것이다. 그들은 유익한 과보로 나타난 마노의 요소와 원인을 갖지 않은 두 가지 마노의 알음알이의 요소와 연결된 [상카라들과] 같다.303) 두 가지 마노의 알음알이의 요소

---

301) 즉 연민(*karuṇā*, 까루나), 더불어 기뻐함(*muditā*, 무디따)은 중생(*satta*)을 대상으로 하기 때문에 오직 유익한 마음에만 함께 할 뿐 과보로 나타난 마음에는 일어나지 않는다.
302) 오계(五戒, *pañca sīlā*)를 초기경들에서는 다섯 가지 학습계율(*sikkhā-padā*)이라 부른다. 이것은 오직 유익한 것이기 때문에 과보의 마음에는 없다는 뜻이다.
303) "즉 원인을 갖지 않은 단지 작용만 하는 마노의 요소(70)와 연결된 상카

((71)-(72))의 경우 정진이 첨가된다. 정진이 있으므로 삼매가 힘을 얻는다. 이것이 여기서 차이점이다.

184. 원인을 가진 단지 작용만 하는 마음과 연결된 상카라들은 원인을 가진 것이다. 그 가운데서 우선 여덟 가지 욕계의 단지 작용만 하는 마음과 연결된 상카라들은 여덟 가지 욕계의 유익한 마음과 연결된 상카라들과 같다. 다만 절제는 제외된다. 색계, 무색계의 단지 작용만 하는 마음과 연결된 상카라들은 모든 면에서 유익한 마음과 연결된 상카라들과 같다.

이와 같이 결정할 수 없는(무기) 상카라들을 알아야 한다.

이상으로 상카라들의 무더기에 대한 상세한 주석을 마친다.

과거 등의 분석

atītādivibhāgakathā

185. 이상은 아비담마의 분류법(Abhidhamma-bhājanīya)[304]에 따라 무더기(蘊)들을 상세하게 주석한 것이다. 그러나 세존께서는 [경

라들은 유익한 과보로 나타난 마노의 요소(39)와 연결된 상카라들과 같다. 미소를 머금게 하는 마음(*hasituppāda*)(72)과 연결된 상카라들은 기쁨이 함께하는 조사하는(*santīraṇa*, 산띠라나) 마노의 알음알이의 요소(40)의 상카라들과 같다. 결정하는(*votthabbana*, 옷탑바나) 마노의 알음알이의 요소(71)와 연결된 상카라들은 평온이 함께하는 조사하는 마음(41)의 상카라들과 같다.(Pm.492)"

304) 아비담마의 분류법(Abhidhamma-bhājanīya)과 경에 따른 분류법(Suttanta-bhājanīya)은 『위방가』(Vibhaṅga, 분별론)에서 법을 설명할 때 채택된 기법이다.

에 따른 분류법을 통해서] 무더기들을 다음과 같이 상세하게 설하셨다.

"물질은 그 어떠한 것이건, 그것이 ① 과거의 것이건 ② 미래의 것이건 ③ 현재의 것이건 ④ 안의 것이건 ⑤ 밖의 것이건 ⑥ 거칠건 ⑦ 미세하건 ⑧ 저열하건 ⑨ 수승하건 ⑩ 멀리 있건 ⑪ 가까이 있건 그 모두를 함께 묶고, 함께 모아서 물질의 무더기라 한다. 어떠한 느낌이건 … 어떠한 인식이건 … 어떠한 상카라들이건 … 어떠한 알음알이건, 그것이 과거의 것이건, 미래의 것이건, 현재의 것이건 … 함께 모아서 알음알이의 무더기라 한다.(Vbh.1-9)"

물질(*rūpa*)

186. 여기서 **어떠한**(*yaṁ kiñci*)이란 모든 것을 다 포함한다. **물질이건**은 지나치게 확대하여 적용함을 막는다.305) 이렇게 이 두 단어로 물질은 예외 없이 모두 포함되었다. 그런 뒤 물질을 과거 등으로 분류하기 시작하셨다. 왜냐하면 어떤 것은 과거로 어떤 것은 미래 등으로 분류되기 때문이다. 이 방법은 느낌 등에도 적용된다.

이 가운데서 **(1) 과거의 물질**은 ① 세월(*addhā*) ② 상속(*santati*) ③ 시간(*samaya*) ④ 순간(*khaṇa*)에 따라 네 가지이다. **(2) 미래의 물질**과 **(3) 현재의 물질**도 그와 같다.

187. 이 가운데서 ① **세월에 따라:** 한 중생이 한 생에 재생연결하기 이전을 과거라 하고 죽은 후를 미래라 하고 이 두 사이를 현재

---

305) '어떠한 것이건(*yaṁ kiñci*)'이라 하면 이 세상의 모든 것이란 의미가 되지만 바로 뒤에 '물질(*rūpa*)'이란 단어가 나와서 '*yaṁ kiñci*'가 모든 것에 다 적용됨을 막는 역할을 한다는 말이다.

라 한다.

188. ② **상속에 따라:** 비슷한 형태와 동일한 정도의 온도306)에서 생겼고 동일한 음식에서 생긴 물질은 비록 이전과 이후로 일어나더라도 이것은 현재의 것이다. 그 이전에 다른 온도나 음식에서 생긴 것을 과거라 한다. 그 뒤의 것을 미래라 한다. 마음에서 생긴 것으로서 하나의 인식과정, 하나의 속행307), 하나의 증득에서 생긴 것만을 현재라 한다. 그 이전의 것을 과거라 하고 그 뒤의 것을 미래라 한다. 업에서 생긴 물질에는 상속에 따라 과거 등의 특별한 분류가 없다. 그러나 온도와 음식과 마음에서 생긴 물질을 돕는 것에 따라 과거의 상태 등이 있다.

189. ③ **시간에 따라:** 하나의 경(更), 아침, 저녁, 밤, 낮 등의 시간에서 지속적(*santāna*)으로 일어나는 시간을 현재라 하고, 그 이전을 과거라 하고, 그 뒤의 것을 미래라 한다.

190. ④ **순간에 따라:** 일어남 등의 세 순간(亞剎那)308)을 포함하

---

306) 아비담마에 의하면 물질(*rūpa*)은 업(*kamma*), 마음(*citta*), 온도(*utu*), 자양분(*āhāra*)의 네 가지 조건으로 생긴다고 한다.(『길라잡이』 6장 §§9-15 참조) 그래서 여기서도 이 네 가지를 들어서 물질의 과거·현재·미래를 설명하고 있다.
307) "하나의 인식과정과 하나의 속행은 각각 오문인식과정과 의문인식과정을 뜻한다.(Pm.494)"
308) 하나의 마음(*citta*), 엄밀히 말하면 마음순간(*cittakkhaṇa*, 心剎那)은 일어나고(生, *uppāda*) 머물고(住, *thiti*) 무너지는(壞, *bhaṅga*) 세 과정으로 이루어져있다. 이것을 CMA에서는 *sub-moment*라고 표현하고 있고 역자는 이것을 '아찰나(亞剎那)'라고 옮겨서 사용한다. 아찰나에 해당하는 빠알리어는 없다. 상세한 것은 『길라잡이』 4장 §6의 해설을 참조할 것.

는 것이 현재이고, 그 이전이 미래이며, 그 뒤의 것이 과거이다.

191. 더욱이 원인과 조건의 작용(kicca)이 끝난 물질을 과거라 하고, 원인의 작용은 끝났지만 아직 조건의 작용이 끝나지 않은 것을 현재라 하며, 두 작용을 아직 얻지 못한 것을 미래라 한다. 혹은 작용하는 순간을 현재라 하고, 그 이전을 미래라 하며, 그 뒤의 것을 과거라 한다. 여기서 순간 등309)의 주석은 글자 뜻 그대로이고 나머지는 방편적인 것이다.

192. **(4)-(5) 안과 밖**의 분류는 이미 설했다.(§73) 여기서는 자기의 안이 안이고 타인의 것은 밖이라고 알아야 한다. **(6)-(7) 거칠고 미세한** 분류도 이미 설했다.

193. **(8)-(9) 저열함과 수승함**의 분류도 두 가지이다. 상대적인 것과 절대적인 것이다. 그 가운데서 색구경천(色究竟天)310)들의 물질에 비해 선견천(善見天)들의 것은 저열한 것이다. 선견천들의 물질은 선현천(善現天)들의 것보다는 수승하다. 이와 같이 지옥 중생의 물질까지 상대적으로 저열함과 수승함을 알아야 한다. 절대적인 측면으로는, [그 물질을 대상으로] 해로운 과보의 마음이 일어나면 그것은 저열한 것이고 유익한 과보의 마음이 일어나면 그것은 수승한 것이다.

194. **(10)-(11) 멀리 있건 가까이 있건**: 이것은 이미 설했다.(§73).

---

309) 여기서 등(ādi)이라고 한 것은 원인(hetu)과 조건(paccaya)의 역할(kicca)에 따라 설명한 것을 뜻한다.
310) 여기서 언급되고 있는 천상들은 『길라잡이』 5장 §§3-8과 <도표:5.1>을 참조할 것.

더욱이 장소에 따라서도 상대적으로 멀고 가까움을 알아야 한다.

195. **그 모두를 함께 묶고, 함께 모아서:** 과거 등이라는 단어로 물질을 따로따로 설명했다. 변하는(*ruppana*) 특징을 가졌다(§34)고 하는 하나의 상태에다 그 모든 물질들을 통찰지로써 더미로 만들어311) 물질의 무더기(色蘊)라고 부른다는 것이 여기서의 뜻이다.

196. 이 문장에서 모든 물질은 변하는 특징 안에 무더기를 이루기 때문에 물질의 무더기라고 설명하였다. 물질을 떠나 따로 물질의 무더기가 있는 것이 아니기 때문이다. 물질의 경우처럼 느낌 등도 느껴진 것의 특징 등의 안에 더미를 이루기 때문에 각각 느낌의 무더기 등이라고 설명한다. 느낌 등을 떠나 따로 느낌의 무더기 등이 있는 것이 아니기 때문이다.

느낌(*vedanā*)

197. 과거 등의 분류에서 느낌의 **(1)–(3) 과거, 미래, 현재** 상태를 상속(*santati*)과 순간(*khaṇa*) 등으로 알아야 한다.

상속으로: 하나의 인식과정, 하나의 속행, 하나의 증득에 속한 느낌과 한 가지 대상과 관련되어 일어난 느낌은 현재이다. 그 이전이 과거이고 그 뒤의 것이 미래이다.

---

311) 원문의 '*ruppana-lakkhaṇa-saṅkhāte*(변하는 특징을 가진다고 알려진) *ekavidhabhāve*(그 한 가지 상태에)'는 처소격으로 '그 한 가지 상태 안에다 여러 가지 따로 설한 물질들을 통찰지로써(*paññāya*) 더미로 (*rāsiṁ*) 만든다(*katvā*)'는 뜻이다. 즉 물질은 여러 종류의 분류가 있지만 변한다는 특징으로 볼 땐 오직 한 가지라고 앞에서 밝혔고 그 이름 아래 하나로 묶는다는 뜻이 되겠다.

순간으로: 세 순간(세 아찰나)에 속해 있고, 이전과 나중의 중간이고, 자신의 역할을 수행하는 느낌이 현재이고, 그 이전이 과거이며, 그 뒤의 것이 미래이다.

198. **(4)-(5) 안과 밖**의 분류는 자신의 안을 통해서 알아야 한다.

(6)-(7) 거칠고 미세한 분류는 『위방가』에서 설한 대로 ① 종류(*jāti*)에 따라 ② 고유성질(*sabhāva*)에 따라 ③ 사람(*puggala*)에 따라 ④ 세간・출세간에 따라서 알아야 한다.(Vbh.3) 『위방가』에서 다음과 같이 설하셨기 때문이다. "해로운 느낌은 거칠고, 유익한 것과 무기의 느낌은 미세하다.(Vbh.3)"

199. **① 종류에 따라:** 해로운 느낌은 고요하지 못한 상태이다. 이것은 비난받을 행위의 원인이고 번뇌의 열로 불타기 때문이다. 그래서 유익한 느낌에 비해 거칠다. 이것은 활동을 가지고, 의욕을 가지며, 결과를 가져오고, 번뇌의 열로 불타며, 비난받아 마땅하기 때문에 과보로 나타난 무기(無記, 결정 할 수 없는 것)에 비해 거칠다. 이것은 결과를 가져오고, 번뇌의 열로 불타며, 고통을 초래하고, 비난받아 마땅하기 때문에 단지 작용만 하는 무기에 비해 거칠다.

그러나 유익한 느낌과 무기의 느낌은 앞서 말한 것과 반대되므로 해로운 느낌에 비해 미세하다. 유익한 느낌과 해로운 느낌 이 둘은 모두 활동을 가지고, 의욕을 가지며, 결과를 가져오므로, 두 가지 각각의 무기에 비해 거칠다. 두 가지 무기는 모두 앞서 말한 것과 반대되므로 그들에 비해 미세하다. 이와 같이 종류에 따라 거친 것과 미세한 것을 알아야 한다.

200. ② **고유성질에 따라:** 괴로운 느낌은 즐거움이 없고, 떨림이 있으며, 혼란을 초래하고, 근심을 불러오며, 압도하기 때문에 다른 두 가지 느낌에 비해 거칠다. 그러나 다른 두 가지는 각각 행복하고 고요하며 수승하고 사랑스럽고 중립적이기 때문에 괴로운 느낌에 비해 미세하다. 즐거운 느낌과 괴로운 느낌, 이 둘은 떨림이 있고 혼란을 초래하며 분명하기 때문에 괴롭지도 즐겁지도 않은 느낌(不苦不樂受)에 비해 거칠다. 괴롭지도 즐겁지도 않은 느낌은 앞서 말한 것과 반대되므로 그 둘에 비해 미세하다. 이와 같이 고유성질에 따라 거친 것과 미세한 것을 알아야 한다.

201. ③ **사람에 따라:** 법을 증득하지 못한 자의 느낌은 여러 가지 대상에 흩어지기 때문에 증득한 자의 느낌에 비해 거칠다. 반대로 나중 것은 미세하다. 이와 같이 사람에 따라 거친 것과 미세한 것을 알아야 한다.

202. ④ **세간·출세간에 따라:** 번뇌를 가진 느낌은 세간의 것이다. 그것은 번뇌가 일어나는 원인이고 급류에 휩쓸리기 쉬우며 속박되기 쉽고 매듭이 생기기 쉬우며 자칫 장애의 대상이 되고 집착하기 쉬우며 오염되기 쉽고 범부에게 공통된 것이므로 번뇌 다한 느낌에 비해 거칠다. 번뇌 다한 느낌은 앞서 말한 것과 반대되기 때문에 번뇌를 가진 느낌에 비해 미세하다. 이와 같이 세간·출세간에 따라 거친 것과 미세한 것을 알아야 한다.

203. 그러나 여기서 종류(*jāti*) 등으로 서로 섞는 것을 피해야 한다. 해로운 과보로 나타난 몸의 알음알이와 관련된 느낌은 그것이

무기(결정할 수 없는 것)이기 때문에 종류로서는 미세하지만 고유성질 등에 따라서는 거칠다. 이처럼 설하셨기 때문이다. "무기의 느낌은 미세하다. 고통스런 느낌은 거칠다 … 법을 증득하지 못한 자의 느낌은 거칠다 … 번뇌에 물들기 쉬운 느낌은 거칠다.(Vbh.3-4)" 괴로운 느낌과 마찬가지로 즐거운 느낌 등도 종류에 따라서는 거칠지만 고유성질 등으로는 미세하다.

204. 그러므로 종류 등으로 서로 섞임이 없도록 그렇게 느낌의 거친 것과 미세한 것을 알아야 한다. 즉, '무기는 종류로서는 유익한 것과 해로운 것에 비해 미세하다'고 설했을 때 다음과 같은 방법으로 고유성질 등의 분류를 고집해서는 안된다. '그것은 어떤 종류의 무기인가? 그것은 고통스런 것인가? 그것은 즐거운 것인가? 그것은 법을 증득한 자의 것인가? 증득하지 못한 자의 것인가? 번뇌가 있는 것인가? 번뇌가 다한 것인가?' 이 방법은 모든 경우에 적용된다.

205. 그리고 "이런 저런 느낌과 비교하여 느낌은 거칠기도 하고 미세하기도 하다고 보아야 한다.(Vbh.4)"라는 말씀이 있기 때문에 해로운 느낌 등의 경우에도 성냄이 함께한 느낌은 마치 불처럼 자기의 의지처를 태우기 때문에 탐욕이 함께한 느낌에 비해 거칠다. 탐욕이 함께한 느낌은 미세하다.

성냄이 함께한 느낌도 그 성냄이 일정할 때엔 거칠고, 일정치 않을 땐 미세하다. 일정한 것도 한 겁 동안 지속되면 그것은 거칠고 다른 것은 미세하다. 한 겁 동안 지속되는 것도 자극을 받지 않은 것은 거칠고 다른 것은 미세하다.

탐욕이 함께한 느낌도 사견이 연결될 땐 거칠고 다른 것은 미세하다. 그것도 일정하고, 한 겁 동안 지속되고, 자극을 받지 않은 것은 거칠고 다른 것은 미세하다.

예외 없이 해로운 느낌은 과보를 많이 주는 것은 거칠고 과보를 적게 주는 것은 미세하다. 그러나 유익한 느낌은 과보를 적게 주는 것이 거칠고 과보를 많이 주는 것이 미세하다.

206. 욕계의 유익한 느낌은 거칠고 색계의 것은 미세하다. 그것보다 무색계가 미세하며 출세간 느낌은 더 미세하다.

욕계의 것도 보시를 행한 것은 거칠고, 계를 가진 것은 미세하다. 수행을 한 것은 더 미세하다. 수행을 한 것도 그것이 두 가지 원인을 가진 것은 거칠고 세 가지 원인을 가진 것은 미세하다. 세 가지 원인을 가진 것도 자극을 받은 것은 거칠고 자극을 받지 않은 것은 미세하다.

색계의 초선은 거칠다 ⋯ 제5선은 미세하다. 공무변처와 관련된 무색계의 느낌은 거칠다 ⋯ 비상비비상처와 관련된 것은 미세하다. 예류도와 관련된 출세간의 느낌은 거칠다 ⋯ 아라한도와 관련된 것은 미세하다.

이 방법은 각 경지의 과보로 나타난 느낌과 단지 작용만 하는 느낌과, 괴로움 등의 [느낌과], 증득하지 못한 자의 [느낌] 등과, 번뇌가 있는 [느낌]등으로 앞서 설한 느낌들에도 적용된다.

207. 이제 장소(*okāsa*)를 통해서 [살펴보자]. 지옥에서 괴로운 [느낌]은 거칠다. 축생에서는 미세하다 ⋯ 타화자재천(他化自在天)들에서는 미세하다. 괴로운 [느낌]처럼 즐거운 [느낌]도 모든 곳에서

적절하게 적용되어야 한다.

208. 사물(vatthu)³¹²⁾을 통해서 [살펴보면], 저열한 사물을 대하여 일어난 느낌은 거칠고 수승한 사물을 대하여 일어난 느낌은 미세하다. 저열함과 수승함의 분류에서 거친 것은 저열한 것이고 미세한 것은 수승한 것이라고 알아야 한다.

209. (8) **멀리**라는 단어는 "해로운 느낌은 유익한 것과 무기의 느낌으로부터 멀다." (9) **가까이**라는 단어는 "해로운 느낌은 해로운 느낌과 가깝다.(Vbh.4)" 등의 방법으로 『위방가』에서 설하셨다. 그러므로 해로운(不善) 느낌은 유익한(善) 느낌과 무기인 느낌으로부터 멀다. 왜냐하면 그것은 비슷하지 않고 닿지 않으며 닮지 않았기 때문이다. 그와 마찬가지로 유익한 느낌과 무기인 느낌도 해로운 느낌으로부터 멀다. 이 방법은 모든 경우에 적용된다. 해로운 느낌은 해로운 느낌과 가깝다. 왜냐하면 그것은 비슷하고 닮았기 때문이다.

이상으로 느낌의 무더기의 과거 등의 분류에 대한 상세한 주석을 마친다.

---

312) 원문의 'vatthu'를 냐나몰리 스님은 'physical basis'라고 애매하게 옮겼다. 여기서는 '일반 사물'을 뜻한다. Pm에서도 이부분에 대해서 예를 들어 설명하기를 맛있는 음식을 대하여 일어난 느낌은 미세하고 하찮은 음식을 대하여 일어난 느낌은 거칠다고 했는데 vatthu를 맛있는 음식과 같은 일반 사물로 간주하고 있다.

순서 등을 통한 판별

kamādivinicchayakathā

210. 여러 가지 느낌과 관련된 인식 등도 위와 같이 알아야 한다. 이처럼 알고서 다시 무더기들에 대한 지혜를 분류하기 위해 슬기로운 자는 다음과 같이 바르게 판별을 해야 한다.

① 순서에 따라 ② 차이점에 따라
③ 모자라지도 넘치지도 않는 것으로
④ 비유로써 ⑤ 두 가지로 보아야 함에 따라
⑥ 이렇게 보는 자가 성취할 이익에 따라

211. ① **순서에 따라:** 일어남의 순서, 버리는 순서, 수행의 순서, 지혜의 순서, 가르침의 순서 등 여러 가지 순서가 있다.

그 가운데서 "첫 번째 단계인 깔랄라(*kalala*)[313]가 일어나고 깔랄라로부터 두 번째 단계인 압부다(*abbuda*)가 일어난다.(S.i.206)"는 등이 **일어남의 순서**이다.

"봄(見)으로써 버려야 하는 법들, 수행으로써 버려야 하는 법들(Dhs.1)" 등이 **버림의 순서**이다.

"계의 청정 … 마음의 청정(M.i.148)" 등이 **수행의 순서**이다.

"욕계, 색계(Ps.i.83)" 등이 **일어나는 곳의 순서**이다.

"네 가지 마음챙김의 확립(四念處), 네 가지 바른 노력(四正勤)(D.ii.120)", 혹은 "보시의 가르침, 계의 가르침(M.i.379)" 등이 **가르침의 순서**이다.

---

313) 일어남의 순서로 태아가 맨 처음 생기는 것을 예문으로 들고 있다.

212. 이 가운데서 일어남의 순서는 여기에 적용되지 않는다. 태아의 첫 단계인 깔랄라처럼 무더기(蘊)들은 전후를 확정지을 수 있는 형태로 일어나지 않기 때문이다. 버림의 순서도 적용되지 않는다. 유익한 것과 무기를 버려서는 안되기 때문이다. 수행의 순서도 적용되지 않는다. 해로운 것을 닦아서는 안되기 때문이다. 일어나는 곳의 순서도 적용되지 않는다. 느낌 등은 네 가지 일어나는 곳 모두에 포함되기 때문이다. 가르침의 순서만 적용된다.

213. 사람들은 다섯 가지 무더기들(五蘊)을 분석하지 못하기 때문에 이들을 자아라고 집착을 한다. 그런 사람들에게 세존께서는 그 덩어리로 밀집되어있는 것이 분리되는 것을 보여주시어 [다섯 가지 무더기들이] 자아라고 하는 집착에서 벗어나게 하고, 그들이 이익을 얻게 하고, 그들이 쉽게 이해하도록 하기 위해서, 눈 등의 대상이 되는 거친 물질의 무더기(色蘊)를 제일 먼저 설하신 것이다.

그 다음에는 원하는 물질과 원하지 않은 물질을 경험하는 느낌을 설하셨고, "느낀 것을 인식한다(M.i.293)"는 말씀처럼 느꼈던 대상의 측면을 이해하는 인식을 설하셨으며, 인식에 따라 [업을] 형성하는 상카라들을 설하셨고, 그 느낌들의 의지처요 그들을 지배하는 알음알이를 설하셨다. 이와 같이 순서에 따라 판별하는 방법을 알아야 한다.

214. ② **차이점에 따라:** 무더기(蘊)와 취착하는 무더기(取蘊)의 차이에 따라 [판별을 알아야 한다]. 그러면 이 둘의 차이점은 무엇인가? 무더기는 일반적으로 설하셨다. 취착하는 무더기는 번뇌가

있고 취착하기 쉬운 것으로 한정하여 설하셨다. 그래서 말씀하셨다.

"비구들이여, 다섯 가지 무더기들과 다섯 가지 취착하는 무더기들을 설하리라. 그것을 잘 들어라. 비구들이여, 그러면 무엇이 다섯 가지 무더기들인가? 비구들이여, 물질은 그 어떠한 것이건, 그것이 과거의 것이건 미래의 것이건 현재의 것이건, 안의 것이건 밖의 것이건, 거칠건 미세하건, 저열하건 수승하건, 멀리 있건 가까이 있건, 이것을 물질의 무더기라 한다. 어떠한 느낌이건 … 어떠한 인식이건 … 어떠한 상카라들이건 … 어떠한 알음알이건, 그것이 과거의 것이건, 미래의 것이건, 현재의 것이건, … 이것을 알음알이의 무더기라 한다. 비구들이여, 이를 일러 다섯 가지 무더기들이라 한다.

비구들이여, 그러면 무엇이 다섯 가지 취착하는 무더기들인가? 비구들이여, 물질은 그 어떠한 것이건, 그것이 과거의 것이건 미래의 것이건 현재의 것이건, 안의 것이건 밖의 것이건, 거칠건 미세하건, 저열하건 수승하건, 멀리 있건 가까이 있건, 그 무엇이든 번뇌가 함께하고 취착하기 마련인 것, 이것을 취착하는 물질의 무더기라 한다. 어떠한 느낌이건 … 어떠한 인식이건 … 어떠한 상카라들이건 … 어떠한 알음알이건, 그것이 과거의 것이건, 미래의 것이건, 현재의 것이건, … 그 무엇이건 번뇌가 함께하고 취착하기 마련인 것, 이것을 취착하는 알음알이의 무더기라 한다. 비구들이여, 이를 일러 다섯 가지 취착하는 무더기들이라 한다.(S.iii.47-48)"

215. 여기서 느낌 등은 번뇌가 다한 것도 있고 [번뇌가 함께하는 것도 있다.] 하지만 물질은 그렇지 않다. 물질은 더미(*rāsi*)라는 뜻에서 무더기라 할 수 있기 때문에 무더기(蘊)들 가운데서 언급된다. 또한 이것은 무더기라는 뜻과 번뇌가 함께한다는 뜻에서 취착

하는 무더기라 할 수 있기 때문에 취착하는 무더기(取蘊)들 가운데 서도 언급된다.

그러나 느낌 등은 번뇌가 다한 것은 오직 무더기들 가운데서만 언급되고314) 번뇌의 대상이 될 때는 취착하는 무더기들 가운데서 언급된다. 여기서 취착하는 무더기란 '취착의 대상(gocara)인 무더기들이 취착하는 무더기들이다'라고 그 뜻을 알아야 한다. 여기서는 그러나 이 모든 것을 한데 묶어 무더기라 한다고 알아야 한다.

216. ③ 모자라지도 넘치지도 않는 것으로: 왜 세존께서는 더도 덜도 아닌 오직 다섯 가지 무더기들만 설하셨나? ㉠ 모든 형성된 것들의 비슷한 것을 한데 묶었기 때문이고 ㉡ 자아와 자아에 속한다는 가정의 대상으로 최대의 숫자이기 때문이며 ㉢ 다른 것들이 모두 여기에 포함되기 때문이다.

217. ㉠ 여러 종류의 형성된 법(saṅkhata-dhamma, 有爲法)들을 비슷한 것끼리 묶을 때 물질은 물질이라는 비슷한 것에 따라 하나로 묶어 한 개의 무더기가 된다. 느낌은 느낌이라는 비슷한 것에 따라 하나로 묶어 한 개의 무더기가 된다. 이 방법은 인식 등에도 적용된다. 그러므로 모든 형성된 [법]들의 비슷한 것을 한데 묶었기 때문에 오직 다섯 가지를 설하셨다.

---

314) '그러나 느낌 등이 번뇌가 다한 것은 오직 무더기들 가운데서만 언급되고'로 옮긴 원문은 'vedanādayo pana anāsavā va khandhesu vuttā' 인데 Pm에서는 "여기서 va(eva)는 위치상 잘못 놓여졌다. 'eva(오직)'를 'anāsavā(번뇌 다한)'와 연결시키면 뜻이 드러나질 않기 때문에 이 eva는 'khandhesu(무더기들 가운데서)'와 연결시켜 해석을 해야 한다.(Pm.505)"라고 설명하고 있어 역자도 이에 준해서 옮겼다.

218. ⓒ 물질 등의 다섯은 자아와 자아에 속한다는 가정의 대상으로 최대의 숫자이다. 이와 같이 설하셨기 때문이다. "비구들이여, 물질이 있을 때 그 물질을 취착하고 그 물질을 고집하여 이런 견해가 일어난다. '이것은 나의 것이며, 이것은 나이며, 이것은 나의 자아이다.'라고. 느낌이 … 인식이 … 상카라들이 … 알음알이가 있을 때 그 알음알이를 취착하고 그 알음알이를 고집하여 이런 견해가 일어난다. '이것은 내 것이며, 이것은 나이며, 이것은 나의 자아이다.'라고.(S.iii.181-82)" 그러므로 자아와 자아에 속한다는 가정의 대상으로 최대의 숫자이기 때문에 오직 다섯 가지를 설하셨다.

219. ⓒ 계 등으로 시작하는 다른 다섯 가지 법들의 무더기들(五法蘊)315)을 설하시긴 했지만 그들은 상카라들의 무더기(行蘊)에 속하기 때문에 여기에 포함되었다. 그러므로 다른 종류의 무더기들도 다 포함하기 때문에 오직 다섯 가지를 설하셨다.

이와 같이 모자라지도 넘치지도 않는 것으로써 판별하는 방법을 알아야 한다.

220. ④ **비유로써**: 여기서 취착하는 물질의 무더기(色取蘊)는 병원과 같다. 취착하는 알음알이의 무더기(識取蘊)라는 환자가 토대와 문과 대상으로 삼아 머물 곳이기 때문이다.

---

315) 『장부』, 『상응부』 등의 여러 경들에 의하면 계(*sīla*)・정(*samādhi*)・혜(*paññā*)・해탈(*vimutti*)・해탈지견(*vimutti-ñāṇadassana*)의 다섯을 역시 온(蘊, *khanda*)이라는 술어로 지칭하고 있다. 이들을 오온과 구분하기 위해서 본서에서처럼 법온(法蘊, *dhamma-kkhanda*)이라 부르기도 한다.

취착하는 느낌의 무더기(受取蘊)는 병과 같다. 괴로워하기 때문이다.

취착하는 인식의 무더기(想取蘊)는 병의 일어남과 같다. 감각적 욕망에 대한 인식 등 때문에 탐욕 등이 함께하는 느낌을 유발시키기 때문이다.

취착하는 상카라들의 무더기(行取蘊)는 적합하지 않은 것을 받들어 행하는 것과 같다. 이것은 병이라는 느낌의 원천(nidāna)이기 때문이다. 이와 같이 설하셨기 때문이다. "그들은 느낌을 위해서 느낌을 계속 형성한다(abhisaṅkharonti).(S.iii.87)" 그와 마찬가지로 "해로운 업을 지었고 쌓았기 때문에 고통이 함께하는 과보로 나타난 몸의 알음알이가 일어난다.(Dhs.117-18)"라고도 [설하셨기 때문이다].

취착하는 알음알이의 무더기(識取蘊)는 환자와 같다. 병이라는 느낌으로부터 결코 벗어나지 못하기 때문이다.

221. 그리고 감옥과 벌과 범죄와 벌주는 자와 범죄자와 같다. 그리고 이들은 접시와 음식과 반찬과 시중드는 사람과 먹는 사람과 같다. 이와 같이 비유로써 판별하는 방법을 알아야 한다.

222. ⑤ **두 가지로 보아야 함에 따라:** 간략하고 자세하게, 이와 같이 두 가지로 보아야 함에 따라 판별하는 방법을 알아야 한다.

223. 간략하게, 다섯 가지 취착하는 무더기들(五取蘊)은 「독사비유경」(Āsīvisaupama Sutta, S.iv.174)에서 설한 칼을 빼든 원수처럼, 「짐의 경」(Bhāra Sutta, S.iii.25)에서 설한 짐처럼, 「캇자니야빠리야야 경」(Khajjanīyapariyāya Sutta, S.iii.87-88)에서 설한 게걸스럽게 잡아먹는 자처럼, 「야마까 경」(Yamaka Sutta, 雙經, S.iii.112-14)에서 설

한 무상이요 괴로움이요 무아요 형성된 것이요 살인자처럼 보아야 한다.

224. 상세하게, 물질은 거품덩이(*phenapiṇḍa*)처럼 보아야 한다. 쥐어짜는 것을 견디지 못하기 때문이다. 느낌은 물거품(*udaka-pubbuḷa*)처럼 보아야 한다. 즐거움은 짧은 한 순간 뿐이기 때문이다. 인식은 신기루(*marīcikā*)와 같다고 보아야 한다. 틀린 말을 하게 하기 때문이다. 상카라들은 까달리 나무(파초)의 수간(樹幹, *khandha*)과 같다고 보아야 한다. 고갱이(*sāra*)가 없기 때문이다. 알음알이는 요술(*māyā*)과 같다고 보아야 한다. 속이기 때문이다.

특히, 아주 고상한(*su-uḷāra*) 안의 물질도 더러운 것(不淨)으로 보아야 한다. 느낌은 세 가지 괴로운 성질(*dukkhatā*)316)로부터 벗어나지 못하기 때문에 괴로움이라고 보아야 한다. 인식과 상카라들은 복종시키기 어렵기 때문에 자아가 아니라고 보아야 한다. 알음알이는 일어나고 사라지는 법이기 때문에 무상하다고 보아야 한다.

225. **⑥ 이렇게 보는 자가 성취할 이익에 따라:** 이렇게 간략하고 상세하게 두 가지로 보는 자에게 이익이 있다. 이것에 따라 판별하는 방법을 알아야 한다.

먼저 간략하게 취착하는 다섯 가지 무더기들(五取蘊)을 칼을 빼든 원수 등으로 보는 자는 무더기들 때문에 괴롭힘을 당하지 않는다. 물질 등을 상세하게 거품덩이 등으로 보는 자는 고갱이가 아닌 것

---

316) 세 가지 괴로운 성질은 ① *dukkhadukkhatā*(苦苦性, 고통스럽기 때문에 괴로움) ② *saṁkhāradukkhatā*(行苦性, 형성되었기 때문에 괴로움) ③ *vipariṇāmadukkhatā*(壞苦性, 변하기 때문에 괴로움)이다.(D.iii.216, 등)

들에서 고갱이를 보는 자들이 아니다.

226. 특히 안의 물질을 깨끗하지 않다고 보는 자는 먹는 덩어리 음식(段食)317)을 철저히 안다(*parijānāti*). 더러운 것에서 깨끗하다고 하는 전도(顚倒)를 버린다. 감각적 욕망의 격류를 건넌다. 감각적 욕망의 속박에서 벗어난다. 감각적 욕망의 번뇌에 관해서는 번뇌 다한 자가 된다. 욕심이라는 몸의 매듭을 끊는다. 감각적 욕망에 대한 취착을 갖지 않는다.

227. 느낌을 괴로움이라 보는 자는 감각접촉의 음식(觸食)을 철저히 안다. 괴로움에 대해서 즐거움(행복)이라고 하는 전도를 버린다. 존재(有)의 격류를 건넌다. 존재의 속박에서 벗어난다. 존재의 번뇌에 관해서는 번뇌 다한 자가 된다. 악의라는 몸의 매듭을 끊는다. 계율과 의식에 대한 취착(戒禁取)을 갖지 않는다.

228. 인식과 상카라들에 대해서 무아라고 보는 자는 마음속 의도의 음식(意思食)을 철저히 안다. 무아에 대해서 자아라고 하는 전도를 버린다. 사견의 격류를 건넌다. 사견의 속박에서 벗어난다. 사견의 번뇌에 관해서는 번뇌 다한 자가 된다. 이것만이 오직 진리라고 하는 몸의 매듭을 끊는다. 자아의 교리에 대한 취착(我語取)을 갖지 않는다.

229. 알음알이를 무상하다고 보는 자는 알음알이의 음식(識食)을

---

317) 여기에 나타나는 음식(*āhāra*), 전도(*vipallāsa*), 격류(*ogha*), 속박(*yoga*), 번뇌(*āsava*), 몸의 매듭(*kāya-gantha*), 취착(*upādāna*) 등에 대해서는 『길라잡이』 7장을 참조할 것.

철저히 안다. 무상한 것에 대해서 항상하다는 전도를 버린다. 무명의 격류를 건넌다. 무명의 속박에서 벗어난다. 무명의 번뇌에 관해서는 번뇌 다한 자가 된다. 계율과 의식에 대한 집착(戒禁取)이라는 몸의 매듭을 끊는다. 사견에 대한 취착(見取)을 갖지 않는다.

230. 이와 같이 [오온을] 살인자 등으로 보는 것은 큰 이익이 있다. 그러므로 지자는 무더기들을 살인자 등으로 보아야 한다.

어진 이를 기쁘게 하기 위해 지은 청정도론의
통찰지수행의 표제에서
무더기들에 관한 해설이라 불리는
제14장이 끝났다.

제15장

āyatanadhātuniddeso
감각장소[處]와 요소[界]

제15장 감각장소(處)와 요소(界)

āyatanadhātuniddeso

1. 감각장소(處)에 대한 상세한 주석
āyatana-vitthāra-kathā

1. 감각장소(處)318)라는 것은 12가지 감각장소들이다. 즉 눈의 감각장소(眼處), 형상(색깔)의 감각장소(色處), 귀의 감각장소(耳處), 소리의 감각장소(聲處), 코의 감각장소(鼻處), 냄새의 감각장소(香處), 혀의 감각장소(舌處), 맛의 감각장소(味處), 몸의 삼삭장소(身處), 감촉의 감각장소(觸處), 마노의 감각장소(意處), 법의 감각장소(法處)이다.

---

318) 감각장소로 옮긴 'āyatana'는 ā+√yam(to extend)나 ā+√yat(to stretch)에서 파생된 중성명사이다. 베다문헌의 제의서(Brāhmaṇa)에도 나타나는 단어로 샤따빠타 브라흐마나(Śatapatha Brāhmaṇa)에 의하면 제사지내는 장소를 āyatana라 부르고 있다. 중국에서는 '이쪽으로 온다'는 문자적인 이미를 중시하여 入으로 번역하기도하고 또 이 단어가 장소(base, sphere)의 의미로 쓰이므로 處라고 옮기기도 하였다. 보통 12연기에서는 六入으로, 12처와 공무변처 등의 4처는 處로 옮기고 있다. 역자는 감각작용과 관계된 육입이나 12처는 감각장소로 옮기고 4처는 장소로 옮긴다. 물론 처(處)로 옮길 때도 있다.

2. 여기서 다음과 같이 판별을 알아야 한다.

① 뜻에 따라 ② 특징에 따라 ③ 그만큼만
④ 순서에 따라 ⑤ 간략하고 상세하게
⑥ 보아야 함에 따라

3. **(1) 뜻에 따라:** 먼저 개별적으로 설명한다.

즐긴다(*cakkhati*)[319]고 해서 눈이라 한다. 형상(색깔)을 즐긴다, 형상을 드러낸다는 뜻이다.

[자기를] 드러낸다고 해서 형상(색깔)이라 한다. 안색의 변화를 겪으면서 마음속에 품은 뜻을 나타내 보인다는 뜻이다.

듣는다고 해서 귀라 한다.

발음한다고 해서 소리라 한다. 발성한다는 뜻이다.

냄새 맡는다고 해서 코라 한다.

냄새 맡아진다고 해서 향기라 한다. 자기가 의지한 장소를 드러낸다는 뜻이다.

생명을 부른다고 해서 혀라 한다.

---

[319] *cakkhati*는 원래 √*cakṣ*(*to see*)의 동사 삼인칭 단수형이다. 산스끄리뜨 *cakṣate*는 베다에서부터 등장하는 '보다'라는 뜻을 나타내는 동사이다. 이 이외의 뜻은 전혀 없다. 그러나 불교 주석서들에서는 다른 의미로 즐겨 해석한다. *cakkhati*는 '맛보다, 감상하다, 즐기다'라는 뜻으로 후대 주석가들은 해석한다. 아마 본다는 것은 단순히 쳐다보는 것이 아니라 대상을 감상한다, 음미한다, 맛본다, 그래서 즐긴다는 의미로 더 깊은 뜻을 밝히고자 함이 아닌가 여겨진다. Pm에서는 이 *cakkhati*를 '*madhuṁ cakkhati*(꿀을 맛본다), *byañjanaṁ cakkhati*(반찬을 맛본다) *ti*(라고) *rasasāyanattho*(맛을 즐긴다는 의미가) *atthi*(있다)' 라고 해석하고 있다. 역자도 이 견해를 따랐다.

중생이 그것을 맛본다고 해서 맛이라 한다. 즐긴다는 뜻이다.

혐오스럽고 번뇌에 물들기 쉬운 법들의 입구라고 해서 몸이라 한다. 입구라는 것은 생기는 장소라는 뜻이다.

닿는다고 해서 감촉이라 한다.

생각한다고 해서 마노라 한다.

자신의 특징을 가진다고 해서 법이라 한다.

4. 일반적으로 설명하면 ① 노력하기 때문에(āyatanato) ② 생긴 [마음과 마음부수]를 펴기 때문에(āyānaṁ tanato) ③ 인도하기 때문에(āyatassa nayanato) 장소(āyatana, 處)라 한다고 알아야 한다.

① 눈과 형상(색깔) 등에서 마음과 마음부수들은 눈을 문으로 형상을 대상으로 가져서 경험하는 등의 각각의 작용으로 노력한다, 존재한다, 힘쓴다, 애쓴다는 뜻이다.

② 그 눈과 형상 등은 이 생긴(āya) 마음과 마음부수법들을 편다(tananti), 확장시킨다는 뜻이다.

③ 비롯함이 없는 윤회를 거듭하면서 겪은 긴(āyata) 윤회의 고통이 끝나지 않는 한 이것은 [긴 윤회의 고통으로] 인도한다(nayanti), 생기게 한다는 뜻이다.

이와 같이 이 모든 법들은 노력하기 때문에, 생긴 [마음과 마음부수들]을 펴기 때문에, 인도하기 때문에 '아야따나(장소), 아야따나'라고 한다.

5. 다시 ① 머무는 장소(nivāsaṭṭhāna)의 뜻으로 ② 광산(ākara)의 뜻으로 ③ 만나는 장소(samosaraṇa)의 뜻으로 ④ 출산지(sañjāti-desa)의 뜻으로 ⑤ 원인(kāraṇa)의 뜻으로 장소(아야따나)를 알

아야 한다.

이 가운데서 세상에서는 ① 잇사라 아야따나(Issara-āyatana, 自在天處), 와수데와 아야따나(Vāsudeva-āyatana, 梵蘇天處) 등으로 머무는 장소(거주처)의 뜻으로, 아야따나라 한다. ② 수완나 아야따나(suvaṇṇa-āyatana, 금광), 라자따 아야따나(rajata-āyatana, 은광) 등에서는 광산을 뜻한다.

그리고 교법에서는 ③ "아름다운 곳에 새들이 모인다.(A.iii.43)"라는 등에서는 만남의 장소를 뜻한다. ④ "남쪽은 소의 산지이다"라는 등에서는 출산지를 뜻한다. ⑤ "그런 원인(āyatana)이 있을 땐 언제든지 그것을 실현하는 능력을 얻는다.(A.i.258)" 라는 등에서는 원인(kāraṇa)을 뜻한다.320)

6. 다시 ① 눈 등에는 여러 가지 마음과 마음부수들이 머문다. 그 [마음과 마음부수들]은 그 [눈 등]을 의지하여 머물기 때문에 눈 등은 그들이 머무는 장소이다. 그들은 눈 등에서 일어난다. ② 눈 등을 의지하며 형상들을 대상으로 하기 때문에 눈 등은 그들의 광산이다. ③ 눈 등은 그들이 만나는 장소이다. 그곳에서 토대(vatthu)로, 문(dvāra)으로, 대상(ārammaṇa)으로 만나기 때문이다. ④ 눈 등은 그들의 출산지이다. 그들을 의지처로, 대상으로, 바로 그곳에서 생기기 때문이다. ⑤ 눈 등은 그들의 원인이다. 그들이 없을 때 그 [마음과 마음부수]도 없기 때문이다.

7. 이와 같이 머무는 장소의 뜻으로, 광산의 뜻으로, 만나는 장소의 뜻으로, 출산지의 뜻으로, 원인의 뜻으로, 이 법들을 '아야따

---

320) 여기에 대해서는 XI. §122를 참조할 것.

나, 아야따나'라고 부른다. 그러므로 앞서 설한 뜻에서 눈이 곧 그 장소(아야따나)이기 때문에 눈의 [감각]장소라 부른다. 법(*dhamma*)이 곧 그 장소이기 때문에 법의 [감각]장소라고 부른다. 이와 같이 여기서 뜻으로 판별을 알아야 한다.

8. **(2) 특징에 따라:** 눈 등의 특징에 의해서도 판별을 알아야 한다. 그들의 특징 등은 무더기의 해설에서 설한 대로 알아야 한다.(XIV. §§37-41)

9. **(3) 그만큼만:** 그만큼의 양(量)에 따라. 이 뜻은 다음과 같다. '눈 등도 법이다. 그렇다면 오직 법의 감각장소 하나만 말해도 될 것을 왜 12가지 감각장소들인가?'라고 한다면 여섯 가지 알음알이의 무리(*viññāṇa-kāya*)가 일어나는 것에 대해 문과 대상으로 구분하기 때문이다. 여기서 여섯 가지 알음알이의 무리들을 문과 대상으로 구분하기 때문에 이들을 분류하여 12가지를 설하셨다.

10. 눈의 감각장소(眼處)는 눈의 알음알이(眼識)의 인식과정에 포함된 알음알이의 무리가 일어날 문이고 형상의 감각장소(色處)는 대상이다. 다른 것들도 다른 것들에게 이와 같다. 잠재의식(바왕가)이라 불리는 마노의 감각장소(意處)의 한 부분이 마노의 알음알이(意識)가 일어나는 문이고 공통되지 않는 법321)의 감각장소가 대상이다. 이와 같이 여섯 알음알이의 무리가 일어나는 것에 대해 문과 대상으로 구분하기 때문에 12가지를 설하셨다. 이와 같이 여기서

---

321) 공통되지 않는(*asādhāraṇa*) 법의 감각장소라는 것은 안식 등에 대해 공통되지 않는다는 뜻이다.(Pm.513) 마노의 대상이 되는 법들은 『길라잡이』 3장 §16의 3번 해설과 <도표:3.5>와 <도표:7.4>를 참조할 것.

'그만큼만'의 판별을 알아야 한다.

11. **(4) 순서에 따라:** 여기서도 앞서 설한 일어남의 순서 등의 가운데서(XIV. §211) 가르침의 순서만 적용된다. 안의 감각장소들 가운데서 눈의 감각장소는 볼 수도 있고 부딪침도 있는 대상을 가지기 때문에 분명하다. 그래서 그것을 첫 번째로 가르쳤다. 그 다음에는 볼 수는 없고 부딪힘만 있는 대상을 가지는 귀의 감각장소를 설하셨다. 혹은 안의 감각장소 중에서 수승한 것을 볼 수 있고 수승한 것을 들을 수 있는 원인으로 많은 도움이 되기 때문에(D.iii.250참조) 눈의 감각장소와 귀의 감각장소를 첫 번째로 가르쳤다.

그 다음으로 코의 감각장소 등 세 가지를 설했고, 마노의 감각장소(意處)는 앞의 다섯 가지 대상을 행동의 영역으로 삼기 때문에 맨 나중에 설하셨다.(M.i.295)

밖의 감각장소들 가운데서 형상의 감각장소(色處) 등은 눈의 감각장소 등의 영역이므로 각각의 안의 감각장소들 뒤에 가르쳤다.

12. 또한 알음알이가 일어나는 원인을 구분함에 따라 이들의 순서를 알아야 한다. 이처럼 설하셨기 때문이다. "눈과 형상을 조건으로 눈의 알음알이가 일어난다. … 마노와 법을 조건으로 마노의 알음알이가 일어난다.(S.ii.72)" 이와 같이 순서에 따라 판별을 알아야 한다.

13. **(5) 간략하고 상세하게:** 간략하게 설하면 마노의 감각장소와 법의 감각장소의 일부분은 정신(nāma, 名)이고 나머지 감각장소들은 물질(rūpa, 色)에 포함되기 때문에322) 열두 가지 감각장소들은 정신·물질(名色)일 뿐이다.

14. 상세하게 설하면 안의 감각장소들 가운데서 눈의 감각장소는 종류에 따르면 오직 눈의 감성일 뿐이다. 그러나 조건(paccaya)과 태어날 곳(gati), 부류(nikāya), 사람(puggala)의 분류에 따르면 여러 가지이다. 귀의 감각장소로 시작하는 네 가지도 그와 같다. 마노의 감각장소는 유익한 알음알이, 해로운 알음알이, 과보로 나타난 알음알이, 단지 작용만 하는 알음알이의 분류에 따라 89가지이거나 121가지이다. 그러나 토대, 도닦음 등의 분류에 따라 여러 가지이다.

형상, 소리, 냄새, 맛의 감각장소들은 차이점, 조건 등의 구분에 따라 여러 가지이다. 감촉의 감각장소는 땅의 요소, 불의 요소, 바람의 요소에 따라 세 가지이고 조건의 분류에 따라 여러 가지이다. 법의 감각장소는 느낌, 인식, 상카라들, 미세한 물질, 열반 — 이들의 다양한 고유성질의 분류에 따라 여러 가지이다. 이와 같이 간략하고 상세하게 구분을 알아야 한다.

15. **(6) 보아야 함에 따라:** 여기서 이 모든 형성된 감각장소들은 오는 것도 아니고 가는 것도 아니라고 보아야 한다. 왜냐하면 그들은 그들이 생기기 전에 어느 곳으로부터 온 것도 아니고, 무너진 뒤 어느 곳으로 가는 것도 아니다. 그들이 생기기 전에 그들의 고유성질을 얻지 않았으며, 그들이 무너진 뒤 그들의 고유성질은 완전히 분해된다. 그들은 과거와 미래의 중간에 조건을 의지하여 존재하기 때문에 어느 누구의 제어도 없이 일어난다. 그러므로 오는 것도 아

---

322) 법의 감각장소란 '미세한 물질(sukhuma-rūpa)'과 마음부수들과 열반을 포함하기 때문에 일부분은 정신이고 나머지는 물질이라 한다. 자세한 것은 『길라잡이』 3장 §16의 3번 해설과 <도표:3.5>와 <도표:7.4>를 참조할 것.

니고 가는 것도 아니라고 보아야 한다.

마찬가지로 그들은 호기심도 없고 관심도 없다고 보아야 한다. 왜냐하면 눈과 형상 등은 '우리가 함께 만날 때 알음알이가 일어나기를'이라고 생각하지 않기 때문이다. 그들은 알음알이를 일으키기 위한 문이나 토대나 대상이 되는 것에는 아무런 호기심이 없고 관심을 일으키지도 않는다. 참으로 눈과 형상 등이 함께 만났을 때 눈의 알음알이 등이 일어나는 것은 법의 성질(*dhammatā*, 法性)일 뿐이다. 그러므로 호기심도 없고 관심도 없다고 보아야 한다.

16. 그리고 안의 감각장소는 사람이 살지 않는 마을과 같다고 보아야 한다. 왜냐하면 그들은 영원함(常), 아름다움(淨), 행복함(樂)이 없기 때문이다. 밖의 감각장소는 마을을 약탈하는 강도처럼 보아야 한다. 왜냐하면 그들 각각에 해당하는 안의 감각장소들을 파괴시키기 때문이다. 이와 같이 설하셨기 때문이다. "비구들이여, 눈은 좋아하고 싫어하는 형상에 의해 혹사당한다.(S.iv.175)" 이것이 상세하게 보는 것이다. 다시 안의 감각장소는 여섯 가지 동물과 같다고 보아야 한다. 밖의 감각장소는 그들이 머무는 장소로 보아야 한다. 이처럼 보아야 함에 따라 판별을 알아야 한다.

이상으로 감각장소들에 대한 상세한 주석을 마친다.

2. 요소(界)에 대한 상세한 주석

dhātuvitthārakathā

17. 그 다음으로 요소(*dhātu*, 界)라는 것은 18가지 요소들이다. 그것은 눈의 요소(眼界), 형상의 요소(色界), 눈의 알음알이의 요소(眼

識界), 귀의 요소(耳界), 소리의 요소(聲界), 귀의 알음알이의 요소(耳識界), 코의 요소(鼻界), 냄새의 요소(香界), 코의 알음알이의 요소(鼻識界), 혀의 요소(舌界), 맛의 요소(味界), 혀의 알음알이의 요소(舌識界), 몸의 요소(身界), 감촉의 요소(觸界), 몸의 알음알이의 요소(身識界), 마노의 요소(意界), 법의 요소(法界), 마노의 알음알이의 요소(意識界)이다.

18. 여기서 다음과 같이 판별을 알아야 한다.

① 뜻에 따라 ② 특징 등에 따라 ③ 순서에 따라
④ 그만큼만 ⑤ 계산에 따라 ⑥ 조건에 따라
⑦ 보아야 함에 따라

19. **(1) 뜻에 따라:** 즐긴다고 해서 눈이라 한다. 드러내 보인다고 해서 형상이라 한다. 눈에서 일어난 알음알이라고 해서 눈의 알음알이라 한다. 이와 같은 방법으로 개별적인 뜻에 따라 눈 등의 뜻을 판별해야 한다.

일반적인 뜻으로는 ① 나른다323) ② 날라진다 ③ 나르는 것 ④

---

323) 요소(界)로 옮긴 dhātu는 √dhā(to put)에서 파생된 명사로서 '놓여있는 것, 밑에다 항상 놓아서 깔고 있는 것'이란 의미에서 '요소, 기초' 등의 의미로 쓰인다. 초기 경들에서 많이 등장하는 술어인데 6근, 6경, 6식을 18가지 dhātu(十八界)라 하며 지·수·화·풍의 네 가지 근본물질(catū mahā-bhūta, 四大種)에다 dhātu라는 용어를 붙여 땅의 요소(pathavi-dhātu, 地界) 등으로 표현하기도 한다. 그 이외 여러 가지 합성어로 나타나기도 한다. 중국에서는 界로 옮겼는데 이 18가지야 말로 이 世界의 전부라는 의미가 내포되어있다 하겠다.
기본적으로 √dhā는 내려놓다는 뜻이지만 붓다고사 스님은 dhātu를 나른다(to dispose) 등 다섯 가지 의미로 해석하면서 아울러 vi(분리해

이것을 통해서 나른다 ⑤ 여기에 날라진다는 뜻에 따라 요소(dhātu, 界)라 한다.

20. ① 세간적인 요소(界)는 원인을 통해서 결정되어 가지가지 형태의 윤회의 고통을 나른다. 마치 금, 은 등의 요소를 가진 광석이 금, 은 등을 생기게 하듯이.(XI. §20참조) 마치 ② 짐꾼이 짐을 나르듯 중생이 이것을 나른다(dhīyante). 운반한다(dhārayanti)는 뜻이다. ③ 이들은 단지 고통을 나르는 것일 뿐이다. 어느 누구도 이들을 제어할 수 없기 때문이다. ④ 이 요소를 통해 중생은 윤회의 고통을 나른다. ⑤ 이처럼 날라져온 고통이 이 요소(dhātu)에 놓여진다, 머문다는 뜻이다. 이와 같이 눈 등에서 각각의 법을 적절하게 나른다(vidahati), 놓아진다(dhīyati)는 등의 뜻에서 요소(dhātu)라 한다.

21. 더군다나 외도들이 주장하는 자아라는 것은 고유성질(sabhāva)로 볼 때 없지만 이 요소들은 그렇지 않다. 이들은 각자 자신의 고유성질을 지니기 때문에 요소(界)라 한다.

세간에서 공작석, 비석 등 여러 가지 색깔을 가진 암석의 요소를 다뚜(요소)라고 부르듯이 이들도 다뚜와 같기 때문에 다뚜(요소)라고 한다. 왜냐하면 이들은 지혜(ñāṇa)와 알아야 할 대상(ñeyya)의 구성성분(avayava)이기 때문이다. 혹은 체액과 피 등은 몸이라 불리는 것

서)+√dhā(to put)의 ① 타동사(vidhahati)로 ② 자동사(dhīyate)로 ③ 추상명사(vidhāna)로 ④ 도구격(vidhīyate eyāya)으로 ⑤ 장소(ettha dhīyati)로 설명한다.
그리고 출세간적인 요소(界)는 윤회의 고통을 나르지 않는다. 오히려 그것을 파괴시킨다. 그러므로 여기서는 '세간적인 요소'라는 표현을 사용했다.(Pm.517)

의 성분(요소)이며, 특징이 다르기 때문에 서로서로 차이가 난다. 일반적으로 그들을 일러 다뚜라고 한다.

이와 마찬가지로 다섯 가지 무더기들(五蘊)이라 불리는 몸의 요소 등에도 다뚜라는 용어가 사용된다고 알아야 한다. 왜냐하면 이들 눈 등도 특징이 달라서 서로서로 한정되어있기 때문이다.

22. 요소는 영혼이 아닌 것(*nijjīva*, 非命)의 동의어이다. 세존께서 "비구여, 이 사람은 여섯 가지 요소를 가졌다.(M140/iii.239)"라는 등에서 영혼이라는 산냐(壽者想)를 부수기 위해 요소(界)라는 가르침을 설하셨다.324) 그러므로 이미 설명한 뜻대로 '눈이 곧 이 요소이기 때문에 눈의 요소(眼界)이고 … 마노의 알음알이(意識)가 곧 이 요소이기 때문에 마노의 알음알이의 요소(意識界)이다'라는 뜻에 따라 판별을 알아야 한다.

23. **(2) 특징 등에 따라:** 눈 등의 특징 등에 따라 판별을 알아야 한다. 그들 특징 등은 무더기(蘊)의 해설에서 설한 방법대로 알아야 한다.(XIV. §§37-41과 §§54-57)

24. **(3) 순서에 따라:** 여기서도 앞에서 설한 일어남의 순서 등

---

324) 영혼이라는 산냐(*jīvasaññā*)는 『금강경』의 수자상(壽者相, *jīva-sañjñā*)과 꼭 같은 단어이다. 한편 『앗타살리니』(Aṭṭhasālinī, 『담마상가니』의 주석서, DhsA.38)에서 법(*dhamma*)을 '*nissatta-nijjīvatā*'로 정의하고 있는데 이것은 '중생(*sattu*)도 아니고 영혼(*jīva*)도 아님'이라는 말이다. 요소(界)로 옮기고 있는 *dhātu*도 *dhamma*와 같은 어근인 √*dhṛ*(to hold)에서 파생된 단어인데 법이나 요소라는 술어가 자아라는 산냐(我相)나 인간이라는 산냐(人相)나 중생이라는 산냐(衆生相)나 영혼이라는 산냐(壽者相) 등을 부수기 위한 것임을 명심해야 한다.

에서(XIV. §211) 가르침의 순서만 적용된다. 이 가르침의 순서는 원인과 결과를 구분하여 설하셨다. 눈의 요소와 형상의 요소, 이 둘은 원인이고 눈의 알음알이의 요소는 결과이다. 이것은 모든 경우에 다 적용된다.

25. **(4) 그만큼만:** 그만큼의 양(量)에 따라. 이 뜻은 다음과 같다. 여러 가지 경과 논의 가르침 가운데 다음과 같이 다른 요소들을 볼 수 있다.

"광명의 요소(光明界), 아름다움의 요소(淨界), 공무변처의 요소, 식무변처의 요소, 무소유처의 요소, 비상비비상처의 요소, 상수멸처의 요소(S.ii.150)"

"감각적 욕망의 요소, 악의의 요소, 해코지의 요소, 벗어남(出離)의 요소, 악의 없음의 요소, 해코지 않음의 요소(Vbh.86)"

"육체적 즐거움의 요소, 육체적 고통의 요소, 정신적 즐거움의 요소, 정신적 고통의 요소, 평온의 요소, 어리석음의 요소(S.v.66)"

"정진의 요소, 노력의 요소, 용감함의 요소(S.v.66)"

"저열함의 요소, 저열함도 수승함도 아닌 요소, 수승함의 요소(D.iii.215)"

"흙의 요소(地界), 물의 요소, 불의 요소, 바람의 요소, 허공의 요소, 알음알이의 요소(Vbh.82)"

"형성된(有爲) 요소, 형성되지 않은(無爲) 요소(M.iii.63)"

"세상에는 여러 요소, 다양한 요소가 있다.(M.i.70)"

'그런데 왜 이 모든 요소들에 따라 분류하지 않고 오직 18가지로만 분류를 하였는가?'라고 만약 말한다면, 존재하는 모든 요소들은 고유성질에 따라 이 [18가지] 가운데 다 포함되기 때문이다.

26. 형상(색깔)의 요소 그 자체가 광명의 요소이다. 아름다움의 요소는 형상(색깔) 등과 밀접한 관계가 있다. 무슨 이유인가? 아름다움이란 아름답다는 표상325)이기 때문이다.

아름답다는 표상 그자체가 아름다움의 요소이다. 이것은 형상(색깔) 등을 떠나서 따로 존재하지 않는다. 혹은 유익한 과보로 나타난 마음의 대상인 형상(색깔) 등이 아름다움의 요소이다. 그러므로 그것은 형상 등일 뿐이다.

공무변처의 요소 등의 마음은 마노의 알음알이의 요소(意識界) 그 자체이다. 나머지326)는 법의 요소이다. 상수멸처의 요소는 고유성질로는 존재하지 않는다. 왜냐하면 이것은 두 가지 요소327)의 소멸일 뿐이기 때문이다.

27. 감각적 욕망의 요소는 법의 요소 그 자체일 뿐이다. 그래서 말씀하셨다. "그 가운데서 어떤 것이 감각적 욕망의 요소인가? 감각적 욕망과 연결된 추론, 일으킨 생각 … 삿된 사유이다(Vbh.86)" 혹은 18가지 요소가 감각적 욕망의 요소이다. 그래서 말씀하셨다. "아래는 무간지옥을 한계로 정하고 위로는 타화자재천을 한계로 정

---

325) 냐나몰리 스님은 'Because it is the sign of the beautiful. The sign of the beautiful is the beauty element'이라 영역했는데 이것은 'subha-nimitta'라는 합성어를 땃뿌루사(Tatpurisa) 합성어로 보고 분해했기 때문이다. 그러나 이 합성어는 까르마다라야(Kammadhāraya) 형태의 합성어이기 때문에 'subha(아름다움)' 그 자체가 표상이라는 말이다. 즉 아름다운 표상이 아니고 아름다움이라는 표상, 즉 아름답다는 표상이다. 그래서 아름답다는 표상이 바로 아름다움이라는 의미이다.
326) 나머지란 공무변처 등의 마음이 일어날 때 함께 일어나는 30 가지의 마음부수(心所)들을 말한다. 이들은 법의 요소에 속한다.(Pm.520)
327) 두 가지 요소란 마노의 알음알이의 요소(意識界)와 법의 요소를 뜻한다.

하여 이 중간에, 여기에 속하고, 여기에 포함되는 무더기(蘊), 요소(界), 감각장소(處), 물질, 느낌, 인식, 상카라들, 알음알이를 감각적 욕망의 요소라 한다.(Vbh.86)"

28. 벗어남(出離)의 요소도 법의 요소 그 자체이다. "모든 유익한 법들은 벗어남의 요소이다(Vbh.86)"라는 말씀 때문에 마노의 알음알이의 요소이기도 하다.

악의의 요소, 잔인함의 요소, 악의 없음의 요소, 해코지 않음의 요소, 육체적 즐거움의 요소, 육체적 괴로움의 요소, 정신적 즐거움의 요소, 정신적 고통의 요소, 평온의 요소, 무명의 요소, 정진의 요소, 노력의 요소, 용감함의 요소는 법의 요소 그 자체이다.

29. 저열함의 요소, 중간의 요소, 수승함의 요소는 18가지 요소 그 자체일 뿐이다. 왜냐하면 저열한 눈 등은 저열한 요소이고 중간의 눈과 수승한 눈은 각각 중간의 요소와 수승한 요소이기 때문이다. 절대적으로는 해로운 법의 요소와 마노의 알음알이의 요소는 저열한 요소이다. 법의 요소와 마노의 알음알이의 요소가 세간적인 유익한 것이거나 무기일 때는 중간의 요소이다. 눈의 요소 등도 중간의 요소이다. 출세간적인 법의 요소와 마노의 알음알이의 요소는 수승한 요소이다.

30. 흙의 요소(地界), 물의 요소, 불의 요소, 바람의 요소, 허공의 요소는 법의 요소 그 자체이다.

알음알이의 요소는 눈의 알음알이의 요소 등 일곱 가지[328] 알음

---

328) 비록 알음알이의 요소(*viññāṇa-dhātu*, 識界)가 안·이·비·설·신·

알이의 요소를 총괄한 이름이다.

31. 17가지 요소와 법의 요소의 일부분은 형성된(有爲) 요소이다. 형성되지 않은(無爲) 요소는 법의 요소의 일부분 그 자체이다.329)

여러 요소, 다양한 요소로 된 세상은 18가지 요소의 분류 그 자체일 뿐이다.

이와 같이 고유성질에 따라 존재하는 모든 요소는 여기에 포함되기 때문에 오직 18가지 요소를 설하셨다.

32. 안다는 고유성질을 가진 것이 알음알이인데 그것에 대해 영혼(命)이라는 산냐(壽者想)를 굴리는 자들의 산냐(인식)를 제거하기 위해 오직 18가지 요소를 설하셨다. 왜냐하면 안다는 고유성질을 가진 알음알이에 대해 영혼이라는 산냐를 굴리는 중생이 있기 때문이다.

세존께서는 이들에게 눈의 알음알이의 요소, 귀의 알음알이의 요소, 코의 알음알이의 요소, 혀의 알음알이의 요소, 몸의 알음알이의 요소, 마노의 요소, 마노의 알음알이의 요소를 분류하여 이것들의 다양성을 드러내셨다. 그리고 이것들은 눈과 형상 등의 조건을 의

의에 대한 알음알이로 여섯으로 나뉘어졌지만 여기에다 마노의 요소(*mano-dhātu*, 意界)를 포함하여 일곱이 된다. 마노의 요소(意界)는 이 마노의 알음알이의 요소(意識界)의 선행자이자(*purecara*) 뒤따라오는 자(*anucara*)이기 때문에 알음알이의 요소(識界)에 포함된다고 말하는 것이다(Pm.520).

329) 열반을 제외한 미세한 물질과 마음부수들이 형성된(有爲) 요소에 속하는 법의 요소의 일부분이고, 열반은 형성되지 않은(無爲) 요소에 속하는 법의 요소의 일부분이다.

지하여 존재하기에 무상하다는 것을 드러내시어 오랫동안 잠재해왔던 영혼이라는 산냐를 제거하시려고 이들 18가지 요소를 설하셨다.

33. 더욱이 이렇게 교화받을 사람의 성향에 따라서 18가지 요소를 설하셨다. 너무 간략하지도 너무 상세하지도 않은 가르침으로 제도해야 할 중생의 성향에 따라 오직 18계를 설하셨다.

> 경우에 따라서 간략하고 상세한 방법으로
> 그분은 그렇게 법을 밝히셨나니
> 교화받을 사람의 가슴속에 있던 어둠은
> 정법의 광명에 부딪쳐 한 순간에 녹아내리고 사라진다.

34. **(5) 계산에 따라:** 눈의 요소는 종류로는 하나의 법으로 계산하여 눈의 감성이다. 그와 같이 귀, 코, 혀, 몸, 형상, 소리, 냄새, 맛도 귀의 감성 등으로 계산한다. 그러나 감촉의 요소는 흙, 불, 바람의 세 가지 법으로 계산한다. 눈의 알음알이의 요소는 유익한 과보로 나타난 마음과 해로운 과보로 나타난 마음에 따라 두 가지 법으로 계산한다. 귀, 코, 혀, 몸의 알음알이의 요소 등도 그와 같다.

그러나 마노의 요소는 오문전향과 유익한 과보로 나타난 받아들이는 마음과 해로운 과보로 나타난 받아들이는 마음에 따라 세 가지 법으로 계산된다. 법의 요소는 세 가지 정신의 무더기와 열여섯 가지 미세한 물질과 형성되지 않은 요소(열반)에 따라 20가지 법으로 계산한다. 마노의 알음알이의 요소는 나머지 유익한 마음, 해로운 마음, 결정할 수 없는(무기) 마음에 따라 76가지 법으로 계산한다. 이와 같이 여기서 계산에 따라 판별을 알아야 한다.

35. **(6) 조건**330)**에 따라:** 여기서 눈의 요소는 눈의 알음알이의 요소에게 관련되지 않은 조건, 먼저 생긴 조건, 존재하는 조건, 떠나가버리지 않은 조건, 의지(依止)하는 조건, 기능의 조건 — 이 여섯 가지 조건으로 조건이 된다. 형상의 요소는 먼저 생긴 조건, 존재하는 조건, 떠나 가버리지 않은 조건, 대상의 조건 — 이 네 가지 조건으로 조건이 된다. 귀의 요소와 소리의 요소 등도 귀의 알음알이의 요소 등에게 이러한 조건으로 조건이 된다.

36. 오문전향(五門轉向)의 역할을 하는 마노의 요소는 [눈의 알음알이 등] 전오식(前五識)에게 틈 없이 뒤따르는 조건, 더욱 틈 없이 뒤따르는 조건, 존재하지 않은 조건, 떠나 가버린 조건, 강하게 의지하는 조건 — 이 다섯 가지 조건으로 조건이 된다.

이들 전오식도 받아들이는 역할을 하는 마노의 요소에게 이들 다섯 가지 조건으로 조건이 된다. 받아들이는 마노의 요소는 조사하는 마노의 알음알이의 요소에게도 이와 같은 조건으로 조건이 된다. 결정하는 마노의 알음알이의 요소에게도 마찬가지이고 결정하는 마노의 알음알이의 요소는 속행(자와나)의 마노의 알음알이의 요소에게도 이 다섯 가지 조건으로 조건이 된다.

속행의 마노의 알음알이의 요소는 뒤따르는 속행의 마노의 알음알이의 요소에게 이들 다섯 가지 조건과 반복하는 조건으로 조건이 된다. 이것이 오문(五門)에서 [조건이 되는] 방법이다.

---

330) 여기서 언급되는 조건(paccaya)들은 24가지 조건으로 정리되어 전해온다. 24가지 조건들에 대해서는 XVII §17이하와 『길라잡이』 8장에서 설명하고 있는 24가지 조건들을 참조할 것.

37. 의문(意門)에서는 잠재의식(바왕가)의 마노의 알음알이의 요소는 전향하는 마노의 알음알이의 요소에게, 그리고 이것은 속행(자와나)의 마노의 알음알이의 요소에게 앞서 말한 다섯 가지 조건으로 조건이 된다.

38. 법의 요소는 일곱 가지 알음알이의 요소에게 함께 생긴 조건, 서로 지탱하는 조건, 의지하는 조건, 서로 관련된 조건, 존재하는 조건, 떠나 가버리지 않은 조건 등 여러 가지 조건으로 조건이 된다. 그러나 눈의 요소 등과 법의 요소의 일부분331)은 마노의 알음알이의 요소의 일부분에게 대상의 조건 등의 조건으로 조건이 된다.

39. 눈과 형상 등만이 눈의 알음알이의 요소 등에게 조건이 되는 것은 아니다. 사실은 빛 등도 조건이 된다. 그러므로 옛 스승들은 말씀하셨다.

 "눈과 형상과 빛과 마음에 잡도리함(作意)을 조건으로 눈의 알음알이가 일어난다. 귀와 소리와 공간(vivara)과 마음에 잡도리함을 조건으로 귀의 알음알이가 일어난다. 코와 냄새와 바람과 마음에 잡도리함을 조건으로 코의 알음알이가 일어난다. 혀와 맛과 물과 마음에 잡도리함을 조건으로 혀의 알음알이가 일어난다. 몸과 감촉과 흙과 마음에 잡도리함을 조건으로 몸의 알음알이가 일어난다. 잠재의식과 법과 마음에 잡도리함을 조건으로 마노의 알음알이가 일어

---

331) "법의 요소의 일부분이란 미세한 물질과 열반을 뜻한다. 마노의 알음알이의 요소의 일부분이란 욕계의 유익한 마음, 단지 작용만 하는 마음, 두 가지 초월지(*abhiññā*), 두 가지 무색계 마음(즉 두 번째인 식무변처의 마음과 네 번째인 비상비비상처의 마음)을 뜻한다.(Pm.523)"

난다."332)

이것이 여기서 간략히 설한 것이다. 조건의 분류는 연기의 해설에서 상세하게 논의될 것이다.(XVII. §66이하) 이와 같이 여기서 조건에 따라 판별을 알아야 한다.

40. **(7) 보아야 함에 따라:** 어떻게 보아야 하는가에 따라서 판별을 알아야 한다는 뜻이다. 모든 형성된(有爲) 요소는 과거와 미래로부터 분리되어있는 것으로,333) 영원함(常), 깨끗함(淨), 즐거움(樂), 자신(attabhāva, 我)이 공한 것(suñña)으로, 조건에 의지하여 존재하는 것으로 보아야 한다.

41. 개별적으로 [판별한다]. 눈의 요소는 북의 표면처럼, 형상의 요소는 막대기처럼, 눈의 알음알이의 요소는 북 소리처럼 보아야 한다. 같이하여 눈의 요소는 거울의 표면처럼, 형상의 요소는 얼굴처럼, 눈의 알음알이의 요소는 얼굴의 영상처럼 보아야 한다.

혹은 눈의 요소는 사탕수수나 참깨처럼, 형상의 요소는 짜는 기계와 절굿공이처럼, 눈의 알음알이의 요소는 사탕수수 즙이나 참기름처럼 보아야 한다. 같이하여 눈의 요소는 밑에 놓이는 부시막대기처럼, 형상의 요소는 위에서 비비는 부시막대기처럼, 눈의 알음알이의 요소는 불처럼 보아야 한다. 이 방법은 귀의 요소 등에도 적용된다.

---

332) 이것은 『길라잡이』 4장 §4의 해설에 일목요연하게 정리되어있다.
333) "분리되어있다(vivitta)는 것은 과거에도 미래에도 요소의 고유성질(sabhāva)은 없다는 뜻이다.(Pm.524)" 그들이 일어나기 전에 고유성질이 있었던 것이 아니고 그들이 멸한 뒤에도 고유성질이 존재하는 것이 아니다. 오직 현재의 순간에만 존재한다는 뜻이다.

42. 마노의 요소는 일어나는 것에 따르면 눈의 알음알이 등의 앞서가는 자와 뒤따라가는 자334)와 같다고 보아야 한다. 법의 요소335)에 속하는 느낌의 무더기는 화살과 같고 창과 같다고 보아야 한다. 인식과 상카라들의 무더기는 화살과 창이라는 느낌과 관련되어있기 때문에 병과 같다고 보아야 한다.

혹은 범부의 인식의 무더기는 [과대한] 희망으로 고통을 일으키기 때문에 빈주먹처럼, 표상을 오인하는 숲 속의 사슴처럼 보아야 하고, 상카라들의 무더기는 중생을 재생연결로 던져버리기 때문에 뜨거운 숯불 구덩이로 던지는 사람처럼, 생의 고통에 묶이기 때문에 왕의 대신에게 묶인 도둑처럼 보아야 한다.

무더기들의 상속은 모든 불행(*anattha*)을 가져오는데, 상카라들의 무더기가 그것의 원인이 되기 때문에 독이 있는 나무의 씨앗처럼 보아야 한다.

물질의 무더기는 갖가지 위험의 표상이기 때문에 칼로 된 바퀴(*cf.* Jā.iv.3)와 같다고 보아야 한다.

형성되지 않은(無爲) 요소(열반)는 죽음이 없고, 고요하고, 안전하다

---

334) '앞서가는 자와 뒤따라가는 자'로 옮긴 '*purecara-anucara*'는 마노를 정의하는 아주 잘 알려진 구절이다. 오문인식과정에서 마노는 전오식의 앞과 뒤의 바로 두 군데서만 나타나는데서 연유한 말이다. 전오식을 앞서갈 때에는 전향하는 마음(*āvajjana*)의 역할을 하고 뒤따라갈 때에는 받아들이는 마음(*sampaṭicchana*)의 역할을 한다.

335) 이 문단은 법의 요소(*dhamma-dhātu*, 法界)를 어떻게 보아야 하는가를 비유를 들어 설명하고 있다. 여기서는 법의 요소의 범주에 해당하는 수온, 상온, 행온과 16가지 미세한 물질(색온)을 어떻게 보아야 하며, 또 법의 요소의 범주에 들어가는 무위(*asaṅkhata*)인 열반을 어떻게 보아야 하는 가를 비유로 설명하고 있다.

고 보아야 한다. 왜 그런가? 이것은 모든 불행과 반대되기 때문이다.

43. 마노의 알음알이의 요소는 대상을 구분하지 못하기 때문에 숲 속의 원숭이와 같다고 보아야 한다. 제어하기 힘들기 때문에 야생마와 같다고, 제 마음대로 떨어지기 때문에 공중에 던진 막대기와 같다고, 탐욕과 성냄 등 여러 가지 형태의 번뇌로 변장되어있기 때문에 무희와 같다고 보아야 한다.

어진 이를 기쁘게 하기 위해 지은 청정도론의
통찰지수행의 표제에서
감각장소와 요소에 관한 해설이라 불리는
제15장이 끝났다.

제16장

indriyasaccaniddeso
기능〔根〕과 진리〔諦〕

제16장 기능(根)과 진리(諦)

indriyasaccaniddeso

1. 기능(根)에 대한 상세한 주석
indriyavitthārakathā

1. 요소(*dhātu*, 界) 다음으로 기능(*indriya*, 根)을 설명한다. 기능은 22가지이다. 즉 (1) 눈의 기능(眼根) (2) 귀의 기능(耳根) (3) 코의 기능(鼻根) (4) 혀의 기능(舌根) (5) 몸의 기능(身根) (6) 여자의 기능(女根) (7) 남자의 기능(男根) (8) 생명기능(命根) (9) 마노의 기능(意根) (10) 즐거움의 기능(樂根) (11) 괴로움의 기능(苦根) (12) 정신적 즐거움의 기능(喜根) (13) 정신적 고통의 기능(憂根) (14) 평온의 기능(捨根) (15) 믿음의 기능(信根) (16) 정진의 기능(精進根) (17) 마음챙김의 기능(念根) (18) 삼매의 기능(定根) (19) 통찰지의 기능(慧根) (20) 구경의 지혜를 가지려는 기능(未知當知根) (21) 구경의 지혜의 기능(已知根) (22) 구경의 지혜를 구족한 자의 기능(具知根)이다.

2. 여기서 다음과 같이 판별을 알아야 한다.

① 뜻에 따라 ② 특징 등에 따라 ③ 순서에 따라
④ 분류되는 것과 분류되지 않는 것에 따라
⑤ 역할에 따라 ⑥ 일어나는 곳에 따라

3. **[(1) 뜻에 따라]:** 이 가운데서 눈 등은 즐기기 때문에 눈이라 한다고 시작하는 방법에 따라(XV. §3) 그 뜻을 밝혔다.

마지막 세 가지에서 첫 번째를 구경의 지혜를 가지려는 기능(an-aññātaññassāmītindriya, 未知當知根)336)이라 한다. 왜냐하면 이것은 [성스러운 도가] 나타나기 전에 '알지 못했던 불사의 경지나 네 가지 진리(四諦)의 법을 알리라' 다짐하고 수행하는 자에게 일어나기 때문이며, 다스린다는 뜻을 가지기 때문이다.

두 번째를 구경의 지혜의 기능(aññ-indriya, 已知根)337)이라 한다. 완전히 알기 때문이며, 다스린다는 뜻을 가지기 때문이다. 세 번째는 구경의 지혜를 구족한 자의 기능(aññātāvindriya, 具知根)338)이라 한다. 왜냐하면 이것은 완전히 알고 네 가지 진리를 아는 역할을 마친 번뇌 다한 자에게 일어나기 때문이며, 다스린다는 뜻을 가지기 때문이다.339)

---

336) 'aññātaññassāmītindriya'는 'anaññātami(완전히 알지 못한 것을) ñassāmi(나는 알리라) ti(라는) indriya(기능)'으로 분해되는 문장을 한 단어로 만든 것이다.
337) 'aññindriya'는 'aññā(구경지의)-indriya(기능)'이다.
338) 'aññātāvindriya'는 'aññātāvi(구경지를 가진 자의)-indriya(기능)'이다.
339) 이 세 가지 기능에 대해서는 『길라잡이』 7장 §22를 참조할 것.
　　한편 이들 세 기능(根)의 차이점은 이러하다. '알지 못했던 것을 알리라' 는 기능(未知當知根)은 예류향에 든 사람의 기능이고, 구경의 지혜의 기능(已知根)은 예류과 등에 든 사람의 기능이고, 구경의 지혜를 구족한 자의 기능(具知根)은 번뇌 다한 분(아라한)의 기능이다.

4. 그들이 가지는 기능(根)의 뜻 [즉 다스린다는 뜻]이란 무엇인가? ① 지배자(Inda)의 표식(liṅga)의 뜻이 기능의 뜻이다. ② 지배자에 의해서 설해졌다(desita)라는 뜻이 기능의 뜻이다. ③ 지배자에 의해서 보여졌다(diṭṭha)라는 뜻이 기능의 뜻이다. ④ 지배자에 의해서 준비되었다(siṭṭha)라는 뜻이 기능의 뜻이다. ⑤ 지배자에 의해서 경험되었다(juṭṭha)340)라는 뜻이 기능의 뜻이다. 이 모든 뜻은 적절하게 적용된다.

5. 정등각자인 세존께서는 최상의 지배력(issariya)을 가졌기 때문에 지배자(Inda)이시다. 유익한 업과 해로운 업도 지배자이다. 왜냐하면 업에 대해 지배력을 가진 자 아무도 없기 때문이다. 그러므로 여기서 업에 의해서 생긴 기능은 유익한 업과 해로운 업을 보여준다. 그것(業=Inda=지배자)에 의해서 생겼다. 그러므로 이 기능은 ① 지배자(Inda)가 보여준다는 뜻과 ④ 지배자에 의해서 준비되었다는 뜻에서 기능(indriya)이라 한다.

세존께서는 이 모든 것을 있는 그대로 드러내 보이셨고 깨달으셨기 때문에 ② 지배자가 설하셨고 ③ 지배자가 보셨다는 뜻에서 기능이라 한다. 성인중의 성인이신 세존께서 어떤 것은 대상(gocara)을 통해서 체험하셨고(āsevanā) 어떤 것은 수행(bhāvanā)을 통해서 체험하셨기 때문에 ⑤ 지배자에 의해서 경험되었다는 뜻에서 기능이라 한다.

---

340) juṭṭha는 √dyut(to shine)의 과거분사형이다. '조장된, 증장된, 고무된'의 뜻으로 쓰인다.

6. 더욱이 권력이라 불리는 지배력(*issariya*)의 뜻에서 이들은 기능(*indriya*)이다. 눈의 알음알이 등이 일어나는 경우에 눈 등은 권력을 성취한다. 눈 등이 예리하면 눈의 알음알이 등도 예리하고, 눈 등이 둔하면 눈의 알음알이 등도 둔하기 때문이다. 이것이 뜻에 따라 판별한 것이다.

7. **(2) 특징 등에 따라:** 특징, 역할, 나타남, 가까운 원인에 따라 눈 등의 판별을 알아야 한다는 뜻이다. 눈 등의 특징 등은 무더기(蘊)의 해설에서 이미 설했다.(XIV. §37이하) 통찰지의 기능(慧根) 등 네 가지는 뜻으로 볼 때 어리석음 없음(不癡) 그 자체이다. 나머지는 각각 거기서 설했다.

8. **(3) 순서에 따라:** 이것도 오직 가르침의 순서이다.(XIV. §211 참조) 안의 법을 잘 알아 성스러운 경지를 증득하기 때문에 몸과 연결되어있는 눈의 기능(眼根) 등을 첫 번째로 설하셨다.

어떤 법을 의지하기 때문에 그 몸은 여자 또는 남자라 불린다. 그것이 바로 이것이라고 보여주기 위하여 눈의 기능 등 다음에 여자의 기능(女根)과 남자의 기능(男根)을 설하셨다.

이 두 가지는 모두 생명기능(命根)과 결합하여 존재한다는 것을 알리기 위하여 그 다음에 생명기능을 설하셨다.

이것이341) 존재하는 한 느낌들은 끝나지 않는다는 것과 느껴진

---

341) 냐나몰리 스님은 대명사 '*tassa*(이것)'를 '*attabhāva*(자신)'로 보았는데 이 문맥상에서는 '*jīvindriya*(생명기능, 命根)'로 보는 것이 옳다. 이 문단에서는 22가지 기능을 왜 이러한 순서로 설했는가하는 이유를 하나씩 밝히고 있기 때문이다.

것은 모두가 괴로움이라는 것을 알리기 위해 그 다음에 즐거움의 기능(樂根)을 설하셨다.

이것을 소멸하기 위해서는 이러한 법들을 닦아야 하기 때문에 그 길을 보여주기 위해서 그 다음에 믿음의 기능(信根) 등을 설하셨다.

이 길을 통해 이 법이 처음으로 자기에게 나타나기 때문에 그 길이 헛되지 않다는 것을 보여주기 위해 그 다음에 구경의 지혜를 가지려는 기능(未知當知根)을 설하셨다.

이것은 그것의 결과이고 또 그 다음에 닦아야 하기 때문에 그 다음에 구경의 지혜의 기능(已知根)을 설하셨다.

수행을 통하여 이것은 얻어지고 또 이것을 얻으면 더 이상 해야 할 일이 없다는 것을 알리기 위하여 마지막으로 최상의 안식(安息)처인 구경의 지혜를 구족한 자의 기능(具知根)을 설하셨다.

이것이 순서이다.

9. **(4) 분류되는 것과 분류되지 않는 것에 따라:** 여기서 생명기능만이 분류된다. 왜냐하면 이것은 물질의 생명기능과 정신의 생명기능의 두 가지이기 때문이다. 나머지는 분류되지 않는다. 이와 같이 여기서 분류되는 것과 분류되지 않는 것에 따라 판별을 알아야 한다.

10. **(5) 역할에 따라:** '기능의 역할은 무엇인가'라고 한다면, "눈의 기능은 눈의 알음알이의 요소(眼識界)와 또한 그와 관련된 법들에게 기능의 조건으로 조건이 된다.(Ptn.5)"는 말씀 때문에 눈의 기능 등의 역할은 기능의 조건을 통해서 성취되며, 자신이 예리하거나 둔할 때342) 눈의 알음알이의 요소 등의 법들로 하여금 예리하거

나 둔하다는 등으로 불리면서 자기의 형태를 따라 일어나도록 하는 것이다.343) 귀·코·혀·몸의 기능도 이와 같다. 마노의 기능의 역할은 동시에 생긴 법들을 자기의 지배 하에 두는 것이다.

생명기능의 역할은 동시에 생긴 법들을 보호하는 것이다. 여자의 기능과 남자의 기능의 역할은 여자·남자의 외관상의 표시·속성·활동·행동거지를 할당하는 것이다.

즐거움·괴로움·정신적 즐거움·정신적 고통의 기능의 역할은 동시에 생겨난 법들을 지배한 뒤 그들에게 각각 자기들의 거친 형태를 나누어주는 것이다. 평온의 기능의 역할은 그들에게 고요하고 수승하고 중립적인 형태를 나누어주는 것이다.

믿음의 기능 등의 역할은 [불신 등] 반대를 극복하고 관련된 법들에게 믿음 등의 형태를 나누어주는 것이다.

구경의 지혜를 가지려는 기능(未知當知根)의 역할은 세 가지 족쇄를 끊고 또 관련된 법들로 하여금 그것을 끊는 것과 직면하게 만드는 것이다.

---

342) "비록 안근 등이 먼저 생긴 조건 등의 조건을 갖지만 여기서는 기능의 조건을 통해서 성취하는 역할을 지적하고 있다. 왜냐하면 기능은 특별한 것이고, 논의의 대상이 기능이기 때문이다.(Pm.527)"
343) 원문 'tikkhamandādisaṅkhātaṁ(예리하거나 둔하다고 불리는) attākāra-anuvattāpanaṁ(자기의 형태를 따라 일어나도록 하는)'은 좋은 문장이 아니다. 왜냐하면 'tikkhamandādisaṅkhātaṁ(예리하거나 둔하다고 불리는)'이 'attākāraṁ(자기의 형태)'의 형용사이지 'anuvattā-panaṁ(따라 일어나도록 하는)'의 형용사는 아니기 때문이다. 그래서 Pm(527)에서는 'tikkhamandādi-saṅkhāta-attākāra-anuvattāpanaṁ'이라고 합성어로 표현하고 있다(Pm.527). 즉 눈의 기능 등은 자기가 예리할 땐 눈의 알음알이 등도 예리하게 하고, 자기가 둔할 때는 눈의 알음알이 등도 둔하게 일어나도록 하는 역할을 한다는 뜻이다.

구경의 지혜의 기능(已知根)의 역할은 감각적 욕망과 악의 등을 줄이고 버리며 동시에 생긴 법들을 자기의 지배 하에 두는 것이다.

구경의 지혜를 구족한 자의 기능(具知根)의 역할은 모든 일에서 열망을 버리고 또 관련된 법들을 불사인 열반과 직면하게 만드는 것이다. 이와 같이 여기서 역할에 따라 해설을 알아야 한다.

11. **(6) 일어나는 곳(地)에 따라:** 여기서 (1) 눈의 기능(眼根) (2) 귀의 기능(耳根) (3) 코의 기능(鼻根) (4) 혀의 기능(舌根) (5) 몸의 기능(身根) (6) 여자의 기능(女根) (7) 남자의 기능(男根) (10) 즐거움의 기능(樂根) (11) 괴로움의 기능(苦根) (13) 정신적 고통의 기능(憂根)은 오직 욕계의 것이다.

(8) 생명기능(命根) (9) 마노의 기능(意根) (14) 평온의 기능(捨根) (15) 믿음의 기능(信根) (16) 정진의 기능(精進根) (17) 마음챙김의 기능(念根) (18) 삼매의 기능(定根) (19) 통찰지의 기능(慧根)은 네 곳에 다 포함된다. (12) 정신적 즐거움의 기능(喜根)은 욕계, 색계, 출세간의 세 곳에 포함된다.

나머지 셋은 출세간의 것이다.

이와 같이 일어나는 곳에 따라서 판별을 알아야 한다.

12. 이와 같이 알면서,

> 거듭해서 분발하는 비구는 기능의 단속에 굳게 머물러
> 기능을 철저히 알아 괴로움을 종식시킬 것이다.

이상으로 기능들에 대한 상세한 주석을 마친다.

2. 진리(諦)에 대한 상세한 주석

saccavitthārakathā

13. 그 다음에 진리(諦)라는 것은 네 가지 성스러운 진리(四聖諦)로서, 괴로움의 성스러운 진리(苦聖諦), 괴로움의 일어남의 성스러운 진리(集聖諦), 괴로움의 소멸의 성스러운 진리(滅聖諦), 괴로움의 소멸로 인도하는 도닦음의 성스러운 진리(道聖諦)이다.

14. 여기서 지자는 다음과 같이 교법의 순서에 대해[344] 판별을 알아야 한다.

① 배분에 따라 ② 어원에 따라 ③ 특징 등에 따라

④ 뜻에 따라 ⑤ 뜻을 추적함에 따라

⑥ 모자라지도 넘치지도 않는 것으로 ⑦ 순서에 따라

⑧ 태어남 등의 해설에 따라 ⑨ 지혜의 역할에 따라

⑩ 내용의 구별에 따라 ⑪ 비유로 ⑫ 네 가지로

⑬ 공(空)함을 통해 ⑭ 한 가지 등으로

⑮ 공통되는 것과 공통되지 않은 것에 따라

---

344) 냐나몰리 스님은 원문의 '*sāsanakkame*'를 *viññunā*의 목적격으로 보면서 '*By those who know the teaching's order*'라고 영역했다. 그러나 이 문단에서는 지자는 4성제에 대해서 어떠한 방법으로 해설을 알아야 하는가를 설명하는 것이기 때문에 그것을 *viññunā*의 목적격으로 보는 것은 옳지 않다. '4성제에 대해서'라는 처소격으로 보는 것이 타당하다. 그리고 원문의 '*sāsanakkame*'를 Pm에서는 '성스러운 진리의 교법(*sāsanakkamo ti ariyasaccāni vuccanti, ariyasaccadesanā vā* — Pm.529)'이라고 밝히고 있다.

15. **(1) 배분에 따라:** 고통 등은 각각 네 가지의 뜻이 배분되는데 이것은 진실이고(tathā), 거짓이 아니며, 그렇지 않은 것이 아니다. 괴로움 등을 관찰하는 자는 이것을 관통해야 한다. 그래서 말씀하셨다.

"괴로움의 압박의 뜻, 형성된 것(有爲)이라는 뜻, 불탄다는 뜻, 변한다는 뜻 — 괴로움의 이 네 가지 괴로움이라는 뜻은 진실이고, 거짓이 아니고, 그렇지 않은 것이 아니다 … 일어남의 쌓는다는 뜻, 근원이라는 뜻, 속박의 뜻, 장애의 뜻 … 소멸의 벗어남의 뜻, 멀리 여읨의 뜻, 형성되지 않음(無爲)의 뜻, 불사(不死)의 뜻 … 도의 출구의 뜻, 원인의 뜻, 바르게 본다는 뜻, 탁월하다는 뜻 — 도의 이 네 가지 도라는 뜻은 진실이고, 거짓이 아니고, 그렇지 않은 것이 아니다.(Ps.ii.104-5)"

이와 같이 "괴로움의 압박한다는 뜻, 형성된 것(有爲)이라는 뜻, 불탄다는 뜻, 변한다는 뜻, 관통한다는 뜻(Ps.i.118)" 등으로 말씀하셨다. 이와 같이 배분된 각각 네 가지씩의 뜻에 따라 괴로움 등을 알아야 한다. 이것이 여기서 배분에 따라 판별한 것이다.

16. **(2) 어원에 따라:** 여기서 [둑카(dukkha, 괴로움)의] '두(du)'라는 단어는 비열하다(kucchita)라는 뜻으로 사용된다. 왜냐하면 비열한 아이를 두뿟따(dupputta)라고 말하기 때문이다. '카(kha)'라는 단어는 비었다(tuccha)라는 뜻으로 사용된다. 왜냐하면 텅 빈 허공을 카(kha)라고 말하기 때문이다. 첫 번째 진리는 여러 가지 위험이 도사리는 소굴이기 때문에 비열하고, 어리석은 사람들이 상상하는 항상함, 아름다움, 행복, 자아가 없기 때문에 비었다. 그러므로 비열하기

(두) 때문에, 비었기(카) 때문에 둑카(괴로움)라고 부른다.

17. [삼우다야(*samudaya*, 일어남)의] '삼(*saṁ*)'이라는 단어는 '함께 오다, 함께 모이다' 등에서 결합(*saṁyoga*)의 뜻을 나타낸다. '우(√*u/ud*)'라는 단어는 '일어나다, 위로 오르다' 등에서 오르다(*uppatti*)의 뜻을 나타낸다. '아야(*aya*)'라는 단어는 원인(*kāraṇa*)을 나타낸다. 이 두 번째 진리가 다른 조건들과 결합되면 둑카(괴로움)가 일어나는 원인이 된다. 이와 같이 다른 조건이 결합되면 둑카가 일어나는 원인이 되기 때문에 두카사무다야(괴로움의 일어남)라고 부른다.

18. 세 번째 진리(*nirodha*, 소멸)에서 '니(*ni*)' 라는 단어는 '없음'(*abhava*)을, '로다(*rodha*)'라는 단어는 '감옥'을 나타낸다. 그러므로 여기서는 모든 태어날 곳(*gati*)이 없기 때문에 윤회의 감옥이라 불리는 괴로움의 압박이 없다. 혹은 이것을 증득하면 윤회의 감옥이라 불리는 괴로움의 압박이 없다. 왜냐하면 이것은 그것과 반대되기 때문이다. 그래서 둑카니로다(괴로움의 소멸)라고 부른다. 혹은 생겨남이 없는 소멸의 조건이기 때문에 둑카니로다라고 한다.

19. 네 번째 진리는 소멸(滅, *nirodha*)을 대상으로 직면해(*abhimukha*) 있기 때문에 괴로움의 소멸(*dukkha-nirodha*)로 인도한다. 괴로움의 소멸로 인도하는 길이기 때문에 도닦음(*paṭipadā*)이라 한다. 그러므로 네 번째 진리를 둑카 니로다 가미니 빠띠빠다(*dukkha-nirodha-gāminī paṭipadā*, 괴로움의 소멸로 인도하는 도닦음)라고 부른다.

20. 부처님 등 성스러운 분들이 이들을 통찰하시기 때문에 성스러운 진리라고 부른다. 그래서 말씀하셨다. "비구들이여, 이것이

네 가지 성스러운 진리이다. 어떤 것들인가? … 비구들이여, 참으로 이것이 네 가지 성스러운 진리이다.(S.v.425-26)" 그러므로 성스러운 분들이 통찰하시기 때문에 성스러운 진리라고 부른다.

21. 더욱이 성스러운 분의 진리이기 때문에 성스러운 진리이다. 그래서 말씀하셨다. "비구들이여, 신을 포함한 인간의 세상에서 … 여래는 성스러운 분이시다. 그래서 성스러운 진리라고 부른다.(S.v.435)" 혹은 이것들을 깨달았기 때문에 성스러움이 성취되었다. 그래서 성스러운 진리라고 한다. 그래서 말씀하셨다. "비구들이여, 이들 네 가지 성스러운 진리를 있는 그대로 깨달았기 때문에 여래, 아라한, 정등각자라 부른다.(S.v.433)"

22. 또 성스러운(ariyāni) 진리(saccāni)이기 때문에 성스러운 진리(ariya-saccāni)이다. 성스럽다는 것은 진실, 거짓이 아님, 속이지 않음이라는 뜻이다. 그래서 말씀하셨다. "비구들이여, 이 네 가지 성스러운 진리는 진실이고, 거짓이 아니고, 그렇지 않은 것이 아니다. 그러므로 성스러운 진리라고 부른다.(S.v.435)" 이와 같이 어원에 따라 판별을 알아야 한다.

23. **(3) 특징 등에 따라:** 괴로움의 진리는 괴롭히는 특징을 가진다. 불타는 역할을 한다. 윤회가 계속됨으로 나타난다. 일어남의 성스러운 진리는 근원의 특징을 가진다. 끊어지지 않는 역할을 한다. 장애로 나타난다. 소멸의 진리는 고요함의 특징을 가진다. 불사의 역할을 한다. [오온의] 표상이 없음으로 나타난다. 도의 진리는 출구의 특징을 가진다. 번뇌를 없애는 역할을 한다. 탈출로 나타난다.

그리고 순서에 따라 [네 가지 성스러운 진리는] 발생(*pavatti*), 발생하게 함(*pavattana*), 정지(*nivatti*), 정지하게 함(*nivattana*)의 특징을 가진다. 그와 마찬가지로 형성됨, 갈애, 형성되지 않음, 봄(*dassana*, 見)345)의 특징을 가진다. 이와 같이 특징 등에 따라 판별을 알아야 한다.

24. **(4) 뜻에 따라:** 만약 '무엇이 진리라는 뜻인가'라고 한다면 — 통찰지의 눈(*paññā-cakkhu*, 慧眼)으로 면밀히 조사하는 사람들에게 이것은 환처럼 변화하는 것이 아니며, 신기루처럼 속이는 것이 아니며, 외도들이 주장하는 자아처럼 고유성질을 얻지 못하는 것이 아니다. 각각 괴롭힘(*bādhana*), 기원(*pabhava*), 고요(*santi*), 출구(*niyyana*)의 형태이며 진실이고 변화하지 않으며 사실인 것으로서 성스러운 지혜(*ariya-ñāṇa*)의 영역이다. 불의 특징처럼, 세간의 본질처럼, 진실하고 변화하지 않고 사실인 것이 진리의 뜻이라고 알아야 한다. 그래서 상세하게 말씀하셨다. "비구들이여, '이것이 괴로움이다'라는 것은 진실이다. 이것은 거짓이 아니다. 이것은 그렇지 않은 것이 아니다.(S.v.430)"

25. 더욱이 다음과 같이 뜻에 따라 판별을 알아야 한다.

> 압박 없는 괴로움 없고 괴로움을 떠난 압박 없으니
> 압박하는 것이 확실하므로 이것을 진리라 한다.

---

345) 바른 견해(正見, *sammā-diṭṭhi*)를 뜻한다.(*sammā dassanalakkhaṇā sammādiṭṭhi*, VbhA.114) 또한 닷사나(견)는 첫 번째 도(預流道, *sotāpattimagga*)를 뜻한다.(*dassanattike dassanenāti sotāpattimaggena*, DhsA.43)

그것을 떠나 따로 괴로움 없고
그것으로부터 생기지 않은 괴로움 없다(苦諦).
애착이 고통의 원인됨이 확실하므로
이것을 진리라 한다(集諦).
열반을 떠나 따로 고요 없고
그것으로부터 생기지 않은 고요 없다.
고요한 상태가 확실하므로 이것을 진리라 한다(滅諦).
길을 떠나 따로 출구 없고
출구가 없는 것은 길이 아니다.
진실한 출구이기 때문에 진리라 한다(道諦).
이처럼 지자들은 괴로움 등 네 가지 진리에 예외 없이
진실하고 헛되지 않으며 사실인 진리의 뜻을 설하셨다.

26. **(5) 어떻게 뜻을 추적함에 따라** [판별을 알아야 하는가]? 진리(諦, sacca)란 단어는 여러 뜻으로 사용된다.

"그는 진리를 말해야 한다. 화를 내어서는 안된다.(Dhp.224)"는 등에서는 말의 진리라는 뜻으로 사용되었다.

"수행자와 바라문은 진리에 서있다.(Jā.ii.97)"는 등에서는 절제의 진리라는 뜻으로 사용되었다.

"왜 스스로 지자라고 말하는 그들은 여러 가지 진리를 말하는가?(Sn.885)"라는 등에서는 견해의 진리라는 뜻으로 사용되었다.

"진리는 하나뿐이고 두 번째는 없다.(Sn.884)"는 등에서는 궁극적인 뜻에서 진리인 열반과 도의 뜻으로 사용되었다.

"네 가지 진리에 얼마나 많은 유익한 것(善)이 있는가?(Ps.ii.108)"라는 등에서는 성스러운 진리라는 뜻으로 사용되었다.

여기서도 이것은 성스러운 진리의 뜻으로 사용되었다. 이와 같이 뜻을 추적함에 따라 판별을 알아야 한다.

27. **(6) 모자라지도 넘치지도 않는 것으로:** 만약 '왜 더도 덜도 않게 오직 네 가지 성스러운 진리만 말씀하셨는가?'라고 한다면 — 다른 것은 존재하지 않기 때문이고, 어느 것도 삭제할 수 없기 때문이다. 이들보다 더 첨가할 것이 없고 이 중에서 하나라도 삭제할 수 없기 때문이다. 그래서 말씀하셨다.

"비구들이여, 여기 어떤 사문이나 바라문이 와서 [이렇게 말할지도] 모른다. '이것이 괴로움의 성스러운 진리가 아니고 다른 것이 괴로움의 성스러운 진리이다. 나는 이 괴로움의 성스러운 진리를 삭제하고 다른 괴로움의 성스러운 진리를 천명하리라'라고. 그러나 그것은 가능하지 않다."

다시 "비구여, 어떤 사문이나 바라문이 이와 같이 말할지도 모른다. '이것은 고따마가 가르친 첫 번째 괴로움의 성스러운 진리가 아니다. 나는 이 첫 번째 괴로움의 성스러운 진리를 삭제하고 다른 첫 번째 괴로움의 성스러운 진리를 천명하리라'라고. 그러나 그것은 가능하지 않다.(S.v.428)"는 등으로 말씀하셨다.

28. 윤회의 일어남을 설하시면서 세존께서는 그것을 원인과 함께 설하셨고 윤회의 멸함도 그 방법과 함께 설하셨다. 이와 같이 최대의 수치로 일어남과 멸함과 그 둘의 원인인 넷을 설하셨다. 그와 마찬가지로 [괴로움을] 철저하게 알아야 하고(*pariññeyya*) [원인(集)을] 끊어야 하고(*pahātabba*) [멸을] 실현해야 하고(*sacchikātabba*) [도를] 닦아야 하는(*bhāvetabba*) 것으로, 갈애의 토대와 갈애와 갈애의

소멸과 갈애의 소멸로 인도하는 길로, 욕망(ālaya)[346]과 욕망을 기뻐함과 욕망의 소멸과 욕망의 소멸로 인도하는 길로 오직 넷을 설하셨다. 이와 같이 모자라지도 넘치지도 않는 것으로써 이것의 판별을 알아야 한다.

29. **(7) 순서에 따라:** 여기서도 오직 가르침의 순서이다.(XIV. §211참조) 이것은 거칠기 때문에 또 모든 중생에게 공통되기 때문에 알기가 쉽다. 그래서 괴로움의 진리를 첫 번째로 설하셨다. 그것의 원인을 보여주기 위해 그 다음으로 일어남의 진리를, 원인이 소멸하기 때문에 결과도 소멸한다는 것을 보여주기 위해서 그 다음으로 소멸의 진리를, 그것을 얻는 방법을 보여주기 위해서 마지막으로 도의 진리를 설하셨다.

30. 삶의 행복한 맛에 빠져있는 중생들에게 분발심을 일으키게 하기 위해서 첫 번째로 괴로움을 말씀하셨다. 짓지 않은 것이 스스로 오는 것이 아니며, 신 등이 만들었기 때문에 있는 것도 아니며, 오지 이 [원인으로]부터 [괴로움이] 있다는 것을 알리기 위해서 그 다음으로 일어남을 말씀하셨다.

---

346) ālaya는 ā+√lī(to cling)에서 파생된 명사로서 유식에서 '아뢰야'로 음역되는 바로 그 단어이다. 초기경에서도 등장하는 용어로서 '달라붙다'라는 뜻이며 '집착, 욕망, 소유물, 의지처' 등의 의미로 쓰인다. 부처님께서 정각을 성취하시고 그것을 세상에 펴기를 주저하신 이유가 중생들은 알라야에 빠져있기 때문이라고 하셨다.(ālayarāmā kho panāyaṁ pajā ālayaratā ālayasammuditā — M26/i.167) Pm에서는 "ālaya는 다섯 가닥의 감각적 욕망, 혹은 모든 대상에 대한 욕망, 혹은 욕계, 색계, 무색계인 이 세 가지 형태의 존재에 대한 욕망이라 불린다(Pm.535)"로 설명하고 있다. 유식에서 모든 유위의 최종의 의지처라는 의미로 알라야 윈냐나(아뢰야식)를 설하는 것은 후대에 발전된 개념이다.

그것의 원인과 함께 괴로움에 압도되었기 때문에 분발심을 내었고, 괴로움으로부터 벗어남을 찾는 중생들에게 벗어남을 보여주어 위로를 주시기 위해 소멸을 설하셨고, 그 다음으로 소멸을 얻게 하기 위해 소멸을 얻을 수 있는 길을 말씀하셨다.

이와 같이 순서에 따라 판별을 알아야 한다.

31. **(8) 태어남 등의 해설에 따라:** 성스러운 진리를 설하시면서 세존께서는,

(가) 괴로움의 해설에서 다음과 같은 12가지 법을 설하셨다. "비구들이여, 그러면 무엇이 괴로움인가? 태어남도 괴로움이다. 늙음도 괴로움이다. 병도 괴로움이다. 죽음도 괴로움이다. 근심·탄식·육체적 고통·정신적 고통·절망도 괴로움이다. 싫어하는 자들과 만나는 것도 괴로움이다. 좋아하는 자들과 헤어지는 것도 괴로움이다. 원하는 것을 얻지 못하는 것도 괴로움이다. 간략히 설하자면 ['나' 등으로] 취착하는 다섯 가지 무더기(五取蘊) 자체가 괴로움이다.(Vbh.99)"라고.

(나) 일어남의 해설에서 세 가지 갈애를 다음과 같이 설하셨다. "그것은 갈애이니, 다시 태어남을 가져오고 즐김과 탐욕이 함께하며 여기저기서 즐기는 것이다. 즉, 감각적 욕망에 대한 갈애(*kāma-taṇhā*), 존재에 대한 갈애(*bhava-taṇhā*), 존재하지 않음에 대한 갈애(*vibhava-taṇhā*)이다(M9/i.48-49; Vbh.101)"라고.

(다) 소멸의 해설에서 "갈애가 남김없이 빛바래어 소멸함, 버림, 놓아버림, 벗어남, 집착 없음(Vbh.101)"이라고 뜻으로는 오직 하나인 열반을 설하셨다.

(라) 도의 해설에서 "어떤 것이 괴로움의 소멸로 인도하는 도닦음

의 성스러운 진리인가? 이것은 오직 성스러운 여덟 가지의 도(八支
聖道)이다. 즉 바른 견해, 바른 사유 … 바른 삼매이다.(Vbh.104)"라
고 여덟 가지 법을 설하셨다.

이와 같이 네 가지 성스러운 진리의 해설에서 태어남 등의 법을
설하셨다. 이런 태어남 등의 해설에 따라 여기서 판별을 알아야 한다.

(가) 괴로움의 해설
dukkhaniddesakathā

① 태어남(jāti)

32. 이 태어남이란 단어는 많은 뜻을 가졌다.
"한 생, 두 생"이라는 데서는 존재(bhava)의 뜻으로 사용되었다.

"위사카여, 니간타라 불리는 사문의 태어남이 있었다(A.i.206)"라
는 데서는 종파(nikāya)의 뜻으로 사용되었다.

"태어남은 두 가지 무더기(蘊)347)에 포함된다(Dhk.15)"라고 한데서
는 형성된 것(有爲)의 특징(lakkhaṇa)이란 뜻으로 사용되었다.

"모태에서 첫 번째 마음이 일어났고, 첫 번째 알음알이가 나타났
다. 그것 때문에 이 태어남이 있다(Vin.i.93)"라고 한데서는 입태(入胎,
paṭisandhi)의 뜻으로 사용되었다.

"아난다여, 보살이 태어나자마자(M.iii.123)"라고 한데서는 출산
(pasūti)의 뜻으로 사용되었다.

---

347) 즉 물질의 무더기(色蘊)와 상카라들의 무더기(行蘊)이다. 태어남은 정신
(nāma, 名)과 물질(rūpa, 色)이 일어난 것이므로 정신은 상카라들의 무
더기에, 물질은 물질의 무더기에 각각 포함된다는 말이다.

"태생 때문에 멸시받지 않았고 비난받지 않았다(D.i.113)"라고 한 데서는 가문(*kula*)의 뜻으로 사용되었다.

"자매여, 나는 성스러운 태생과 함께 태어났다(M.ii.103)"라고 한데서는 성스러운 계(*ariya-sīla*)의 뜻으로 사용되었다.

33. 여기서 태어남이란 태로 태어나는 중생의 경우엔 입태에서부터 시작하여 모태에서 나올 때까지 일어나는 무더기(蘊)를 말하며, 나머지 경우엔348) 입태할 때의 무더기만을 태어남이라 한다고 알아야 한다. 이것은 간접적으로 설한 것이다. 직접적으로 설하면 어느 곳에 태어나든 중생들에게 무더기들이 나타난다. 이들이 처음 나타난 상태를 태어남이라 한다.

34. 이것은 어떠한 삶이든 그 삶에서 처음 태어남의 특징을 가진다. [무더기(蘊)를] 건네주는 역할을 한다. 과거 생으로부터 여기에 출현함으로 나타난다. 혹은 가지가지 괴로움으로 나타난다. 만약 '왜 이 태어남이 괴로움인가'라고 한다면 — 갖가지 괴로움의 토대가 되기 때문이다. 괴로움은 여러 가지가 있으니 다음과 같다.

① 고통에 기인한 괴로움(*dukkha-dukkha*, 苦苦)
② 변화에 기인한 괴로움(*vipariṇāma-dukkha*, 壞苦)
③ 형성됨에 기인한 괴로움(*saṅkhāra-dukkha*, 行苦)
④ 감춰진 괴로움(*paṭicchanna-dukkha*)
⑤ 드러난 괴로움(*appaṭicchanna-dukkha*)
⑥ 간접적인 괴로움(*pariyāya-dukkha*)
⑦ 직접적인 괴로움(*nippariyāya-dukkha*)

---

348) 습생과 화생을 뜻한다.(Pm.538)

35. 이 가운데서 ① 육체적이고 정신적인 괴로운 느낌은 고유성질로서도, 이름에 따라서도 괴롭기 때문에 **고통에 기인한 괴로움**이라 한다. ② 즐거운 느낌은 그것이 변할 때 괴로운 느낌이 일어날 원인이 되기 때문에 **변화에 기인한 괴로움**이라 한다. ③ 평온한 느낌과 나머지 삼계에 속하는 상카라들은 일어나고 사라짐에 압박되기 때문에 **형성됨에 기인한 괴로움**이라 한다.

④ 귀의 통증, 이빨의 통증, 탐욕으로 인한 열, 성냄으로 인한 열 등 육체적이고 정신적인 괴로움은 질문을 해야 알 수 있고 발병하는 것이 드러나지 않기 때문에 **감춰진 괴로움**이라 한다. 분명하지 않은 괴로움(*apākaṭa-dukkha*)이라고도 한다. ⑤ 32가지 형벌 때문에 생긴 괴로움은 질문을 하지 않고서도 알 수 있고 발병하는 것이 드러나기 때문에 **드러난 괴로움**이라 한다. 분명한 괴로움(*pākaṭa-dukkha*)이라고도 한다.

⑥ 고통에 기인한 괴로움을 제외하고 분별론의 괴로움의 진리의 해설에서 언급된 태어남 등의 나머지 모든 괴로움은 갖가지 괴로움의 토대가 되기 때문에 **간접적인 괴로움**이라 한다. ⑦ 고통에 기인한 괴로움은 **직접적인 괴로움**이라 한다.

36. 「우현경」(愚賢經, Bālapaṇḍita Sutta, M129/iii.165-178) 등에서 세존께서 비유로 드러내신 악처(惡處)의 괴로움이 있다. 태어남은 이런 괴로움의 토대이기 때문에 괴로움이다. 선처인 인간의 세계에도 입태 등의 괴로움이 일어난다. 태어남은 이런 괴로움의 토대이기 때문에 괴로움이다.

37. 여기서 입태에 기인한 것 등으로 분류되는 괴로움은 다음과 같다. 이 중생이 모태에 태어날 때 청련, 홍련, 백련 등의 안에서 태어나는 것이 아니다. 그와 반대로 위장의 아래와 소장의 위인 위장막과 척추 중간의 아주 좁고 어둡고 갖가지 몸의 냄새가 퍼져있고 심한 악취가 통풍구로 순환하며 극도로 혐오스런 자궁에서 마치 썩은 생선과 썩은 죽과 오물구덩이 속의 벌레처럼 태어난다. 그곳에 태어나서 그는 열 달 동안 자궁에서 생긴 열로 자루에 넣어서 구워진 과자처럼 구워지고 경단처럼 쪄져서 구부리거나 펴는 것도 없이 극심한 괴로움을 겪는다. 이것은 입태에 기인한 괴로움이다.

38. 어머니가 갑자기 비틀거리거나 가거나 앉거나 일어서거나 돌 때 마치 술 취한 자의 손에 잡힌 새끼 염소처럼, 뱀 장수의 손아귀에 든 새끼 뱀처럼, 위로 끌리고 아래로 끌리며 위로 흔들리고 아래로 흔들리는 등의 습격으로 극심한 괴로움을 겪는다. 어머니가 찬물을 마실 때 마치 차디찬 지옥에 떨어지는 것 같고, 뜨거운 죽과 밥을 삼킬 때 마치 숯불의 비가 쏟아지는 것 같고, 짜거나 신 것을 삼킬 때는 마치 도끼로 몸을 찍고 소금물을 붓는 등의 고문을 겪는 것 같이 극심한 괴로움을 겪는다. 이것은 임신에 기인한 괴로움이다.

39. 어머니가 [임신이 잘못되어] 낙태를 할 때 괴로움이 생긴 곳을 자르고 째기 때문에 그에게 괴로움이 일어난다. 이 괴로움이 생긴 곳은 가까운 친지, 친구, 동료들도 볼 수 없다. 이것은 낙태에 기인한 괴로움이다.

40. 어머니가 출산할 때 그는 업으로 생긴 바람에 의해 거꾸로 틀어 자궁으로부터 마치 지옥의 낭떠러지와 같은 너무나 무서운 통로로 내던져지며, 마치 열쇠 구멍으로 큰 코끼리를 끄집어내듯이 극심하게 좁은 자궁의 입구를 통해 끄집어내어질 때, 마치 지옥 중생이 굴러내리는 바위에 의해서 부서질 때 괴로움이 일어나듯이 그에게 괴로움이 일어난다. 이것은 분만에 기인한 괴로움이다.

41. 갓 태어난 그의 몸은 예민한 상처처럼 연약하다. 손에 들거나, 목욕시키거나, 씻기거나, 천으로 문지를 때 등에 바늘 끝으로 찌르고 칼날로 상처를 입히는 것 같은 괴로움이 일어난다. 이것은 모태로부터 나옴에 기인한 괴로움이다.

42. 그 다음으로 살아가는 동안 자신을 혹사시키거나 나체의 서계 등으로 고행과 금욕 행위를 하거나 화가 나서 단식을 하고 목매다는 자에게 괴로움이 일어난다. 이것은 자기 폭력에 기인한 괴로움이다.

43. 타인으로부터 매질을 당하거나 투옥 등을 경험하는 자에게 괴로움이 일어난다. 이것은 타인의 폭력에 기인한 괴로움이다.

이와 같이 태어남은 이런 모든 괴로움의 토대이다. 그래서 이처럼 설하였다.

> 만약 중생이 지옥에 태어나지 않는다면
> 타는 불길 등 그 참기 어려운 괴로움이
> 어디에서 발판을 얻으랴.
> 그래서 태어남은 괴로움이라고 대성자께서 말씀하셨다.

채찍과 막대기와 몽둥이로 매 맞는
축생의 괴로움은 갖가지
그곳에 태어나지 않으면 어떻게 이런 괴로움이 있으랴.
그래서 태어남은 괴로움이다.
배고픔, 목마름, 바람, 태양 등으로 인한
아귀의 괴로움은 여러 가지
그곳에 태어나지 않은 자에게 그것은 없다.
그래서 태어남은 괴로움이라고 대성자께서 말씀하셨다.

짙은 암흑과 극심한 추위와
세상의 끝에 있는 아수라들의 괴로움
그곳에 태어나지 않은 자에게 그것은 없다.
그래서 태어남은 괴로움이다.

똥오줌 지옥과 같은 모태에서 중생이 여러 달을 지내고
밖으로 나와서는 무시무시한 괴로움을 받네.
태어나지 않으면 이런 괴로움 없으니
태어남은 참으로 괴로움이다.

무슨 말이 많이 필요하랴 어디서든 괴로움은 있는 것을.
그러나 태어남이 없이는 괴로움도 없네.
그래서 대성자께서 첫 번째로
이 태어남을 괴로움이라 말씀하셨다.

이것이 태어남에 대한 판별이다.

② 늙음(jarā)

44. 늙음도 괴로움이다(§31): 여기서 늙음은 두 가지이다. 형성된 것(有爲)의 특징으로서의 늙음과 이빨이 부러지는 등으로 알려진 한 생애에 포함된 무더기(蘊)의 늙음이다. 여기서는 두 번째 것을 의미한다.

늙음은 무더기가 성숙해 가는 특징을 가진다. 죽음으로 인도하는 역할을 한다. 젊음을 파괴하는 것으로 나타난다. 늙음은 형성됨에 기인한 괴로움(行苦)이고, 또한 괴로움의 토대이기 때문에 괴로움이다.

45. 사지가 무력하고, 감각기능이 쇠하고 비틀어지며, 젊음이 사라지고, 기력이 쇠퇴하고, 기억력과 이해력이 희미해지고, 타인으로부터 경멸을 받는 등 여러 가지 조건으로 육체적이고 정신적인 괴로움이 일어난다. 늙음은 이런 괴로움의 토대이다. 그래서 이처럼 설하였다.

> 사지가 무력함으로 감각기능이 쇠함으로
> 젊음이 사라짐으로 기력이 쇠퇴함으로
> 기억력 등이 희미해짐으로
> 자기의 가족들조차도 하찮게 여김으로
> 더군다나 망령이 드는 것으로
> 인간은 정신적이고 육체적인 괴로움을 겪나니
> 이 모든 괴로움은 늙음이 가져온 것
> 그래서 늙음을 괴로움이라 한다.

이것이 늙음에 대한 판별이다.

③ 죽음(maraṇa)

46. **죽음도 괴로움이다:** 여기서도 죽음은 두 가지이다. 하나는 형성된 것의 특징으로서의 죽음이다.349) 이것에 관해서 이와 같이 설하셨다. "늙음과 죽음은 두 가지 무더기(蘊)에 포함된다(Dhk.15)." 두 번째는 한 생에 포함된 생명기능의 연결이 끊어진 것이다. 이것에 관해서 이와 같이 설하셨다. "인간은 죽을까봐 항상 겁낸다.(Sn.576)" 여기서는 두 번째 것을 의미한다. 태어남을 조건으로 한 죽음, 습격으로 인한 죽음, 자연적인 원인으로 인한 죽음, 수명이 다함으로 인한 죽음, 공덕이 다함으로 인한 죽음 등이 이 죽음의 이름이다.

47. 이것의 특징은 사망이다. 분리하는 역할을 한다. 운명처를350) 잃어버림으로 나타난다. 이것은 괴로움의 토대이기 때문에 괴로움이다. 그래서 이와 같이 설하였다.

> 임종에 다다라 악업 등의 표상을 보는 악한 자에게도
> 아끼던 물건과 헤어짐을 견디지 못하는 선한 자에게도
> 예외 없이 모두에게 근육과 관절을 끊는 등의
> 참을 수 없고 돌이킬 수 없는
> 단말마(斷末魔)351)의 육체적인 괴로움이 있다.

---

349) 즉 형성된 것의 무너짐이라 알려진 순간의 죽음(利那死, khaṇika-maraṇa)를 뜻한다.(Pm.543)
350) 재생을 얻은 현재의 운명처를 뜻한다.(Pm.543)
351) 우리에게 잘 알려진 단말마(斷末魔)라는 단어는 불교용어이다. 본 게송에서는 'vitujjamāna-mamma'로 나타나고 일반적으로는 'mamma(말마를)-cchedaka(끊음)'로 나타난다. 말마(mamma, Sk. marma)는 가장

죽음은 이 괴로움의 토대이기 때문에
이것을 괴로움이라 말한다.

이것이 죽음에 대한 판별이다.

④ 근심(soka)

48. 근심 등에서 **근심**이란 친척 등을 잃어서 겪는 것으로서 마음이 불타는 것이다. 이것은 뜻으로는 정신적 고통이다. 하지만 이것의 특징은 속이 타는 것이다. 속이 완전히 타는 역할을 한다. 근심하는 것으로 나타난다. 이것은 고통에 기인한 괴로움(苦苦)이고, 또한 괴로움의 토대이기 때문에 괴로움이다. 그래서 이와 같이 설하였다.

근심은 중생의 가슴을 찌르는 독화살이다
벌겋게 타는 창으로 중생의 가슴을 지진다.
병, 늙음, 죽음, 멸망 등 갖가지 괴로움을 가져오니니
그래서 괴로움이라 한다.

이것이 근심에 대한 판별이다.

⑤ **탄식**(parideva)

49. **탄식**은 친척 등을 잃어서 겪는 것으로서 말을 하면서 우는 것이다. 이것의 특징은 통곡이다. 덕과 허물을 드러내는 역할을 한다. 혼동으로 나타난다. 이것은 형성됨에 기인한 괴로움(行苦)이고,

---

큰 급소인 명치를 나타내며 베다에서부터 나타나는 오래된 단어이다.

또한 괴로움의 토대이기 때문에 괴로움이다. 그래서 이와 같이 설하였다.

> 탄식이라는 화살에 찔린 자가 비탄하면서
> 목과 입술과 입천장이 마르는
> 참을 수 없는 괴로움은 더욱 더해간다.
> 그래서 세존께서 탄식을 괴로움이라 하셨다.

이것이 탄식에 대한 판별이다.

⑥ 육체적 고통(dukkha)

50. **육체적 고통**이란 육체적인 괴로움을 말한다. 이것의 특징은 몸을 압박하는 것이다. 통찰지가 없는 자에게 정신적 고통을 일으키는 역할을 한다. 육체적인 괴로움으로 나타난다. 이것은 고통에 기인한 괴로움(苦苦)이고, 또한 정신적인 괴로움을 가져오기 때문에 괴로움이다. 그래서 이와 같이 설하였다.

> 육체적인 고통은 사람을 압박하고
> 다시 정신적인 고통을 자아내나니
> 그래서 특별히 이것을 괴로움이라 했다.

이것이 육체적 고통에 대한 판별이다.

⑦ 정신적 고통(domanassa)

51. **정신적 고통**이란 정신적인 괴로움이다. 이것의 특징은 마

음을 압박하는 것이다. 마음을 괴롭히는 역할을 한다. 마음을 압박하는 것으로 나타난다. 이것은 고통에 기인한 괴로움(苦苦)이고, 또한 육체적인 괴로움을 가져오기 때문에 괴로움이다.

정신적인 고통으로 괴로워하는 자들은 머리를 쥐어뜯으면서 울고, 가슴을 치고, 앞으로 뒹굴고, 빙글빙글 뒹굴며, 거꾸로 떨어지고, 칼을 휘두르고, 독을 마시며, 밧줄로 목을 매달고, 불에 들어간다. 이와 같이 갖가지 괴로움을 경험한다. 그래서 이와 같이 설하였다.

> 정신적 고통은 마음을 압도하고
> 몸에도 압박을 가져온다.
> 그래서 정신적 고통으로부터 벗어난 자는
> 이것을 괴로움이라 한다.

이것이 정신적 고통에 대한 판별이다.

⑧ 절망(upāyāsa)

52. **절망**은 친척 등을 잃어서 겪는 것으로서 극심한 정신적인 괴로움에서 생긴 성냄이다. 어떤 자는 이것이 상카라의 무더기(行蘊)에 속하는 하나의 법이라고 말한다. 이것의 특징은 마음을 태우는 것이다. 슬퍼하는 역할을 한다. 우울함으로 나타난다. 형성됨에 기인한 괴로움(行苦)이고, 또한 마음을 태우며 몸을 억압하기 때문에 괴로움이다. 그래서 이와 같이 설하였다.

> 절망은 마음을 태우기 때문에
> 몸을 억압하기 때문에

극심한 괴로움을 더해가나니
그래서 괴로움이라 한다.

이것이 절망에 대한 판별이다.

53. 여기서 근심은 약한 불로 조리한 냄비 속에 있는 익힌 것과 같고, 탄식은 강한 불로 조리할 때 냄비 밖으로 넘치는 것과 같으며, 절망은 냄비 밖으로 넘친 나머지가 더 이상 넘칠 수 없어 냄비 안에서 마를 때까지 익히는 것과 같다고 알아야 한다.

⑨ 싫어하는 자들과 만나는 것(appiyasampayoga)

54. **싫어하는 자들과 만나는 것**은 원하지 않은 중생들이나 상카라(行)들을 만남이다. 이것의 특징은 원하지 않는 것과의 만남이다. 마음을 괴롭히는 역할을 한다. 해로운 상태로 나타난다. 괴로움의 토대이기 때문에 괴로움이다. 그래서 이와 같이 설하였다.

> 싫어하는 것을 보는 것만으로도
> 첫 번째로 마음에 괴로움이 일어난다.
> 그들의 행위로 생긴352) 괴로움이
> 그다음에 몸에도 일어난다.

---

352) 싫어하는 사람들이 나에게 몸과 말로 짓는 행위를 통해 그 다음으로 몸에도 괴로움이 일어난다는 뜻이다. 냐나몰리 스님은 "*And suffering of body too / Through touching it can then ensue*"라고 영역했는데 뜻이 분명하게 드러나지가 않는다. 원문의 '*tad-upakkama-sambhūtaṁ*'은 '*dukkhaṁ*(괴로움)'의 형용사로서 '그들의(*tad*) 행위로(*upakkama*) 생긴(*sambhūtaṁ*) 괴로움(*dukkhaṁ*)'이란 뜻이고 그 괴로움이 몸에도 일어난다는 뜻이다.

이것은 두 가지 괴로움의 토대이기 때문에
대성자께서 싫어하는 사람을 만나는 것이
괴로움이라 하셨다.

이것이 싫어하는 사람을 만나는 것에 대한 판별이다.

⑩ 좋아하는 자들과 헤어짐(*piyavippayoga*)

55. **좋아하는 자들과 헤어지는 것**이란 원하는 중생들이나 상카라들로부터 떨어지는 것이다. 그것의 특징은 원하는 것으로부터 떨어짐이다. 근심을 자아내는 역할을 한다. 불운으로 나타난다. 이것은 근심인 괴로움의 토대이기 때문에 괴로움이다. 그래서 이와 같이 설하였다.

> 친척과 재산 등을 잃어버려 근심의 화살에 맞아
> 어리석은 자들은 괴로워하나니
> 그래서 좋아하는 자들과 헤어짐을
> 괴로움이라 했다.

이것이 좋아하는 자들과 헤어짐에 대한 판별이다.

⑪ 원하는 것을 얻지 못함(*icchitālābha*)

56. **원하는 것을 얻지 못함**이란 "오, 태어나지 않았더라면(Vbh.101)"하는 등의 얻을 수 없는 대상을 원하는 것을 말한다. 그래서 '원하는 것을 얻지 못하는 것도 역시 괴로움이다'라고 했다. 이것의 특징은 얻을 수 없는 대상을 원하는 것이다. 그것을 찾는 역할을

한다. 그것을 얻지 못함으로 나타난다. 이것은 고통의 토대이기 때문에 괴로움이다. 그래서 이와 같이 설하였다.

> 원하는 것마다 얻지 못하기 때문에
> 망연자실해진 중생은 여기서 괴로움을 겪나니
> 얻을 수 없는 대상을 원하는 것이 그 원인이다.
> 그래서 원하는 것을 얻지 못함이 괴로움이라고
> 승자께서는 말씀하셨다.

이것이 원하는 것을 얻지 못함에 대한 판별이다.

⑫ 다섯 가지 취착하는 무더기(五取蘊)
pañcupādānakkhandhā

57. **간략히 말하자면 ['나' 등으로] 취착하는 다섯 가지 무더기(五取蘊) 자체가 괴로움이다.** 여기서,

> 여여한 분이 설하신 것이든, 설하시지 않은 것이든
> 태어남 등의 괴로움, 그 모든 것은 이들 없이는 없나니
> 그래서 괴로움의 종식을 설하시는 대성자께서 말씀하셨네.
> 요컨대 취착하는 무더기들이 괴로움이라고

58. 마치 불이 연료를, 무기들이 과녁을, 파리모기 등이 소의 몸을, 수확하는 자가 들판을, 마을을 약탈하는 자가 마을을 괴롭히듯이, 태어남 등은 여러 가지로 다섯 가지 취착의 무더기를 괴롭힌다. 이는 잡초와 덩굴이 땅에서 생기고, 꽃과 열매와 새순이 나무에서 생겨서 그들을 괴롭히는 것과 같다.

59. 취착하는 무더기들의 처음 괴로움은 태어남이다. 중간 괴로움은 늙음이고 마지막 괴로움은 죽음이다. 죽을 것 같은 괴로움이 엄습하여 불타는 괴로움이 근심이고, 그것을 견디지 못하여 울부짖는 괴로움이 탄식이고, 그 다음으로 체액의 부조화라 불리는 원하지 않은 맞닿음과 부딪힘으로써 몸을 괴롭히는 괴로움이 육체적 고통이다. 범부들은 그것에 의해 핍박당하여 적개심을 가진다. 그 때문에 마음을 괴롭히는 괴로움이 정신적 고통이다. 근심이 커져 낙담하여 흐느끼는 괴로움이 절망이다. 가슴속의 소망이 꺾여버린 중생들이 원하는 것을 얻지 못하는 괴로움이 원하는 것을 얻지 못하는 괴로움이다. 이와 같이 여러 측면에서 면밀히 조사해보면 오직 취착하는 무더기들이 괴로움이다.

60. 이런 것을 낱낱이 다 보여서 전부 말을 한다는 것은 여러 겁을 해도 불가능할 것이다. 그래서 온 바닷물의 맛을 한 방울에서 알 수 있듯이 모든 괴로움은 다섯 가지 취착의 무더기들 가운데 어디든지 있다는 것을 간략히 설하시고자 '요건대 다섯 가지 취착하는 무더기들이 괴로움이다'고 세존께서는 말씀하셨다.

이것이 취착하는 무더기들에 대한 판별이다.

이상으로 괴로움의 해설에 대한 설명을 마친다.

(나) 일어남의 해설
samudayaniddesakathā

61. 일어남의 해설에서(§31) **그것은 갈애이니**(yā'yaṁ taṇhā)라는 것은 '이 갈애'란 뜻이다. **다시 태어남을 가져오고**(ponobbhavikā)라는 단어는 다음과 같이 설명된다. '다시 태어남을 만든다'는 뜻이 '뽀놉바와(punobbhava)'이고, '습관적으로 다시 태어남을 만드는 것'이 '뽀놉바위까(punobbhavikā)'이다. **'즐김과 탐욕이 함께하며**(nandi-rāga-sahagatā)'라는 합성어는 즐김과 탐욕이 함께 했다(nandirāgena saha gata)로 풀이된다. 즉 [갈애가] 즐김과 탐욕과 뜻으로서는 하나라는 말이다. **여기저기서 즐기는 것이다**: 어느 곳에서 몸을 받더라도 즐거워한다. 즉: 부사이다. '어떤 것이 그것인가라고 만약 한다면'의 뜻이다. **감각적 욕망에 대한 갈애**(kāma-taṇhā), **존재에 대한 갈애**(bhava-taṇhā), **존재하지 않는 것에 대한 갈애**(vibhava-taṇhā): 이것은 연기의 해설에서 밝혀질 것이다.(XVII. §233이하) 이것이 비록 세 가지이지만 괴로움의 진리를 구성한다는 뜻에서 하나로 만들어 괴로움의 일어남의 성스러운 진리라 설하셨다고 알아야 한다.

(다) 소멸의 해설
nirodhaniddesakathā

62. 괴로움의 소멸의 해설에서(§31) **갈애가**라고 시작하는 방법으로 일어남의 소멸을 설하셨다. 만약 '왜 그런가'라고 한다면 ― 일어남이 소멸하기 때문에 괴로움이 소멸한다고 대답한다. 왜냐하면 일어남의 소멸을 통해서만이 괴로움이 소멸할 뿐 달리 방법이

없기 때문이다. 그래서 말씀하셨다.

"그 뿌리가 손상되지 않고 굳건할 때
잘린 나무라도 다시 자라나듯
갈애의 잠재성향이 뽑히지 않는 한
이 괴로움은 계속해서 생겨난다.(Dhp.338)"

63. 이와 같이 일어남의 소멸을 통해서만이 괴로움이 소멸하기 때문에 세존께서는 괴로움의 소멸을 설하시면서 일어남의 소멸을 가르치셨다. 세존들께서는 사자처럼 행동하신다. 그들은 괴로움을 소멸하게 하시려고 괴로움의 소멸을 설하실 때 원인을 중요시 여겼을 뿐 결과를 중요시 하신 것이 아니다. 그러나 외도들은 개처럼 행동한다.353) 그들은 괴로움의 소멸을 설할 때 자기를 괴롭히는 [고행의] 가르침 등으로 결과를 닦지 그 원인을 [없애지 않는다]. 이와 같이 일어남의 소멸을 통해 괴로움의 소멸을 가르치신 목적을 알아야 한다.

64. 이것이 그 뜻이다. **갈애가:** 그것은 '다시 태어남을 만드는 것'이라고 설한 뒤 감각적 욕망에 대한 갈애 등으로 분류되었다. **빛바램**을 도라 한다. 왜냐하면 "[감각적 욕망이]] 빛바래어 해탈한다

---

353) "마치 사자가 화살을 쏜 사람을 쫓을 뿐 자기에게 날아온 화살을 쫓지 않듯이 세존께서도 원인을 중요시 다룰 뿐 결과를 중요시 다루시 않았다. 그러나 개는 흙덩이를 물뿐 흙을 던진 사람을 쫓지는 않는다. 이와 마찬가지로 외도들은 괴로움의 소멸을 원하지만 오로지 몸을 해치는데 전념할 뿐 번뇌의 소멸에 전념하지 않는다.(Pm.554)"
이런 초기 주석서들의 비유는 중국에서는 한로추괴의 고사성어로 정착이 되었다.

(M.iii.20)"라는 말씀이 있기 때문이다. 빛바래어 소멸함(virāga-nirodha)이라는 합성어는 빛바램 때문에 소멸이 있다는 뜻이다. 잠재성향을 뿌리 뽑았기 때문에 남김 없는(asesa) 빛바램을 통한 소멸이 **남김없이 빛바래어 소멸함**(asesa-virāga-nirodha)이란 합성어의 뜻이다. 혹은 **빛바램을 버림**이라 한다. 그러므로 '남김 없는 버림', '남김 없는 소멸'이라고도 여기서 문장의 구성을 알아야 한다. 뜻으로는 이 모두가 열반의 동의어이다.

65. 궁극적인 뜻에서 괴로움의 소멸의 성스러운 진리란 열반을 말한다. 이것을 얻고서 갈애가 빛바래고 소멸하기 때문에 빛바래어 소멸이라 한다. 그 [열반을] 얻고서 그 [갈애를] 버림 등이 있고, 감각적 욕망의 집착들 가운데 단 하나의 집착도 없기 때문에 **버림, 놓아 버림, 해탈, 집착 없음**이라 했다.

66. 이것(열반)의 특징은 고요함(santi)이다. 죽지 않는(accuti) 역할을 한다. 혹은 안식(安息, assāsa)을 가져오는 역할을 한다. 표상이 없음(animitta)으로 나타난다. 혹은 사량분별(papañca)354)이 없음으로 나타난다.

---

354) 빠빤짜(papañca, Sk. prapañca)는 불교에서 쓰이는 용어로서 pra(앞으로)+√pañc에서 파생된 남성명사이다. 빠니니 다뚜빠타에 'pañc는 퍼짐의 뜻으로 쓰인다(paci vistāravacane)'라고 나타난다. 아마 '빵(pañc)'하고 터지면서 퍼져나가는 것을 나타내는 의성어가 아닌가 생각된다. 희론(戲論)이라고 한역하였으며 여러 가지 사량분별이 확장되고 전이되어 가는 것을 나타내는 불교술어이다. 그래서 사량분별로 옮겼다.
한편 '사량분별 없음(nippapañca)'은 열반의 여러 동의어들 가운데 하나로 나타난다. 아비담마의 가르침에 따르면 빠빤짜로부터 벗어난다는 것은 갈애, 자만, 사견으로부터 벗어남을 말한다.(papañcārāmatā ti taṇhā-māna-diṭṭhi-papañcesu yuttapayuttatā. — VbhA.508)

열반에 대한 논의
nibbānakathā

67. ① 만약 '열반은 없다. 마치 토끼 뿔처럼 얻을 수 없는 것이기 때문이다'라고 한다면 — 그렇지 않다. 방법(*upāya*)을 통해 얻을 수 있는 것이기 때문이다. 그것에 적절한 도닦음이라 불리는 방법을 통해서 열반을 얻는다. 마치 [남의] 마음을 아는 지혜(他心通)로 남들의 출세간적인 마음을 알 수 있듯이. 그러므로 '얻을 수 없는 것이기 때문에 열반은 없다'라고 말해서는 안된다. 어리석은 범부들이 얻지 못하는 것이라 해서 없다고 말해서는 안되기 때문이다.

68. 더욱이 열반을 없다고 말해서는 안된다. 왜 그런가? 도닦음이 무익하게 될 것이기 때문이다. 열반이 없다면 바른 견해(正見)를 제일로 하고 계의 무더기 등 세 가지 무더기(즉 계·정·혜)를 포함하는 바른 도닦음이 무익하게 되고 말 것이다. 그러나 도닦음은 무익한 것이 아니다. 열반을 얻기 때문이다.

② 만약 '도닦음이 무익하게 되는 것은 아니다. 왜냐하면 존재하지 않음355)에 도달하기356) 때문이다'라고 한다면 — 그렇지 않다.

---

355) 이하 본 문단의 키워드는 이 '*abhāva*(존재하지 않음)'이다. 반대론자는 팔정도는 좋지만 열반은 없다. 열반은 없더라도 팔정도에 의해서 '존재하지 않음'이 성취되기 때문이라고 주장한다. 여기서 '존재하지 않음'이란 오온으로 구성된 이 '나'라는 존재가 없음 말한다. 그들은 열반이란 다른 것이 아니고 단지 '존재하지 않음'일 뿐이라고 주장한다.

356) 원문은 '*pāpakatta*'인데 악(惡, *pāpa*)이라 해석해서는 안된다. 여기서는 *pra*(앞으로)+√*āp*(*to get*)에서 파생된 명사로 이해해야 한다. 그래서 '도달함, 얻음, 증득함' 등의 뜻이다. PED에는 이 뜻이 나타나지 않으나 냐나몰리 용어 사전(NMD)과 그의 청정도론 번역에는 나타나 있다.

과거와 미래의 [오온이] 존재하지 않는다 해서 열반을 얻은 것은 아니기 때문이다.

③ 만약 '그럼 현재들357)(현재의 존재인 오온)이 없는 것이 열반인가'라고 한다면 — 그렇지 않다. 그들의 없음은 불가능하기 때문이다. 그들이 없을 땐 이미 현재라고 할 수 없기 때문이다. [만약 현재의 존재들이 없는 것을 열반이라 한다면] 현재 무더기들(五蘊)을 의지하여 도가 일어나는 순간에 유여열반(*sopādisesanibbāna*)358)의 요소를 얻지 못하는 결점이 생길 것이기 때문이다.

④ 만약 '[도가 일어나는 순간에] 오염원들이 없기 때문에 그것은 허물이 아니다'라고 한다면 — 그렇지 않다. 왜냐하면 성스러운 도가 아무런 의미가 없어지고 말 것이기 때문이다. 만약 그렇다면 성스러운 도가 나타나는 순간의 이전에도 오염원들은 없기 때문에 성스러운 도는 의미가 없어지고 말 것이다. 그러므로 [당신들이 내세운] 이유는 합당하지가 않다.

69. ⑤ 만약 "도반이여, 탐욕이 다한 것이 열반이다(S.iv.251)"라고 시작하는 말씀 때문에 '다한 것(*khaya*)이 열반이다'라고 한다면 — 그렇지 않다. 아라한 됨이 단순히 다한 것이 되고 말 것이기 때

---

357) '*vattamānānam*(현재들의)'으로 복수형을 쓰고 있다. 현 삶에 존재하는 오온들을 뜻한다. 그러한 오온들이 없는 것이 열반인가라고 반박하고 논자는 이 오온들이 없을 땐 이미 현재라는 용어를 사용할 수 없다고 답한다.
358) 유여열반으로 옮긴 '*sopādisesanibbāna*'는 문자 그대로 '받은 것이(*sa-upādi*) 남아있는(*sesa*) 열반(*nibbāna*)'이라는 뜻이며 번뇌는 완전히 멸진되었지만 그의 수명이 남아있는 한 과거의 취착의 산물인 다섯 가지 무더기(五蘊)는 아직 잔류해있기 때문에 이렇게 부른다. 그러므로 현재들이 없는 것이 열반이라 한다면 유여열반을 얻지 못한다는 말을 하는 꼴이다.

문이다. 왜냐하면 "도반이여, 탐욕이 다한 것이 …(S.iv.252)"라는 방법으로 [아라한 됨을] 설하셨기 때문이다.359) 더욱이 열반이 일시적인 것이 되어버리는 결점이 생길 것이기 때문이다. 만약 그렇게 되면 열반은 일시적인 것이고 형성된 것의 특징을 가지며 바른 노력과는 상관없이 얻을 수 있게 될 것이다. 형성된 것의 특징을 가지기 때문에 형성된 것(有爲)에 포함되고 말 것이며, 형성된 것에 포함되기 때문에 탐욕 등의 불로 탈 것이고, 타는 것이기 때문에 괴로움이 되고 말 것이다.

⑥ 만약 '다한 뒤로 다시 일어남이 없는 그런 다한 것을 열반이라 하면 결점이 없을 것이다'라고 한다면 ― 그렇지 않다. 그런 다함은 없기 때문이다. 설령 있다하더라도 앞서 말한 결점을 피할 수는 없을 것이기 때문이다. 그리고 성스러운 도가 열반이 되고 말 것이기 때문이다. 왜냐하면 성스러운 도는 번뇌를 다하게 하므로 다함이라고 했다. 성스러운 도 다음에는 다시 번뇌가 생기지 않는다.

---

359) 「잠부카다까 경」(Jambukhādaka Sutta, S.iv.251)에서 열반이 무엇인가라는 질문에 사리뿟따 존자께서 'rāga-adi-khaya(탐·진·치들의 소멸)'을 열반이라 하고, 나시 탐진치가 소멸한 것이 아라한 됨이라고 했다. 그러므로 어떤 때에서는 탐·진·치가 다한 것이 열반이라고 설하셨고, 또 어떤 때는 탐·진·치가 다한 것이 아라한 됨이라고 설하셨다. 그런데 혹자가 말하기를 그냥 '탐진치가 다한 것이 열반이다'라고 하면 아라한이 됨도 다한 것이라고 말할 수 있게 되고 따라서 아라한 됨이 열반이 되어버릴 것이다. 그렇기 때문에 그렇게 말해서는 안된다.
그리고 '탐진치가 다한 것이 열반'이라고 하면 단순히 탐욕 등의 다함이기 때문에 그것은 일시적인 것이고 형성된 것의 특징을 가진 깃 등의 불상사가 생기게 된다. 그리므로 그렇게 말하면 안된다는 뜻이다. 더욱이 성스러운 도의 순간에 탐욕 등의 오염원들이 소멸되기 때문에 만약 탐욕 등이 다함이 열반이라면 성스러운 도가 열반이 되어버리는 결점이 따르게 된다. 성스러운 도 다음에는 오염원들이 생기지 않기 때문에.

70. 간접적으로 말하자면 열반은 다시 일어남이 없는 소멸이라 불리는 다함(*khaya*)에게 강하게 의지하는 조건이 된다. 왜냐하면 열반은 의지할 것이기 때문이다. 그러므로 은유적으로 열반을 다함이라 했을 뿐이다.

⑦ 만약 '왜 직접적으로 설하지 않으셨는가'라고 한다면 ― 아주 미묘하기 때문이다. 아주 미묘하다는 것은 세존께서 [열반을 있는 그대로 설하기를] 주저하셨고(*Cf.* M.i.186), 또 성스러운 눈으로만 볼 수 있기 때문에 이것은 증명이 되었다.

71. 이것은 도를 가진 자만이 얻을 수 있기 때문에 공통적인 것이 아니다. 시작을 가진 것이 아니기 때문에 생긴 것도 아니다.

⑧ 만약 '도가 있을 때 열반이 일어나는데도 이것이 생긴 것이 아닌가'라고 한다면 ― 그렇지 않다. 도가 이것을 생기게 하는 것이 아니기 때문이다. 이것은 도로써 증득하는 것(*pattabba*)이지 생기게 하는 것(*uppādetabba*)이 아니기 때문에 결코 생긴 것이 아니다. 생긴 것이 아니기 때문에 늙음도 죽음도 없다. 생김, 늙음, 죽음이 없기 때문에 항상한 것이다.

72. ⑨ 만약 '열반도 원자(*aṇu*) 등이 가지는 그런 항상함을 가진다'라고 한다면 ― 그렇지 않다. 그것은 원인이 없기 때문이다.360)

---

360) 위 문단에서 열반이 영원한 이유를 밝혔다. 즉 열반은 도로써 증득하는 것이지 생기게 하는 것이 아니기 때문에 결코 생긴 것이 아니다. 생긴 것이 아니기 때문에 늙음도 죽음도 없다. 생김, 늙음, 죽음이 없기 때문에 항상한 것이다. 그러나 다른 학파에서는 원자 등이 항상하다고 주장하지만 그렇게 내세우기 위해서는 그기에 합당한 원인이 있어야 하는데 그것이 없기 때문에 그것은 항상하다고 할 수 없다는 뜻이다.

⑩ 만약 '열반이 항상하기 때문에 그들도 항상하다'고 한다면 — 그렇지 않다. [당신들이 내세운] 이유가 적합하지 않기 때문이다.361)

⑪ 만약 '열반처럼 생김 등이 없기 때문에 그들도 항상하다'고 한다면 — 그렇지 않다. 원자 등은 [항상한 것으로] 증명이 되지 않기 때문이다.

73. 앞서 말한 논법(*yutti*)이 실재(*sabbhāva*)하므로362) 오직 열반만이 항상하다. 이것은 물질의 고유성질을 초월했기 때문에 정신적인 것이다.

부처님 등의 구경의 목표인 [열반은] 차별 없이 하나이다. [그렇지만 이런 하나인 열반도] 과거의 업으로 받은 몸(*upādi*)과 함께(*saha*) 알아진 것이기 때문에 유여(有餘)[열반]이라 한다. 왜냐하면 수행으로써 그것을 증득한 사람의 오염원이 가라앉았고 또한 아직 살아있는 몸을 의지해서(*sa-upādi-sesa*) 있는 것이기 때문이다.

과거의 업으로 받은 몸(*upādi*)이 없기 때문에 무여(無餘, *anupādi*)[열반]이라 한다. 왜냐하면 아라한은 일어남의 원인을 제거함으로써 미래에 결과를 가져올 업이 다한 자이기 때문이다. 그의 마지막 마음 다음부터는 무더기(蘊)들이 일어나지 않고 또 일어난 것은 없어지기 때문에 [과거의 업으로] 받은 몸이 없다. 이것을 의지해서 있기 때문에 무여[열반]이라 한다.

---

361) 즉 열반이 항상하다해서 그것 때문에 원자 등이 항상하다고 주장하는 것은 옳지 않다. 왜냐하면 열반이 항상하다는 것이 그것(원자등이 항상하다는 것)을 증명할 원인이 아니기 때문이다. 논리적으로 내세운 이유가 타당치 않기 때문에 그렇게 말해서는 안된다는 뜻이다.

362) 즉 이것은 §71에서 논지로 내세운 '생긴 것이 아니기 때문이다(*appabhavattā*)'를 뜻한다.

74. 간단없는 노력으로 성취한 지혜로써 얻어지기 때문에, 또 일체지자(一切知者, Sabbaññu)의 말씀이기 때문에 궁극적인 의미에서 열반은 고유성질로 존재한다. 이와 같이 설하셨기 때문이다. "비구들이여, 생긴 것이 아니고, 된 것이 아니며, 만들어진 것이 아니고, 형성된 것이 아닌 것이 있다."363)

이상으로 괴로움의 소멸에 대한 해설을 마친다.

(라) 도의 해설
magganiddesakathā

75. 괴로움의 소멸로 인도하는 도닦음의 해설에서(§31) 여덟 가지 법들을 설했다. 물론 무더기(蘊)의 해설에서도 뜻에 따라 이미 설명을 했다. 그러나 여기서 그들이 [도의 과정에서] 한 순간에 일어날 때364) 그들의 차이점을 알게 하기 위해서 여기서 설명하려 한다.

76. 간략히 설하면365) 네 가지 진리를 통찰하기 위해서 도닦는 수행자의 통찰지의 눈(慧眼)이 **바른 견해**(sammā-diṭṭhi, 正見)이다. 그 혜안은 열반을 대상으로 삼으며 무명의 잠재성향을 뿌리 뽑는다. 바른 견해의 특징은 바르게 보는 것(sammā-dassana)이다. 이것은 요

---

363) "*atthi, bhikkhave, ajātaṁ abhūtaṁ akataṁ asaṅkhataṁ*"(Ud.80; It.37)
364) 팔정도의 구성요소들은 세간적인 마음에서는 한 순간에 동시에 일어나지 못하지만 도를 증득하는 인식과정에서는 한 순간에 함께 일어난다고 한다. 『길라잡이』 2장 §15의 1번 해설과 『네 가지 마음챙기는 공부』 268 이하를 참조할 것.
365) 상세한 설명은 XXII. §3이하를 참조할 것.

소(界)를 드러내는 역할을 한다.366) 무명의 어둠을 쓸어버림으로 나타난다.

77. 그런 바른 견해를 가진 자가 마음을 열반으로 기울이는 것이 **바른 사유**(sammā-saṅkappa, 正思惟)이다. 이것은 삿된 사유를 부순다. 바른 사유의 특징은 마음을 대상으로 바르게 기울이도록 하는 것이다. 이것의 역할은 본삼매를 가져오는 것이다. 삿된 사유를 버림으로 나타난다.

78. 그렇게 보고 생각하는 자가367) 삿된 말을 절제하는 것이 **바른 말**(sammā-vācā, 正語)이다. 이것은 [정사유와] 연결되어있고, 삿된 말버릇을 부순다. 이것의 특징은 껴안는 것368)(pariggaha)이다. 절제하는 역할을 한다. 삿된 말을 버림으로 나타난다.

79. 그렇게 절제하는 자가 살생 등을 절제하는 것이 **바른 행위**(sammā-kammanta, 正業)이다. 이것은 [바른말]과 연결되어있고 삿된 행위를 끊어버린다(samucchedika). 이것은 나쁜 행위를 부순다. 이것의 특징은 일어나게 하는 것(samuṭṭhāpana)369)이다. 절제하는 역할을 한다 삿된 행위를 버림으로 나타난다.

---

366) "이것은 '궁극적인 진리를 드러내는 역할을 한다. 네 가지 진리를 드러내는 역할을 한다'는 뜻이다.(Pm.562)"
367) 앞서 그 특징을 설한 바른 견해로 보고, 바른 사유로 마음을 그 대상인 열반에 둘 때라는 뜻이다.(Pm.562)
368) 거짓말 등은 속이는 역할을 하기 때문에 거칠어서 함께 생긴 법들을 보듬지 못한다. 그러나 바른 말의 고유성질은 그것과 반대되기 때문에 사랑으로 함께 생긴 법들을 보듬는다.(Pm.562)
369) 즉 해야 할 일거리를 가져온다는 뜻이다.(Pm.562)

80. 바른 말과 바른 행위가 청정해지도록 삿된 생업으로부터 절제함이 **바른 생계**(sammā-ājīva, 正命)이다. 이것은 [바른 말과 바른 행위와] 연결되어있고, 음모 등을 끊는다. 이것의 특징은 깨끗이 함(vodāna)이다. 합리적인 생계를 일으키게 하는 역할을 한다. 삿된 생계를 버림으로 나타난다.

81. 바른 말, 바른 행위, 바른 생계라 불리는 계의 땅(地)에 굳건히 서있는 자의 노력이 **바른 정진**(sammā-vāyāma, 精進)이다. 이것은 그것에 걸맞고 그것과 연관되었으며 게으름을 물리친다. 이것의 특징은 용감함(paggaha)이다. 일어나지 않은 해로운 것을 일어나지 않게 하는 역할을 한다. 삿된 정진을 버림으로 나타난다.

82. 이와 같이 정진하는 자가 그의 마음에 잊지 않음이 **바른 마음챙김**(sammā-sati, 正念)이다. 이것은 삿된 마음챙김370)을 흔들어 버린다. 이것의 특징은 확립371)하는 것이다. 잊어버리지 않는 역할을 한다. 삿된 마음챙김을 버림으로 나타난다.

---

370) 아름다움의 인식은 몸 등에서 아름다움이라는 측면을 거머쥠으로써 생긴 것으로 그 아름다움의 인식이 선행하는 불선의 무더기가 삿된 마음챙김이다. 바른 마음챙김은 그것을 흔들어버린다.(Pm.562)
371) 확립으로 옮긴 'upaṭṭhāna'는 upa+√sthā(to stand)에서 파생된 단어로서 '곁에 서다'라는 일차적인 뜻으로부터 '시중, 경배, 돌봄, 확립, 나타남' 등의 뜻으로 쓰인다. 念處로 번역이 되는 satipaṭṭhāna는 남·북전에서 모두 'sati+upaṭṭhāna(Sk. smṛti+upasthāna)'로 분해하여 설명하고 '마음챙김의 확립'이라는 의미를 나타낸다. 여기서도 이런 'sati+upaṭṭhāna'를 염두에 두고 '마음챙김은 확립을 그 특징으로 한다'고 설명하고 있다. 한편 이 확립을 Pm에서는 '대상을 고유성질에 따라 관찰하는 것'으로 해석하고 있다.(Pm. 562)

83. 이와 같이 그의 마음이 수승한 마음챙김으로 보호될 때 마음의 하나됨(心一境性)이 **바른 삼매**(sammā-samādhi, 正定)이다. 이것은 삿된 삼매를 없애버린다. 이것의 특징은 마음이 흩어지지 않는 것(avikkhepa)이다. 집중하는 역할을 한다. 삿된 삼매를 버림으로 나타난다.

이상으로 괴로움의 소멸로 인도하는 도닦음에 대한 해설을 마친다.

이와 같이 여기서 태어남 등의 판별을 알아야 한다.

84. **(9) 지혜의 역할에 따라**(§14): 진리에 대한 지혜의 역할에 따라 판별을 알아야 한다. 진리에 대한 지혜는 두 가지이다. 수각지(隨覺智, anubodha-ñāṇa)372)와 관통지(貫通智, paṭivedha-ñāṇa)이다.

이 가운데서 수각지는 세간적인 것으로 남에게 들음 등을 통해서 소멸과 도에 대해 일어난다. 관통지는 출세간적인 것으로 소멸을 대상으로 삼고서 역할에 따라 네 가지 진리를 통찰한다. 그래서 말씀하셨다. "비구들이여, 괴로움을 보는 자는 괴로움이 일어남도 보고, 괴로움의 소멸도 보고, 괴로움의 소멸로 인도하는 도닦음도 본다.(S.v.437)" 이와 같이 네 가지 진리를 모두 반복해서 말해야 한다. 그 출세간적인 지혜의 역할은 지와 견의 청정(知見淸淨)에서 드러날 것이다.(XXII. §92이하)

85. 이것이 세간적인 것일 때, 그 가운데서 괴로움에 대한 지혜

---

372) "남에게서 듣거나 논증이나 사색을 좋아함을 통해서 얻는 지혜를 수각지라 하는데 관통지처럼 단번에 아는 지혜가 아니고 천천히 반복해서 일어남으로써 아는 것이다.(Pm.563)"

는 [자아에 대한] 강렬한 고정관념을 통해서373) 일어난 유신견을 차단한다. 일어남에 대한 지혜는 단멸의 견해(斷見)를 차단한다. 소멸에 대한 지혜는 항상하다는 견해(常見)를, 도에 대한 지혜는 행위의 [과보가] 없다는 견해(akiriya-diṭṭhi, 無作見)를 차단한다.

혹은 괴로움에 대한 지혜는 항상함(常), 아름다움(淨), 즐거움(樂), 자아(我)가 없는 무더기(蘊)들에 대해서 항상함, 아름다움, 행복, 자아라 불리는 결과에 대한 잘못된 가설(vippaṭipatti)을 버린다. 일어남에 대한 지혜는 '자재천, 근본원인(padhāna), 시간, 고유성질 등으로부터 세상이 일어났다'는 등 이와 같이 원인이 아닌 것에서 원인을 가정하면서 일어나는 원인에 대해 잘못된 가설을 버린다. 소멸에 대한 지혜는 무색계와 세상의 정점이 최고의 해탈이 된다는 소멸에 대해 잘못된 가설을 버린다. 도에 대한 지혜는 감각적 욕망에 탐닉함과 자기학대(고행) 등으로 분류되는 청정에 이르는 길이 아닌 것에 대해 청정에 이르는 길이라 여기어 일어나는 방법에 대한 잘못

---

373) 원문의 pariyuṭṭhānābhibhavavasena는 주로 번뇌와 연결되어 사용되는 것으로써 여기서도 유신견과 연결된 것이다. 유신견은 항상 자아에 대한 강렬한 고정관념 때문에 일어나기 때문이다. 그러나 냐나몰리 스님은 이 구문을 괴로움의 지혜와 연결지어, 'When this knowledge is mundane, then, occurring as the overcoming of obsessions, the knowledge of suffering therein forestalls the [false] view of individuality.'라고 잘못 영역을 하고 있다. 그러나 삐 마웅 띤의 번역은 바르게 되어있다.
Pm에서도 다음과 같이 설명하고 있다. "pariyuṭṭhānasaṅkhaato abhibhavo pariyuṭṭhānābhibhavo, tassa vasena suddhasaṅkhaarapuñjamattadassanato sakkaayadiṭṭhipariyuṭṭhānaṁ nivatteti(고정관념이라 불리는 힘이 강렬한 고정관념이다. 유신견은 그것을 통해 [일어난다]. 순전히 상카라들의 무더기일 뿐이라고 보기 때문에 유신견의 고정관념을 버린다.(Pm. 563)"

된 가설을 버린다. 그래서 이와 같이 설하였다.

> 세상에 대해서, 세상의 일어남에 대해서
> 축복인 세상의 소멸에 대해서
> 그것에 이르는 방법에 대해서 알지 못하는 한
> 그 사람은 진리를 알지 못한다.

이와 같이 지혜의 역할에 따라 판별을 알아야 한다.

86. (10) 내용의 구별에 따라:
갈애와 번뇌가 다한 법을 제외한 나머지 모든 법들은 **괴로움의 진리**에 포함된다.

36가지 형태로 일어나는 갈애는 **일어남의 진리**에 포함된다.

소멸의 진리는 섞이지 않는다.

도의 진리에서, **바른 견해**(正見)의 제목으로 검증의 성취수단(如意足), 통찰지의 기능(慧根), 통찰지의 힘(慧力), 법을 간택하는 깨달음의 구성요소(擇法覺支)가 포함된다. **바른 사유**(正思惟)를 언급함으로써 출리에 대한 일으킨 생각 등의 세 가지가 포함된다.

바른 말(正語)을 언급함으로써 네 가지 입으로 짓는 좋은 행위가 포함된다. **바른 행위**(正業)를 언급함으로써 세 가지 몸으로 짓는 좋은 행위가 포함된다. **바른 생계**(正命)의 제목으로 소욕과 지족이 포함된다.

바른 말, 바른 행위, 바른 생계는 모두 성자들이 좋아한 계이기 때문에, 또 성자들이 좋아하는 계는 믿음의 손으로 받들어 가져야 하는 것이기 때문에, 이들이 있음으로 해서, 이들이 있기 때문에 믿음의 기능(信根)과 믿음의 힘(信力), 열의의 성취수단(慾如意足)이 포함된다.

바른 정진(正精進)을 언급함으로써 네 가지 바른 노력(四正勤), 정진의 성취수단, 정진의 기능(精進根), 정진의 힘(精進力), 정진의 깨달음의 구성요소(精進覺支)가 포함된다.

바른 마음챙김(正念)을 언급함으로써 네 가지 마음챙김의 확립(四念處), 마음챙김의 기능(念根), 마음챙김의 힘(念力), 마음챙김의 깨달음의 구성요소(念覺支)가 포함된다.

바른 삼매(正定)를 언급함으로써 일으킨 생각(尋)과 지속적인 고찰(伺)이 있는 삼매 등 세 가지, 마음의 삼매(心定, citta-samādhi), 삼매의 기능(定根), 삼매의 힘(定力), 희열의 깨달음의 구성요소(喜覺支), 편안함의 깨달음의 구성요소(輕安覺支), 삼매의 깨달음의 구성요소(定覺支), 평온의 깨달음의 구성요소(捨覺支)가 포함된다.

이와 같이 내용의 구별에 따라 판별을 알아야 한다.

87. **(11) 비유로:** 괴로움의 진리는 짐처럼 보아야 한다. 일어남의 진리는 짐을 들어올리는 것처럼, 소멸의 진리는 짐을 내려놓는 것처럼, 도의 진리는 짐을 내려놓는 방법처럼 보아야 한다. 혹은 괴로움의 진리는 병처럼, 일어남의 진리는 병의 원인처럼, 소멸의 진리는 병이 낫는 것처럼, 도의 진리는 약처럼 보아야 한다. 혹은 괴로움의 진리는 기근처럼, 일어남의 진리는 가뭄처럼, 소멸의 진리는 풍부한 수확처럼, 도의 진리는 단비처럼 보아야 한다.

나아가서, 증오, 증오의 원인, 증오를 없앰, 증오를 없애는 방법을 적용시키고, 독이 있는 나무, 나무의 뿌리, 뿌리의 절단, 절단하는 방법을 적용시키고, 두려움, 두려움의 원인, 두려움이 없음, 없애는 방법을 적용시키고, 이쪽해안, 거센 홍수, 저쪽해안, 그곳에 이르려는 노력을 적용시켜서 비유로 이들을 알아야 한다.

이와 같이 비유로 판별을 알아야 한다.

88. **(12) 네 가지로:** ① 괴로움이지만 성스러운 진리가 아닌 것이 있다. ② 성스러운 진리이지만 괴로움이 아닌 것이 있다. ③ 괴로움이면서 성스러운 진리가 있다. ④ 괴로움도 아니고 성스러운 진리도 아닌 것이 있다. 이 방법은 일어남 등에도 적용된다.

89. ① "무상한 것은 무엇이든 괴로움이다(S.iii.22)"라는 말씀이 있기 때문에 이 가운데서 도와 함께하는 법들과 사문의 과는374) 형성됨에 기인한 괴로움(行苦)으로서의 괴로움이지만 성스러운 진리는 아니다.

② 소멸은 성스러운 진리이지만 괴로움은 아니다.

③ 나머지 두 가지 성스러운 진리는 괴로움이다. 항상하지 않기 때문이다. 그러나 그것을 철저히 알고서(§28참조) 세존의 아래서 청정범행을 닦는다는 뜻에서는 그렇지 않다고 해야 한다. 그러나 갈애를 제외한 다섯 가지 취착하는 무더기(五取蘊)는 모든 방면에서 괴로움이며 성스러운 진리이다.

④ 도와 함께하는 법들과 사문의 과는 그것을 철저히 알기 위해서 세존의 아래서 청정범행을 닦는다는 뜻에서는 괴로움도 아니고 성스러운 진리도 아니다. 이와 같이 일어남 등에서도 적절하게 적용시켜 네 가지로 판별을 알아야 한다.

---

374) 여기서 도와 함께하는 법들(*maggasampayuttā dhammā*)이란 도의 마음과 함께하는 마음부수들을 뜻하고 사문의 과(*sāmaññaphalāni*)는 예류과, 일래과, 불환과, 아라한과를 말한다.

90. **(13) 공(空)함을 통해서:** 궁극적인 뜻에서 모든 진리는 경험하는 자, 행하는 자, 멸한 자, 가는 자가 없기 때문에 공이라고 보아야 한다. 그래서 이와 같이 설하였다.

> 오직 괴로움이 있을 뿐 괴로움을 경험하는 자 없고
> 오직 행위가 있을 뿐 행하는 자 없고
> 소멸이 있을 뿐 소멸한 자 없고
> 도가 있을 뿐 가는 자 없다.

혹은,

> 처음 두 가지 진리는
> 항상함, 아름다움, 즐거움, 자아가 공하다.
> 불사의 경지는 자아가 공하다.
> 도는 항상함, 즐거움, 자아가 없다.
> 이처럼 이들에서 공함을 [봐야 한다.]

91. 세 가지는 소멸이 공하고, 소멸은 나머지 셋이 공하다. 일어남에는 괴로움이 없고 도에는 소멸이 없기 때문에 원인에는 결과가 공하다. 마치 자연을 설하는 자(*pakativādi*)들375)의 자연(*pakati*, Sk.

---

375) 자연을 설하는 자들은 상캬(Saṅkhya)학파를 말한다. 상캬학파에서는 존재를 뿌루샤(*puruṣa*, 原人)와 쁘라끄르띠(*prakṛti*, 自然)의 둘로 이해한다. 여기서 뿌루샤는 나고 죽음이 없는 眞人으로서 세상을 초월하여 존재하며 쁘라끄르띠(*pakati*, Sk. *prakṛti*, 自然)는 이 세상이 돌아가는 근본원인(*pradhāna*, Pāli. *padhāna*, §86참조)이라고 설명하고 있다. 이 쁘라끄르띠는 진성(眞性, *sattva*) 격성(激性, *rajas*) 암성(暗性, *tamas*)의 세 가지 속성으로 구성되어있는데 이 속성들의 조화가 깨어져서 나타나

prakṛti)처럼 원인이 결과를 품고 있는 것이 아니다. 괴로움에 일어남의 원인이 본래부터 있었던 것이 아니고, 소멸에도 도가 본래부터 있었던 것이 아니기 때문에 결과에도 원인이 공하다. 마치 분리할 수 없는 친밀한 결합을 설하는 자(*samavāya-vādi*)376)들의 두 원자처럼 원인의 결과가 원인을 본래부터 갖고 있는 것이 아니다. 그래서 이와 같이 설하였다.

> 이 셋은 소멸이 공하고 소멸은 이 셋이 공하다.
> 원인은 결과가 공하고 결과는 원인이 공하다.

이와 같이 공함을 통해서 판별을 알아야 한다.

92.
(14) 한 가지 등으로: 이 모든 **괴로움**은 일어나는 성질로 한 가지이다. 정신과 물질로 두 가지이다. 욕계, 색계, 무색계에 재생하는 것의 분류로 세 가지이다. 네 가지 음식의 분류로 네 가지이다. 집착의 대상인 다섯 가지 무더기들의 분류로 다섯 가지이다.

93.
일어남은 일어나게 하는 성질로 한 가지이다. 사견이 함께

는 다양한 관계 때문에 이 세상의 온갖 차별이 전개된다고 한다. 그들은 근본원인인 이 쁘라끄르띠가 본래부터 진성, 격성, 암성의 세 가지 속성을 품고 있다고 주장한다. 그래서 여기서 언급하고 있다.

376) 와이세시까(Vaiśeṣika, 勝論) 학파를 말한다. 와이세시까 학파에서는 존재를 일곱 가지 최소단위(*sapta-padārtha*)로 환원시켜 고철하는데 여기서 말하는 *samavāya*(분리할 수 없는 친밀한 결합)는 이 일곱 가지 최소단위 가운데 하나이다. 예를 들어 부분을 가진 것과 부분의 관계, 속성을 가진 것과 속성의 관계가 바로 사마와야(분리할 수 없는 친밀한 결합)다. 이것은 본래부터 분리할 수 없는 관계이고 결과는 원인과 분리할 수 없는 관계로 항상 함께한다고 주장한다.

하는 것과 함께하지 않은 것으로 두 가지이다. 감각적 욕망에 대한 갈애, 존재에 대한 갈애, 존재하지 않음에 대한 갈애의 분류로 세 가지이다. 네 가지 도로 버려야 하는 것으로 네 가지이다. 물질을 즐김(abhinandana) 등으로 다섯 가지이다. 여섯 무리의 갈애로 여섯 가지이다.

94. 소멸은 형성되지 않은 요소(無爲界)로 한 가지이다. 간접적으로는 [과거의 업으로] 받은 몸이 아직 남아있는 것(有餘)과 그것까지 완전히 멸한 것(無餘)으로 두 가지이다. 세 가지 존재가 가라앉은 것으로 세 가지이다. 네 가지 도로 얻을 수 있는 것으로 네 가지이다. 다섯 가지 형태의 즐김이 가라앉은 것으로 다섯 가지이다. 여섯 무리의 갈애가 다한 것으로 여섯 가지이다.

95. 도는 닦아야 하는 것으로 한 가지이다. 사마타(止)와 위빳사나(觀)로 두 가지이다. 혹은 봄(見)과 닦음으로 두 가지이다. 세 가지 무더기377)의 분류로 세 가지이다. 이 도는 그들의 일부분이기 때문에 도시가 왕국에 포함되듯이 이 세 가지 무더기에 포함된다.378) 그래서 말씀하셨다.

"도반 위사카여, 세 가지 무더기는 여덟 가지 성스러운 도에 포함되지 않지만, 여덟 가지 성스러운 도는 세 가지 무더기에 포함됩니

---

377) 여기서 세 가지 무더기(khandha)는 계, 정, 혜를 뜻한다. 오온과 구분하기 위해서 *dhamma-khandha*(法蘊)라고 더 구체적으로 표현하기도 한다. 본서 XIV §219의 주해를 참조할 것.
378) "그런데 계의 무더기 등은 세간적인 계와 출세간적인 계 등을 모두 포함한다. 그러나 성스러운 도는 오직 출세간적인 계 등만 포함한다. 그러므로 이 도는 그 무더기들의 일부분이다.(Pm.568)"

다. 도반 위사카여, 바른 말, 바른 행위, 바른 생계, 이 법들은 계의 무더기에 포함됩니다. 바른 정진, 바른 마음챙김, 바른 삼매, 이 법들은 삼매(定)의 무더기에 포함됩니다. 바른 견해, 바른 사유, 이 법들은 통찰지(慧)의 무더기에 포함됩니다.(M.i.301)"

96. 여기서 바른 말로 시작하는 세 가지는 계다. 그러므로 같은 종류이기 때문에 계의 무더기에 포함된다. 비록 성전에서 '계의 무더기에' 라고 처소격(bhumma)379)으로 해설을 했지만 뜻으로는 도구격(karaṇa)으로 보아야 한다. 바른 정진으로 시작하는 세 가지 중에서 삼매는 자기의 성질로는 대상에 하나 된 상태로서 집중할 수 없다. 그러나 정진이 노력하는 역할을 성취하고 마음챙김이 대상에 깊이 들어가는 역할380)을 성취할 때 그것의 도움으로 가능하다.

97. 여기서 비유를 든다. '축제를 벌이자'라고 하면서 세 친구가 정원에 들어갔을 때 한 친구가 꽃이 활짝 핀 짬빠까 나무를 보고 손을 뻗쳐서 꺾으려 해도 꺾을 수 없었다. 그때 두 번째 친구가 등을 구부려 주었다. 그는 그의 등에 올라섰지만 불안정하여 꽃을 꺾을 수 없었다. 그때 세 번째 친구가 어깨를 대주었다. 그는 한 친구의

---

379) 일반적으로 빠니니 문법서인 『아슈따댜이』를(Aṣṭādyāyī) 위시한 거의 대부분의 산스끄리뜨 문법서와 이를 채용한 후대 빠알리 문법서인 『깟짜야나』, 『목갈라나』 등에서는 문법적인 격을 설명할 때 모두 *kattari pathama*(첫 번째 격=주격), *kammani dutiya*(두 번째 격=목적격)등으로 표현하지만 여기 청정도론 등의 빠알리 주석서들과 초기 복주서들에서는 주격을 *paccatta-vacana*, 목적격을 *upayogavacana*, 탈격을 *nissakkavacana*, 처소격을 *bhummavacana* 등의 새로운 용어로 표현하기도 한다.
380) XIV. §141의 주해를 참고할 것.

등에 올라서서 다른 친구의 어깨를 잡고 마음껏 꽃을 꺾어 치장을 하고 축제를 벌였다. 이 비유는 다음과 같이 적용됨을 알아야 한다.

98. 바른 정진 등 함께 태어난 세 가지 법들은 함께 정원으로 들어간 친구와 같다. 대상은 활짝 핀 짬빠까 나무와 같다. 자기의 성질만으로는 대상에 하나 된 상태로 집중할 수 없는 삼매는 손을 뻗쳐서도 꺾을 수 없는 사람과 같다. 정진은 [자기 등에 올라서도록] 등을 구부려준 친구와 같다. 마음챙김은 어깨를 주면서 옆에 서 있는 친구와 같다. 마치 그 중에서 한 사람의 등에 올라서서 다른 사람의 어깨를 잡고 또 다른 사람이 원하는 만큼 꽃을 꺾을 수 있듯이 정진이 노력하는 역할을 하고 마음챙김이 대상에 깊이 들어가는 역할을 할 때 그 도움을 받아 삼매는 대상에 하나 된 상태로 집중할 수 있다. 그러므로 오직 삼매만이 여기서 같은 종류이기 때문에 삼매의 무더기에 포함되었다. 그러나 정진과 마음챙김은 역할로 포함되었다.

99. 바른 견해와 바른 사유에서도 통찰지는 자기의 성질로는 무상하고 괴로움이요 무아라고 대상을 꿰뚫을 수 없다. 일으킨 생각이(尋)이 대상을 계속해서 떠올려줄 때 가능하다.

100. 어떻게? 마치 금속세공인이 동전을 손바닥에 놓고서(XIV. §5참조) 이모저모 살펴보길 원하지만 눈동자의 표면으로서는 그것을 뒤집을 수 없으며 손가락으로 이리 뒤집고 저리 뒤집어야만 이모저모를 살피는 것이 가능함과 같다.

이와 같이 통찰지는 자기의 성질로서는 무상 등으로 대상을 꿰뚫을 수 없다. 일으킨 생각은 마음을 대상에 기울이는 특징을 가지고 치고 때리는 역할을 한다. 이런 일으킨 생각의 도움으로 치고 뒤집는 것처럼 주어진 대상을 계속해서 받아서 [무상 등으로] 꿰뚫을 수 있다. 그러므로 여기서도 바른 견해만이 같은 종류로 통찰지의 무더기에 포함되었고 바른 사유는 역할로 포함되었다.381)

101. 이와 같이 도는 [계 · 정 · 혜의] 세 가지 무더기에 포함된다. 그래서 설하였다. '도는 세 가지 무더기의 분류로 세 가지이다 (§95)'라고. 예류도 등으로는 네 가지이다.

102. 더욱이 이 모든 진리는 진실 아닌 것이 아니고 또 알아야 하기 때문에382) 한 가지이다. 세간적인 것과 출세간적인 것으로 두 가지이다. 혹은 형성된 것(有為)과 형성되지 않은 것(無為)으로 두 가지이다. 봄(見)과 닦음으로 버려야 하는 것, 버려서는 안되는 것, 버려서도 안되고 버리지 않아도 안되는 것383)으로 세 가지이다. 알아야 하는 것 등의 분류로 네 가지이다. 이와 같이 여기서 한 가지 등으로 판별을 알아야 한다.

---

381) "바른 사유의 역할(kicca)이 바른 견해의 역할과 비슷하기 때문에 포함되었다. 앞 문단의 정진과 마음챙김이 역할로 포함되었다는 것은 삼매를 돕는 역할이라는 것이 차이점이다.(Pm.568)"
382) "혹은 이 모든 진리는 초월지로 알아야 하기 때문에 한 가지이다.(Pm.568)"
383) 본 번역의 저본인 HOS본에는 이 'nevapahātabbanāpahātabbato ca(버려서노 안되고 버리지 않아도 안되는 것으로)'라는 구절이 빠져있다. 그러나 문맥상으로도 있어야 옳고 또 『위방가』(분별론)의 주석인 『삼모하위노다니』(Sammohavinodhanī)에는 이 구절이 들어있다. VbhA.92를 참조할 것.

103. **(15) 공통되는 것과 공통되지 않은 것으로:** 이 모든 진리는 진실하지 않은 것이 아니고, 자아가 없고, 통찰하기 어려운 것으로 공통된다. 그래서 말씀하셨다.

"아난다여, 이를 어떻게 생각하는가? 멀리서 좁은 열쇠구멍으로 실수 없이 화살 깃을 뒤따라 화살을 적중시키는 것과 백 가닥으로 가늘게 부서진 머리카락 끝을 화살 끝으로 꿰뚫는 것 중에서 어느 것이 더 하기 어렵고 성취하기 어렵겠는가? '세존이시여, 백 가닥으로 가늘게 부서진 머리카락 끝을 화살 끝으로 꿰뚫는 것이 더 어렵고 성취하기 어렵습니다.' 아난다여, 이것이 괴로움이라고 있는 그대로 꿰뚫고 … 이것이 괴로움의 소멸로 인도하는 도닦음이라고 있는 그대로 꿰뚫는 자들은 그보다 더욱 꿰뚫기 어려운 것을 꿰뚫는다.(S.v.454)"

이들은 각자의 특징에 따라 구분하는 것으로는 공통되지 않은 것이다.

104. 처음 두 가지 진리는 알기 어렵다는 뜻에서 심오하고, 세간적이고 번뇌의 대상이 되는 것으로 공통된다. 결과와 원인의 분류이고, 알아야 하는 것과 버려야 하는 것으로 이 둘은 공통되지 않는다.

마지막 둘은 심오하다는 뜻에서 알기 어렵고, 출세간적이고, 번뇌가 다한 것으로 공통된다. 하나는 대상이고, 다른 하나는 대상을 가진 것으로 공통되지 않고, 또한 깨달아야 하는 것이고 닦아야 하는 것으로 이 둘은 공통되지 않는다.

첫 번째와 세 번째는 결과로 언급되는 것으로 공통된다. 형성된 것(有爲)이고 형성되지 않은 것(無爲)으로 공통되지 않는다.

두 번째와 네 번째는 원인으로 언급되는 것으로 공통된다. 절대적으로 해로운 것이고 유익한 것으로 공통되지 않는다.

첫 번째와 네 번째는 형성된 것(有爲)으로 공통된다. 세간적이고 출세간적인 것으로 공통되지 않는다.

두 번째와 세 번째는 유학의 경지도 무학의 경지도 아닌 것으로 공통된다. 대상을 가진 것과 대상을 갖지 않은 것으로 공통되지 않는다.

그러므로 이와 같은 형태와 방법으로 지자는
성스러운 진리의 공통됨과 공통되지 않음을 알아야 한다.

어진 이를 기쁘게 하기 위해 지은 청정도론의
통찰지수행의 표제에서
기능과 진리에 관한 해설이라 불리는
제16장이 끝났다.

옮긴이 · 대림스님

세등선원 수인(修印)스님을 은사로 출가.
봉녕사 승가대학 졸업.
인도 뿌나 대학교(Pune University)에서
빠라맛타 만주사의 혜품 연구(A Study in Paramatthamanjusa)로 철학박사 학위취득
현재 초기불전연구원 원장.

역서로 『염수경(상응부 느낌상응)』(1996),
『아비담마 길라잡이』(전2권, 2002, 12쇄 2016, 전정판 2쇄, 2018, 각묵스님과 공역),
『들숨날숨에 마음챙기는 공부』(2003, 개정판 2019),
『앙굿따라 니까야』(전6권, 2006~2007),
『맛지마니까야』(전4권, 2012, 5쇄 2021),
『니까야강독』(I/II, 2013, 4쇄 2017, 각묵스님과 공역)이 있음

청정도론 제2권

2004년 4월 16일 초판 1쇄 발행
2025년 6월 10일 초판 9쇄 발행

옮긴이 | 대림 스님
펴낸이 | 대림 스님
펴낸곳 | **초기불전연구원**
　　　　경남 김해시 관동로 27번길 5-79
　　　　전화 (055)321-8579
홈페이지 | http://tipitaka.or.kr
　　　　　http://cafe.daum.net/chobul
이 메 일 | chobulwon@gmail.com
등록번호 | 제13-790호(2002.10.9)
계좌번호 | 국민은행 604801-04-141966 차명희
　　　　　하나은행 205-890015-90404 (구.외환 147-22-00676-4) 차명희
　　　　　농협 053-12-113756 차명희
　　　　　우체국 010579-02-062911 차명희

표지디자인 | 끄레 어소시에이츠

ISBN　89-953547-7-1 04220
　　　 89-953547-5-5(전3권)

정가　30,000원